6th Edition

Social Problems

Theories, Practices and Global Perspective

사회문제론

이론·실태·지구적 시각

박철현

박영사

| 제 6 판 머리말 |

2021년 5판을 낸 지 4년 만에 6판을 내게 되었다. 그동안 코로나19 팬데믹으로 인해 대학과 출판환경에 많은 변화가 있었다. 경제위기로 인해서 책을 내고 유지하기가 과거에 비해 훨씬 더 어려워지고 있고, 학생들이 교재를 선뜻 구매하기를 망설이고 있으며, 과거에 비해 전자책을 선호하는 독자들의 경향이 뚜렷해지고 있다. 이러한 환경변화를 반영하여 제6판은 다음과 같은 두 가지 형식상의 변화를 담고 있다.

첫째, 종이책과 전자책을 별도로 편집하여, 종이책에서는 잘 보이지 않았던 복잡한 지도 그림들을 전자책에서는 보다 다양한 색을 활용하여 가독성을 높임으로써 독자들의 편의를 도모하였다. 둘째, 그동안 책에는 포함되지 않고 교안에만 실려 있어 강의 이해도를 높이는 데 활용되었던 유튜브 동영상들을 QR코드 형태로 교재에 수록하였다. 이러한 동영상은 학생들이 스마트폰을 활용하거나 강의실의 대형 스크린을 통해 시청함으로써, 강의 내용을 보다 심화하여 이해하는 데 도움이 될 것이다.

이번 6판은 이런 형식상의 변화 외에도 다음과 같은 내용상의 변화를 담고 있다. 첫째, 그동안 절대빈곤과 상대빈곤의 요소를 모두 포함하고 있던 국제적 빈곤개념을 따로 떼어내어 국제적 빈곤개념으로 독립적으로 다루었다. 이것은 UNDP의 다차원적 빈곤개념 외에도 여러 다른 기관들이 만든 새로운 빈곤개념의 등장을 포함하기 위한 노력의 일환이다. 둘째, 이전 판들은 국제통계의 이용가능성에 한계가 있어 해당 통계가 포함되는 부분에서 정보의 최신성이 다소 떨어졌다. 그러나 이번 판부터는 OECD 등의 데이터베이스에 직접 접근함으로써 이들의 원자료를 직접 이용하게 되었다. 결과적으로 이전에는 국제리포트 등에 의존하던 것에서, 직접 원자료를 이용하여 표를 만들게 됨으로써 훨씬 더 최신의 자료들을 포함하게 되었다. 이 점은 이전의 판들에 비해서 6판에서 크게 개선된 내용이다.

2010년 초판을 낸 이후 지금까지 한국사회는 많은 변화가 있었다. 예를 들어, 법적으로 간통죄, 혼인빙자간음죄, 낙태죄 등이 비범죄화되었으며, 동성애 군인, 동성결혼에 대한 사회적인 인식이 변화하였다. 빈곤선을 선정하는 방식이 절대빈곤에서 상대빈곤 방식으로 변화되었으며, 미혼모와 해외입양에 대한 정책이 변화되었고, 심각했던 노인빈곤 문제는 점차 완화되었다. 환경분야에서도 그동안 전국 단일요금이었던 전기요금이 송전비용문제와 환경불평등 시비에 의해서 원자력발전소와의 거리에 따라서 차등화되기 시작하였다. 그리고 이 책에서 사용하던 3월 실업률 통계를 특정 정권에서 발표하지 않아 할 수 없이 8월 실업률 통계로 이것을 대체해야 하는 일도 있었다. 이러한 다양한 변화 속에서도 비교적 꾸준하게 책을 개정해 온 덕분에 한국의 사회변화를 놓치지 않고 따라갈 수 있었다는 점은 작지만 의미 있는 보람이었다고 생각한다.

이렇게 오랫동안 책을 개정해 올 수 있었던 배경에는, 아무래도 미흡한 교재를 흔쾌히 교재로 채택하여 주신 여러분들의 선의가 밑거름이 되었다고 생각한다. 또한 어려운 출판환경 속에서도 흔쾌히 이 책의 출판을 도와주신 박영사 안종만 회장님과 안상준 대표님을 비롯하여, 새로 이 책의 편집을 맡아서 꼼꼼하게 원고를 검토해 준 이혜미 선생께도 각별한 감사의 인사를 드린다. 그리고 책의 내용에 대해 중간중간 조언과 의견을 나누어주신 분들께도 감사드린다. 이 책이 이전 판보다 조금이라도 나아졌다면, 그것은 아마도 이러한 분들의 귀중한 도움 덕분일 것이라 생각한다. 책의 내용 중 의문이 들거나 수정이 필요한 부분이 발견된다면 저자의 이메일로 서슴없이 보내주기를 기대한다. 이러한 의견은 더 나은 책을 만들어 나가는 데 큰 도움이 될 것이다. 강호제현의 질정을 기대한다.

2025년 여름 해운대에서

박철현(stallman@deu.ac.kr)

| 총 목차 |

| 목차 |

PART 1 사회문제를 보는 시각들

CHAPTER 1 사회문제란 무엇인가?

CHAPTER 2 사회질서와 사회문제의 이론들

PART 2 개인적 행위와 사회문제

CHAPTER 3 범죄문제

CHAPTER 4 약물남용문제

CHAPTER 5 성관련문제

PART 3 불평등과 사회문제

CHAPTER 6 빈곤 및 실업문제

CHAPTER 7 여성문제

CHAPTER 9 노인문제

PART 4 사회제도, 삶의 질과 사회문제

CHAPTER 10 가족문제

CHAPTER 11 교육문제

CHAPTER 12 건강문제

CHAPTER 13 인구문제

CHAPTER 14 환경문제

PART 5 결론

CHAPTER 15 사회문제의 연관성과 정책적 우선권

PART

1

사회문제를 보는 시각들

사 회 문 제 론

PART 1

무엇이 사회문제일까? 일반적으로 우리가 사회문제라고 할 때, 생각나는 것은 범죄, 빈곤, 환경파괴 등 우리의 눈을 불편하게 하는 일련의 사회현상들이라고 할 수 있다. 얼핏 보면 사회문제가 쉽게 정의될 수 있을 것같이 보이지만, 지구온난화, 물부족, 동성애, 낙태, 건강, 전쟁 등의 보다 다양한 사회문제가 거론되고 있는 점을 보면, 사회문제를 규정한다는 것이 그리 쉬운 일로 여겨지지는 않는다.

문제는 이러한 다양한 사회문제들이 시대에 따라서, 공간에 따라서 항상 동일한 것들로 구성되지는 않는다는 것이다. 예를 들어 공기 중에 이산화탄소를 지구가 견디기 힘들 정도로 과다 배출하는 것이 사회문제로 규정된 것은, 이 가스가 남극에 오존층을 파괴하여 지구온난화를 가져온다는 것이 많은 사람들의 공감을 얻으면서부터였다. 이처럼 사회문제의 외연은 시대의 흐름에 따라서 동일하게 존재하지 않고, 항상 확대와 축소를 거듭한다. 사회문제의 목록은 시대에 따라서 달라지기도 하지만, 또한 국가나 지역에 따라서도 다른 형태를 띤다. 예를 들어 봄철에 대규모로 발생하는 황사는 중국, 한국 그리고 일본에서 대기오염과 호흡기질병 등을 일으키는 심각한 사회문제이지만, 그 외의 다른 국가에서 이 문제의 심각성에 대한 인식은 거의 없다.

이처럼 사회문제는 시간과 공간에 따라서 달라지지만, 사회문제를 정의하기 어렵게 만드는 또 하나의 중요한 요인은 인간이 가진 주관적 시각에 따라서도 사회문제의 외연이 달라진다는 것이다. 사회문제를 보는 시각은 주로 시대에 따라서 달라져 오고 있다. 예를 들어 동서냉전의 시대에 사회주의 진영이나 좌파지식인들은 마르크스주의에 입각하여 사회문제를 정의하고 분석하였다. 반면 사회가 큰 변화가 없이 평온한 시기에는 주로 기능주의적 시각에 따라서 사회문제를 분석하였으며, 반면 사회가 다원화됨에 따라 주관주의적 입장을 가진 사람들은 상호작용의 시각에 의해서 사회문제를 분석하였다. 문제는 이러한 경향이 시대의 변화에 따라서 달라지며, 그에 따라 사회문제의 목록과 그것의 원인을 보는 입장도 달라져 왔다는 것이다.

따라서 사회문제를 보는 다양한 시각들과 그 다양한 시각들이 근거하고 있는 사회학의 세 가지 큰 이론적 전망들, 즉 구조기능주의이론, 갈등이론, 상호작용이론을 살펴보는 것은 사회문제를 이해하는 데 있어서 필수적이다. 따라서 이 책의 제1부에서는 첫째, 사회문제를 어떻게 정의할 수 있는지, 둘째, 사회문제를 보는 시각이 서구와 한국에서 어떻게 변해왔는지, 그리고 셋째, 이러한 구체적인 사회문제를 보는 시각들이 근거하고 있는 사회학의 세 가지 이론적 전망들을 다룬다.

CHAPTER

1

사회문제란 무엇인가?

이 장에서는 국내외의 기존의 논의를 통해서 사회문제가 어떻게 정의되고 있는지를 살펴보고 사회문제가 매우 다양한 입장에 의해 접근되고 정의되고 있음을 보여준다. 이러한 작업은 직접적으로 기존의 연구들을 통해서 나타나는 사회문제에 대한 사전적 정의를 살펴보는 것을 통해서도 가능하며, 다른 한편으로 기존의 사회문제 교과서들이 사회문제로서 어떤 것들을 다루고 있는지를 살펴봄으로써도 간접적으로 가능하다. 더 나아가 한국사회에서 해방 이후 역대 정권들이 취한 정책들을 살펴봄으로써, 각각의 시대에 어떤 것이 중요한 사회문제로 규정되어 왔는지를 분석해 볼 수 있다. 이 장에서는 이러한 내용들을 살펴본다.

제 1 절 사회문제의 다양한 정의

사회문제의 다양한 정의들을 살펴보기 전에, 우선 개인문제와 사회문제를 어떻게 구별할 수 있는지를 살펴볼 필요가 있다. 두 문제 모두 개인들에게 또는 사회의 구성원들에게 고통을 주지만, 개인문제(personal problem)는 그것의 원인과 해결책이 개인과 개인에 인접한 환경 내에 존재하는 데 반해서, 사회문제(social problem)는 그것의 원인과 해결책이 개인과 개인에 인접한 환경 밖에 존재한다는 점에서 그 차이점이 있다(Lauer and Lauer, 2002: 4).

예를 들어 어떤 개인이 우울증으로 인해, 가정생활과 사회생활에서 심각한 부적응을 겪고 있다고 하더라도, 우리는 이것을 사회문제라고 부르지 않는다. 왜냐하면 그 우울증의 원인을 개인의 뇌질환에서 찾을 수 있으며, 그 해결책도 우울증을 해소하는 약을 복용하거나, 주기적인 운동을 통해서 우울증을 완화하는 호르몬의 분비를 촉진하는 등의 매우 개인적인 영역에서 찾을 수 있다. 반면 어떤 지역에 콜레라와 같은 수인성 전염병이 창궐한다면, 그것의 원인은 전염병에 걸린 개인에 있는 것이 아니며, 지역의 소독이나 예방접종사업을 소홀히 한 보건당국의 대처에서 찾을 수 있다. 따라서 이것을 해결하기 위해서는 보건예산을 증액하여 소독을 철저히 하고, 물관리를 매우 청결히 하며, 대규모의 예방접종을 실시하여야 할 것이다. 이처럼 사회문제는 그 원인과 해결책이 모두 개인이나 개인 주변에서 찾을 수 있는 것이 아니라, 사회에서 찾을 수 있다는 점에서 개인문제와 구분된다.

그러나 문제는 현실에서 개인문제와 사회문제는 종종 쉽게 구분하기 힘들다는 것이다. 위의 전염병 사례에서도, 어떤 개인이 전염병에 걸렸다는 것은 그 개인이 위생상 청결을 게을리 했기 때문일 수 있다. 어떤 사람이 독감이 유행할 때마다 자주 걸리는 것은 그가 손발을 자주 씻지 않기 때문일 수 있다. 이처럼 같은 현상도 그것을 어떻게 해석하는가에 따라서 개인문제로 치부될 수도 있고, 사회문제로 규정될 수도 있다. 사회학자 밀즈(Mills, 1959)는 이것을 사회학적 상상력(sociological imagination)이라는 용어로 설명한다. 이러한 사회학적 상상력을 통해서 어떤 문제에 접근할 때, 우리가 언뜻 매우 개인적인 문제로 보였던 것들이 자주 사회적인 문제로 보일 수 있다. 이 사회학적 상상력은 다양한 사회현상들 사이의 연관성을 이해함으로써 발휘될 수 있다. “바람이 불면 통장수가 돈을 번다”는 일본 속담도 이러한 연관성 속에서 이해할 수 있다.

바람이 불면 통장수가 돈을 번다

일본의 속담 중에 "바람이 불면 통장수가 돈을 번다"는 속담이 있다. 이 속담 속에는 사회현상이 매우 밀접한 유기적 연관성을 갖고 연결되어 있다는 의미가 내포되어 있다. 바람과 통장수가 돈을 버는 것의 연관은 다음과 같은 매우 긴 인과연쇄 속에서 이해될 수 있다.

바람이 분다 → 모래가 날린다 → 모래가 사람의 눈에 들어간다 → 장님이 많아진다 → 장님이 샤미센을 연주해서 돈을 번다 → 샤미센에 쓰이는 고양이 가죽이 필요하게 된다 → 고양이가 감소한다 → 쥐가 늘어난다 → 쥐가 통을 갉아 먹는다 → 통 주문이 증가한다 → 통장수가 돈을 번다

예를 들어 어떤 사람이 범죄를 저지르는 것은 매우 개인적인 현상일 수 있지만, 그 개인의 범죄행동에 실제로는 많은 다른 사회적 요인들이 영향을 주고 있다는 사실을 이해하면, 때로 이것이 매우 다양한 사회현상의 표출이라는 것을 이해할 수 있다. 범죄학의 많은 이론들은 이러한 연관된 현상들을 통해서 범죄라는 사회현상을 설명한다. 매우 개인적으로 보이는 범죄현상의 이면에는 빈곤, 가정폭력, 이혼, 학대, 유해환경, 성공기회의 박탈, 실업 등의 다양한 사회현상이 놓여 있으며, 우리는 이러한 다양한 연관성을 사회학적 상상력을 통해서 이해함으로써 사회문제를 보다 정확히 이해할 수 있게 된다.

이처럼 사회문제의 원인과 해결책을 사회 내에서 찾을 수 있다는 점은, 사회문제가 사회나 집단과 떨어져서 정의될 수 없다는 것을 보여준다. 따라서 많은 학자들은 사회문제를 정의할 때 '다수의 사람들 또는 집단'이나 '영향력 있는 집단'이라는 표현을 사용한다. 이것은 개인이나 소수의 힘없는 사람들이 어떤 상황을 사회문제라고 주장하더라도, 쉽게 사회문제로 규정되지 않는다는 것을 보여준다. 따라서 사회문제를 정의하는 데 있어서 다수 또는 영향력 있는 집단의 동의는 첫 번째 기준이 될 수 있을 것이다. 다시 말해서 이들이 가진 중요한 가치나 신념에 배치된다고 이들이 판단해야 사회문제가 될 수 있다.

예를 들어 헨슬린(Henslin, 2000)은 '상당한 수의 사람들'이 어떤 조건에 대해 관심을 가져야 사회문제가 된다고 했으며, 콘블럼과 쥬리언(Kornblum and Julian, 2001)은 '대부분의 사람들'이 동의해야 한다고 했고, 러빙턴과 웨인버그(Rubington and Wein-berg, 1980)는 '일련의 중요한 사람들'이 동의를 해야 한다고 했으며, 설리반(Sullivan, 2000)은 이들과 유사하게 '사회적으로 영향력 있는 집단'이 그렇게 생각해야 사회문제가 된다고 하였다. 국내에서도 대체로 다수 또는 사회적으로 영향력 있는 집단이 동의해야 사회문제가 된다고 유사하게 정의하는 경향이 있다.

사회문제를 정의하는 데 있어서 두 번째 기준이 되는 것은 사람들의 삶의 조건을 위협하거나 해가 되는 어떤 객관적인 상황의 존재 여부이다. 앞서 살펴본 첫 번째의 조건과는 달리 이 조건은 학자들에 따라서 의견이 잘 일치되지 않는다. 예를 들어 헨슬린은 '측정하거나 경험할 수 있는 객관적 조건'에서 사회문제가 규정되기 시작한다고 하였고, 고영복(1991)도 '문제가 되는 객관적 상황'이 존재해야 한다고 한 반면에, 많은 다른 학자들은 사회문제가 어떤 객관적 속성이 필요하다는 데 대해 동의하지 않는 듯하다. 이것은 특히 상호작용론적 시각을 가진 학자들에게 있어서 뚜렷이 나타나는데, 예를 들어 러빙턴과 웨인버그, 콘블럼과 쥴리언, 설리반 등 많은 학자들은 사회문제를 정의하는데, 객관적 상황의 존재보다는 어떤 상황이 삶의 질을 위협하거나 해가 된다는 데 대해 일련의 집단이나 개인이 '동의'한다는 주관적인 측면을 더 강조하고 있음을 알 수 있다.

이처럼 많은 학자들이 사회문제를 정의하는 데 있어서 객관적인 상황의 존재보다는 비교적 주관적인 다수 또는 영향력 있는 집단의 동의를 강조하고 있는 것은, 현대사회가 너무나 복잡해지고 다원화되어 있어서 어떤 현상에 대한 객관적이라고 할 수 있을 정도의 합의를 찾기 어렵다는 현실적인 이유가 있다. 그 외에도 현대사회에서 새롭게 나타나고 있는 많은 사회문제들이 범죄나 빈곤문제와 같은 전통적인 사회문제들과는 달리 여기에 대해 의견일치가 쉽지 않기 때문일 것이다. 예를 들어 지구온난화, 물부족 등의 환경문제는 범죄나 빈곤과 같은 전통적인 사회문제에 비해 이들이 사회문제라는 데 상대적으로 적은 수의 사람들이 동의할 것이다.

표 1-1 ■ 사회문제에 대한 다양한 정의들

저자	정의
Beeghley(1998)	상당히 많은 사람들이 해로운 것으로 간주하고, 정치적으로 개선이 필요한 것으로 인식하는 상황
Henslin(2000)	측정하거나 경험할 수 있는 객관적 조건에서 시작하여, 어떤 상당한 수의 사람들이 그 조건에 대해 관심을 갖게 되는 주관적 조건이 부가되는 상황
Kornblum and Julian(2001)	어떤 상황이 사회의 대부분의 사람들의 삶의 질과 그들의 가장 소중한 가치들을 위협하고, 그 상황을 개선하기 위해 어떤 조치가 취해질 필요가 있다는 데 그들이 동의하는 상황
Mooney et al.(2007)	사회구성원들에 해가 되고 개선될 필요가 있다고 사회 내의 한 분파가 생각하는 어떤 상황
Rubington and Weinberg(1980)	어떤 상황을 변경시키기 위해 어떤 조치가 취해질 필요가 있다는 데 동의하는 일련의 중요한 사람들이 갖고 있는 가치와 양립할 수 없다고 단정된 상황
Scarpitti et al.(1997)	집단적 정의의 과정을 통해, 그리고 그것이 사회구조와 사회변동에 어떤 관계를 갖는지에 대한 사회학적 분석에 따라 규정되는 것으로서, 개인적, 사회적 안녕에 영향을 미치는 사회 내의 어떤 상황
Sullivan(1997)	사회적으로 영향력 있는 집단이 자신들의 가치를 위협하고, 많은 사람들에게 영향을 미치며, 집단행동을 통해 해결가능하다고 생각하는 상황
고영복(1991)	문제가 되는 '객관적 상황'이 존재하고 여기에 그 상황을 참을 수 없다는 주관적 인식이 더해질 때
원석조(2008)	사회 또는 개인에게 해로운 상황을 영향력 있는 집단이 사회문제라고 규정하고, 집단행동을 통해 해결되어야 한다고 생각하는 상황
이완수 외(2009)	상당히 많은 사람들이 자신들의 가치관에 어긋나고 또한 자신들의 삶과 사회에 해가 된다고 믿고서 개선할 필요가 있다고 동의하는 어떤 사회적 상황
최일섭 외(2000)	어떤 사회적 현상이 사회적 가치에서 벗어나고, 상당수의 사람들이 그 현상으로 인하여 부정적인 영향을 받고 있으며, 그 원인이 사회적인 것이며, 다수의 사람들이나 영향력 있는 일부의 사람들이 문제로 판단하고 있고, 사회가 그 개선을 원하고 있고, 개선을 위하여 집단적 사회적 행동이 요청되는 상황

또한 정보통신과 인터넷의 발달로 인하여 지구세계가 점점 좁아지고 있고, 세계인들 간의 교류가 폭발적으로 증가함으로써 과거에 한 국가에 한정하여 규정되었던 사회문제가 전 세계의 차원에서 규정되기 시작함으로써 사회문제를 규정하고 정의하는 데 있어서 국가 간의 이질성이 보다 더 돋보이게 되었다. 따라서 점점 많

은 사람들이 과거에 별 이견이 없이 받아들여졌던 사회문제에 대해서 재검토하고 근본적으로 이것이 왜 사회문제인가에 대한 의문을 제기하게 되었다. 예전에 한국에서 전통적으로 사회문제로 규정되어 왔고 심지어 법적으로도 처벌되어 왔던 많은 것들이 이제 이러한 의문의 영역 속으로 들어오고 있다. 예를 들어 혼인빙자간음죄나 간통죄, 그리고 낙태죄는 최근에 한국에서도 위헌으로 판결되어 범죄의 목록에서 제외되었으며, 그 외에도 성매매, 포르노그래피, 동성애 그리고 대마초 흡연 등에 대한 처벌은 이제 근본적인 비범죄화(decriminalization)[1]의 도전을 받고 있다.

또 과거에 사회문제로 규정되었던 현상 중에 이제는 거꾸로 그 반대의 현상이 사회문제로 받아들여지는 현상도 나타나고 있다. 예를 들어 과거에 인구가 폭발적으로 증가하던 시대에 고출산이 사회문제로 별 이견없이 받아들여졌지만, 불과 20여년 만에 이제는 저출산이 국가의 존립을 위협하는 큰 사회문제로 받아들여지고 있다. 이와 같이 현대사회에서 나타나는 새로운 많은 변화들은 과연 사회문제를 정의하는 데 있어서 객관적인 조건이나 속성이 존재하는지에 대해 의문을 갖게 하였다.

사회문제를 정의하는 데 있어서 세 번째 기준은 어떤 상황이 개선이 필요하다고 판단되어야 한다는 것이다. 이것은 다시 말해서 어떤 문제시되는 상황이 개선이 가능하고 집단행동을 통해서 해결될 필요가 있다고 생각되어야 한다는 것이다. 사회문제를 정의한 대부분의 학자들은 여기에 대해 동의하는 듯하다. 예를 들어 무니와 그 동료들(Mooney et al., 2007)은 이것을 '개선될 필요가 있다고…'라고 표현하며, 러빙턴과 웨인버그는 '어떤 상황을 변경시키기 위해 어떤 조치가 취해질 필요가 있다는 데 동의하는…'이라고 표현하고, 설리반은 '집단행동을 통해 개선가능하다고 생각하는…'이라고 표현한다. 그 외에도 많은 사람들이 사회문제를 정의하면서 이러한 개선의 가능성과 필요성에 대해 언급하고 있다.

이상의 여러 학자들의 사회문제에 대한 정의들을 고려해 볼 때, 사회문제란 "다수 또는 일련의 영향력 있는 사람들의 가치와 상충되어 불편함을 느끼는 상황이 존재하며, 이러한 상황이 집단행동이나 다른 어떤 조치를 통해 해결가능하며, 해결

1) 범죄였던 행위를 법에서 관련 처벌조항을 폐지하는 방법 등을 통하여 처벌하지 않는 것을 말한다. 주로 낙태, 약물남용, 성매매와 같은 피해자 없는 범죄(victimless crime)가 그 대상이 된다. 보다 자세한 내용은 3장을 참조하라.

될 필요가 있다고 이들이 동의하는 상황"이라고 할 수 있다. 이 정의에서 사회문제는 어떤 객관적인 속성이나 조건을 가질 필요는 없다. 이러한 객관적인 속성이나 조건은 현실적으로 현대사회에서 부단히 변화하고, 새롭게 나타나고 규정되는 사회문제들 모두 포괄하기 어렵게 만든다. 따라서 다수 또는 영향력 있는 집단이 어떤 상황에 대해 사회문제라고 생각하고, 이것이 개선되어야 한다고 여길 때 사회문제가 만들어진다고 할 수 있는 것이다.

제 2 절 무엇이 사회문제인가?

앞 절에서 여러 기존 학자들의 정의를 참고하여, 사회문제에 대한 정의를 했지만, 정작 어떤 문제를 사회문제로 보고 다루어야 할 것인지는 또 다른 차원의 구체적인 문제이다. 이 단계에서 참고로 할 수 있는 것은 이미 나와 있는 국내외의 기존의 사회문제 교재들이나 여기에 대한 사회조사 결과들일 것이다. 다행히 통계청의 사회조사에서는 "우리 사회의 안전을 위협하는 가장 큰 불안 요인이 무엇이라고 생각하십니까?"라는 질문을 포함했다.

[표 1-2]는 이것의 분석 결과를 요약한 것이다. 우선 "어떤 것이 중요한 사회문제라고 생각하는지"는 연도별로 시대상황에 따라서 달라진다는 것을 알 수 있다. 예를 들어 건강문제(신종질병문제)는 이전에는 크게 중요한 문제라고 생각되지 않았지만, 코로나19가 창궐한 2020년에는 무려 62.0%의 응답자가 이것을 중요한 문제라고 평가했다. 이처럼 사회문제는 시대상황에 따라서 인식의 변화가 나타난다. 따라서 지난 10년간 우리 사회에서 중요한 사회문제를 평균을 통해서 살펴보면, 우선 범죄문제가 전체 응답자의 51.2%가 중요한 불안요인으로 평가하여 가장 높게 나타났고, 그다음으로 빈곤문제라고 할 수 있는 경제적 위험과 빈부격차로 인한 계층갈등이 각각 35.4%와 22.3%로 높게 나타났다. 다음으로 국가정체성에 위협이라고 할 수 있는 전쟁, 핵 등의 국가안보문제가 33.9%, 부정부패 등의 도덕성 부족이 29.5%, 화재, 교통사고 등의 인재가 26.9%, 환경문제가 24.6%, 신종질병과 같은 건강문제가 25.3%, 태풍, 홍수, 가뭄과 같은 자연재해가 17.7%의 순으로 나타났다.

표 1-2 ■ 우리 사회의 안전을 위협하는 가장 큰 불안요인(복수응답)

사회문제	연도							
	2010	2012	2014	2016	2018	2020	2024	평균
범죄발생 (유괴, 살인, 강도 등)	47.6	57.4	49.5	61.4	53.1	43.9	45.3	51.2
국가안보 (전쟁, 북한 핵 등)	44.1	32.3	36.1	34.3	33.9	25.3	31.1	33.9
경제적 위험 (파산, 실업 등)	34.0	34.8	25.1	36.6	36.2	40.5	40.7	35.4
도덕성 부족 (부정부패 등)	21.7	30.9	34.7	29.9	31.4	25.6	32.2	29.5
인재 (화재, 교통사고, 붕괴)	16.9	20.5	46.0	20.5	32.3	25.1	26.9	26.9
환경오염 (수질, 대기, 해양 등)	19.7	17.7	17.8	20.6	38.9	27.1	30.4	24.6
빈부격차로 인한 계층갈등	17.7	20.8	18.7	22.7	25.8	23.4	27.0	22.3
신종질병 (SARS, 조류독감 등)	21.4	15.2	13.2	22.5	14.2	62.0	28.7	25.3
자연재해 (태풍, 홍수, 가뭄 등)	16.3	14.6	16.6	11.7	23.8	16.7	24.1	17.7

출처: 통계청. 「사회조사」. 각 연도.

기존의 사회문제 교과서는 사회문제를 이해하는 데 중요한 도구이지만, 한편으로 이 사회문제 교과서들이 포함하고 있는 개별 문제들을 분석하면 어떤 문제가 중요한 사회문제인지를 쉽게 알 수 있다. [표 1-3]은 국내외의 주요 사회문제 교과서에서 어떤 문제가 다루어지고 있는지를 보여주는 표이다. 이 표에는 14종의 주요 국내서와 9종의 주요 국외서가 분석되어 있다. 먼저 국내서에 포함된 사회문제들을 살펴보면, 범죄문제와 빈곤문제는 14종 모든 교재에서, 청소년비행과 가족문제는 13종에서, 노동문제는 12종에서, 그리고 약물남용과 여성문제, 노인문제, 환경문제는 11종에서 다루어졌다. 이 결과는 한국사회에서 범죄문제, 빈곤문제, 청소년비행, 가족문제, 노동문제, 노인문제, 약물남용, 여성문제 그리고 환경문제가 매우 중요한

표 1-3 ■ 국내외 주요 교과서에 포함된 사회문제들

저자	범죄	청소년비행	약물남용	가족	교육	노동	빈곤	여성	노인	건강	도시	인구	환경	아동	장애인	성관련문제	소수집단	종교	지역	전쟁테러	부패
고영복 외(1991)	○	○		○	△	△	○	○	○	△	○	○	○					○	○		○
권승 외(2008)	△	△		○			○	○	○			△		△		△	○		○		
김근홍 외(2002)	○	△	○	○		○	○	○	○	○			○	△	○						
김대원 외(2004)	○	○	○	○	○	○	○		○	△				○	○						
김영모 외(2007)	○	△	○	○	○	○	○			○			○			○		○		○	○
김영화 외(2006)	○		○	○	○		○	○	○	△			○								
김종일 외(2004)	○	○	○	○	○	○	○	○	○				○	○	○						
박용순 외(2008)	○	○	○	○		○	○	○	○	△			○	○							
원석조(2008)	○	○	○	○	○	○	○	○		○	○	○	○			△					
이완수 외(2009)	○	○				○	○	○	○												○
최선화 외(2008)	○	○	○	○		○	○	○	○				△	○	○		○				
최일섭 외(2000)	○	○	○	○		○	○	○	○	△			○								
표갑수(2006)	○	○	○	○	○	○	○		○	△	○		○			△					
김태현·이문숙(2009)	○	○	○	○	○	○	○	○		△	△	△	○			△	○				
국내서 소계(14종)	14	13	11	13	8	12	14	11	11	10	4	4	11	6	4	5	3	2	2	1	3
Charon and Vigilant(2008)	○		○	○	○	○	○	○		○		○	○				○			○	
Finsterbusch(2008)	○			○	○		○	○		○		○	○				○			○	
Heiner(2009)	○			○			○						○								
Henslin and Fowler(2009)	○		○	○	○	○	○	○	○	○	○	○	○			○	○			○	
Henslin(2000)	○		○	○			○	○		○	○	○	○			○	○			○	
Kornblum and Julian(2001)	○	○	○	○	○	○	○	○	○	○	○	○	○			○	○			○	
Lauer and Lauer (2007)	○	△	○	○	○	○	○	○		○			○			○	○			○	
Leon-Guerrero (2008)	○		○	○	○	○	○			○	○		○			○	○			○	
Mooney et al. (2007)	○		○	○	○	○	○	○	○	○	○	○	○			○	○			○	○
국외서 소계(9종)	9	2	7	9	7	6	9	7	3	8	5	6	9	0	0	6	8	0	0	8	1
국내외서 합계 (23종)	23	15	18	22	15	18	23	18	14	18	9	10	20	6	4	12	11	2	2	9	4
이 책	○	△	○	○	○	△	○	○	○	○		○	○	△	△	○	○				

○: 주요 문제로 다룸. △: 부분적으로 다룸.

사회문제라는 것을 보여준다. 특히 범죄문제와 빈곤문제는 모든 교재에서 다루고 있어 이것이 가장 핵심적인 사회문제라는 것을 알 수 있다.

다음으로 건강문제가 10종에서 다루어지고 있었지만, 이것을 정신건강이나 신체건강의 각 부분에 한정해서 다루는 경우가 많았다. 교육문제는 8종의 교재에서 다루고 있었고, 아동문제는 6종의 교재에서, 성관련문제는 5종의 교재에서, 도시문제, 인구문제, 장애인문제는 각각 4종의 교재에서, 소수집단문제와 부패문제는 3종의 교과서에서, 그리고 종교문제, 지역문제가 2종의 교재에서 포함되었다. 반면 전쟁/테러문제는 1종의 교재에서만 포함되어, 한국에서 이 문제는 아직 크게 중요한 문제로 받아들여지지 않고 있었다.

외국의 사회문제 교재들을 살펴보면, 전체 9종의 교과서에서 모두 다룬 사회문제는 범죄문제, 가족문제, 빈곤문제 그리고 환경문제였다. 그다음으로 건강문제와 소수집단문제, 전쟁/테러문제가 각 8종에서 포함되었고, 약물남용문제, 교육문제와 여성문제가 7종의 교재에서, 노동문제, 성관련문제와 인구문제가 6종의 교재에서, 도시문제가 5종의 교재에서, 노인문제가 3종의 교재에서, 청소년비행이 2종의 교재에서, 그리고 부패문제가 1종의 교재에서 다루어졌다.

국내서와 외국서의 차이점은 국내서는 청소년비행을 많이 다루는 데 비해서, 외국서는 범죄에 포함시키거나 다루지 않은 경우가 많았고, 국내서에 비해 도시문제, 전쟁/테러문제를 많이 다루는 편이며, 국내서에서 일부 다루어진 아동문제, 장애인문제, 종교문제, 지역문제는 외국서에서는 하나도 다룬 교재가 보이지 않았다는 점이다. 국내외 교재를 막론하고 범죄문제와 빈곤문제는 모든 교재에서 다루어지고 있었다. 이것은 그만큼 이 두 문제가 사회문제에서 차지하는 비중이 크다는 것을 보여준다.

이 책에서는 총 16가지의 사회문제들을 주요 문제 또는 부분적 문제로서 다룬다. 우선 한 장 전체를 차지하는 주요 문제로서, 범죄문제와 약물남용문제, 성관련문제, 빈곤문제, 여성문제, 소수집단문제, 노인문제, 가족문제, 교육문제, 건강문제, 인구문제, 그리고 환경문제를 포함하였으며, 노동문제, 지역문제 등은 다른 주요 문제의 하위영역으로 부분적으로 다루거나, 특정 하위문제만을 다루었다.

이 책과 다른 국내서에서 다룬 사회문제들을 비교해 보면, 다른 국내서에서 잘 다루지 않는 것 중에 소수집단문제와 성관련문제를 과감히 주요 문제로 다루었다. 소수집단문제는 미국과 같은 다민족사회에서 매우 중요한 사회문제로서 사회적 차별의 원천이 되지만, 한국사회는 단일민족으로 구성된 사회이기 때문에 그동안 국내의 교재들이 여기에 관심을 기울이지 않은 느낌이 있다. 그러나 오래 전부터 우리 사회의 소수집단인 화교를 비롯하여, 최근 외국인노동자, 다문화가정, 탈북주민 등의 국적, 민족에 따른 소수집단이 크게 증가하고 있고, 이미 정부는 심각한 저출산에 따라서 다문화사회로의 이행을 기정사실화하고 있는 시점에서 소수집단문제는 우리 사회의 주요 문제로 등장하고 있다. 그리고 성관련문제는 우리 사회에서 최근에 급속히 중요한 쟁점으로 떠오르고 있는 문제들을 많이 포함하고 있다. 예를 들어 성폭행, 성매매, 포르노그래피, 동성애, 낙태 등의 문제들은 최근에 우리 사회에서 중요한 쟁점이 되어 왔고, 여기에 대한 인식이나 시각도 크게 바뀌고 있다. 따라서 이 책은 성관련문제를 하나의 주요 문제로서 포함하였다.

반면 다른 교재에서 주요 문제로서 다루어지는 것들 중에 이 책에서 부분적으로 다룬 문제들도 존재한다. 이 책에서는 청소년비행을 범죄의 하위영역으로 함께 다룬다. 이것은 청소년비행을 설명하는 이론적 시각이 모두 범죄를 설명하는 이론적 시각과 거의 정확히 겹치기 때문이다. 또한 노동문제도 가장 중요한 실업만을 떼서 빈곤문제와 함께 다룬다. 이렇게 구성한 이유는 각각의 관련문제에서 이들을 다루는 것이 더욱 일관되게 이론적으로 설명할 수 있기 때문이다. 이러한 점은 사회문제에 대한 이론적 시각을 중요시하는 이 책의 특징 중의 하나이다.

제 3 절 해방 이후 국가정책을 통해 본 한국의 사회문제

한 나라의 정부가 중점적으로 시행하는 정책은 그 나라가 어떤 문제를 중요한 사회문제로 인식하고 있는가를 보여준다. 또한 시대적 변화에 따라서 당시 정부의 정책초점을 분석하면, 사회문제의 외연이 어떻게 달라져 왔는지, 그리고 사회문제를 보는 시각이 어떻게 변해왔는지를 알 수 있다. 따라서 이 절에서는 1945년 해방 이후 한국사회에서 어떤 것이 중요한 사회문제로 취급되었는지를 국가정책을 통해서 살펴본다. 이렇게 국가의 정책을 통해서 각 시대의 사회문제를 파악하는 것은, 민주주의가 비교적 성숙한 현재에 이르기까지 한국에서 권위주의적, 국가주도적 개발과 발전정책이 그대로 유지되고 있다는 점에서 유용하다.

해방 이후 지금에 이르기까지 간명하게 시대구분을 한다면, 크게 다음의 다섯 시기로 나누어 볼 수 있다. 첫 번째 시기는 해방 직후 식민지와 전쟁의 위협으로부터 국가의 정체성을 확립하는 것이 가장 큰 문제가 되었던 시기로서, 1945년에서 5.16 쿠데타에 이르는 기간이라고 할 수 있다. 두 번째 시기는 본격적인 남북 간의 체제경쟁이 시작되어 경제성장이 최우선의 문제로 부각되었던 시기로서, 박정희 정권이 들어선 이후부터 전두환 대통령에 이르는 1987년 이전까지의 시기라고 할 수 있다. 세 번째 시기는 경제성장에 기반한 민주주의의 발전과 이것의 수호가 우리 사회의 최우선 문제가 된 시기로서, 직선제 대통령이 등장한 노태우 대통령에서부터 김영삼 대통령 집권기라고 할 수 있다. 네 번째 시기는 앞 시기에서 발전된 민주주의가 성숙되어 사회적 약자에 대한 보호가 사회의 큰 우선문제가 된 김대중 대통령에서 노무현 대통령까지의 시기라고 할 수 있다. 마지막 시기는 사회문제가 일 국가의 범위를 넘어서 세계화되어 서로 밀접한 영향을 주고받는 시기로서, 이명박 대통령의 집권 이후 시기라고 할 수 있다.

1. 식민지와 전쟁으로부터의 국가정체성의 확립(1945~1961)

이 시기는 식민지로부터 독립을 쟁취하고 그 직후 나타난 좌우익의 대립으로 대표되는 혼란의 시기와 곧이어 발생한 한국전쟁에 의해 국가 정체성이 위협을 받았던 시기이다. 따라서 사회적으로 중요한 문제로 대두된 것이 국가의 정체성을 유지하고 보호하기 위한 군대 및 경찰력의 확보, 사회주의 및 좌익세력의 척결, 전쟁의 승리 및 빨치산토벌 등이었다. 이후에서는 이 시기를 해방 후 좌우익의 대립과 남한 단독정부 수립으로 나타나는 시기와, 한국전쟁 이후의 시기로 나누어서 살펴본다.

(1) 해방 후 좌우익의 대립과 남한 단독정부 수립

일제시대에 수많은 독립운동가들이 국내와 중국, 미국 등에서 활동하고 독립을 위해서 노력했지만, 정작 독립은 우리의 힘으로 일본제국주의자들을 몰아내기보다는 일본이 미국에 도전하여 패망함으로써 달성될 수 있었다. 따라서 해방 직후 한국사회는 아직 국가를 경영할 민족적 능력이 부족했기 때문에, 또 다른 외세의 개입을 가져왔고 이것은 민족분단의 계기가 되었다.

해방 후 일시적으로 나타난 좌익과 우익의 첨예한 대립은 정국을 매우 혼란스럽게 만들었고, 군대와 경찰력의 확보가 사회의 중요한 문제가 되었다. 이에 따라 시급히 미군정을 대체할 군대와 경찰력을 확보하는 것이 필요했고, 때때로 일본제국주의 시대에 군대경험과 경찰경험을 했던 친일인사들이 기용되기도 하였다. 이것은 이승만 대통령이 독립운동을 하면서 경험했던 미국식 실용주의의 결과이기도 했으며, 우리 힘으로 독립을 쟁취하지 못하고 외세에 의해 독립을 쟁취한 결과이기도 했다. 물론 이 시기에도 식민지 수탈과 전쟁의 파괴적인 결과로 인한 절대빈곤으로부터의 탈출이 중요한 문제로 여겨졌지만, 그것은 어디까지나, 절대빈곤이 국가정체성에 위협이 될 수 있다는 측면에서 중요할 뿐이었다.

이 시기에 대량으로 이루어진 미국의 농산물 원조 또한 당시 급격하게 세력을 넓히고 있었던 공산주의 세력을 견제하고, 자본주의에 기반한 자유민주주의 체제를 구축하기 위한 성격이 강했다. 남한지역에 미군이 주둔하고, 한국전쟁에 자유민주주의 국가들이 대거 참전하면서 한국은 자본주의체제에 기반한 친미의 자유민주주의체제로 국가정체성을 유지하게 되었다. 그 결과 이 시기에 한국에서 우선시되었던 사회문제는 자유에 기반한 민주주의체제의 수립과 유지가 되었다.

(2) 한국전쟁과 국가안보

1950년 발생한 한국전쟁은 이러한 경향을 더욱 강화하는 계기가 되었다. 군대가 제대로 준비가 되지 않고 맞이한 한국전쟁은 전쟁 초기에 엄청난 힘의 불균형을 초래하였고, 다시 한 번 국가로서 정체성을 유지하기 위해서 군대와 경찰력이 절실하게 요구되었다. 한국전쟁은 미군과 유엔군의 도움으로 전세를 역전시키고, 다시 중공군과 소련군의 개입을 가져와 결과적으로 공산주의 진영과 자유민주주의 진영 사이의 오래 지속된 냉전의 도화선이 되었다. 한국전쟁은 남한 지역을 초토화시켜 더욱 미국의 원조에 의존하게 만드는 원인이 되었으며, 좌익세력에 대한 증오심을 가져오게 만드는 원인이 되었다. 그 결과 좌익의 척결은 곧 국가정체성의 유지라는 목적을 달성하는 것과 같은 등식이 만들어지게 되었다. 또한 군부의 힘이 커지게 된 것도 모두 전쟁의 결과였음을 부인할 수 없다.

그 후 이승만 정권의 3.15 부정선거와 여기에 반발해 일어난 4.19 의거는 일부 정치인과 대학생들을 중심으로 일어난 엘리트 혁명이었다. 그 결과 이승만 정권이 무너지고, 윤보선과 장면총리 중심의 의원내각제형의 정권이 들어섰지만, 먹을 것을 걱정해야 하는 국민들에게 민주주의는 사치에 불과하였다. 민주주의가 발전할 만한 경제적 토대를 이루지 못하고, 일부의 엘리트에 의해 만들어진 민주주의의 실험은 그리 오랜 기간을 유지하지 못하고 새로운 쿠데타에 의해 무너지게 되었다. 결과적으로 이 혁명이 실패하게 된 근본적인 원인은 우리 사회의 가장 우선적인 문제가 민주주의의 확보가 아니라, 국가정체성의 확보라는 보다 기초적이고 근본적인 것이기 때문이었다.

2. 군사정권과 경제성장(1961~1987)

당시 엘리트집단이었던 군부의 5.16 군사쿠데타는 우리나라의 사회정책의 기조를 바꾸어 놓았다. 물론 국가정체성의 유지라는 큰 목표가 여전히 중요한 사회문제였지만, 쿠데타 이후의 가장 우선적인 사회문제는 절대빈곤이 되었다. 당시 쿠데타 세력이 내걸었던 '혁명공약'을 살펴보면, 반공과 우방과의 유대를 통해 국가정체성을 유지하는 것과 함께, 절대빈곤으로부터의 탈출이 가장 중요한 내용으로 자리하고 있었음은 물론이다.

이러한 경향은 군사정권이 역점을 두어 1970년부터 시작한 새마을운동에서도 쉽게 찾아 볼 수 있다. 사실상 새마을운동은 절대빈곤으로부터의 탈출이라는 그들의 의지를 잘 보여주는 사업이었다. 이 운동은 빈곤으로부터의 탈출을 위한 관건이 국민들의 의식개혁에 있다는 점을 인식하고, 근면, 자조, 협동이라는 슬로건을 통해 특히 농촌지역의 주민들에게 잘 살 수 있다는 의식을 심어주려고 하였다. 당시 새마을운동 노래 중에서 중요한 노래였고, 가사에도 7번이나 등장하는 '잘 살아보세'는 우리 사회에서 해결이 필요한 절실한 사회문제가 무엇인지를 너무나 명확히 보여준다.

'5.16 혁명공약'

1. 반공을 국시의 제일로 삼고, 지금까지 형식적이고 구호에만 그친 반공태세를 재정비 강화한다.
2. UN헌장을 준수하고 국제협약을 충실히 이행할 것이며, 미국을 비롯한 자유우방과의 유대를 더욱 공고히 할 것이다.
3. 이 나라 사회의 모든 부패와 구악을 일소하고 퇴폐한 국민도의와 민족정기를 바로잡기 위해 청신한 기풍을 진작시킨다.
4. 절망과 기아선상에서 허덕이는 민생고를 시급히 해결하고 국가자주경제 재건에 총력을 경주한다.
5. 민족적 숙원인 국토통일을 위해 공산주의와 대결할 수 있는 실력 배양에 전력을 집중한다.
6. 이와 같은 우리들의 과업이 성취되면 참신하고 양심적인 정치인들에게 정권을 이양하고 우리는 본연의 임무로 복귀할 준비를 갖춘다.

잘 살아보세

잘 살아보세 잘 살아보세 우리도 한번 잘 살아보세
금수나 강산 어여쁜 나라 한마음으로 가꿔가며
알뜰한 살림 재미도 절로 부귀영화 우리 것이다
잘 살아보세 잘 살아보세 우리도 한번 잘 살아보세
잘 살아보세

또한 1960년대 초부터 시작된 경제개발과 함께 절대빈곤으로부터의 탈출을 위해서는 농업사회에 어울렸던 다자녀를 갖는 전통을 지양하는 것이 필요하였다. 당시의 고출산 경향은 급속한 인구증가를 초래했고, 이러한 고출산을 그대로 두고 빈곤문제를 해결하는 것은 사실상 불가능에 가까웠다. 따라서 박정희 정부는 1가정 2자녀만을 갖도록 하는 산아제한 정책을 강력히 추진하였다. 그 결과 둘 이상의 자녀를 갖는 경우에는 불이익이 제공되었고, 불임시술을 원하는 사람은 무료로 수술을 받을 수 있도록 하였다. 그 외에도 수확한 쌀을 갉아먹는 쥐를 없애려는 쥐잡기운동, 학교에서의 공중위생정책 등은 모두 빈곤에 대한 전쟁의 일환으로 시행된 것이었다.

당시의 산아제한 표어들

덮어놓고 낳다보면 거지꼴을 못 면한다
알맞게 낳아서 훌륭하게 기르자
딸, 아들 구별말고 둘만 낳아 잘 기르자
잘 키운 딸 하나, 열 아들 부럽지 않다
하나씩만 낳아도 삼천리는 초만 원

박정희 정권의 경제개발은 세계에서 유래를 찾아보기 힘들 정도로 성공을 거둬, 단시일 내에 국민을 절대빈곤으로부터 벗어나게 하였지만, 한편으로는 산업의 비교우위론에 따라서 특정 지역이 공업화로부터 소외됨으로써 지역차별 문제를 심화시켰고, 후에 이것은 오랫동안 정치적으로 악용되는 결과를 가져왔다.

빈곤으로부터의 탈출이 중요한 화두였던 박정희 정부시대에도 국가정체성의 수호문제는 역시 중요한 문제로 계속 남아있었다. 특히 박정희 정부의 독재에 항거하여 일어난 학생운동은 시간이 흐르면서 점차 좌경화되는 경향을 보여주었다. 당시 집시법과 국가보안법으로 수많은 학생들이 검거되었고, 또한 일부는 정부조작의 희생양이 되었다. 특히 유신헌법으로 독재가 심화되어 갈 무렵인, 정권 말기에는 남파간첩이 아닌 사상범들 중에 국가보안법이 적용되어, 사형을 당한 사람들이 적지 않았다.

박정희 대통령의 저격사건으로 인해 혼란스러워진 정국을 틈타 정권을 장악한 전두환 대통령이 주도한 신군부는 1980년 광주에서의 소요사태를 유혈진압하고 대통령이 되었다. 집권 초기 전두환 정부는 민심을 얻기 위해 전국의 깡패들을 모두 잡아들여 군대식 삼청교육대를 창설하고 고된 훈련을 실시하였다. 그러나 이 교육의 대상이 된 사람들 중에는 깡패와는 전혀 관계가 없는 신군부에 비협조적인 사람들이 일부 포함되어 문제가 되었다. 결국 이 삼청교육에 대한 후세의 평가는 치안의 확보가 아닌 정권유지를 위한 도구라는 데 그 합의가 모아지고 있다.

이상에서 살펴본 박정희 대통령과 전두환 대통령에 이르는 30여 년 가까이 되는 시기는 빈곤으로부터의 탈출 및 의식주의 기본적인 문제해결이 가장 우선적인 사회문제로 부각되었던 시기라고 할 수 있다. 독재와 시위로 점철되었던 이 시기에 우리나라가 절대적인 빈곤으로부터 탈출하여 민주화를 위한 토대를 다질 수 있었고, 세계가 첨예하게 경쟁하는 오늘날 경쟁에 뒤처지지 않을 정도로 경제개발을 훌륭하게 진행할 수 있었던 것은 우리 역사상 크게 다행스러운 일이었다.

3. 민주주의의 수호와 민주사회의 새로운 적(1988~1998)

1987년의 6월 항쟁은 우리나라의 민주화의 도화선이 되었다. 이 6월 항쟁의 결과로 신군부는 대통령직선제 개헌을 받아들이게 되었고, 우리 사회는 민주화의 돌이킬 수 없는 길로 들어서게 되었다. 비록 이후 당선된 대통령이 군인 출신인 노태우 대통령이었으나, 그는 국민의 직접투표로 당선되었기에 정당성이 있었고, 이것은 이 시기와 이전의 시기를 구분하는 기준이 될 수 있다. 노태우 대통령과 김영삼 대통령에 이르는 이 시기는 우리 사회가 민주화를 성취하고 사회 전반에 걸쳐 민주주의를 실현하는 새로운 시대가 되었다.

그러나 민주화의 흐름은 군사정권으로 상징되는 정부 권위의 약화를 가져왔고, 그 결과 느슨한 사회분위기를 틈타고 나타난 범죄문제가 이 시기의 가장 중요한 사회문제가 되었다. 노태우 정부에서 시행된 '범죄와의 전쟁', 그리고 1989년에는 이 범죄문제에 효과적으로 대응하기 위한 방편으로 '한국형사정책연구원'이 정부 주도로 설립된 것은 이 시기의 가장 우선적인 문제가 범죄라는 것을 보여준다. 이 시기의 이러한 일련의 흐름들은 범죄문제가 과거 정부에서 우선시되었던 빈곤, 경제개발, 위생, 의식개혁, 환경 등의 문제보다 가장 큰 우선권을 가졌다는 것을 잘 보여준다.

이 시기 정부의 가장 큰 골칫거리가 무엇인지를 잘 보여주는 것으로 사형집행현황을 살펴보면, 이전 시기에 사상범들이 많이 사형의 대상이 되었던 데 비해서 이 시기에는 주로 가정파괴범, 강도살인, 존속살인, 연쇄살인 등의 반인륜적, 반사회적 범죄자들에 대해 사형이 선고되었다. 특히 가정파괴범과 지존파사건, 택시강도 온보현사건, 막가파사건, 페스카마호사건 등의 엽기적인 사건들이 발생하면서, 사회적으로 이들에 대한 엄벌의 여론이 일어났고, 이에 김영삼 정부 말기였던 1997년에는 무려 23명의 사형수를 대거 사형집행하였다. 이 사형집행은 현재까지 우리나라의 마지막 사형집행으로 남아있다. 이러한 사형집행현황은 이 시기에 범죄문제가 매우 중요한 사회문제였다는 점을 보여준다.

4. 민주주의의 성숙과 사회적 약자의 보호(1998~2008)

이 시기는 우선 평화적으로 여야 간의 정권교체가 되었다는 점에서 우리 사회의 민주주의가 한 단계 더 성숙되는 계기가 된 시기이다. 이 시기는 김대중 정부에서 노무현 정부에 이르기까지의 시기라고 할 수 있는데, 두 대통령 모두 우리 사회의 소수집단 출신의 대통령이었다는 점에서 공통점이 있다. 전자는 지역적 소수집단인 호남출신이었으며, 후자는 학력적 소수집단인 고졸출신이었다는 점에서 그러하다. 따라서 두 가지의 큰 사회적 흐름이 나타났는데, 하나는 과거정부나 법원의 행위에 대한 재평가와 이것의 사회문제화가 이루어졌으며, 다른 하나는 사회적 약자에 대한 보호를 강화함으로써 사회문제의 정의에 크게 영향을 주었다는 점이다.

김대중 정부와 노무현 정부는 주로 시민단체에서 활동하고 있던 과거 학생운동 출신의 수많은 사람들을 정부에 끌어들였으며, 이들은 우리 사회의 사회문제를 보는 시각을 급격히 바꾸어 놓았다. 예를 들어 김대중 정부 들어 새로이 신설된 여성부는 수많은 페미니스트들을 정부에 끌어들였으며, 이들은 주로 소수집단인 여성과 관련된 문제들에 대한 많은 새로운 대안들을 쏟아내었다. 그 외에도 국가인권위원회, 청소년보호위원회, 민주화운동보상심의위원회, 진실화해를위한과거사정리위원회 등은 성매매를 하는 청소년들을 '법을 어긴 범죄자'에서 '가부장적 폭력의 피해자'로 새롭게 정의하였으며, 간첩으로 판결되었던 사람들을 '국가를 전복하려는 범죄자'에서 '국가폭력의 피해자'로 새롭게 정의하였고, 동의대 사건에서 '화염병을 던져 7명의 경찰을 죽인 폭도'에서 '비민주적인 관행과 절차에 저항한 민주화운동 공로자'로 새롭게 정의하였다.[2)]

2) 특히 동의대사건은 사회적으로 매우 민감한 사안을 건드린 것으로, "학생들을 민주화운동 공로자로 인정"= "진압하다 숨진 전경이 민주화를 탄압한 것"이라는 등식이 성립되어 큰 사회적 반발을 불러왔다.

그 외에도 동성애에 대한 개념규정의 변화는 매우 드라마틱하다. 인터넷상의 동성애사이트가 정부기관에 의해 유해매체로 지정되어 동성애에 대한 부정적인 여론이 확산되자, 국가인권위원회는 동성애 단체의 청원을 받아들여 청소년유해매체의 목록에서 동성애사이트를 삭제하도록 권고함으로써, 음지에 숨어있던 동성애를 밖으로 나오게 만들었다. 이러한 사회문제에 대한 정반대의 정의는 사회문제가 어떤 속성에 의해 정의된다기보다는 사회적 관계에 의해 정의된다는 것을 잘 보여준다.

김대중 정부에서 노무현 정부로 이어지는 이 시기의 특징은 크게 두 가지로 나누어 볼 수 있는데, 첫째, 역사상 최초의 여야 간 정권교체로 인해 과거정부의 많은 과도한 행위에 대해 새로이 국가범죄문제로 규정하였으며, 둘째, 여성, 외국인노동자, 동성애자, 종교적 병역기피자 등의 소수집단에 대한 배려가 증가한 것이 그것이다. 이런 현상의 이면에는 이전 시기와는 다른 시각을 가진 많은 새로운 사람들이 정부기관에서 활동하게 되었으며, 따라서 소수집단에 대한 차별이 중요한 사회문제로 규정되었고, 이것의 해결책을 제시하려는 활발한 움직임이 있었다.

5. 경제위기와 사회문제의 세계화(2008~현재)

이명박 정부가 들어서자마자 세계경제의 중심부인 미국의 서브프라임 모기지론[3]의 부실이 표면화되었고, 이것을 계기로 뉴욕의 월스트리트의 금융부문이 비도덕적인 한탕주의에 의해 위기를 자초했음이 드러났다. 그러나 이러한 미국의 부동산위기는 한 나라에서만 머물지 않고 전세계를 경제적 위기로 빠뜨렸다. 이처럼 세계가 점점 가까워지고 있고, 전세계의 국가들을 상대로 민간기업이 투자를 하는 현대사회에서, 사회문제는 어느 한 나라에 국한된 것이 아니라 매우 높은 연관성을 갖고 나타나고 있다. 세계의 중심부 국가이기는 하지만, 한 국가에서의 부동산대출의 부실문제가 전세계를 위기로 몰아넣었고, 전혀 관련이 없어 보이는 국가들에서 수많은 실업자를 양산하게 만드는 점은 한 국가의 사회문제가 그 국가 내에서 국한되는 것이 아니라, 국경을 넘어서 사회문제 간의 연관성이 확대되고 있다는 것을 보여준다.

3) 신용도가 낮은 사람에게 부동산을 담보로 해주는 장기대출.

예를 들어 한국의 지나친 입시경쟁과 이로 인한 조기영어교육 열기는 한국사회에서 지나친 사교육비의 주범이 되고 있으며, 기러기가족, 이혼, 가정불화의 원인이 되고 있고, 멀리 조기유학을 받아들여야 하는 미국과 캐나다에서는 현지 공립학교의 부담으로 작용하고 있다. 미국에서 공부하고 있는 유학생의 국적 중에서 우리나라가 가장 큰 비중을 차지한다는 것은 한국사회의 교육문제가 국경을 넘어 다른 나라의 사회문제로 번지고 있다는 것을 보여준다. 또한 남극의 오존층 파괴는 벌써 태평양의 섬나라를 물에 잠기게 하고 있고, 남극과 가까운 호주에서 피부암을 증가시키고 있으며, 선진국의 굴뚝기업들은 탄소배출권을 사거나 나무를 심어야 하는 추가비용을 부담케 하고 있고, 향후 기후변화협정에 가입하지 않으려는 후진국들과 가입시키려는 선진국들 간의 갈등의 원인이 될 것이다. 그리고 2019년 말 중국 우한에서 발생한 코로나가 전 세계를 강타하여 많은 사람들이 목숨을 잃는 상황은 사회문제가 한 나라의 국경 안에서 해결될 수 없는 시대가 오고 있음을 여실히 보여준다.

이러한 과정에서 사회문제에 대한 정의도 점점 보편화되고 있다. 예를 들어 2009년에는 혼인빙자간음죄가 한국에서 비범죄화되었고, 2015년에는 간통죄가 비범죄화되었으며, 2019년에는 이슬람권을 제외한 대부분의 국가에서 광범위하게 허용되어온 낙태죄가 비범죄화되었다. 세계가 다양한 공간단축기술에 의해서 가까워지고, 이에 따라 교류가 증가하고 있는 상황에서, 사회문제를 정의하는 규범을 국제적으로도 유사하게 유지하려는 압력은 앞으로 더욱 커지게 될 것이다. 이와 같이 가까운 미래에 사회문제는 지구적인 맥락에서 정의되고 규제될 것이다.

요약
SUMMARY

- 사회문제란 고유한 속성을 갖고 있지 않고, 시대나 지역, 국가, 또는 그것을 보는 시각에 따라서 변화하는 개념이다.
- 개인적인 문제는 그것의 원인과 해결책이 개인 내부에 있는 데 비해서, 사회문제는 원인과 해결책이 개인과 개인에 인접한 환경 밖에 존재한다.
- 종종 사회문제는 눈에 잘 띄지 않는 복잡하고도 다양한 다른 현상과의 연관 속

에서 나타난다. 따라서 사회문제의 원인을 정확히 파악하기 위해서는 사회학적 상상력이 필요하다.

- 사회문제란 다수 또는 일련의 영향력 있는 사람들의 가치와 상충되어 불편함을 느끼는 상황이 존재하며, 이러한 상황이 집단행동이나 다른 어떤 조치를 통해 해결가능하며, 해결될 필요가 있다고 이들이 동의하는 상황이라고 정의할 수 있다.
- 한국사회에서 중요한 사회문제는 범죄문제, 실업/빈곤/불평등문제, 국가안보문제, 부정부패문제, 건강문제 등으로 나타난다.
- 시대별로 볼 때, 한국사회에서 중요한 사회문제는 국가정체성문제와 빈곤문제, 민주주의의 확립문제와 범죄문제, 사회적 약자의 보호문제, 국제적 위협에 대한 대처문제 등으로 변해왔다.

❒ 토론 및 추가학습을 위한 주제들

1. 사회문제는 주관적으로 판단되고, 정의되는가?
2. 한국사회에서 시대별로 어떤 문제가 중요한 사회문제가 되어 왔는가?
3. 사회문제는 세계화되고 있는가?
4. 현재 한국사회에서 어떤 것이 사회문제인가? 그 이유는 무엇인가?

CHAPTER 2

사회질서와 사회문제의 이론들

이 장에서는 사회문제를 이해하기 위해 사회가 어떤 원리로 구성되어 있으며, 사회학 이론들은 이것을 어떻게 설명하는지를 살펴본다. 일반적으로 사회학의 제 이론들은 모두 “사회질서가 어떻게 가능한가?” 하는 사회학의 근본 질문으로부터 논의를 시작한다. 사회 내에 존재하는 대부분의 사물이 비교적 정연한 순서를 갖고 움직이는 것이 과연 어떻게 가능한지를 설명하는 것이 사회학이론이 설명하고자 하는 가장 근본적이면서도 중요한 사명이라고 할 수 있는 것이다.

각각의 사회학이론들은 모두 저마다의 독특한 방식으로 이러한 질서를 설명하며, 모두 나름대로의 전제를 갖는다. 예를 들어 인간의 본성은 선한 것인가, 아니면 악한 것인지에 따라서 사회학이론의 입장이 달라지며, 더 나아가서는 사회문제를 보는 시각이 달라지는 것이다. 따라서 사회문제에 대한 학문분야를 사회학의 한 분파라고 볼 수 있다면, 사회문제를 좀 더 잘 이해하기 위해서는 사회학이론과 그들이 갖고 있는 전제나 가정을 잘 이해하는 것이 필요하다. 따라서 이 장에서는 사회나 인간에 대한 사회학이론의 입장을 살펴본다.

제 1 절 몇 가지 기초지식들

1. 학문의 위계상에서의 사회학과 사회문제의 위치

모든 학문분야는 나름대로의 위치와 기능을 갖는다. 추상성이 높은 이론적인 학문분야는 하위학문을 위한 철학적인 전제를 제공하며, 하위학문이 나아갈 방향을 제시해 준다. 반면 추상성이 낮은 하위학문분야는 상위학문에서 제공하는 이론적 전제와 방향을 통해서 현실세계의 구체적인 문제에 이론을 적용하는 무대가 된다. 따라서 상위학문에서의 큰 발견이나 입장의 변화는 하위학문분야의 내용을 획기적으로 바꿀 수 있는 계기가 된다.

모든 학문분야 중에서 아마도 가장 추상성이 높은 학문은 물리학일 것이다. 물리학은 물질의 물리적 성질과 현상·구조 따위를 연구하며 그 사이의 관계·법칙을 밝히는 학문분야로서 가장 기초분야라고 할 수 있다. 지구가 네모가 아닌 둥글다는 물리학에서의 발견은 사람이 지구의 특정부분(평평한 위 부분)에서만 살 수 있다는 생각을 바꾸었고, 새로운 탐험을 촉진하여 과거에 배를 타고 나가면 낭떠러지가 있어 사람이 살 수 없다고 믿었던 곳에 사람이 살 수 있으며, 많은 새로운 생물들을 발견하게 하여 생물학을 획기적으로 발전시키는 계기가 되었다.

물리학이 무기체와 유기체를 구성하는 모든 물질을 연구대상으로 하는데 비해서, 이것의 하위학문분야인 생물학은 생명이 있는 유기체를 연구하는 분야로서, 이것은 물리학의 입장이나 전제로부터 영향을 받으며 다른 한편으로는 하위학문분야인 철학에 전제를 제공해주는 역할을 한다. 따라서 생물학에 있어서의 큰 발견이나 입장변화는 그 하위분야인 철학의 새로운 발전을 가져오게 된다. 예를 들어 물리학의 발견과 탐험으로 인한 새로운 생물 종의 발견과 갈라파고스군도의 고립된 환경에서 나타난 진화의 증거는 신이 인간과 사회를 창조했다는 믿음을 쇠퇴시키고, 인간이 원숭이와 같은 유인원에서 진화해 왔다는 생각을 갖게 만들었다. 이러한 생물학에서의 진화론은 철학과 사회과학을 거쳐 사회학의 분야에서도 전해져 사회는 신이 창조하였고, 또한 신이 만들어 놓은 원리에 의해 작동한다는 이전의 생각에 변화를 일으키는 계기가 되었다. 예를 들어 경제학에서는 시장의 보이지 않는 힘이나 자연과 같은 힘에 의해 경제가 안정적으로 유지될 것이라는 생각은 인간이 개입함으로써 수정될 수 있다는 생각을 갖게 하였다.

그림 2-1 ■ 사회학 및 사회문제를 거쳐 가는 관련 학문의 위계도

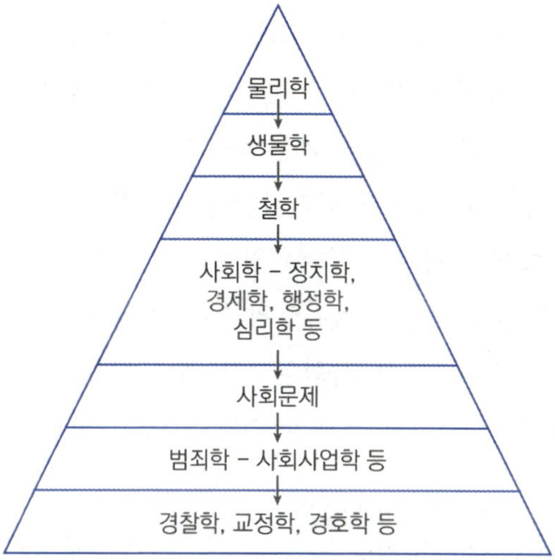

이러한 진화론의 등장은 인간이 선악과 열매를 따먹어 악한 본성을 갖고 태어나게 되었다는 종교적 믿음을 넘어, 인간은 본래 선하게 태어나지만 악하게 진화 발전한다는 생각을 갖게 하였다. 철학분야에서 인간의 본성에 대한 입장은 그 하위분야인 사회학의 분야에서 사회질서가 어떻게 유지되는지에 대한 입장에 영향을 준다. 인간의 본성이 선하다고 전제한다면 사회는 개인들 사이의 합의에 의해서 유지된다고 보게 되며, 반대로 인간의 본성이 악하다고 전제한다면 사회는 힘이 있는 자가 힘없는 자를 강제함으로써 유지된다고 보게 된다. 또한 생물학 분야에서 진화론의 발전을 통해, 사회가 신이 창조한 것이 아니라 처음에 작고 단순했던 사회에서 크고 복잡한 사회로 진화해 왔다는 생각을 갖게 하였다. 예를 들어 스펜서(H. Spencer)는 사회가 군사형 사회에서 산업형 사회로 진화한다고 생각했으며, 뒤르켐(E. Durkheim)은 사회가 자급자족에 기초한 기계적 연대에서 고도의 분업에 기초한 유기적 연대로 발전한다고 생각했다. 만약 생물학에서 진화론이 나타나지 않았다면 이러한 생각은 나타나지 않았을 것이다.

사회문제에 대한 설명에 있어서도 동일한 원리가 적용된다. 예를 들어 사회가 합의에 기초하여 유지된다는 전제를 받아들인다면, 빈곤이라는 사회문제는 개인적, 신체적 무능력이나 질병, 낮은 성취동기, 낮은 교육성취에 의해 설명될 수 있다. 반면에 사회가 강제에 기초하여 유지된다는 전제를 받아들인다면, 빈곤문제는 힘 있는 집단이 자신들의 이익을 실현하기 위해 힘 없는 집단을 빈곤상태로 유지하는 것이 유리하기 때문에 발생한 것으로 이해된다. 한편 사회질서가 객관적으로 존재하는 실재가 아니라 구성원 상호간의 개념정의와 의미의 교환에 의해 만들어진 것이라면, 빈곤문제는 사회 내의 특정 리더집단이 바람직하지 않은 것으로 오명을 부여하는 과정에 의해 발생한 것이라 할 수 있다.

이처럼 사회문제를 설명하는 입장은 상위학문분야의 발전에 의해 끊임없이 변해왔으며, 지금도 변하고 있다. 또한 사회문제의 개념 자체도 똑같이 변해왔으며, 과거의 사회문제가 현재도 항상 사회문제일 수는 없으며, 현재의 사회문제 또한 미래에도 영원히 사회문제로 규정되지 않는다. 이것은 상위학문분야의 발전에 의해 끊임없이 변해오고 있는 동태적 개념이기 때문이다.

그림 2-2 ■ 성악설에서 마르크스주의 빈곤화 이론에 이르는 위계적 경로

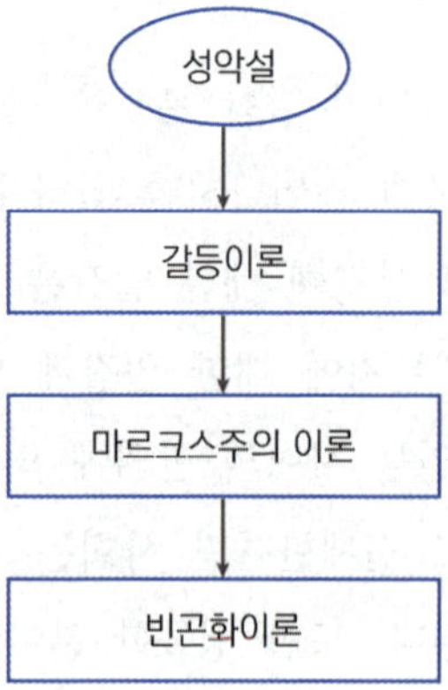

사회문제의 영역에 포함되는 하위학문분야인 범죄학, 사회사업학, 경찰학, 교정학, 경호학 등은 매우 실용적인 분야라고 할 수 있다. 이들이 필요한 이유는 상위의 추상적인 학문들에 비해 구체적인 현상에 대한 설명력과 적용력이 높기 때문이다. 예를 들어 성악설은 인간의 본성에 대해 철학적 함의를 갖지만, 빈곤을 설명하는 데 있어서 직접적으로 적용하기에는 너무나 추상적이다. 그러나 이 성악설의 전제를 갖는 갈등이론과 마르크스주의 이론, 빈곤화이론의 단계를 거쳐서 내려오면 자본주의 사회에서 나타나는 빈곤에 대해 매우 뚜렷한 설명과 함의를 찾을 수 있다.[1)]

1) 보다 자세한 내용은 6장을 참조할 것.

2. 사회실재론과 사회명목론

사회는 우리 인간의 외부에 어딘가에 존재하는 것일까? 만약 사회가 존재한다면 과연 어디에서 하나의 실재로서 존재하는 사회를 찾을 수 있을까? 사회실재론(social realism)은 사회가 개인의 단순한 총합 이상의 객관적인 실재(reality)로 보아야 한다는 입장이다. 따라서 이 입장에서 개인은 자유의지(free will)[2]를 갖지 못하거나 크게 제한되는 존재이며, 따라서 개인보다는 사회나 개인을 둘러싼 환경이 우선시되어야 한다고 생각한다.

예를 들어 뒤르켐은 사회학을 사회적 사실을 연구하는 학문이라고 생각했다. 여기서 사회적 사실(social facts)이란, 어떤 개인 A와 어떤 개인 B가 모여서 사회를 이룰 때, 개인 A에게도 없고 개인 B에게도 없었던 새로운 속성 C가 나타날 때 이것을 사회적 사실이라고 한다. 뒤르켐은 사회를 잘 이해하기 위해서는 이러한 사회 구성원 개인의 속성에서 보이지 않았던 새로운 속성, 즉 출현적 속성(emergent property)을 연구해야 한다고 주장하였다. 이러한 뒤르켐의 주장에서 주목해야 할 것은 그가 개인들이 모여서 사회를 이룰 때, 뭔가 새로운 사실이 출현하고 개인의 밖에서 이것이 어디에선가 실재로서 존재하며, 개인들의 행동에 영향을 준다는 사실이다.

이러한 효과를 좀 더 잘 이해하기 위해서 정유회사의 예를 들면, 현재 우리나라에 존재하는 A, B, C, D 네 개의 정유회사들 중 A회사가 시장점유율이 35%, B회사가 25%, C회사가 22%, 나머지 D회사가 18%라고 가정하자. 만약 A회사와 B회사가 합병을 한다면 이 새롭게 합병된 회사의 시장지배력은 이전의 각 회사 시장점유율 35%와 25%를 합친 60%가 아니라 그보다 훨씬 더 강력한 시장지배력을 갖게 될 것이다. 왜냐하면 이들은 이미 시장의 지배사업자로서 가격을 마음대로 결정할 수 있는 능력을 갖게 될 것이기 때문이다. 이와 같이 두 개별회사가 합쳐졌을 때, 이 두 회사의 단순한 합 이상의 시너지효과가 나타나고 이것이 바로 사회적 사실이라고 할 수 있는 것이다.

사회를 설명하는 한 입장인 사회유기체론은 대표적인 사회실재론의 한 예이다.

2) 개인이 자신의 의지대로 행동할 수 있는 능력.

사회유기체론(social organism)이란 사회를 생물유기체로 비유하고, 사회구성원으로서의 개인을 생물유기체의 기관으로 보는 입장이다. 이 입장에 따르면, 사회는 여러 가지 면에서 생물유기체와 유사하고, 따라서 사회를 보다 잘 이해하기 위해서는 이러한 생물유기체에서 볼 수 있는 질서와 생명발전의 논리를 사회의 분석에 적용하는 것이 매우 바람직한 방법이라는 것이다. 이 유추에 따르면, 생물의 팔, 다리, 눈 등과 같은 각 기관이 전체 생물유기체의 생존을 위해 존재하며, 생물유기체 전체의 소멸은 필연적인 부분의 소멸을 의미하는 것처럼, 개인은 전체를 위해 존재하며, 전체를 떠나서는 의미가 없는 존재가 된다.

스펜서(H. Spencer, 1820~1903)의 사회유기체론(social organism)

사회에 대한 사상이 발생할 시기에 활동했던 많은 선구자들은 과학의 발전에 대해 크게 감명받고 있었으며, 과학의 발전이 사회에 대한 이해를 더욱 심화시켜 줄 것이라고 믿었다. 따라서 당시 신학적 창조론을 뒤집고 나타난 다윈의 진화론은 생물학의 지평을 크게 넓혀주었고, 사회에 대한 설명에도 매우 유용한 것으로 여겨졌다. 생물이 진화하듯이 사회가 진화한다는 생각은 스펜서에게 사회가 강제에 기초하여 유지되는 군사형 사회에서 협동과 자제에 기초하여 유지되는 산업형 사회로 진화한다는 생각을 가지게 하였다.

그는 오직 사회학이 자연적, 진화적 법칙에 기초할 때 비로소 과학이 될 수 있다고 생각하였다. 따라서 생물이 진화하는 것과 같이 성장은 모든 단위의 구조와 기능에 변동을 가져오고 크기의 증가는 분화의 증가를 가져온다고 믿었다. 또한 진화라는 것은 보편적이며, 만물은 모두 진화의 법칙에 종속된다고 생각했다. 따라서 스펜서는 다음과 같은 몇 가지 점에서 사회유기체도 생물유기체와 유사한 특징을 가진다고 보았다.

1. 사회와 유기체는 둘 다 성장, 확대라는 면에서 비유기체적 물질과 구별된다.
2. 사회와 유기체에서 크기의 증가는 복잡성과 분화의 증가를 의미한다.
3. 사회와 유기체에서 구조의 점진적 분화는 기능의 분화를 수반한다.

4. 사회와 유기체에서 한 부분에서의 변동이 다른 부분에 영향을 미치는 것처럼 전체의 각 부분들은 상호의존적이다.
5. 사회와 유기체에서 전체의 각 부분은 그 자체로 작은 사회 또는 작은 유기체이다.
6. 사회와 유기체에서 전체의 생명은 파괴될 수 있다. 그러나 이 때 부분들은 잠시 더 존속할 것이다.

그의 이러한 사상은 후에 기능주의에 크게 영향을 주었는데, 특히 사회유기체에서 한 구조의 모습이 변동하는 것은 그것의 기능이 변한다고 보았다. 그는 어떤 구조가 왜 생겨나고 발전했는지를 이해하기 위해서는 그 발생과 발전의 단계에서 욕구를 이해하는 것이 필요하다고 하였다. 예를 들어 기린의 긴 목은 높은 나무에 열린 잎을 따먹으려는 욕구에 의해 발전한 것인데, 이러한 발생단계의 욕구를 이해함으로써 기린의 기형적인 구조를 이해할 수 있다는 것이다. 이러한 스펜서의 유기체론은 후에 구조기능주의의 발전에 큰 영향을 주게 된다.

사회실재론(social realism)적 입장에서는 이렇게 사회의 개별구성원들이 모여서 사회를 이룰 때 나타나는 사회적 사실들이 모여서 사회를 이루고, 이것은 인간 개개인의 밖 어디에선가 존재하고 개인들의 행동에 영향을 주는 실재로서 사회를 이해한다. 반면 사회명목론(social nominalism)은 사회의 본질을 하나의 실재로 보지 않고 개인의 단순한 집합체이거나 아니면 개인 사이의 상호작용에 불과하다고 보는 입장이다. 이 입장에서 인간은 상당히 많은 자유의지를 갖고 있으며, 이것은 인간의 행동에서 큰 역할을 한다고 본다. 따라서 사회를 잘 이해하기 위해서는 자유의지를 갖고 활동하는 개인을 먼저 이해하는 것이 중요하게 된다.

예를 들어 고등학교를 조그만 하나의 사회로 볼 수 있고, 만약 특정 과학고의 대학입시성적이 좋다고 할 때, 우리는 나름대로의 그 원인에 대해 생각해 볼 수 있을 것이다. 만약 사회명목론의 입장이라면, 아마도 그 과학고는 애초에 능력이 뛰어난 학생들이 입학하는 곳이며 따라서 대학입시에서 두각을 나타내는 것은 당연하다고 반응할 것이다. 반대로 사회실재론의 입장에 따른다면, 그 과학고에 입학하는 학생들의 능력보다는 그 과학고가 가진 우수한 교사진과 면학환경 등으로 인해 학생들을 입학할 때보다 훨씬 더 뛰어난 학생으로 키워 배출하기 때문이라고 생각할 것이다. 이처럼 어떤 동일한 사회현상이더라도, 보는 사람에 따라서 그 사람이 어떤 입장에 있는가에 따라서 전혀 다른 분석을 내놓을 수 있다.

근대사상사에서 사회명목론의 대표적인 예는 아마도 루소(Rousseau)의 사회계약론일 것이다. 루소가 살던 시기에 사회는 부패한 군주와 신앙의 억압에 의해 시민들이 억압받던 시기였다. 왕의 권력은 신으로부터 부여받은 것이라는 왕권신수설 앞에서 왕이 권력을 아무리 부적절하게 휘두르더라도 시민들은 저항할 수 없었다. 왜냐하면 왕의 권력행사에 문제를 제기하는 것은 신에게 반역하는 것이었기 때문이다. 그러나 루소는 당시 부패한 군주가 부적절하게 권한을 행사하는 것은 잘못된 것이며, 따라서 시민들은 여기에 대해 저항할 수 있다고 생각했다. 그의 사회계약론에 따르면, 사회는 개인들 사이의 계약에 의해 형성되며 군주는 사회의 각 개인들이 위임한 권력을 집행하는 대리인에 불과하다고 생각했다. 다시 말해서 인간은 그들의 자유와 평등을 확보하기 위해 계약에 의해 사회를 만든 것이지, 자신들을 억압하는 모순된 상황을 만들기 위해 사회를 만들지 않았다는 것이다. 프랑스혁명의 정초가 된 루소의 사회계약론은 사회가 개인들 간의 합의에 의해 만들어진 허상에 불과하며, 이러한 허상이 개인을 억압해서는 안된다고 생각한다는 점에서 대표적인 사회명목론의 한 예라고 할 수 있을 것이다.

사회학이나 사회문제의 분야에서 사회실재론의 입장은 대체로 거시이론(macro theory, 또는 구조이론)의 형태로 나타나게 된다. 거시이론이란 사회현상을 분석하는 데 있어서 인간의 개별 행위보다는 사회구조에 주목함으로써 이것을 더 잘 이해할 수 있다는 입장이다. 예를 들어 일탈을 설명할 때, 머튼(Merton)의 아노미이론은 사회가 부를 축적해야 한다는 문화적 목표를 강조하면서, 여기에 도달 가능한 수단이 모든 계급에게 공평하게 이용가능하지 않을 때 일탈의 가능성이 높다고 한다. 이와 같이 머튼의 아노미이론은 불평등한 사회구조를 잘 이해하는 것이 개인의 일탈을 이해하는 데 더 중요하다는 것을 보여준다.

반면 사회명목론의 입장은 대체로 미시이론(micro theory, 또는 행위이론)의 형태로 나타나게 된다. 미시이론은 사회현상을 잘 이해하기 위해서는 개인의 행위를 이해하는 것이 중요하다고 생각하는 이론이다. 예를 들어 서덜랜드(Sutherland)의 차별접촉이론은 일탈이나 비행은 어떤 개인이 비행친구들을 많이 사귐으로 인해 일탈이나 비행을 긍정적인 행동으로 생각하게 될 때 일탈이나 비행을 하게 된다고 한다. 이 설명에서 사회의 어떤 구조가 현상을 설명하는 데 끼어들 여지는 거의 없게 되며, 모든 사회현상들은 개인에 의해 설명된다.

제 2 절 사회질서를 설명하는 이론들

사회학이라는 용어가 사용되기 시작한 것은 중세사회가 해체되고, 자본주의사회가 도래하면서 새로운 계급이 나타나고 평온했던 중세사회가 거대한 격동의 시대로 나아가던 시절이었다. 이 시대에 사회학은 중세사회의 혼란과 새로운 자본주의사회의 도래로 인해 나타난 수많은 무질서와 사회문제들을 설명하고, 여기에 대한 새로운 대안을 내놓으려는 시도에 의해 나타났다. 다음에 살펴보는 세 가지 사회학의 이론들은 모두 사회의 문제가 정점에 이를 때 이 현상을 설명하고 여기에 대한 대안을 제시하고자 나타난 것들이었다.

사회학이 출현하게 된 역사적 배경

사회학이 나타나게 된 다음의 몇 가지 시대적 배경을 이해하는 것은 사회학과 사회문제를 이해하는 데 도움이 된다.

첫째, 평온해보였던 중세사회의 질서가 무너지고 공장과 기계라는 생산수단을 소유하고 임금노동자를 고용하여 부를 축적하는 부르주아지계급이 나타나고, 인구가 도시에 집중하면서 도시에서 수많은 사회문제들이 나타나게 되었다. 엔클로저운동(Enclosure Movement)에 의해 농사지을 땅을 잃고 도시로 이주한 사람들 중의 일부는 공장에 고용되어 일하였지만 이들의 노동조건은 그리 좋지 아니하였다. 당시 너무나 많은 사람들이 일거리를 찾아서 도시로 모여들었지만, 이들을 고용할 수 있는 공장의 일자리는 이 노동력의 공급을 따라갈 만한 수준이 되지 못하였기 때문이었다. 따라서 어렵게 일자리를 찾은 노동자들이라고 하더라도, 이들은 장시간의 노동과 착취에 시달리는 상태를 면하기 어려웠다. 반면 일자리를 찾지 못한 사람들은 도시의 부랑자 집단으로 흡수되었으며, 이들은 또 다른 많은 사회문제들을 만들어 내었다. 이들과 관련된 범죄, 주택, 환경, 빈곤 등의 많은 사회문제들은 국가가 나서서 근대적 형태의 경찰과 교도소를 만들어내게 하는 원인이 되었다. 당시의 몇몇 선각자들은 이런 불안스러운 사회가 이전의 중세사회와는 다른 새로운 원리에 의해 작동한다는 것을 깨닫고 새로운 질서에 의해 사회를 설명하고자 노력하게 되었다.

둘째, 1789년 프랑스혁명을 시작으로 나타난 일련의 혁명은 새로운 사회에 대해 새로운 질서를 부여하려는 욕구를 증가시켰다. 이런 일련의 혁명들의 결과로 인해 사회는 매우 무질서한 듯이 보였으며, 많은 사람들은 질서 있었던 중세사회로 돌아가기를 원했지만, 몇몇 통찰력있는 학자들은 이것이 불가능하다는 것을 알았고 이러한 무질서에 새로운 질서를 부여하려는 노력을 하게 되었다.

셋째, 산업혁명으로 인한 자본주의의 발전과 그 반작용으로 인한 사회주의 운동의 출현은 모두 사회학의 발전을 촉진시키는 원인이 되었다. 이 산업혁명으로 인해 영주와 농노의 관계로 대표되는 계급관계가 해체되고, 새로이 공장제 생산을 통해 이윤을 축적한 부르주아지계급과 저임금과 열악한 노동조건으로 착취되는 노동자계급이 출현하게 되었고, 이들의 열악한 조건들을 개선하기 위해 많은 사회운동들이 나타나게 되었다. 이 과정에서 당시의 학자들은 자본주의 사회가 나타나게 되면서 새롭게 나타난 많은 사회문제들을 설명하고 여기에 어떤 질서있는 설명을 제공하려는 지적인 욕구를 품게 되었다. 당시 마르크스와 같은 학자들은 노동자가 착취당하는 자본주의 사회질서보다는 사회주의 사회에 대한 동경을 품게 되었고, 반대로 콩트나 뒤르켐과 같은 사람들은 사회주의보다는 자본주의 사회 안에서 대안을 제시하고 질서를 제공하려는 생각을 갖게 되었다.

마지막으로, 당시 과학이 급속히 발전하였고 증기기관과 같은 많은 발명들이 나타났으며, 공장에서는 이들을 이용하여 물건을 대량으로 생산하게 되어 과학에 대한 믿음과 동경이 나타나게 되었다. 따라서 당시의 사람들은 과학은 좋은 것이며, 인간의 생활을 윤택하게 만들어주는 것이라고 믿게 되었고, 사회에 대한 연구를 하는 사람들도 이 분야를 과학으로 만들려는 노력을 하게 되었다. 후에 사회학(sociology)이라는 용어를 처음으로 사용한 꽁트(A. Comte)도 처음에는 이 용어보다는 사회물리학(social physics)이라는 용어를 사용함으로써 이러한 대세를 따르려고 하였고, 특히 물리학 등의 자연과학에서 사용하는 방법론을 사회연구의 분야에서도 이용가능하다고 생각하였고 이 분야를 과학으로 발전시키고자

하였다. 결국 사회연구의 분야는 자연과학과 같이 과학적 방법[3]을 따르게 되었고, 이전의 논의와 이것을 차별화하기 위해 '사회과학(social science)'이라는 용어를 사용하게 되었다. 이처럼 과학에 대한 믿음과 동경은 새로운 과학분야로서 사회학을 발전시키는 계기가 되었다.

1. 기능주의이론

사회이론의 발전 초기에 형성된 유럽의 사회유기체론적 유산은 미국에서 파슨즈(T. Parsons, 1951)에 이르러 구조기능주의(structural functionalism)로 꽃을 피웠다. 그의 기능주의는 매우 오랫동안 사회학의 주류를 형성했던 이론으로서, 사회유기체론의 여러 가지 전제들을 그대로 받아들였다. 예를 들어 파슨즈에 따르면 사회는 하나의 체계로 볼 수 있는데, 이 사회체계는 생물유기체에서 볼 수 있는 것과 같이 항상성과 균형의 경향을 가지며, 생물유기체가 의, 식, 주라는 기본적인 욕구를 갖는 것처럼 모든 사회도 그 사회가 생존과 균형을 유지하기 위해서는 필수적으로 충족되어야 하는 기본적인 욕구가 있다. 따라서 사회체계에 대한 이해를 위해서는 체계의 욕구를 충족시켜서 균형과 항상성을 유지하는, 다시 말해서 사회체계의 생존을 유지하는 부분들의 기능을 분석함으로써 가능하다.

구조기능주의의 전제

1. 사회적 실재는 하나의 체계로 볼 수 있다.
2. 한 체계의 과정은 체계 부분들의 상호의존성에서 보아야 이해될 수 있다.
3. 어떤 과정들은 체계의 통합과 경계를 유지하기 위해 작동하는데, 유기체와 마찬가지로 사회체계도 이러한 과정에 의해 하나의 체계로서 존재한다(경계 지어진다).

3) 이론에 기초하여 가설을 세우고, 자료를 수집하여 분석을 하며, 이를 통해 그 가설을 검증하여 다시 이론을 확증하거나 수정하는 절차를 따르는 방법.

4. 경계지워진 체계로서의 사회는 항상성(homeostasis)과 균형(equilibrium)의 경향을 가진다.
5. 자기유지적 체계로서 사회는 유기체와 유사하게 어떤 기본적인 욕구 또는 요건(requisites)을 필요로 하며, 체계의 생존과 균형을 유지하기 위해서는 이러한 기본적인 욕구 또는 요건이 충족되어야 한다.
6. 따라서 이러한 자기유지적인 체계에 대한 사회학적 분석은 체계의 욕구를 충족시켜 줌으로써 균형과 항상성을 유지하는 부분들의 기능에 초점이 맞추어져야 한다.
7. 체계 내에서 어떤 형의 구조는 생존, 항상성, 균형을 보장하기 위해서 반드시 존재해야 할 것이다.

파슨즈에 따르면, 체계는 제도화를 통해서 생겨나는데, 제도화(institutionalization)는 다양한 지위를 차지하고 있는 행위자들 사이의 상대적으로 안정된 상호작용 유형을 말한다. 이러한 제도화를 통해 사회구조가 만들어지고 유지되며, 사회체계란 제도화된 역할의 집합이라고 할 수 있다. 따라서 한 전체 사회는 상호 관련된 제도들로 구성된 하나의 커다란 체계이다. 모든 체계는 그것의 생존을 위해서 네 가지의 기능적 요건들(functional requisites)이 필요한데, 이를 통해서 어떤 체계는 항상성과 균형을 유지하며, 하나의 체계로서 생존할 수 있게 된다.

체계의 생존을 위한 기능적 요건들(functional requisites)

1. 적응(Adaption): 환경으로부터 생존수단을 조달하고 다른 하위체계에 배분하는 것
2. 목표달성(Goal attainment): 체계의 목표들 중에서 우선순위를 결정하고 그에 맞게 자원을 동원하여 달성을 촉진하는 것
3. 통합(Integration): 체계내부의 협동적이고 조화된 사회적 관계를 유지하는 것
4. 잠재성(Latency): 여러 가지 유형으로 나타나는 동기와 문화의 여러 유형들 모두를 공급, 유지, 갱신하는 것. 체계의 구성원들이 규범적인 생활을 하도록 하기 위해 적절한 방식으로 스트레스나 불만을 해소할 수 있도록 하는 것

따라서 모든 체계는 이 네 가지의 문제를 해결해야 하며, 그 체계의 속에 존재하는 하위체계는 이 네 가지 중 어느 하나를 해결하는 데 관심을 갖는 전문화된 역할로 구성되어 있다. 큰 체계는 이런 역할을 가지는 하위체계로 나누어지며, 그 하위체계는 다시 각각의 전문화된 역할을 가지는 또 다른 하위체계로 나누어지게 된다. 이처럼 파슨즈의 기능주의는 사회의 다양한 차원에서 체계가 존재하며, 전체 체계는 각각의 하위체계를 가지며 이러한 하위체계들은 네 가지의 중요한 욕구 중 하나를 충족시키는 역할을 한다고 본다. 다시 말해서 부분이라고 할 수 있는 하위체계들은 전체체계의 생존을 위해 항상 기능적이기 때문에, 즉 도움이 되기 때문에 존재하는 것이다.

그림 2-3 ■ 체계 속에 존재하는 기능적 요건들

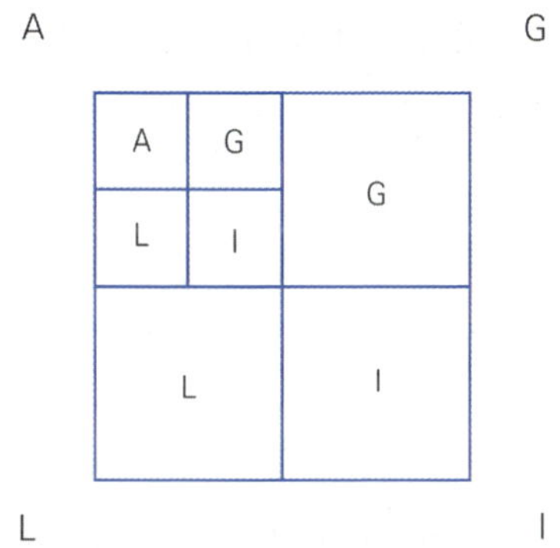

만약 이 네 가지 중 어느 하나가 적절히 작동하지 못할 때 사회문제가 발생하게 될 것이다. 예를 들어 가족이라는 작은 체계에서, 아버지가 직장을 잃고 돈을 벌지 못하면, 어머니 또는 전 가족이 돈을 벌러 나서거나, 이혼을 하거나, 자녀는 학비가 없어서 학교를 그만두거나, 심지어 가출을 하게 될 수도 있고, 다시 취업을 한다고 하더라도 저임금과 함께 장시간 노동을 하는 곳에 취업하기 쉬우며 따라서 자녀를 감시, 감독할 수 있는 시간의 부족으로 인하여 자녀가 비행을 하게 되거나, 비디오게임기와 같은 적절한 오락거리를 장만하기 어려운 상황에 직면하게 될 것이다.

파슨즈에 의하면, 한 전체 사회는 제도화된 역할들의 집합이다. 다시 말해서 사회는 상호 관련된 제도들로 구성된 하나의 커다란 체계이다. 그러나 전체적인 체계는 크게 4개의 위계적인 체계로 구성되어 있다. 이 중 최상위에는 문화체계가 존재하며, 이것은 유형화되고 질서 있는 상징체계로 구성되어 있으며, 인성체계에 내면화되는 내용이며, 한편으로는 사회체계 내에서 제도화된 내용이 된다. 다시 말해서 문화체계는 사회체계가 가장 효과적으로 생존하기 위한 방향을 제시하며 이것은 사회체계의 다양한 제도를 통해서 실현되고, 다시 이것은 인성체계에 사회화와 사회통제를 통해 내면화됨으로써 하위체계들을 차례로 통제하게 된다.

예를 들어 한 사회는 문화적으로 바람직한 것과 바람직하지 않은 것에 대한 정의를 제시한다. 이것의 대표적인 것이 규범과 가치로 표현되는 도덕기준이며, 이것은 사회체계의 여러 공식적 또는 비공식적 통제제도로 만들어지게 되고, 이것이 다시 구성원들을 사회화시킴으로써 전체적인 정보적 통제가 이루어지는 것이다. 반면 하위체계는 상위체계의 생존을 위한 에너지를 제공하게 된다. 다시 말해서 인성체계가 존재하기 이전에 유기체가 존재해야 하며, 사회가 존재하기 이전에 개개인이 존재해야 하기 때문이다. 또한 문화라는 것은 개인이 만들어낼 수 있는 것이 아니며, 개인들이 사회를 이루어 모여 살 때 창출된다.

파슨즈의 체계이론

정보에 의한 통제	↓	문화체계(cultural system)	– A	↑	위의 체계에서 행위에 필요한 에너지를 제공
	↓	사회체계(social system)	– G	↑	
	↓	퍼스낼리티체계(personality system)	– I	↑	
	↓	유기체적 체계(organic system)	– L	↑	

이 파슨즈의 체계이론에서 사회문제는 크게 두 가지 방향에서 발생한다. 하나는 상위체계가 하위체계를 적절히 정보적으로 통제하지 못할 때 발생하는 것이며, 다른 하나는 하위체계가 상위체계에서 필요한 에너지를 적절한 수준으로 공급하지 않을 때 발생하는 것이다. 예를 들어 상위체계에서의 어떤 문제로 인해 정보의 공급이 하위체계에 적절히 되지 않는 경우 아마도 가치의 갈등상황이나 아노미 상황이 발생할 것이다. 반대로 하위체계가 상위체계에 에너지를 과잉 공급한다면, 이것은 문화적 가치지향의 뿌리를 흔들 수 있고 이것은 다시 문화적 가치지향을 재조직화하게 될 것이다.

그러나 파슨즈의 기능주의에서 이렇게 사회문제가 발생한 상황은 예외적이고 일시적인 것으로 이해된다. 왜냐하면 앞서 언급한 바와 같이 체계는 항상 항상성과 균형의 경향을 가지기 때문이다. 인간의 체온이 일정한 상태로 유지되는 것과 같이, 예를 들어 감기로 인한 일시적인 고열상태는 곧 극복되고 다시 36.5도라는 균형의 상태로 돌아갈 것이기 때문이다. 이러한 생물유기체의 예와 유사하게 사회도 혁명적이고 무질서한 상황은 매우 예외적인 상황으로 이해되며, 이러한 상황은 곧 안정되고 질서 있는 상황으로 자동적으로 되돌아가게 된다.

이러한 파슨즈의 기능주의는 다음의 몇 가지 점에서 비판을 받아왔다. 첫째, 유기체론의 유산을 그대로 사회이론에 가져왔기 때문에, 정상적인 상황과 비정상적인 상황을 항상 전제한다. 생물유기체가 병이 걸리지 않고 왕성하게 활동할 수 있는 상황이 정상적인 상황이며, 병에 걸려 쇠약해진 상황이 비정상적이라는 것은 너무나 명확하지만, 많은 사회상황에서 정상적인 것과 비정상적인 것은 매우 모호하며, 구분이 될 수 있다고 하더라도 실제로 이러한 구분결과는 사회적 권력관계의 산물일 가능성이 높다. 여기서 발생하는 가장 큰 문제점의 하나는 사회를 볼 때 항상 합의를 전제한다는 점이다. 그러나 완전한 합의에 의해 사회질서가 유지되는 경우는 없으며, 항상 어느 정도의 가치갈등은 존재한다.

둘째, 또 하나의 유기체론적인 영향으로, 기능주의적 설명은 항상 목적론적,[4] 동어반복적이라는 비판에 시달린다. 기능주의에서 사회의 한 부분은 (생물유기체에서와 같이) 전체의 생존에 도움이 되기 때문에(기능적이기 때문에) 존재한다고 설명되는 반면, 다른 한편으로 사회에 어떤 부분이 존재한다는 것은 그것이 전체의 생존에 기능적이기 때문이라고 설명된다.[5]

셋째, 급격하고 거대한 사회변동이나 사회문제의 발생에 대한 설명에 한계가 있다. 예를 들어 전체적인 사회구조를 뒤흔드는 혁명적인 혼란에 대해서 기능주의적 설명은 한계가 있다. 왜냐하면 기능주의적 설명은 소규모의 변동에 의한 새로운 균형상태의 도달을 전제하기 때문이다. 이런 측면에서 기능주의적 설명은 항상 보수적이다.

---

4) 모든 상황을 어떤 특정한 목적에 부합하는 방향으로 설명하려는 오류.

5) A, G, I, L의 네 가지 기능을 상상하라.

넷째, 지나치게 이론의 추상성이 높아서 구체적인 사회현상에 대한 설명력은 떨어진다.

이러한 구조기능주의에 대한 여러 가지 비판에도 불구하고, 기능주의는 사회이론에서 매우 오랫동안 주류 사회이론으로 생존해 왔으며, 신학적·형이상학적 설명을 넘어서 사회를 과학적으로 보게 하는 공헌을 세웠고, 사회정책의 입안에 매우 유용한 시각을 제시해 왔다. 오늘날까지 대부분의 사회문제를 해결하려는 사회정책들이 이 기능주의에 기초하고 있다는 점은 기능주의 시각의 중요성을 잘 보여준다.

2. 갈등이론

앞서 살펴본 기능주의 이론과 마찬가지로 갈등이론의 선구자라고 할 수 있는 마르크스(K. Marx)도 산업혁명이 일어나고, 부르주아지 계급이 새롭게 나타나고, 일련의 정치적 혁명이 발생했던 혼란의 시기에 새로운 질서를 부여하기 위해 나타났다. 마르크스 이전에도 짐멜(G. Simmel)과 같이 갈등에 주목한 학자들이 있었지만, 보다 명확하게 사회집단들 간의 계급이익을 둘러싼 첨예한 대립과 이에 기초한 사회구조에 대한 설명을 남긴 것은 마르크스에 이르러서였다. 따라서 이 절에서는 사회질서가 어떻게 가능한가라는 사회학적인 질문에 대해, 마르크스와 그 이후 나타난 신마르크스주의자(neo-Marxist)인 다렌도르프의 설명을 중심으로 살펴본다.

일반적으로 기능주의와 달리 갈등이론은 인간의 본성이 악하며, 따라서 자연상태에서 인간은 자신의 이익을 극대화하고 타인의 이익을 극소화하려는 경향을 띤다고 가정한다. 따라서 사회는 부나 권력과 같은 희소자원을 차지하려는 집단들 사이의 갈등이 필연적으로 존재하며, 사회의 힘 있는 지배집단들은 힘이 없는 집단들을 강제하여 자신들의 이익을 극대화하게 된다.

마르크스는 자본주의사회 내에는 여러 집단들이 존재할 수 있지만, 결국은 두 개의 뚜렷한 계급집단으로 나누어진다고 한다. 그중 하나는 생산수단(땅, 기계 등)을 소유한 자본가계급이며, 다른 하나는 생산수단을 소유하지 못하고 자신의 노동력을 팔아서 생활해 나가야 하는 노동자계급이다. 그 외에도 몇몇 계급(예를 들어 지주와 같은 구 중간계급)이 더 있을 수 있지만, 이들은 자본주의 발전의 과정에서 모두 두 계급 중의 하나의 계급으로 수렴된다고 한다. 마르크스에 따르면, 일반적으로 자본가들 사이의 경쟁에 의해, 자본가도 파산할 수 있고 따라서 생산수단을 잃고 무산자화 될 위험이 존재하기 때문에, 항상 자신이 고용한 노동자의 임금을 좀 더 적게 주려고 노력할 수밖에 없으며, 이 과정에서 노동자는 빈곤화의 길을 걷게 된다고 한다. 따라서 점점 빈곤화된 노동자계급은 자신들의 계급이익을 자각하게 되고(즉자적 계급에서 대자적 계급으로) 자본가계급과의 갈등은 점점 첨예하게 되어, 결국은 프롤레타리아(노동자) 계급에 의한 혁명이 발생하게 되어 기존의 사회질서가 무너지고 새로운 사회질서로 대치되게 된다고 한다.

이러한 마르크스의 설명은 특히 자본주의 사회가 자본가계급과 노동자계급 사이의 대립에 의해 나타나는 동적인 균형이며, 이러한 균형은 언제든지 변동할 수 있기 때문에 사회는 끊임없이 변화하며, 그 과정에서 사회변동의 추진력이 되는 것은 계급 간의 갈등과 모순이라고 주장한다. 이러한 계급관계는 역사적 산물이기 때문에 시대에 따라서 달라질 수 있으나, 변하지 않는 것은 항상 모든 역사에서 지배계급이 피지배계급을 강제함으로써 사회질서가 유지되었다는 것이다. 그러나 이러한 사회질서는 각 역사적 단계 내에 내재한 모순에 의해 무너지고 새로운 사회질서가 나타나게 된다고 한다. 이러한 마르크스의 사상은 이후의 갈등이론에 큰 영향을 주었다. 특히 기능주의에서 사회문제가 전체 사회의 작동에 기능적이지 않은 바람직하지 않은 것으로 주로 간주되는 것에 비해서, 사회문제가 희소자원을 사이에 두고 갈등하는 계급관계에 의해서 나타날 수 있다는 것을 보여주었다.

마르크스가 역사적, 변증법적으로 사회의 발전과 계급관계의 변화를 통해서 사회가 어떻게 변해왔는가를 보여주었다면, 다렌도르프(Dahrendorf, 1959)는 좀 더 구체적으로 사회적 실재가 어떻게 만들어지는지를 보여준다. 다렌도르프는 파슨즈와 유사하게 사회는 다양한 수준에서 만들어지는 제도화에 의해 창조되고 유지된다고 한다. 그에게 있어서 제도화(institutionalization)는 권위적으로 조정된 결사체(ICA, imperatively coordinated associations)의 창조를 의미한다. 그에 따르면, ICA는 사회의 다양한 수준에서 만들어지는데, 독특한 것은 이 ICA 내에서의 권력관계는 정당화되는 경향이 있다. 따라서 다양한 수준에서 이 ICA가 만들어지고, 그 속에서 권력관계가 정당화되는 과정을 통해서 사회질서가 유지된다.

그러나 권력(power)은 사회의 희소자원이며, 특정한 ICA 내에서 하위집단들이 이것을 획득하기 위해 경쟁하고 투쟁하게 되는데, 어떤 특정 ICA는 두 가지의 기본적 역할, 즉 현상을 유지하는 데 이익을 갖는 지배역할 묶음과 권력을 재분배하는 데 이익을 갖는 피지배역할 묶음으로 나누어진다. 만약 어떤 조건이 맞아떨어질 때, 이 대립적 이익에 대한 인식이 커지게 되고, 결과적으로 ICA가 각각 그들의 객관적 이익을 인식하는 두 개의 갈등집단으로 양극화될 수 있다고 한다. 다시 말해서 이러한 집단이익의 인식 정도에 따라서 ICA 내의 각 집단은 집단이익을 인식하지 못한 유사집단(quasi group), 그것을 인식한 이익집단(interest group), 그리고 그 결과로 갈등상태에 있는 갈등집단(conflict group)의 다양한 형태로 존재할 수 있다고 한다. 만약 이렇게 갈등상황이 발생한다면, 그 ICA 내에서 권위의 재분배가 일어나게 되며, 이로 인해 사회변동이 나타나게 된다.

이 과정에서 갈등은 여러 ICA 중에서 한 ICA에서만 나타날 수도 있으며, 어떤 경우에는 다양한 ICA에서 동시에, 또는 한 ICA에서 몇 개의 갈등이 중첩되어 나타날 수도 있다. 만약 이렇게 동시다발적으로 갈등이 나타나거나 한 ICA에서 갈등이 중첩되어 나타날 때, 그 갈등의 양상은 매우 크게 될 것이며 사회질서의 큰 변화를 가져올 것이다.

그림 2-4 ■ ICA의 한 예

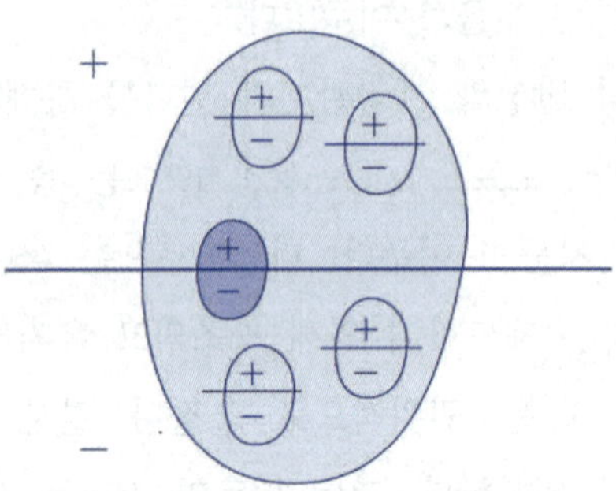

이상에서 살펴본 마르크스와 다렌도르프의 갈등이론은 모두 사회질서가 지배집단이 피지배집단을 강제함으로써 유지된다고 생각하는 데 그 공통점이 있다. 반면에 마르크스의 이론은 사회가 자본가집단과 노동자집단의 두 집단 간의 갈등에 기초한다고 보고 있는 데 반해서, 다렌도르프의 갈등이론은 ICA는 사회 전반에 걸쳐서 다양하게 존재하기 때문에, 갈등은 사회 전반에 걸쳐 다양한 집단들 사이에서 나타나고 있다고 주장하는 데서 그 차이점을 찾아볼 수 있다.

일반적으로 이러한 갈등이론에 대한 비판은 크게 다음의 세 가지가 주로 제기된다. 첫째, 이들이 너무 지나친 결정론적인 요소를 갖고 있다는 것이다. 마르크스는 생산수단의 소유관계에 의해 사회질서가 유지된다고 보았던 반면에, 다렌도르프는 ICA 내에서의 '정당화된 권력'(권위, authority)의 발생에 의해 사회질서가 유지된다고 봄으로써 각각 다른 측면에서 특정요소의 중요성을 지나치게 강조하는 결정론적인 요소를 갖고 있다. 둘째, 사회변동을 초래하는 것 중에는 계급이익의 인식 외에도 많은 다양한 조건들이 존재할 수 있는데, 여기에 대한 설명이 없이 기계론적인 설명에 그친다. 셋째, 갈등이론은 균형이 깨어져가고 있는 동적인 과정에 대해 초점을 맞추기는 하지만, 궁극적으로 새로운 균형을 추구한다는 (기능주의와 같은) 균형이론과 크게 다른 것이 없다.

이러한 몇몇 비판에도 불구하고, 갈등이론은, 유기체론적 유추에 의해 사회현상을 정상과 비정상의 범주로 쉽게 재단했던 기능주의를 넘어서, 그러한 사회현상이 사회적 권력관계의 산물일 수 있음을 보여주었다.

3. 상호작용이론

앞의 두 거시이론들이 사회현상을 설명하는 데 사회구조에 초점을 기울였다면, 상호작용이론은 인간의 행위에 초점을 맞추고 있다. 다시 말해서 이전의 두 이론과는 달리 상호작용이론은 "사회질서가 어떻게 가능한가?"라는 질문에, "사회질서를 지키는 사람은 어떻게 만들어지는가?"라는 질문에 대답한다. 이런 상호작용이론의 근원을 찾아간다면 독일의 빌헬름 분트의 철학까지 거슬러 올라갈 수 있지만, 꽃을 피운 것은 미국에서 미드(Mead, 1934)에 의해서였다.[6)]

상징적 상호작용이론(Symbolic Interaction theory)을 만든 미드는 인간에 대한 기본적인 두 가지의 가정에서 그의 논의를 출발한다. 하나는 인간은 신체적으로 유약하기 때문에 생존을 위해서는 협동생활이 필수적이라는 점이며, 다른 하나는, 따라서 협동을 용이하게 하고 생존, 적응을 촉진시키는 행위는 지속된다는 점이다. 인간은 맹수의 이빨이나 발톱과 같은 무기를 가지지 못했으며, 힘과 크기에서도 우월하지

6) 미드를 비롯하여 상호작용론에 기여한 일련의 시카고학파(Chicago school)의 학자들 역시, 당시 시카고시의 이민증가와 급속한 도시화에서 발생하는 혼란스러운 상황과 사회문제를 설명하고 대안을 제시하려고 하였다는 점에서, 다른 사회학이론들과 유사한 출현배경을 가진다.

못했으므로, 결국 협동생활을 하게 되는데, 미드는 인간이 이러한 협동생활을 통해서 다른 동물이 가지지 못하는 능력, 즉 정신능력을 가지게 되었다고 한다. 그에 따르면, 정신(mind)이란 상징을 사용하고, 상상 속에서 행위의 여러 가지 대안적 노선들을 시연해 보고, 이에 따라 적절하지 않은 행위노선을 지양하고, 동시에 적절한 행위노선을 선택할 수 있는 능력이다. 이러한 정신능력을 통해서 개인들은 몸짓(gesture)이나 언어(language)와 같은 상징을 이용하여 상호작용을 할 수 있게 되었으며, 이러한 몸짓(gesture)을 사용하여 서로 간의 태도를 해석하고 이것에 의해 산출된 의미에 기초하여 행동한다. 미드는 이러한 의미의 교환을 통해서 공유된 경험의 세계가 형성된다고 한다.

미드는 인간이 유아기에서부터 다른 사람들의 역할을 취득하고 다른 사람의 관점으로부터 행위를 보는 능력을 발전시킴으로써 의식과 자아가 발생한다고 한다. 이러한 자아발달은 세 가지의 단계를 걸쳐서 나타나는데, 첫째는 준비단계(preparatory stage)로서, 의미에 대한 정확한 이해 없이 단순히 타인의 행동이나 말을 단순히 흉내 내고 모방하는 단계인데, 이 시기의 타인은 주로 부모에 국한되기 때문에, 그들을 중요한 타자(significant other)라고 부른다. 둘째는 놀이(play)의 단계인데, 간단한 놀이를 통해 다른 사람의 역할을 취득해보는 단계라고 할 수 있다. 예를 들어 어릴 때 했던 임금놀이는 임금의 역할과 신하의 역할을 취함으로써 타인의 입장에서 서 보는 경험을 얻게 되며, 소꿉놀이는 엄마, 아빠, 그리고 자녀의 역할을 해 봄으로써 타인의 역할에서 행동하고 사고하는 경험을 제공한다.

셋째는 게임(game)의 단계로서, 이 단계에 들어가면 단순히 한 사람이 아닌 여러 사람들의 역할을 마음 속에서 상상하면서, 서로의 예상되는 반응들을 상상 속에서 평가하는 조직화된 게임을 통하여 자아를 발달시키게 된다. 예를 들어 야구게임은 9명의 야수가 서로의 반응을 예상하면서, 조직적으로 움직이는 고도의 게임이라고 할 수 있다. 만약 우익선상으로 타구가 날아갔다면, 우익수는 공을 잡으러 뛰어갈 것이며, 2루수는 그 공을 중계하기 위해 우익수 쪽으로 접근하여 기다릴 것이고, 중견수와 3루수는 각각 2루와 3루에서 타자주자를 태그하기 위하여 기다릴 것이며, 투수는 3루에서 볼이 빠질 것에 대비하여 3루 뒤에서 커버플레이를 하게 될 것이다. 이 과정에서 공을 주우러 간 우익수는 다른 동료야수들이 자신의 등 뒤에서 자신이 예상하는 위치에서 기다리고 있을 것이라는 것을 기대하면서 플레이를 하게 된다. 만약 그렇지 않으면 이러한 다수의 일반화된 기대를 저버린 것이 될 것이다.

일반화된 타자의 기대와 야구선수

야구는 선수가 일반화된 타자의 역할을 정확히 취득하여 내면화시켜야 가능한 스포츠다. 야신이라고 불리는 김성근 감독에게 한 잡지사의 기자가 직접 경험한 한국 프로야구 선수들의 수준에 대해 평가해 달라는 요구에 답변한 다음 인터뷰는 이러한 야구의 특성을 잘 보여준다.

"프로에서 제일 중요한 것은 '알고 있다'는 게 아니라, '할 수 있다'는 것이다. 그런 팀을 만들어 가야 한다. 직접 경험한 LG의 유지현 선수를 예로 들자면, 그 선수는 아는 건 다 알고 있었지만 하지는 못했다. 꾀가 많고 두뇌 플레이한다고 했지만 아니었다. 만약 A라는 타자와 피처 A가 승부한다고 치자. 이 상황에서 수비수는 어떤 방향의 타구가 올 것인지 예상하고 어떻게 수비할 것인지에 대해 계산해야 되는데 그걸 안 하더라. 2002 시즌 LG의 팀방어율이 2위였는데, 전년 시즌에 비해 2점 정도가 낮아진 거다. 그건 그만큼 수비가 안정적이었다는 말이다. 다시 유지현으로 돌아가서, 타자가 브리또인 상황에서 커브를 치면 3루수와 유격수 사이로 빠진다. 하지만 유지현은 똑바로 서있었다. 그런 계산도 안 하고 야구하고 있는 거다. 진정한 프로페셔널은 파인 플레이도 손쉽게 잡는 거다. 그리고 실수가 없어야 한다. 타자는 7할을 실수해도 되지만 수비는 7할 이상을 성공해야 한다. 피처 컨디션과 상대 타자를 읽고, 피처가 초구를 뭘 던지는지, 컨트롤은 좋은지를 계산해서 수비위치를 계산해야 하는 게 수비수의 임무다. 그게 하이클래스 야구다."

GQ 잡지 김성근감독 인터뷰 중에서

그러나 자아의 발달이 이 게임의 단계에 들어서면, 경기에 참여하는 모든 야수들은 이러한 일반화된 기대에 따라서 행동을 하게 될 것이며, 이런 상태를 미드는 개인이 일반화된 타자(generalized others)의 역할을 취득 내면화한 단계라고 한다. 이렇게 사회의 구성원들이 일반화된 타자의 기대를 내면화하게 될 때, 사회 내에서의 상호작용은 안정적인 형태를 띠게 될 것이다. 이처럼 사회질서의 유지는 일반화

된 타자의 시각에서 자신을 평가할 수 있는 정신능력에 의해 자아가 형성됨으로서 가능해진다고 할 수 있다.

이러한 상호작용론의 한 분파인 민속방법론(Ethnomethodology)은 사회질서의 설명에 보다 더 초점을 맞춘다. 민속방법론자인 가핑클(H. Garfinkel)은 말꼬리잡기 실험을 하였는데, 예를 들어 선생님이 "어제는 즐거웠니?"라고 물을 때, "무슨 의미에서 즐거웠냐고 묻는가요? 또는 어제 중에 정확히 몇 시경을 말하는가요? 또는 누구와 있을 때 말인가요?" 등의 말꼬리를 잡고 늘어지는 대답을 할 때, 아마도 선생님은 화를 내거나 부정적인 반응을 보이게 될 것이다. 민속방법론자들에 따르면, 이렇게 부정적인 반응이 나타나는 이유는 대화에 참여하는 사람들 사이에 공유되거나 암묵적으로 동의하는 맥락이 깨어졌기 때문이다. 다시 말해서 일상의 사회생활이 안정적으로 영위되는 데에는 상호작용에 참여하는 사람들이 대화에는 포함되지 않은 여러 가지 문화적 가정이나 맥락을 공유하고 있고, 이것이 깨어질 때 사람들은 이러한 맥락을 복원하려는 반응으로 나타난다는 것이다. 가핑클은 이러한 맥락의 공유가 가능한 것이 상호작용하는 사람들 사이에 서로 공유하고 있는 주관성, 즉 간주관성(inter-subjectivity)이 있기 때문이라는 것이다. 이로 인해 우리의 일상은 별다른 잡음 없이 크게 의식하지 않아도 잘 굴러가게 되며, 아마도 이것은 사회적 실재이며 사회학은 이러한 사회적 실재를 분석해야 사회현상을 잘 이해할 수 있다고 한다.

가핑클의 간주관성의 개념은 바로 사회적 실재를 의미하며, 다른 여러 학자들에게 유사한 용어를 만들어 내게 했다. 예를 들어 훗설(Edmund Husserl)의 생활세계(life world)는 사람들이 그들의 정신생활에 스며들고 있는 하나의 '당연시되는' 세계이며, 이것은 사람들이 존재한다고 느끼는 세계이며, 이 세계는 사람들이 외부세계의 '저기 어딘가에' 있는 것으로 느껴지는 자연적 태도의 세계이다. 대부분의 사람들은 상호작용에 참여하는 다른 사람들도 자신과 같은 생활세계를 갖고 있을 것이라는 부정확한 믿음하에 행동을 하게 된다. 이렇게 다양하게 표현되는 사회적 실재는 슈츠(A. Shutz)의 현상학(Phenomenology)에 이르러 또다시 다른 용어로 표현되는데, 그는 이것을 개인의 '가용한 재고적 지식(stock knowledge at hand)'이라고 말한다. 이 재고적 지식은 모든 인간들이 마음 속에 지니고 다니는 사회세계에서 행동하도록 해주는 규칙, 처방, 적합한 행동의 관념 및 기타 정보 등을 말한다. 사람들은 상호작용을 할 때, 서로 재고적 지식을 공유한다고 생각하며 이 공유된 세계에서 세계에 대한 일련의 전형들을 만들어가게 된다. 이러한 전형화(typification)를 통해 어떤 상황에서 그 상황의 뉘앙스와 특성을 모두 검토하지 않고도 적절히 신속하게 대처할 수 있게 된다.

이러한 민속방법론 또는 현상학적 논의에서 특징적인 것은 사회적 실재가 개개인에 있어서 매우 주관적으로 인지되는 것임에도 불구하고, 상호작용에 참여하는 사람들은 이것을 공유하고 있거나 최소한 공유한다고 믿는다는 것이다. 따라서 민속방법론자들에 따르면, 사회질서는 간주관성, 생활세계 또는 재고적 지식의 창조를 통해서 가능해진다.

4. 소결

기능주의이론은 사회질서가 개인의 합의에 기초하여 유지된다는 입장을 가지며, 사회유기체론의 영향을 받아 사회가 균형적이고 평온한 사회를 정상적인 사회로 본다. 기능주의에 따르면, 이러한 정상적인 상태에서, 사회는 문화체계에 의해 제시된 규범과 가치를 사회에 제도의 형태로 실현하고, 이것을 다시 사회화를 통해 성원들을 내면화시킴으로써 균형적인 상태를 유지하게 된다. 만약 이러한 과정에서 부조화가 발생하면 사회변동이나 사회문제 상황이 나타나게 되겠지만, 곧 균형과 항상성의 경향에 의해 사회는 다시 안정된 상태로 되돌아가게 된다. 이처럼 기능주의는 변화나 갈등은 예외적인 상황이며, 항상 부분은 전체를 위해 도움이 되는 쪽으로 기능한다고 본다.

반면 갈등이론은 사회 내에 희소자원을 둘러싸고 갈등이 존재하며, 힘이 있는 집단이 힘이 없는 집단을 강제함으로써 사회질서가 유지된다고 설명한다. 마르크스가 생산수단을 소유한 자본가 계급과 생산수단을 소유하지 못하고 자신의 노동력을 팔아서 생활해야 하는 노동자계급의 두 집단으로 나누어져 갈등한다고 한 반면에, 다렌도르프는 좀 더 갈등이 다원적으로 존재한다고 한다. 그는 갈등이 사회의 전반에 걸쳐 나타날 수 있는데, 이것은 갈등의 장이 되는 ICA가 사회의 다양한 차원에서 존재하기 때문이다. 기능주의가 안정적이고 균형적인 상황을 정상적인 것으로 보고, 다른 예외적인 상황이 일어나더라도 균형의 상태로 돌아가려는 경향성을 갖는다고 주장하는 데 비해서, 갈등이론은 갈등상황이 예외적인 상황이 아니라 사회 전반에 편재하는 것이며 사회는 이러한 갈등을 통해 항상 사회적 관계를 변화시키려는 경향성을 갖는다고 주장한다.

상호작용이론은 인간이 협동생활을 하면서 발달된 정신능력을 통해서 자아가 발전하고, 이러한 자아의 발전을 통해 타인의 기대를 내면화시킴으로써 질서 있는 사회가 나타난다고 생각한다. 그러나 사회적 실재라는 것은 객관적으로 존재하는 것이 아니며, 개인들 간에 공유되거나 최소한 공유하고 있다고 믿는 어떤 맥락이라고 할 수 있으며, 이것을 만들어 내는 과정에 의해 사회질서가 창조되고 유지된다고 주장한다.

이러한 세 가지의 사회학이론들은 사회문제를 설명하는 데 있어서, 서구 역사상 다양한 시각으로 발전해 왔다. 그중에서도 기능주의 시각은 사회문제를 분석하는 데 있어서 가장 오랫동안 주류이론의 위치를 점해왔는데, 예를 들면 서구의 지적인 역사에서 사회병리의 시각, 사회해체의 시각, 일탈행동의 시각이 그것이다. 반면 갈등이론은 주로 기능주의이론에 대한 반발로서 나타났으며, 사회문제를 설명하기 위해 가치갈등의 시각이나 비판적 시각으로 실현되었다. 마지막으로 상호작용론의 시각은 사회문제를 설명하는 서구의 지적 역사에서 낙인의 시각과 그리고 가장 최근에 출현한 사회구성주의 시각으로 발전하였다.

제 3 절 서구에서의 사회문제를 보는 시각의 발전

사회문제를 바라보는 시각이란 사회문제를 어떠한 입장이나 분석틀에서 접근하는지를 의미한다. 문제는 사회문제와 관련하여 이러한 시각들이 언제나 항상 동일했던 것은 아니라는 점이다. 이러한 시각은 사회학이론의 발전에 따라서, 또는 그 시대의 정치적 지형에 따라서 항상 변해왔다. 이 장에서는 시대의 흐름에 따라서 이러한 시각의 변화를 살펴본다. 이를 위해 미국을 중심으로 한 서구 지성사에서 사회문제를 보는 시각의 변화를 러빙턴과 웨인버그(Rubington and Weinberg, 2003)의 논의를 중심으로 살펴본다.

일반적으로 사회문제를 보는 관점에서 시기구분으로는 러빙턴과 웨인버그의 통시적인(diachronic) 구분이 가장 폭넓게 받아들여지는 것이라고 할 수 있을 것이다. 그들의 구분은 주로 현대의 지적인 흐름을 주도한 미국사회에서 사회문제를 보는 시각이 현대에 이르기까지 크게 7가지의 단계(사회병리, 사회해체, 가치갈등, 일탈행동, 낙인, 비판적 시각, 사회구성주의)를 거치며 변해왔음을 보여준다. 이 시각들은 때로 함께 공존하기도 하였지만, 나름대로 고유하고도 독특한 관점으로서 존재하였다.

1. 사회병리의 시각(1890~1910)

사회병리(social pathology)의 시각은 1890년에서 1910년 정도의 시기에 나타났다. 당시 사회학이 유기체론적 유추를 통하여 사회를 보았기 때문에, 사회문제는 생물유기체가 앓는 병과 같이 사회가 앓는 병으로 보인 것은 자연스러운 결과였다고 할 수 있다. 사회병리학이란 의학의 병리학에서 차용한 것으로, 건강하지 않은 상태의 원인, 경로, 그리고 결과를 연구하는 학문을 말한다. 이런 의료모델이 사회를 설명하는 데 이용됨으로써, 사회유기체의 '정상적 작동'을 방해하는 사람이나 상황들은 모두 사회문제로 간주되게 되었다. 따라서 전체 사회의 작동이나 발전에 장애가 되는 개인적 부적응이나, 신체 및 정신적인 장애, 질병은 물론이며, 사회제도의 기능마비 등이 모두 사회문제로 간주되게 되었다.

이렇게 사회병리의 시각이 주도적인 위치에 자리매김하게 된 배경은, 19세기 초의 미국사회가 큰 변화 없이 매우 안정된 사회였다는 점이 크게 작용하였다. 따라서 현상을 유지하는 것은 바람직한 것으로 보였으며, 여기에서 벗어난 사회현상이나 사람들은 모두 비정상적이거나 병자로 취급되게 되었다. 특히 이 시각은 사회문제가 나타나게 되는 원인으로 유전적 특성에 주목한다. 따라서 심신박약자, 매춘부, 간질병자, 비행소년, 범죄자 등은 열등한 유전자를 갖고 태어난 사람들이기 때문에, 치료될 필요가 있는 사회문제가 되었다.

사회병리학적 시각의 주요 내용

1. 사회문제의 정의: 도덕적 기대로부터의 이탈
2. 사회문제의 원인: 개인의 무능력이나 열등한 유전자 등으로 인해 도덕적 규범의 내면화 실패
3. 사회문제의 결과: 초기에는 적자생존에 의해 자연스럽게 해결될 것으로 보았으나, 나중에는 사회병리현상이 만연할 것으로 예상
4. 사회문제의 해결책: 초기에는 우생학이 주목되었으나, 나중에는 사회 자체를 병든 것으로 생각함에 따라 성원들에게 적절히 도덕을 내면화시키는 것이 중요하다고 보게 됨

특히 유기체론적 관점에 따라 전체를 구성하는 부분들은 서로 관련되어 있고, 따라서 비정상적 부분들은 상호 관련되어 있다고 보게 되었다. 예를 들어 극빈자의 가정에서 범죄자가 나오며, 범죄자의 자손은 정신이상자나 매춘부가 될 가능성이 높은 것처럼, 여러 가지 사회문제는 각각 다양한 징후로 나타날 수 있지만 그 근본적인 원인은 열등한 유전자라는 한 가지 원인에서 나타나기 때문에 모두 상호 관련되어 있다고 보았다. 따라서 사회문제란 결함이 있는 사람들에 의해 발생하며, 이것은 유전을 통해서 세대 간에 전승되어 다양한 형태의 사회문제로 나타나게 된다.

사회병리의 시각은 초기 사회사업의 발전에 큰 영향을 주었다. 초기의 교정사업가들은 이러한 사회병리의 시각을 받아들임으로써 직업적인 자부심을 가졌다. 예를 들어 자본주의 초기에 도시에 떠돌던 부랑자, 빈민, 신체적, 정신적 장애인 등과 같은 부류라고 할 수 있는 범죄자들을 수용하여 노동을 시키고, 이러한 노동을 통해 그들을 새로운 사람으로 치료시킨다는 생각은 자신들이 하는 교정사업이 사회에 공헌한다는 믿음을 굳건히 갖게 해주었다. 의사가 환자를 치료하듯이, 교정사업가들이 범죄자를 치료한다는 것은 환자의 건강을 지켜 주는 것과 같이 사회를 건강하게 유지하는 매우 숭고한 이념으로 받아들여질 수 있었다. 이러한 이념은 현대의 교정에서도 여전히 포기할 수 없는 중요한 이념으로서 남아있다.

롬브로조의 타고난 범죄자

롬브로조(Cesare Lombroso)는 범죄자들이 유전적으로 결정된다고 했다. 즉 범죄자들은 격세유전(atavism)적 특징이라고 할 수 있는 유인원과 유사한 특성을 공통적으로 갖고 있는 사람들이다. 그는 범죄자가 도덕적으로 열등하며 유인원, 저등급의 영장류, 야만종족을 연상케 하는 신체적 특징을 지니고 있다고 주장했다. 이러한 특성으로 그는 얼굴의 비대칭, 커다란 턱, 덧니, 송곳니, 언청이, 움푹 들어간 이마 등을 든다. 그는 이러한 특징들이 세대를 뛰어넘어서 그가 살던 시대에 격세유전되었다고 생각했다. 다시 말해서 범죄자들이 가진 열등한 유전자들은 오래 전 유인원들이 가졌던 것이며, 이러한 열등한 유전자들을 받음으로써 범죄자가 된다고 하였다. 그는 몇몇 범죄자들은 기회가 올 때 일시적으로 범죄를 하는 사람이라는 것을 인정했지만, 대부분의 범죄자들은 이미 열등한 유전자를 갖고 태어난 타고난 범죄자(born criminals)라고 하였다.

그러나 이러한 사회병리의 시각은 유기체론적 유산을 그대로 갖고 있기 때문에, 지나치게 보수주의적인 편견을 갖고 있으며, 사회의 정상적인 상태를 객관적으로 파악할 수 있다고 믿기 때문에, 사회적 권력관계나 세력관계에 의해 나타나는 사회문제에 대해서 적용하기 어려운 문제점을 갖는다.

2. 사회해체의 시각(1918~1954)

1차 세계대전 이후 미국사회에서 급속하게 도시화, 산업화 그리고 이민이 급격히 증가할 때, 도시에서는 사회질서가 무너지는 것처럼 느껴지는 해체현상들이 나타났다. 그리고 이 사회해체현상은 다시 빈곤, 청소년비행, 범죄, 알코올중독과 같은 사회문제의 원인이 되고 있다고 믿게 되었다. 사회병리의 시각이 사회가 매우 안정된 시기에 나타났다면, 사회해체(social disorganization)의 시각은 1918년에서 1954년 정도 사이에 사회가 매우 급속하게 변화하는 시기에 출현하였다. 따라서 사회에서 나타나는 많은 문제들은 사회의 급속한 변화에 기인한다고 생각하게 되었고, 이러한 변화가 전통적인 사회조직들을 와해시킨다고 생각하게 되었다.

사회해체론적 시각도 사회병리의 시각과 마찬가지로 유기체론적 유산을 함께 갖고 있다는 점에서 그 공통점이 있다. 사회해체론에서도 전체의 부분들이 상호 매우 밀접하게 관련되어 있으며, 여러 가지 사회문제들은 이러한 사회해체가 겉으로 표현되는 징후에 불과하다고 생각하였다. 그러나 한편으로 사회해체이론가들은 정상과 비정상, 또는 도덕적인 것과 비도덕적인 것이 존재한다는 전제에서 다소 벗어나서, 사회를 좀 더 가치중립적으로 보기 시작하였다. 따라서 사회의 비정상적인 부분이 사회문제를 유발한다는 생각보다는 사회 내에서 쉽게 볼 수 있고, 새롭게 나타나는 현상들이 사회문제를 유발한다는 생각을 갖게 되었다.

이 시각에 의하면, 사회가 하나의 체계로 구성되어 있고, 이 체계는 다시 다수의 부분체계를 가지며, 이러한 부분들은 통합되어 있는데, 이러한 통합이 깨져서 한 부분이 변화하면 다른 부분도 변화가 나타나게 된다고 하였다. 이처럼 사회해체는 부분들 간의 적응이 결여되어 있거나 잘못된 상황을 나타내는 것이다. 예를 들어 쿨리(Cooley)는 사회해체가 도시로 인구가 집중될 때 가족이나 지역사회와 같은 일차적인 집단의 통제력이 약화되게 되는데, 이러한 전통의 붕괴를 사회해체라고 하였다.

미국에 이민 온 폴란드 사람들을 연구한 토마스와 쯔나니에키(Thomas and Znaniecki, 1918)는 폴란드 이민자들이 그들을 지배할 규범이 존재하지 않거나, 아니면 너무나 많은 규범에 의해 지배되고 있었다는 것을 알고, 결국 많은 사회문제들은 이민 온 가족들이 그들의 구성원들을 제대로 통제하지 못하는 상황에서 발생하고 있다고 주장하였다. 이처럼 토마스와 쯔나니에키는 사회해체를 사회에서 전통적인 규범의 영향력이 약해지는 현상을 사회해체로 규정하고, 이것이 여러 가지 사회문제를 만들어내게 된다고 하였다.

사회해체론적 시각의 주요 내용

1. 사회문제의 정의: 규범이 와해되는 현상
2. 사회문제의 원인: 사회의 급속한 변화에 의해 발생된 부분들 간의 부조화
3. 사회문제의 결과: 사회해체는 개인의 해체를 유발
4. 사회문제의 해결책: 불균형상태에 있는 것을 다시 균형상태로 만드는 것

이처럼 일반적으로 사회해체상황은 다시 개인들의 해체를 낳는데, 정신병, 알코올중독, 청소년비행 등이 이러한 사회해체의 발현으로 볼 수 있으며, 따라서 이러한 여러 가지 사회문제는 지역적으로 사회해체가 뚜렷이 일어나는 지역에서 주로 발견된다. 파크와 버제스(Park and Burgess)는 사회해체의 다양한 징후들, 즉 높은 인구이동률, 높은 비율의 외국태생, 높은 비율의 임대가구비율, 싼 임대료 등의 특징을 나타내는 지역에 주목하고, 이 지역을 도심을 동심원상으로 둘러싸고 있는 전이지역(transition area)이라고 지칭하였으며 여기에서 청소년비행과 범죄율이 높다고 하였다. 이러한 높은 범죄율은 그 지역의 인구구성이 계속 변했음에도 불구하고 여전히 그대로 유지되는데, 이것은 범죄가 그 지역에 사는 사람들의 특성에 의해서 나타나는 것이 아니라, 그 지역에 독특하게 나타나는 해체현상에 의해 나타나기 때문이다.

파크와 버제스의 동심원 이론(concentric circle theory)

파크와 버제스는 시카고의 도심을 기준으로 동심원상으로 뚜렷이 구분되는 다음과 같은 5개 지역이 존재하며, 각각의 지역적 특성이 그 지역의 거주자들의 특성에 영향을 주고 있다고 주장하였다. 그들에 따르면, 수많은 이민자들이 그 지역을 거쳐 가면서 그 지역의 민족구성이 바뀌어도 특정지역은 계속 그 지역의 특성을 가지고 있기 때문에 사람들은 그 지역적 특성에 영향을 받게 된다.

1. 1지대(도시중심): 영업중심지구, 사무실 등, 거주자가 거의 없음
2. 2지대(전이지역): 슬럼지역, 주거용 건물들은 대지를 영구히 점유하리라고는 생각되지 않기 때문에 노후한 채로 그대로 유지된다. 주로 미숙련 단순노동자들이 거주
3. 3지대(노동자주거지역): 주로 숙련공이 거주, 슬럼과 주거지역의 중간 위치, 2세대 이민들이 주로 정착
4. 4지대와 5지대(중, 상층 거주지역): 중상계급의 가족들이 거주, 지역적으로 안정되어 있음, 사회해체는 예외적

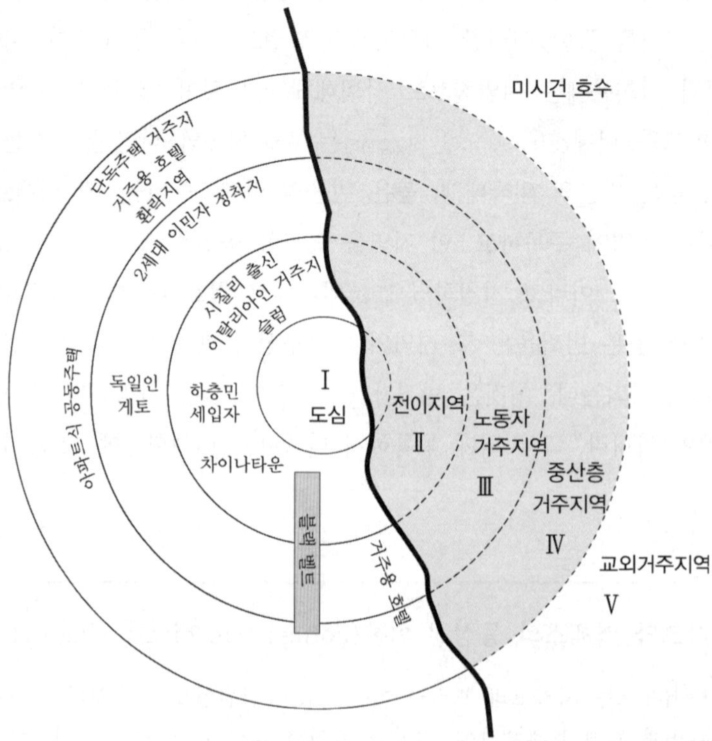

그들에 따르면, 위 2지대에서 두 가지 특이한 해체현상이 관찰되는데, 하나는 이민자들 중 노인들이 언어적, 인종적으로 고립되는 현상이며, 다른 하나는 2세대와 3세대의 높은 비행률이 나타난다는 점이다. 이것은 초기 이민자들이 정착하는 이 지역에서 고국의 문화와 새로운 나라의 문화 사이에서 겪게 되는 정신적 갈등에 기인한다. 다시 말해서 어느 하나도 청소년들을 지배적으로 통제하는 규범이 되지 못하고 전통적인 규범이 약화되는 현상이 나타난다.

이러한 많은 사회해체현상들은 지나치게 급격한 사회변동에 의해 나타나는 것이며, 이것을 해결하기 위해서는 사회변동의 속도를 적절히 낮춤으로써 가능해진다. 다시 말해서 사회의 부분 부분들이 서로 조화롭지 못하고 불균형한 상태에 있는 것을 다시 균형상태로 바꿈으로써 사회문제를 해결할 수 있게 될 것이다.

사회해체의 시각은 당시 급격한 산업화, 도시화에 따른 여러 가지 사회문제가 발생하고 있던 시기에, 사회문제에 대한 대안을 제시하고, 또 사회학을 과학으로 발전시키려던 시기에 발전하였다. 따라서 신학적, 형이상학적 설명은 물론, 의료모델에 의한 설명을 배격하고, 좀 더 실증적 과학적으로 사회문제를 설명하기 위해, 사회에서 새롭게 발견되는 사회해체라는 사회현상을 통해 사회문제를 설명하고자 하였다. 그로 인해 사회해체의 시각은 이전의 사회병리의 시각에 비해 훨씬 더 가치나 도덕의 문제로부터 분리하여 사회문제를 좀 더 객관적으로 볼 수 있게 되었지만, 다른 한편으로 사회해체란 개념 자체가 다소 모호하다는 문제로 인해 동어반복적이라는 비판을 듣고 있다.[7)]

3. 가치갈등의 시각(1935~1954)

가치갈등(value conflict)의 시각은 미국에서 주로 1935년에서 1954년 사이에 등장하였다. 이 시기는 사회해체의 시각과도 일부 겹치는 시기이며, 대공황과 2차 세계대전을 겪으면서 갈등에 대한 정당성을 부여할 필요성이 대두된 시기라고 할 수 있다. 다시 말해서 다른 집단의 이해에 반대하고 자신들의 이해와 가치를 주장하는 것은 매우 정상적이라고 생각되었다. 또한 먼저 출현한 사회해체의 시각이 주장하는 것과 같이 그들이 가치중립적이지 않다는 비판에서도 이러한 가치갈등의 시각이 등장하게 된 배경이 된다.

가치갈등의 시각에서 사회문제는 특정의 힘 있는 집단의 가치에 부합하지 않는 상황이라고 할 수 있다. 이러한 정의에는 사회병리나 사회해체의 시각에서 보였던 바람직하고, 바람직하지 않은 것에 대한 판단이 개입될 여지가 없다. 이전의 두 시각이 전체적인 관점에서 보았을 때 방해가 되는 상황, 또는 바람직하지 않은 상황이 사회문제가 되는 반면에, 이 가치갈등의 시각에서는 그것이 바람직하지 않든 바람직하든 사회문제가 될 수 있다는 것을 보여준다. 따라서 비교적 폭넓게 사회문제를 바라볼 수 있다는 점에서 이 시각의 장점이 있다.

---

7) 다시 말해서 사회가 해체된 지역에서 높은 인구이동률, 높은 수준의 외국태생비율, 낮은 임대료 등이 발견된다고 하는 한편, 사회해체를 설명하기 위해서도 동일한 현상들이 사용되고 있다는 것이다. 예를 들어 "외국계 이민의 증가는 이들이 주로 유입되는 특정 지역의 사회해체를 가져오고, 사회해체가 된 지역에는 높은 비율의 외국계 주민들이 산다." 이러한 설명에서 많은 해체의 지표들은 사회해체의 결과이면서 사회해체 그 자체나 또는 사회해체의 원인이기도 하다.

실제로 풀러와 마이어스(Fuller and Myers)는 이 가치갈등의 시각에서 사회문제를 가장 잘 설명할 수 있다고 주장하였다. 왜냐하면 먼저 무엇이 사회문제인지에 대해 사람들의 의견이 일치하지 않으며, 다음으로 만약 이것이 일치한다고 하더라도, 여기에 대해 어떤 해결책이 제시되어야 하는지에 대해 합의가 이루어지지 않기 때문이다. 그에 따르면, 사회문제는 다음의 세 가지로 크게 나누어진다.

첫째, 물리적 문제(physical problems)로서, 이것은 사실상 모든 사람들이 위협으로 간주하는 상황을 말한다. 예를 들어 지진, 폭풍, 홍수, 가뭄 등의 자연재해와 같은 것들이 그것인데, 이들은 문화적 가치체계의 갈등때문에 발생하는 것은 아니다. 따라서 과연 이들이 사회문제인지에 대한 문제가 제기될 수 있다. 그러나 풀러와 마이어에 따르면, 물리적 문제의 원인은 문화 이전의 문제라고 할 수 있지만 그 결과에는 불가피하게 도덕적 판단과 대책의 결정을 요하게 되므로 이들은 사회문제이다. 또한 과거에는 문화 이전의 것으로 보였던 많은 현상들이 점점 인간의 의지가 개입된, 즉 가치갈등의 산물로 나타나고 있다. 예를 들어 천연두나 매독의 경우 과거에는 문화 이전의 자연현상으로 취급되었지만, 현대에 이들이 창궐한다면 분명히 인간의 가치판단의 결과일 것이며, 사람들은 정부에 대해 비난을 퍼부을 것이다.

둘째, 개선을 요하는 문제(ameliorative problems)로서, 바람직하지 않다는 점에 대해서 대부분의 사람들이 동의하는 상황들이지만 개선을 위한 해결책에 대해서는 의견의 불일치가 존재하는 상황이다. 예를 들어 범죄, 비행, 질병, 정신이상, 자동차 사고 등이 그것인데, 풀러와 마이어스에 따르면, 이것이 진정한 사회문제라고 한다. 왜냐하면 인간의 가치판단 자체가 그 문제상황을 만들어 내는 한편, 해결책의 선택에도 영향을 미치기 때문이다.

셋째, 도덕적 문제(moral problems)로서, 어떤 것이 사회문제라는 사회 전반에 걸친 합의가 거의 존재하지 않는 상황이며, 따라서 해결책이 필요하다고 생각하는 사람도 적은 상황이다. 예를 들어 낙태, 노름, 저임금, 근로시간기준, 혼인빙자 간음 등을 들 수 있으며, 최근에 이러한 문제들이 개선을 요하는 문제로 상당 부분 편입되었다. 예를 들어 과거에 저임금은 범죄와 같이 뚜렷이 사회문제라는 인식이 없었지만, 최근에는 최저임금기준 위반으로서 심지어 법으로도 처벌되는 범죄로 편입되게 되었다.

가치갈등 시각의 주요 내용

1. 사회문제의 정의: 특정의 힘있는 집단의 가치에 배치되는 사회적 상황
2. 사회문제의 원인: 집단 간의 이해관계의 갈등이 구체화
3. 사회문제의 발생조건: 집단 간의 경쟁과 접촉의 정도
4. 사회문제의 결과: 힘없는 집단의 가치가 희생
5. 사회문제의 해결책: 집단 간의 합의, 타협, 강제

왈러(W. Waller)는 사회문제가 해결되지 않는 것은 사람들이 그것을 원하지 않기 때문이라고 주장한다. 예를 들어 빈곤은 사회적으로 야기된 것이며, 개선되어야 할 것으로 대부분 규정되지만 사람들이 그것을 원하지 않기 때문에 해결되지 않는다. 예를 들어 만약 빈곤을 퇴치하기 위해 소득을 재분배하는 것은 한편으로 사유재산제도의 근간을 흔들 수 있기 때문에 거부된다. 또한 너무나 복잡한 한국의 형사법령 체계는 대부분의 사람들이 문제라고 인식하지만, 이것의 대폭적인 정비는 많은 법률전문가들로 하여금 다시 법을 공부하게 하며, 자신들과 같은 법률전문가들의 조력이 필요 없어질 가능성이 있기 때문에 정비가 쉽지 않다.

가치갈등의 시각은 이전의 시각들이 사회문제가 바람직하고 바람직하지 않다는 수준을 넘어서, 사회문제가 그러한 차원을 넘어서 발생하는 것임을 보여주었다. 이 시각은 이미 규정된 사회문제보다는 사회문제가 규정되는 과정이 얼마나 가치중립적으로 되는 것인지에 대해 경각심을 갖게 해주었다.

4. 일탈행동의 시각(1954~1970)

일탈행동(deviant behavior)의 시각은 사회해체의 시각에서 발전한 것으로, 주로 1954년에서 1970년 사이에 주된 시각이었다. 이렇게 일탈행동의 시각이 새롭게 출현하게 된 것은 기존의 사회해체의 시각이 개인의 행동을 설명하기에는 너무나 포괄적이라는 점이 크게 작용하였다. 다시 말해서 어떤 개인이 일탈을 하고 비행을 하는 것이 단순히 그 사람이 특정 지역에 살기 때문이라고 설명하기에는 개인의 행동이 너무나 많은 다른 요인에 의해 영향을 받고 있었기 때문이었다. 이에 따라

크리나드(Clinard)는 1957년에 최초로 일탈행동의 시각에서 교과서를 내었고, 이후 사회문제 또는 사회해체라고 불렸던 강의들이 일탈행동으로 불리게 되는 계기가 되었다.

이러한 시각의 변화는 "과연 일탈행동이 모든 사회문제를 포괄하는가?"라는 새로운 문제를 제기하게 된다. 다시 말해서 일탈행동을 설명하는 것이 모든 사회문제를 설명할 수 있는가 하는 새로운 문제가 발생하게 되었다. 이 문제에 대해 그 당시의 학자들은 여러 가지 사회문제들은 서로 매우 상호 관련되어 있고, 따라서 서로서로를 야기시키는 것으로 보았기 때문에, 이러한 시각으로 사회문제를 설명할 수 있다고 보았다. 인간사회에서 인간의 행동과 관련되지 않은 문제를 찾기가 어렵고, 따라서 모든 사회문제는 인간의 일탈적인 행동과 관련될 수 있는 것이다.

예를 들어 어떤 지역에 여름에 모기가 창궐했다면, 예전에는 그냥 넘겼겠지만, 최근에는 보건당국에서 예방조치를 적절히 하지 않았다고 생각할 것이다. 다시 말해서 한여름의 모기창궐은 여러 사람이 불편해하는 사회문제이며, 이것은 보건당국에 일하는 사람의 직무태만이나 주변기업주나 기업간부의 환경을 생각하지 않는 일탈행동에 의해 발생한 것이다. 유사하게 한 사회의 빈곤은 빈곤에 대해 적절한 대책을 세우지 않은 정부당국자의 잘못이거나, 자신이 빈곤할 것을 예상하지 못하고 열심히 일하지 않은 빈곤한 사람의 일탈행동일 것이다. 이처럼 일탈행동의 시각은 사회문제를 설명하는 데 훌륭한 하나의 시각이다.

일탈행동 시각의 주요 내용

1. 사회문제의 정의: 규범적 기대로부터의 이탈
2. 사회문제의 원인: 부적절한 사회화
3. 사회문제의 발생조건: 전통적 방식을 학습할 수 있는 기회의 제한, 일탈적 방식을 학습하는 기회증가, 합법적 수단의 제한 등
4. 사회문제의 결과: 비합법적 사회집단의 형성(갱)
5. 사회문제의 해결책: 재사회화를 통해 도덕규범을 내면화

일탈행동의 시각에 따르면, 사회문제는 사회성원들이 사회화를 통해 도덕규범을 적절히 내면화하지 못할 때 사회문제가 발생한다. 주로 이러한 사회문제는 청소년들의 비행으로 나타나는데, 이들이 적절한 규범을 내면화하지 못하고 오히려 비행에 우호적인 정의나 비행을 합리화할 수 있는 기술을 배우게 될 때 비행을 하게 된다.

예를 들어 서덜랜드(E. Sutherland, 1939)는 비행은 청소년이 비행친구를 많이 사귐으로써, 이들로부터 비행에 우호적인 정의를 많이 학습하게 되고, 따라서 비행이 그리 나쁘지 않다는 생각을 의식, 무의식적으로 갖게 되어 비행을 하게 된다고 설명한다. 또한 마챠(Martza, 1964)는 청소년이란 그들을 사회에 묶는 전통적인 영역에서 대부분의 생활을 하는데, 자신들의 비행을 합리화하는 중화의 기술을 배워서 가끔씩 비행의 영역으로 갔다오는 표류(drift)의 생활을 한다고 한다. 이렇게 비행이라는 사회문제가 발생하면 대체로 그 결과는 청소년으로 구성되는 지역의 갱집단이 나타나게 된다. 이러한 사회문제를 해결하기 위해서는 청소년들을 보다 전통적인 활동에 머물게 하여 사회적으로 용인되는 활동을 장려하고, 이를 통해 규범을 내면화하는 방법이 주로 사용된다. 예를 들어 흑인지역에서 장려되는 길거리 농구나 미식축구대회 등이 그 대표적인 해결책으로 제시될 수 있다.

서덜랜드의 차별접촉이론의 9가지 명제들

서덜랜드(E. Sutherland)는 차별접촉이론(differential association theory)을 만들고 자신의 이론을 다음의 9가지 명제로 정리하였다. 그에 따르면, 비행은 친밀한 사적 집단 속에서, 비행친구와의 차별적 접촉으로 인해 비행에 우호적인 정의를 비행에 비우호적인 정의에 비해 많이 학습할수록 비행을 할 가능성이 높다.

명제 1: 범죄행동은 학습된다.

명제 2: 범죄행동은 타인과의 상호작용 속에서 의사소통과정을 통해 학습된다.

명제 3: 범죄행동 학습의 주된 부분은 친밀한 사적 집단들 내에서 일어난다.

명제 4: 범죄행동이 학습될 때, 그 학습은 (a) 때로는 매우 복잡하고 또는 매우 간단한 범죄행동에 필요한 수법과 (b) 동기, 충동, 합리화 및 태도의 특정한 지향을 포함한다.

명제 5: 동기와 충동의 특정한 지향은 법규에 의해 긍정적 혹은 부정적인 것으로서 학습된다.

명제 6: 어떤 사람이 범죄자가 되는 것은 법위반에 대한 긍정적 정의가 법위반에 대한 부정적 정의를 초과하기 때문이다.

명제 7: 차별접촉은 빈도, 지속, 우선성, 그리고 강도에 있어서 다양한 형태를 띤다.

명제 8: 범죄적, 반범죄적 패턴과의 접촉을 통해 범죄행동을 학습하는 과정은 어떤 다른 학습과정에서 볼 수 있는 모든 메커니즘을 포함한다.

명제 9: 범죄행동은 사회의 일반적 욕구와 가치의 표현이지만, 범죄행동은 일반적 욕구와 가치로 설명되지 않는다. 왜냐하면 비범죄행동도 같은 욕구와 가치의 표현이기 때문이다.

일탈행동의 시각은 앞서 논의한 사회병리, 사회해체의 시각과 함께 대표적인 기능주의적인 시각에 속한다고 할 수 있다. 그러나 일탈행동의 시각은 이전의 시각들이 다양한 사회문제의 설명에 너무나 비과학적이거나 모호한 설명에 그친 점에 비해, 대표적인 일탈행동인 청소년비행에 대해 매우 구체적인 설명을 제공하였다. 특히 앞의 두 시각들이, 정도의 차이는 있지만 유기체론적인 유산을 갖고 있는 데 비해, 일탈행동의 시각은 비교적 이러한 문제로부터 자유롭다. 그러나 한편으로는 사회가 합의에 기초한다는 기능주의 시각을 그대로 갖고 있기 때문에, 사회적 합의로서의 도덕이나 규범을 강조하고 여기에서 벗어난 것을 사회문제로 보는 보수적인 성향을 갖는다. 따라서 사회적 합의가 강하지 않은 사회문제, 예를 들어 낙태나 성매매 등을 설명하는 데는 다소의 한계를 갖는 것도 사실이다.

5. 낙인의 시각(1954~1970)

사회학이론에서 상징적 상호작용론의 등장은 사회문제를 설명하는 데 있어서도, 이 시각을 적용하려는 욕구로서 1954년에서 1970년 사이에 나타났다. 특히 낙인(labeling)의 시각은 일탈행동의 시각이 사회문제나 일탈을 설명하는 데 한계가 있다는 자각으로 인해 촉발되었다. 예를 들어 다원적인 사회에서 자기집단의 규범에 동조하게 되면 다른 지배적인 집단의 규칙을 어기게 되는 경우가 생기고 이것이 사회문제로서 규정될 때 일탈행동의 시각으로 설명하는 것이 어려웠다. 또한 모든 범죄자가 잡히거나 처벌을 받는 것은 아니라는 점과 잡힌 범죄자들 중에서도 모두가 동일한 방식으로 다루어지지 않는다는 점은 사회문제를 단순히 사회규범을 위반하는 것으로 설명하기보다는 어떤 상황에서 어떤 사람들이 제재를 받게 되며, 어떤 결과를 초래하는가에 관심을 가지게 되었다.

상징적 상호작용론자 쿨리(Cooley)가 말한 것과 같이 자아의 형성이 다른 사람의 거울 속에 보여지는 나(looking-glass self)를 보고 이루어진다는 점에서, 어떤 일탈이 발생하고 이것이 다른 사람들에 의해 처벌받고, 다른 사람들에 의해 처벌받는 것이 보여지고, 이를 통해 자신의 자아개념을 변화시킬 수 있는 과정은 레머트(Lemert, 1951)나 베커(Becker, 1963)와 같은 상호작용론자들에게 낙인이라는 독특한 시각을 만들게 하였다.

이전의 기능론적 시각이 합의를 전제하기 때문에, 사회문제가 객관적으로 정의된다고 생각한 반면에, 낙인의 시각은 사회문제가 주관적으로 정의된다고 생각하고, 사회문제가 주관적으로 정의되는 과정에 관심을 집중한다. 낙인의 시각에 따르면, 어떤 사람이 범죄나 일탈을 한다고 해서 모든 사람들이 발각되고, 관심을 받게 되는 것은 아니다. 예를 들어 어떤 사람의 행동에 대한 개인의 상황정의가 낙인을 부여할 힘이 있는 사람의 상황정의와 달랐을 때, 아마도 그것은 범죄나 일탈로 규정될 것이고 이렇게 낙인이 부여된 사람들은 주변 사람들로부터 자신을 범죄자로 보는 눈초리를 경험하게 될 것이고, 이것은 자기충족적 예언(self-fulfilling prophecy)이 되어서 향후 그 사람이 동일한 행동을 반복하게 하는 사회적 압력으로 작용하게 된다.

낙인 시각의 주요 내용

1. 사회문제의 정의: 사회적 청중에 의해 규칙이나 기대가 위배되었다고 생각되는 상황
2. 사회문제의 원인: 낙인을 부여할 힘이 있는 사람이나 기관들과의 상황정의의 차이로 인해 이들로부터 받게 되는 관심

3. 사회문제의 발생조건: 낙인에 의해 이득이 발생하고, 낙인을 부여하는 사람이 그러한 힘이 있어야 함
4. 사회문제의 결과: 사회문제를 더욱 심화시킴
5. 사회문제의 해결책: 낙인의 개념정의를 변화시키거나, 낙인을 부여할 힘이 있는 사람들과 의미를 공유, 또는 의미의 공유를 방해하는 편견, 선입견, 이데올로기 등의 작용을 차단

예를 들어 레머트(Lemert, 1951)는 일탈을 1차적 일탈과 2차적 일탈로 나누고, 1차적 일탈은 우연히 누구에게나 발생할 수 있지만, 그것의 결과는 누구에게나 동일하지 않다고 하였다. 그에 따르면, 공식적인 처벌을 피한 일탈자는 자신의 자아정체성을 좋게 유지할 수 있지만, 그렇지 않은 일탈자는 공식적인 국가기관에 의한 낙인을 통해 자신의 자아정체성을 점점 범죄자로 바꾸게 되어, 그 결과 새로운 2차적인 일탈을 할 가능성이 훨씬 높아진다.

일반적으로 낙인을 찍는 위치에 있는 사람들은 종교단체의 지도자이거나, 특정 분야를 선도하는 사람이거나, 형사사법기관에서 일하는 사람 등 다양하지만, 이들은 모두 낙인을 찍음으로써 사회를 지키겠다는 하나의 신념을 가지고 활동하는 사람들이며, 이들을 상징의 십자군(symbolic crusader)이라고 부른다. 아마도 어떤 상황이 이들이 갖고 있는 가치나 신념과 배치될 때, 그 상황은 사회문제로 규정될 가능성이 높게 될 것이다. 예를 들어 우리 사회에서 범죄로 규정되었던 낙태죄에 대해 많은 사람들은 그것이 왜 범죄인지에 대해 의문을 제기했다. 이 조항이 태아의 생명의 권리를 보호하려는 의도를 가졌다면, 또한 이 조항으로 인해 여성의 신체의 자유에 대한 권리는 침해된다. 그럼에도 불구하고 이 조항이 지속적으로 범죄로 규정되었던 것은 종교적, 또는 휴머니즘적 신념에 입각한 상징의 십자군(symbolic crusaders)들이 지속적으로 이것에 대해 낙인을 부여했기 때문이다.

레머트의 1차적, 2차적 일탈

레머트(Lemert, 1951)는 일탈을 1차적 일탈(primary deviance)과 2차적 일탈(secondary deviance)의 두 가지 형태로 나누고, 이 중 2차적 일탈이 세 가지 행위주체들 중 청중과 범죄자가 상호작용한 결과임을 보여주었다. 예를 들어 두 사람이 같은 행위(1차적 일탈)를 했지만, 어떤 사람은 우연히 발각되지 않았고 어떤 사람은 발각되어 범죄자로 처벌되었다고 할 때, 후자의 경우는 다른 사람들이 자신을 범죄자로 보는 청중의 반응을 경험하게 된다. 따라서 어떤 사람의 일탈행위가 반복되고 또 눈에 잘 띄게 되면 더 엄격한 (청중의) 사회적 반응이 뒤따르게 될 것이고, 따라서 이러한 반응에 기초하여 행위자는 기존 역할 대신에 새로운 역할에 기초하여 자신을 인식하게 된다. 일탈과 강한 사회적 반응의 악순환이 계속되면, 일탈자는 그의 일탈행위를 더욱 강화하게 될 것이다.

일반적으로 일탈에 대한 낙인은 사람들로 하여금 일탈을 그만두게 만들 것 같지만, 실제로는 일탈을 더욱 많이 하게 만든다. 왜냐하면 한 번 부여된 낙인의 의미는 어떤 사람에게 너무나 강한 의미로 다가오기 때문이다. 이것을 베커(Becker, 1963)는 주지위(master status)로 표현하였다. 그에 따르면, 일탈자로서 낙인이 찍히게 되면 일탈자라는 지위를 얻게 되는데, 이 지위는 그 사람이 가질 수 있는 여러 다른 지위(예를 들어 아버지, 배관공)에 비해 너무나 중요한 주지위가 되므로, 주위사람들이 항상 그 사람에 대해 그 중요한 지위에 맞게 행동하기를 기대하게 된다. 따라서 그는 일탈자라는 자아정체성을 갖고 일탈적인 방식으로 행동하게 될 때, 훨씬 더 자연스럽게 될 것이며, 이것은 점점 더 일탈을 촉진하는 결과를 낳게 된다.

사람들은 전과자들에 대해 그들이 전과자에 대해 갖고 있는 재고적 지식을 통해 전과자라는 개념이 가지고 있는 고정관념에 의해 그들을 대하게 된다. 따라서 그 사람이 어떤 과정을 거쳐 전과자에 이르게 되었는지, 또는 그 사람의 형편이 어떠한지에 대해서는 별로 관심을 가지지 않는다. 정확히 말해서 그러한 부수적인 정보들을 생략하고 보다 편하게 고정관념을 통해 전과자를 보려는 전형화(typification)의 과정에 의해 이들을 받아들이게 된다. 따라서 어떻게 보면 주위의 사람들이 전과자에게 재범을 하도록 기대한다고 할 수 있다.

이처럼 낙인의 시각은 이전의 기능론적 시각이 가정했던 사회적 합의의 가정과 객관적인 사회규범이 존재한다는 가정을 거부한다. 오히려 규범이란 것은 다분히 주관적이며, 각 상황에서 나타나는 상황정의에 의해 사회문제가 발생한다고 한다. 그러나 한편으로는 사회문제를 규정하는 상황이 낙인론자들의 주장과는 달리 그리 주관적이지는 않다는 비판도 제기된다.

6. 비판적 시각(1970~1985)

비판적 시각(critical perspective)은 가치갈등의 시각에서 발전한 시각으로, 세계가 냉전으로 두 진영으로 나누어져 대립했던 1970년에서 1985년 사이에 마르크스주의의 영향을 받은 학자들이 마르크스주의를 사회문제의 설명에도 적용함으로써 출현하게 되었다. 비판적 시각은 기본적으로 가치갈등의 시각과 그 전제를 공유하는데, 예를 들어 사회가 희소자원을 둘러싼 갈등이 존재하고, 힘있는 집단이 힘없는 집단을 강제함으로써 사회질서가 유지된다는 점에서 동일하다. 그러나 비판적 시각은 좀 더 마르크스주의에 기반한다. 현대 자본주의 사회에서 자본가계급은 자신의 이윤을 극대화하기 위해 노동자를 착취하게 되고, 이 과정에서 다양한 사회문제들이 나타나게 된다. 예를 들어 노동자의 빈곤이라든지, 환경문제, 산업재해, 저임금 등 다양한 문제들이 나타나게 되는데, 이것들은 자본주의의 체제를 유지하기 위한 필수적인 도구이다. 빈곤은 자본가의 이윤을 극대화하기 위해 꼭 필요하며, 열악한 작업환경과 산업재해는 자본가가 무산자화의 길을 걷지 않기 위해 또한 필수적이다.

그러나 이러한 사회문제의 수준은 지배계급이 얼마나 세련되게 피지배계급을 통제하는지, 노동계급이 얼마나 조직화되어 있는지, 경기가 얼마나 좋은지에 따라서 달라진다. 만약 노동계급이 매우 잘 조직화되어 있거나 경기가 좋다면, 사회문제는 약하게 나타날 것이며, 지배계급이 매우 세련되게 피지배계급을 통제하며, 노동계급의 의식화 정도가 낮다면 사회문제는 강하게 나타날 것이다. 그러나 이러한 사회문제들은 모두 자본주의 체제의 고유한 결과이므로 자본주의가 고도로 발전할수록 사회문제는 심화되게 될 것이다.

비판적 시각의 주요 내용

1. 사회문제의 정의: 사회문제란 노동계급의 착취과정에서 나타난 어떤 상황이다.
2. 사회문제의 원인: 자본주의의 체제유지를 위해 자본주의 사회가 만들어내는 상황
3. 사회문제의 발생조건: 계급지배의 정도와 강도, 노동계급의 의식화 정도, 경기의 순환
4. 사회문제의 결과: 자본주의의 발전 정도에 따라서 심화
5. 사회문제의 해결책: 노동계급의 정치적 투쟁을 통해 계급 없는 사회를 만드는 것

마르크스주의자 퀴니(Quinney, 1970)는 이러한 비판적 시각에서 범죄자에 대한 연구보다 국가와 지배계급이 범죄를 규정하고 통제하는 것에 1차적인 관심을 가져야 한다고 주장하고 형법 자체를 탐구대상으로 하였다. 그에 따르면, 형법은 국가와 지배계급이 기존의 사회적, 경제적 질서를 유지하고 영속시키기 위한 도구이다. 형법은 지배집단의 이익을 표현한 것이며, 지배집단은 이를 통해 피지배집단을 통제하려고 한다. 따라서 범죄는 그 사회의 윤리나 도덕보다는 지배집단의 이익을 침해하는 행동이며, 이것은 자연적으로 존재하는 것이 아니라 만들어지고 규정되는 것이다. 따라서 범죄는 어떻게 정의할 것인지의 문제이지 범죄 자체가 내재적으로 어떤 고유한 속성(예를 들어 피해를 주거나, 사악하거나 등등)을 지닌 것은 아니다.

자본주의 사회의 범죄통제는 법(국가) 이외에도 국가질서 확립을 목적으로 지배계층의 이익을 대변하는 정부엘리트가 수립하고 관리하는 이데올로기를 전파하는 다양한 제도와 기관을 통하여 수행되고, 그 결과 피지배계층은 계속 억압된다. 그는 이렇게 범죄가 사회적 실재로 등장하고 유지되는 과정을 6가지의 명제로 정리하였다.

비판적 시각은 낙인의 시각과 유사하게 사회문제가 속성에 의해 정의되는 것이 아니라, 사회적 관계에 의해서 나타난다는 점을 보여주었다. 특히 자본주의 사회에서 빈곤, 저임금, 노동쟁의, 부패, 성차별 등의 사회문제들이 자본가계급의 이해관계와 관련하여 필연적으로 만들어지는 것이라는 점을 보여주었다. 그러나 비판적 시각은 그것이 자본주의사회의 여러 사회문제에 대해 갖는 명쾌한 함의에도 불구

하고, (자본주의 사회와 비교할 때 상대적으로 적기는 하지만) 사회주의 사회에서도 여전히 존재하는 많은 사회문제들에 대해 전혀 설명할 수가 없다. 특히 사회주의 사회에서 정치권력의 집중과 부패, 표현 및 종교의 자유의 탄압, 그리고 하향평준화로 인한 전체적인 빈곤 등의 사회문제는 오히려 더 심각하다.

범죄라는 사회적 실재가 만들어지는 과정에 관한 6가지 명제

1. (범죄의 정의) 범죄는 사회의 권력있는 집단에 의해 만들어진 인간행동의 정의이다. 범죄는 행동에 내재한 고유한 특성이 아니라, 어떤 사람이 내린 판단에 의해 만들어지는 것이다.
2. (범죄적 정의의 형성) 범죄적 정의는 권력을 가진 지배집단이 그들의 이해관계를 공공정책으로 묘사하는 과정에서 지배집단의 이익에 따라서 만들어진다. 따라서 사회의 여러 분파들 사이에 이해관계의 갈등이 클수록, 권력집단이 범죄적 정의를 만들 가능성은 높아진다.
3. (범죄적 정의의 적용) 범죄적 정의는 형법을 집행하고 운영할 권한을 가진 지배집단에 의해 적용된다. 여기서 범죄적 정의가 적용될 가능성은 권력을 가지지 못한 집단의 행동이 권력집단의 이해관계와 충돌하는 정도에 따라서 변한다.
4. (범죄적 정의와 관련된 행동양식의 발전) 행동양식은 분파적으로 조직된 사회에서 범죄적 정의와 관련하에 구조화되며, 이 맥락 안에서 사람들은 범죄적인 것으로 정의될 상대적 가능성을 가진 행동에 참가한다. 그런데 모든 사람들은 그들의 행동이 범죄적인지 아닌지에 상관없이 그들의 상대적인 사회적 문화적 환경에서 배운 규범체계에 따라서 행동하게 되는데, 어떤 사람이 형법을 위반하게 될 가능성은 그가 속한 집단이 법을 제정하고 집행하는 데 얼마나 많은 권력과 영향력을 갖고 있는지에 따라 결정된다.
5. (범죄적 개념의 구축) 범죄의 개념은 다양한 의사소통수단에 의해 사회의 각 부문에 형성, 확산된다.
6. (범죄의 사회적 실재) 범죄의 사회적 실재는 범죄적 정의의 형성과 적용, 범죄적 정의와 관련된 행동양식의 발전, 그리고 범죄적 정의의 구축에 의해 만들어진다.

---

7. 사회구성주의 시각(1985~현재)

1970년대 중반 이후 낙인이론에서 출발한 사회문제를 보는 새로운 시각이 출현하여 1985년 이후 전성기를 맞이하였다. 급진적인 주관주의적 시각이라고 할 수 있는 사회구성주의(social constructionism) 시각은, 기존의 낙인의 시각이 낙인의 적용과 낙인이 부여되는 것에 대한 개인의 대응에 지나치게 집중하고, 낙인이 어떻게 만들어지는지에 대해서는 무관심하다고 비판한다. 낙인의 시각에서는 낙인이 부여되는 데(사회문제로 정의되는 데)는 객관적 조건과 함께 주관적 조건도 함께 중요하다고 하지만, 사회구성주의 시각에서는 객관적 조건은 중요하지 않으며, 오직 주관적으로 사람들이 사회문제라고 생각할 때 사회문제가 된다고 본다. 그러나 낙인이 만들어지는 과정은 매우 우연적이고 주관적이기 때문에, 어떤 상황도 사회문제로 규정될 수가 있다.

사회구성주의 시각의 주요 내용

1. 사회문제의 정의: 문제시되며, 널리 퍼져 있으며, 개선할 수 있으며, 개선이 필요한 것으로 문화적으로 정의되게 된 상황
2. 사회문제의 원인: 사람들이 불편한 상황을 개선하려고 할 때 나타나는 '사회문제로 정의하는 활동'의 존재
3. 사회문제의 발생조건: 어떤 상황에 대해 불평하는 사람들과 거기에 대응하는 기관들 사이에 상호작용이 있을 때
4. 사회문제의 결과: 워낙 여러 요인들(정의의 명확성, 주의를 끌고 유지하는 전략, 불평자의 상대적 권력정도, 개선을 추구하는 기관 등)에 따라서 달라지기 때문에, 단지 개별 사회문제에 대한 경험적 연구를 통해서 그 결과를 알 수 있다
5. 사회문제의 해결책: 별다른 해결책을 제시하지 않으나, 사회문제의 규정에 있어서의 언론매체나 학계, 시민단체 등의 진지한 토론과 대화, 대중매체의 선정성 지양, 그리고 사회문제를 규정함으로써 생기는 이익의 박탈 등이 가능하다.

이 시각에서 사회문제란 문제시되며, 널리 퍼져 있으며, 개선할 수 있으며, 개선이 필요한 것으로 문화적으로 정의되게 된 상황을 말한다. 이러한 정의에는 특별한 객관적인 조건이 개입하지 않는다. 여기에는 오직 사회적 청중의 주관적일 수 있는 판단만이 필요하다. 따라서 이러한 청중의 판단은 어디로 튈지 모르는 럭비공과 같은 것으로, 이 판단이 어떤 상황을 사회문제로 정의하는 쪽으로 발전할 때 사회문제는 발생하게 되지만, 이 경우에도 그것의 결과는 예측이 불가능하며, 단지 개별 상황에 대한 사례연구만을 통해 그 결과를 사후적으로 알아낼 수 있다.

이처럼 어떤 상황이 사회문제가 되는 것은 매우 우연적이고 주관적이기 때문에, 사회구성주의 시각을 가진 학자들은 특정의 사회적 상황에 대한 사례연구를 통해 이것이 사회문제로 규정되는 과정을 밝히는 데 관심을 기울여 왔다. 한 예로서 베스트(Best, 1997)는 현대사회에 들어 새로운 형태의 피해자들이 출현하였다는 데 주목하고 이 과정을 연구하였다. 그에 따르면, 현대사회에서 부부강간, 면식강간, 데이트강간, 아동학대, 정신적 학대, 성희롱, 외상 후 스트레스 장애, 다중인격, 증오범죄, 스토킹, 신용카드 의존증, UFO납치, 섹스중독, 직장 내 성희롱 등과 같이 새롭게 피해자를 만들어내는 과정이 나타났고, 이것은 이들에 대한 피해자화의 이데올로기가 대중적으로 받아들여지는 과정에서 가능해졌다고 한다. 즉 1960년대와 70년대에 걸쳐 이런 피해가 널리 퍼져있고, 또한 심각하다는 피해자화의 이데올로기(victimization ideology)가 중요 제도(법, 대중매체, 학계, 시민단체 등)에서 받아들여지게 됨으로써, 이를 통해 이익을 얻는 피해자산업(victim industry)이 탄생하게 되었고, 결과적으로 수많은 멀쩡한 사람들을 피해자로 만드는 결과를 가져오게 되었다.

이러한 과정은 중세시대의 마녀사냥(witchcraft trial)과 유사한 것으로, 객관적으로 전혀 사회문제로 규정될 만한 조건이 없음에도 불구하고, 수많은 사람들을 사회문제의 피해자로 양산하고 있다는 것이다. 커리(Currie)는 이러한 마녀의 발견을 촉진한 피해자산업이 세 가지 조직적 특성을 가진다고 한다(Best, 1997에서 재인용). 첫째는 외적 제한의 부재(absence of external restraints)로서, 낙인을 찍는 데 있어서 특별한 외적 반대 없이 중요제도에서 승인되는 것을 말한다. 특히 피해자산업은 텔레비전, 언론매체, 시민단체 등에서 문제라고 동의하거나 찬성하는 특성을 갖는다. 둘째, 내적 제한의 부재(absence of internal restraints)로서, 낙인을 찍는 데 거의 제한을 받지 않으며, 심지어는 의무로 느끼기까지 한다는 것이다. 예를 들어 여성부에서 직장 내 성희롱이나 부부강간이 편재하고 있다고 단언하면서 이것의 해결을 위해 사명감을 갖고 활동하는 것이 그 한 예이다. 셋째, 자격부여된 이해관계(vested interests)로서, 종종 피해자산업에 참여하는 사람은 사람들을 피해자로 만드는데 그의 이해관계를 가지는 경향이 있다. 예를 들어 다른 사람들 다수를 피해자로 만듦으로써 자신이나 조직의 영향력이 증가하고, 중요 제도로부터 지위를 획득하며, 이런 피해자와 관련된 책을 저술할 수도 있으며, 다른 한편으로 순회강연을 하면서 금전적 이득을 챙길 수도 있다.

이처럼 사회구성주의 시각은 사회문제가 매우 주관적으로 규정되며, 따라서 사회 내의 어떤 현상도 사회문제로 규정될 수 있고, 이 과정에서 사회문제가 피해자 산업의 발달에 따라서 대량생산되고 있음을 보여준다. 이 시각은 새롭게 나타나거나, 사회문제와 사회문제가 아닌 것의 경계선상에 있는 문제들을 잘 설명한다. 그러나 빈곤, 범죄, 청소년비행, 환경오염 등의 전통적으로 오래 전부터 사회문제로 인식되어 왔던 문제들을 오직 주관적인 판단으로 설명하기에는 한계가 있다고 할 수 있을 것이다.

요약
SUMMARY

- 구조기능주의는 사회유기체론의 영향을 받아 항상 사회의 모든 부분이 전체를 위한 각각의 기능을 가진다고 가정한다. 따라서 사회의 각 부분들은 항상 조화롭게 전체를 위해 유기적으로 기능하는 것으로 파악된다. 사회문제는 이러한 조화로운 상태가 깨진 상태를 의미하는 것이며, 일시적으로 이런 상황은 발생할 수 있지만 결국은 다시 조화로운 상태에 이르게 된다.
- 갈등이론은 사회가 희소자원을 두고 경쟁하는 둘 이상의 집단으로 구성되어 있는데, (기능주의와 달리 사회가 합의에 기초해서 유지되는 것이 아니라) 힘 있는 집단이 힘이 약한 집단에게 희소자원을 덜 가지도록 강제함으로써 유지된다고 주장한다. 사회유기체론의 영향을 받은 기능주의가 사회문제를 비정상적인 상태로 보는 것에 반하여, 갈등이론은 (정상 또는 비정상의 문제와는 관계가 없이) 사회적 권력관계에 의해 사회문제가 규정될 수 있음을 보여준다.

- 상호작용이론은 개인이 사회화과정을 거치면서 다른 사람들이 기대하는 방식으로 행동하는 것을 배움으로써 사회가 질서 있게 유지될 수 있다고 본다. 그러나 이러한 다른 사람들의 기대를 깨뜨리고 다른 사람들의 관심을 받는 과정은 매우 우연적인 측면이 강하고, 따라서 사회문제는 매우 우연적으로 다른 사람들, 특히 사회적으로 영향력 있는 사람들의 관심을 받게 될 때 발생한다.
- 서구의 지적 흐름에서, 사회문제에 대한 시각은 기능주의이론에서 출현한 사회병리, 사회해체 그리고 일탈행동의 시각, 그리고 갈등이론에서 출현한 가치갈등, 비판적 시각, 그리고 상호작용이론에서 출현한 낙인과 사회구성주의 시각으로 발전하여 왔다.
- 사회병리의 시각은 사회문제를 병든 상태로 보고 이것을 치료해야 한다고 생각하며, 사회해체의 시각은 이 상태를 사회의 급격한 변동으로 새롭게 나타나는 통합이 깨진 부분을 사회문제로 파악한다. 일탈행동의 시각은 사회해체의 시각에서 설명할 수 없는 개인차를 설명하여, 개인이 적절히 사회규범을 받아들이는 데 문제가 발생할 때 사회문제가 발생한다고 본다.
- 가치갈등의 시각은 사회문제가 집단 간의 갈등을 통해서 볼 때 더 잘 이해할 수 있다고 주장한다. 비판적 시각은 마르크스주의를 받아들여서 사회의 지배집단인 자본가계급이 자신들의 이윤축적에 방해가 되는 피지배계급의 행동을 사회문제로 규정한다고 본다.
- 낙인의 시각은 갈등의 시각과 유사하게 사회문제가 고유한 속성에 의해서 정의되는 것이 아니라고 주장한다. 낙인이나 사회구성주의 시각은 어떤 행동이나 현상이 우연히 사회적으로 영향력 있는 사람들에 의해 받게 되는 관심에 의해 사회문제가 만들어진다고 본다.

❐ 토론 및 추가학습을 위한 주제들

1. 사회문제는 일탈행동인가? 일탈을 설명하는 시각은 사회문제를 설명하는 시각으로 적절한가?
2. 한국에서 사회문제를 보는 시각은 시대변화에 따라서 어떻게 변해왔는가?
3. 사회질서를 부여하는 사람들은 누구인가? 우리 사회의 상징의 십자군은 구체적으로 어떤 사람인가?
4. 낙인의 시각과 사회구성주의 시각의 차이점은 무엇인가?
5. 한국사회의 다양한 사회문제들 중에서 가치갈등이나 비판적 시각에 의해서 해석되고 있는 것은 어떤 것들이 있는가?

❐ 참고할 만한 문헌 및 웹사이트

- 조지 리처(김왕배 외 역). 2006. 「사회학이론」. 한울.
- 조나단 터너(정태환 외 역). 2002. 「현대사회학이론」. 나남.
- 조나단 터너(김문조 외 역). 1997. 「사회학이론의 형성」. 일신.

PART

2

개인적 행위와 사회문제

PART 2

지금까지 제1부에서는 사회문제가 어떻게 정의되고, 이것은 어떠한 이론적 시각을 통해서 설명될 수 있는지를 살펴보았다. 이제 제2부에서는 개인적 행위에서 나타나는 다양한 문제를 살펴본다. 주로 개인적 일탈이나 지향으로서 여겨지는 다양한 사회문제들 중에서 현재 한국사회에서 중요하다고 생각되는 범죄문제, 약물남용문제, 성관련문제를 살펴본다. 이 중 범죄문제는 이들이 사회문제라는 데 큰 이견이 없지만, 약물남용문제나 성관련문제는 이들이 사회문제라는 데 대해서 크고 작은 이견들이 존재한다. 이미 몇몇 나라에서 약물의 투약을 처벌하지 않고 있고, 서구의 많은 나라들은 성관련문제에 대해 훨씬 더 개방적인 태도를 취하고 있다. 반면 아시아나 아프리카의 많은 나라들은 성관련문제에 대해 매우 보수적인 태도를 취하고 있다.

CHAPTER

3

범죄문제

이 책의 1장에서 살펴본 기존의 사회문제 교과서들은 모두 예외 없이 빈곤문제와 함께 이 범죄문제를 하나의 장으로 포함하고 있다. 이것은 범죄문제가 다른 어떤 사회문제들보다도 중요한 사회문제라는 데 의견이 일치된다는 것을 의미한다. 우리 사회에서도 범죄문제의 양상과 그 중요도는 시대에 따라서 달라져 왔지만, 항상 핵심적인 사회문제 중의 하나였다. 범죄문제를 이해하는 데는 크게 세 가지의 어려움이 존재한다. 첫째는 단순명료하게 범죄를 정의하는 것이 어렵다는 것이다. 둘째는 범죄를 설명하는 이론이 너무나 다양하다는 것이다. 그 많은 이론들을 모두 제대로 이해한다는 것은 쉽지 않으며, 이해한다고 하더라도 그 이론들을 적용해서 문제를 설명하는 것 또한 쉽지 않다. 셋째는 범죄통계의 신뢰성이 낮다는 점이다. 따라서 자칫 범죄통계의 문제점을 제대로 알지 못하고 범죄현상을 파악하고자 할 때 발생할 수 있는 위험은 매우 크다.

따라서 이 책에서는 먼저 범죄를 어떻게 정의할 수 있는지를 살펴보고, 그다음으로 범죄를 설명하는 다양한 이론들 중에 중요한 몇 가지 이론들을 살펴보며, 그리고 범죄통계의 신뢰성과 관련한 다양한 쟁점들을 먼저 살펴본다.

제 1 절 범죄의 정의

범죄란 무엇인가? 범죄에 대해 명확한 정의를 내리는 것은 매우 어렵다. 그 이유는 다음의 몇 가지가 지적된다. 첫째, 국가마다 법률이 다르고 따라서 범죄가 다르게 정의된다. 예를 들어 한국에서 낙태는 최근까지 범죄였지만, 많은 서구의 국가들에서 낙태는 범죄로 규정되지 않는다. 그 외에도 음주행위, 포르노 제작, 성매매 등 많은 행위들이 국가에 따라서, 지역에 따라서 다르게 규정된다. 둘째, 행위의 동기나 목적에 따라서 동일한 행위가 범죄로 정의되기도 하고 적법한 것으로 정의되기도 한다. 예를 들어 군인이 전쟁 중에 적군을 살해했다면, 이 행위가 사람을 죽인 것임에도 불구하고 이것은 일반적으로 살인으로 규정되지 않는다. 그 외에도 정당방위로서 사람을 죽이거나 상해한 경우도 살인이나 상해로 규정되지 않는다. 셋째, 행위자의 자격이나 직업에 따라서 동일한 행위가 다르게 정의된다. 예를 들어 누드모델이 누드사진 촬영대회에서 옷을 벗고 포즈를 취하는 행위는 경범죄로 규정되지 않는다. 또한 의사가 수술을 위해 환자의 배를 칼로 가르는 행위는 상해범죄로 규정되지 않는다. 넷째, 과학기술의 발달에 따라서 새로이 규정되어야 할 많은 새로운 행위들이 끊임없이 생겨난다. 따라서 과거에 범죄로 규정되지 않았던 컴퓨터 범죄, 음주운전, 해킹 등의 새로운 범죄들이 나타난다. 이처럼 범죄의 정의가 항상 일정하게 유지될 수 있는 것이 아니기 때문에 이것을 정의하는 데 있어서 많은 어려움이 존재한다.

일반적으로 범죄를 정의하는 데 있어서는 크게 두 가지의 정의가 많이 이용된다. 하나는 형식적 의미의 범죄이다. 이것은 법적 개념에 의한 정의라고 할 수 있는데, 이러한 법학적 정의에 따르면, 범죄는 형사법령에서 금지된 행위라는 형식적 의미를 강조한다. 다른 하나는 실질적 의미의 범죄로서, 이것은 형사법령에서 언급되든 아니든 관계없이, 일반적으로 기대되는 행위와 규범에서 벗어나는 행위를 범죄로 정의한다. 이 사회학적 정의에 따르면 범죄는 일탈행위라는 보다 넓은 개념으로 파악되게 된다. 예를 들어 이 정의에 따른다면, 형사법령으로 금지되지 않은 많은 행위들이 범죄로 규정될 수 있는데, 시험에서의 부정행위, 부모와 자식 간의 다양한 패륜행위, 부동산투기 등이 그것이다.

그러나 일반적으로 범죄(crime)라고 하면 법학적인 정의인, 형식적 의미의 범죄를 지칭한다. 따라서 이러한 형식적 의미의 범죄와 구별하고 더욱 많은 행위들을 포섭하기 위해서 다양한 용어들이 사용되는데, 반사회적 행동, 일탈행동, 비행 등이 그것이다. 먼저 일탈행동(deviant behavior)은 사회의 다양한 규범을 위반하는 행동으로, 범죄를 비롯하여 부정, 사기, 속임수, 불공평, 범죄, 비열함, 꾀병부리기, 부도덕, 배반, 독직, 부패, 사악함 등의 매우 다양한 행동들을 포함한다. 예를 들어 부모에게 자식이 효도를 해야 한다는 것은 우리 사회의 암묵적인 규범이므로, 부모에게 효도를 하지 않는 행위는 일탈행동이라고 할 수 있다. 그러나 이것이 법규범으로 금지된 사항이 아니므로, 범죄에는 포함되지 않는다. 반사회적 행동(anti-social behavior)은 일탈행동에 비해 더욱 넓은 개념이다. 예를 들어 아동이 주의력이 산만하고 과잉활동적이라고 하더라도, 우리 사회의 규범은 이런 아동의 행동은 충분히 용인할 수 있다. 따라서 일탈행동에는 포함되지 않지만, 무언가 문제시되는 행동을 지칭하기 위해 주로 심리학에서 반사회적 행동이라는 용어를 사용한다.

이에 비해 비행(delinquency)은 일탈행동과 마찬가지로 사회의 규범을 위반한 행위이지만, 실제로 이 개념은 주로 청소년비행(juvenile delinquency)에 한정하여 사용된다. 따라서 이 비행의 개념은 일탈의 한 하위개념으로 볼 수 있다. 예를 들어 중학생이 상점에서 과자를 훔쳤을 때, 이 행위는 분명 우리의 형사법령에서 절도에 해당하지만, 미성년자로서 그 형사책임이 면제되므로(즉 비난가능하지 않으므로) 범죄로 규정되지 않고, 청소년비행으로 규정된다. 또 하나의 예를 들면 청소년이 성인영화를 관람하는 것은 비행이면서 일탈행동에 포함된다. 그러나 우리의 형사법령에서 청소년이 성인영화를 관람하는 것에 대해 금지하는 규정을 두고 있지 않으므로, 범죄에는 포함되지 않는다. 이처럼 성인이 한 행동이라면 비행에 해당하지 않는데, 청소년이라는 지위로 인해서 비행으로 정의되는 행위를 따로 지위비행(status offence)이라고 한다.

그림 3-1 ■ 범죄의 유사개념과의 상대적 관계

제 2 절 범죄를 설명하는 이론들

범죄문제를 설명하는 이론들도 구조기능주의 시각에서 출발한 다양한 (수적으로 압도적인) 이론들이 있고, 또한 상호작용이론이나 갈등이론에서 출발한 다양한 이론들이 있다. 사실상 범죄학은 이론들의 각축장이라고 할 만큼 수많은 이론들이 존재한다. 따라서 이 이론들을 다 언급하기는 어렵고 그중에서 보다 중요한 몇몇 이론들을 선정하여 설명하는 것이 효과적이다. 우선 기능주의 시각에서 출발한 이론으로는 사회해체이론과 하위문화이론, 차별접촉이론, 아노미이론, 사회통제이론 그리고 억제이론 및 합리적 선택이론이 중요하다. 다음으로 갈등이론에서 출발한 다양한 이론들이 있으며, 상호작용이론에서 나타난 낙인이론과 사회구성주의이론이 있다.

1. 기능주의이론

(1) 사회해체이론, 하위문화이론 그리고 차별접촉이론

초기에 범죄학의 주요 이론이 되었던 생물학적 이론들은 열등한 유전자가 범죄를 만들어내는 중요한 요인이라고 주장했다. 따라서 이 생물학적 입장을 가진 사람들은 다양한 방법으로 이 유전과 범죄와의 관계를 발견하기 위해 노력했다. 그 대표적인 방법들이 일란성 쌍둥이와 이란성 쌍둥이가 각각 함께 범죄경력을 가질 가능성을 비교한다든지, 다른 가정에 입양된 아동의 비행이 친부모나 계부모 중에 누구와 더 관련되는지를 비교한다든지, 아니면 사례연구를 통해 범죄자의 조상이나 자손들이 얼마나 많은 범죄경력을 갖는지를 살펴보는 등의 방법들이 이용되었다.

이런 방법을 사용한 많은 연구들은 나름대로 유전과 범죄가 관계가 있다는 결론에 도달하였지만, 생물학적 이론에 근거한 대부분의 연구들은 방법론적으로 매우 치명적인 문제점을 갖고 있었다. 따라서 후에 보다 정밀한 방법들을 사용한 연구들은 기존의 연구와는 훨씬 약하거나 관계가 없다는 것을 보여준다. 이런 연구들의 가장 근본적인 문제는 범죄라는 것이 생물학적으로 정의되거나 고유한 나름대로의 속성을 가진 것이 아니라, 사회적으로 정의되기 때문에 현대사회의 매우 다양한 범죄현상을 설명하기가 어려웠다는 것이다. 또한 이런 생물학적 이론의 정책대안으로 제시될 수 있는 우생학은 윤리적으로 용인되기 어려운 것이었기 때문에, 현대의 범죄학에서 생물학적 이론들은 거의 사라졌다.

사회해체이론은 이미 2장에서 사회해체의 시각을 설명하면서 논의한 바 있고, 여기서 이미 사회현상을 보다 과학적이고, 가치중립적으로 설명하려는 발전의 산물이라고 설명한 바 있다. 사회해체와 하위문화이론은 모두 특정 지역이나 특정 지역에서 발견되는 하위문화가 범죄와 밀접한 관련이 있다고 주장하는 데서 그 공통점이 있다. 사회해체이론(social disorganization theory)은 도시의 특정 지역에서 높은 범죄율이 발견되고, 이러한 높은 범죄율은 그 지역을 거쳐서 간 인종이나 민족의 다양성에도 불구하고 계속 유지되었다는 점을 강조한다. 따라서 범죄라는 것은 개인의 열등한 유전자에 의해서 설명될 수 없으며, 오히려 사회학적인 외부의 힘에 의해서 설명될 수 있다는 점을 강조한다.1)

하위문화이론(subculture theory)은 특정 지역, 즉 하층계급이 집중적으로 거주하고 있는 지역에서 발견되는 청소년들 사이에 공유되어온 독특한 하위문화가 비행이나 범죄를 만들어내는 원인이라고 주장한다. 예를 들어 코헨(Cohen, 1955)의 비행하위문화이론(delinquency subculture theory)에 따르면, 하층계급의 청소년들은 공립학교에 취학하면서, 중산계급의 가치를 지닌 교사들이 중산계급의 행동양식과 규범을 따를 것을 강요하지만, 하층계급 청소년들은 여기에 쉽게 맞출 수 없고 이런 문화에서 인정받을 수 없기 때문에 신분좌절(status frustration)을 경험하게 되고, 따라서 자신들만의 독특한 하위문화를 형성해서 주류문화에 대항하게 된다. 코헨에 따르면, 여기서 형성되는 하위문화는 중산계급의 가치와 규범에 대한 저항의 성격을 띠게 되는 반문화(counter-culture)의 성격을 띤다.

코헨은 이런 반문화의 특징으로 세 가지를 꼽는데, 첫째, 비합리성(nonutilitarian-ism)의 추구로서, 예를 들어 물건을 훔치더라도 그 물건의 효용가치보다는 스릴이나 흥미와 같은 오락적 동기를 주요한 목적으로 설정하는 것과 같은 것이다. 둘째, 악의성(maliciousness)의 중시로서, 이것은 다른 사람에게 불편을 주고 금기를 파괴하는 행위를 강조하는 것으로, 일반적인 예의범절을 무시하는 것을 통해 표출된다. 셋째, 부정성(negativism, 어긋나기)으로서, 중산층의 문화에서 강조되는 가치를 전도

1) 구체적인 내용은 2장의 3절 2.를 참조.

시켜 완전히 반대되는 가치체계를 구축하는 것인데, 과거에 유행했던 통바지나, 속칭 똥싼 바지, 노랑머리 등이 그 예이다. 다시 말해서 학교에서 청소년들이 점심시간 전에 도시락을 먹고, 학교의 성적평가를 무시하는 태도 등은 비행하위문화에서 그들이 자신의 지위를 인정받는 수단이 된다.

이상에서 살펴본 코헨의 하위문화이론은 모두 하층계급에서 발견되는 범죄나 비행을 우호적으로 보는 독특한 하위문화가 범죄나 비행을 만들어내는 경향이 있다고 주장한다. 코헨의 이론이 모두 거시적인 현상에 주목하여 범죄를 설명하는 이론이라면, 서덜랜드는 미시적으로 유사한 현상을 설명한다. 그의 차별접촉이론(differential association theory)에 따르면, 이러한 범죄나 비행에 우호적인 정의는 친밀한 사적 집단들 사이에서 상호작용을 통해서 학습된다. 따라서 비행친구를 많이 사귈수록 비행에 대한 긍정적인 정의를 비행에 대한 부정적인 정의보다 더 많이 학습하여, 비행에 우호적이 되고 따라서 비행에 보다 많이 가담하게 된다.[2)]

(2) 아노미이론

기능주의 시각에서 출현한 또 하나의 이론은 머튼의 아노미이론이다. 머튼은 뒤르켐(Durkheim)의 아노미를 새롭게 해석하여 미국적인 상황에서 이런 아노미 상태가 어떻게 범죄를 만들어내는지를 설명하고자 하였다. 뒤르켐에 있어서 아노미(anomi)란 사회가 너무나 급격하게 변화하여 사회 내에 존재하는 많은 규범들이 어느 하나도 지배적인 규범이 되지 못하고 각축하는 무규범상황이라고 할 수 있다.

머튼(Merton, 1957)은 이런 뒤르켐의 아노미를 새롭게 재해석하였는데, 그에 따르면, 모든 사회는 성원들에게 달성해야 할 목표를 제시하고 이것을 달성하기 위한 동기를 부여하는 것이 사회가 생존하기 위한 중요한 필수요건이라고 한다. 머튼에 따르면, 미국사회는 부자가 되어야 한다는 문화적 목표를 지나치게 강조하는 사회이다. 예를 들어 미국에서 가장 큰 문화적인 목표는 부를 성취하는 것인데, 실제로 미국사회는 이것이 주는 보상 이상으로 목표를 권장하고 장려한다. 예를 들어 어떤 개인의 재산은 인격과 동일시된다. 부를 추구하지 않는 사람들은 "야망이 없는 사람", "게으른 사람"으로 멸시된다. 한편 문화는 또한 제도화된 수단을 규정하는데,

---

2) 서덜랜드의 차별접촉이론에 대한 구체적인 명제는 2장 3절 4.를 보라.

대체로 매우 효과적인 수단은 중산계급의 가치관에 의해 제외되고 금지되기 때문에, 제도화된 수단 자체만으로는 거의 보상을 제공하지 못한다. 따라서 제도화된 수단을 쉽게 이용하기 어려운 하층의 사람들은 구조적 긴장(strain)을 느끼게 된다.

머튼은 이와 같이 문화적 상황과 사회구조적 상황이 불일치할 때 사회적 긴장, 즉 아노미 상태가 발생한다고 하며, 뒤르켐의 아노미 개념을 목표와 수단의 괴리로 새롭게 재해석하고 이런 괴리가 나타날 때 일탈이 발생한다고 주장한다. 그는 문화적 목표에 대한 개인의 수용과 제도화된 수단의 이용가능성에 따라 5가지 적응방식으로 유형화하였다.

표 3-1 ■ 문화적 목표와 제도화된 수단의 이용가능성에 따른 5가지 적응양식

적응양식	문화적 목표	제도화된 수단
동조	+	+
혁신	+	−
의례	−	+
도피	−	−
반역	±	±

출처: Merton, 1957.

[표 3-1]에서 동조형(conformity)은 반사회적 적응양식이 아니지만, 나머지 4가지 적응양식은 모두 일탈적 적응양식이다. 혁신형(innovation)은 문화적 목표를 받아들이지만, 이 목표를 달성하기 위해 사회적으로 용인되는 수단을 이용하지 않고 비합법적인 새로운 수단을 이용하는 것으로, 횡령, 탈세, 성매매, 강도, 절도 등의 전통적 범죄자가 여기에 속한다. 의례주의(ritualism)는 문화적 목표는 받아들이지 않지만, 제도화된 수단만을 받아들이는 유형인데, 무사안일한 일부 하위공무원과 같이 조직의 효율성보다는 자리만 차지하고 월급을 받는 경우가 여기에 속한다. 도피형(retreatism)은 문화적 목표와 제도화된 수단을 모두 받아들이지 않고 사회로부터 도피해 살려는 유형으로, 부랑자, 방랑자, 만성알코올중독자, 상습마약복용자 등이 여기에 속한다. 마지막으로 반역형(rebellion)은 기존의 문화적 목표와 제도화된 수단을 모두 완전히 새로운 것으로 대체하려는 유형으로, 자본주의 사회에서 자생적으

로 발생하는 사회주의 운동가가 그 대표적인 예이다.

(3) 사회유대이론

지금까지 설명한 범죄학이론들이 모두 왜 범죄를 하는지를 설명하는 이론이라면, 기능주의에서 출발한 사회유대이론, 억제이론 그리고 합리적 선택이론은 모두 왜 범죄를 하지 않는지를 설명하는 이론이다. 범죄를 하는 것과 범죄를 하지 않는 것은 동전의 양면과 같고 따라서 어느 하나를 설명하면 나머지 하나는 자동으로 설명을 할 수 있기 때문에, 이들 모두가 범죄를 설명하는 중요한 이론들이다.

그중에서 허쉬(Hirschi, 1969)의 사회유대이론(social bond theory)[3]에 따르면, 인간은 모두 이기적이기 때문에 항상 범죄로 향해 지향되어 있고, 기회가 생기면 언제든지 범죄를 할 수 있는데, 대부분의 사람들이 비행이나 범죄를 하지 않는 이유는 이들이 비공식적인 사회통제에 의해 묶여 있기 때문이다. 허쉬는 이러한 비공식적인 사회통제를 사회유대(social bond)로 표현하는데, 이것은 크게 다음의 네 가지로 나눌 수 있다.

첫째, 애착(attachment)으로서, 이것은 중요한 타자나 조직 등에 대한 애정적 결속을 말하는데, 내적 통제, 양심 등의 용어의 본질이 결국은 개인이 타인에 대해 가지는 애착에 의해 나타난다. 예를 들어 부모와의 적절한 의사소통, 동일시, 선생님이 자신에 대해 생각하는 것에 대한 관심, 학교에 대한 자부심, 친구와의 애정 등이 그 예이다.

둘째, 관여(commitment)로서, 이것은 전통적인 활동에 대해 투자하는 정도, 예를 들어 직업적 성취열망이 강하다면, 이러한 열망으로 인해 해가 될까봐 비행에 참가하지 않거나, 종교활동에 깊이 참가하는 것 등을 들 수 있다.

셋째, 참여(involvement)로서, 이것은 관여의 결과로 나타나는 것으로, 전통적인 활동에 시간적으로 얼마나 실제로 참여하고 있는가의 정도를 나타낸다. 예를 들어 공무원시험에 합격하기 위해 밥 먹는 시간만을 제외한 채 거의 대부분의 시간을 공부하는 데 집중한다면 비행을 할 가능성이 매우 낮을 것이다.

---

3) 허쉬의 이론은 사회유대이론 외에도 사회결속이론, 사회통제이론 등의 다양한 용어로 불린다.

넷째, 신념(belief)으로, 이것은 법 또는 사회규범을 받아들이는 정도를 말하며, 내면화된 규범이라고 할 수 있다. 법과 사회규범이 도덕적으로 옳으며 지켜져야 한다는 믿음이 있을 때, 비행에 참여하지 않을 것이다.

2. 갈등이론

갈등의 측면에서 범죄를 설명하는 이론들이 모두 중요한 것은 아니지만, 퀴니(Quinney, 1970)의 이론과 페미니스트이론은 언급할 만한 가치가 있다. 퀴니에 따르면, 자본주의 사회에서 범죄의 정의가 지배계급에 의해 만들어지고, 이것이 사회 전반에 퍼져나가게 되고, 또한 이러한 정의를 지배계급 출신이 대다수를 차지하는 형사사법기관이 집행하기 때문에, 피지배계급은 자신이 속한 집단의 행동규범에 따라서 행동하더라도 지배계급에 비해 훨씬 더 범죄자로 규정될 가능성이 높게 된다.[4)]

범죄퓨즈

한 사회에서 범죄는 고르게 분포하지 않는다. 항상 부유한 지역에 비해 가난한 지역에서 많은 범죄가 발생한다. 대부분의 사회는 의식적이든 무의식적이든 어떤 지역을 범죄퓨즈(crime fuse)로 만들어 왔다. 이런 지역은 특정 지역이 나머지 지역들의 안전판이 되도록 범죄를 방치하는 지역이다. 예를 들어 전기퓨즈가 메인시스템에 문제가 퍼지기 전에 끊어짐으로써 문제를 알리는 위험한 역할을 수행하는 것처럼, 범죄퓨즈는 범죄가 나머지 지역들을 괴롭히지 않고 그것이 큰 문제가 될 때까지 방치하는 지역이다. 만약 범죄퓨즈에서 범죄가 발생하여 문제가 된다면, 전체 사회에 문제가 전염되기 전에 해결책이 마련된다. 주로 가난한 지역인 범죄퓨즈에 사는 빈민들은 나머지 상대적으로 여유 있는 지역 주민들을 위해 실험대상이 되는 것이다.

Barr and Pease, 1990

---

4) 퀴니의 이론에 대한 보다 자세한 논의는 2장 3절 6.을 보라.

이처럼 갈등이론은 자본주의 사회에서 지배계급이 형법을 도구로 활용하여 그들의 이익을 극대화하는 데 이용한다고 주장한다. 따라서 범죄를 저지른 사람이 누구인가에 따라서 그 처벌의 강도는 달라진다. 예를 들어 주로 하층계급들이 하는 범죄들인 살인, 강도, 강간, 폭행, 상해, 절도 등의 거리범죄(street crimes)[5)]에 대한 처벌은 매우 강한 반면에, 중산계급들이 주로 범하는 사기, 횡령, 수뢰 등의 화이트칼라범죄에 대한 처벌은 상대적으로 매우 약하다. 일반적으로 공무원범죄에 대한 처벌은 전통적인 거리범죄에 비하여 매우 약하다. 이것은 형을 선고하는 판사들과 공무원들이 유사한 배경과 세계관, 그리고 가치를 공유하기 때문이다.

갈등이론의 한 줄기는 페미니스트이론이다. 범죄에 대한 페미니스트이론 중에서 소개할 만한 이론은 헤이건(Hagan, 1989)의 권력통제이론(power-control theory)이다. 그에 따르면, 범죄율은 다음의 두 가지 요인에 의해 결정되는데, 하나는 계급위치(class position)이며 다른 하나는 가족기능(family function)이다. 가족 내의 계급구조는 부부가 가족 내외의 일에서 차지하는 위치로부터 파생되는데, 가족구조는 성관계의 사회적 재생산을 담당하고, 이는 다시 비행의 사회적 분포를 형성하게 한다.

가부장적인 가정에서 사회화를 통해 딸은 아들에 비해 위험을 꺼리도록 배우지만, 아들은 위험에 대응하도록 사회화된다. 또한 가부장적인 가정일수록 딸에 대한 통제는 강하고, 아들에 대한 방임은 커진다. 따라서 자녀들의 비행의 성차는 더 커지게 된다. 또한 사회의 비행의 성차는 가부장적인 가정이 그 사회에 많을수록 커지게 된다. 민주적 가정이나 편모가정에서는 가부장인 아버지의 권위가 약하고, 따라서 딸에 대한 통제가 강하지 않으며, 따라서 딸의 비행이 많아진다. 헤이건은 특히 가장이 실직하거나 노동능력을 상실한 가정에서 딸의 비행률이 상대적으로 높음을 보여줌으로써 그의 이론을 지지하는 경험적 증거를 보여주었다.

퀴니의 이론이나 헤이건의 이론은 모두 사회가 갈등하는 두 집단으로 구성되어 있고, 여기에서 범죄문제가 발전된다고 주장하는 점에서 그 공통점이 있다. 다시 말해서 퀴니는 자본가계급과 노동자계급의 갈등 속에서 노동자계급의 행동은 자본가계급의 이익실현에 방해가 될 가능성이 높고, 따라서 주로 노동계급으로 구성된 하층계급이 범죄로 규정될 가능성이 높다고 한다. 다시 말해서 하층계급은 자본주

5) 거리범죄에 대한 보다 자세한 논의는 이 장의 3절을 보라.

의 사회의 계급구조에 의해서 범죄에 훨씬 더 많이 개입하게 되는 것이다. 헤이건은 가정 내에서의 가부장적인 통제에 의해서 여성이 억압받고, 특히 딸들은 매우 강한 가부장적인 통제에 얽매이게 되어 사회에서도 범죄를 하지 않고 순응적으로 사는 경향이 있다는 것이다.

3. 상호작용이론

상호작용이론에서 나타난 범죄를 설명하는 이론으로서 낙인이론(labeling theory)이 있다. 기존의 여러 이론들이 모두 범죄에 대한 처벌을 범죄의 결과로 설명하고 있는 데 반해, 낙인이론은 범죄에 대한 처벌이 범죄의 원인이 될 수 있다는 점에 주목한다. 이 이론에 따르면, 어떤 사람이 일탈행동을 하고, 우연히 공식적인 처벌기관의 관심을 받아 공식적으로 범죄로 처벌될 때, 이 사람에게는 상호작용을 통해 주변으로부터 범죄자라는 낙인이 부여될 것이고 따라서 이러한 과정이 반복되면, 본인도 자신이 범죄자라는 자아이미지를 갖게 되어 점점 범죄행동을 강화하게 된다. 레머트(Lemert)는 2차적 일탈이 이런 과정을 통해서 나타난다고 하였고, 베커(Becker)는 일반적으로 일탈자라는 지위가 개인이 가질 수 있는 지위 가운데 가장 중요한 지위이므로 어떤 사람이 일탈자라는 지위를 갖게 될 때 결국은 이 지위에 맞추어서 행동하게 된다고 한다.[6)]

그러나 이런 초기의 낙인이론들은 개인에게 낙인이 부여되고 자신의 자아이미지를 바꾸는 과정을 너무나 기계적으로 설명한다는 한계가 있었다. 따라서 최근의 낙인이론들은 이러한 과정을 보다 정밀하게 설명한다. 브레이스웨이트(Braithwaite, 1989)의 재통합적 수치심 부여이론(reintegrative shaming theory)은 초기 낙인이론에 대한 이러한 정밀화 작업 중의 하나이다. 그는 초기 이론에서 기계적으로 설명되어 온 주제인, 범죄자라는 낙인이 범죄적 자아정체성과 미래의 범죄를 가져오는 것은 어떤 조건인지에 관심을 가졌다.

그는 이러한 조건을 설명하기 위해 범죄를 한 사람에게 수치를 부여하는 방식이 두 가지 유형이 있다는 것을 발견했다. 하나는 해체적 수치부여(disintegrative shaming)

---

6) 레머트와 베커의 이론은 이 책의 2장 3절 5.를 보라.

로서, 이것은 기존의 낙인이론에서 거론되는 낙인을 말하는데, 그 범죄자가 살고 있는 지역사회가 그 범죄자에게 수치를 부여하면서 그와 화해하려는 시도를 하지 않는 경우를 말한다. 이 경우 초기의 낙인이론의 설명과 같이 그 범죄자는 자신의 자아이미지를 범죄자로 바꿀 것이며, 따라서 2차적 일탈이 발생하게 될 것이다. 다른 하나는 재통합적 수치부여(reintegrative shaming)로서, 이것은 수치를 주는 사람이나 지역사회가 수치를 당하는 사람과의 유대를 계속 지속할 것을 확실히 하면서 수치를 부여하는 것을 말한다. 브레이스웨이트에 따르면, 이 경우 범죄자는 창피를 당하지만, 기존의 사회집단에 다시 합류하는 것이 허락되고 따라서 재범을 할 가능성이 줄어든다.

셔먼(Sherman, 1993)의 대항이론(defiance theory)은 처벌이 어떤 조건에서 범죄의 증가를 가져오는지에 대해 설명하는 또 하나의 이론이다. 그에 따르면, 처벌은 범죄를 증가시키기도 하지만(낙인이론), 감소시키기도 한다. 대항(defiance)이란 처벌을 하는 지역사회에 대한 미래 범죄의 확산, 빈도, 또는 심각도에서의 순증가를 의미하는데, 이것은 범죄를 처벌하는 기관에 대해 범죄자가 부끄러워하지 않고 오히려 자랑스러워하는 태도에 의해 나타나며, 특히 범죄자들이 형사사법기관에 의해 불공정하거나 멸시적으로 대해진다고 느낄 때 강하게 나타나게 된다. 이 경우 처벌은 범죄를 감소시킬 수 없고, 심지어 범죄자의 분노를 불러일으키고, 간섭받기 싫어하도록 만들어 재범을 하게 만든다. 이러한 대항은 크게 세 가지 요인에 의해서 영향을 받는데, 첫째, 범죄자가 지역사회에 대한 유대를 거의 갖고 있지 못할 때, 둘째, 범죄자가 처벌을 자신들에게 오명을 씌우는 것으로 느낄 때, 셋째, 범죄자가 그들에게 부과된 오명으로 인한 수치심을 거부하거나 인정하지 않으려 할 때 나타난다고 한다. 반면 형사사법기관이 모든 사람에게 공정하고도 정중하게 법을 집행할 때 대항은 나타나지 않을 것이며, 따라서 재범은 줄어들게 될 것이다.

이상의 브레이스웨이트와 셔먼의 낙인이론은 모두 국가기관에 의한 공식적인 처벌이 기계적으로 재범을 초래하지는 않는다는 점을 인식하고, 이러한 처벌이 어떤 조건에서 재범을 증가시키거나 감소시키는지를 밝히려 했다는 점에서 그 공통점이 있다.

사회구성주의자들은 특히 범죄의 다양한 유형 중에서 새롭게 나타나는 범죄에 대해 주목한다. 사회구성주의자들은 특히 범죄가 사회문제가 되는 과정의 자연사

(natural history)를 연구한다. 영국에서 직장내 집단따돌림(workplace bullying)이 사회문제로 정의되는 과정을 연구한 푸레디(Furedi)는 유사한 맥락에서 직장에서의 집단따돌림이 영국에서 새로운 사회문제로 등장한 것은 이 현상이 객관적으로 새롭게 나타나거나 증가한 현상이 아니라, 여기에 대해 거부감을 느끼고 이것을 사회문제로 정의하려는 상징의 십자군의 노력이 사회 전반에 받아들여졌기 때문이라고 한다. 푸레디에 따르면, 이러한 과정은 다음의 몇 단계를 거쳤다고 한다(Furedi, 2001).

첫째, 문제를 발견하고 정의하는 단계로서, 영국에서 1991년 안드레아 아담스(Andrea Adams)라는 한 노련한 저널리스트가 이 문제를 청소년의 집단따돌림과 같은 맥락에서 다루기 위해 이것을 사회쟁점으로 만들었고, 영국사회에서 이 문제가 청소년의 단계에서 그치지 않고 성인들까지 괴롭히고 있다고 주장하기 시작했다.

둘째, 당시의 다양한 전문가들이 이러한 성인 집단따돌림을 청소년 집단따돌림의 여파로서 나타나는 것이라고 주장함과 동시에, 특정 회사에서 나타나는 독특한 관리스타일 때문에 이 문제가 심화되며, 이것은 기업에 큰 비용을 발생시킨다고 주장했다. 그 결과 대중매체는 이 직장내 집단따돌림을 사람들이 인식하지 못하고 있는 숨겨진 문제라고 주장함으로써, 이 문제는 1990년대에 새로운 학대 중의 하나라는 위상을 확보했다. 그뿐만 아니라 이러한 캠페인은 대중과 정치인, 정부관리의 지지를 받았으며, 결정적으로 노동조합과의 연계를 통해 확실한 우군을 확보하였다. 또한 의료계에서는 직장 스트레스의 의료화(medicalization of stress)를 통해 이 직장내 집단따돌림을 사회문제로 규정하는 데 도움을 주었다.

셋째, 이 반집단따돌림 운동이 유래가 없는 성공을 거두는 단계로서, 이 과정에서 아무런 저항이나 반대가 나타나지 않았다. 왜냐하면 이 캠페인을 주도하는 사람들이 어떤 기존의 확립된 이해관계를 건드리지 않았으며, 한편으로 관련되는 모든 이해집단들에게 호소했기 때문이었다. 성희롱의 문제는 남성과 여성 사이의 긴장과 갈등을 가져올 수 있었지만, 영국인들에게 직장에서의 집단따돌림은 일반적인 시민의 에티켓을 해치는 것이며, 모든 사람들에게 매우 편리하고도 거부감 없이 적용될 수 있는 문제였다.

직장 내의 동료들과의 관계가 소원해져서 받게 되는 스트레스는, 한 사회의 도덕십자군(moral crusaders)들이 이 문제에 대해 어떻게 정의하고 행동하는지에 따라

범죄가 될 수도 그렇지 않을 수도 있다. 이처럼 사회구성주의자들에게 범죄로 규정되는 과정은 매우 우연적인 결과로 받아들여진다.

제 3 절 범죄통계의 신뢰성

이 절에서는 범죄문제의 실태를 이해하기 위해, 미리 알아두어야 할 기초지식으로서 범죄통계의 신뢰성을 살펴보고 범죄를 파악하는 대안적인 방법에는 어떤 것들이 있는지에 대해 살펴본다.

범죄현상을 파악하는 가장 손쉬운 방법은 범죄통계를 이용하는 것이다. 그러나 범죄통계는 그 자체로 갖고 있는 많은 문제점으로 인해, 지구상에서 가장 부실한 공식통계라는 평가를 받기도 한다. 일반적으로 범죄통계의 문제점으로 지적되는 것으로는, 첫째, 어떤 행동이 관찰자가 누구냐에 따라 범죄가 될 수도 있고 되지 않기도 한다. 예를 들어 범죄에 대해 관대한 사람이 친구들 사이에서 일어나는 폭행을 그냥 대수롭지 않게 넘어갈 수도 있지만, 엄격한 사람이라면 이것을 폭행범죄로 간주하고 경찰에 신고할 수 있다. 또한 경찰의 입장에서도 대학가의 술집에서 술에 취해 서로 폭력을 행사하다 잡혀온 대학생들에게 주의를 주고 술이 깬 후 훈방을 할 수도 있지만, 엄격한 경찰이라면 틀림없이 폭행범죄로 처벌하고자 할 것이다.

둘째, 같은 행동이라고 하더라도 피해유형에 따라, 피해당사자의 태도에 따라 신고율이 다를 수 있다. 예를 들어 강간범죄의 경우 다른 폭력범죄와는 달리 신고율이 매우 낮은 것으로 알려져 있다. 강간범죄 피해를 부끄러워하는 피해자의 경우 자신의 범죄피해를 잘 신고하려 하지 않을 것이다.

셋째, 상당수의 범죄가 포착되지 않고, 범죄의 암수(dark figure)로 남는다. 이러한 숨은 범죄(hidden crime)는 일반적으로 범죄의 유형에 따라서 큰 편차를 보인다. 일반적으로 강간범죄를 제외한 살인이나 폭행과 같은 폭력범죄는 숨은 범죄가 매우 적은 것으로 알려져 있으며, 절도, 강도, 손괴 등의 재산범죄들은 범죄의 암수가 매우 많은 것으로 알려져 있다. 우리나라에서 특히 범죄의 암수가 많은 범죄는 강간, 단순절도, 대인절도, 뇌물수수나 탈세 등의 화이트칼라범죄, 성매매나 약물남용과 같은 피해자 없는 범죄, 경범죄, 음주운전 등의 범죄이다. 이들은 대체로 피해의 규모가 매우 작거나, 가해자를 알기 어렵거나, 피해자가 자신의 범죄피해가 밝혀지는 것을 부끄러워하거나, 또는 아예 피해자가 없는 범죄인 경우가 대부분이다. 결과적으로 범죄통계에 집계되는 범죄는 빙산의 일각에 불과한 실정이다.

넷째, 발견되더라도 형사사법기관을 거치면서 보고되지 않거나, 되더라도 통계집계 시스템상의 문제로 인해 공식적으로 기록되지 않는 범죄가 많다. 예를 들어 예전에 경찰관서별로 검거율 경쟁을 시키고, 이것을 인사권자가 인사자료로 이용하던 시절에 실제로 일선관서에서 범죄의 발생사실을 알고도 범인을 잡기 어렵다고 판단될 때 고의로 누락시키는 경우도 없지 않았다. 그 외에도 어떤 범죄자를 잡고 난 후 여죄추궁에 의해 밝혀지는 많은 범죄들은 범죄통계에서 모두 체계적으로 누락된다.

특히 이렇게 형사사법기관을 거치면서 범죄현상이 왜곡되는 문제는 형사사법체계가 다른 국가나 지역과의 비교에서 큰 문제점으로 등장한다. 예를 들어 한국과 미국의 강간범죄율을 비교할 때, 한국과 미국의 강간피해에 대한 신고율도 분명히 차이가 있을 것이며, 한편으로 한국과 미국의 형사사법제도가 상이하기 때문에 최종적으로 범죄통계에 수록되는 단계에서는 아마도 큰 편차가 생길 수 있을 것이다. 따라서 국제비교에서는 비교적 형사사법제도에 의한 왜곡이 적은 살인범죄율을 가지고 비교하는 경우가 많지만, 이 경우도 총기소지가 허용되는 미국과 같은 나라와 총기소지가 허용되지 않는 한국과 같은 나라를 비교하는 것 자체가 무리이다.

마지막으로, 일반적으로 범죄현상을 요약하여 제시하는 요약통계치인 범죄율을 해석하는 데 있어서도 약간의 주의를 요한다. 범죄율이라는 척도를 사용하는 이유는 해당 지역이나 국가의 인구수를 감안하기 위해서다. 예를 들어 서울에서 강도가 150건 발생하였고, 부산에서 100건이 발생하였다면, 서울이 강도범죄가 더 많은 것일까? 그 답은 '아니오'이다. 왜냐하면 서울은 부산보다 두 배 이상 인구가 많기 때문이다. 따라서 인구수를 감안한 요약통계치가 필요한데, 이때 사용되는 것이 범죄율이다.[7] 범죄율(crime rate)은 일반적으로 인구 10만 명당 범죄 발생건수를 말하며, 다음과 같이 계산된다.

---

7) 인구수를 감안하지 않는 대표적인 요약통계치는 범죄시계(crime clock)이다. 이것은 단위 시간당 일어나는 범죄건수를 집계한다. 예를 들어 살인이 한국에서 2시간마다 1건 발생한다는 식이다.

$$범죄율 = \frac{범죄수}{총인구} \times 100,000$$

이와 같이 범죄통계를 제대로 해석하는 일은 범죄통계가 가진 고유한 문제점으로 인해서 매우 어렵다. 따라서 범죄통계를 접할 때는 이런 범죄통계가 가질 수 있는 한계를 인식함으로써 훨씬 더 나은 그림을 그릴 수 있다. 문제는 이러한 일반적인 문제점에 대한 인식을 충분히 갖고 있다고 하더라도, 한국의 범죄통계를 해석하는 데는 또 다른 큰 문제점들이 있고, 정확한 범죄통계의 해석을 위해서는 이러한 추가적인 문제점들을 숙지해야 한다.

이처럼 범죄통계가 많은 문제점을 갖고 있는 것은 사실이지만, 그 유용성이 전혀 없는 것은 아니다. 범죄통계는 강간을 제외하면, 특히 심각한 피해가 있는 범죄의 실태를 비교적 충실히 보여준다. 왜냐하면 범죄의 암수로 남는 범죄들의 상당수가 피해가 경미하여 신고하지 않은 범죄들이기 때문이다. 이처럼 범죄통계가 가진 암수의 문제를 해결하기 위하여, 범죄학에서는 전통적으로 두 가지의 추가적인 방법들을 이용해 왔다. 하나는 자기보고식 조사이며, 다른 하나는 범죄피해조사이다.

자기보고식 조사(self-reported survey)는 범죄통계를 보완해줄 수 있는 한 방법으로, 보통 설문조사를 통하여 과거 일정 기간 동안 자신이 한 비행이나 범죄건수를 보고하게 하는 것이 일반적이다. 예를 들면 비행유형을 제시하고 난 후 "귀하는 지난 6개월 동안 다음과 같은 행위를 몇 건이나 하였습니까?"라고 질문하고 해당 건수를 직접 기입하게 하는 것이 일반적이다. 이 자기보고식 조사는 범죄통계가 가질 수 있는 암수문제를 극복할 수 있지만, 한편으로 강도, 강간, 살인, 침입절도 등의 심각한 비행이나 범죄유형은 질문하기가 어렵고, 질문한다고 하더라도 그 응답의 신뢰성 문제가 있다. 따라서 자기보고식 조사를 통해서는 심각한 범죄유형을 조사하기 어렵고, 보통 청소년의 비행이나 약물남용실태를 알아내는 데 적합한 방법이다.

범죄피해조사(crime victimization survey)는 자기보고식 조사와 마찬가지로 설문조사를 이용한다. 이것은 자기보고식 조사와는 반대로 응답자들이 과거 일정 기간 동안 당한 범죄피해를 진술하도록 유도한다. 예를 들어 여러 범죄피해유형들을 제시하고 난 다음, "귀하는 지난 6개월 동안 다음과 같은 범죄피해를 몇 건이나 당하였습니까?"라고 질문하고 자신이 당한 범죄피해건수를 유형별로 응답하게 하는 것이다. 일반적으로 범죄피해의 경험은 상당히 오랫동안 기억이 남는 사건이므로, 다른 방법보다는 이 범죄피해조사의 정확성이 비교적 높다고 할 수 있다. 또한 자기보고식 조사와는 달리 살인을 제외한 심각한 범죄유형에 대해서도 조사할 수 있고, 비교적 신뢰성 있는 답변을 이끌어 낼 수 있다는 장점이 있다. 그러나 한편으로는 대규모의 표본이 필요하기 때문에, 조사의 비용이 많이 든다는 단점이 있다. 현재 한국에서는 한국형사정책연구원에서 주기적으로 범죄피해조사를 수행하고 있다.

요약하면 범죄통계는 본질적으로 많은 문제점을 갖고 있으며, 특히 한국의 범죄통계는 집계상의 추가적인 문제점으로 인해 이것을 통해 더욱 범죄현상을 제대로 파악하기가 힘들다. 따라서 범죄통계를 잘 해석하기 위해서는 이러한 한계를 이해하는 것이 중요하다. 또한 이러한 한계들은 자기보고식 조사나 범죄피해조사와 같은 방법으로도 극복할 수 있다.

제 4 절 범죄의 추이와 실태

1. 경제위기와 재산범죄의 급속한 증가

여러 가지 범죄유형 가운데, 중요하면서도 범죄통계를 통해서 비교적 쉽게 파악이 가능한 유형은 전통적인 범죄인 재산범죄와 폭력범죄의 제 유형들이다. 재산범죄에는 다양한 절도와 사기, 강도, 방화, 손괴 등이 포함되며, 폭력범죄에는 살인, 강간, 폭행 등이 포함된다. [그림 3-2]는 범죄통계를 집계하기 시작한 1964년 이후의 재산범죄와 폭력범죄의 연도별 추이를 그래프로 나타낸 것이다. 이 그림에서 우선 재산범죄의 추이를 살펴보면, 범죄통계가 집계되기 시작한 초기에는 재산범죄율이 매우 높았지만, 이것은 급속도로 하락하여 1970년대부터 1990년대 초반까지 폭력범죄율과 유사하거나 약간 높은 수준을 유지했다. 그러나 1990년대 초반 이후에는 경제위기의 여파로 인해 재산범죄와 폭력범죄율이 함께 급속도로 높아졌고, 2000년대에 들어서 재산범죄율은 비교적 지속적으로 증가한 반면에, 폭력범죄율은 지속적으로 감소하고 있다.

그림 3-2 ■ 재산범죄와 폭력범죄의 연도별 범죄율 추이

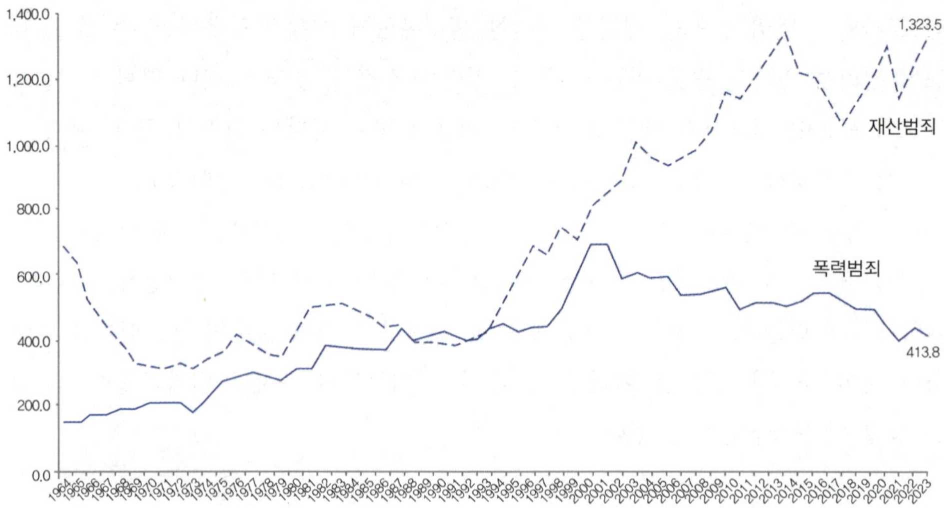

출처: 대검찰청, 범죄분석 각 연도.

그런데 [그림 3-2]의 그래프에서 폭력범죄가 지속적으로 증가하여, 그 건수가 1990년을 전후한 시기에는 오히려 재산범죄건수보다 더 많았으며, 2000년 부근에도 비슷한 수준에 이른 것을 알 수 있다. 이 결과는 얼마나 믿을 수 있는 것일까? 그 해답은 범죄피해조사 결과를 살펴보면 알 수 있다. [표 3-2]는 통계청에서 부정기적으로 조사했던 사회안전분야 조사의 범죄피해조사 결과를 요약한 표이다.8) 이 표에서 1991년과 1996년의 조사는 1,000가구당 피해건수를 알 수 있는데, 그 결과는 소매치기, 절도, 강도의 세 재산범죄를 합한 건수가 전체 피해의 대부분을 차지하고 있으며, 폭력범죄의 대부분을 차지하는 폭행범죄는 전체의 고작 10% 정도에 지나지 않는다. 또한 소매치기가 빠지고 사기가 포함된 2001년 이후도 폭행범죄는 10%에 미치지 못하는 것을 알 수 있다.

8) 통계청의 조사는 각 연도에 30,000여 내외의 가구표본에, 보통 만 15세 이상의 가구원 70,000여 명을 조사한 것으로 그 신뢰성이 높다.

표 3-2 ■ 통계청 사회조사에서 나타난 유형별 범죄피해

연도	전체	소매치기	절도	폭행	강도	사기
1991	167.0건	93.2	51.3	14.4	8.1	-
1996	125.4건	54.5 (4.2)	49.6 (3.6)	14.1 (1.1)	7.1 (0.6)	-
2001	-	-	52.5 (7.1)	9.3 (1.3)	6.8 (1.1)	31.5 (4.5)
2005	-	-	54.6 (4.5)	7.4 (0.5)	8.0 (0.7)	29.9 (2.4)
2008	-	-	59.4 (4.2)	7.9 (0.6)	6.7 (0.5)	25.9 (1.7)

주: 괄호 안은 각 범죄피해를 경험한 가구비율임.
1996년 이전은 천 가구당 피해건수이며, 2001년 이후는 범죄유형별 구성비율임.
출처: 통계청, 「사회안전분야 조사보고서」.

이것은 한국형사정책연구원(KIC)의 범죄피해조사 결과를 보아도 알 수 있는데, 1,000명(가구)당 피해율이 전체범죄를 포함하여 거의 모든 범죄유형에서 지속적으로 하락하고 있다. 특히 조사방법이 대폭 변경된 2008년 이후에 유형에 따라 다소의 증감이 나타나지만, 이것은 실제의 범죄피해율의 증가라고는 보기 어렵다. 따라서 이 시기를 제외하면 거의 일관적으로 범죄피해율은 지속적으로 감소하고 있다. 공식통계([표 3-3] 및 [표 3-4] 참조)에서 이 시기에 폭행과 강도를 제외한 모든 범죄가 증가추세로 나타난다는 점과 매우 상반된다.

이 결과를 보면, 우리나라의 범죄통계가 얼마나 범죄현상을 크게 왜곡하고 있는지를 알 수 있다. 다시 말해서 한국의 범죄통계에서 폭행범죄는 실제에 비해 매우 과대집계되고 있으며, 반대로 재산범죄는 매우 과소집계되고 있음을 알 수 있다. 이러한 왜곡현상은 폭행범죄의 신고율이 매우 높으며, 반대로 재산범죄의 신고율이 매우 낮다는 점에 기인한다. 일반적으로 미국이나 일본과 같은 선진산업사회에서 재산범죄와 폭력범죄의 비율이 8 : 2 정도라는 점을 감안하면, 한국이 비교적 폭력에 관대하다는 사회분위기도 있지만, 범죄통계의 왜곡현상도 심하다는 점을 추정해 볼 수 있다.

그림 3-3 ■ 형사정책연구원 범죄피해조사의 범죄유형별 피해율 추이

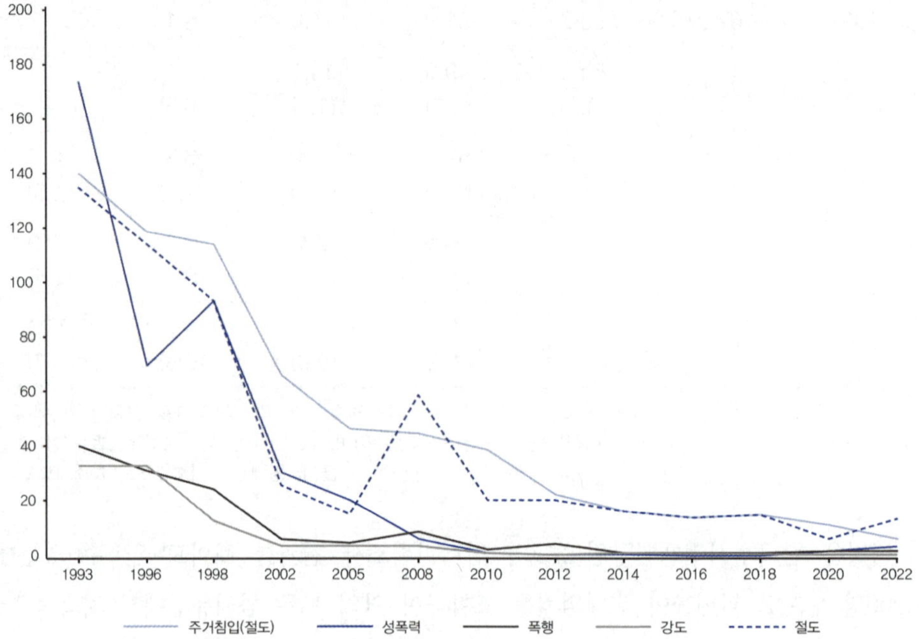

출처: 한국형사정책연구원, 범죄피해조사 각 연도.

이러한 점을 감안하면서 이 범죄통계상의 장기추이를 먼저 재산범죄의 하위유형별로 살펴보면, 어떤 유형의 재산범죄가 이러한 전체적인 재산범죄의 증감에 기여했는지 파악할 수 있다. [표 3-3]은 재산범죄의 유형별 장기 추이를 5년 단위로 나타낸 것이다. 이 표에서 장물범죄는 1960년대에서 1970년대 중반에 이르는 기간 동안 매우 급속히 줄어들었음을 알 수 있다. 그러나 이 장물범죄와 밀접한 연관이 있는 절도범죄는 같은 기간 동안 같이 하락하였다. 이 결과는 대량생산으로 인한 물건 가격의 하락으로 인해 훔친 물건을 처분하는 것이 과거에 비해 큰 이익을 가져다주지 못하였다는 점을 짐작해 볼 수 있다. 따라서 절도는 이 기간 이후 현금이나 귀중품을 훔치는 쪽으로 발전했음을 추측해 볼 수 있다.

표 3-3 ▪ 재산범죄의 유형별 장기 범죄율의 추이

연도	절도	강도	공갈	장물	사기	횡령	배임	손괴	방화
1965	444.7	5.4	5.8	77.3	59.4	28.1	4.6	12.6	0.8
1970	196.0	2.9	4.8	19.8	56.0	24.8	7.2	8.2	0.8
1975	222.5	4.5	3.6	20.1	66.9	28.4	8.8	7.7	1.0
1980	254.5	6.2	3.5	10.6	91.3	30.1	12.3	6.7	1.0
1985	252.9	7.7	3.5	6.2	138.2	48.8	13.3	6.4	1.2
1990	221.7	9.8	2.9	2.7	100.8	30.7	6.5	7.2	2.5
1995	134.8	7.6	3.3	2.0	378.4	52.9	10.4	9.1	1.4
2000	351.6	11.4	3.9	3.3	344.6	46.6	10.3	27.4	2.7
2005	395.7	10.9	4.1	7.3	421.8	52.6	12.2	25.6	3.8
2010	524.0	9.0	10.0	6.0	403.0	51.0	29.0	99.0	4.0
2015	478.2	2.9	10.4	8.3	499.9	94.7	11.3	114.8	3.2
2020	347.4	1.3	11.6	1.2	683.3	116.8	9.2	112.9	2.3

출처: 대검찰청, 범죄분석.

* 2010년의 경우 소수점이 표시가 되어 있지 않아 0으로 표기함.

장기적으로는 절도, 사기, 횡령, 손괴, 방화범죄는 전체적인 재산범죄의 추이와 거의 유사한 흐름을 보여주고 있다. 다시 말해서 전체 재산범죄에서 차지하는 비중이 높은 이 세 범죄의 증감에 따라 재산범죄의 증감이 이루어졌다는 것을 알 수 있다. 이 흐름에서 주목되는 점은 1990년대에 들어 매우 가파른 범죄율의 상승이 나타나고 있다는 점이다. 이것은 경제위기의 여파로 인해서 이 네 범죄들이 매우 빠르게 증가한 결과이다. 특히 경제위기의 여파는 카드를 결제하지 못하거나, 계가 깨지는 등의 사기범죄에 먼저 나타나고, 이후 실업률이 대폭 상승하면서 절도범죄가 크게 증가하는 형태로 나타나고 있다. 그러나 가장 최근인 2020년에는 절도, 강도, 장물, 방화범죄는 감소하였고, 대신에 사기와 횡령, 손괴, 공갈범죄가 크게 증가한 것으로 나타난다.

이처럼 재산범죄의 추이는 1960년대에는 경제적 어려움으로 인하여 범죄를 행하던 것이, 경제개발과 함께 이러한 범죄가 많이 줄어들면서 하향안정세를 유지하였으나, 1990년대 중후반의 경제위기를 겪으면서 매우 급속하게 증가하는 추세를 나타내고 있다. 다시 말해서 최근에는 또 다른 경제적 어려움으로 인해서 다시 재산범죄가 범죄통계의 집계 초기의 수준을 뛰어넘어 훨씬 높은 수준으로 크게 증가하고 있다. 이것은 재산범죄가 그만큼 경제상황과 밀접한 관련을 갖고 있다는 것을 보여준다.

[표 3-4]의 폭력범죄의 유형별 장기 추이를 살펴보면, 전체 폭력범죄의 추이는 폭행범죄의 추이를 보여준다고 할 수 있다. 왜냐하면 폭력범죄 중에서 폭행범죄가 차지하는 비율이 거의 대부분을 차지하기 때문이다. 이 폭행범죄는 범죄통계가 집계되기 시작한 후 지속적으로 증가하다가, 외환위기 직후인 2000년과 2001년에 정점을 이루고 이후에는 최근 급격히 감소하고 있다. 재산범죄가 경제위기를 겪은 후

표 3-4 ■ 주요 폭력범죄의 유형별 장기 범죄율 추이

연도	폭행				성폭력	살인	협박
	형법상 폭행	형법상 상해	폭처법	소계			
1965	63.1	54.9	30.7	148.7	3.5	2.0	3.0
1970	38.2	28.4	135.1	201.7	5.1	1.8	1.4
1975	33.7	26.6	203.9	264.2	7.9	1.6	1.6
1980	29.7	27.6	252.7	310.0	10.4	1.4	1.2
1985	20.1	43.0	290.1	353.2	13.4	1.5	1.6
1990	15.2	44.3	349.9	409.4	12.9	1.6	1.3
1995	12.1	50.3	341.2	403.6	13.7	1.4	1.6
2000	35.8	70.2	573.9	679.9	21.7	2.1	3.3
2005	40.3	64.7	463.0	568.0	24.3	2.3	5.2
2010	214.0	138.0	96.0	448.0	39.0	2.5	6.0
2015	313.7	121.7	4.3	439.7	60.3(9.7)	1.9	27.4
2020	277.1	69.5	2.2	348.8	58.1(10.7)	1.6	42.1

출처: 대검찰청, 범죄분석.
* 괄호 안은 강간범죄율임(2014년부터 따로 집계).

지속적으로 증가하는 것과는 매우 대조적인 현상이라고 하겠다. 그 외 폭력범죄 중에는 협박이 재산범죄와 유사하게 경제위기 이후 지속적으로 증가하고 있으며, 성폭력범죄의 경우 원래 1994년 이전의 강간범죄에는 강간과 강제추행을 합산하여 집계하였으나, 1994년 성폭력특별법이 생기면서 여기에 다양한 성범죄가 포함되어 성폭력으로 표기한 것이다. 따라서 비교적 급속하게 증가하는 이 수치는 실제보다 강간범죄의 규모를 과장하는 측면이 있다. 그래서 2014년부터는 세부유형별로 따로 집계하기 시작했는데 강간범죄율은 2015년에 9.7건, 2020년에 10.7건이었다.

그리고 살인의 경우는 한 사회의 범죄성향의 정도를 나타내는 지표로서, 사회변화에 따라서 크게 변하지 않는 특성을 갖고 있다. 살인범죄는 외환위기 이전까지는 보통 2건 이하였으나 경제위기 이후 2건을 상회하는 수준으로 높아졌다가 최근에야 조금 낮아졌다. 이것은 우리 사회에서 전체적으로 범죄가 증가하고 있다는 것을 보여주는 한 증거이다. 그나마 폭행이 최근에 크게 감소하고 있다는 점은 다행스러운 일이라고 할 수 있다. 또한 협박이나 (재산범죄에서) 공갈이 증가하고 있는 점은 사이버상에서 이런 유형의 분쟁과 갈등이 증가하기 때문으로 추정된다. 이처럼 한국에서 최근의 범죄발생은 온라인상으로 대폭 이동하고 있어, 그 발생유형도 달라지고 있다.

2. 폭력범죄율 및 범죄의 두려움의 감소

우리 사회에서 범죄가 증가했는지는 범죄의 양적 측면인 범죄건수의 변화를 살펴봄으로써 파악이 가능하지만, 범죄가 질적으로 어떻게 변하였는지는 단순히 이 건수의 변화를 통해서는 알기가 어렵다. 따라서 발생하는 범죄의 심각성을 감안하여 범죄의 추이를 살펴보는 것이 필요한데, 우리 사회의 범죄는 장기적으로 증가추세를 보여주지만, 범죄의 심각성을 감안하면 더욱 가파른 증가세를 나타낸다(김준호 외, 2001). 이것은 다시 말해서 우리 사회에서 범죄가 점점 흉포화 되어 왔다는 것을 나타낸다. 그러나 2000년대에 들어 폭력범죄가 급속히 감소하고 있으므로([표 3-4] 참조), 2000년대 이후에는 발생하는 범죄의 심각성이 낮아지고 있으며, 따라서 범죄의 두려움도 감소할 것임을 예측할 수 있다.

한국형사정책연구원의 조사에 따르면, 1996년 이후 범죄피해의 일반적인 두려움은 전체적으로 완만히 감소하는 추세에 있다. 1996년에 42.4%의 시민이 두렵다고 응답하였지만, 이후 약간의 증감은 있지만 전반적으로 감소하여 2021년에는 14.3%의 시민만이 두렵다고 응답하였다. 이러한 감소의 원인은 범죄피해의 추이를 보여주는 이 장의 [그림 3-3]을 보면 추정해 볼 수 있는데, 2001년 이후 전체적인 범죄피해건수가 감소하고 있다는 데서 그 원인을 찾을 수 있다. 다시 말해서 공식통계상에서 증가하고 있는 범죄가 대부분 범죄의 두려움을 덜 가져다주는 재산범죄인 데 비해, 범죄의 두려움을 크게 느끼게 하는 폭력범죄는 오히려 최근 감소하고 있으므로 범죄피해의 두려움이 감소하고 있는 것으로 보인다.

그림 3-4 ■ 범죄피해의 두려움을 느끼는 사람 비율의 추이

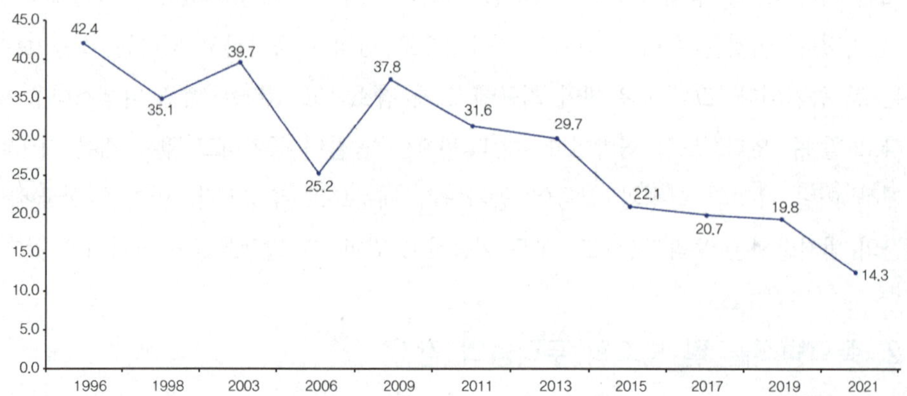

출처: 한국형사정책연구원, 국민생활안전실태조사 각 연도.

3. 재범률의 증가와 교정의 실패

이상에서 이미 범죄현상의 질적 측면을 논의하였지만, 또 하나의 더욱 두드러지는 현상은 재범률의 증가 현상이다. [그림 3-5]는 절도, 살인, 강도, 성폭력, 폭행범죄의 재범자비율의 추이를 그래프로 나타낸 것이다. [그림 3-5]에서 대부분의 범죄에 있어서 재범자비율이 2016년 또는 2017년에 피크를 이루었다가 이후 최근에 다소 감소하고 있다는 것을 알 수 있다. 특히 그중에서도 강도와 성폭력범죄의 재범자비율이 급속히 감소하고 있다.

그림 3-5 ■ 주요 범죄의 재범자비율의 추이

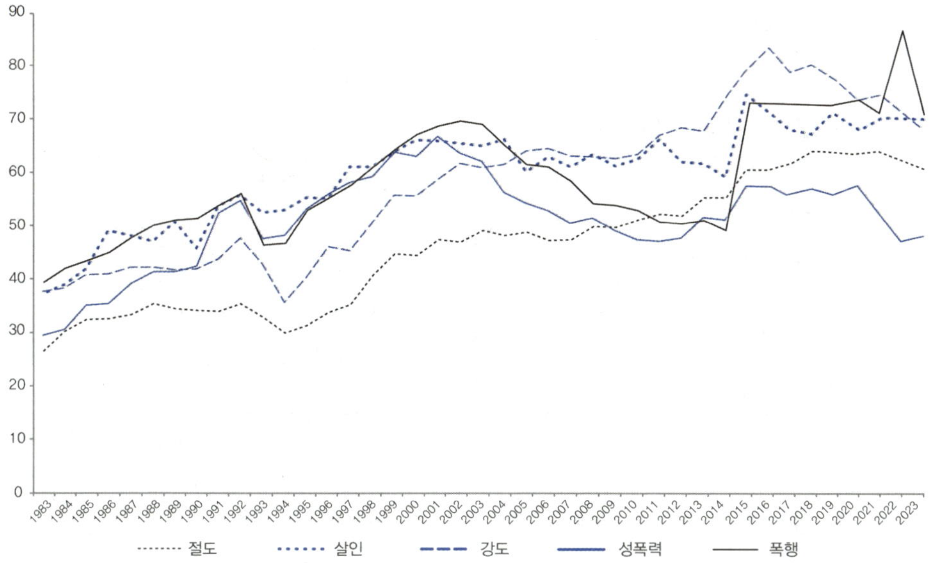

출처: 대검찰청, 범죄분석.

이처럼 일부 범죄에 있어 재범자비율의 감소가 나타나고 있지만, 여전히 재범자비율은 50~70% 사이로 매우 높다. 이러한 높은 재범자비율은 한국사회에서 범죄문제에 대해 형사사법기관이 제대로 대응하지 못했다는 하나의 증거이다. 다시 말해서 과반수 이상의 범죄를 전과자들이 하고 있고, 이들이 지속적으로 범죄를 범함으로써 한국의 범죄율 증가에 일조해왔다는 것은 범죄자를 교화, 개선하여 사회에 복귀시켜야 할 형사사법기관이 그 역할을 제대로 하지 못했다는 증거가 되는 것이다.

한편으로 재범자비율이 지속적으로 증가해 왔다는 것은 교도소의 과밀화나 교도소에서의 형식적인 직업훈련 등의 문제에 기인하고 있기도 하지만, 우리 사회가 전과자들에 대해 큰 편견의 벽을 만들고 그들을 사회에 다시 재통합시키려는 노력을 게을리 해왔기 때문이기도 하다. 2003년 한국형사정책연구원의 시민조사(박성래, 2003)결과에 따르면, 전과자들이 재범을 하는 이유에 대해서 전체 응답자의 56.7%에 해당하는 356명이 "전과자에 대한 편견과 냉대"가 가장 중요한 이유라고 응답하였으며, 나머지는 "경제적인 어려움"이 18.9%, "범죄자 자신의 범죄적인 심성"이

11.9%, 그리고 "교도소 동료접촉 또는 악풍감염"이 10.3%로 나타나고 있다. 이처럼 시민들 대부분이 전과자에 대한 편견을 사회적응에 가장 어려운 문제로 생각하는 것을 알 수 있다.

표 3-5 ▪ 집단별 사회적 거리점수

유형	사회적 거리점수	
	평균	표준편차
전과자	3.91	.63
신체장애자	2.82	.73
정신병력자	3.47	.81

출처: 최인섭·김지선, 1995.

이러한 전과자의 편견은 사회적 거리척도를 이용한 조사에서 더욱 분명하게 드러난다. 최인섭과 김지선의 연구(1995)에 따르면, 신체장애자에 대한 사회적 거리는 평균 2.82, 그리고 과거에 정신질환을 앓았던 사람이 평균 3.47인 데 비하여, 전과자의 사회적 거리는 평균 3.91에 이르러 신체장애자나 과거에 정신질환을 앓았던 사람들보다도 훨씬 더 멀리하고 싶은 존재임을 보여준다. 또한 표준편차도 가장 적은 것으로 나타나, 전과자에 대한 시민들의 의견이 가장 통일되어 있다는 것을 보여준다. 이러한 결과는 다시 말해서 장애자나 정신병력이 있는 사람보다도 더 범죄 전과자를 딸과의 결혼을 통해 가족으로 받아들이거나, 친구로 지내거나, 옆집에 살거나, 같은 사무실에서 일하거나, 또는 공공장소에서 함께 있고 싶지 않은 존재로 생각하고 있다는 것이다.

또한 전과자에 대한 사회적 거리에 영향을 주는 요인으로 위험하다는 느낌, 사회에 해가 되는 사람이라는 느낌, 부도덕하다는 느낌, 사악하거나 신뢰할 수 없다는 느낌이 중요한 것으로 나타났다(최인섭·김지선, 1994). 따라서 이런 이유 때문에 전과자를 가족이나 친구, 심지어 옆에 같이 있는 것도 꺼리게 되는 것이다. 이러한 결과는 전과자들의 사회복귀가 원활히 이루어지지 않는 이유가 한편으로 시설 내의 요인보다는 오히려 사회 내에 존재하는 요인들이 더 중요하다는 것을 보여준다.

세계 속에서의 한국의 범죄수준과 처벌

한 나라의 범죄수준을 파악하기 위해서는 일반적으로 그 나라에서 발생하는 살인범죄율을 이용한다. 왜냐하면 범죄에 대한 정의(법규)가 나라마다 다르고, 같다고 하더라도 나라마다 형사사법제도가 다르며, 국민의 신고성향, 경찰활동의 정도와 효율성 등 너무나 많은 요인들이 다르기 때문에, 일반적인 범죄율을 갖고 국제간의 비교를 하는 데는 매우 큰 위험이 따르기 때문이다. 그러나 살인범죄의 경우, 다른 범죄에 비해 상대적으로 대부분의 범죄가 발견되며, 이것이 범죄통계에 수록되는데 그 나라의 형사사법기관이 왜곡하는 효과가 거의 없기 때문에, 보통 범죄의 국제비교에서 많이 이용된다.

그리고 인구 10만 명당 수감인원은 한 나라에서 얼마나 많은 인구가 교도소에 수감되어 있는지를 나타내는 것으로, 이것은 일반적으로 그 나라가 범죄자에 대해 얼마나 강하게 대응하는지를 나타낸다고 할 수 있다. 따라서 인구 10만 명당 수감인원이, 살인율이 비슷한 다른 나라와 비교하여 많다면, 일반적으로 그 나라는 다른 나라에 비해 범죄자에 대해 더 강하고 엄격하게 처벌하는 것으로 해석할 수 있다.

[표 3-6]은 세계 주요국의 10만 명당 살인피해자수를 2022년을 기준으로 높은 순서대로 나열한 것이다. 이 표에서 주로 살인범죄율이 크게 높은 나라들은 대부분 남미와 아프리카의 나라 중에서 치안이 확립되어 있지 않거나, 내전, 조직범죄집단의 발호 등으로 혼란스러운 나라들로 구성되어 있다. 다시 말해서 살인범죄율이 10.0 이상인 국가 중에, 남미의 많은 나라들 외에는 남아공화국, 멕시코 같은 나라들이 끼어 있음을 알 수 있다. 한국의 경우 2022년 10만 명당 살인건수가 0.5명으로 세계 주요 국가들 중에서 매우 낮은 수준인 것을 알 수 있다.

다음으로 인구 10만 명당 수감인원을 통해 법을 얼마나 엄격하게 집행하는지를 살펴보면, 살인범죄율이 비슷한 주변 국가들에 비해서 눈에 띄게 수감인원이 많은 나라는 미국, 우루과이, 브라질, 러시아, 호주, 폴란드, 싱가포르와 같은 나라들이었다. 이 국가들은 그 나라의 범죄수준에 비해 법을 매우 엄격하게 집행하는 나라들이라고 할 수 있다. 반대로 살인범죄율이 비슷한 나라 중에서 법을 느슨하게 적용하는 나라는 인도나 멕시코와 같은 나라들을 들 수 있다. 한국의 경우 비슷한 정도의 살인범죄율을 나타내는 다른 나라들에 비해, 유사하거나 약간 엄격하게 법을 적용하는 국가로 나타난다.

표 3-6 ■ 세계 주요 국가의 인구 10만 명당 살인건수와 수감인원(2022)

국가별	10만 명당 살인건수	10만 명당 수감인구
남아프리카공화국	43.7	232
멕시코	25.9	176
콜롬비아	25.3	190
브라질	21.1	399
베네수엘라	12.6	238
우루과이	11.3	423
페루	8.5	278
파라과이	7.0	246
러시아	6.8	302
칠레	6.8	230
미국	6.3	517
아르헨티나	4.3	233
인도	2.8	40
캐나다	2.3	91
프랑스	1.2	109
핀란드	1.2	51
뉴질랜드	1.1	155
스웨덴	1.1	80
그리스	1.1	101
덴마크	1.0	71
오스트리아	0.9	99
독일	0.8	68
네덜란드	0.8	63
오스트레일리아	0.8	158

폴란드	0.7	187
스페인	0.6	115
이탈리아	0.5	96
대한민국	**0.5**	**102**
노르웨이	0.5	68
일본	0.2	33
싱가포르	0.1	169

출처: UNODC「https://www.dataunodc.un.org」2024. 8에서 계산. 일부 자료는 2021년 자료임.

제 5 절 범죄에 대한 대응

범죄문제에 대한 대응은 이 문제를 어떤 시각으로 보는지에 따라서 매우 다양한 대응책으로 나타난다. 만약 범죄문제를 보는 주된 시각인 구조기능주의 시각을 받아들여서 범죄가 하층계급들에게 기회가 차단되어 있거나, 이들이 주류문화를 접하면서 느끼는 좌절감에 의한 반발, 또는 특정 하위집단 속에서 범죄에 우호적인 문화의 공유로 인해 발생한다고 이해한다면, 범죄문제에 대한 해결책은 하층계급의 기회를 확장하거나 다양한 도움을 제공하는 방법이 가능하다. 한 예로 미국의 헤드스타트(head start) 프로그램은 빈곤지역의 청소년들이 처한 열악한 환경으로 인해 범죄에 개입하게 되는 문제점을 개선하기 위해, 이 지역에 보다 양질의 교육환경과 더 우수한 교사들을 제공하는 프로그램이다. 만약 범죄가 공식적, 비공식적 사회통제의 약화나 범죄로부터 얻을 수 있는 수익으로 인해 발생한다고 이해한다면, 그 해결책은 전통적 활동을 강화하고 여기에 보다 많은 사람들이 개입, 참여하도록 장려하거나, 이웃감시와 같은 범죄예방프로그램을 시행하거나, 경찰순찰을 강화하거나, 보다 엄격하고 확실한 처벌을 하는 등의 다양한 방법이 있을 수 있다.

표 3-7 ■ 범죄에 대한 다양한 시각과 그 대책들

이론	범죄의 원인	대책
구조기능주의이론	하층계급에 대한 기회의 차단, 주류사회에 대한 좌절감, 반감, 범죄에 우호적인 문화의 공유 등	하층계급의 기회증진, 하층계급에 대한 원조, 하층계급 청소년에 대한 양질의 교육기회 부여, 헤드스타트 프로그램 등
	사회통제의 약화, 범죄로부터의 수익 등	전통적 활동의 강화와 이에 대한 참여 확대, 부모-자녀관계의 강화, 학교, 지역사회 차원의 다양한 활동의 개최와 지원, 이웃감시와 같은 범죄예방프로그램, 경찰활동의 강화, 엄격하고도 확실한 처벌, 범죄수익의 몰수 등
갈등이론	지배집단의 지나친 이익추구, 피지배 집단에 대한 부당한 억압 등	피지배집단의 단결을 통한 힘의 균형을 회복, 집단행동을 통한 권력관계의 역전 또는 조정 그리고 하층계급이나 소수집단에 대한 차별의 시정 등
상호작용이론	특정 집단에 대한 편견 또는 오명의 부여	편견이나 낙인의 지양, 비범죄화, 다이버전, 사회내 처우, 회복적 사법 등

반면 범죄가 지배집단의 지나친 이익추구나, 피지배집단을 억압하려는 과정에서 발생한다면, 그 해결책은 피지배집단이 자신들의 동일한 이해관계를 인식하고 단결하여 집단행동을 통하여 지배집단에게 다소의 양보를 받아 내거나, 권력에 있어 균형을 추구하거나, 아니면 전면적인 갈등을 통하여 기존의 지배, 억압체제를 완전히 뒤엎는 방법이 있을 수 있다. 예를 들어 소녀들의 사소한 비행들이 가부장적인 지배의 목적으로 과잉 규정되고 나타난다면, 그 해결책은 집단행동을 통하여 이러한 남성중심의 억압체제를 바꾸도록 요구하고, 형사사법의 다양한 단계에서 소녀들에게 차별적인 처벌관행을 바꾸도록 요구할 수 있다.

만약 범죄가 특정 개인이나 집단에 부여된 편견이나 오명에 의해 나타난다면, 이러한 편견이나 오명을 완화, 지양하도록 하는 방법이 있을 수 있다. 예를 들어 낙태, 간통, 약물 등의 그 처벌에 대해 논란이 있는 범죄를 비범죄화(Decriminalization) 할 수 있으며, 교도소와 같은 시설 내에 수용하여 사회의 유대를 끊는 방식을 바꾸어 보호관찰 등을 통해 사회 내에서 처우할 수 있다(Deinstitutionalization). 또한 형사사법의 다양한 단계에서 다이버전(Diversion)을 활용하여 개선 가능한 청소년들이 공식적인 형사사법절차를 거치지 않도록 할 수 있으며, 회복적 사법(restorative justice)과 같은 절차를 통해서 처벌과 피해의 회복 과정에서 낙인이 부여되지 않도록 할 수 있다(Destigmatization). 이러한 낙인이론의 4D 정책은 실제로 현대의 형사사법제도에서 매우 널리 사용되는 대책들이다.

제 6 절 결론

범죄문제는 거의 모든 사회에서 다른 어떤 사회문제보다도 중요한 문제이다. 따라서 이 문제를 해결하기 위해 역사적으로 많은 노력들을 기울여 왔다. 범죄를 설명하는 매우 다양한 이론들이 다양한 시각으로부터 개발되어 있으며, 이들은 또한 범죄문제에 대한 다양한 해결책들을 제시하고 있다. 이처럼 범죄에 대해서 많은 이론과 대책들이 제시되고 있다는 점은 그만큼 범죄를 설명하고 이 문제를 개선하기 위한 효과적인 해결책을 제시하는 것이 어렵다는 것을 반증하는 것이기도 하다.

범죄통계는 그것이 가진 다양한 문제점으로 인해서 그 한계가 뚜렷한데, 그중에서도 범죄통계에 기록되지 않고 빠지는 범죄의 암수문제는 매우 큰 문제이다. 이에 추가하여 한국사회에서 범죄문제를 제대로 파악하는 것은 한국의 범죄통계가 갖고 있는 추가적인 문제점으로 인해서 더욱 어렵다. 따라서 범죄피해조사와 같은 보충적인 자료들을 충분히 이용하는 것은 범죄현상을 제대로 이해하기 위해서 매우 중요하다.

한국사회에서는 폭력범죄와 재산범죄가 매우 지속적으로 증가하다가 외환위기를 전후하여 재산범죄는 더욱 증가하였지만 최근에 폭력범죄는 감소추세로 들어섰다. 또한 범죄피해조사의 추세는 경제위기 이후 폭력범죄뿐 아니라 재산범죄도 감소하는 추세를 보여준다. 어쨌든 이러한 일련의 범죄의 감소현상으로 인해 범죄의 두려움도 함께 감소하고 있다. 이것은 매우 다행스러운 현상이 아닐 수 없다. 그럼에도 불구하고, 범죄의 질적인 부분을 고려해보면, 꼭 낙관적이기는 어렵다. 최근 일부 감소하기는 하였지만, 지속적인 재범자비율의 증가가 나타나고 있고, 이것은 형사사법과 나아가서는 우리 사회의 큰 부담으로 다가오고 있다. 국제비교결과에서도,

과거에 매우 낮았던 우리 사회의 범죄율이 이제 제법 높은 수준으로 바뀌고 있음을 알 수 있다. 이러한 변화의 이면에는 우리 사회가 최근 경제위기를 겪었다는 사실이 있지만, 한편으로 우리 사회의 법집행이 지나치게 느슨한 방향으로 흐르고 있다는 점도 작용하고 있다.

요약
SUMMARY

- 범죄에 대해 명확한 정의를 내리기는 어렵다. 왜냐하면 지역에 따라서 시대변화에 따라서, 행위의 목적에 따라서, 행위자의 자격에 따라서 범죄가 다르게 규정되기 때문이다. 따라서 형사법령으로 금지된 행위를 범죄로 보는 법학적 정의가 보통 사용된다. 그러나 이 형사법령 또한 시대에 따라서 지역에 따라서 변하는 것이기 때문에, 이 또한 한계는 있다.
- 사회학적 정의인 일탈행동은 사회규범을 위반한 행위이다. 이것은 범죄는 물론, 청소년들의 비행까지도 포함하는 좀 더 넓은 개념이다.
- 기능주의이론에서 출발하여 범죄를 설명하는 많은 이론들은 범죄문제를 설명하는 주된 이론들이다. 특히 그중에서도 사회해체이론, 아노미이론, 하위문화이론, 차별접촉이론, 사회유대이론, 억제 및 합리적 선택이론은 범죄문제를 설명하는 매우 중요한 이론들이다.
- 갈등이론에서 출발한 범죄의 사회적 구성이론(퀴니), 권력통제이론, 그리고 낙인이론에서 출발한 재통합적 수치심 부여이론, 대항이론 등은 범죄문제를 설명하는데 있어서 기능주의이론에 비해 상대적으로 덜 중요한 이론들이다. 왜냐하면 다른 사회문제에 비해 범죄문제는 그것이 왜 사회문제인지에 대한 이견이 적기 때문이다. 따라서 옳고 그른 것을 가정하는 기능주의적 설명에 대체로 잘 맞다.
- 범죄통계의 신뢰성은 매우 낮다. 따라서 범죄통계에 대해 잘 모르고 범죄현상을 파악하는 것은 범죄문제를 잘못 해석할 가능성을 매우 높인다. 여기에는 범죄의 대다수가 포착되지 않고 범죄의 암수로 남는다는 범죄통계의 큰 문제점이 중요하게 작용한다.
- 범죄율은 인구수를 감안하여 범죄현상을 적절히 요약할 수 있는 표준수단이다. 이것은 보통 범죄를 '인구 10만 명당 범죄건수'로 나타낸다.
- 범죄통계의 문제점을 보완하기 위해 이용할 수 있는 자료는 자기보고식 조사와 범죄피해조사가 있다. 자기보고식 조사는 직접 응답자에게 지난 일정 기간 동안

행한 범죄건수를 질문하는 것이고, 반대로 범죄피해조사는 응답자에게 지난 일정 기간 동안 당했던 범죄피해건수를 질문하는 것이다. 이 중 범죄피해조사는 범죄를 파악할 수 있는 세 가지 자료 중에서 가장 신뢰성 있는 자료이다.

- 한국사회에서 90년대 말 큰 경제위기를 겪으면서 나타난 중요한 범죄현상은 절도, 강도, 사기, 손괴 등의 재산범죄가 급격히 증가했다는 것이다. 그 이후에도 재산범죄는 지속적으로 증가하지만, 다행히 공식통계상 폭력범죄는 최근에 감소하고 있다.
- 공식통계상 폭력범죄의 건수는 재산범죄의 건수에 버금가지만, 피해조사결과는 재산범죄가 훨씬 많다는 것을 보여준다. 이것은 재산범죄의 많은 부분이 범죄의 암수로 남는다는 것을 보여준다.
- 한국사회에서 범죄피해의 두려움은 외환위기 이후 지속적으로 감소하고 있다.
- 한국에서 재범률은 외환위기 때까지 매우 지속적으로 증가하여 60%가 넘기도 하였지만, 최근 들어 다소 감소하고 있다. 한국사회의 전과자에 대한 부정적 인식은 매우 심각하여, 범죄를 저지르고 처벌을 받은 사람들이 사회에 적응하는 데 큰 어려움이 있다.
- 기능주의 시각에서 범죄문제에 대한 대응은 주로 공식적, 비공식적 통제를 강화하거나, 사회화 과정에서 사회규범을 더 적절히 내면화시키는 것, 또는 하층계급의 기회를 넓혀주는 것이다.
- 갈등이론이나 상호작용이론의 시각에서 범죄문제에 대한 대책은 하층계급의 집단행동 등을 통해 더 많은 기회를 쟁취하거나, 불리한 조건을 시정하게 하거나, 편견이나 고정관념을 시정하게 하는 것이다.

❐ 토론 및 추가학습을 위한 주제들

1. 범죄에 대한 낙인이론의 4D정책(비범죄화, 비형벌화, 탈시설화, 탈낙인화)은 우리 사회에서 얼마나 적절한 정책인가?
2. 우리 사회에서 재범률이 증가하는 원인은 무엇인가?
3. 우리 사회에서 범죄는 증가하고 있는가?
4. 현재 한국에서 이용가능한 범죄통계, 자기보고식 조사, 범죄피해조사 중 어떤 것이 가장 믿을 만한 자료인가? 왜 그런가?
5. 경제위기 이후 증가하는 재산범죄는 어떤 이론으로 설명가능한가?
6. 범죄에 대한 규정(형사법령에 의한 정의)에 대해 어느 정도 동의하는가?

❒ 조별 활동을 위한 주제들

1. 실업과 범죄
2. 폭력적 매체와 범죄
3. 전과자에 대한 편견과 재범
4. 범죄피해경험과 범죄의 두려움
5. 깨진 창과 범죄의 두려움

❒ 참고할 만한 문헌 및 웹사이트

- Bernard, Snipes, Gerould(이순래 외 역). 2012. 「Vold의 이론범죄학」. 그린.
- Lilly, Cullen, Ball(이순래 외 역). 2017. 「범죄학이론: 사회적 배경과 결과물」. 박영사.
- Akers, R. et al.(민수홍 외 역). 2017. 「범죄학이론」. 나남.
- Siegel, L.(이민식 외 역). 2008. 「범죄학: 이론과 유형」. 9판. 센게이지러닝.
- 대한범죄학회 편. 2022. 「범죄학개론」. 박영사.
- Lab, S.(이순래 외 역). 2019. 「범죄예방론」. 그린.
- 한국형사법무정책연구원(http://kicj.re.kr): 1989년에 설립되어 범죄문제를 연구하고 대책을 제시해 온 정부출연연구기관. 범죄문제에 대한 수많은 자료들을 발견할 수 있다.
- [영화] 그린 마일(The Green Mile)/1999/프랭크 다라본트: 사형수 감방에서 근무하는 교도관의 이야기. 범죄자의 용모에 대한 편견에 대해 생각하게 해준다.
- [영화] 15분(15 Minutes)/2001/존 헤르즈펠드: 매스미디어와 범죄에 관한 이야기.
- [영화] 보이즈 앤 후드(Boyz N The Hood)/1991/존 싱글톤: 많은 범죄학이론들이 설명하는 흑인지역사회의 갱과 범죄를 다룬 영화.

CHAPTER

4

약물남용문제

약물이 국내에 유입된 역사는 해방, 한국전쟁 등의 중요한 계기가 작용하고 있다. 1945년 해방 이후 귀국 동포들 중에 아편중독자들이 섞여 들어온 것을 시작으로, 1950년대에는 한국전쟁 당시에 부상한 군인들 사이에 모르핀중독자가 생겨나게 되었다. 그리고 1970년대에는 마리화나나 필로폰(메스암페타민)이 미군과 일본을 통해 들어와서 1980년대에 필로폰중독자가 급증하였고, 최근에는 약물을 구입할 능력이 되지 않는 청소년들을 중심으로 신나나 본드 등의 유해약물을 흡입하는 경우가 크게 증가하였다. 또한 조기유학생이나 교포학생, 연예인, 국내의 대학생 등을 중심으로 클럽에서 엑스터시나 야바 등의 신종약물의 남용이 크게 증가하였다.

그러나 국내에서 많이 이용되는 암페타민 계열의 강한 약물(필로폰, 엑스터시, 야바 등)은 해외에서 생산되어서 한국으로 수입되는 경우가 대부분으로 대체로 고가이기 때문에, 최근에는 알약 형태의 대용약물이나 본드나 신나와 같은 유해화학물질의 남용도 증가하고 있다. 그러나 엑스터시의 경우 합성약물 중 비교적 저렴하고 알약 형태로 되어 복용도 간편하기 때문에 그 남용수준이 점점 증가하고 있는 실정이다. 또한 이렇게 남용대상이 되는 약물의 형태가 다양해지면서 청소년들의 남용도 증가하고 있는 실정이다.

제 1 절 약물남용문제의 정의

약물의 종류가 다양한 것과 같이 약물의 개념도 매우 다양하게 나타나고 있으며, 여기에 대한 뚜렷한 합의가 존재하지도 않는다. 일반적으로 약물(drug)이란 환각이나 이와 유사한 느낌을 경험하기 위해 남용되는 물질이라고 할 수 있다. 여기에는 많은 유사용어들이 존재하는데, 약물의 유사개념들 몇 가지를 살펴보면, 우선 마약이라는 용어가 많이 사용되고 있으며, 이것은 양귀비, 아편 및 그 제제와 이에 유사한 약리작용 및 중독작용이 있는 약물이라고 할 수 있다. 그 외 물질(substance)이라는 용어가 사용되고 있으며 이것은 보다 다양한 물질들을 모두 포괄하는 매우 폭넓은 개념이라고 할 수 있다. 이런 용어가 사용되는 이유는 청소년들이 주로 사용하는 신나나 본드, 진해거담제 등과 같은 물질들이 약물의 개념 속에 포함되지 않는다는 생각에서였다. 그러나 이 개념은 문제가 되지 않는 물질들까지도 모두 포함할 수 있는 지나치게 넓은 개념일 수 있다.

그 외 다양한 약물을 규제하기 위해서 제정된 법규들에 의해 또한 다양한 유사용어들이 만들어졌는데, 이미 논의한 마약 외에 향정신성의약품, 마약류, 유해화학물질 등이 있다. 이러한 규제법규들의 제·개정 역사를 살펴보면, 첫째, 형법상의 「아편에 관한 죄」(17장), 「아편 등의 제조 등의 죄」(198조)가 처음으로 제정되었다. 이것은 그 당시 사용되던 아편과 모르핀에 대한 규제를 담고 있는 법으로, 이들이 거의 특별법에 의해 규제되는 관계로, 상징적이기는 하지만 아직 법률조항으로서 남아 있다. 둘째, 1957년 만들어져 수차례 개정을 거친 「마약법」이 있으며, 이것은 아편, 모르핀, 헤로인, 코데인, 테바인, 옥시코딘, 하이드로모르핀, 코카인, 크랙 등을 규제하는 법률로서 마약과 그 원료의 사용 등의 제반행위를 규제하는 「마약류 관리에 관한 법률」이 생기기 전에는 매우 중요한 약물규제법의 역할을 했다.

셋째, 1976년에 제정된 「대마관리법」이 있으며, 이것은 대마초, 마리화나, 해쉬쉬, 해쉬쉬오일 등의 제조, 수출입, 판매 등을 규제하는 법이다. 넷째, 1979년에 제정된 「향정신성 의약품 관리법」이 있으며, 이것은 암페타민, 메스암페타민(필로폰), 펜메트라진, 메틸페니데이트, LSD, PCP, 메스칼린, 바르비탈계, 벤조디아제핀계 약물 등의 향정신성 의약품의 제조, 판매 등을 규제하는 법률이다. 다섯째, 1990년에 제정된 「유해 화학물질 관리법」이 있으며, 이것은 톨루엔, 초산에틸, 메틸알코올, 신나, 본드, 도료, 부탄가스 등의 흡입행위를 규제하는 법률이다(이훈규·이경재, 1996: 29-30). 마지막으로, 지나치게 약물을 규제하는 특별법이 많음으로 인해서 혼란을 방지하기 위해서, 2000년에는 「마약법」, 「대마관리법」, 「향정신성 의약품 관리법」을 폐지하고 「마약류 관리에 관한 법률」을 새롭게 제정하였다. 이 법은 이후로도 계속 개정을 거듭하고 있으며, 어떤 약물이 금지된 약물인지에 대해서는 구체적으로 이 법의 시행령에서 그 목록을 찾아 볼 수 있다.

이처럼 약물을 지칭하는 용어로서 많은 법률적, 비법률적 개념들이 존재한다. 그러나 이 책에서는 아편, 대마, 마약, (유해화학)물질을 모두 포함하는 넓은 개념으로서 약물이라는 용어를 정의하고 사용하기로 한다. 또한 술과 담배는 일반적으로 거의 모든 사회에서 허용되지만, 이들이 청소년들에게는 금지되어 있으며 성인들에게도 심각한 중독의 결과를 가져올 수 있기 때문에 같이 포함한다. 따라서 약물문제란 이러한 "다양한 약물을 주기적으로 사용하여 여기에 대한 의존성이 생기고 이로 인해 사회적 적응에 어려움을 겪는 것으로, 사회의 영향력 있는 사람들에 의해 개선되어야 한다고 생각되는 상황"이라고 할 수 있다.

제 2 절 약물남용의 이론

1. 기능주의이론

(1) 합리적 선택이론

합리적 선택(rational choice)의 시각은 약물을 남용함으로써 생기는 무형의 이익에 주목한다. 일반적인 합리적 선택이론은 무형의 이익보다는 유형의 금전적 이익에 주목하지만, 광의의 합리적 선택 시각은 약물의 남용은 금전적 이익보다는 무형의 만족감이나 즐거움에 의해 발생하고, 이러한 심리적, 정서적 이익도 고려되어야 할 중요한 요인으로 본다. 이 시각에 따르면, 많은 사람들이 약물을 남용하고 여기에 중독되었을 때, 나타날 수 있는 다양한 비용들이 매우 심각함에도 불구하고 약물을 계속 찾는 것은 약물을 남용함으로써 얻을 수 있는 심리적 만족감이 훨씬 더 크기 때문이다.

예를 들어 약물을 남용함으로써 또래들 사이에서의 인정받거나, 붕 뜨는 기분, 성적으로 강해지는 즐거움, 예술에서의 창조성의 증가, 현실로부터의 도피와 같은 이익은 약물남용으로부터 많은 비용이 예상됨에도 불구하고 약물을 남용하게 만드는 원인으로 작용한다. 그러나 대부분의 범죄자들과 마찬가지로 약물남용자들은 자신에게 돌아올 수 있는 부정적인 결과에 대해 깊이 생각하지 않거나 이미 생각할 능력을 잃어버렸기 때문에 약물남용에 빠지게 된다. 다시 말해서 약물로 인한 즐거움은 가까이 있고, 약물로 인해 발생할 수 있는 부정적인 결과는 멀리 있으며, 어쩌면 자신에게 오지 않을 수 있는 것이기 때문에 약물을 선택한다.

그러나 이러한 합리적 선택의 시각은 왜 특정의 집단들만이 이러한 약물남용에 빠지는지에 대해서 잘 설명할 수 없다. 다시 말해서 약물로 인한 즐거움이나 수치심의 회피, 또래 청소년으로부터 인정받는 것 등은 모든 사람들에게 가능한 이익임에도 불구하고, 매우 일부의 사람들만이 약물남용에 빠지는 현상을 설명하기 어렵다. 따라서 이러한 한계는 결국 하위문화나, 생물학적/인성적 요인, 사회학습 등의 다른 요인에 의해 메워져야 한다.

(2) 약물의 하위문화

하위문화를 통해 약물남용을 설명하는 이론들은 대개 어떤 하위문화에서는 약물을 사용하는 것이 하나의 선택가능한 적응방식으로 여겨진다고 주장한다. 예를 들어 머튼(Merton)의 아노미이론이나 클라워드와 오린(Cloward and Ohlin)의 차별적 기회이론에 따르면, 특히 하층계급이 거주하는 지역에서는 사회적으로 강조되는 목표에 접근할 수 있는 기회가 대부분 차단되어 있고, 여기에서 나타나는 무기력감이나 사회에 대한 반감이나 분노를 해결하기 위해, 약물을 이용하는 것이 하나의 적응양식으로 고려된다. 특히 차별적 기회이론은 합법적 기회뿐만 아니라 전문적인 절도수법의 전수와 같은 비합법적 기회조차도 이용할 수 없는 사회의 최하층에 있는 사람들이 이중의 실패를 경험하게 되고, 결국 도피적인 약물문화에 젖게 된다고 한다.[1)]

1) 이들 이론에 대한 보다 자세한 논의는 3장의 2절 4를 보라.

이처럼 하위문화적 견해를 가진 학자들은 환경에 의해 약물남용이 영향을 받는 것으로 생각하고 주로 하층계급 청소년의 약물중독에 주목한다. 이 입장은 하층계급의 인구에 비해 하층계급 약물중독자의 비율이 지나치게 높고, 따라서 약물남용이 빈곤지역에서 발견되는 인종적 편견, 낮은 자아존중감, 열악한 사회적 지위, 높은 수준의 불신과 부정적 사고경향, 반항적인 태도에 의해 시작된다고 주장한다. 특히 슬럼지역은 약물하위문화로 가는 출입구이기도 한데, 이런 지역에서는 소외감과 무기력감이 강하며, 종종 기존의 약물남용자들을 쉽게 만날 수 있으며, 이들은 청소년들이 그들의 스트레스를 극복하는 방법으로 약물을 사용하도록 가르치기 쉽다. 하층계급의 청소년들은 일부 교육적, 직업적 성취를 통해서 약물하위문화를 잊어버릴 수도 있지만, 이들에게 상승이동의 기회는 매우 드물게 주어지기 때문에 다시 약물문화에 빠지기가 쉽게 된다.

그러나 이러한 견해는 약물남용자들이 모두 하층계급 출신은 아니라는 점에서 다소 한계가 있다. 특히 한국과 같이 약물을 비교적 잘 통제하고 있는 나라에서, 약물남용은 하층계급이나 갱들 사이에서도 많이 발견되지만, 기회구조로부터 제한되어 있지 않은 의사나 간호사, 연예인, 해외유학생, 교민자녀 등의 특정 그룹에서 약물남용이 많이 발견된다는 점을 잘 설명하지 못한다. 그러나 한편으로 한국에서도 유흥업 종사자들이 수치심이나 낮아진 자아존중감의 회복을 위해서 약물을 복용하는 경우가 많다는 점은 이 하위문화의 시각에 의해 잘 설명된다.

(3) 유전적 요인, 중독되기 쉬운 성격

약물남용을 태어날 때부터 물려받은 유전적 요인(genetic factors)에 의해 설명하려는 입장이 있다. 이것은 약물남용이 유전적 요인에 의해 영향을 받는다고 주장한다. 예를 들어 알코올이나 약물을 남용하는 부모를 둔 자녀들은 훨씬 약물남용자가 될 가능성이 그렇지 않은 사람들에 비해 높다. 이러한 사실들은 입양아연구(adoption study)에서나, 쌍둥이연구(twin study)에서 모두 경험적으로 확인되고 있다. 그러나 이러한 설명은, 반대로 알코올이나 약물을 남용하는 부모를 둔 청소년들의 대부분은 약물중독에 빠지지 않는다는 사실을 설명하지 못한다. 특히 약물남용의 시작에서 보다 중요한 역할을 하는 요인은 사회환경적 요인이라는 점에서, 유전적 요인이 약물남용을 설명하는 데는 그 한계가 있다.

이와 유사한 설명으로 정신역학적 설명(psychodynamics)이 있는데, 이것은 약물남용이 성격장애나 감정적 문제와 관련되어 있다고 본다. 이 입장에 의하면, 청소년들이 약물남용을 통해서 그들의 무의식 속에 존재하는 욕구와 충동을 통제하거나 표출할 수 있다고 한다. 청소년들은 과잉보호적인 어머니에게 의존상태로 남아있기 위해서나, 청소년기의 감정적 혼란을 감소시키기 위해서, 또는 문제되는 충동들에 대처하기 위해서 약물에 의존할 수 있다. 기존 연구들에 의하면, 약물중독자들은 성격장애를 갖고 있는데, 이들은 허약한 자아, 좌절에 대한 낮은 인내심, 불안, 그리고 전능하다는 환상 등의 증상으로 나타난다고 한다. 이른바 중독되기 쉬운 성격(addiction-prone personality)은 이러한 성격특성들을 가진 사람들이다.

이러한 유전적 또는 정신역학적 설명들은 약물남용에 이르게 만드는 중요한 요인을 태어날 때부터 타고 났거나, 아니면 매우 어릴 적에 형성된 요인에 의해 이미 결정된다고 설명하는 데 그 공통점이 있다. 이 두 설명은 모두 인생의 초기요인에 의한 결정론으로서, 인간이 태어난 후 성장과정에서 사회화 과정을 겪으면서 만나게 되는 다양한 요인들이 약물남용에 영향을 미치고 있다는 점을 잘 설명하지 못하며, 더 중요한 문제는 어떤 약물을 금지할 것인지가 사실상 속성에 의해 결정된다기보다는 사회적 관계나 상황에 의해 결정된다는 점을 제대로 설명하지 못한다.

한편으로 생물학적인 뇌의 결함이 약물남용과 관련이 있다는 점은 생물학적인 요인이 약물남용을 설명할 수 있다는 것을 의미하지 않는다. 예를 들어 청소년기의 본드나 신나와 같은 유해화학물질의 흡입은 영구적인 뇌의 장애를 초래할 수 있고, 이 경우에 약물남용은 거꾸로 뇌의 결함을 초래한다. 결국 이러한 문제는 생물학적, 성격이론적 연구들이 대부분 방법론적 엄밀함을 갖추지 못하거나, 사후적인 합리화에 머물고 있는 데서 나타난다. 비록 이런 연구들이 방법론적으로 엄밀하며, 그 결과가 받아들일 만한 것이더라도, 이들은 공통적으로 약물남용문제에 대한 유용한 대응책을 제시하는 데 한계가 있다. 이들이 제시할 수 있는 우생학이나 어릴 적의 조기개입과 같은 매우 제한적인 정책대안들도 사실상 윤리적으로 받아들이기 힘든 것이 대부분이다.

(4) 약물의 학습

에이커스(Akers)의 사회학습이론(social learning theory)은 약물남용을 설명하는 주요 시각이다. 그에 따르면, 인간의 행동은 보상이 주어지거나 처벌을 회피할 수 있을 때 강화된다. 이러한 경험은 본인의 직접적인 경험 외에도 타인의 경험을 간접적으로 접하는 것 또한 해당된다. 예를 들어 약물을 복용하고 난 후의 강렬한 즐거움, 성적 즐거움 또는 긍정적인 환각의 경험과 같은 긍정적인 정의를 주변사람들로부터 많이 접할 때, 또는 오랜 동안의 약물복용에도 불구하고 검거되지 않거나 사회생활에 아무런 지장을 주지 않은 경험을 자주 접할 때, 개인의 약물복용 행동은 더 증가할 것이다.

특히 약물남용을 학습의 결과로서 설명하는 시각은 주로 가정에서의 약물의 학습에 주목한다. 가정에서 부모가 약물을 남용하고, 이것을 자녀들이 목격하고 학습한다면, 그 자녀들이 이 약물남용의 긍정적인 면을 학습하게 될 것이다. 부모의 약물남용은 심지어 2세의 유아에게도 나쁜 영향을 주기 시작하며, 이것은 부모가 우울증이 있거나 충동을 통제하는 능력이 낮은 것과 같은 약물과 관련된 성격장애가 있는 경우에 더욱 강하게 나타난다. 또한 약물이 즐거운 감각을 가져다준다는 것을 학습한 사람들은 더욱 불법적인 약물을 시험적으로 복용하려는 경향이 강하게 나타난다.

이 입장을 견지하는 사람들은 약물 출입문(drug gateway)으로서 흡연과 음주에 주목한다. 이들에 의하면, 대부분의 흡연과 음주를 즐기는 청소년들이 강한 약물남용자로 발전하지는 않지만, 일부는 보다 강한 약물로 옮겨간다. 일반적으로 성인약물중독자들은 매우 어린 시기에 음주를 시작하는 경향이 있고, 따라서 청소년들의 흡연과 음주를 줄인다면, 향후에 보다 강한 약물남용을 줄일 수 있다.

국내의 한 연구(김상희 외, 1991)도 청소년들이 약한 약물에서 강한 약물로 발전하는 이러한 단계를 거친다는 것을 보여준다. 이 연구에 의하면, 청소년들은 1차적으로 담배와 술에 접하게 되고, 그다음으로 본드와 가스를 흡입하게 되며, 다음에는 알약 형태의 다양한 대용약물을 남용하게 되며, 그다음에는 대마초와 같은 약한 약물을 시작하게 되며, 마지막으로 필로폰과 같은 강한 약물을 남용하게 된다. 이러한 과정은 약물의 내성으로 인해 점점 투약의 양을 늘려야 한다는 점과, 한번 약물의 즐거움을 경험한 청소년들이 새로운 강한 약물에 대한 호기심을 직접적으로 해결하려는 경향이 강하게 나타난다는 것을 보여준다.

지금까지 살펴본 기능주의이론은 약물규제에 대한 광범위한 합의가 존재한다고 가정한다. 따라서 금지된 약물을 남용하는 것은 기본적으로 이러한 합의를 깨는 나쁜 행동으로 간주한다. 구조기능주의에 따르면, 원래 의도되지 않았던 다양한 행위의 결과들은 사회의 생존에 역기능적이기 때문에 사회문제로 규정되는 경향이 있으며, 따라서 사회의 의도된 행위 또는 용인된 행위를 규정하는 사회의 합의나 규범으로부터 벗어나는 행위는 사회문제나 일탈행동, 또는 범죄로 규정된다. 예를 들어 사회의 전체적인 생존에 기능적이지 않은 약물의 남용은 사회규범에 반하는 것으로 여겨지며, 이 규범은 사회 전체에 골고루 공유되는 중요한 규범이다. 그러나 이런 규범을 위반하는 이유는 유전적으로 또는 성격적으로 문제를 가지고 있거나, 아니면 이런 약물남용에 우호적이거나 약물남용을 도피수단으로 선택할 수밖에 없는 환경에 처해있거나, 또는 친구들과의 차별적 접촉을 통해 약물복용이 나쁘지 않거나 선택할 만한 행위라는 것을 학습했기 때문이다.

2. 갈등이론

갈등이론은 사회문제의 정의가 공정하고 객관적으로 이루어지지 않는다고 주장한다. 지배집단은 피지배집단을 지배하고, 자신들의 이익을 침해하지 않도록 억압하기 위해 다양한 전략을 구사하는데, 어떤 사회적 상황을 사회문제로 규정하는 것은 지배집단에 의해서 대부분 이루어지며, 따라서 이것은 피지배집단을 지배, 억압하기 위한 중요한 수단이 된다. 특히 알코올, 담배, 마리화나, 아편과 같은 상대적으로 약한 약물들을 사회문제로 규정하는 것은 이렇게 피지배집단이나 사회의 소수집단들을 억압하고 통제하는 중요한 수단이 된다.

미국의 역사에서 마리화나나 아편과 같은 약물의 통제사례는 그 중요한 예이다. 1920년대 미국경제가 호황을 겪으면서 멕시코로부터 많은 노동자들이 유입되었지만, 그 이후 대공황을 겪으면서 이들은 제한된 일자리를 사이에 두고 미국 노동자들과 경쟁을 하게 되었다. 미국사회는 미국인들의 실업문제가 심각해짐에 따라서 이 마리화나를 많이 사용하는 멕시코 노동자들을 쫓아낼 필요성이 매우 높아졌다.

따라서 몇몇 사람들은 이 멕시코 노동자들이 대부분 마리화나 남용자들이며, 이들이 매우 위험한 사람들이라고 주장하기 시작했다. 그 결과 1937년 「마리화나과세법(Marijuana Tax Act)」이 입법되고, 이것은 필요가 없어진 외국인노동자들을 미국 밖으로 쫓아내는 훌륭한 도구가 되었다(Henslin, 2000: 97-98).

이후 미국사회는 마리화나의 사용에 대해 매우 엄격하게 대처하였고, 매우 엄한 처벌을 계속하여 유지하였다. 그러나 1970년대 들어 백인 중산계급 출신의 대학생들이 마리화나를 사용하기 시작하였고, 이에 따라 미국정부는 마리화나의 사용과 관련된 처벌을 완화했다. 이러한 사실은, 마리화나라는 약물의 약리학적 속성은 전혀 변하지 않았지만, 그것을 사용하는 집단이 얼마나 큰 권력을 가진 사람들인지에 따라서 약물에 대한 정의와 그 처벌이 달라진다는 것을 보여준다(Mooney *et al.,* 2007: 79). 최근 미국에서는 마리화나를 합법화하는 주가 늘어났는데, 2012년에는 워싱턴주가, 2013년에는 콜로라도주, 오레건주, 워싱턴주, 알래스카주, 네바다주가 이것을 합법화하였고, 2018년부터는 캘리포니아주가 기호용 마리화나 사용을 합법화하였다.

이것과 유사한 예는 미국사회에서 아편남용을 사회문제로 규정한 예이다. 1800년대에 많은 중국인노동자들이 철도를 부설하기 위해서 미국으로 건너갔고, 이들은 넓은 미국에서 철도를 건설하는 데 크게 기여하였다. 그러나 문제는 철도가 완성된 후에 수많은 중국인노동자들이 노동시장에 쏟아져 나오게 되었고, 이것은 미국 백인노동자들의 직업안정성을 위협하기 시작하였다. 마침 그 당시는 1870년대 초의 경기침체와 국가적 금융위기와 맞물려 있을 때라, 주류사회의 스트레스는 더욱 높아졌다. 따라서 미국의 캘리포니아와 네바다를 비롯한 서부의 몇몇 주들은 1875년 자국 백인노동자들을 위협하는 중국노동자를 쫓아내기 위하여, 아편굴(opium den)들을 금지하는 법을 만들었다. 이 법은 공식적으로는 아편을 겨냥하고 있었지만, 실제로는 미국 백인노동자들의 일자리를 위협하는 중국노동자들을 겨냥한 것이었다. 심지어 미국의회는 미국백인은 해당되지 않는 '중국인에 의한' 아편의 수입을 금지하는 법을 만들기도 했다. 이처럼 미국에서 아편을 금지하는 법률은 도덕적 이상에 가득한 도덕십자군(moral crusaders)에 의해서 만들어진 것이 아니었다(Morgan, 1978; Henslin, 2000: 98; Mooney *et al.,* 2007: 78-79).

미국 캘리포니아주의 대마초 합법화

미국에서 가장 인구가 많은 캘리포니아주에서 2018년부터 기호용 마리화나의 사용을 찬성 56 대 반대 44로 합법화하였다. 현재 기호용으로 마리화나 사용을 합법화한 주는 동부의 2개 주와 알래스카를 포함한 서부의 6개 주이다. 이 중 캘리포니아주는 인구가 많고 한인들도 가장 많이 거주하는 곳이라 이번 합법화의 효과에 큰 관심이 쏠리고 있다. 이번 합법화를 찬성하는 쪽의 가장 큰 논리는 마리화나를 금지함으로써 범죄집단의 배를 불려주고 있다는 것이었다. 금주법 당시 조직범죄집단이 술을 만들어 큰 수익을 올린 것처럼, 마리화나를 금지함으로써 가격이 비싸지고 이런 범죄집단이 활개칠 수 있는 무대를 만들어준다는 것이었다.

이번 합법화의 이면을 보면 이런 범죄집단이 누리던 독점이윤을 세금으로 걷겠다는 것이 중요한 배경이다. 미국의 한 매체의 분석에 따르면, 세수증가액이 약 1조 원, 그리고 마리화나 관련 산업에서 약 4조 원의 수익이 창출될 것으로 추정되었다. 실제로 전 권투선수 마이크 타이슨은 '타이슨 마리화나 농장'을 열었다. 이처럼 캘리포니아주의 마리화나 합법화는 마리화나를 남용하는 하층계급들에게 자신의 몸을 망칠 자유를 제공하는 반면에, 수많은 캘리포니아의 사업가들에게 돈을 벌 수 있는 큰 사업기회를 제공할 것이다.

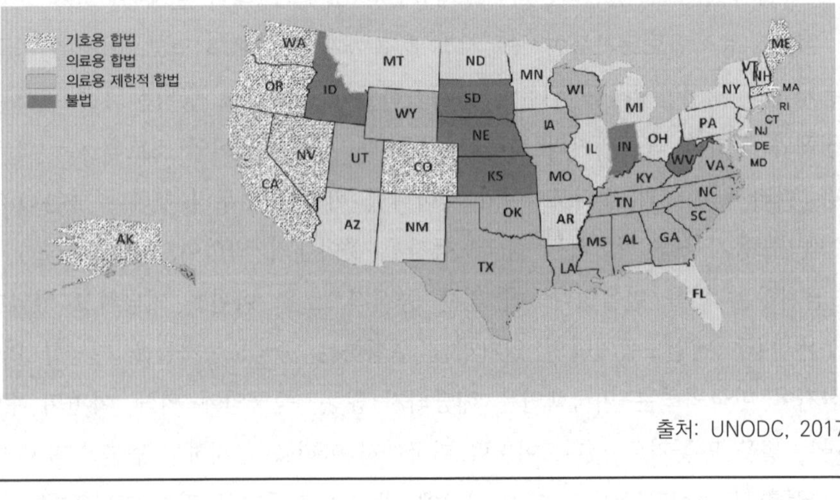

출처: UNODC, 2017.

이처럼 사회의 피지배집단이나 소수집단이 사용하는 약물에 대한 규제는 이 소수집단들을 억압하는 중요한 수단이 된다. 반면에 주로 지배계급이 사용하는 약물은 합법화된다. 예를 들어 알코올은 그 대표적인 예이다. 알코올을 남용했을 때 중독의 효과는 사실상 마리화나보다 더 강한 것으로 알려져 있다. 그럼에도 불구하고 이것을 금지하지 않는 것은, 지배집단들 사이에서 광범위하게 사용되며, 또한 그들은 이것의 제조와 수입, 유통 등을 통해서 막대한 이득을 남기기 때문이다. 동일하게 카페인이나 담배의 흡연이 금지되지 않는 것은 이것을 지배계급이 광범위하게 사용하고, 이것으로부터 많은 이득을 얻기 때문이다.

한국 프로야구에서의 약물남용

한국사회는 약물에 대해 강력한 처벌을 하고 있는 나라이다. 대마초(마리화나)나 아편 그리고 많은 합성약물들이 모두 약물로 규정되어 이것을 한 번이라도 복용하는 사람은 범죄로서 처벌하고 있다. 그러나 알코올의 남용에 대해서는 유난히 관대하며, 특정 분야에서의 약물남용에 대해서는 거의 알면서도 묵인하는 경향이 있다. 예를 들어 한국 프로야구에서 외국인선수들을 용병으로 쓰기 시작하면서 프로야구선수들 사이에서의 약물남용은 이제 공공연한 비밀이다. 이미 삼성라이온즈의 선수가 과거 아시안게임 참가를 위한 도핑에서 테스토스테론을 복용하여 대표팀에서 탈락한 적이 있고, 한국에서 펄펄 날던 한 외국인 투수가 일본에 진출하자마자 도핑에 걸려 짐을 싼 적도 있으며, 또한 최근에는 오랫동안 프로야구선수로 활약했던 한 전직선수는 한국 프로야구에서 약물남용은 널리 퍼져 있다는 내용을 폭로하는 책을 출간하기도 하였다.

이들이 복용하는 약물이 법적으로 금지약물인지는 알 길이 없으나, 이미 밝혀진 테스토스테론은 인간의 공격성을 높이는 호르몬제이며, 어떤 약물이든 최소한 경기의 공정성을 떨어뜨리는 문제를 야기한다. 그럼에도 불구하고 시즌 중 선수들에 대한 도핑검사는 거의 이루어지지 않고 있다. 왜냐하면 약물을 복용하든 안하든, 이 선수들이 세우는 새로운 기록과 놀라운 플레이는 프로야구의 관중을 끌어 모으고, 궁극적으로 프로야구의 협회, 구단주와 이에 투자한 기업의 이윤을 증대시킬 것이기 때문이다. 이러한 사례는 약물남용에 대한 법이나 규칙의 적용이, 지배집단의 이익 여부에 따라서 크게 달라질 수 있다는 것을 보여준다.

미국에서 마리화나의 금지에 앞장섰던 앤서링거(Anslinger)는 그의 캠페인 과정에서 뜻밖의 강력한 후원자들을 만날 수 있었는데, 그들은 미국의 주류업체들이었다.

그들은 마리화나가 합법화될 경우, 자신들의 소비자들을 대거 마리화나에 뺏길 수 있다는 불안감때문에, 엔서링거의 반마리화나캠페인을 적극적으로 지지하고 후원하였다(Henslin, 2000: 97). 이 사례는 사회 내의 이해집단들이 자신들의 이익을 위해 어떤 약물을 금지하고 허용할 것인지에 대해 많은 영향력을 행사하고 있다는 것을 보여준다.

한편 가부장제(patriarchy)에 주목하는 페미니스트들은 금지약물 또한 남성이 가부장제를 통하여 여성을 억압하는 과정에서 출현한다고 한다. 이들에 따르면, 특히 이런 가부장제가 강한 사회일수록 여성의 약물사용에 대한 통제가 강한데, 한국사회의 경우 남성의 흡연에 대해서는 별다른 통제와 반대를 하지 않지만, 여성흡연에 대해서는 매우 부정적인 시각으로 바라본다. 여성흡연은 기생이나 유흥업소 여성들의 전유물로서 받아들여지며, 특히 임신 중의 흡연은 “태아가 산모의 뱃속에서 흡연을 하는 유명한 광고”처럼 태아에 대한 공격으로 비춰진다. 실제로 임신한 여성의 흡연은 태아에 해롭기 때문에 받아들일 수 없는 것이지만, 출산과 육아가 모두 끝난 여성들의 흡연마저도 사회적으로 쉽게 용인되지 않는다(남인숙, 2003).

이처럼 페미니스트의 시각에서, 여성흡연을 사회문제로 만드는 것은 보편적인 건강문제를 염려하는 도덕십자군이 아니며, 오히려 여성을 남성에 비해 열등한 존재로 만드는 가부장적 전통에 의한 남성십자군(male crusaders)이다. 이런 가부장제하에서 남성들의 흡연은 사회적으로 받아들일 수 있는 기호품이지만, 여성들의 흡연은 남성들과 동등한 지위를 인정하는 상징이 될 수 있기 때문에 받아들일 수 없는 행위이다.

3. 상호작용이론

상호작용이론에서는 약물의 의미가 시대에 따라서 사회상황에 따라서, 약물을 복용하는 사람에 따라서 달라진다는 점에 주목한다. 예를 들어 의사는 약물에 대해 치료를 위해 요긴하게 쓰이는 도구로서 인식할 것이고, 약물딜러는 약물을 수요가 많고 이윤이 많이 남는 상품으로 인식할 것이며, 약물을 남용하는 사람들은 그것을 일상을 탈출하게 해주는 모험적이고, 도전적인 경험을 제공하는 것으로 인식할 것이다. 반대로 경찰은 여러 사회문제들을 만들어내는 사회악으로 볼 것이다. 의사나 전시의 군인에게 모르핀은 고통을 줄여주는 훌륭한 진통제이지만, 이것과 같은 성분[2)]인 헤로인은 사회적으로 용인될 수 없는 것으로 인식된다. 이처럼 약물의 의미는 시대나 상황, 사용자에 따라서 그 의미가 달라진다.

상호작용론의 시각에서, 약물이 사회문제가 되는 것은 사회의 도덕십자군들이 이것을 자신들의 도덕기준에서 볼 때 용인할 수 없기 때문이다. 미국의 금주운동(temperance movement)의 역사는 약물이 사회문제가 되는 과정을 잘 보여준다. 1820년대에 이탈리아, 독일, 아일랜드로부터 수백만 명의 가난한 이민자들이 미국으로 들어왔고, 이들은 자신들이 모국에서 갖고 있던 문화와 종교를 함께 가지고 들어왔다. 이들은 종교적으로 가톨릭교도들이었으며, 와인이나 맥주를 즐기는 술문화를 갖고 있었다. 그러나 이 당시 먼저 들어와 미국사회의 주류를 형성하고 있었던 기독교도들은 자신들의 금욕적 생활태도와 이것이 어울리지 않는다는 것을 느끼게 되었다(Henslin, 2000: 94-95).

이 영국계 금욕적 기독교도들은 새로운 이민자들을 대부분 교육수준이 낮고, 무지한 술꾼들로 생각했고, 따라서 이들에 대한 계몽이 필요하다고 느끼게 되었다. 초기 미국사회에서 술을 마시지 않고 금욕적인 생활을 하는 것은 도덕과 존경, 성실한 노동자의 상징이 되었고, 금욕적 기독교도들은 더 나아가 1919년에 법적으로 음주를 금하는 법률을 만들게 되었다. 거스필드(Gusfield, 1963)는 이것을 노동자계급, 로마 가톨릭, 도시가치에 대한 미국 중산층과 기독교도, 농촌가치의 승리라고 말했다(Henslin, 2000: 96에서 재인용).

이 사례가 앞서 언급한 약물남용에 근거하여 중국노동자나 남미노동자를 배제한 사례들과 다른 점은 일자리를 두고 경쟁하는 경제적 동기에서 이들의 약물사용을 공격했다기보다는 초기 미국사회의 주류로 자리잡은, 금욕적인 생활을 신념으로 삼는 기독교도들의 도덕에 기초하여 새로운 이민자들의 음주문화를 사회문제로 규정했다는 점이다. 메이플라워호를 타고 종교의 자유를 찾아서 신대륙에 정착한 청교도들이 자신들의 금욕적 신념을 지키기 위해 자신들의 가치와 상충되는 음주문제를 사회문제로 규정했다는 점에서, 그들은 초기 미국사회를 지켜내려는 도덕십자군이었다.

---

2) 헤로인은 모르핀보다 훨씬 강력한 마약이지만, 이것이 거리에서 판매될 때는 모르핀과 비슷한 농도로 희석되어 판매된다(최일섭 외, 2000: 264에서 재인용).

최근에는 한국에서도 흡연이 급속히 사회문제가 되어가고 있다. 많은 공공건물에서 흡연이 금지되고 있으며, 사기업에서도 흡연자들은 그들의 개인적인 기호품을 마음껏 즐기지 못하게 되었다. 이미 미국사회에서는 담배를 생산하는 기업들을 대상으로 폐암 등으로 사망한 유족들의 소송이 성공적인 결과를 낳았으며, 여기에는 미국정부와 공공기관이 이 흡연문제를 사회문제로 규정하려는 노력이 크게 작용하였다. 그들은 담배광고의 금지, 공공장소나 직장에서의 흡연금지, 2차 흡연의 위험성 홍보 등은 모두 정부와 공공기관의 주도로 이루어졌고, 그 결과 흡연은 사회문제로 규정되었다. 그러나 일본의 경우 담배의 생산과 판매는 최근까지도 한국과 같이 국가의 전매사업이었으며, 일본정부와 공공기관들은 담배의 위험성을 국민들에게 알릴 필요성을 느끼지 못하였고, 국민의 건강을 담당하는 정부기관조차 그들의 예산삭감의 두려움으로 인하여 이 문제를 제대로 알리지 못하였다. 그 결과 일본에서 흡연은 미국에서처럼 중요한 사회문제로 규정되지 못하였고, 최근에야 새롭게 관심이 주어지고 있다(Ayukawa, 2003).

미국과 일본에서 나타나는 흡연에 대한 이러한 인식의 차이는 각 사회의 중요한 도덕십자군(정부와 공공기관)이 해당 약물의 사용을 어떻게 규정하는지에 따라서 달라지는 데서 기인한다. 분명 담배의 구성성분은 미국과 일본에서 모두 동일함에도 불구하고, 두 국가의 도덕십자군들이 이것을 규정하는 방식은 흡연에 대한 사회 전반의 인식에 큰 영향을 준다.

최근에 우리 사회에서 나타나고 있는 대마초의 비범죄화에 대한 논란은 이러한 약물문제가 그것의 속성에 기초한다기보다는 약물이 어떻게 규정되는지에 달려있다는 것을 잘 보여준다. 한국사회는 오래 전부터 약물에 대해 매우 강하게 처벌하는 관행을 갖고 있었으며, 약물을 남용하는 사람들을 범죄자로 엄하게 처벌해 왔다. 따라서 비교적 약한 약물인 대마초(마리화나)만을 흡연하더라도, 처벌주의에 입각하여 범죄자와 동일하게 처리되어 왔다. 또한 대중매체는 이러한 입장을 적극 반영하여, 대마초를 흡연한 연예인들에게 '대마초 연예인', 필로폰이나 엑스터시를 남용한 연예인들에게 '마약연예인' 등의 낙인을 부여해 왔다.[3)]

3) 최근에 모가수는 마약문제로 경찰의 조사를 받은 후 크게 불만을 터뜨렸다. 과거 마약전력이 있는 그는 경찰이 마약 이야기만 나오면 자신을 붙들어 조사를 한다면서 자신에게 씌워진 낙인의 굴레가 무거움을 토로했다.

그러나 약물남용을 비범죄화하려는 움직임은 계속 존재하고, 실제로 유럽의 많은 나라들은 약물남용을 비범죄화하고, 이들을 범죄자가 아닌 환자로서 처우하는 나라들이 있다. 이들 나라들은 약물에 대한 개념규정을 새롭게 하여 약물문제를 해결하려는 것이며, 이것이 가능하다는 것은 또한 사회문제가 그것을 도덕십자군들이 어떻게 규정하는지에 따라서 발생하고 사라진다는 것을 보여준다. 최근에 약물전력이 있는 한 연예인이 "대마초는 한약이다"라고 주장하고, 대마초의 비범죄화를 주장한 것은 이것에 대한 개념규정을 새롭게 하려는 움직임이다. 이러한 움직임에도 불구하고, 우리 사회의 도덕십자군들은 이 대마초를 사회문제의 목록에서 없애려는 시도를 만장일치로 거부한 바 있다.

대마초는 한약인가?

문화예술인들을 중심으로 대마초 흡연을 합법화해야 한다는 목소리가 커지고 있다. 이에 놀란 정부는 대마초 흡연의 위험성을 담은 보도자료를 내는 등 '불씨잡기'에 나섰다. 영화배우 김부선 씨, 가수 신해철 씨 등은 9일 '대마 합법화 및 문화적 권리 확대를 위한 문화예술인 선언' 행사를 갖고 대마초에 대한 사회적 금기의 해체를 요구했다. 다큐멘터리 감독 김동원 씨는 "정부는 지금까지 대마초 흡연에 대해 과도한 처벌을 가해왔다"며 "이에 대한 사회적 논의가 이뤄질 필요가 있다"고 밝혔다. 영화감독 박찬욱 씨와 가수 전인권 씨 등은 영상메시지를 통해 "문화적 소수자에 대해 공공연히 행해지는 금기와 탄압을 해소해야 한다"고 말했다. 문화연대가 주최한 행사는 최근 대마초를 마약으로 규정한 마약류 관리에 관한 법률(마약법)에 대해 김부선씨가 제기한 위헌법률심판제청을 지지하기 위해 열렸다. 김씨의 법률대리인 김성진 변호사는 "현행법이 대마와 관련해 헌법에 보장된 국민의 행복추구권, 자유권 등을 침해하고 있다"며 위헌소송 요지를 설명했다.

이에 대검찰청 마약과는 이례적으로 '대마 합법화 주장에 대한 의견'이라는 반박자료를 냈다. 검찰은 "대마에 있는 'THC'라는 성분은 시간과 공간에 대한 감각을 왜곡시키는 환각성이 있고 중단할 경우 불면증, 음식섭취 장애 등 금단증상이 일어난다"며 "특히 대마초 5개비 흡연 시 1주일간 매일 1갑의 담배를 피울 때와 비슷한 암유발 화학물질을 섭취하게 된다"고 설명했다. 검찰은 "대마에 대한 규제를 완화하면 전파가 급속도로 진행돼 중독성으로 인한 다른 범죄행위 유발 가능성이 높다"며 "향후 대마의 제조나 공급 사범은 엄단하되, 단순 흡연사범은 처벌보다는 치료보호 등 재활제도를 적극 활용하겠다"고 덧붙였다(경향, 2004. 12. 10.).

헌법재판소 전원재판부는 25일 대마초 흡연 및 수수(授受)행위를 처벌하도록 한 마약류 관리에 관한 법률 조항이 위헌이라며 영화배우 김부선 씨가 낸 헌법소원 사건에서 재판관 전원일치 의견으로 합헌결정을 내렸다고 밝혔다. 재판부는 "대마는 술과 담배보다 더 심각한 폐해를 일으키고 환각상태에서 범죄를 저지를 위험성도 있다"며 "대마 흡연 시 5년 이하의 징역이나 5,000만 원 이하의 벌금에 처하게 한 규정이 과도하다고 볼 수 없다"고 밝혔다(한국, 2005. 11. 26.).

헌법소원을 했다가 받아들여지지 않자, 최근에는 다시 영화배우 김부선 씨가 "대마초는 한약"이라는 발언을 하여 구설수에 오르내리고 있다. 국내에서 이렇게 대마초의 합법화를 주장하는 사람들 중에는 유명가수나 배우 등의 연예인 그리고 간혹 학자들이 있다. 이들은 공통적으로 외국에서 대마초를 합법화한 나라들이 있고, 이것의 중독성은 심지어 알코올에 비해서도 더 낮다고 주장한다. 그러나 한의사협회는 즉시 대마초는 어떠한 한약의 재료로도 사용되는 경우가 없고, 한약이 아니라고 강하게 부정하였다.

실제로 미국의 일부 주에서는 코카인이나 필로폰 등의 다른 약물들은 불법이지만, 대마초를 허용하는 경우가 있다. 그러나 대부분의 나라에서는 대마초는 불법이며, 대부분의 이 분야 학자들은 대마초를 불법으로 규제해야 한다는 데 대해 동의한다. 이처럼 대부분 대마초에 대해 부정적인 의견이 지배하고 있는 데는 크게 다음의 두 가지 이유가 있다.

첫 번째 이유는 대마초는 보통 약물남용자들이 처음으로 접하는 약물이며, 보통 다른 약물로 거쳐 가는 통로가 되고, 따라서 형사사법기관의 개입이 필요하다는 것이다. 이 때문에 대마초를 더 강한 약물중독의 세계로 들어가는 진입약물(gateway drug)이라고 한다. 소년사법체계에서 형사법령을 위반하지 않은 비교적 사소한 문제소년들에게도 개입하는 것처럼, 결국은 약물중독에 빠질 가능성을 높이는 대마초도 규제하는 것이 현명하다는 것이다.

두 번째 이유는 대마초가 비록 신체적 의존성을 크게 갖고 있지는 않지만, 정신적으로 강한 의존성을 갖고 있다는 것이다. 도박에 중독되는 것과 같이 대마초도 같은 원리로 중독될 수 있고, 따라서 이 중독성으로 인해 더 강한 약물로 발전할 가능성이 농후하기 때문에 대마초를 불법으로 해야 한다는 것이다.

이처럼 약물은 그것을 어떻게 정의하는지에 따라서 매우 다양한 지위를 가진다. 특히 대마초와 같이 합법과 불법의 경계선상에 있는 약물들은 더욱 다양한 지위를 갖는다. 예를 들어 미국 메이저리그에서 근육을 강화하는 데 도움을 주는 스테로이드의 사용은 공정하지 못한 행위로서 매우 큰 비난을 받는다. 그러나 공연을 앞둔 음악연주자나 큰 시험을 앞둔 학생들이 주로 복용하는 베타블로커(beta blocker)[4]나 리탈린,[5] 그리고 잠이 오지 않게 만드는 고카페인음료나 각성제는 똑같이 공정한 경쟁을 침해함에도 불구하고 비난받지 않는다. 수험생의 부모들은 이러한 약물에 대해 단호히 'No'라고 하지만, 실제의 의미는 'Yes'이다(Zernike, 2008). 약물의 힘을 빌어서라도 공부를 잘해보겠다는 수험생이나 학부모에 대해 어떤 도덕십자군도 비난하지 못한다. 이처럼 도덕십자군이나 대중의 주목을 얻지 못한 약물은 비슷한 기능을 하면서도 사회 내에서 허용된다.

제 3 절 약물의 유형과 효과

세계적으로 주로 남용하는 약물은 크게 세 가지로 나눌 수 있다. 첫째, 자연에서 재배해서 얻어지는 것 또는 이것을 원료로 해서 제조되는 천연약물이 있으며, 둘째, 자연원료를 사용하지 않고 화학적 합성과정을 통해서 얻어지는 합성약물이 있고, 셋째, 남용의 목적으로 만들어지지는 않지만, 다양한 방법으로 남용되는 대용약물이 있다. 대용약물은 크게 보면 합성약물에 속한다고 할 수 있지만, 원래 남용을 목적으로 만들어지지 않고 고유한 용도가 있다는 점에서 쉽게 구분될 수 있다. 본드나 신나와 같은 유해화학물질들도 넓은 의미에서는 여기에 포함될 수 있을 것이다. 초기에는 남용되는 약물의 대부분이 천연약물이었지만, 최근에는 다양한 합성약물이 출현하여 그 사용이 증가하고 있는 추세이다.

---

4) 혈압을 낮추는 고혈압약의 한 종류.

5) 12장 2절 3의 박스글을 참조.

1. 천연약물

천연약물에 속하는 것으로는 아편계통, 코카계통, 대마계통의 크게 세 가지로 나눌 수 있다. 첫째, 아편계통의 약물은 양귀비(opium poppy)에서 추출되는데, 양귀비의 익지 않은 열매에 상처를 내어 받은 유즙을 섭씨 60도 이하의 온도로 건조한 것이 아편(opium)이다. 아편은 주로 인도, 튀르키예, 유고, 파키스탄에서 재배되며, 중추신경을 마비시켜 진정제, 진통제로 쓰이지만 남용할 경우 강한 의존효과를 가지는 것으로 알려져 있다. 아편은 다시 생아편, 의료용인 아편말, 흡연용 아편으로 나뉘는데, 아편말은 생아편을 가루로 하여 모르핀의 함유량을 10%로 조절한 것으로 갈색의 가루 형태를 띤다. 그리고 흡연용 아편은 생아편을 물에 녹여 찌꺼기를 제거하고 증발, 농축시켜 액상으로 만든 것이다. 양질의 아편에는 모르핀(morphine)이 9~14% 정도 함유되어 있는데, 19세기 초에 처음으로 분리되어 강한 진통제로 주로 쓰이고 있다. 보통 정맥주사의 방법으로 남용되는데, 남용하면 아편보다 더 강한 중독성과 금단현상을 가져온다. 헤로인(heroin)도 아편계통의 약물로서 모르핀으로부터 만들어지는 디아셀틸모르핀이라고 한다. 이것은 어원은 "강하다"를 의미하는 독일어 'heroisch'에서 유래되었다고 하며, 1874년에 최초로 제조되었다. 형태는 향기가 없는 결정화된 무색 분말로 제조방법에 따라 다양한 색상을 띠며, 주로 코로 흡입하거나 주사 또는 흡연의 방법으로 남용된다. 마취제, 진통제, 진해제로 사용, 중독되면 강한 의존성과 금단현상을 가지며, 약효는 모르핀에 비해 수 배나 강해서 산모가 남용하면 태아도 중독된다고 한다. 그 외 아편계통의 약물로서 코데인(codeine), 테바인(thebaine), 옥시코돈(oxycodone), 하이드로모르핀(hydromorphine) 등이 있으며, 이들은 헤로인에 비해 모두 약효가 약해서 인기가 낮다.

그림 4-1 ■ 양귀비꽃과 열매

둘째, 코카계통의 약물이 있으며, 이것은 코카나무 잎에서 채취한 코카인(cocaine)이 대표적이다. 코카잎 성분의 70~80%가 코카인이라고 하며, 주로 페루, 볼리비아,

콜롬비아, 인도네시아, 스리랑카, 대만 등의 해발 700~1,700미터 정도 되는 비가 많이 내리는 곳에서 재배된다. 코로 흡입하거나, 흡연, 정맥주사를 통해 남용되며, 먹는 경우도 있다고 한다. 1862년부터 국부마취제로 주로 사용했으며, 특유의 환각 작용이 있고, 벌레가 몸 위를 기어다니는 느낌이 나기도 하며, 공격적 행동을 유발한다. 남용하면 영양장애와 함께 우울증, 불안감, 수면장애, 만성피로, 정신장애가 온다. 코카인을 농축하면 크랙(crack)이 되는데, 이것은 1985년 이후에 출현한 것으로 농축코카인으로 불린다. 일반적으로 대롱을 통해 연기를 흡입하는 방식으로 남용하며, 약효가 신속, 강렬하며 비용이 코카인에 비해 싸다고 한다. 복용하면 큰 황홀감, 코카인에 비해 남용과 중독, 그리고 폭력의 위험성이 크다고 한다.

셋째, 대마계통의 약물로서, 과거 우리나라에서도 많이 남용된 대마초가 있는데, 이것은 온대기후지역 대부분에 서식하며 우리나라에서도 가끔 야생에서 발견된다. 또한 삼베의 원료가 되기 때문에 농가에서 허가받아서 재배하기도 한다. 외국에서는 마리화나(marihuana) 또는 카나비스(cannabis)라는 이름으로 통용되는데, 주로 가공되지 않은 대마초를 카나비스라 한다. 민간에서는 진통제, 경련 진정제로 쓰였으며, 주로 흡연을 통해서 남용된다. 약리효과는 흥분과 억제 두 가지 작용을 모두 가지며, 많이 복용하면 환각증상이나 정신이상도 나타난다고 한다. 대마초로부터 채취된 대마수지를 건조, 압착시키면 해시시(hashish)가 되는데, 파키스탄, 아프가니스탄, 레바논 등 중동 지역과 동남아, 인도, 멕시코, 아프리카, 북미에서 생산된다. 그 외 증류공정 등을 반복하여 고도로 농축하면 해시시 오일(hashish oil)이 되는데, 한두 방울이 대마초 담배 한 개비의 효과에 해당한다고 한다.

그림 4-2 ■ 대마초

2. 합성약물

합성약물은 천연약물에 비해서 상대적으로 많은 종류가 존재하지만(70종 이상), 많이 사용되는 약물은 몇 종류로 한정되어 있다. 대표적인 것으로 메스암페타민(속칭 필로폰), LSD, 버비튜레이트, 엑스터시(속칭 도리도리), GHB(감마 하이드록시 부티레이트, 속칭 물뽕) 등이 있다. 이들 각각의 특성과 약리작용을 요약하면 다음과 같다.

첫째, 메스암페타민의 경우 1919년에 처음으로 합성되었으며, 정맥주사 또는 술이나 음료수에 타서 복용하거나 분말을 코로 흡입하거나 열을 가하여 가스를 흡입하거나, 심지어는 상처를 내어 바르는 방법에 의해 남용된다. 실제로는 대부분 정맥주사를 이용하며, 약리효과는 큰 황홀감을 느끼게 하며, 식욕을 억제하는 효과가 있어 다이어트의 목적으로 이용되기도 한다. 신체적 의존성은 없으나, 정신적 의존성이 있는 것으로 알려져 있다(쾌감의 유혹에 빠짐). 반복 사용하면, 보통 3개월 정도에서 만성 중독 상태를 초래하여 환각, 망상을 수반하는 정신장애에 빠진다고 한다.

필로폰 외에 암페타민류의 합성마약으로 국내에서 많이 유통되고 있는 것으로 엑스터시(속칭 도리도리)와 야바가 있는데, 이들은 모두 미국, 유럽, 한국 모두에서 테크노 음악과 함께 최근에 급속히 퍼진 약물이다. 이 약을 복용하고 머리를 좌우로 흔들면 큰 황홀감을 가져다준다고 하며, 실제로 테크노 댄스클럽에서 열리는 레이브파티에 이 약물이 거의 필수적으로 이용된다. 특히 엑스터시는 가격이 상대적으로 싸서, 청소년들이 많이 남용하고 있다고 한다. 국내에서도 최근에 외국인들과 여대생들, 교포고교생이 엑스터시를 복용하고 홍대입구, 압구정동 등에서 레이브파티를 열다가 적발된 사례들이 있으며, 또한 최근에 미스코리아출신 연예인을 비롯한 많은 연예인들이 엑스터시를 복용한 것이 밝혀져 구속된 바 있다.

둘째, 강력한 약물로서 LSD가 있는데, 이것은 매우 소량으로 환각작용을 경험할 수 있다고 한다. 흰색 가루나 정제 또는 맑은 액체의 형태를 취하며, 무색, 무미, 무취의 특성을 띤다. 약리효과는 필로폰에 비해 강하며, 심지어는 자신의 모습을 제3자의 입장에서 관찰할 수 있다는 환각을 느끼거나 음악에서 색채감이나 맛을 느낄 수 있는 착각을 일으킨다고 한다.

셋째, 버비튜레이트가 있는데, 이것은 원래 불안감, 긴장, 불면증의 치료에 사용되었던 억제제로서, 많은 양을 복용하면 잠이 오며, 안정효과를 얻기 전에 흥분감을 경험하는 경우도 있다고 한다. 최면이나 마취, 심지어 안락사에 이용되며, 미국에서 발생하는 자살의 약 6%가 이 약물의 남용에 의한 것이라고 한다.

넷째, GHB(감마 하이드록시 부티레이트, 속칭 물뽕) 역시 엑스터시와 함께 청소년들이 많이 복용하는 약물이다. 특히 외국의 대학생들이 데이트강간용으로 많이 사용한다고 하며, 음료수나 알코올에 몇 방울을 타서 마시면 10~15분 내에 약효가 나타나서 3~4시간을 지속하는데, 기분이 좋아지고 취한 듯 하면서 몸이 쳐지는 느낌을 주며 테이프가 끊기는 경험을 하는 경우가 많다고 한다. 또한 24시간 내에 인체를 빠져나가기 때문에 사후 추적이 어렵다는 점도 이 약물을 선호하는 원인이라고 한다.

3. 대용약물

일반적으로 마약이라고 불리는 강한 약물들은 매우 고가이며 구하기도 어렵기 때문에, 일반인들이 남용하기는 쉽지가 않다. 따라서 이러한 고가의 마약을 대신할 수 있는 대용약물을 찾게 되는데, 이러한 대용약물은 남용을 목적으로 만들어진 것이 아닌 각각의 고유한 용도가 있는 화학물질들이라고 할 수 있다. 예를 들어 본드나 신나, 부탄가스 등은 각각 그들만의 고유한 용도가 있으며, 실생활에 그러한 용도로 사용되는 화학물질들이기 때문에 남용을 고유한 목적으로 하는 마약과는 다르다고 할 수 있는 것이다. 이런 점에서 이들을 의사합법약물(quasi-legal drug)이라고 한다. 이러한 약물들은 구하기가 쉽기 때문에 청소년들이 주로 많이 사용하고 있으며, 최근에는 성인들도 많이 남용하는 추세이다.

한국에서 주로 많이 사용하는 유해약물로 본드, 신나, 가스, 수면제, 각성제 등이 있으며, 이들은 크게 유기용제류, 각성제나 수면제 등의 알약류, 술이나 담배류로 나누어질 수 있다. 술과 담배를 제외한 나머지 물질들의 특성을 요약하면 다음과 같다.

첫째, 유기용제류(흡입제)로서, 이것은 본드나 가스에 함유된 것으로 본드의 경우 접착물을 녹여주는 것이다. 어떤 물질을 접착시키려고 본드를 바르면, 접착물질은 남아서 접착을 시키고 유기용제는 휘발성이어서 증발하는데, 이 증발가스(유기용제 가스)를 흡입하면 정신기능이 왜곡된다. 여기에 속하는 약물로는 본드, 가스 외에 가솔린, 신나, 아교, 에어로졸, 스프레이, 락카 희석제, 매니큐어제거제, 라이터액, 드라이크리닝액, 타자수정액 등을 들 수 있다. 이들은 주로 냄새를 코로 흡입함으로써 남용되는데, 시각과 청각장애, 현기증 등의 증세가 나타나며 심하면 환각증상이 나타난다. 내성이 있어서 지속적으로 흡입한 경우 처음과 같은 효과를 느끼기 위해서는 훨씬 많은 양을 흡입해야 하며, 심각한 정도는 아니지만, 신체적 의존성 및 정신적 의존성이 있다고 한다. 또한 심하면 영구적인 뇌의 손상을 가져올 수 있다(주왕기, 1996; 이훈규·이경재, 1996: 34-40).

둘째, 알약이나 앰플 형태로 국내에서 유통되는 다양한 향정신성의약품이 있으며, 이들은 그 용도에 따라서 각성제(흥분제: 타이밍, 나이트, 에스나인, 레그린 등), 진정제(안정제: 아티반, 바리움, 세코날, 바르비탈류,[6] 벤조디아제핀류,[7] 루미날 등), 진통제(폰날, 세다핀, 누바인(염산날부핀),[8] 카리소프로돌(S정),[9] 프로포폴[10] 등), 진해제(덱스트로메토르판(러미나, 루비킹, 덱시판),[11] 지놀타, 지페프롤[12] 등), 살빼는 약(푸링가, 푸링가올,

6) 바르비탈류는 가장 일반적으로 사용되는 수면진정제로서 적은 양으로 진정작용을 일으키며, 걱정이나 긴장감을 없애준다. 부작용으로는 장기간 사용할 시 기분의 저하, 불면증, 기억상실, 성격변화 등이 일어난다고 한다(정희선, 1997).

7) 여기에 속하는 것으로 우리나라에서는 플루니트라제팜(flunitrazepam), 로라제팜, 클로나제팜, 디아제팜 등이 있다(정희선, 1997).

8) 날부핀은 강한 진통작용이 있으며 주로 마취제로 병원에서 쓰이고 있었으나, 필로폰이 구하기 어려워지자 약물남용자들이 필로폰 대신에 남용하는 사례가 1991년 이후 증가하였다. 이것을 규정량의 20배 정도 복용하면 환각증상을 가져온다고 하며, 습관적으로 복용하면 식욕저하, 몸무게 감소, 오한 등의 부작용을 가져온다고 한다(정희선, 1997).

9) 근육통 등에 쓰이는 근육이완제로서 시중에서 팔리고 있는 S정은 화학구조 자체가 아편을 정제한 모르핀계 마약과 흡사하고 복용효과도 모르핀의 일종인 코데인과 비슷하다. 다량 복용하면, 환각작용이 일어나서 최근에 청소년들이 남용하는 것으로 알려졌다. 부작용으로 혼수상태, 쇼크, 호흡기 마비 등이 올 수 있으며, 교통사고의 경우 운전자에게서 검출되는 경우가 많다. 보건복지부는 2003년 3월 18일 러미나와 함께 이것을 마약류로 지정하였다(정희선, 1997; 문화일보 2003. 3. 18.).

10) 프로포폴(propofol)은 벤젠계통의 화합물로서 수면마취제로 쓰이는 우유빛의 정맥주사용 액체인데, 최근 이것의 남용이 문제시되자, 정부에서는 2011년부터 마약류로 지정하여 관리하고 있다. 특히 2009년에는 유명 팝가수인 마이클 잭슨이 이것의 남용으로 인해 사망하기도 하였으며, 국내에서도 최근 유명 여성연예인들과 의사들이 이것의 남용으로 기소된 바 있다.

11) 비마약성 진해제로 원래 진통제로 알려졌지만 진통효과는 거의 없다고 한다. 과량복용해도 비교적 안전하다고 하지만, 부작용으로 환각, 불면증, 정신병 등이 올 수 있다고 한다. 우리나라에서 이러한 환각작용이 청소년들에게 알려져 널리 남용되고 있으며, 이를 과도하게 복용하여 사망한 사례도 11건이나 된다(정희선, 1997).

12) 지페프롤(ziperol)은 비모르핀계 진해제로 과량복용하면 환각작용이 일어난다고 한다. 신체적 중독성은 없지만, 과량복용하면 사망에 이르기도 한다. 우리나라에서도 청소년들 사이에 환각작용을 얻기 위해 과량을 복용

라시스 등), 수면제(세코날, 달마돔, 자메로 등) 그리고 항히스타민제(이빌, 프라콩, 페니라민 등) 등 매우 다양한 약물로 구성된다(김준호·박정선, 1995 참조; 정희선, 1997).

제 4 절 음주와 흡연

한국사회에서 전통적으로 음주에 대해 관대한 문화를 갖고 있기 때문에, 과도한 음주문제가 항상 사회문제로 지적되어 왔다. 술과 관련하여 폭행, 살인, 성폭행 등과 같은 폭력범죄는 물론, 음주운전, 청소년탈선 등의 많은 사회문제들이 나타나고 있다. 특히 청소년들에게 음주는 지위비행의 하나로서, 금지되는 것임에도 불구하고 상당히 많은 청소년들이 술을 접하고 있다.

[그림 4-3]은 청소년들의 지난 30일 동안의 흡연율 및 음주율의 최근 추이를 나타낸 것이다. 먼저 흡연율을 살펴보면, 여학생의 흡연율은 2006년 9.2%를 정점으로 지속적으로 하락하다가 2024년에는 2.4%에 머무르고 있고, 남학생의 흡연율은 계속 증가하다가 2011년에 17.2%로 정점을 이루고 그 이후에 조금씩 감소하다가 최근에는 4.8%로 나타난다. 또한 음주율의 경우도 두 집단 모두에서 비교적 지속적으로 감소하는 추세에 있다. 남학생의 경우 2006년에 30%가 넘었다가 점점 감소하여 2024년 현재 11.89%까지 낮아졌다. 여학생은 더 큰 폭으로 감소했는데, 2005년에 약 27%였던 것이 지속적으로 감소하여 2024년에는 7.5%까지 낮아져 있다.

하다가 1991년 이래 70여 건이나 사망사건이 발생하여 사회문제화되어 1995년부터 향정신성의약품으로 지정되어 통제되고 있다. 1995년 3월 불법약물 여부를 단속하기 위해 인천지역을 중심으로 242명의 소변을 채취하여 시험한 결과 예상 외로 이 지페프롤이 74명에게서 검출되어 1위를 기록하기도 하였다(정희선, 1997).

그림 4-3 ■ 청소년의 흡연율 및 음주율 추이

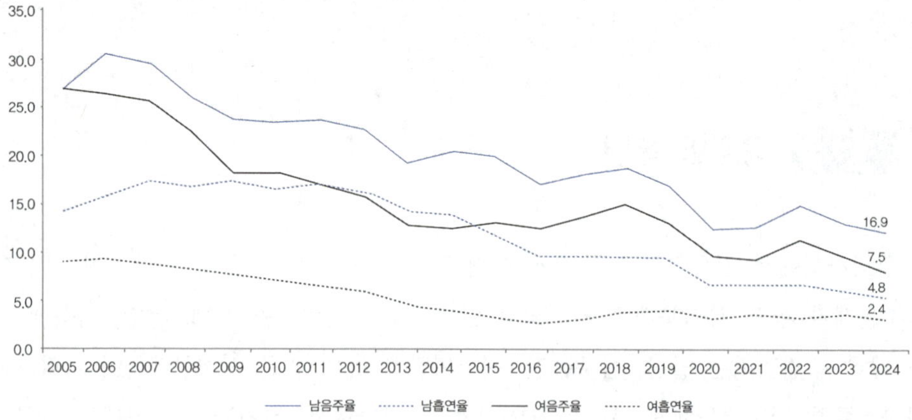

출처: 보건복지부, 청소년건강행태온라인조사.

그런데 중고등학생들에 비해 대학생들의 음주문제는 훨씬 더 심각하다. 신입생 환영회와 MT, 개강모임 등의 모든 행사에는 항상 많은 양의 술이 동원되며, 대학생들이 이런 행사에서 술을 마시다 사망했다는 뉴스를 심심치 않게 접할 수 있다. 대학생들에게 음주는 매우 보편적인 문화로 자리잡고 있으며, 대학생들의 연간 음주율은 남녀 모두 97%에 이르고 월 음주율은 남학생이 96%, 여학생이 79% 정도로 남학생의 음주빈도가 훨씬 높다. 이것은 다른 외국에 비해 훨씬 높은 수준이며, 특히 한국의 독특하면서도 잘못된 문화라고 할 수 있는 '강제 술 마시기'의 관행이 선후배 간에 존재한다(장승옥, 2001).

한국사회에서 성인들의 음주와 흡연 또한 만만치 않다. [표 4-1]은 세계 주요국의 음주 및 흡연실태를 비교한 것이다. 이 표에 따르면, 2022년 현재 한국의 1인당 알코올음료 소비량은 8.0리터로 다른 나라에 비해서 그리 높지는 않지만, 남성 흡연율은 다른 OECD 국가들에 비해 가장 높은 수준이다. 세계 주요국의 흡연 실태를 살펴보면, 한국의 경우 남자 흡연율이 25.8%로 비교국가들 중 튀르키예(41.3%), 프랑스(27.8%)에 이어 세 번째로 높게 나타났다. 일본의 경우 최근 자료는 없지만, 2018년 자료에 따르면 한국과 거의 비슷한 남성흡연율을 나타낸다. 한국이나 일본은 2006년에 각각 52.2%와 41.3%였다는 점을 감안하면 많이 낮아진 편이지만, 여전히 세계 최상위권을 유지하고 있다. 반면 여성 흡연율의 경우 한국이 비교국가들 중에서 가장 낮은 3.7%이며, 일본의 경우 2018년에 8.1%로 두 번째로 낮았다. 이러한 독특한 결과는 두 나라가 모두 최근까지 담배를 국가에서 독점하는 전매사업의 형태로 세수를 보충해온 나라라는 점에서 그 원인이 있다. 다시 말해서 정부의 재정안정을 위해서 흡연이 문제가 있음에도 불구하고, 그 문제점에 대해 제대로 홍보하지 않았으며 그 결과 남성의 높은 흡연율이 나타나고 있는 반면, 두 나라의 보수적, 유교적인 전통에 의해 사회적으로 여성이 흡연하는 데 대해 강한 거부감이 존재하기 때문이다.

표 4-1 ■ 세계 주요국의 15세 이상 인구 음주 및 흡연율(2022)

국가	1인당 알코올 소비량(리터)	매일 흡연인구 비율(%)	
		남자	여자
대한민국	8.0	25.8	3.7
튀르키예	1.6	41.3	15.5
캐나다	8.1	10.5	8.3
멕시코	5.1	13.2	4.4
미국	9.5	9.9	7.9
체코	11.6	20.6	12.0
덴마크	9.5	15.2	12.7
핀란드	7.6	12.0	10.6
프랑스	10.8	27.8	23.0
아일랜드	10.2	17.0	12.0
네덜란드	8.5	15.0	10.5
노르웨이	6.6	8.0	8.0
스웨덴	7.5	8.8	8.5
스위스	8.4	18.3	14.0
영국	9.9	12.5	10.0
뉴질랜드	8.7	9.3	8.0

출처: OECD, 통계청, 통계정보시스템. 일부 국가는 전년도 자료임.

제 5 절 약물남용의 실태

한국의 경우 전 세계적인 수준에서 볼 때, 본격적인 약물남용의 수준은 대체로 낮은 수준이다. 유엔 통계에 따르면, 한국의 경우 15세에서 64세 사이의 인구 중 지난 1년 동안 약물남용경험이 있는 비율이 아편류가 다른 아시아 국가들에 비해 비슷하거나 낮은 수준인 0.2%인 것으로 나타나고 있으며, 코카인의 경우 거의 문제가 없어서 한국은 표에 집계조차 되지 않고 있다. 반면 대마초류의 경우 동아시아와 동남아시아 국가들 중에 중간 수준인 1.6% 정도의 인구가 남용하고 있는 것으로 나타나고 있다.[13] 그리고 암페타민류의 경우 한국의 남용인구가 0.1%로 나타나 다른 아시아 국가들에 비해서도 낮은 수준이다. 특히 약물남용 수준이 매우 낮은 일본보다 이 암페타민류의 남용인구는 더 적다. 반면 암페타민과 함께 또 다른 합성약물인 엑스터시의 남용비율은 0.3%로서, 다른 아시아 국가들보다도 제법 높은 수준이며 세계적으로 볼 때도 결코 낮은 수준이라고는 볼 수 없다(UNODC, 2006b).

2006년 이후 한국의 약물범죄자 검거통계를 살펴보면, 대마초의 경우 그리 많은 증가는 없지만, 향정(합성약물)이나 마약(아편이 대부분)의 경우 2009년 정점을 이룬 이후 전반적으로 하락하다가 최근 들어 급속히 증가하고 있다. 따라서 전체 약물범죄건수도 증가추세에 있다. 특히 최근에 급속도로 약물남용이 증가하고 있는 것은 국내 체류 외국인이 크게 증가하는 반면에, 그동안 약물수사를 담당했던 검찰의 수사권이 경찰로 넘어가는 과정에서 경찰이 충분한 역량을 갖추지 못한 데서 그 원인을 찾을 수 있다.

2023년에 압수된 약물의 종류와 양을 살펴보면, 양귀비 193,306주, 코카인 235.2g, 필로폰 78.1㎏, 엑스터시 7,280정, 대마초 27.4㎏, 대마 14,017주, 해쉬쉬 452.9g으로 나타나고 있어, 국내에서 매우 다양한 약물들이 남용되고 있음을 알 수 있다(경찰청, 2024). 최근에 한국의 경우 아편류나 대마초류보다는 합성약물의 남용이 많다고 할 수 있는데, 주로 과거 일본을 통해서 들어 온 필로폰과 같은 전통적인 암페타민류는 최근 들어 그 사용이 주춤하고 있는 데 비해서, 엑스터시, 야바, GHB(물

13) 다른 아시아국가들의 대마초류 남용비율을 살펴보면, 필리핀 4.6, 캄보디아 3.5, 말레이시아 1.6, 대만 1.5, 인도네시아 1.3, 일본 0.1, 중국 0.02%로 각각 나타나고 있다.

뽕), 펜플루라민, JWH-018(스파이스) 등의 새로운 합성약물 남용이 증가하고 있다(경찰청, 2012; 경찰청, 2015a). 최근에 중국에서 생산한 합성약물의 국내 밀반입이 크게 늘어나고 있는데, 이렇게 합성약물남용이 증가하고 있는 것은 국내에서 제조는 어렵지만 판매는 통상 초범이면 1~2년의 집행유예로 관대하게 처벌하는 경향이 있기 때문이다(주간조선, 2015. 10. 5.).

그림 4-4 ■ 약물유형별 단속건수 추이(2006~2023)

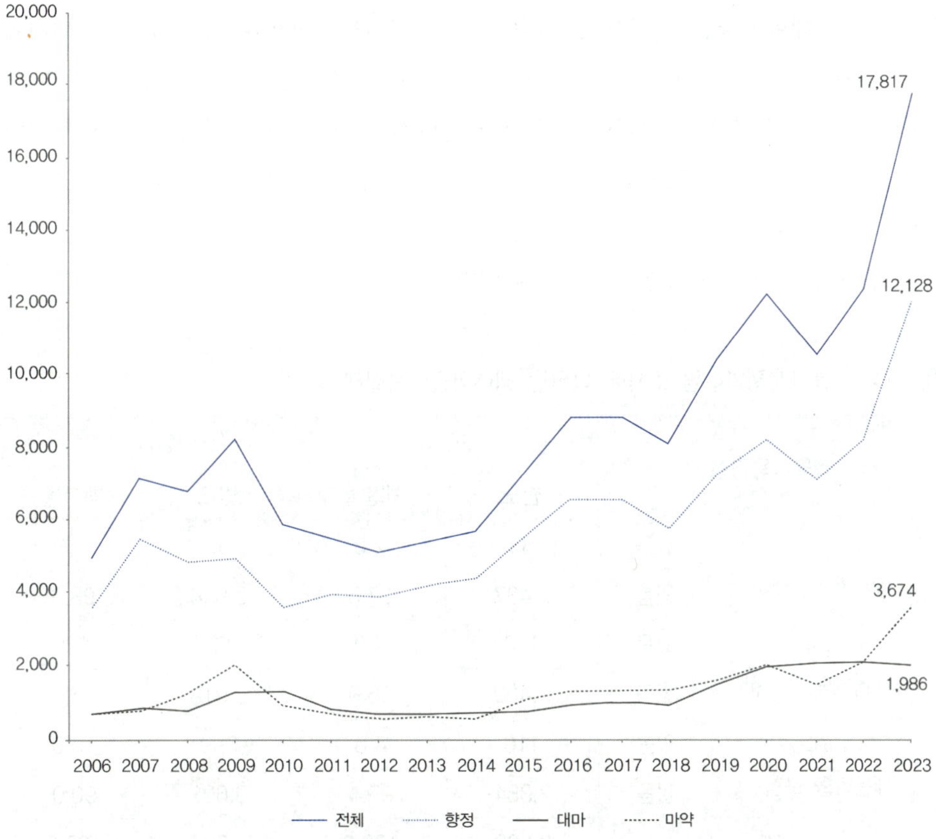

출처: 경찰청, 경찰백서; 경찰청, 2015b.

그러나 이러한 유엔이나 경찰의 통계가 이러한 주요약물들의 확산도를 잘 보여주기는 하지만, 여기서 제외되는 다른 약물이나 본드류, 대용약물 등의 남용실태를 제대로 보여주지는 못한다. 따라서 이러한 약물의 남용실태를 살펴보기 위해서는 대표본을 통한 설문조사 자료를 살펴보는 것이 가장 적절하다. 최근 한국형사정책연구원의 연구(강은영·조소연, 2014; 강은영·이성식, 2005)는 각각 일반인 4,000명 및 2,500명을 조사한 연구로서, 한국의 최근 약물남용실태를 잘 보여주는 연구이다.[14]

이 중 2014년 조사결과에 의하면, 일반인의 경우 아편, 대마, 합성약물과 같은 약물을 복용한 경험이 있는 비율이 전체의 1.4%로 나타나며, 여기에 더하여 본드와 같은 유해화학물질을 복용한 경험이 있는 경우가 전체의 2.1%였으며, 여기에 다시 대용약물을 포함하면 전체의 10.0%가 약물을 복용한 경험이 있는 것으로 나타나고 있다. 이 결과는 한국에서 일반인 중에서 평생 동안 약물을 복용한 경험이 있는 사람이 약 10% 정도가 존재한다는 것을 보여준다. 이것을 10년 전의 조사결과와 비교하면, 전체적으로 마약, 향정, 유해화학물질 남용자는 줄어들었지만, 대용약물 남용자는 크게 증가했음을 알 수 있다.

표 4-2 ■ 형사정책연구원 조사에 나타난 생애약물남용실태

약물사용경험		2004		2014	
		빈도	백분율	빈도	백분율
Ⅰ 마약, 향정, 대마	있음	63	2.5	56	1.4
	없음	2,437	97.5	3,944	98.6
Ⅰ+Ⅱ 유해화학물질 포함	있음	100	4.0	82	2.1
	없음	2,400	96.0	3,918	97.9
Ⅰ+Ⅱ+Ⅲ 대용약물 포함	있음	116	4.6	399	10.0
	없음	2,384	95.4	3,601	90.0
계		2,500	100.0	4,000	100.0

출처: 강은영·이성식, 2005; 강은영·조소연, 2014에서 재작성.

14) 이 연구는 앞서 살펴본 국제통계와는 달리 지난 1년 동안의 사용자 비율이 아니라 조사대상자 개개인의 조사 시점까지의 사용경험의 비율을 측정한다.

그리고 이 2014년 조사에서 남용약물의 유형별로 전체 4,000명 중에 남용자 수를 살펴보면, 아편계 약물 중에서 아편이 5명, 모르핀이 1명이었으며, 코카인계 약물 중에서 코카인이 9명, 그리고 대마계 약물 중에서 대마초가 21명인 것으로 나타나고 있다. 반면 합성약물의 경우 필로폰이 4명, LSD가 1명, PCP가 1명, 엑스터시가 5명, 허브마약이 5명, 기타 합성약물이 4명으로 나타났다. 그리고 본드, 신나 등의 유해화학물질을 남용한 사람이 30명으로 나타났다. 대용약물의 경우, 프로포폴을 남용한 사람이 6명, 수면제 53명, 신경안정제 9명, 진해거담제 6명, 살 빼는 약 150명, 근육이완제 3명, 근육강화제 25명, 발기부전 치료제/성흥분제 97명이었다(강은영·조소연, 2014: 132-134).

최근에는 수면내시경 등의 시술에 마취목적으로 쓰이는 프로포폴 남용이 사회문제화 되어 2011년부터 마약류로 분류하여 관리해 왔지만, 유명연예인이나 유흥업소 종사자들을 중심으로 남용사건이 끊이지 않고 있다.[15] 특히 2013년 3월에는 경남의 한 중소기업 사장(40대)이 프로포폴에 중독되어 전국 310개 병원을 돌면서 2년 동안 무려 수면내시경 검사를 548회나 받은 사건이 발생했다. 이러한 사례는 합법을 가장하여 거래되는 대용약물의 폐해가 남용을 목적으로 한 약물에 못지 않다는 것을 보여준다. 현재는 이들 대용약물들을 모두 마약류로 분류해 규제하고 있지만, 법에 규정되지 않은 많은 새로운 대용약물들이 앞으로도 지속적으로 출현할 가능성이 높다.

검찰의 한 마약수사관의 증언에 따르면, "한국에서 외국인을 제외하고 순수하게 한국인 마약투여자만 10만 명에 이를 것"이라고 한다. UN이 정하는 약물청정국의 기준은 인구 10만 명당 약물사범 20명 미만인데, 한국은 곧 이 수치를 넘길 가능성이 높다(주간조선, 2015. 10. 5.). 약물남용이 중독성을 갖기 때문에 약물범죄자의 약물범죄 재범률은 매우 높게 나타난다. 다양한 약물 중에서도 특히 향정신성의약

15) 상습적으로 프로포폴(수면마취제)을 투약한 혐의를 받고 있는 탤런트 박시연(34), 장미인애(29), 이승연(45)씨 등 여자 연예인들이 재판에 넘겨졌다. 상대적으로 투약 횟수가 적은 방송인 현영(37)씨는 벌금 500만 원에 약식기소됐다. 박씨는 2011년 2월부터 지난해 12월까지 서울 강남 일대의 산부인과 등 병원 두 곳에서 지방을 분해하는 카복시 시술 등을 빙자해 모두 185회에 걸쳐 프로포폴을 투약한 혐의를 받고 있다. 이씨도 비슷한 기간에 미용시술 등을 명목으로 111회, 장씨는 95회 프로포폴을 투약한 것으로 조사됐다. 현씨는 2011년 2월부터 같은 해 12월까지 42회 투약했다(서울신문 2013. 3. 14.).

품으로 불리는 합성약물 남용자의 재범률이 다른 유형에 비해 매우 높은 것으로 나타난다. 이들 약물범죄자들을 연령별로 보면, 과거에는 점점 남용자가 고연령화 하였으나(경찰청, 2008b), 최근에는 오히려 젊은 일반 직장인들이 인터넷을 통하여 더 많이 약물을 접하고 있는 것으로 나타난다(경찰청, 2015b).

이것을 지구적인 맥락에서 보면, 중국이나 인도, 인도네시아, 이란 등의 대부분의 아시아 국가들과 유럽에서는 주로 아편을 많이 남용하는데 비해서 한국이나 일본, 태국, 캄보디아, 라오스, 필리핀 등의 국가들은 암페타민류의 비중이 높다. 다시 말해서 한국은 필로폰이나 엑스터시와 같은 합성약물의 남용위험국가이다.

천연약물의 경우 약물생산을 위해서 대규모 재배지를 필요로 한다. 이런 약물의 생산은 느슨한 공권력과, 약물로 인한 수익을 필요로 하는 반군이나 조직범죄집단의 존재에 기초한다. 만약 약물이 천연약물이라면 여기에 더하여 기후가 알맞은 넓은 재배지가 추가로 필요하다. 가공된 약물의 부피는 비교적 작기 때문에, 생산지와 소비지가 지리적으로 가까울 필요성은 그리 중요하지 않다. 일반적으로 약물의 생산지는 공권력이 느슨하기 때문에, 약물의 남용도 만연하지만 이들 지역이 약물의 본격적인 소비지라고 할 수는 없고 소비지는 대부분 유럽이나 북미 등의 발전된 산업국가들이라고 할 수 있다.

3대 약물생산지역과 약물의 국제이동

천연약물의 경우 전 세계적으로 황금의 삼각지역, 코카인 삼각지역, 황금의 초승달지역으로 불리는 3대 약물생산지역이 존재한다.

첫째, 황금의 삼각지역(Golden Triangle)은 태국, 미얀마, 라오스의 접경지대에 위치하고 있으며, 과거 전 세계의 아편과 헤로인의 60~70%를 생산했던 지역이다. 이 지역에는 마약왕으로 불리는 독립적인 군사조직을 거느리는 쿤사로부터 소수민족들이 양귀비 재배를 강요받으며 살인, 폭행, 강간, 징집 등의 횡포에 시달리는 곳이었다. 그러나 1996년 쿤사의 체포 이후 이 지역의 마약생산은 줄어들 기미를 보이고 있다.

둘째, 황금의 초승달지역(Golden Crescent)은 이란, 파키스탄, 아프가니스탄의 접경지역에 위치하고 있으며, 1980년대 후반부터 아편생산지대로 떠올랐다.

과거 유럽의 75%, 미국의 25% 정도를 점유했었다고 한다.

최근 이 두 지역의 아편 생산은 주로 아프가니스탄, 미얀마, 라오스에서 이루어지는데, 1994년 이후 미얀마나 라오스 등의 황금의 삼각지역은 아편재배가 많이 줄어들었지만, 아프가니스탄을 중심으로 하는 황금의 초승달지역은 오히려 그 비중이 늘어나, 현재는 아프가니스탄에서 전 세계의 아편을 대부분 공급하고 있다. 이것은 미국에 의한 탈레반 정권의 축출과 오랜 내전으로 인한 아프가니스탄의 황폐화로 인해 생계를 유지할 수단으로 아편재배에 기대는 현상이 심화되고 있음을 보여준다.

그림 4-5 ■ 아편계 약물의 생산과 이동경로

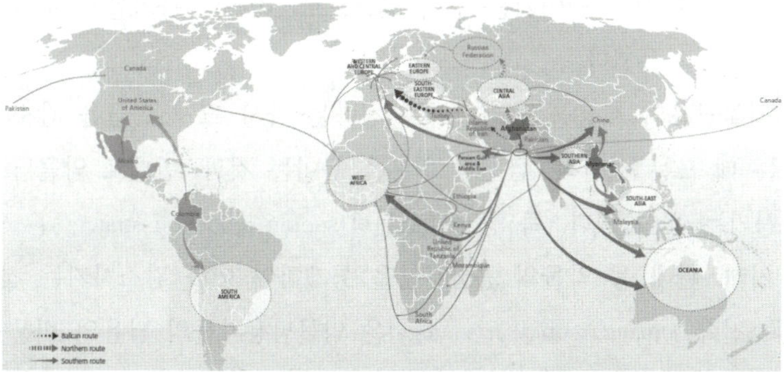

출처: UNODC, 2015: 44.

[그림 4-5]는 2008년에서 2013년 사이의 아편계 약물의 주 이동경로를 보여준다. 이 그림에서 대부분의 아편계 약물이 3대 경로, 즉 아프카니스탄에서 튀르키예, 동남유럽을 거쳐 서유럽으로 가는 발칸루트, 아프카니스탄에서 중앙아시아를 거쳐 러시아로 가는 북부루트, 그리고 이란이나 파키스탄을 거쳐 전 세계로 가는 남부루트를 통해 이동하고 있음을 알 수 있다.

셋째, 코카인 삼각지역(Cocaine triangle)은 콜롬비아, 페루, 볼리비아의 접경지역에 위치하고 있으며, 전 세계 코카인의 거의 전부라고 할 수 있는 약 98%를 생산하여 코카인 삼각지역 주변 국가들의 사용량 외에는 대부분 미국이나 유럽으로 수출하고 있다.

제 6 절 약물남용에 대한 대응

약물남용을 보는 시각이 다양한 것만큼이나 약물남용에 대한 대책들도 또한 다양하다. 먼저 구조기능주의 시각에서 약물남용은 합리적 선택이나 약물에 우호적인 하위문화, 약물에 취약한 유전자나 성격, 또는 약물사용을 긍정적인 것으로서 학습하는 것 등에서 기인한다. 우선 약물남용에서 느끼는 쾌락이나 음악, 미술 등에서의 창조성의 증가, 그리고 현실에서 얻을 수 없는 자극을 추구하기 위해 약물을 남용한다면, 그 대책은 약물로부터 얻을 수 있는 이익을 줄이거나 아니면 반대로 약물남용으로 야기될 수 있는 비용을 증가시키는 것이 가능하다. 문제는 이러한 추상적인 약물남용의 이익을 줄이기는 쉽지 않으므로, 비용의 증가를 추구하는 대책이 가장 일반적으로 사용된다.

이렇게 약물남용의 비용을 증가시키는 전략은 다시 크게 공급을 감소시켜 약물을 구입하는 데 드는 시간적, 금전적 비용을 높이는 것과, 반대로 약물남용자의 수요를 감소시키는 것이 있다. 즉 공급감소전략(supply reduction strategy)은 약물의 생산, 제조, 거래, 판매 등 약물의 공급부분을 통제하여 이를 감소시키는 것인 데 반해, 수요감소전략(demand reduction strategy)은 약물남용자들의 남용의 비용을 증가시켜 약물사용을 줄이는 전략이다. 우선 공급 측면에서, 억제전략(deterrence strategies)은 대규모 약물딜러에 대한 체계적인 검거와 매우 높은 금액의 벌금을 부과하는 엄격한 법의 집행을 통해서 약물의 판매와 수입을 억제하는 것이다. 이 방식은 약물의 원료작물 수출국과 협조하여 원료작물재배지를 파괴하고 약물카르텔의 구성원을 검거하여 공급을 막는 방식으로 공급원통제(source control)로 알려져 있다(Siegel, 2008).

또한 「청소년보호법」도 중요한 공급통제정책의 하나라고 할 수 있는데, 이 법은 청소년들에 대한 유해약물의 판매, 청소년 유해약물에 대한 유해표시 불이행 행위를 엄격하게 금지하고 있다. 이 법은 청소년에게 술이나 담배를 판매하는 경우에 2년 이하의 징역 또는 1,000만 원 이하의 벌금에 처하도록 하고 있으며, 청소년에게 환각물질을 판매하는 경우에는 3년 이하의 징역 또는 2,000만 원 이하의 벌금을 부과하도록 규정하고 있고, 청소년 유해약물에 유해표시를 하지 않은 경우에는 2년 이하의 징역 또는 1,000만 원 이하의 벌금에 처하도록 규정하고 있다.

다음으로 약물남용자의 비용을 증가시켜 수요를 감소시키려는 전략으로서, 처벌전략(punishment strategies)은 검찰과 법원 차원에서 약물범죄자의 기소와 처벌에 가장 우선순위를 두는 전략이다. 이 전략하에서 약물범죄자는 유죄판결 및 실형을 받을 가능성이 높으며, 따라서 이런 정책이 지속적으로 유지되면 불가피하게 교도소 과밀화를 가져올 수도 있는 전략이라고 할 수 있다(Siegel, 1991). 실제로 약물거래의 소매단계를 집중단속할 경우에 많은 용의자들을 체포할 수 있겠지만 이러한 활동은 현재 과밀화된 형사사법체계에 또 다른 부담을 주는 결과를 가져올 수 있다(Belenko, 1990).

만약 약물남용이 약물에 우호적인 하위문화나, 지역사회 내의 약물딜러의 이용가능성, 기존 약물남용자로부터의 남용방법의 전수, 빈곤층 청소년의 낮은 자아존중감, 반항심, 소외감, 무력감, 또는 친구로부터 약물사용의 압력이 존재하는 하위문화에서 기인한다면, 약물남용에 대한 대책은 대중매체를 통해 약물남용의 위험에 대해 경고하거나, 학교의 프로그램으로 술이나 담배 등에 대한 또래친구들의 압력에 저항하는 기술을 가르치는 방법, 빈곤층 청소년의 자아존중감 향상프로그램, 빈곤층 청소년들에게 더 나은 기회를 제공하는 헤드스타트 프로그램, 지역사회의 약물딜러의 단속과 이들로부터 안전한 스쿨존의 설치 등이 가능하다.

실제로 청소년들에 대한 약물예방 프로그램들은 대부분 이러한 내용들을 담고 있는데, 그 내용으로 약물과 약물의 폐해에 대한 구체적인 정보배포, 자아존중심의 배양, 자기선택에 대한 책임감 인식, 친구압력을 다루는 방법의 학습 등이 대부분의 전략에 포함되어 있다(Botvin, 1990). 이 중 정보배포 프로그램은 가장 일반적인 약물프로그램이며, 실제로 우리나라에서도 많은 단체들이 주로 대중매체나 가두홍보, 이벤트 등을 통해서 약물예방캠페인을 전개해 왔다.

정보배포 프로그램 다음으로 많이 시행되는 프로그램은 거부기술훈련인데, 이것은 문제상황과 징후를 파악하는 방법, 동료압력에 대처하는 요령, 언론보도로 인한 압력을 파악하는 법, 유혹에 적절히 대처하는 법, 자기존중심과 과단성을 배양하는 법, 자기입장을 분명히 해야 할 순간과 장소를 구분하는 법 등 다양한 훈련내용으로 구성된다. 거부기술훈련의 기본가정은 상황과 동료의 압력이 마약사용에 있어 중요한 요인이라는 것이다. 따라서 청소년들은 동료의 압력을 판단하는 방법과 이러한 압력하에서 적절한 의사결정을 내리는 방법을 배워야 한다는 것이다. 이러한 프로그램의 예로는 미국에서 많이 찾아볼 수 있는데, “안한다고 말하기”(Just Say No) 운동, 마약남용 거부교육(Drug Abuse Resistance Education, DARE) 프로그램 등을 들 수 있다.

또한 동일한 하위문화이론의 시각에서 다양한 지역사회전략(community strategies)이 시행되는데, 이것은 지역사회의 다양한 집단들이 주도하여 약물예방 프로그램들을 만들고 시행하는 것을 말한다. 예를 들어 약물딜러들이 학교 가까이 와서 판매를 하지 못하도록 약물로부터 안전한 스쿨존(drug-free school zone)을 만들거나, 약물딜러들을 신고하는 이웃감시프로그램이나 시민순찰활동 등을 시행하는 것을 들 수 있다(Siegel, 2008).

만약 약물남용이 약물에 취약한 성격이나 유전자, 또는 뇌의 이상에 기인한다면, 약물남용에 대한 대표적인 대책은 치료전략이 될 것이다. 치료전략(treatment strategies)은 약물남용자들이 낮은 자아존중감을 가진다는 점에 착안하여, 여러 처우프로그램으로 이들에게 자아존중감을 높이도록 유도하거나, 아니면 가치 있는 프로그램에 약물남용자들을 참여시켜 이들이 야외활동, 야생훈련, 방과후프로그램 등에 참가하도록 하는 것 등을 들 수 있다. 또한 중독증상이 심한 경우에는 아예 입원을 통해 약물에 대한 중독성을 줄이는 등의 프로그램을 시행할 수 있다. 우리나라에서도 약물중독자에 대해서는 공주에 치료감호소를 두고 치료감호제도를 시행하고 있다.

만약 약물남용이 차별접촉을 통해 약물에 대한 긍정적인 정의를 학습하거나, 본인 또는 다른 사람의 약물남용 경험을 통해 약물의 효과에 대해 긍정적인 것으로 학습하거나, 부모가 약물을 남용하는 것을 자주 목격하거나, 또는 청소년기에 흡연과 음주를 일찍 시작하는 것에서 기인한다면, 그 대책은 약물남용 청소년을 일반청소년으로부터 격리하거나, 약물을 남용하는 문제부모들에 대해 바람직한 자녀양육교육이나 격리를 하거나, 약물의 위험성에 대해 교육을 하거나, 약물남용자에 대한 형사사법기관이나 학교, 부모 등의 처벌(긍정적 처벌)이 가능할 것이다.

만약 약물남용이 약물사용자 집단의 이해관계가 지배집단의 이해관계와 충돌하여 규정되고 발생한다면, 규정된 약물의 사용자 집단이 자신들의 공통된 이해관계를 인식하고 여기에 대해 문제를 제기하며, 궁극적으로 불평등한 권력관계의 개선을 위해 집단행동을 하는 것이 대책이 될 것이다. 최근에 문화예술인들을 중심으로 대마초를 합법화하기 위한 집단행동은 이것의 한 예이다. 그들은 "(대마초 흡연자에 대한 처벌이) 문화적 소수자에 대한 금기와 탄압"이라고 주장하며, 집단행동을 하고 있는데, 그들은 자신들이 처한 공통의 이해관계를 인식하고 기자회견을 열고 대마초에 대한 처벌이 헌법에 보장된 행복추구권에 위배된다는 주장을 한 바 있다.

만약 특정 약물의 사용이 해당 사회의 도덕십자군들의 신념과 상충되어 이들이 사회문제로 규정되고 나타났다면, 약물남용에 대한 해결책은 해당 유형의 약물남용을 비범죄화(decriminalization)하는 것이다. 실제로 유럽의 여러 나라에서는 약물투약 행위를 부도덕한 행동으로 간주하지만 처벌은 하지 않는 많은 나라들이 있다. 독일, 영국, 덴마크, 네덜란드, 오스트리아, 스페인이 약물투약을 비범죄화한 나라들이며, 벨기에는 집단투약만 처벌하고 있으며, 스칸디나비아의 국가들은 약물투약을 비범죄화하여 공공장소에 투약장소를 개설하여 희망하는 사람들에게 무료로 투약, 위생관리, 계도의 정책을 사용하고 있다. 이렇게 투약범죄를 비범죄화하자는 주장은 약물투약이 다른 사람에게 아무런 피해를 주지 않는데도 자신에게 위해하다는 이유로 처벌을 하는 것은 개인의 자유를 침해하는 것이라 주장한다. 이렇게 약물투약을 처벌하는 것은 개인의 행복추구권에 대한 침해이며, 술이나 담배의 복용을 처벌하지 않는 점에서 평등권 조항에 저촉된다고 주장한다(조병인, 2001: 388-389).

표 4-3 ■ 약물남용문제에 대한 시각과 그 대책들

이론	약물남용의 원인	대책
구조기능주의이론	약물로 인한 쾌락, 창조성의 증가, 현실로부터의 쉬운 도피	약물남용에 대한 강한 처벌과 규제, 약물의 궁극적 위험성에 대한 교육 등
	약물에 우호적인 하위문화, 지역 내에 약물딜러나 기존 약물남용자의 존재, 빈곤층 청소년의 낮은 자아존중감, 반항심, 소외감, 무력감, 친구로부터의 약물사용 압력	거부기술훈련, 자아존중감 향상 프로그램, 헤드스타트 프로그램, 약물딜러의 단속, 약물의 궁극적 위험성에 대한 교육(정보배포), 스쿨존 등
	약물에 취약한 성격이나 유전자, 허약한 자아	약물치료, 조기개입, 자아존중감 향상 프로그램
	남용자와의 차별접촉을 통한 약물에 대한 긍정적 정의의 학습, 약물경험을 통한 만	약물남용 청소년의 격리, 문제부모 개입프로그램, 청소년의 음주 및 흡연율 감소,

	족스런 느낌, 부모의 약물남용, 청소년기의 흡연과 음주	약물의 위험성에 대한 교육, 약물남용자에 대한 처벌
갈등이론	약물사용자 집단의 이해관계가 지배집단의 이해관계와 충돌	약물사용자 집단의 공통된 이해관계의 인식, 불평등한 권력관계의 개선을 위한 요구와 집단행동
상호작용 이론	특정 약물의 사용이 도덕십자군의 신념과 상충되어 이들로부터 받는 관심	약물의 비범죄화, 공공투약장소 설치

우리나라는 과거 약물에 대한 규제 중심의 정책을 고수했으나, 최근에는 약물남용자에 대한 치료와 보호도 함께 중시하는 형태로 변화하고 있다. 「마약류 관리에 관한 법률」의 제40조는 마약류중독자의 치료보호규정을 두고 있다는 점에서, 이 법은 남용자에 대해 처벌을 규정하면서도 한편으로는 치료보호를 도모하고 있음을 보여준다. 현재 총 22개(국·공립 17개 및 민간의 5개)의 약물남용자 치료보호지정병원을 통해서 이들을 무료로 치료하여 재활을 도모하고 있다. 약물중독자에 대해서 기존의 '치료보호부 기소유예제도'에 더하여 2005년에는 '치료보호부 집행유예제도'를 신설하여 법원에서 집행유예를 선고할 때 치료보호를 함께 명할 수 있도록 변화되었다.

제 7 절 결론

한국에서 약물문제는 다른 외국에 비해서는 그리 심각한 편은 아니지만, 최근에 국력이 커지고 해외교류가 증가하면서 한국에서도 약물문제가 점점 심각해지고 있다. 우리 사회에서 약물문제는 지속적이면서도 일관적인 강력한 처벌 위주의 정책을 통하여 대응해 왔으나, 최근에는 부분적으로 약물남용을 의료화하려는 움직임이 있다. 이것은 약물남용자들을 처벌의 대상으로 보기보다는 오히려 치료의 대상으로 보려는 경향이 증가하고 있음을 의미한다.

또한 헌법재판소에서 받아들이지는 않았으나, 대마초에 대한 합법화에 대한 요구도 일부 연예인 집단을 중심으로 증가하고 있다. 이들이 주로 대마초의 전력이 있는 사람들이기 때문에, 이들에 대한 여론은 긍정적이지 않았지만, 최근에는 일부의 학계에서도 대마초의 비범죄화를 주장하는 사람들이 생기고 있다. 이처럼 약물문제는 왜 그것이 사회문제인지에 대해 동의하는 정도가 약하고, 많은 논란이 있는 문제이다.

요약 SUMMARY

- 약물이란 환각이나 이와 유사한 느낌을 경험하기 위해 남용되는 물질을 말한다. 약물을 지칭하는 용어들은 물질, 마약, 유해화학물질 등 매우 다양하며, 어떤 약물을 금지해야 할지도 항상 정해져 있지 않다. 왜냐하면 실제로 많은 새로운 약물들이 개발되고 있기 때문이며, 이러한 신종약물들은 법규를 통해 금지하기까지는 상당한 사회적 합의와 시일이 소요되기 때문이다.
- 기능주의 시각은 약물을 남용하는 원인을, 약물을 사용함으로써 얻는 정신적, 성적 즐거움이나 창조력 등이 검거되었을 때의 비용에 비해 더 높기 때문이거나, 좌절이나 스트레스를 극복하는 받아들일 만한 수단으로 여겨지는 문화 속에서 살거나, 약물중독에 취약한 성격을 갖고 있거나, 약물에 대한 우호적인 정의를 학습하기 때문이라고 주장한다.
- 갈등이론은 지배집단이 자신들의 이익을 실현하거나 가부장제를 유지하려는 과정에서 약물남용문제가 발생한다고 주장한다.
- 상호작용이론은 특정 약물의 사용이 그 사회의 도덕십자군들의 기준과 맞지 않을 때, 약물문제가 발생한다고 주장한다.
- 세계적으로 남용되는 약물은 천연약물인 대마초류, 아편류, 코카인류의 세 가지가 있으며, 이들은 한두 번 더 가공되어 더 강한 형태의 다양한 약물로 만들어진다. 이에 반해 천연의 재배되어 얻어지는 원료가 아닌 화학적 제조과정을 거쳐 만들어지는 합성약물들이 있으며, 그 중 한국에서 문제가 되는 것은 주로 필로폰(메스암페타민)과 엑스터시, 야바, 물뽕 등이며, 주로 나이트클럽이나 인터넷 등을 통해 거래된다.
- 합성약물의 일종이라고 할 수 있는 대용약물은 알약이나 앰플 형태의 고유의 치료목적을 위해 생산되는 것이지만, 대량 복용을 통해서 남용되는 약물이다. 이 대용약물은 구하기가 쉽고 약효 또한 기존 약물과 크게 다르지 않아 한국에서 광범위하게 유통되며 남용의 범위 또한 증가하고 있다.
- 중고생이나 대학생들 사이에 알코올남용의 수준은 매우 높다. 성인들의 경우도 알코올소비량은 매우 높으며, 흡연율 역시 세계적으로 매우 높은 수준이다.

- 천연약물의 3대 재배지는 주로 아편이 생산되는 태국, 미얀마, 라오스의 접경지대인 황금의 삼각지역과 파키스탄, 아프가니스탄의 접경지대인 황금의 초승달지역, 그리고 주로 코카인이 생산되는 콜롬비아, 페루, 볼리비아의 접경지역에 위치하고 있는 코카인 삼각지역이다. 이들 지역은 모두 치안이 불안정하고 내전이 끊이지 않는 지역이라는 공통점이 있다.
- 기능주의 시각에서 약물남용에 대한 대책은 남용자에 대한 강력한 처벌이나 치료, 또는 지역사회를 약물로부터 안전하게 유지하는 전략 등이 가능하다. 반면 갈등이론이나 상호작용이론의 시각에서는 약물문제에 대한 새로운 정의나 불평등한 권력관계의 개선을 통한 해결책이 제시된다.

❒ 토론 및 추가학습을 위한 주제들

1. 한국은 약물남용으로부터 안전한 국가인가?
2. 약물을 규제하는 법률은 왜 복잡하고, 계속 변하는가?
3. 약물남용을 설명하는 하위문화나 사회학습의 시각은 한국사회에서 얼마나 타당한가?
4. 한국사회에서 금지약물이 그것의 속성이 아닌 사회적 관계나 사회적 신념에 의해 정의된 사례는 어떤 것이 있는가?
5. 대마초(마리화나)를 금지하는 것은 얼마나 타당한가?
6. 청소년들의 유해화학물질 남용은 왜 금지되어야 하는가?
7. 약물남용자들은 범죄자인가? 아니면 환자인가?

❒ 조별 활동을 위한 주제들

1. 사회계층과 약물남용
2. 청소년의 낮은 자아존중감과 약물남용
3. 가정에서의 약물 학습과 자녀의 약물남용
4. 약물남용 친구와 청소년의 약물남용
5. 또래집단의 압력과 약물남용
6. 약물에 대한 긍정적 정의들
7. 소외감과 약물남용
8. 이른 흡연의 시작과 약물남용
9. 약물경력의 발전과 이용약물의 변화
10. 소수집단과 약물남용
11. 도덕적 신념과 금지약물

❒ 참고할 만한 문헌 및 웹사이트

- 한국마약퇴치운동본부(http://www.drugfree.or.kr): 1992년 약물남용의 근절을 위해서 설립된 민간단체. 약물남용에 대한 많은 자료와 소식들을 접할 수 있다.
- [영화] 트레인스포팅(Trainspotting)/1996/대니 보일: 마약에 취해 사는 젊은이들의 절망적인 생활을 그린 영국 영화. 파격적인 영상, 도발적인 대사, 강렬한 음악으로 개봉 당시 화제를 모았다.
- [영화] 바스켓볼 다이어리(The Basketball Diaries)/1995/스콧 캘버트: 평범한 불량청소년이 마약중독자가 되는 과정을 보여준다.
- 대마초 합법화 시민연대(http://www.facebook.com/legalizekorea): 대마초의 합법화를 위한 페이스북 모임.

CHAPTER

5

성관련문제

한국사회는 오래 전부터 이어내려 온 유교적 전통에 의해 성을 이야기하고, 성문제를 다루는 것 자체가 아예 금기시되어 왔다. 그러나 해방 이후 유교적 권위가 약화되는 세속화(secularization)의 과정을 급속하게 겪으면서, 이러한 금기에 묶여 있던 성관련문제들이 사회적 논의의 전면에 부각되게 되었다. 한편으로 이러한 변화의 이면에는 최근 성적 소수자들의 권리신장이 중요하게 작용하기도 하였다.

이 장에서는 성매매, 포르노그래피, 동성애, 낙태와 같이 성과 관련된 문제들을 다룬다. 이 문제들은 성적 지향의 문제이면서도, 한편으로 성적 일탈로 인식되기도 한다. 이 문제들은 세계적으로 탈사회문제화의 길을 걷고 있으며, 국가에 따라서 이 문제들을 바라보는 인식이 크게 차이가 있다. 우리 사회에서는 최근에야 이러한 문제들에 대해 새로운 시각들이 강하게 나타나고 있다.

제 1 절 성관련문제의 정의

성관련문제(sex - related problems)는 사회의 영향력 있는 사람들에 의해 또는 사회규범에 의해 용인할 수 없는 것으로 여겨지는 성적인 행동을 말한다. 여기에는 강간, 근친상간, 미성년자간음, 성도착, 성매매, 포르노그래피, 동성애, 낙태 등이 포함될 수 있다. 국내의 사회문제 교과서에서 이들을 일괄 다루는 경우는 잘 없고, 외국의 교재에서 이들을 지칭하는 명칭은 '성적 지향문제'(Mooney et al., 2007; Moulder, 2000; Charon and Vigilant, 2006), '성일탈문제'(Scarpitti and Anderson, 1989), '성적 다양성문제'(Sullivan and Thompson, 1988; Lauer and Lauer, 2002), '성관련문제'(Kornblum and Julian, 2001) 등으로 매우 다양하며, 어떤 경우는 아예 '성매매, 동성애, 포르노그래피'(Henslin, 2002)로 열거하는 경우도 있다.

이처럼 성과 관련된 현상들을 지칭하는 용어들이 다양하다는 것은 그만큼 이들 현상들을 하나의 용어로 포괄하기가 어렵다는 것을 보여준다. 우선 가장 많이 사용된 '성적 지향(sexual orientation)'이나 '성적 다양성(sexual variance)'은 비교적 다른 용어에 비해 중립적이지만, 강간, 낙태와 같은 성관련문제를 다 포괄하기 어렵다. 반면 '성일탈(sexual deviance)'은 사회문제에 대한 특정의 입장을 내포하고 있다. 따라서 이 책에서는 비교적 특정 시각을 전제하는 이름이 아니면서, 전반적인 관련문제들을 모두 포괄할 수 있는 중립적인 용어로서 '성관련문제'로 이들 다양한 문제들을 포섭하고자 한다. 이것은 특정 시각을 전제하지 않고, 현존하는 사회문제에 대한 다양한 시각을 전달하려는 이 책의 목적에 따른 것이다.

제 2 절 성관련문제의 이론

1. 구조기능주의이론

기능주의 시각은 사회규범이 사회 전체 또는 대다수의 합의에 의해 나타난다고 전제한다. 따라서 이러한 규범을 어기는 것은 사회적으로 비난받을만하며, 보통 일탈행동으로 여겨진다. 이러한 행동들은 사회 전체의 생존을 위해 도움이 되지 못한다. 예를 들어 동성애나 성매매는 사회성원의 재생산을 그 중요한 기능으로 하는 가족제도를 위협한다. 따라서 이런 행동은 사회 전체가 생존하고 발전하는 데 장애가 되며, 따라서 사회문제로 규정된다. 이처럼 기능주의는 사회문제를 발생시키는 사람들이 대부분 다양한 개인적 문제를 갖고 있고, 사회문제는 이러한 문제들에 기인한다고 가정한다.

예를 들어 생물학적 이론들은 동성애자들을 정신적으로 문제가 있는 사람들로 간주한다. 따라서 동성애라는 '비규범적인' 행동은 뇌의 이상과 같은 다양한 생물학적 결함에서 기인한다. 또한 사회학습이론은 강간이나 성매매, 동성애와 같은 행동이 그릇된 성지식이나 자신의 몸에 대한 그릇된 지식에서 기인한다고 한다. 이러한 그릇된 지식을 학습한 사람들이 이런 다양한 성관련문제를 만들어낸다고 설명한다.

그러나 한편으로 기능주의자들은 이러한 문제들의 순기능을 발견하기도 한다. 기능주의자들은 성매매가 역기능만 있는 것이 아니라, 사회의 생존에 도움이 되는 다양한 기능을 가진다고 한다. 매춘부는 성매매를 통해서 성 파트너를 구하기 어려운 사람들이나, 지속적인 관계를 만들기 어려운 자주 옮겨 다니는 세일즈맨이나 선원들, 별거나 이혼으로 인해 기존의 파트너와의 관계가 깨진 사람들, 또는 혼외의 비윤리적으로 여겨지는 성적 만족을 원하는 사람들에게 성적인 만족을 제공한다. 사회는 성매매를 통해 사회 내에 존재하는 과도한 성적인 에너지를 통제할 수 있다. 이처럼 기능주의자들에게 성매매는 성적인 행동을 통제하는 한 도구이다(Henslin, 2000: 53-55).

성매매의 기능

1. 성적인 관계를 만들기 어려운 (못 생기거나 장애를 가진) 사람들에게 성적인 서비스를 제공한다.
2. 지속적인 파트너를 발견할 수 없는 자주 옮겨 다니는 세일즈맨이나 선원들에게 성적인 서비스를 제공한다.
3. 기존 파트너와의 관계가 별거나 이혼으로 깨진 경우에 성적인 서비스를 제공한다.
4. 비윤리적으로 여겨지는 유형의 혼외의 성적 만족을 원하는 사람들에게 성적인 서비스를 제공한다.

Kingsley Davis, 1937, 1966; Henslin, 2000에서 재인용

---

(1) 생물학적, 심리학적 이론

다양한 생물학적 이론들은 성과 관련된 여러 가지 문제들을 이해하는 데 유용하다. 그중에서도 윌슨의 사회생물학(sociobiology)에 따르면, 동물들의 행동이 생존과 유전자의 다음 세대로의 전달이라는 두 가지 중요한 목표에 의해 모두 설명이 되듯이 인간의 행동도 동일한 메카니즘에 의해 설명이 가능하다(Wilson, 1978). 동물이나 인간이나 모두 자신의 생존과 유전자를 후세에 퍼뜨리기 위해서 두 가지의 대표적인 전략을 사용하는데, 하나는 상대편을 기만하는 건달형(cads)의 전략(cheating 또는 r전략)이며 다른 하나는 이타적인 아빠형(dads)의 전략(altruism 또는 K전략)이다.

이 이론들에서 강간은 유전자를 다음 세대에 퍼뜨리기 위한 본능에 의해 모두 설명된다. 일반적인 번식의 방법은 자신이 상대방 암컷에게 그녀의 자식을 잘 키워줄 수 있는 훌륭한 남편감으로 보이는 방법인데, 이것은 최대한 자신을 이타적으로 보임으로써 가능해진다. 그러나 이런 방법은 상당한 노고와 투자를 필요로 하기 때문에, 보다 쉬운 방법으로 자신의 유전자를 전달하는 방법을 찾게 되고, 그 결과 상대를 기만하는 방법이 선택된다는 것이다. 일반적으로 암컷은 자신의 자녀를 훌륭하게 키워줄 수 있을 것으로 추정되는 수컷에게 관심을 보이기 때문에, 기만자는 강간이라는 방법을 통해서 보다 쉽게, 경제적으로 자신의 유전자를 다음 세대에 전달할 수 있게 된다. 이와 같이 강간범죄도 자신의 유전자를 후손에게 전달하기 위한 하나의 수단이다(Ellis and Walsh, 1997; Akers and Sellers, 2004).

이처럼 기만자이론(cheater theory)에 따르면, 남자의 일부집단은 극단적으로 낮은 자녀양육에 대한 투자전략을 선호하는 유전자와 함께 진화해 왔고, 범죄나 반사회적 행동은 이러한 낮은 양육투자전략이 인간사회에서 나타난 것이라고 한다. 이런 기만자들은 다양한 범죄유형에서 나타나는데, 절도는 자원을 보다 빨리 입수하는 방법, 보다 많은 여성과 성교하는 것은 자신의 유전자를 보다 쉽게 다음 세대에 전달하는 방법이다. 이러한 건달전략은 특히 어린 남자청소년들에게 보다 큰 생산성을 제공할 수 있는데, 왜냐하면 청소년의 경우 안정적인 섹스파트너의 환심을 사는데 필요한 자원에 대한 접근이 상대적으로 제한되어 있기 때문이다(Ellis and Walsh, 1997). 따라서 강간의 상당수는 청소년들에 의해 저질러지는 것이다.

동성애(homosexuality) 또한 한때 생물학적으로 설명되었다. 1930년대에 동성애는 성기에서 척추를 거쳐 뇌 속에 있는 쾌감중추에 이르는 생리학적 체계가 망가진 데서 기인한다고 알려졌다. 이러한 문제는 대부분 유전적 이상이나 호르몬 분비체계의 이상에 의해서 발생한다고 믿어졌다. 그 이후의 심리학적 이론들은 동성애가 빈약한 부모-자녀 관계로부터 발생하는 심리학적 부적응에서 기인한다고 주장한다. 실제로 미국정신과협회는 동성애를 일종의 정신장애라고 결정했고, 정신병의 목록에 올리기도 했다. 그러나 이후의 연구들은 동성애가 이런 문제 있는 부모-자녀 관계와는 별다른 관계가 없다는 결론을 내렸고, 1973년 이후 동성애는 그들의 정신장애의 목록에서 제외되었다(Sullivan and Thompson, 1988: 351).

(2) 사회학습이론

최근에 동성애는 이런 생물학적인 요인보다는 주로 사회학습에 의해서 설명되고 있다. 사회학습이론에 따르면, 사람들이 동성애 행동을 하기 전에 항상 선행하는 요인이 있는데, 그것은 바로 동성애에 대한 학습이다. 몇몇 사람들은 새로운 것을 경험하기 위해 동성애에 참여한다. 반면 어떤 사람들에게는 동성애는 대안적인 선택이다. 예를 들어 군대나 교도소에서 나타나는 동성애는, 군인이나 재소자들에게 이용 가능한 이성이 없기 때문에 나타난다(Sullivan and Thompson, 1988: 352). 다시 말해서 제한된 환경에서 나타나는 동성애는, 군인이나 재소자들이 그것을 이용가능한 한 대안으로서 학습했기 때문에 나타나는 것이다.

이런 사회학습의 시각은 또한 강간이나 성매매를 설명하는 데도 유용하다. 이 시각에 따르면, 강간은 직접적 또는 간접적 사회학습의 산물이다. 예를 들어 청소년기에 성적으로 피해를 당한 적이 있는 사람이나, 여성이 강간당하고 맞고 고문당하는 포르노비디오를 많이 보는 경우, 어떤 상황에서는 여성을 강간하는 것이 별로 나쁘지 않은 행위로 여길 수 있다. 일반적으로 그런 비디오에서 남성은 여성을 강간함으로써 극도의 성적인 만족을 얻으며, 대부분의 스토리는 강간을 당하는 여성도 결국에는 만족스러워 한다. 따라서 이러한 간접경험을 자주 하는 사람의 경우, 자신의 폭력적인 성행위를 통해서 자신과 상대방이 함께 만족할 수 있다는 그릇된 환상을 가질 수 있다.

대부분의 여성들은 성매매가 자신의 자존심을 구길 뿐만 아니라, 도덕적으로도 용납할 수 없는 행위라고 인식한다. 그러나 성매매에 참여하는 여성들은 자신들이 얻는 금전적 이익에 비해 지불해야 하는 비용(성행위의 대상이 됨)을 상대적으로 적게 보는 경향이 있다. 사회학습이론에 따르면, 성매매 여성들은 대체로 문제가정에서 어린 시절을 불우하게 보낸 경우가 대부분이며, 이들은 대부분 10세에서 12세 정도의 어린 나이에 가족구성원에 의해 성적인 학대를 받게 되고, 자아존중감이 낮아지며 따라서 자신의 몸에 대한 가치를 낮게 보며, 또한 이러한 경험을 통해서 자신들의 몸이 애정이나 권력 또는 돈을 획득하는 데 이용될 수 있다는 것을 체득하게 된다. 따라서 청소년성매매는 이러한 본인들의 직접적인 경험에 의해 얻어진 그릇된 지식에 기인한다(Siegel, 2008 참조).

2. 갈등이론

기능주의는 성관련문제를 사회 규범으로부터의 일탈로 정의한다. 그러나 갈등이론가들에 따르면, 규범은 사회구성원 모두가 평등하게 참여하여 만들어지는 것이 아니다. 예를 들어 성적으로 일탈적인 사람들은 대부분 사회 내에서 열등한 지위에 있는 사람들이며, 역사적으로도 혼외의 성행위를 한 여성들은 (남성들의 그런 행동과는 달리) 일탈자로서 받아들여져 왔다. 오히려 성일탈을 정의하는 과정은 일종의 협상의 과정이지만, 거기에 참여하는 모든 집단들이 동일한 권력을 가지고 있는 것은 아니다. 따라서 사회의 힘 있는 집단들이 이러한 문제들을 정의하고 만들어낸다(Scarpitti and Anderson, 1989: 130). 이처럼 갈등이론은 지배집단들이 열등한 집단들을 통제하려는 과정에서 강간, 성매매, 동성애, 낙태 등의 성관련문제들이 만들어진다고 주장한다.

(1) 페미니스트이론

페미니스트[1]이론은 다양한 유형의 성관련문제들을 설명하는 데 매우 유용하다. 강간, 성매매, 포르노그래피, 동성애, 낙태 등의 많은 문제들은 이 페미니스트이론

1) 페미니스트도 다양한 하위유형이 있지만, 이 책에서 '페미니스트'라는 용어는 별다른 언급이 없으면, 가부장제를 중요하게 생각하는 급진적 페미니스트를 의미한다. 좀 더 자세한 논의를 위해서는 8장을 보라.

이라는 하나의 시각으로 일관되게 설명할 수 있다. 페미니스트이론은 기본적으로 사회가 오래 전부터 이어내려 온 가부장적 전통에 의해 통제되고 있다고 전제한다. 이 가부장제는 여성을 남성에 비해 열등한 존재로 상정하며, 사회 내에 존재하는 많은 전통적인 제도들은 이러한 가부장제를 존속하고 강화하는 역할을 담당한다. 이런 시각에 따르면, 사회 내에서 발생하는 강간, 성매매, 포르노그래피, 낙태 등의 다양한 사회문제들은 모두 이 가부장제에 의해서 발생한다.

그러나 태어나면서 이런 가부장적 의식을 갖고 태어나는 것이 아니기 때문에, 사회는 사회성원들에 대한 사회화과정을 통해서 이러한 가부장적 의식을 주입한다. 예를 들어 남성은 활동적이거나 진취적이거나 또는 공격적인 역할이 장려되는 반면에, 여성은 수동적이고, 현실안주적이며, 비활동적인 역할이 장려된다. 이런 과정에서 가부장제가 강한 사회일수록 남성들은 어릴 때부터 사내다워야 한다는 강박관념에 시달리게 된다. 이러한 '사내다움의 신화'는 거의 모든 사회에서 존재하며, 이 신화에 따르면, 남성은 그들의 성적 감정을 사랑, 존경, 애정의 필요성과 분리해야 한다. 또한 남성은 공격자로서 사회화되고, 많은 여성들과 성적인 관계를 맺을 것으로 기대되기 때문에, 성적 경험이 없는 것은 부끄러운 일로 받아들여지며, 반면 성적으로 공격적인 여성은 남성들을 두렵게 하고, 남성들의 남성다움에 의심을 갖게 하기 때문에 남성들에게 강간을 하도록 만들고, 이렇게 함으로써 남성들은 그들의 자아이미지와 남성다움이라는 정체성을 회복하게 한다고 한다.

이처럼 가부장적 전통이 확실한 현대사회에서 남성은 사내다워야 한다는 강박관념에 시달리게 되고, 따라서 여성들을 성적으로 공격적으로 대하도록 사회화된다. 사내답지 않다는 것은 가부장적 사회에서 자신의 정체성에 큰 타격을 입힐 수 있기 때문에, 자신의 정체성을 공격한다고 해석되는 도발적이고, 적극적인 여성에 대해서는 공격적인 행동을 통해 훼손된 자신의 남자다운 정체성을 회복하여야 한다. 이런 사회분위기에서 강간은 일탈이기보다는 남성으로 여겨지는 자질에 순응하는 행동이 된다.

성매매 또한 페미니스트 시각에 의해 잘 설명된다. 페미니스트들에 따르면, 성매매는 소녀들의 자아존중감의 하락과 밀접한 관련을 가진다. 일반적으로 가부장적인 가정에서 자주 발생하는 남성가장들에 의한 소녀들에 대한 신체적, 성적인 학대는 결국 가부장적인 가정 및 사회구조 내에서의 여성의 열악한 지위를 반영하는 것이다. 따라서 성매매는 기본적으로 이러한 가부장적인 가정의 역학구조에서 나타나는 아동학대와 이로 인한 가출에 의해 설명될 수 있다. 페미니스트 범죄학자인 체스니-린드에 따르면, 여자청소년들의 가출은 대부분 가정에서의 아동(성)학대에서 기인한다. 소녀들은 남자아이들에 비해서 훨씬 더 아동 성학대의 피해자가 될 가능성이 높다는 점(아동 성학대 피해자의 70%는 소녀이다), 소녀들에 대한 아동 성학대가 소년에 대한 성학대에 비해 일찍 시작된다는 점, 그리고 상대적으로 보다 오래 지속된다는 점 때문에, 소녀들은 이러한 자신에 대한 공격을 회피하려고 상대적으로 더 간절하게 노력하게 된다(Chesney-Lind and Shelden, 1998; Chesney-Lind, 1989; 1999).[2)]

체스니-린드에 따르면, 여자청소년들에게 있어서 가출은 폭력으로부터 살아남기 위한 생존전략의 하나인데도, 남성 위주의 형사사법제도는 이들을 성적으로 나쁜 것으로 규정하고, 이러한 질이 나쁜 소녀들에 대해서는 더욱 강한 처벌을 한다. 이렇게 소녀의 비행을 성적인 것으로 간주함(sexualization)으로써, 그것이 부모의 통제에 대한 대항으로 비춰지지 않는 한 소녀의 범죄는 간과되지만, 반대로 소녀의 가출은 부모의 권위, 특히 아버지의 가부장적 권위에 대한 도전으로 인식되기 때문에 사소한 지위비행임에도 불구하고 지나치게 범죄화된다. 이것은 1929년에서 1930년 동안 미국의 하와이에서 법정에 피고로 나타난 소녀의 44%가 그들의 부모들이 검거를 주장했기 때문이라는 점에서도 잘 알 수 있다(Chesney-Lind and Shelden, 1998; Chesney-Lind, 1989; 1999).

이러한 설명은 여자청소년들의 가출이 가족의 해체나 가정 내에서의 아동학대에 의해 나타난다는 것을 보여주며, 한국에서 청소년성매매에 나서는 여자청소년의 상당수가 가출소녀들이라는 점을 감안하면, 청소년성매매 또한 가출과 마찬가지로 가부장적인 가정의 학대나 결손가정의 생계문제를 해결하기 위한 생존수단이라는 점을 보여준다.

2) 이에 대한 국내에서의 연구결과(이성식·전신현, 2001)도 여자청소년들의 가출의 원인이 가부장적인 가정에 있다고 보고하고 있다. 이렇게 가출한 여자청소년들의 상당수가 가출생계비의 마련이나 기거할 곳을 제공하는 대가로 청소년성매매를 하고 있다는 점은 설문조사 결과에서도 이미 확인된 바 있다.

또한 동성애도 유사한 관점에서 설명된다. 페미니스트들에 따르면, 가부장제 사회에서 이성배우자와 그들의 자녀로 구성되는 생물학적인 가족을 이루는 것은 성차별이 시작되는 시점이 된다. 그러한 가족은 남성가장의 권위가 확고히 확립된 형태이기 때문에, 이 체제하에서 남녀가 평등한 삶을 사는 것은 애초에 불가능하다. 따라서 남녀가 불평등해지지 않기 위한 한 탈출구는 동성애가족을 이루는 것이다. 그러나 동성애는 남성의 우월한 권위가 확고한 사회일수록 가부장적 질서에 도전하는 중요한 사회문제가 된다.[3)]

페미니스트들에 따르면, 포르노그래피들은 그 자체로 여성에 대한 상징적 폭력이다. 포르노그래피에서 묘사되는 여성의 모습은 항상 남성들에 비해 열등하며, 수동적이며, 순종적인 가부장적인 모습을 전형적으로 보여준다. 또한 가학적(sadistic) 포르노그래피와 같이 여성에 대해 과도한 폭력이 행사되는 다양한 형태의 포르노그래피들은 여성에 대한 폭력에 둔감하게 만들고, 남성이 여성에 대해 우월적인 존재라는 그릇된 생각을 심어준다. “포르노그래피에서 여성은 성적 종속물로 제시되며, 여성의 인격은 박탈되고, 여성의 몸과 의지는 남성 포르노 제작자들과 남성고객들의 취향과 욕망이 통제하는 대로 따라야 한다. 포르노그래피는 이런 종속적 관계를 강요하고 확산시키는 성차별주의의 화신이며, 인권을 유린하는 상업적 이데올로기이다”(신명아, 1999). 따라서 이러한 포르노그래피를 많이 접한 남성들은 여성에 대해 성폭력을 쉽게 행사하게 만들며, 이들이 행사하는 성폭력은 다시 남성과 여성들 사이의 불평등한 관계를 재생산하는 도구가 된다.

근래에 들어 많은 국가들이 낙태(abortion)를 합법화하는 입법을 해왔다. 이런 입법의 이면에는 여성의 신체의 자유를 주장하는 페미니스트들의 노력이 있었음을 부인할 수 없다. 페미니스트들에 따르면, 낙태를 금지하는 법에는 태아의 생명권의 존중이라는 근거가 사용되지만, 임신, 출산, 육아가 여성이 담당해야 할 중요한 일임에도 불구하고 이러한 법에 여성의 권리를 배려하는 흔적을 찾아보기 어렵다고 주장한다. “여성이 임신을 했다는 데는 분명 상대 남성이 있게 마련이고, 성행위에서부터 여성이 능동적이기 어려운 관계임에도 불구하고 낙태에 대해 여성들에게만 그 죄를 묻고 있다는 점에서 남성편향적인 법 태도가 여실히 드러난다”(이선순, 2006).

3) 좀 더 자세한 논의를 위해서는 10장을 보라.

이처럼 페미니스트들에 따르면, 가부장적인 사회에서 법의 제정과 집행에 우월한 집단인 남성집단의 이해와 논리가 크게 반영되고, 이것은 (남성가장의 대를 이을 수도 있는) 태아의 출산거부에 대해 금지하는 입법을 하게 만든다. 이 과정에서 여성의 신체에 대한 자기결정권이나 재생산활동의 권리는 열등한 집단의 권리이기 때문에, 지배적인 집단의 이해관계에 의해 희생되게 된다. 그 과정에서 지배적인 남성집단의 이해관계는 '태아의 생명권'이라는 고상한 표현에 의해 가려진다.

(2) 마르크스주의이론

급진적 페미니스트이론은 성관련문제가 나타나는 근본적인 원인으로 가부장제를 가정한다. 그러나 이러한 전제를 갖지 않는 다른 형태의 갈등이론들이 존재하며, 이들 또한 성관련문제를 잘 설명한다. 그 대표적인 이론이 마르크스주의이론 또는 마르크스주의 페미니스트라고 칭할 수 있는 부류이다. 마르크스주의이론은 자본주의 사회에서 특히 강하게 나타나는 성의 상품화와 성산업의 번창에 주목한다.

자본주의 사회의 발전은 성과 관련된 다양한 현상들을 이윤획득을 위해 이용하게 만든다. 그 과정에서 인간의 성도 금전적 교환가치로서 판단되고, 이용되며, 기업화한 포르노산업들은 그들 간의 경쟁에 직면하고 점점 더 자극적인 포르노그래피를 대량으로 생산하지 않으면, 도태될 위험에 직면한다. 이들 포르노산업들은 특히 상대적 과잉인구군으로부터 그들의 노동자들을 쉽게 고용할 수 있으며, 이들 노동자들의 빈곤과 이들 간의 경쟁은 강한 정신과 인내가 요구되는 다양한 역할을 기꺼이 맡도록 만든다. 이러한 상품화된 성은 때로 극도의 폭력과 선정성을 추구하며, 이것을 접하는 남성들에게 그릇된 성관념을 남겨 강간과 같은 추가적인 성관련 문제를 낳는다.

자본주의 사회에서 성적인 이미지는 상품의 판매를 위한 매우 중요한 요소이다. 많은 기업들이 광고를 제작할 때, 성적인 이미지를 이용하여 자신들이 만든 상품에 좀 더 많은 사람들의 눈을 모으려고 시도한다. 자본주의 사회에서는 포르노 자체도 상품화되지만, 생산된 상품을 판매하기 위해서도 성적인 자극을 이용한다. 이런 분위기에서 성적인 이미지와 아무런 관련이 없는 상품의 광고도, 노골적으로 또는 은밀하게 성적인 이미지를 광고에 삽입시키는 것은 성공적인 광고를 위한 상식이 되었다. 이런 광고에서 여성의 특정 부위가 지나치게 노출된다든지, 상반신을 벗은 남자가 출연한다든지, 아니면 거의 벌거벗은 남녀가 함께 출연하는 모습을 쉽게 볼 수 있다.

최근에는 연예산업이 대형화, 산업화됨으로써, 연예인들과 전속계약을 맺고 자신들이 계약을 맺은 연예인들을 공격적으로 홍보하는 일이 무척 많아졌다. 특히 이 분야에서 선정적 이미지와 동성애 등의 소재는 연예인들을 홍보하기 위한 쉬운 방법이다. 이것은 특히 음반판매량에 의해 그들의 수입이 결정되는 가수들의 경우에 더욱 심한데, 새로 데뷔하는 신인가수나 긴 공백기를 깨고 새로 활동을 재개하는 가수들에 대한 홍보는 거의 이러한 한건주의식 홍보가 많이 이용되고 있다. 여성그룹의 경우 심심찮게 이들과 전혀 관계없는 동성애가 이들을 홍보하는 데 이용되며, 새로 음반을 내거나 오랜 공백기를 거친 여가수의 경우, 뮤직비디오를 매우 선정적으로 만들거나, 동성애를 연상케 하는 장면을 삽입하거나, 또는 인터넷의 음원유출사고 등을 가장하는 것은 그 한 예들이다.

음반업계의 노이즈 마케팅

음반업계에 불황이 계속되면서 최근 가요계에는 음반이나 가창력으로 경쟁하는 정상적인 마케팅보다 화제를 불러 떠보려는 변칙적인 마케팅에 목숨을 거는 분위기가 팽배하다. 휴식기를 보낸 가수가 새 앨범을 들고 나오거나 신인가수가 데뷔할 때면 어김없이 '노이즈 마케팅(noise marketing)' 의혹이 인다. 최근 한 홍보대행사는 "데뷔를 앞둔 '9등신 몸짱' 듀오 TEN(하나, 송이)의 싱글 앨범 재킷 사진이 인터넷에 노출됐는데, 이 사진 속 두 사람의 자세가 야릇해서 동성애 논란에 휩싸였다"는 소속사 보도 자료를 언론사에 배포했다. 논란에 대한 해명 자료 같지만, 정작 소속사 입장은 "노코멘트"였다.

섹시 여가수와 동성애라는 자극적인 미끼는 잘 먹혀들었다. 인터넷 매체들은 보도 자료를 인용해 경쟁적으로 기사를 쏟아냈다. 사실 보도 자료가 뿌려지기 전만 해도 두 사람의 동성애 의혹을 지적하는 게시물은 찾기 어려웠다. 멤버 하나의 미니홈피, 팬 카페도 조용했다. 하나는 이미 레이싱 모델 겸 연기자로 꽤 알려진 홍하나다. 소속사에서 언론에 공개한 사진에서도 동성애 분위기는 나지 않았다. 뉴스 댓글에도 "자, 이제 진짜 동성애 사진을 보여 주시오", "또 노이즈 마케팅?" 등 반응이 다수였다. 그렇지만, 이날 하루 TEN은 인기검색어 수위에 올라오는 등 홍보 효과를 톡톡히 봤다.

워낙 음반 시장이 축소된 까닭에 어지간해서는 가수들이 자기 곡 한번 제대로 알리기 어려운 것도 사실이다. 이럴 때일수록 노이즈 마케팅은 강력한 유혹이 된다. 별도로 돈을 들이지 않고도 단기간에 홍보가 이뤄지기 때문이다. 최근에는 뮤직비디오가 선정성 탓에 지상파 방송 불가 처분이라도 받게 되면 기다렸다는 듯 보도자료로 만들어 각 언론사에 홍보용으로 배포하는 일도 잦아졌다.

TEN의 사례에서 본 동성애 코드도 처음은 아니다. 2년 전 여성 듀오 폭시도 뮤직비디오에서 서로 키스해 화제가 됐다. 다만 깜짝 이슈에 그쳐 음반 판매로 이어가지는 못했다. 외국에서는 러시아 여성 2인조 타투가 뮤직비디오에서 교복을 입은 채 키스를 나누는 장면을 연기해 논란이 됐다. 팝스타 마돈나와 브리트니 스피어스의 키스 퍼포먼스도 유명하다.

동아닷컴, 2009. 8. 9.

또한 마르크스주의에 따르면, 자본주의 사회에서 노동자는 빈곤화의 길을 걷게 되며, 이러한 빈곤은 산업화된 성매매에서 일할 여성노동자들을 쉽게 충원할 수 있는 토대가 된다. 급진적 페미니스트의 주장과는 달리 성매매를 선택하는 많은 여성들은 실제로 경제적인 이유에서 가족의 생계비를 마련하기 위해 성매매를 선택하는 것으로 알려져 있다. 다시 말해서 가정에서의 학대나 이로 인한 가출생계비 마련이라는 동기보다는, 빈곤한 가정에서 태어나거나 가정의 몰락을 경험하여 돈을 버는 한 수단으로서 성매매를 선택한다. 이러한 시각은 특히 제3세계에서 발전하는 성매매산업을 잘 설명한다. 태국, 필리핀, 캄보디아, 베트남 또는 과거의 한국에서 번창한 성매매산업은 제3세계와 선진국 간의 빈부격차에 의해서 잘 설명된다. 이런 나라에서 성매매여성들은 대부분 부모와 좋은 관계를 유지하고 있으며, 가정에서의 학대경험은 상대적으로 매우 적다(이성숙, 2006).

이렇게 성매매여성을 노동자로 보는 입장은 성매매여성이 동일한 속성을 가진 집단이 아니라는 자각에서 출발한다. 특히 한국에서 급진적 페미니스트에 의해 추진된 성매매의 엄격한 금지와 단속이, 오히려 그들이 구제해야 할 대상이라고 생각했던, 성매매여성들의 집단적인 반발을 초래하면서 이러한 시각은 강화되었다. 성매매여성들은 자발적으로 성매매를 선택한 여성들의 생존권을 박탈하지 말 것을 요구하며, 성노동자단체를 결성한 바 있다.

이와 같이 자본주의 사회에서 성의 상품화는 포르노그래피, 동성애, 성매매의 범람에 기여하고 있으며, 이러한 상품화된 성을 통해 성에 대한 왜곡된 지식을 접하는 남성들에게 또 성폭력, 이혼, 낙태 등 다른 추가적인 사회문제를 만들어 내도록 만들고 있다.

3. 상호작용이론

상호작용이론의 시각은 또한 동성애나 성매매와 같은 성관련문제를 설명하는 데 매우 유용하다. 대부분의 사회에서 동성애자라는 낙인은 그 사람에게 매우 중요한 의미를 가진다. 동성애자라는 용어가 갖는 의미는 '하찮거나 나쁜 놈'이라는 의미로 사용되며, 때때로 '어리석은 놈이나 쓰레기 같은 놈'의 동의어로 쓰이기도 한다. 이러한 동성애자에 대한 낙인은 보통 매우 강한 의미를 갖고 있기 때문에, 자의든 타의든, 자신이 동성애자라는 사실이 밝혀지면 그 사람의 사회적 지위는 동성애자가 된다. 이렇게 부여된 주지위(master status)는 그가 평범한 사회생활을 하는 데 장애가 되고, 일생을 통해 계속 따라다니는 꼬리표가 된다. 일반적인 사람은 그가 어떤 직업을 갖고 있는지, 가족이나 지역사회에서 어떤 위치에 있는지에 의해 그의 신원이 판단되지만, 레즈비언이나 게이들은 그들이 침대 위에서 하는 행동에 의해 판단된다(Mooney et al., 2007: 378).

동성애자혐오증(homophobia)과 동성애자들에 대한 낙인은 불치병에 대한 공포와도 긴밀히 관련되는데, 후천성면역결핍증(AIDS)이 처음으로 발견되고, 급속도로 전파되던 시기에 이 질병이 동성애자들의 문란한 성생활 때문이라는 인식에 의해 더욱 촉진되었다. 특히 서구사회에서 오래 전부터 내려온 동성애에 대한 종교적 거부감[4]은 이 고칠 수 없는 질병이 동성애자들의 난잡한 사생활에 대한 심판으로 생각

4) 동성애(sodomy)라는 용어 자체도 성경의 창세기에 나오는 소돔이라는 도시에서 유래되었다. 그 도시에서 행해진 동성애와 같은 난잡한 타락에 대한 심판으로 소돔과 인근의 고모라와 같은 도시에 유황과 불덩이가 떨어져서 이들 도시가 멸망하였다는 이야기가 성경에 나온다.

하게끔 만드는 데 일조하였다. 1981년 당시 미국 질병통제센터가 이 질병을 최초로 발견했을 때, 최초 발병자 5명이 모두 동성애자들이었기 때문에, 이 질병은 '동성애와 관련된 면역결핍증(Gay-related Immune Deficiency, DRID)'으로 불린 것은 또한 동성애자들에 대한 혐오감을 촉진하였다.[5)]

이러한 반복되는 외부로부터의 부정적 반응은, 동성애자들 사이에서는 내면화된 동성애자혐오증(internalized homophobia)을 형성한다. 이러한 혐오증은 사회로부터 거부당하고 오명이 씌워짐으로써 나타나는 레즈비언과 게이들의 개인적 자괴감을 낳는데 결국 이것은 많은 동성애자들을 우울증이나 약물중독, 자살에 이르게 만든다. 일반적으로 교회나 가족의 도움을 받는 소수집단들과는 달리, 동성애자들은 종종 교회는 물론 가족들로부터도 거부당한다(Mooney *et al.,* 2007: 378).

따라서 동성애자들은 자신의 성적 정체성을 드러내는 커밍아웃(coming-out)을 하는 결정을 내리기가 쉽지 않고, 그들의 상호작용의 범위를 동성애자들의 집단에 더욱 한정하게 된다. 예를 들어 어떤 남자청소년이 변성기가 지났음에도 불구하고 목소리가 높은 톤을 유지한다면, 그는 다른 친구들로부터 놀림을 당할 수 있고, 결과적으로 자신의 남성으로서의 정체성에 대해 스스로 의심할 수 있다. 결과적으로 이성애적 역할을 행위하는 데 어려움을 겪을 수 있고, 남성이 되는 데 대한 실패의 두려움을 가질 수 있다. 만약 그가 우연히 동성애자를 만난다면, 일반적인 친구들과는 달리 훨씬 두려움을 적게 느끼고, 동성애자들과의 상호작용이 훨씬 편할 수 있다. 결과적으로 그는 자기충족적 예언을 따라서 동성애자의 자아정체성을 받아들이게 될 것이다(Sullivan and Thompson, 1988: 352).

미국정신과협회(American Psychiatric Association)가 정신병을 진단하는 매뉴얼인 DSM에서 동성애를 제외하는 과정을 연구한 커크와 커친스(Kirk and Kutchins, 2003)는 이러한 결정이 객관적인 어떤 조건, 즉 동성애가 정신장애가 아니라는 객관적인 증거의 검토에 의해서 이루어진 것이 아니라, 사회적으로 구성된 것이었다는 것을 보여준다. 당시의 게이 단체와 행동가들은 자신들을 정신장애로 분류하는 미국정신

5) 신동아, 2008. 11. 25. 국립보건원의 통계에 따르면, 2002년까지 감염된 AIDS 환자 중 약 30%가 동성 간의 성접촉으로 감염된 것으로 나타나고, 보통 동성애자들이 자신들의 동성애 사실을 감춘다는 점을 감안하면 이보다도 더 높을 것으로 추정된다(기미경 외, 2004).

과협회의 입장과 논쟁을 벌이면서, DSM의 목록에서 동성애를 제외하려는 운동을 추진하였다. 이 매뉴얼의 편집을 책임진 위원회는 이 게이운동가들과 지루하고도, 쉽게 결론이 나지 않는 토론을 벌이지 않을 수 없었으며, 그 과정에서 협회의 전 회원들이 참여하는 투표를 통해 결론을 내리자는 아이디어가 생겨났고, 결국 전 회원들에게 편지가 보내졌다. 그 투표의 결과는 동성애를 정신장애의 목록에서 제외하자는 의견이 58%였는 데 반해서, 제외하지 말자는 의견은 단지 37%에 불과하였다. 그 결과 동성애는 정신장애를 진단하는 매뉴얼(DSM)에서 영원히 빠지게 되었고, 결과적으로 동성애는 정신장애가 아닌 것으로 정의되었다.

이러한 사례는 동성애가 정신장애인지 아닌지를 판단하는 과정에 객관적이고 과학적인 기준이 사용되는 것이 아니라, 정신과 의사들의 판단과 다수결이라는 주관적인 사회적 구성이 개입된 결과라는 것을 보여준다. 다시 말해서 동성애라는 사회문제는 객관적인 어떤 의학적 조건에 의해 나타난다기보다는 오히려 정신과 의사집단이라는 상징의 십자군이 그것을 사회문제라고 규정했기 때문에 나타나며, 또한 그러한 사회문제는 (아무런 객관적인 조건의 변화 없이도) 그들이 동성애를 사회문제가 아니라고 규정할 때 해결되고 사라진다는 것을 보여준다.

이러한 현상은 동성애에 한정되지 않는다. 현재 지구상의 많은 나라들은 성매매, 포르노그래피, 낙태 등의 행위들을 금지하지 않지만, 회교권이나 남아시아의 많은 나라들은 매우 중한 범죄로 규정한다. 이처럼 이 장에서 다루는 성관련문제들은 모두 한 사회의 도덕십자군(moral crusaders)들이 이것에 대해 어떠한 의미부여를 하는지에 따라서 사회문제가 되거나 되지 않는다.

제 3 절 성관련문제의 실태

1. 강간

공식통계상으로 볼 때, 한국의 인구 10만 명당 강간건수는 통계가 집계되기 시작한 1964년도에 3.1건에서, 1974년에 6.3건, 1984년에 13.6건, 1994년에 16.6건,

2004년에 23.1건, 그리고 2014년에는 58.0건으로 지속적으로 증가하고 있다. 그러나 이러한 증가현상은 실제로 강간범죄가 증가했다기보다는 통계상의 허구에 불과하다. 대검찰청의 범죄분석에 나타나는 강간범죄에는 강간, 강제추행, 「성폭력특별법」상의 다양한 성범죄가 모두 포함된 수치이기 때문이다. 실제로 2014년 범죄분석에서부터 대검은 여기서 강간죄를 따로 집계하기 시작했는데, 2015년 전체 58건 중에서 강간범죄율은 12건에 불과했다.

강간범죄의 추세는 한국형사정책연구원에서 주기적으로 행하고 있는 범죄피해조사의 결과를 통해 더 정확히 알 수 있는데, 이 조사의 결과에 따르면, 성폭력피해율은 1993년 173.2건, 1996년 70.0건, 1998년 93.9건, 2002년 30.5건, 2006년 20.5건으로 대체로 급격히 감소하고 있으며(김지선 외, 2006: 68), 그 후 조사방법이 크게 바뀌어 직접 비교가 어렵지만[6] 2008년과 2010년의 조사결과도 각각 6.8건, 2.0건으로 계속 감소하고 있다. 일반적으로 범죄통계보다는 범죄피해조사가 좀 더 믿을 만한 통계라는 점을 감안한다면, 최근의 성폭력범죄는 공식통계에서 나타나는 추이와는 달리 점점 감소하고 있는 것으로 생각된다.

이러한 성폭력범죄의 공식통계상의 증가가 어디에서 기인하는지 파악하는 것은 쉬운 일이 아니다. 특히 강간범죄의 경우 공식통계에 잡히지 않는 범죄의 암수가 매우 많은 것으로 알려져 있기 때문에, 공식통계상의 강간범죄건수는 다양한 요인에 의해 왜곡된다. 예를 들어 경찰이나 검찰, 법원과 같은 형사사법기관이 강간범죄에 대해 강한 활동을 하면, 평소에 공식통계에 잡히지 않던 강간범죄가 크게 증가할 수 있다. 더 중요한 것은 강간범죄의 신고율이 매우 낮다는 것이다. 한국형사정책연구원의 초기의 범죄피해조사 결과에서 나타난 강간범죄의 신고율은 2~3% 내외인 것으로 나타났지만, 최근 이러한 강간범죄의 신고율은 크게 증가하여 20~30%에 이르고 있는 것으로 나타난다. 이 결과는 한국사회에서 범죄통계에서 나타나는 강간범죄의 증가가 상당 부분 강간범죄의 신고율의 증가에 기인한다는 것을 보여준다.

성폭력범죄[7]에 대한 공식통계와 공식기록, 검거된 성폭력범죄자에 대한 설문조

---

6) 여기에 대한 보다 자세한 논의는 박철현, 2012를 참조.

7) 강간 외 성추행 등의 유사범죄를 포함한 조사임.

사 자료를 이용한 연구(전영실 외, 2007)에 따르면, 성폭력 가해자는 20~30대가 가장 많으며, 고졸 이하의 학력이고, 가부장적 가치관이 강하며, 야외나 공공장소에서 심야와 새벽시간에 가장 많이 발생하는 것으로 나타난다. 피해자와 가해자의 관계는 모르는 관계가 50% 정도로 나타나는데, 2006년 범죄피해조사(김지선 외, 2006)의 결과에서도 성폭행이나 성희롱 피해를 당한 15명 중 11명이 전혀 모르는 가해자로부터 피해를 당한 것으로 나타난다. 그러나 페미니스트들은 친밀한 관계(배우자, 애인 등)로부터의 강간피해는 보통 신고율이 낮기 때문에 이러한 결과가 나타난다고 주장한다.

성폭력범죄는 피해자에게 심각한 신체적, 정신적 충격을 주는 것으로 알려져 있다. 특히 강간을 당한 경우에는 오히려 신체적인 피해는 비교적 단기간에 그치는 경향이 있지만, 심리적으로는 평생을 통해 가슴 속에 담고 살아야 할 짐이 된다. 범죄피해자에 대한 한 조사결과(최인섭 외, 2006)는 성범죄 피해자가 다른 대인폭력이나 재산범죄의 피해자, 또는 살인범죄 피해자의 유족 등과 비교해 볼 때 신체적, 정신적 수준에서 그 피해의 심각성이 가장 높은 수준이라는 것을 보여준다. 이 조사결과에 따르면, 성범죄 피해자의 신체적 피해가 높은 심각성을 띤다고 평가한 경우는 60%로 살인피해자 유족의 48.2%, 대인폭력피해자의 48.5%, 재산범죄피해자의 18.9%에 비해 가장 높았다. 또 성범죄 피해자의 심리적 피해가 높은 심각성을 띤다고 평가한 경우는 87.9%로 살인피해자 유족의 89.5%와 비슷했으며, 대인폭력피해자의 61.8%, 재산범죄피해자의 41.4%에 비해 훨씬 높았다.

2. 성매매

성매매는 (주로 남성이) 금전적 또는 이에 상응하는 대가를 상대방 여성에게 지불하고 성관계를 갖는 것을 말한다. 일반적으로 성이 엄격하게 금지된 미국과 같은 나라들은 일본이나 우리나라에서 발견되는 집창촌을 거의 모든 주에서 찾아볼 수 없으며, 대부분 콜걸[8]이나 거리매춘의 형태로 성매매가 이루어진다. 한국의 경우 성매매를 전업직업으로 하는 여성들이 일하는 집창촌이 있으며, 합법적인 서비스를

8) 전화를 통한 출장 형태로 성매매에 종사하는 여성.

제공하면서 성매매를 일부 겸하는 겸업형 성매매가 있고, 최근에 성매매업소의 단속에 따라 급속히 커지고 있는 인터넷 등을 이용한 개인 간 또는 매개하는 소규모 업소를 이용한 비업소형 성매매로 크게 나눌 수 있다.

전업형 성매매는 성매매가 일차적인 목적이 되며, 주류판매 등은 부차적인 목적이 된다는 점에서 그것이 반대인 겸업형 성매매와 차이가 있다. 전업형 성매매는 그동안 정부가 이러한 업소에서의 성매매를 사실상 묵인해 왔다는 점에서 특정지역을 두어 정부가 성매매를 허용하는 공창제와 비슷하다. 겸업형 성매매는 주류판매를 위해 성매매를 이용한다는 점에서 전업형 성매매와 그 차이가 있다. 전업형 성매매가 성매매로부터 얻는 이익을 업주들이 나눠 갖는 데 비해서, 겸업형 성매매는 일반적으로 성매매로부터 얻는 이익에는 업주들이 손대지 않는 것이 보통이다. 비업소형 성매매는 전업형 성매매와 겸업형 성매매의 중간 정도의 형태를 띠는데, 소규모 조직이 개입하더라도 주류판매에서 주된 이익을 추구하지 않고 성매매로부터 얻는 이익을 나눈다는 점에서 전업형 성매매와 유사하지만, 성매매 여성들이 그들을 매개하는 조직 또는 업소에 상대적으로 느슨한 형태의 통제가 이루어진다는 점에서 겸업형 성매매와 유사하다. 또한 이런 소규모 조직이나 업소의 매개 없이 이루어지는 인터넷 등에서의 개인 간의 성매매는 더욱 전업형 성매매와 큰 차이가 있다.

최근에 성매매 문제는 매우 큰 쟁점이 되어 있다. 이것은 김대중 정부 이후 진보정권 시대를 거치면서 여성부가 새롭게 만들어졌으며, 이에 따라 시민단체 등에서 활동하던 많은 급진적 페미니스트들이 정부에 진출하여 성정책의 주도권을 쥐게 되었기 때문이다. 따라서 과거에 보수적인 시각에서 보여졌던 성매매 문제는 완전히 새로운 시각에 의해 분석되고 접근되었다. 특히 1990년대 말부터 우리 사회에 하나의 사회문제로 자리잡기 시작한 청소년성매매 문제는 이들의 주된 공격 목표가 되었다.

과거 성매매에 대해 적용된 유일한 법이었던 「윤락행위 등 방지법」은 성매매를 엄격히 금지하는 법률로서, 성을 산 남성과 성을 판 여성을 함께 처벌하는 엄격한 법이었다. 그러나 현실적으로 성을 산 남성은 성매매의 전과가 없이 일회적인 성매수자로 인식되었고, 성을 판 여성들은 상습적으로 성을 파는 성판매자로 인식되었기 때문에, 실제로 그 처벌은 여성들에게 더 강했다고 할 수 있었다. 그러나 이마저도 실제로 적용되는 경우는 잘 없었고, 집창촌에서 성을 파는 여성들과 현실적으로 성매매가 이루어지는 유흥업소에 종사하는 여성들에게 국가에서 보건증[9])을 발급해줌으로써, 성매매를 국가에서 거의 묵인하고 있었다고 해도 과언이 아닐 것이다.

그러나 미성년자인 청소년들이 성매매에 대거 참여하고 있다는 사실이 우연한 계기를 통해서 알려지면서, 미성년자들을 고용하는 유흥업소에 대해 대대적인 단속을 하게 되었다. 그 결과 한국의 유흥업소에서 미성년 청소년들이 1997년 이후 급속히 사라졌고, 이들은 업소에 고용되어 성매매를 하는 형태를 점차 포기하고 독자적으로 자신의 성을 팔 수 있는 방법을 찾게 되었다. 그 결과 이들은 일본의 텔레쿠라를 모방한 한국의 전화방에서 초기에 청소년성매매의 대상을 찾다가 점차 인터넷상의 알선사이트에서, 오프라인상의 알선이벤트업소를 통해서, 핸드폰의 게시판을 통해서, 친구의 소개를 통해서, 그리고 최근에는 채팅앱을 통해서 청소년성매매를 하고 있다. 여성가족부의 최근 조사(여성가족부, 2020)에 따르면, 청소년성매매의 경로는 인스턴트 메신저가 37.3%로 가장 많았고, 그다음으로 SNS가 25.2%, 랜덤채팅이 14.1%, 인터넷 게임이 12.7%, 인터넷 커뮤니티가 2.7%, 인터넷 방송이 1.4%, 그리고 미디어 공유 플랫폼이 0.8%의 순으로 높게 나타나고 있다. 이 결과는 과거 전화방에서 성매매 대상 청소년을 구하는 경우가 거의 없어졌음을 보여준다.

어떻든 이러한 단속의 과정에서 경찰은 뜻하지 않은 역풍을 맞게 되었다. 「윤락행위 등 방지법」의 관행에 따르면, 성매매를 하는 여성은 청소년이든 아니든 관계없이 상습성이 인정되므로 더 많은 형사사법기관의 관심과 개입을 받게 되자, 당시의 청소년보호위원회[10])는 성을 매수한 성인들이 더 나쁨에도 불구하고 아직 인격이 형성되지 않은 청소년들을 더 강하게 처벌하는 것에 대해 완강히 반대하였고, 결국 이것은 당시 정부의 성정책을 주도하고 있던 페미니스트들의 지지를 받아, 1997년의 「청소년보호법」과 2000년의 「청소년 성보호에 관한 법률」의 제정에 이르게 되었다. 이 법은 기존의 「윤락행위 등 방지법」의 처벌관행과는 달리, 청소년을

9) 성매매가 이루어진다고 추정되는 업소에서 일하는 여성들에게 보건소에서 주기적으로 발급하는 성병이 없음을 증명하는 증명서로서, 현재는 이 제도가 폐지되었다.

10) 이 청소년보호위원회는 국가청소년위원회로 이름이 바뀌었다가, 지금은 보건복지가족부의 한 부서로 통합되어 있다.

대상으로 한 성매매의 경우는 성을 매수한 성인들에 대해 훨씬 더 엄한 처벌을 하고, 미성년인 청소년들에 대해서는 「소년법」의 취지에 맞게 보호처분을 하는 것을 그 내용으로 하고 있었다. 그러나 경찰은 성을 판매한 청소년들에 대해서는 개입을 포기하여 법에 규정된 보호처분을 한 사례는 거의 없으며, 거의 대부분의 청소년들을 훈방처리하여 청소년성매매가 줄어들지 않고 존속하는 데 일조하였다.[11]

한국에서 청소년성매매가 어느 정도의 규모로 이루어지고 있는지를 추정하는 것은 그리 쉽지 않다. 청소년성매매란 것이 일단 암수가 많고, 따라서 공식통계에 거의 잡히지 않으며, 매우 음성적으로 개인들 간에 이루어지기 때문에 실제로 참고할 만한 자료는 그렇게 많지 않은 것이 현실이다. 경찰의 단속실적에 따르면, 청소년성매매는 2004년에 가장 많이 적발되었고, 2001년에서 2004년 사이에 1,400~1,500건 정도의 안정적인 적발건수를 유지하고 있다가, 2005년 이후 약간씩 감소하고 있음을 알 수 있다. 청소년의 성을 매수한 사람들의 연령별 분포를 살펴보면, 20대 이하와 30대가 각각 43.0%와 42.2%로 도합 85.2%가 20~30대의 성인들이라는 것을 알 수 있다. 그다음으로 40대가 11.8%, 50대가 2.4%, 60대가 0.6%로 소수를 차지하였다. 이 비율은 연도별로도 큰 변화 없이 유지되고 있다(김지영 외, 2008 참조).

그러나 이러한 공식통계 수치는 청소년성매매의 많은 암수로 인해 어느 정도 성매매가 우리 사회에 퍼져있는지를 정확히 보여주지 못한다. 그나마 청소년성매매의 수준을 추정하는 데 도움이 될 만한 자료는 중·고등학생이나 소년원생 등에 대해 몇 차례 단발적으로 이루어졌던 자기보고식 조사들이 있다. 이러한 조사들에 기초

---

11) 2001년 1월에서 6월까지 서울경찰청에서 다룬 248건의 청소년성매매 사건 중에서 경찰단계에서 성매매 청소년을 보호자에게 인계한 경우가 전체의 86.4%인 214건이었고, 다음으로 소년보호사건으로 가정법원에 송치한 경우가 4.8%인 12건, 보호시설로 인계한 경우가 4.0%인 10건, 그리고 죄질이 나빠서 형사입건한 경우가 4.0%인 10건으로 나타났다(서울경찰청 방범지도과 자료, 김지선, 2001). 실제로 경찰단계에서 청소년성매매 청소년은 거의 모두 귀가조치되고 있다고 해도 과언이 아닐 것이다. 이런 관행은 현재도 유사하게 유지되고 있으며, 이것은 성매매청소년을 전적으로 피해자로 보는 시각에서 기인한다. 그러나 성매매청소년들을 전적으로 피해자로 보는 시각은 지나치게 낭만적인 것이다. 성매매청소년들은 현재도 인터넷 등에서 매우 적극적으로 자신의 성을 매수해 줄 성인들을 찾아다니고 있으며(윤옥경, 2001), 일반적인 범죄피해자와 동일한 동정심을 가지고 이들을 대하기에는 이들은 너무나 비행성향이 진전된 청소년들이다. 현행법은 이들에게 다양한 보호처분과 함께 재활프로그램을 할 수 있도록 제시하고 있지만, 현실은 대부분이 경찰단계에서 그냥 훈방되고 있으며 이것은 성을 매수한 성인의 처벌에만 매달린 것과 함께 청소년성매매를 줄이지 못하는 중요한 원인이 되고 있다(박성수, 2004).

하여 국내의 청소년들 중에 성매매의 경험이 있는 학생의 비율이 얼마나 되는지를 추정해 보면, 대체로 1.8% 이내라는 것을 추측해 볼 수 있다. 황순길 외(2001)의 연구는 청소년성매매 경험이 있는 사람이 1.8%인 것으로 나타나는데, 이 연구의 표본이 청소년성매매를 경험할 가능성이 상대적으로 높은 여학생이 77%로 구성되어 있다는 점을 감안하면, 실제 중·고등학생들 중에서 청소년성매매를 경험한 사람의 비율은 1.8% 미만으로 추정된다. 최근의 여성가족부의 조사(여성가족부, 2020)에서도 이와 유사하게 나타나는데, 성매매 경험이 있는 청소년의 비율이 1.1%였으며, 남학생은 0.9%, 여학생은 1.3%로 매우 낮게 나타난다. 반면 이희경·이희길(2001)이나 정혜원·박윤환(2012)의 연구에 의하면 소년원이나 다른 청소년시설에 수용된 청소년들의 성매매 경험률이 약 20~30%에 이른다는 것을 알 수 있다. 이 결과는 소년원과 같은 시설에 수용된 청소년들의 성매매 참가율이 일반 학교에 다니는 청소년들에 비해 훨씬 높다는 것을 보여준다.

그런데 일반학생 대표본(N ≒ 15,000)을 대상으로 한 연구(이종원 외, 2012)결과는 많은 새로운 사실을 추정케 하는데, 전체 중고생 중에 0.5% 정도의 학생들은 성매매를 경험했을 뿐만 아니라, 적극적으로 성매수에도 비슷한 규모의 학생들이 가담했다는 것이다. 이 결과는 청소년들의 성매매가 꼭 성인남성과 여자청소년들 사이에만 나타나는 것은 아니며, 청소년들 사이에서도 활발히 일어날 수 있음을 추정케 한다. 그리고, 일반적인 기대와는 달리, 남학생의 성매매 경험비율과 성매수 경험비율(각각 0.9%, 1.0%)이 여학생에 그것(각각 0.2%, 0.07%)에 비해 오히려 모두 높다는 것이다. 다시 말해서 가출상태에서 여자청소년들의 성매매율은 매우 높게 나타나는데 비해서, 일반 학교를 다니고 있는 여학생들의 성매매율은 오히려 남자청소년들보다 더 낮게 나타난다.

이러한 결과는 매우 제한된 집단의 남학생들에게 성매매는 재미있는 놀이와 같이 즐길 오락거리로 자리 잡지 않았나 하는 우려를 하게 한다. 이것은 성매매를 제안받은 경로를 통해서도 짐작할 수 있는데, 남학생의 경우 가장 많은 31.8%가 친구나 선후배를 통해서 소개받은 경우인 반면, 여학생은 17.6%만이 이 경로를 이용한 것으로 나타났다. 이것은 남학생들이 성매매를 놀이처럼 공유하는 경향이 있는 반면에, 여학생들은 상대적으로 이러한 경향이 덜하다는 것을 보여준다. 여학생들이 선호하는 경로는 주로 휴대폰채팅/문자메시지(32.2%), 채팅/이성교제사이트(22.9%), 길거리/ 공원(22.1%)으로써, 여학생들은 자신의 신분에 대한 익명성이 보장되는 경로를 선호한다. 이것은 남학생들과는 달리 여학생들에게 성매매는 숨기고 싶은 비밀이라는 것을 보여준다(이종원 외, 2012: 130).

이상의 여러 가지 논의를 종합해 볼 때, 한국에서 청소년성매매를 한 경험이 있는 청소년의 비율은 소년원생이 아닌 일반학생의 경우 대략 1% 내외일 것으로 추정된다. 이것은 청소년성매매가 오래 전부터 문제가 되어온 일본에서 성행위까지 가는 성매매를 하고 있는 청소년비율이 2.3%라는 점을 감안해 볼 때, 결코 적은 수치라고 볼 수 없다.[12)]

성매매 청소년의 특성을 살펴보는 것은 성매매의 원인을 이해하기 위해서 중요하다. 이를 위해 성매매를 경험한 청소년에 대한 몇몇 연구들(황순길 외, 2001; 박성동, 2001; 김종휘, 2001; 김지영 외, 2008)을 중심으로 이들의 특성을 살펴보면, 우선 연령별로 살펴보면, 청소년성매매를 하는 청소년들은 대부분 고등학생이나 중학생으로 구성되어 있으며, 평균적으로 성매매를 하는 청소년은 16세가 가장 많으며, 그 다음으로 15세, 17세, 18세의 순으로 많다고 추정된다. 청소년성매매로 검거된 자료에 따르면, 성매매청소년은 일반 학교에 재학하고 있는 경우에 비해 학교에 다니지 않는 경우가 오히려 많음을 알 수 있으며, 이들의 가정환경도 매우 불안정한 상태에 있음을 알 수 있다. 즉 양친이 모두 있는 경우에 비해 부모가 이혼했거나 한쪽이 사망한 한부모가정의 비율이 높은 것으로 나타난다.

또한 이들 중 절반 이상이 가출의 경험을 갖고 있는 것으로 나타났으며, 성경험을 갖고 있는 경우도 80% 내외에 이르렀다. 이렇게 성매매청소년의 상당수가 가출경험을 갖고 있으며, 이것은 거꾸로 가출이 청소년성매매를 부추기고 있다는 것을 보여준다. 실제로 한국에서 성매매를 하고 있는 청소년들의 경우 상당수가 가출상

---

12) 도쿄 가쿠게이대학 연구팀(팀장 후쿠토미 마모루 교수)이 여성기금쪽 의뢰로 실시한 의식조사를 정리한 이 자료는 청소년성매매 실상의 단면을 잘 보여준다. 대상은 도쿄 기점 40㎞내에 있는 80개 지역 여고생(15~18살) 600명으로 전 학년이 고루 포함됐다. 그들 중 청소년성매매 경험자는 5%로 나왔다. 30명쯤 되는 셈이다. 이 가운데서 성행위까지 간 경우는 2.3%(13~14명), 나머지는 '성교 이외의 성적 행동'(2.3%)이나 찻집 가기 등의 통상적인 데이트(복수응답 4.8%)다. 결코 적은 수치는 아니지만 그렇다고 일반화돼 있다고 보기도 어렵다(한겨레, 1998. 11. 16.).

태에서 생활비를 마련하기 위해 성매매를 하고 있는 것으로 추측된다. 이것은 성매매청소년들이 밝힌 성매매의 이유에서도 알 수 있는데, 가출생활비를 마련하기 위해 성매매를 한다는 경우가 각각 36.9%, 25.3%, 20.0%, 19.0%로 상당히 많이 나타나고 있음을 알 수 있다. 그러나 몇 가지 차이들을 감안한다면 청소년성매매의 원인으로서 가출생계비는 대략 25%에서 30% 정도의 비중을 차지하는 것으로 생각된다.

이상의 결과는 청소년성매매가 실제로 성인의 성매매와 크게 다를 것이 없다는 것을 보여준다. 미국사회에서 흔히 볼 수 있는 거리매춘부들처럼 독자적으로 활동하면서 자신의 성을 사줄 성인들을 찾아다니는 경향은 성인과 청소년의 성매매가 큰 차이가 없다는 것을 알 수 있다. 다시 말해서 인터넷이나 핸드폰, 전화방 등을 통해서 성을 사줄 성인들을 찾아다니며, 성인을 만나면 1~2시간 내에 여관과 같은 숙박업소에서 성을 팔고 10만 원대 정도의 대가를 받는 것을 한 달에 1~2회 정도 하는 고액 아르바이트로 생각하고 있는 것이 현재 한국의 성매매 청소년들의 실상이다. 특히 이러한 경향은 2000년 이후 점점 심해지고 있다(김혜원, 2011).

그러나 당시 한국의 성정책의 주도권을 갖고 있었던 급진적 페미니스트들은 청소년들의 성을 매수하는 성인남성들을 인터넷을 통해 구체적인 신상이 공개되어야 할 사회악으로 규정하는 데 성공하였고,[13] 이들은 그 여세를 몰아서 또 다른 큰 무리의 '가부장제의 피해자'가 존재하는 집창촌의 성매매에 대해 대대적인 공격을 가했다. 그 공격의 도구는 2004년 6월부터 시행된 「성매매알선 등 행위의 처벌에 관한 법률」과 「성매매방지 및 피해자 보호 등에 관한 법률」의 두 법률이었다. 이 법률들은 성매매특별법 또는 성매매방지법이라고 일반적으로 불리는데, 성매매를 알선하는 포주나 업주들을 처벌하고 성매매를 하는 여성들을 피해자로서 보호하려는 목적을 가진 법률이었다. 이 법에 의해 피해자로 지목된 여성은 소위 선불금[14]이 면제되며, 법률적 의료적 지원이 제공되며, 자립을 위한 직업훈련 등의 지원책이 마련되었다. 이렇게 성매매여성을 성매매청소년과 같이 피해자로 정의함으로써, 성매매를 알선하고 성을 사는 남성들만 처벌할 수 있는 편리한 도구가 마련될 수

13) 성매매청소년들을 피해자로 보고 사실상 그들을 방치함으로써, 청소년성매매를 줄일 수 있는 기회를 스스로 날려버렸다.

14) 돈이 필요한 성매매여성들이 성매매 업소에 일하기 시작하면서 빌리는 돈. 보통 선불금의 액수는 관행적으로 성매매여성들의 필요와 업주가 판단한 상품가치에 따라 달라진다.

그림 5-1 ■ 성매매특별법 폐지를 요구하며 시위하고 있는 성매매여성들

있었다(이성숙, 2006).

그러나 이렇게 성매매여성들을 피해자로 보고 성매매특별법을 통해 이들을 구제하려는 정책은, 그 법의 주된 구제 대상이 되는 집창촌 성매매여성들이 여성부 앞에서 성매매특별법을 폐지하라는 대규모 시위를 함으로써 역풍을 맞게 되었다. 이 성매매여성들은 시위를 통해 자신들의 생존권을 정부가 보장하라는 요구를 하였다. 이처럼 성매매특별법이 예상치도 못한 방향에서 큰 반발을 불러일으킨 것은, 현실과 유리된 급진적 페미니스트 정책의 당연한 결과였다. 실제로 대다수의 성매매여성들이 자발적으로 성매매를 하고 있음에도 불구하고, 성매매특별법은 이들이 가부장제의 폭력에 의해 원치 않는 성매매를 하는 인신매매의 피해자로 보기를 강요하고 있었다.[15]

실제로 많은 성매매여성들은 그들의 가족들을 성매매를 통해서 부양하고 있으며, 자신들의 희생을 통해 다른 가족의 구성원들이 원하는 것을 할 수 있다는 데 보람을 느낀다. 그들이 원하는 것은 그들을 노동자로 인정하고 그들의 꿈을 그들의 노동을 통해 실현해나가려는 것이다. 문제는 성매매특별법이 이들의 꿈을 막고 있다는 데 있다. 지구상에서 성매매문제를 완벽히 해결한 나라가 없음에도 불구하고, 법 하나만으로 성매매를 없애고, 수많은 성매매여성들을 성매매보다 훨씬 나은 상태로 만들 수 있다는 것은 불가능한 꿈이 아닐까?

---

15) 성매매특별법은 성매매여성을 두 가지 유형으로 구분한다. 하나는 강요에 의해 성매매를 하는 여성들이며, 이들에게는 다양한 자활책이 지원된다. 다른 하나는 자발적으로 성매매를 하는 여성들로서, 이들에 대해서는 처벌을 한다. 그러나 현실적으로 이 두 가지 유형을 정확히 구분하기가 어렵기 때문에, 후자의 조치는 사실상 가능하지 않다. 최근의 한 연구는(김지영·박경래, 2006)는 이 두 집단이 어떤 차이가 있는지를 살펴보는 과정에서, 전자는 자발적으로 쉼터나 상담소를 찾은 성매매여성으로, 후자는 단속에 걸려 보호관찰을 받은 성매매여성으로 조작적으로 정의한다.

성매매여성은 피해자인가? 노동자인가?

성특법 시행 이후 성노동자들의 치열한 생존권 투쟁을 통해 인간으로서 권리와 주체적인 성노동자로서의 정체성을 확립해가고 있다. 성노동자들은 무엇보다도 성매매 피해자로서 구제의 대상이 아니라, 자본주의 가부장제 사회에서 주체적인 '성노동자'로 인식되기를 촉구하고 있다. 피해여성으로 등록된 여성에 대한 6개월의 재활기간은 터무니없이 짧은 기간이며, 40여 만 원의 생계비제공은 가족부양에 전혀 도움이 되지 않는다. 이는 '일할 수 있는 노동자'를 무기력화하며, 국민의 혈세를 낭비할 뿐이다. 이들은 빈곤으로부터 벗어나려는 자신들의 꿈을 "구제의 대상"으로서가 아니라 집창촌에서 주체적으로 이룰 것이라고 주장한다.

이와 같이 성노동자들에게 빈곤의 문제는 인권문제에 우선한다. 따라서 빈곤의 문제를 도외시한 채 여성들의 존엄성과 인권옹호에 대한 구호는 단지 배경음악이나 페미니스트의 정치적 레토릭에 불과한 것이다. 가부장제의 젠더위계질서 속에서 성노동자가 되는 가장 근본적인 원인은 절대적 빈곤이다. 제 3 세계의 유색인이면서, 하층민, 그리고 여성인 성노동자들에게 '고결한' 삶의 기회는 거의 불가능하다. 운 나쁘게도 빈곤한 집안에서 태어난 소녀들은 사회적 재생산의 절대적인 필수조건인 교육의 혜택에서 제외된다. 솔직하게 터놓고 얘기해 보면, 한국사회에서 중졸 및 고퇴의 여성들이 생존을 위한 고결한 수단을 과연 선택할 수 있는가? 한마디로 없다고 본다. 집창촌에서의 성노동은 영세사업장의 생산직노동 및 사무보조 노동에 비해 훨씬 더 자유로울 뿐만 아니라 경제적인 여유를 가져다 준다고 한다. 평균 하루 10시간의 노동에 70만 원의 월급을 받으면서 직장상사들의 노골적인 성적 희롱과 모멸감에 시달렸지만, 집창촌에서는 성적 희롱조차 대가를 받을 수 있으며, 무엇보다도 가족을 부양한다는 자부심과 미래에 대한 꿈을 설계할 수 있다.

2005년 4월 서울여성영화제 국제포럼에 참석하였던 김문희 씨는 이렇게 말했다. "저에게는 꿈이 있습니다. 집결지에서 이루고 싶은 꿈이 있습니다"라고. 지금도 그녀는 그 꿈을 이루기 위해 성특법을 피해가면서 집창촌에서 노동을 하고 있다. 그녀의 노동은 노동일 수 없는가? 그녀의 꿈이 꿈이 될 수 있는 사회는 어떤 사회인가?

이성숙, 2006.

현재 한국에서 성매매에 종사하는 여성의 규모는 상당히 큰 것으로 알려져 있다. 2006년 한국여성정책연구원의 추산에 의하면, 성매매업소수는 집창촌과 같은 전업형이 1,443개이며, 유흥주점과 같은 겸업형이 44,804개이며 전국에 도합 46,247개의 성매매업소가 존재하는 것으로 나타났다. 성산업에 종사하는 여성의 규모는 약 27만 명인데, 이 중 집창촌과 같은 전업형에 3,644명이 종사하며, 겸업형에 147,392명, 그리고 인터넷 등의 기타 유형으로 성매매를 하는 여성이 118,671명으로 추정되었다. 이것은 같은 연령대 취업여성의 6.3%에 해당하는 수치라고 한다. 연간 성을 구매하는 사람은 전업형 251만 명, 겸업형 5,010만 명, 그리고 기타 유형 4,134만 명으로 도합 2006년 한 해 동안 9,395만 명이 성을 구매하는 것으로 추정되었다. 연간 성매매 시장에서 거래되는 금액은 총 약 14조 원에 이르는 것으로 추정되었다(변화순 외, 2007).[16]

성매매특별법 이후 집창촌은 줄어들었지만, 성매매의 형태가 다양해지는 것으로 나타난다. 이 법 시행 이후의 효과에 대해 평가한 한 연구에 따르면, 법 시행 후 집창촌의 업소수와 성매매여성이 크게 줄어들었고, 선불금을 악용한 인권유린도 줄어들었지만, 새로운 형태의 성매매산업이 발전하였고, 여기에 성매매경험이 없는 새로운 여성들이 많이 유입되었다. 최근 이런 업소에서 단속된 성매매여성들은 성매매 종사기간이 1년 이하이고 집창촌 등에서 일한 경험이 없는 여성들이었으며, 보통 친구소개나 전단지, 생활정보지의 광고를 통해 자발적으로 성매매를 선택하였고, 대부분 유사성행위 업소에서 일하다가 적발된 것으로 나타난다. 결국 성매매특별법이 기존 성매매여성들을 줄이는 데는 어느 정도 효과를 거두고 있지만, 새로운 여성들이 새로운 성매매업소에 진입하는 것을 차단하지는 못하고 있는 것으로 나타난다(권영상, 2007).

세계적으로 볼 때, 성매매를 합법화한 국가가 그렇지 않은 국가에 비해 더 많은

---

16) 2002년 한국형사정책연구원(김은경, 2002)의 추산에 의하면, 성산업에 종사하는 여성의 규모는 약 33만 명에 이르며, 이것은 같은 연령대 취업여성의 8%에 해당하는 수치라고 한다. 이 결과와 한국여성정책연구원(변화순 외, 2007)의 2006년 조사결과와 비교하면, 성매매의 규모가 줄어든 것으로 나타나지만, 꼭 성매매의 규모가 줄어들었다고 단언하기는 힘들다. 왜냐하면 성매매특별법이 생기고 강력한 단속이 이루어지면서, 성매매가 기존의 공공연한 방식에서 더욱 엄밀하고 교묘한 방식으로 변화했으며, 이런 교묘하고도 다양한 새로운 형태의 성매매는 더욱 그 규모를 추산하는 것이 어렵다. 심지어는 이 조사가 성매매규모를 축소했다는 비판도 있다.

편이다. 사회적 쟁점들을 다루는 웹사이트인 ProCon.org에 따르면, (집결)성매매업소를 소유하거나 포주 역할을 하는 것은 불법으로 규정한 나라가 대부분이지만, 성매매 자체는 합법화되는 경향이 있다. 2021년 현재 세계 100개국 중에서 성매매를 합법화한 나라는 과반수를 넘는 53개국이다. 반면 성매매를 불법으로 처벌하고 있는 나라는 한국을 포함하여 35개국이다. 또한 제한적으로 합법화한 나라는 12개국인데, 호주와 미국처럼 지역에 따라 다르거나, 스웨덴이나 노르웨이와 같이 성을 파는 것은 합법이지만 성을 사는 것은 불법이거나, 일본과 같이 남녀 성기의 삽입만 불법이고 다른 유사성행위는 합법인 나라들이 그것이다.

그림 5-2 ■ 세계의 다양한 성매매 규제법(2025년 1월)

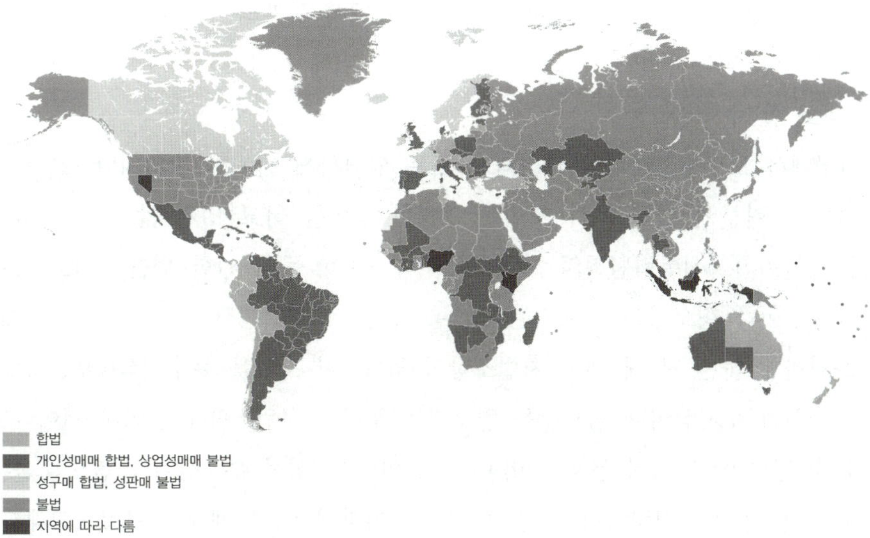

출처: wikipedia.

3. 포르노그래피

포르노그래피(pornography)를 정의하는 것은 그리 쉬운 일이 아니다. 왜냐하면 어떤 것을 포르노그래피로 귀속시킬 것인지에 대해 사람에 따라서, 문화에 따라서, 국가에 따라서 의견이 다를 수 있기 때문이다. 또 한편으로는 이 개념과 관련한 다양한 입장에 따라서, 성표현물, 음란물 등과 같은 유사용어들이 등장하기도 한다. 최근에는 포르노그래피라는 용어가 오히려 더 많이 쓰이는 경향이 있다.

일반적으로 포르노그래피란 "인간의 육체 혹은 성행위를 노골적으로 묘사 서술한 것으로서 성적인 자극과 만족을 위해서 이용되는 성표현물"이라고 할 수 있다. 보통 포르노그래피는 법적 금지의 대상이 되는 음란물과 동의어로 사용되기도 한다(이건호, 2001: 23). 포르노그래피가 보다 객관적인 표현사실을 기준으로 정의되는 데 비해서, 음란물은 보통 각 나라 또는 지역에서 규제의 대상이 되는 포르노그래피를 말한다. 따라서 포르노그래피는 음란물에 비해 보다 객관적이고 보다 넓은 개념이라고 할 수 있다.

한국에서 포르노그래피의 제작과 유포는 엄격하게 금지하고 있지만, 포르노그래피 또는 음란물에 대해 우리 형법은 정확한 정의를 하고 있지 않다.[17] 그러나 최근에 만들어진 「성폭력범죄의 처벌 및 피해자보호 등에 관한 법률」 14조에는 "성적 수치심이나 혐오감을 일으키는 말, 음향, 글, 도화, 영상 또는 물건을 상대방에게 도달하게 하는 자"에 대한 처벌조항이 있다. 이 조항을 유추해석하면, 포르노그래피란 성적 수치심이나 혐오감을 일으키는 문서나 그림, 필름 등의 물건이라고 정의할 수 있다.[18] 그런데 문제는 어떤 것이 이러한 '성적 수치심이나 혐오감'을 주는지에 대한 판단은 사람마다 다를 수 있고, 따라서 어떤 매체가 포르노그래피인지

17) 우리 형법에서는 이것의 관련 조항으로 다음의 두 가지가 있다. 제243조(음화반포 등) 음란한 문서, 도화, 필름 기타 물건을 반포, 판매 또는 임대하거나 공연히 전시 또는 상영한 자는 1년 이하의 징역 또는 500만 원 이하의 벌금에 처한다. 제244조(음화제조 등) 제243조의 행위에 공할 목적으로 음란한 물건을 제조, 소지, 수입 또는 수출한 자는 1년 이하의 징역 또는 500만 원 이하의 벌금에 처한다.

18) 1998년 한 출판물 등록 사건과 관련하여 대법원과 헌법재판소가 음란에 대하여 상이한 기준을 제시한 바 있다. 대법원은 음란물에 대해 "일반 보통인의 성욕을 자극하여 성적 흥분을 유발하고 정상적인 성적 수치심을 해하여 성적 도의관념에 반하는 것"이라고 넓게 규정하였고, 헌법재판소는 "인간존엄 내지 인간성을 왜곡하는 노골적이고 적나라한 성표현으로서 오로지 성적 흥미에만 호소할 뿐 전체적으로 보아 하등의 문학적, 예술적, 과학적 또는 정치적 가치를 지니지 않은 것"이라고 규정한다(이인호, 2000).

아닌지를 판단하기 위해서는 결국은 개별의 사건에 대한 소송을 통해서 법원의 결정에 의존해야 한다.

포르노그래피는 그 내용에 따라서 하드코어 포르노그래피와 소프트코어 포르노그래피로 구분된다. 하드코어(hard-core) 포르노그래피는 오로지 성적 흥분과 자극을 위하여, 성적 묘사 혹은 기술이 현저하게 노골적이고 사회의 도덕관념을 심히 해칠 뿐만 아니라 어떤 사회적 가치도 갖지 않는 성표현물을 의미한다. 과거에는 이 '노골성'의 판단기준이 하드코어 포르노그래피를 판정하는 중요한 기준이 되었지만, 점차 내용의 반사회성이 중요한 기준이 되고 있다. 따라서 폭력적인 성표현물, 인간의 지위를 하락시키고, 품위를 손상하며, 남성에 대한 여성의 종속 등을 묘사하는 성표현물, 수간, 근친상간, 동성애, 혼음 등과 같은 사회규범과 배치되는 비폭력적 성표현물, 아동 포르노그래피 등이 속한다(김영환, 1992; 김준호·박해광, 1993).

반면 소프트코어(soft-core) 포르노그래피는 표현의 방법이 하드코어보다 노골적이지 않지만 인간의 육체 혹은 성행위를 묘사한 것으로 성적인 자극과 만족을 위해 이용되는 성표현물을 말한다. 여기에 속하는 것으로는 성행위 또는 성행위와 직, 간접적으로 관련된 성기노출에 관계없이 비폭력적, 비품위 손상적 성표현물과 누드를 표현한 것이 있다(김준호·박해광, 1993; 이원숙 외, 1998). 많은 국가에서 소프트코어 포르노그래피는 정상적인 성행위를 표현한 것으로 사회통념과 반하지 않는 것이기 때문에, 성인에게는 별다른 해악이 없는 것으로 받아들여지고 따라서 규제될 필요가 없는 것으로 인식되고 있다.

이렇게 하드코어 포르노그래피와 소프트코어 포르노그래피를 구분하는 가장 결정적인 기준은 폭력성이라고 할 수 있다. 이것은 하드코어 포르노그래피에 나타나는 노골적 성행위가 강간, 아동학대, 수간, 새도-마조히즘, 여성을 단순한 성적인 대상으로 비하하는 등의 폭력적인 내용과 결합되어 나타나기 때문에, 성표현의 자극적인 효과보다는 성적 충동이 폭력적 행동으로 나타날 수 있다는 가능성을 제공하기 때문에 해악성이 높다고 평가되고, 따라서 규제의 대상이 된다고 할 수 있다(김준호·박해광, 1993).

국내에서는 소프트코어 포르노그래피도 사실상 상영이 제한되어 있는 상태이기 때문에, 이러한 포르노그래피는 모두 인터넷에서 범람하고 있다. 문제는 이것에 대한 통제가 사실상 불가능하기 때문에, 청소년들에게도 무방비 상태로 포르노그래피가 인터넷의 발달과 함께 확산되고 있다. 특히 최근 한국사회에서 초고속 인터넷망의 대중화와, 이를 이용한 P2P, 웹하드 등의 서비스의 발달은 포르노그래피를 청소년들에게 급격히 확산시키는 원인이 되었다.

최근의 한 연구(N=2,368)는 청소년들의 이러한 포르노그래피 접촉실태를 조사한 바 있는데, 포르노 잡지를 본 적이 있는 중학생과 고등학생이 10~20% 정도밖에 되지 않고, 포르노 비디오의 경우 중학생의 15%, 고등학생의 36~40% 정도가 본 적이 있는 것으로 나타난다. 포르노 만화나 포르노 영화는 잡지나 만화보다 훨씬 학생들에게 대중적인데, 포르노 만화를 본 적이 있는 경우는 중학생이 32%, 고등학생이 60~64% 정도되며, 포르노 영화는 이보다 약간 더 많은 학생들이 본 적이 있는 것으로 나타난다. 가장 학생들이 많이 보는 것은 포르노 동영상으로 중학생의 47%, 고등학생의 82~85% 정도가 이것을 본 적이 있는 것으로 나타난다(백혜정·김은정, 2008).

이 결과는 중학생이나 고등학생이나 관계없이 정도의 차이는 있지만, 모두 포르노그래피를 많이 접하고 있는 것을 보여준다. 실제로 포르노 잡지나 비디오를 본 학생들이 적은 것도, 이들을 선호하지 않는다기보다는 이들보다 훨씬 강한 자극을 제공하면서 인터넷에서 훨씬 쉽게 구할 수 있는 포르노그래피를 많이 보기 때문으로 생각된다. 청소년들의 포르노그래피 접촉은 영화나 동영상에 그치지 않는다. 성인용 컴퓨터 게임의 상당수는 극도의 폭력성과 하드코어 포르노를 보여준다. 특히 일본산 성인용 컴퓨터 게임의 경우 강간이나 성추행과 같은 가상경험을 제공하며, 강간과 성추행을 더 많이, 더 강하게 할수록 보상이 주어지는 형태로 이루어져 있다. 문제는 이러한 성인용 게임에 대해 성인들은 정작 관심이 없는 반면, 그 이용자가 대부분 청소년들이라는 것이다.

인터넷 포르노그래피의 발전으로 인해 새로운 형태의 서비스가 발전되어 왔는데, 라이브 형태의 인터넷 포르노방송이 그 대표적인 예이다. 2000년대 들어 우후죽순으로 나타난 인터넷 포르노 TV는 초고속망의 발전을 타고 우리의 방 안까지 포르노그래피를 범람하게 만들었다. 이러한 "인터넷 방송 형태의 포르노그래피의 특징은 관객과 연기자의 상호작용이다. 채팅이나 동영상을 통해 사람들은 자신의 성적 환상을 추구하고 가상의 상대와 성관계를 나누고 있는 듯한 환상을 제공한다"(이미정, 2004: 70). 특히 이 서비스는 대부분 포르노그래피가 합법적인 외국에 서버를 두고 있기 때문에 단속이 어렵다. 이들은 대부분 카드결제를 요구하기 때문에 청소년들의 접근이 어려운데, 문제는 이들 방송이 특정 개인에 의해 대부분 동영상으로 만들어져 청소년들이 쉽게 구할 수 있도록 유포된다는 것이다.

이처럼 중학생의 거의 과반수와 고등학생의 80% 이상이 포르노그래피를 접하고 있다는 사실은, 영상물등급제의 취지를 많이 쇠퇴시키고 있다. 청소년들이 클릭 몇 번으로 하드코어 포르노그래피를 쉽게 접할 수 있는 현실에서, 청소년 유해매체의 제한과 단속은 오히려 약한 포르노그래피만 단속하거나 성인의 포르노그래피 이용만 제한하는 모순에 빠질 수 있다. 청소년들이 상대적으로 바르게 표현된 포르노그래피보다는 하드코어 포르노그래피에 접촉하는 것이 더 쉽다는 점은, 아직 인격이 형성되지 않은 청소년들의 성의식을 왜곡할 수 있는 소지가 크다.

이처럼 청소년들에 대한 포르노그래피의 차단에 대해서는 별 이견이 없으나, 성인들에게까지 포르노그래피 이용을 차단해야 하는지에 대해서는 많은 이견이 존재한다. 실제로 선진국 중에서 성인들의 포르노그래피 이용을 금지하는 국가는 거의 없다.

포르노사이트는 차단되어야 하는가?

2019년 2월부터 한국에서 모든 포르노사이트의 접속이 인터넷 서비스 업체(ISP) 수준에서 원천적으로 차단되었다. 포르노그래피의 허용과 관련하여 국내의 한 포털에서의 다양한 논쟁을 소개한다. 이 조치는 국내에서 새로운 쟁점을 낳았고, 격렬한 논쟁을 불러일으켰다.

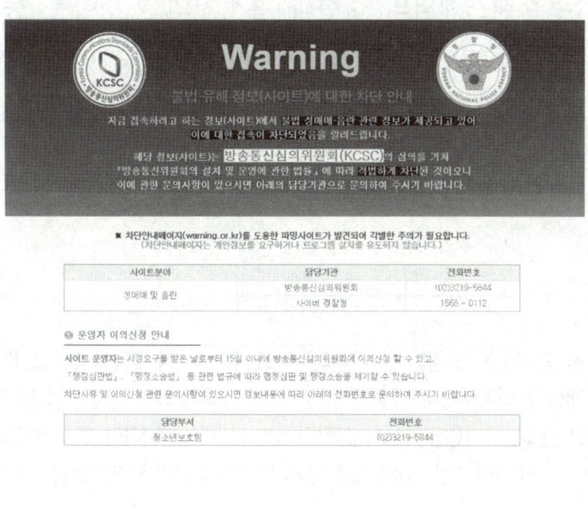

찬성	반대
• 포르노는 여성을 성적 대상화하고 착취한다. • 포르노는 N번방과 같은 성범죄를 조장한다. • 몰카 피해를 막기 위해 포르노사이트 차단이 필요하다. • 포르노사이트를 차단하지 않으면, 청소년들의 음란물 접촉을 막기 어렵다.	• 성인이 성인물을 못보게 하는 것은 성인의 자유권에 대한 심각한 침해이다. • 포르노가 성범죄를 조장한다면, 포르노가 허용된 선진국은 왜 성범죄율이 더 낮은가? • 범죄예방을 위해 미디어를 탄압하는 것은 독재국가의 허울 좋은 구실일 뿐이다.

4. 동성애

동성애(homosexuality)란 좁게는 여성들 간의 애정적 관계로 나타나는 레즈비언, 그리고 반대로 남성들 간의 애정적 관계로 나타나는 게이들을 지칭하는 용어이다. 그러나 일반적으로 동성애는 좀 더 다양한 현상을 모두 포괄하는 보다 넓은 개념으로 쓰이는데, 동성애와 이성애를 모두 즐기는 양성애자, 그리고 남성에서 여성으로 성전환수술을 한 성전환자 등을 모두 포함한다. 우리 사회에서 동성애 문제는 겉으로 드러나지 않는 문제였기 때문에, 사회적으로도 큰 이슈가 되지 않았으나, 가끔 하리수와 같은 트랜스젠더의 출현과 홍석천의 커밍아웃 등의 일회적인 사건으로 가끔 세간의 이목을 끌었다. 그러다가 2004년에 국가인권위원회가 청소년유해사이트 목록에서 동성애사이트를 제외하라는 권고를 청소년보호위원회에서 받아들여 동성애를 삭제함으로써 세상의 큰 관심을 받게 되었다.[19)]

19) 한국여성 성적 소수자 인권운동 모임인 '끼리끼리' 대표 김모씨 등 2명이 2002년 10월과 12월 "동성애가 청소년 유해매체물 개별 심의기준으로 규정된 것은 성적 지향에 의한 인권침해"라며 청소년보호위원장을 상대로 인권위에 진정을 냈고, 국가인권위에서 진정이 타당하다고 판단하여 청소년보호위원회에 삭제를 권고하게 되었고, 이 위원회는 2004년 4월 청소년보호법에서 동성애 관련조항(시행령 7조)을 청소년 유해사이트 목록에서 삭제하였다.

청소년들 사이에 동성애가 많은 관심의 대상이 되기 시작한 것은 동성애를 소재로 하는 공식, 비공식 소설들의 범람과 관련이 깊다. 청소년들 사이에 2000년을 전후하여 유행하기 시작한 야오이와 팬픽[20]은 청소년들이 선호할 만한 형태로 동성애를 다룬다. 특히 팬픽은 청소년들이 직접 지어내는 것으로, 주인공이 빅뱅, 동방신기, 소녀시대 등의 실명으로 스토리가 연재물 형태로 이어지는데, 모두 동성애 관계를 소재로 하고 있다는 데 그 공통점이 있다. 서울시의 고등학생들을 대상으로 한 한 조사(N=1,483)에 따르면, 많이 접해 본 경우가 12.1%, 조금 접해 본 경우가 20.4%, 한두 번 접해 본 경우가 12.9%로 도합 45.4%의 고등학생들이 이런 소설을 한 번 이상 접해 본 것으로 나타난다. 특히 여학생들이 이러한 소설을 많이 만들고 접하는 것으로 나타난다(김영란, 2003).

일반적으로 동성애자들의 실태는 일반적인 설문조사로는 알기 어렵기 때문에, 보통 동성애자 모임 등을 통해서 동성애자에 대한 설문조사를 하거나, 눈덩이표집(snowball sampling)[21]을 이용하여 동성애자들을 차례로 조사하는 방법을 이용한다. 강병철과 김지혜(2006)는 이런 방법으로 청소년 동성애자 126명과 양성애자 9명을 조사했다. 이 조사의 결과에 따르면, 청소년 동성애자들이 성정체성을 인지하는 평균 연령은 13.8세로 나타나며, 이들은 주변의 동성 친구나 동성의 선생님을 좋아한 것이 그 주된 계기로 나타난다. 이들은 주로 인터넷을 통해서 동성애자 모임을 접하고 또한 참여하는데, 다른 동성애자와의 교제와 성관계, 그리고 음주/흡연의 비율은 일반 청소년에 비해 상당히 높다. 심리적으로 볼 때, 이들의 자아존중감의 수준은 높은 반면 우울이나 소외, 자살시도의 경험 비율은 높게 나타난다. 이들은 자

---

20) 야오이는 일본에서 수입된 만화소설로서 남자 미소년들을 주인공으로 하여 동성애를 다룬 소설이며, 팬픽(FanFic)은 Fan+Fiction의 합성어로 말 그대로 팬이 직접 쓰는 소설을 말한다. 자신들이 좋아하는 연예인·드라마 주인공의 이름이나 캐릭터를 빌려와 새로운 이야기를 만들거나 전개중인 드라마 이야기를 자신이 원하는 것으로 바꿔나가는 창작활동이다. 일반 드라마를 대상으로 한 팬픽이나 여성그룹을 주인공으로 한 팬픽도 있지만 H.O.T.나 GOD, 신화 등과 같은 남자가수들을 중심으로 한 팬픽이 그 주류를 이룬다. 주로 통신과 인터넷을 통해 유통되어 일종의 네티즌 문화로, 전용작가진이 활동하는 유료 팬픽 사이트도 생겨났고 정식 출판이나 동호회 조직 등을 통해 작품성의 향상을 꾀하는 노력도 진행중이다. 팬픽의 생산, 소비의 주체는 여중생이며, 초등학생부터 20대까지 포함된다. 다양한 장르와 형식이 있지만, 주인공들은 대부분 동성애적 관계로 엮어진다는 특징이 있다(한채윤, 2003).

21) 조사가 어려운 집단에 접근하는 한 방법으로, 처음에는 알려진 동성애자에 대해 조사하고 난 후, 이 사람으로부터 다음에 조사할 한 사람 또는 몇 사람을 소개받아 계속 같은 식으로 조사하는 방법.

신들의 성정체성을 부모나 교사 등의 성인들에게 알리는 경우는 매우 적고, 주로 친한 친구들에게 자신의 성정체성을 알린다. 그 이유는 동성애 청소년들이 주위의 부모, 형제, 친구들로부터 긍정적인 반응을 받기 어렵기 때문인데, 그것은 특히 성인의 경우에 더 심하다. 친구들로부터도 예외는 아닌데, 자주 놀림을 받거나 아웃팅을 당하고, 이후 동성애자임으로 인해 부당한 대우를 경험하는 경향이 있다.

김조광수의 투쟁

영화감독이자 제작자인 김조광수 대표가 2013년 9월 7일 국내 최초로 공개적인 동성결혼을 올렸다. 이미 몇 년 전부터 19살 연하인 레인보우팩터리 김승환 대표와 공개적으로 결혼식을 할 것이라고 예고해 왔었던 거사(?)를 하객 1,000여 명이 모인 청계천 임시무대에서 기어코 실행했다. 이날 결혼식에는 기독교 교회의 장로 모씨가 오물을 투척하는 해프닝도 있었지만, 대체로 축하하는 분위기에서 하나의 이벤트로 행사가 마무리되었다.

그들의 결혼식은 그 자체로 하나의 투쟁이라고 할만하다. 동성결혼에 대한 국내의 부정적인 시선에 정면으로 맞서며, 게이들도 인간답게 살 권리를 요구한 것이다. 그들은 비록 반려되기는 했지만, 서대문구청에 혼인신고서를 접수하기도 했다. 그들은 여기에 그치지 않고 2014년 5월에는 동성 간의 혼인신고를 허용해 달라며 법원에 소송을 제기하며, “우리는 이 소송을 통해 성소수자들이 평등한 권리를 보장받고 더 나아가 모든 이들이 어떤 혜택이나 권리에 배제되지 않고 다양한 형태의 가족을 만들 수 있고 인간으로서 존엄과 가치를 보장받는 사회를 앞당기고자 노력할 것”이라고 주장했다.

그림 5-3 ■ 동성애자에 대한 허용도

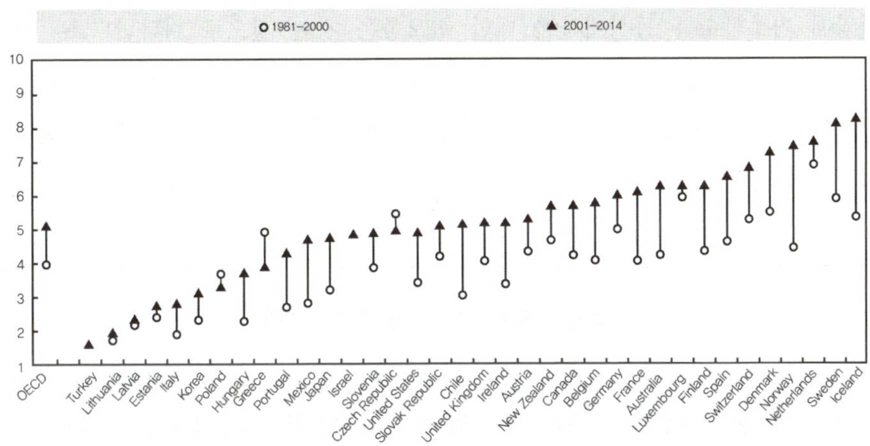

출처: OECD, 2019a

그러면 한국에서 성인을 포함한 전체 인구 중 과연 동성애자는 어느 정도 존재할까? 국내에서 동성애 인구를 가늠할 수 있는 자료는 사실상 입수가 어렵다. 무엇보다도 국내에서 동성애자에 대한 혐오감은 매우 강하기 때문이다. 동성애혐오증(homophobia)이란 동성애와 동성애자에 대한 부정적 태도와 감정을 말한다(Mooney et al., 2007: 379). 최근 세계 가치관조사에서 살펴본 동성애자에 대한 허용도 조사 결과에 따르면([그림 5-3]), 한국은 OECD 36개 회원국 중에서 다섯 번째로 동성애자에 대한 허용도가 낮았다. 이것은 과거에 비해 많이 개선되기는 했지만, 아직도 한국사회에서 동성애자에 대해 용납하지 못하는 분위기가 강하다는 것을 보여준다.

한국사회의 동성애자에 대한 강한 편견은 청소년들의 경우에도 크게 다르지 않다. 최근 중고등학교 청소년들에 대한 한, 중, 일 청소년가치관조사(청소년정책연구원, 2012)에 따르면, 동성애에 대해 '전혀 동의하지 않는다'는 응답이 한국의 경우 45.8%로 중국의 39.3% 및 일본의 22.0%에 비해 더 높은 것으로 나타났다. 이러한 결과는 한국에서 성인이나 청소년에 관계없이 동성애자에 대한 혐오증이 높은 것을 보여준다.

동성애자들에 대한 혐오증은 여성동성애자들보다 남성동성애자들에 대해 훨씬 더 높지만, 본질적으로 이성애자들의 동성애자들에 대한 부정적 태도는 큰 차이가 없다. 집단별로 보면, 나이가 많을수록, 종교를 가질수록, 교육수준이 낮을수록, 농촌지역에 거주할수록 동성애자에 대한 혐오증은 강한 것으로 나타난다.[22] 이러한 혐오증은 또한 동성애자에 대한 다양한 그릇된 지식을 갖게 만드는데, 이러한 신화는 대부분 동성애자나 동성가족들이 이성애자나 이성가족들과 크게 다를 것이라는 선입견에서 나타난다.

동성애자에 대한 신화와 실제

신화 1: 동성애자들은 반대되는 성의 일반적인 특성을 갖고 있다(예를 들어 남성이 여성적이라든지, 반대로 여성이 남성적이라든지 하는 특성들).

실제 1: 그렇지 않은 동성애자도 많다.

신화 2: 동성애자들은 이성과의 성적 관계를 두려워하고, 심지어 불가능하다.

실제 2: 기존 연구들에 따르면, 동성애자들은 반대되는 성의 사람들과 좋은 관계를 유지하며, 동성애자의 1/5은 결혼 경험이 있으며, 이들은 배우자와 성관계도 했다. 또한 나이 든 레즈비언 100명 중 27명은 자녀를 가졌다.

신화 3: 일반적으로 동성애자가 되는 것은 다른 동성애자의 유혹에 의해서이다.

실제 3: 이것에 대한 아무런 증거가 없다.

신화 4: 동성애자들은 이성애자들과 같이 그들의 파트너와 장기간의 애정관계를 유지하지 않는다.

실제 4: 남성동성애자들은 상대적으로 많은 파트너를 갖는 경향이 있지만, 여성동성애자의 경우 한 파트너와 보다 안정적인 관계를 선호한다. 미국의 한 연구에 따르면, 평균적으로 여성동성애자들은 14년 동안 그들의 파트너와 관계를 유지하며, 많은 남성동성애자들도 오래 지속되는 애정관계를 가진다. 가족을 이루는 동성커플들은 이성커플과 유사한 문제, 감정, 지지관계, 욕구, 희망을 가지며, 동성가족의 자녀들도 이성가족에서 자란 자녀들과 별다른 차이가 없는 것으로 나타난다.

Lauer and Lauer, 2002: 92-93

---

22) Mooney *et al.*, 2007: 379의 리뷰를 보라.

이처럼 한국사회에서 동성애에 대한 보수적인 태도가 강하기 때문에, 동성애자들이 자신들의 정체성을 드러내는 것은 매우 어렵다. 따라서 한국에서 동성애자가 얼마나 존재하는지를 파악하는 것은 매우 어렵다. 다른 외국의 사례를 들면, 1948년의 킨제이(Kinsey) 보고서는 미국에서 무려 37%의 남성이 남성파트너와 성적인 극치감을 느낀 성관계를 적어도 한 번 이상 가졌다고 하지만, 이 조사의 대표성은 그리 높지 않다. 대표성이 높은 이후의 라우만(Laumann, 1994)의 조사에 따르면, 미국에서 자신의 정체성을 동성애자 또는 양성애자로 생각하는 사람이 여성은 1.4%, 남성은 2.8%로 나타나며, 지난 5년 동안 동성과 성관계를 가진 사람이 여성은 2.2%, 남성은 4.1%로 나타나고, 일생 동안 동성과 성관계를 가진 사람은 여성이 3.8%, 남성이 7.1%로 나타난다(Henslin, 2000: 70에서 재인용).

한국에서의 군대 내 동성애 허용과 관련한 논쟁

한국에서 군대 내에서의 동성애는 범죄로 규정되어 있지만, 그동안 크게 문제가 된 적은 거의 없었다. 그러나 2017년 4월 육군참모총장이 군대 내 동성애자 색출을 지시하였고, 그 결과 데이팅어플로 다른 부대 장교를 만나 자신의 영내 독신자숙소에서 동성애를 한 A대위를 처벌하였다.

이런 결과가 나오자, A대위의 어머니를 비롯한 동성애단체 등은 격렬히 항의를 하였고, 한국사회에서 군인의 동성애를 처벌하는 「군형법」 92조의6을 둘러싸고 이것의 존폐논쟁이 벌어졌다.

찬성	반대
• 허용된다면 군대의 기강이 해이해지고 전투력이 저하될 것이다. • 계급사회에서 동성애는 후임병에 대한 강간이나 강제추행이 우려된다. • 군대 내에서는 이성애가 금지되는데, 동성애를 허용하는 것은 이성애에 대한 역차별이다.	• 군대 내 동성애가 허용되더라도 난교가 벌어지지는 않는다. • 현행 규정은 자유의사에 의한 합의된 성관계를 금지한다. • 동성애자를 수용한 미군도 전투력에 별 문제가 없다.

중국의 경우, 중국에이즈예방협회의 통계에 따르면 중국에는 2005년 현재 약 3천만 명의 동성애자가 있다고 하나, 중국 학계에서는 중국인구의 약 3%인 약 4천만 명 정도로 추산하고 있다. 한국의 경우 동성애자 인구가 얼마나 되는지 알려진 통계가 없으나, 동성애자 단체에서는 전체 인구의 5~10%가 동성애 또는 양성애 성향을 갖고 있다고 주장한다.[23] 이 수치를 완전히 믿기는 어렵겠지만, 다른 외국의 동성애자 비율과, 앞서 언급한 자신의 동성애 정체성을 고민한 적이 있는 청소년 비율(6.3%)을 감안하면, 한국에도 외국과 비슷한 2~3% 정도의 규모로 동성애적 성정체성을 가진 사람이 존재하는 것으로 추정된다.

현재 한국사회에서 동성애는 범죄가 아니지만, 「군형법」에서는 계간죄로 처벌하고 있다. 또한 동성 간의 결혼은 법적으로 인정되지 않고 있는데, 이들이 일반적인 이성부부와 큰 차이가 없음에도 불구하고, 배우자 사망이나 이혼시의 공동재산의 처분문제, 생명보험금 상속문제 등의 다양한 불편함에 시달리고 있다. 따라서 동성커플들은 자신들을 법적으로 부부로 인정해 주기를 바라고 있으며, 외국의 많은 국가들은 이들의 법적 지위를 인정해 주고 있다. [그림 5-4]에 따르면, 2025년 4월 기준 북미, 유럽, 남미, 오세아니아의 대부분의 나라들이 동성결혼을 인정해 주고 있으며, 이탈리아, 볼리비아, 체코, 라트비아, 리투아니아가 등록동거제나 사실혼(unregistered cohabitation) 지위를 인정하여 완전한 부부는 아니지만 법적인 부부에 준하는 지위를 부여하고 있다.

그러나 반대로 동성결혼은 커녕, 동성애 자체에 대해서도 강하게 처벌하는 나라들도 적지 않은데, 주로 이슬람권 국가들과 아프리카와 아시아의 일부 국가들이 여기에 해당한다. 동성애에 대해 사형을 규정한 나라로는 이란, 아프가니스탄, 파키스탄이 있으며, 그 외 구금형에 처할 수 있는 나라는 사우디아라비아, 나이지리아, 모리타니, 우간다가 있다. 그 외 아무런 법적인 처벌이나 승인을 하지 않는 나라로는 페루, 한국, 튀르키예, 우크라이나, 루마니아, 카자흐스탄 등의 많은 나라들이 있다.

일반적으로 회교권 국가들은 동성애를 매우 강하게 처벌하는 반면, 서구의 선진국들은 동성애에 대해 매우 관대한 입장을 취하는 것을 알 수 있다. 동성애적 성정체성이 인위적으로 바꿀 수 없는 성향이라면, 한국에서도 사실혼 지위 인정 등을

23) 내일신문, 2007. 12. 13.

통하여 사회생활을 하는 데 겪는 동성애자의 어려움을 덜어주는 것도 생각해 볼만 하다고 하겠다.

그림 5-4 ■ 세계의 동성애 법(2025년 4월)

동성애 불법 국가

- 사형 가능
- 사형 가능(집행되지 않음)
- 구금형
- 구금형(집행되지 않음)
- 군대에서의 동성애는 사형
- 기소 없이 구금

동성애 합법 국가

- 동성결혼 합법
- 외국에서의 동성결혼 인정
- 사실혼 관계 및 등록동거제
- 미등록동거제(내국인)
- 외국인만 허용
- 조건부 인정
- 아무 조항 없음
- 혼인을 나타내는 결혼반지 등 제한

출처: Wikipedia.

5. 낙태

한국사회에서 낙태는 형법을 처음 제정한 이후 계속 범죄로 규정되어 왔다. 형법을 제정하던 1953년 당시에 낙태를 법으로 처벌하지 말자는 의견이 있었는데, 이에 따르면, 가난한 가정에서 임신한 경우에 자녀를 키울 능력이 안되는 경우에 낙태를 인정해 주어야 한다는 경제적 이유가 그 주를 이루었다. 반면에 낙태를 처벌해야 한다는 입장에서는 인구증가를 위한 정책적 고려, 성풍속의 유지 등의 이유가 제시되었다. 결국 낙태가 형법에서 범죄로 규정되었고, 이후 매우 오랫동안 이 조항의 폐지에 대한 논란은 거의 없었다고 해도 과언이 아니다(이선순, 2006에서 재인용).

우리 형법은 직접 낙태를 한 여성뿐만 아니라, 임신한 여성의 촉탁, 승낙에 의해 낙태를 해준 의사 등도 모두 처벌하도록 규정하고 있었다.[24] 다만 경제개발이 한창이던 때에, 인구억제책의 하나로 낙태죄에 대한 예외규정이 〈모자보건법〉이라는 특별법의 형태로 생겼다. 이 법에 따르면, 의학적, 우생학적, 윤리적으로 타당한 사유가 있을 때 낙태를 허용한다. 의학적 사유란 임신의 지속이 모체의 건강을 심히 해할 우려가 있는 경우를 말하며, 우생학적 사유는 태아의 유전적 이상이나 출생 후의 심한 건강상의 문제가 예견되는 경우를 말하고, 마지막으로 윤리적 사유는 여성이 강간이나 근친상간 등으로 인해 임신이 된 경우를 말한다(김향미, 2009). 다시 말해서 한국의 「모자보건법」은 낙태처벌의 예외규정으로 기형아, 장애아의 출산이 예상되거나 산모의 건강상의 심각한 문제가 예상되거나, 강간이나 근친상간으로 인해 임신한 예외적인 경우에 낙태를 허용하고 있는 것이다.

2019년 한국에서 낙태가 위헌판결을 받게 되기 전에는, 최근까지도 법학계의 이

---

24) 제269조(낙태) ① 부녀가 약물 기타 방법으로 낙태한 때에는 1년 이하의 징역 또는 200만 원 이하의 벌금에 처한다. ② 부녀의 촉탁 또는 승낙을 받어 낙태하게 한 자도 제1항의 형과 같다. ③ 제2항의 죄를 범하여 부녀를 상해에 이르게 한 때에는 3년 이하의 징역에 처한다. 사망에 이르게 한 때에는 7년 이하의 징역에 처한다. 제270조(의사 등의 낙태, 부동의 낙태) ① 의사, 한의사, 조산사, 약제사 또는 약종상이 부녀의 촉탁 또는 승낙을 받어 낙태하게 한 때에는 2년 이하의 징역에 처한다. ② 부녀의 촉탁 또는 승낙없이 낙태하게 한 자는 3년 이하의 징역에 처한다 ③ 제1항 또는 제2항의 죄를 범하여 부녀를 상해에 이르게 한 때에는 5년 이하의 징역에 처한다. 사망에 이르게 한 때에는 10년 이하의 징역에 처한다. ④ 전3항의 경우에는 7년 이하의 자격정지를 병과한다.

낙태죄에 대한 입장은 확고한 처벌주의를 지향하고 있었다. 낙태를 처벌해야 한다는 입장은 주로 법학계와 종교지도자들에 의해서 강력히 지지되고 있는데, 이 입장에 따르면, "인간의 생명은 잉태된 때로부터 시작되는 것이고 회임된 태아는 새로운 존재와 인격의 근원으로서 존엄과 가치를 지니므로 그 자신이 이를 인식하고 있던지 또 스스로를 방어할 수 있는지에 관계없이 침해되지 않도록 보호되어야 함이 헌법 아래에서 국민일반이 지니는 건전한 도의적 감정과 합치된다."[25] 다시 말해서 이 입장은 인간의 생명은 소중한 것이므로, 그 생명의 시작부터 엄격히 보호되어야 한다는 것이다. 그 외에도 전면적으로 낙태가 비범죄화되거나 임의적 조건(생계곤란, 원하지 않는 임신, 남아선호 등)에 의해 낙태가 허용된다면, 인명경시 풍조와 함께 걷잡을 수 없이 낙태가 증가할 것이고, 태아성감별에 의한 선택출산에 의해 성비불균형이 심화될 것이라고 주장한다.

반대로 낙태를 비범죄화하거나, 임신 초기의 일정 기간(예를 들어 12주 이내) 내에 임의적인 조건 또는 조건 없이 낙태가 허용되어야 한다고 주장하는 입장은 주로 여성계와 소수의 법학자를 중심으로 지지되고 있는데, 이에 따르면, 여성의 신체에 대한 자기결정권이 가장 중요한 근거가 되고 있다. 이 입장에 따르면, 현행법은 '생성되고 있는 중인' 생명을 더 중요하게 여겨, 여성의 신체에 대한 자기결정권을 심각하게 침해한다는 것이다. 또한 낙태가 허용되거나 우리나라에 비해 완화된 법을 가진 나라들의 낙태건수가 오히려 더 적은 것을 보면, 낙태를 비범죄화하거나 완화한다고 해서 꼭 낙태가 증가하는 것은 아니라는 것이다.

한국에서 낙태가 어느 정도 행해지고 있는지에 대해서 범죄통계는 아무 것도 말해주지 않는다. 왜냐하면 한국의 낙태법은 사실상 처벌되지 않는 사문화된 조항이기 때문이다. 국내의 법이 엄격하게 낙태를 금지하고 있음에도 불구하고, 실제로는 많은 수의 낙태가 행해지고 있는데, 이것은 몇몇 제한된 조사를 통해서 그 실태를 파악할 수 있다. 이런 조사로는 오래 전부터 매 3년마다 한국보건사회연구원에서 실시하는 '전국 출산력 및 가족보건 실태조사'가 있지만, 이 조사는 기혼여성들만을 대상으로 조사하는 관계로 낙태의 실태를 제대로 보여주지 못한다. 미혼여성이 포함된 조사로는 한국형사정책연구원에서 1990년 서울시의 남녀 1,200명을 대상으로

25) 1985. 6. 11., 84도1958 대법원판례.

조사한 것이 있다. 이 조사(심영희 외, 1990)에 따르면, 기혼여성의 52.2%와 미혼여성의 3.7%가 낙태경험이 있는 것으로 나타났다. 그러나 미혼여성이 본인의 낙태경험을 감추려는 경향이 훨씬 강하다는 점을 고려할 때, 이 수치는 많이 축소 보고된 것으로 추정된다.

낙태의 실태에 대한 보다 정확한 조사는 2004년에서 2005년 사이에 조사된 보건복지부와 고려대 의대에 의해 행해진 조사이다. 이 조사(김해중 외, 2005)는 특히 산부인과와 가정의 의사들(201개 병원)에 대한 조사와 일반인(미혼여성 2,500명, 기혼여성 1,500명)에 대한 조사를 모두 포함하고 있어 낙태의 실태를 보다 정확히 보여준다. 특히 시술의료기관에 대한 조사는 낙태의 실태를 비교적 왜곡 없이 충실히 보여주는데, 이 결과에 따르면, 한국에서 한 해 동안 이루어지는 낙태건수는 총 342,433건으로, 이 중 기혼여성이 198,515건이었고, 미혼여성이 143,918건으로 나타났다. 이것을 연령대별로 살펴보면, 20대 초반의 미혼여성과 30대의 기혼여성이 가장 많은 낙태를 하고 있는 것으로 나타난다.

표 5-1 ■ 한국의 낙태 실태(2005년)

연령	기혼여성	미혼여성*	전체
15세 미만	0	118	118
15~19세	293	11,556	11,849
20~24세	8,252	69,453	77,705
25~29세	30,901	43,688	74,589
30~34세	67,069	13,384	80,453
35~39세	63,031	4,422	67,453
40~44세	26,453	1,297	27,750
45세 이상	2,517	0	2,517
연간 추정건수	198,515	143,918	342,433
15~44세 연간 추정건수	196,622	143,195	339,818

주: * 여기에서 미혼여성은 한 번도 결혼한 적이 없는 여성뿐 아니라 이혼/별거/사별 여성도 포함함.
시술의료기관 조사에 의한 2005년 한 해 동안의 추정치임.
출처: 김해중 외, 2005.

2004년 한 해 동안의 출산건수가 476,000건이라는 점을 감안하면, 매우 많은 건수의 낙태가 이루어지고 있음을 알 수 있다. 한국의 낙태율(abortion rate)[26]은 29.8건이며, 기혼여성이 28.6건, 미혼여성이 31.6건으로 나타났다. 다시 말해서 가임여성인구 1,000명당 29.8건의 낙태가 행해지며, 구체적으로 기혼여성 1,000명당 28.6건, 미혼여성 1,000명당 31.6건의 낙태가 행해지는 것으로 나타난다. 이 결과는 한국에서 기혼여성보다 미혼여성이 더 많은 낙태를 하고 있다는 것을 보여준다. 이들 대부분은 현행법상 불법시술로 파악되며, 전체의 단 4.4%만이 합법적인 낙태로 추정되었다(김해중 외, 2005).

표 5-2 ▪ 낙태를 한 이유

시술이유		기혼여성(%) n=3,384	미혼여성(%) n=2,452
건강문제	부모의 건강문제	98 (2.9)	4 (0.2)
	태아의 건강문제	126 (3.7)	11 (0.5)
	임신 중 약물복용	427 (12.6)	132 (5.4)
가족계획	더 이상 자녀를 원하지 않아서	2,368 (70.0)	70 (2.9)
	터울조절을 위해서	208 (6.2)	0 (0.0)
	원하는 태아의 성별이 아니어서	41 (1.2)	2 (0.1)
강간		0 (0.0)	11 (0.4)
사회경제적 이유 등	경제적인 어려움	591 (17.5)	84 (3.4)
	미성년자 혹은 혼인상의 문제	68 (2.0)	2,298 (93.7)
	기타	141 (4.2)	56 (2.3)

출처: 김해중 외, 2005.

다음으로 낙태를 한 이유에 대해서 살펴보면, 기혼여성의 경우 더 이상 자녀를 원하지 않아서라는 응답이 70.0%로 가장 많았고, 그다음으로 경제적 어려움 때문이라는 응답이 17.5%, 임신 중 약물복용 때문이라는 응답이 12.6%, 터울조절을 위

26) 낙태율 = $\frac{\text{연간 낙태건수}}{\text{15~44세 여성인구 수}} \times 1{,}000$

해서가 6.2%의 순으로 나타났다. 반면 미혼여성의 경우 거의 대부분인 93.7%가 미성년자였거나 혼인상의 문제 때문에 낙태를 한 것으로 나타났다. 이 결과는 기혼여성의 경우 대부분의 낙태가 가족계획을 위해서 행하는 반면에, 미혼여성의 경우 미성년자이거나 태아의 아버지와 혼인을 할 수 없는 상황에서 낙태를 한다는 것을 보여준다. 반면 원하는 성별이 아니라서 낙태한 경우는 극소수에 불과하여 과거와 달리 낙태의 규제와 성비불균형은 별관계가 없다는 것을 보여준다.

그림 5-5 ■ 세계의 낙태법(2025년 3월)

출처: Wikipedia.

2025년 3월 기준 세계 각국의 낙태에 대한 규제법을 살펴보면, 우선 낙태를 합법화한 나라(최소 임신 17주까지 가능한 나라)는 북중미대륙에서 캐나다, 쿠바, 그리고 유럽에서는 영국, 핀란드, 폴란드를 제외한 모든 국가가 포함된다. 아시아에서는 터키, 카자흐스탄, 우즈베키스탄, 키르키스탄, 네팔, 몽골, 베트남, 태국이 합법화하였고, 아프리카에서는 남아공화국과 튀니지, 모잠비크 그리고 남미에서는 가이아나와 기아나, 우루과이, 아르헨티나, 콜롬비아가 여기에 포함된다. 한국의 경우 2019년 4월 헌법재판소에서 낙태죄를 위헌으로 판결한 이후 2020년 12월까지 대체입법을 마련하도록 명령하였으나, 아직 입법을 하지 못해 사실상 제한 없이 낙태가 비범죄화된 상태이다(지도에서는 기간미상으로 표기됨).[27]

다음으로 강간으로 인한 임신이거나 산모의 생명, 신체건강, 정신건강에 문제가 있거나 태아의 결함 외에 임신실패나 사회경제적 사유가 있을 시에도 낙태를 허용하는 나라로는 영국과 인도, 일본, 대만, 우간다가 포함된다. 여기서 사회경제적 문제는 사실상 임의적인 조건에 포함된다고 할 수 있으므로, 이들 나라도 사실상 낙태를 합법화한 나라라고 볼 수 있을 것이다. 그 외 낙태를 허용하는 조건 중에 이러한 사회경제적 조건이 빠지고, 강간으로 인한 임신, 산모의 생명, 신체건강, 정신건강의 문제와 태아의 결함 조건이 있을 때 낙태가 합법인 나라는 남미의 브라질, 칠레, 아시아의 인도네시아, 사우디아라비아, 그리고 아프리카의 가나, 기니, 차드, 중앙아프리카 공화국, 콩고민주공화국, 앙골라, 나미비아 등이 여기에 포함된다.

다음으로 앞의 조건에서 강간임신이 빠지고, 산모의 생명과 건강위험, 태아결함 시 낙태가 가능한 국가로는 이란, 소말리아, 니제르가 여기에 속한다. 그리고 반대로 태아결함이 빠지고 산모의 생명과 건강위험, 강간임신의 경우 낙태가 가능한 나라로는 폴란드, 수단, 케냐, 말리가 있다. 그리고 산모의 생명과 건강위험 시에만 낙태가 가능한 나라로는 파키스탄, 이집트, 알제리, 모로코, 페루가 있다. 마지막으로 산모의 생명이 위험할 때만 낙태를 허용하는 나라로는 미얀마, 파푸아뉴기니, 아프카니스탄, 스리랑카, 예멘, 이라크, 리비아, 소말리아, 모리타니, 나이지리아 그리고 남미의 베네주엘라, 파라과이가 있다.

---

27) 정부에서 나온 보도자료(국무조정실, 2020)에 따르면, 낙태금지의 예외조항으로 사회경제적 사유를 형법에 명시하는 내용으로 입법예고가 되어 있다.

미국의 낙태죄 폐지와 부활

미국은 다른 서구선진국들과 유사하게 낙태죄가 1973년 연방대법원에서 위헌 판정을 받음으로써 낙태가 합법화되었다. 그러나 미국의 공화당은 전통적인 기독교 윤리에 따라서 낙태를 허용하지 말아야 한다고 주장한 반면, 민주당은 낙태가 임신한 여성의 권리임을 주장하며 낙태를 허용해야 한다고 주장해 왔다. 미국의 대통령선거 때마다 반복되는 이러한 논쟁은 낙태문제가 미국사회에서 쉽게 해결될 수 없는 도덕적 신념의 문제라는 것을 보여준다.

그림 5-6 ■ 미국의 낙태규제(2024.12)

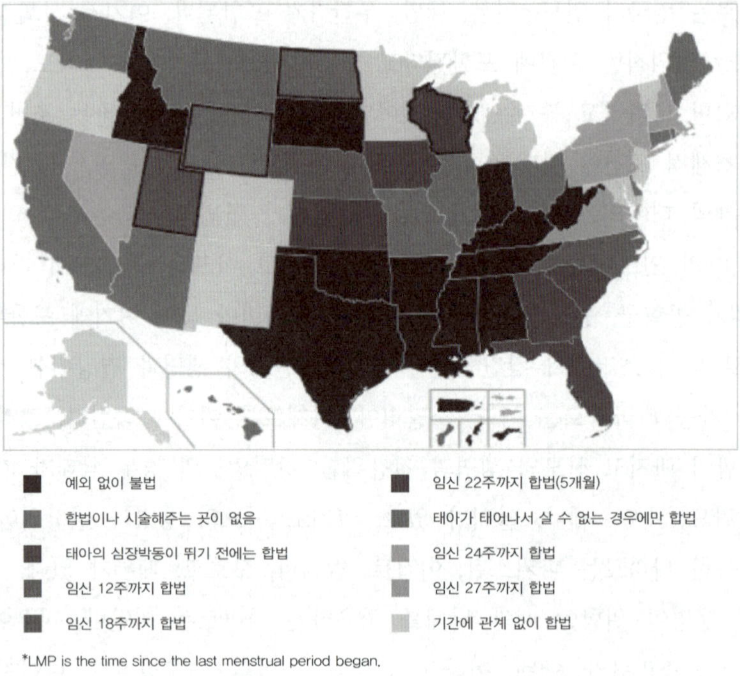

출처: Wikipedia.

그런데 최근 2022년에 미연방대법원은 기존의 위헌결정(Roe v. Wade)을 뒤집고, 개별 주가 이 낙태에 대한 처벌을 자율적으로 할 수 있도록 결정했다. 그 결과 현재 미국은 지역마다, 낙태에 대한 처벌규정이 다양하게 만들어지고 있고 급격한 변화의 시기를 맞고 있다. 현재 미국에서 남부의 주들을 중심으로 12개주가 낙태를 금지했고, 그 외의 주들도 낙태를 허용하는 기간을 매우 다양하게 규정하고 있다. 반면에 기간제한 없이 낙태를 허용하는 주는 10개 미만으로 나타나고 있다.

이처럼 서구의 선진국들은 대부분 낙태를 비범죄화하거나 사회경제적 조건이라는 임의적인 조건에서 낙태를 허용함으로써 사실상의 합법화하는 반면에, 회교권 국가들과 아프리카와 남미의 일부 카톨릭 국가들은 매우 엄격하게 낙태를 범죄로 규정하고 있는 것을 알 수 있다.

제 4 절 성관련문제에 대한 대응

강간에 대해 거의 모든 나라는 예외 없이 강한 처벌을 하지만, 성매매, 포르노, 동성애, 낙태와 같은 성관련문제에 대해서는 국가에 따라서 또는 지역에 따라서 매우 다양한 규제수준을 발견할 수 있다. 이것은 성관련문제가 매우 다양한 이론에 의해서 설명가능하며, 또한 매우 다양한 입장과 대책이 개발될 수 있다는 것을 의미한다.

만약 성관련문제가 생물학적인 결함이나 특정의 유전자를 가진 사람 때문에, 또는 호르몬 체계의 이상에 의해서 발생한다면, 그 해결책으로는 화학적 거세와 같은 방법을 통해서 이러한 유전자를 가진 사람들이 자신의 유전자를 후대에 남기지 않도록 자녀를 갖지 않도록 강제하는 방법이 있을 수 있다. 그 외에 약물치료를 통해 이들을 '정상적'인 사람으로 치료하는 방법이 있을 수 있다. 예를 들어 동성애가 호르몬체계의 이상에 의해서 발생한다면, 적절한 호르몬제의 정기적인 투여에 의해 이 문제를 해결할 수 있다.

만약 성관련문제가 비행친구나 비행하위문화, 또는 청소년유해환경 등을 통해 그릇된 성지식을 습득했거나, 자신의 몸에 대한 그릇된 인식으로 인해 '일탈적' 행동을 이용 가능한 하나의 대안으로 학습하여 발생한다면, 여기에 대한 대책은 바람직한 성지식을 가르치기 위해 학교에서의 성교육을 강화하여야 할 것이다. 또한 '일탈적' 행동에 대해 우호적인 학습을 하게 하는 비행친구나 청소년유해환경의 격리나 제거는 보다 근본적인 해결책이 될 것이다. 예를 들어 성매매가 자신의 몸이 소중하지 않고, 성을 금전적 대가를 위해 이용할 수 있는 것이라는 생각에서 기인한다면, 자신의 몸의 소중함을 가르치고 자신에 대한 자아존중감을 향상시키는 것을 대책으로 제시할 수 있을 것이다.

만약 성관련문제가 남성우월적인 가부장제의 전통과 이로 인한 여성의 열등한 지위에서 기인한다면, 여성의 지위를 향상시킬 수 있는 다양한 대책과 함께, 가정에서의 가정폭력 및 아동학대에 대한 적극적인 예방과 개입, 그 자체로 여성에 대한 폭력으로 인식되는 포르노의 제작과 유통의 엄격한 금지, 남성에 대한 평등의식 교육이 중요한 대책이 될 것이다. 예를 들어 성매매가 가부장적 폭력에 의해 여성이 피해자화 되고 성매매에 유입된다면, 성을 매수하는 남성에 대해 강한 처벌을 함으로써 해결이 가능할 것이다.

표 5-3 ■ 성관련문제에 대한 시각과 그 대책들

이론	원인	대책
구조기능주의이론	다양한 생물학적 결함, 목표달성을 위해 극단적으로 낮은 투자전략을 선호하는 유전자, 신경체계 이상, 호르몬체계 이상	우생학, 약물치료
	그릇된 성지식의 습득, 자신의 몸에 대한 그릇된 인식, 일탈적 행동을 이용가능한 대안으로 학습, 차별접촉	학교에서의 성교육 강화, 비행청소년의 격리, 자신의 몸의 소중함에 대한 교육, 청소년 유해환경 제거
갈등이론	가부장제와 이로 인한 여성의 열등한 지위, 사내다움의 신화, 가정에서의 남성가장에 의한 폭력 및 학대와 이로 인한 자아존중감의 저하	여성의 지위향상, 가정폭력 및 아동학대에 대한 예방 및 개입, 남성에 대한 의식교육, 포르노 제작 및 유통에 대한 처벌, 성매수 남성에 대한 엄격한 처벌
	자본주의 기업의 이윤획득욕구, 성의 상품화, 성에 대한 왜곡된 지식 전파, 노동자의 빈곤화, 빈부격차	성의 지나친 상품화에 대한 규제, 빈부격차 해소, 국가 간 빈부격차 해소, 성윤리를 저해하는 기업의 이윤활동 규제
상호작용이론	문제에 대한 낙인, 소수집단에 대한 편견, 도덕십자군의 문제에 대한 관심	성매매, 포르노, 낙태의 합법화, 편견의 해소, 동성결혼의 인정

만약 자본주의 사회에서 기업의 이윤추구를 위해 성을 이용하고 상품화하며, 노동자의 빈곤화에서 성관련문제가 발생한다면, 대중매체의 지나친 성의 상품화에 대한 규제, 빈부격차의 해소, 성윤리를 저해하는 기업의 이윤활동에 대한 규제 등이 그 대책으로 가능할 것이다. 예를 들어 제3세계에서 성행하는 선진국 남성의 원정

성매매는 결국 국가 간의 소득격차에 의해서 발생하는 것이므로, 선진국 성구매남성들에 대한 강력한 처벌이 가능하겠지만, 근본적인 해결책은 이들 국가들의 소득을 높여 절대빈곤 인구를 줄이는 것이 그 중요한 대책이 될 것이다.

만약 성관련문제가 이 문제에 대한 도덕십자군의 관심을 끌게 되어, 그들이 자신들의 도덕규범과 불일치한다고 느낌으로써 발생한다면, (주로 피해자가 없는) 다양한 사회문제들을 비범죄화하거나 오명의 굴레를 벗겨줌으로써 해결할 수 있다. 예를 들어 성매매, 포르노, 낙태는 이미 선진국 대부분에서 합법화되었고, 많은 국가들이 동성결혼이나 그에 준하는 형태를 인정함으로써 이들에 대한 낙인을 벗겨주었다. 그 결과 이 성관련문제들에서 발생하는 다양한 사회문제들이 훨씬 줄어드는 양상을 보여주었다. 예를 들어 최근 성매매를 합법화한 독일의 경우 성매매여성들은 세금을 내게 되어 추가적인 부담이 생겼지만, 그에 반해 의료보험 등의 혜택을 받게 되었고, 이전에 성착취나 폭력에서 대부분 해방되었다. 반대로 포주들은 자신들의 소득 상당 부분이 세금으로 빼앗기게 되어서, 비범죄화 이전에 비해 수입이 훨씬 줄어들었다고 한다.

제 5 절 결론

지금까지 강간, 성매매, 포르노그래피, 동성애 그리고 낙태와 같은 성과 관련된 문제들의 원인과 그 실태를 살펴보았다. 이런 성관련문제들은 대부분의 사회에서 사회문제와 사회문제가 아닌 것의 경계선상에 위치한다. 따라서 국가에 따라, 지역에 따라 이들에 대한 법규범도 매우 다양하게 존재한다. 그러나 이것은 한편으로는 이러한 문제들을 사회적으로 또는 도덕적으로 허용할 것인지에 대한 정답이 없다는 것을 의미하기도 한다. 한국사회는 비교적 매우 엄격하게 이러한 문제들을 다루어 왔다. 그러나 이런 문제가 나쁜 것인지에 대한 판단 자체가 매우 모호하며, 사회적 합의나 영향력 있는 집단의 기준도 점점 변화하고 있다.

한국사회가 보다 선진화된 사회로 발전하기 위해서는 우리 사회의 소수의견에 대해서도 잘못된 것으로 거부하기보다는 보다 신중히 검토하고, 소수의 인권이 존중되도록 하는 것이 매우 중요하다. 그런 차원에서 이 장에서 논의된 많은 성과 관련된 문제들에 대해 전향적인 태도를 취하는 것을 고려해야 한다. 2009년 11월에 위헌 판정이 난 '혼인빙자 간음죄'나 간통죄, 그리고 2019년 4월의 낙태죄의 사례는 국가가 개인의 성문제에 관여하는 것이 사회적으로 부적절하다는 사회적 의견의 변화를 상징적으로 보여준다. 향후 가까운 시일 내에 똑같은 논리로 성매매나 포르노그래피 문제도 같은 길을 걸을 것으로 예상한다.

요약 SUMMARY

- 성관련문제는 사회의 영향력 있는 사람들에 의해 또는 사회규범에 의해 용인할 수 없는 것으로 여겨지는 성적인 행동을 말한다. 여기에는 강간, 근친상간, 미성년자간음, 성도착, 성매매, 포르노그래피, 동성애, 낙태 등이 포함될 수 있다.
- 기능주의이론에서 성관련문제는 정신적 문제나 생물학적인 결함, 또는 자신의 유전자를 퍼뜨리려는 본능, 잘못된 성정체성이나 성지식에 대한 학습 등에 기인한다.
- 갈등이론에서 성관련문제는 가부장적 남성지배를 행사하려는 과정에서 나타나거나, 또는 지배계급의 이익실현을 극대화하려는 과정에서 출현한다. 이 과정에서 가부장제에 대항하거나, 이익실현에 방해가 되는 행동은 사회문제로 규정된다.
- 상호작용이론에서 성관련문제는 어떤 문제가 한 사회의 도덕십자군들의 관심을 끌고, 이들이 자신들의 성규범에 비추어 이 상황을 불편하게 느끼게 될 때 사회문제가 된다.
- 한국사회에서 성매매문제는 근래에 들어 매우 첨예한 쟁점이 되었고, 이것의 원인을 보는 입장도 큰 변화를 겪었다. 최근에 성매매여성은 가부장적인 폭력의 피해자로 받아들여졌고, 이전과는 전혀 다른 전향적인 정책이 시행되었다. 그러나 한편으로 성매매여성들의 현실과는 동떨어지는 측면이 있었고, 오히려 성매매여성들과 일부의 페미니스트에 의해 성인여성의 성매매를 성노동으로 정의하려는 움직임이 나타나고 있다.
- 한국사회의 보수적인 규범과 태도는 청소년은 물론 성인에 대해서까지 포르노그래피의 제작, 유포, 이용에 대해 매우 엄격한 규제를 만들었다. 그러나 통제가 거의 불가능한 인터넷의 생활화로 인하여 한국사회는 청소년들이 성인보다 더 많이 포르노그래피를 무차별적으로 접하는 상황이 되었다.
- 2000년대 들어 청소년들 사이에 퍼지기 시작한 동성애의 담론은 동성애를 우리

사회의 공공연한 논쟁거리로 만들었다. 특히 최근에는 군대 내의 동성애자에 대한 처벌에 대한 격렬한 논쟁이 있었고, 동성애의 처벌에 대한 변화가 향후 있을 것으로 예상된다.

- 한국에서 낙태는 엄격하게 금지된 행위였지만, 헌법재판소의 위헌판결로 인해 낙태가 비범죄화 되었다.
- 기능주의 입장에서 성관련문제는 생물학적인 결함이나, 직간접적 접촉에 의해 잘못된 성지식을 학습하여 발생하므로, 약물치료나 성교육, 왜곡된 성지식에 대한 수정교육, 유해환경으로부터의 격리 등의 대책이 제시된다.
- 갈등이론에서 성관련문제는 남성우월적인 가부장제와 이것을 유지하는 과정에서 발생하므로, 여성의 지위를 향상시키고, 가부장적 폭력에 정부가 적극적으로 개입하며, 왜곡된 성지식을 전달하는 포르노의 제작 및 유통에 대해 처벌하며, 성매수 남성을 강력히 단속하는 대책이 제시된다.
- 상호작용이론에서 성관련문제는 어떤 성과 관련된 상황이 한 사회의 도덕십자군의 성도덕에 맞지 않아 불편함을 주거나 소수집단에 대한 편견에서 발생하므로, 성매매나 포르노그래피, 낙태 등의 성관련문제를 합법화하고, 동성부부 등을 인정하여 집단차별적인 관행들을 해소하는 것이 대책으로 제시된다.

❐ 토론 및 추가학습을 위한 주제들

1. 동성애를 생물학적으로 설명하는 것이 적절한가?
2. 남성이 많고 여성이 적은 성비불균형 사회에서 성매매는 더 많은가? 만약 그렇다면 성매매가 사회체계의 안정적인 유지를 위해 기능적인가?
3. 성매매 여성들은 노동자인가? 가부장제의 피해자인가?
4. 가부장제가 강할수록 강간범죄율은 높은가? 그 증거가 있는가?
5. 낙태의 금지는 열등한 여성보다 우월한 남성의 씨앗을 더 중요시하는 가부장제의 결과인가? 아니면 생명의 존중인가?
6. 성의 상품화는 자본주의 사회에서 고유하게 나타나는 필연적 결과인가?
7. 후천성면역결핍증(AIDS)은 동성애자와 어떤 관계가 있는가?
8. 하드코어 포르노그래피는 성인이나 청소년에게 유해한가?
9. 동성애 정보를 제공하는 사이트는 청소년에게 유해한가?

❐ 조별 활동을 위한 주제들

1. 가부장적 폭력과 청소년성매매
2. 사회학습과 청소년성매매
3. 생물학적 이상과 동성애
4. 천주교 및 기독교 윤리와 동성애
5. 동성애자혐오증과 동성애문제
6. 가부장제와 강간
7. 성의 상품화와 성관련문제
8. AIDS와 동성애자에 대한 편견
9. 인터넷 포르노와 청소년 성일탈

❐ 참고할 만한 문헌 및 웹사이트

- 민주성노동자연대(http://cafe.daum.net/gksdudus): 자발적인 성노동에 종사하는 성노동자들의 존엄성과 인권을 위한 모임.
- 주홍색 연대(https://scarletalliance.org.au/): 성매매의 합법화와 성노동자의 권리 보장을 위한 전현직 성노동자에 의해 조직된 호주의 단체.
- 한국 성적 소수자 문화인권 센터(http://www.kscrc.org/): 동성애 및 동성애자에 대한 많은 정보와 자료를 얻을 수 있는 곳.
- 부유인 네이버 블로그(http://blog.naver.com/noesis204): 한국 내의 성노동자운동에 대한 여러 가지 정보를 얻을 수 있는 곳.
- 친구사이(http://chingusai.net): 1993년 결성된 남성 동성애자 인권운동모임. 남성 동성애자들의 친목모임에 대한 정보와 웹진 등을 볼 수 있다.
- 행동하는 성소수자인권연대(http://lgbtpride.or.kr): 1997년 대학동성애자인권연합에서 출발한 동성애자들의 인권운동모임. 동성애에 관한 많은 자료를 찾을 수 있다.
- 이반시티(http://ivancity.com): 국내에서 가장 큰 남성 동성애자 인터넷 커뮤니티.
- [영화] 안토니아스 라인(Antonia's Line)/1995/마를린 호리스: 4대에 걸친 모계가족의 삶을 그린 페미니즘 영화.
- [영화] 아시아에서 여성으로 산다는 것/1993년/변영주: 이 다큐멘터리는 이른바 국제매춘에 관한 '아시아 보고서'.
- [영화] 헤드윅(Hedwig and the Angry Inch)/2000/존 캐머런 미첼: 어릴적 성학대를 당하고 동성애자가 된 록가수의 이야기.
- [영화] 마이페어웨딩/2015/장희선: 김조광수와 김승환의 결혼일지 다큐.

PART

3

불평등과 사회문제

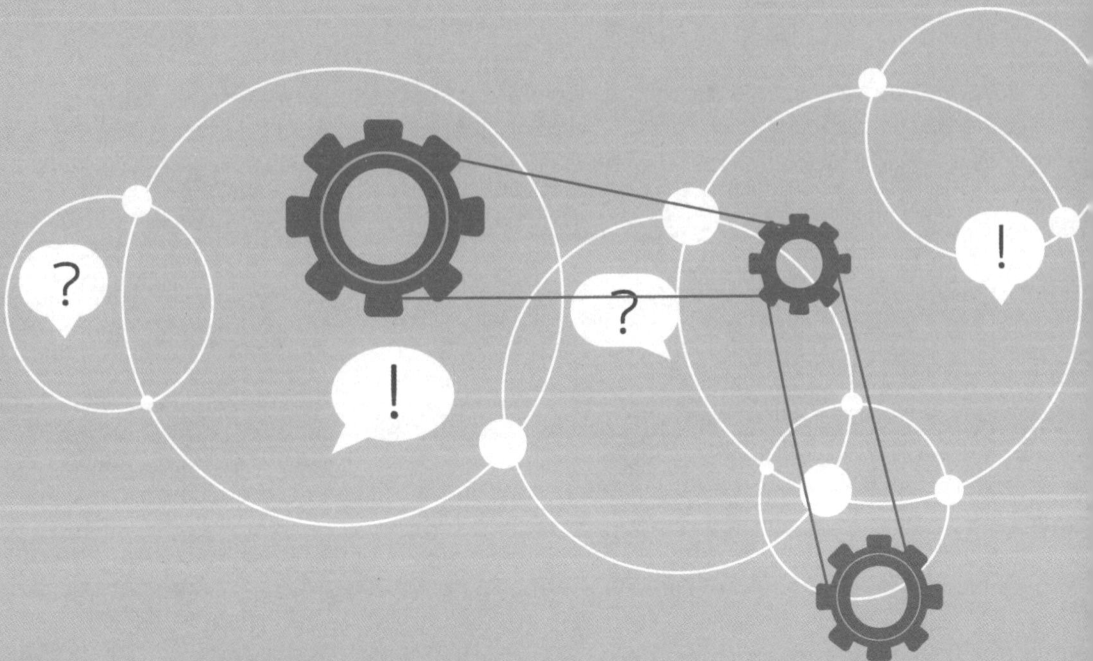

사 회 문 제 론

제3부에서는 여러 사회문제들 중에서 불평등과 관련된 문제들을 다룬다. 이러한 불평등과 관련된 문제들로는 경제적 불평등, 성불평등, 인종/민족적 불평등, 국가 간 불평등, 지역적 불평등, 연령집단 간의 불평등 등의 매우 다양한 문제들이 존재한다. 제3부에서는 한국사회에서 중요하다고 생각되는 불평등과 관련된 문제들을 빈곤 및 실업문제, 여성문제, 소수집단문제, 노인문제의 네 개의 장으로 나누어서 각각 다룬다.

인류의 역사에서 불평등은 매우 오랜 역사를 갖고 있다. 경제적인 불평등은 인간이 수렵채취사회에서 농경사회로 접어들면서 잉여농산물의 발생에 기인한다고 알려져 있다. 이것은 다시 말해서 인간이 평등하게 살았던 시절이 인류 초기의 매우 한정된 시기에 불과했다는 것을 말해준다. 또한 근래의 공산주의의 실험이 행해졌던 소련, 중국, 동구권 유럽국가 등의 사회주의에서도 경제적 불평등은 자본주의 국가에 비해서는 훨씬 완화된 형태였지만 여전히 존재했다. 일반적으로 이런 경제적 불평등이 인류 역사상 가장 오래된 불평등인 것으로 여겨지지만, 실제로 남성과 여성 간의 성불평등은 이런 경제적 불평등보다 훨씬 더 오랜 역사를 갖고 있다. 반면 인종, 민족적 차별이나 노인차별문제는 상대적으로 그 역사가 짧은 편에 속한다. 그러나 이러한 다양한 형태의 불평등들은 상호 중첩되고 관련되어 있기 때문에 불평등 문제를 이해하는 것이 그리 쉬운 일은 아니다.

또한 인간이 어느 정도 평등해야 하는지에 대해서도 의견이 일치하는 것은 아니다. 여기에 대해서는 크게 다음의 세 가지의 입장이 존재한다(Turner, 1986).

첫째, 존재론적 평등이다. 이것은 인간적 존재로서 인간은 필연적으로 평등해야 한다는 것이다. 다시 말해서 그것은 역사적, 또는 사회적 조건에 관계없이 모든 사람들은 필연적으로 평등해야 한다는 것이다. 그러나 이 입장은, 인류역사상 어떤 사회에서도 이러한 존재론적, 신학적 평등 개념을 실현한 적이 없었다는 점에서 현실적이지 못한 점이 있다.

둘째, 기회의 평등이다. 이것은 주로 자본주의 사회에서 평등하다는 의미로 받아들여지는 데 성공이 능력 있는 사람에게 개방되어 있다는 의미로서, 프랑스 혁명에서 표현된 바 있다. 이 의미에서의 평등은 교육과 취업을 통해 이루는 개인적 성취와 만족의 수단들에 대한 접근의 평등을 의미한다. 다시 말해서 모든 사람은 최소한 어떤 목표를 이룰 수 있는 기회의 측면에서 평등해야 한다는 것이다. 그러나 기회의 평등이라는 이 교의가 갖는 파라독스는 그것이 결과의 불평등으로 발전된다는 것이다. 따라서 철학적으로 일관성이 없다는 문제점이 있다. 예를 들어 개인적 성취라는 이데올로기하에서, 교육기회를 평등화시킨다면 모든 아이들이 기초교육을 받을 것이지만, 경쟁과 개인적 열망을 강조하는 상황에서는 결과의 불평등이 근절되지 않을 것이다. 결과적으로 시험을 통한 경쟁은 기존의 불평등을 감소시키기보다는 그것을 강화하고 심화시키는 측면이 있다.

셋째, 결과의 평등이다. 이것은 평등에 대한 가장 급진적인 설명으로서, 이 원칙에 따르면, 평등은 성취, 업적 또는 다른 특별한 상황들로부터 독립적이어야 한다. 이 경우 부는 사회체계에 대한 공헌에 상관없이 평등하게 재분배되며, 이 해석에서 평등은 모든 다른 가능한 가치들 위에 군림하는 최고의 가치이다. 그러나 최근까지 사회주의 국가들은 이러한 이상을 실현하기 위해 오랫동안 노력해 왔지만, 그 결과는 정치적 불평등이 지속되고, 위세의 위계, 엘리트집단에 의한 문화적 이점의 축적 그리고 인종집단들과 종교적 소수집단들 간의 상당한 불평등으로 나타났다.

이처럼 불평등은 자본주의 사회는 물론, 심지어 사회주의 사회에서도 피할 수 없는 결과가 되어 왔다. 따라서 최근에는 자본주의냐 사회주의냐에 관계없이, 적절한 기회의 평등을 제공하고, 여기에서 발생하는 결과의 불평등을 다양한 사회주의적 색채를 띤 복지정책을 통해 보완하려고 하고 있다.

CHAPTER

6

빈곤 및 실업문제

이 장에서는 빈곤문제와, 그와 관련된 문제로서 실업문제를 함께 다룬다. 빈곤문제는 여러 사회문제 중에서도 범죄문제와 더불어 가장 오래되고 중요한 사회문제로 인식되어 왔다. 따라서 모든 사회문제 교과서들은 빈곤문제를 중요한 문제로서 독립된 한 장으로서 다룬다. 그러나 이 책에서는 이 빈곤문제를 실업문제와 함께 다룬다. 이것은 빈곤문제나 실업문제가 하나의 사회문제로서 그 중요성이 떨어진다기보다, 빈곤문제와 실업문제가 동일한 이론적 틀을 통해 해석하고 분석할 수 있기 때문이다. 따라서 실업문제를 빈곤문제의 한 하위유형으로 포함하는 것은 큰 문제가 없어 보인다.

흔히 빈곤문제는 후진국의 문제로 인식된다. 그러나 소득수준이 높은 선진국에서도 절대빈곤층이 존재하며, 이것이 상당 부분 해결된다고 하더라도, 사회 내 성원들 간의 상대적인 경제적 격차에서 발생하는 빈곤문제는 여전히 존재한다. 역사적으로 절대빈곤을 해결하려는 노력이 많이 있었음에도 불구하고, 완벽히 빈곤을 해결한 사례는 거의 보이지 않는다. 과거 사회주의 사회에서 상당부분 절대빈곤문제를 해결한 바 있지만, 소득의 하향평준화는 국가의 빈곤을 가져왔다. 또한 북한이나 아프리카의 일부 국가와 같은 데서 발견되는 기아와 빈곤은 빈곤문제가 단순히 그 국가의 체제문제에서 기인하는 것은 아니라는 점을 보여준다.

이처럼 빈곤은 여러 많은 사회문제들과 밀접한 관련을 갖고 있다. 어떤 경우에 빈곤은 다른 사회문제를 만들어내는 원인이 되기도 하지만, 다른 사회문제에 의해서 빈곤문제가 발생하기도 한다. 예를 들어 빈곤은 건강문제, 노인문제, 범죄문제, 교육문제 등을 만들어내는 원인이 되지만, 한편으로 빈곤은 실업문제, 인구문제, 건강문제, 교육문제 등에 의해 만들어지기도 한다. 빈곤층은 대부분 불결한 주거환경에 거주하는 경우가 많으며, 따라서 질병을 갖거나 알코올남용, 신체장애를 갖는 경우가 상대적으로 더 많다. 또한 심리적으로도 높은 절망감, 낮은 자아존중감 등을 갖는 경향이 있다.

제 1 절 빈곤 및 실업문제의 정의

1. 빈곤의 정의

빈곤을 정의하는 것은 사실상 빈곤선(poverty line)을 추정하는 문제에 귀결된다. 빈곤을 사전적으로 정의하면, 일반적으로 빈곤이라는 것은 필요한 것이 없거나 부족한 상태로서 기본적인 욕구(needs)가 충분히 만족되지 않은 상태를 말한다. 그렇다면 빈곤하지 않기 위해서는 어떤 욕구가 충족되어야 하는가? 물질적 기본욕구만 충족되면 빈곤하지 않은 것인지, 아니면 여기에 더하여 정신적인 기본욕구가 충족되어야 하는 것인지, 또한 이러한 욕구충족이 어느 정도로 되어야 하는 것인지는 빈곤을 어떻게 정의하는지에 따라서 달라진다.

일반적으로 빈곤은 크게 절대적 빈곤과 상대적 빈곤의 두 가지로 정의된다. 절대빈곤이라는 것은 의, 식, 주의 기본적인 욕구가 객관적 기준에서 충족되지 않는 상태를 의미하는 반면, 상대빈곤은 이러한 객관적인 기본욕구가 충족되는지에 관계없이 한 사회의 구성원들의 평균적인 소득이나 소비수준상에서 열악한 위치에 있는 것을 말한다. 일반적으로 이 상대빈곤의 개념으로 빈곤에 접근하는 것은 빈곤을 사회불평등의 관점에서 보게 만든다.

(1) 절대빈곤

1995년의 코펜하겐에서 열린 세계 정상회의 결과 발표된 유엔선언에 따르면, 절대빈곤(absolute poverty)이란 “기본적인 인간 욕구의 심각한 박탈상태를 의미하는데, 이러한 욕구에는 음식, 안전한 식수, 위생시설, 건강, 주택, 교육 그리고 정보와 같은 것들이 포함된다”(Gordon, 2005). 이처럼 절대빈곤은 기본적 욕구, 즉 먹고, 자고, 입는 것을 해결하지 못하는 것을 말하는데, 그중에서도 생존을 위해 가장 절실한 욕구는 먹는 것이기 때문에 주로 이 먹는 것을 해결하는 비용과 관련하여 정의하는 경향이 있다. 이 절대빈곤을 정의하는 방식은 크게 전물량방식과 반물량방식의 두 가지가 있다.

1) 전물량방식

전물량방식(market basket)은 1901년 라운트리(Rowntree)에 의해서 개발된 것으로, 예산기준방식(budget standards)이라고도 한다. 이것은 기본적인 생활에 필요한 식비와 그 외의 기본욕구비를 하나하나 계산하는 방식이다. 라운트리는 특히 이 절대빈곤을 다시 1차 빈곤과 2차 빈곤으로 나누었는데, 1차 빈곤(primary poverty)이란 “가구소득이 생물학적 효율성을 유지하기에 부족한 수준으로서, 네 가지의 기초생필품(음식, 연료, 주택, 피복)을 구입할 능력이 안되는 수준을 말한다. 반면 2차 빈곤(secondary poverty)은 네 가지 기초생필품을 구입할 능력은 있지만, 소득의 일부를 노조조합비, 통근비, 경조사비, 도박비, 유흥비 등의 다른 용도로 사용하는 경우를 말한다. 일반적으로 절대빈곤이라고 하면 보통 전자를 의미한다.

이 라운트리가 제안한 전물량방식은 우리나라에서도 2015년까지 빈곤선을 추정하는데 이용했던 방식인데, 우리나라에서는 식료품, 주거비, 광열수도, 가구집기, 피복신발, 보건의료, 교육, 교양오락, 교통통신, 기타 소비, 비소비지출 등의 필수적인 기초생필품 목록 및 사용량을 결정하고, 그 비용을 계산하여 추계했다. 그러나 매년 이 조사를 수행하는 것은 많은 비용이 소요되므로, 3~5년 단위로 기준연도를 설정하여 조사하고, 나머지 연도는 물가변동분을 감안하여 조정하였다. 최근 정부에서 최저생계비를 계측한 연도는 1999년, 2004년, 2007년, 2010년, 2013년이며, 국민기초생활보장법에 따라서 3년마다 전물량방식으로 최저생계비를 조사하기로 하여, 2017년에 기존의 전물량방식으로 최저생계비를 계측하였다. 그러나 이제 여기서 산출된 수치는 급여의 기준으로 쓰이지는 않고, '중위소득에 의한 최저생계비'가 적정 수준인지를 검토하는 참고자료로만 사용하게 되었다(보건복지부, 2017).

2) 반물량방식

반물량방식은 엥겔방식이라고도 하는데, 이것은 빈곤선을 추정하기 위하여 엥겔계수를 이용하기 때문이다. 엥겔의 법칙(Engel's law)에 따르면, 어떤 상품의 수요에 대한 소득탄력성은 지출대상에 따라 달라지는데, 식료품비가 가장 비탄력적이고 따라서 소득의 변화에 영향을 받지 않는다. 따라서 소득규모가 낮을수록 비탄력적인 식료품에 대한 지출비중이 상대적으로 높아지고 반대로 주택이나 사치품, 문화상품에 대한 지출은 낮아진다. 따라서 비탄력적인 저소득층의 식료품비를 기준으로 빈곤선을 정하는 것이 가능하다.

이 방식은 일반적인 저소득가구의 총 지출 중에서 식비가 차지하는 비율이 약 1/3이라는 것을 이용하여, 최소한의 인간적인 건강상태를 유지할 수 있는 식비에 엥겔계수의 역수 3을 곱한 것을 최저생계비로 추정한다. 예를 들어 4인가구의 식료품비가 평균 월 100만 원이 든다면, 빈곤선은 여기에 3을 곱하여 300만 원이 된다. 다시 말해서 이 가정에서 4인가구가 최소한의 인간다운 생활을 하기 위해서는 월 300만 원의 수입이 있어야 한다는 것이다.

미국의 경우 오샨스키(M. Orshansky)가 이 방식으로 미국의 빈곤선을 책정한 이후로 지금까지 이어져 오고 있다. 이 빈곤선은 1960년대부터 미국 사회보장청이 공식방법으로 채택하였고, 가구원수, 18세 미만 아동수, 가구주 연령, 물가 등에 의해 조정되고 있다. 2025년 현재 미국의 빈곤선은 4인 가구 기준으로 32,150달러이다(ASPE, 2025). 우리나라의 경우, 1973년에 최초로 보건사회부 사회보장 심의위원회에서 이 방식으로 5인가구 기준 129,000원의 최저생계비를 추정한 바 있다. 이 엥겔방식은 계산이 간명하며, 또한 계산이 포함되는 품목이 적기 때문에 정치적 목적 등의 다양한 다른 요인에 의해 왜곡될 가능성이 적다는 장점이 있다.

반면 미국 내에서는 이 엥겔방식에 의한 빈곤선 측정이 시대변화를 잘 반영하지 못한다는 비판이 있다. 예를 들어 오샨스키가 1963년에 조사한 저소득가구의 식료품비 지출 비율은 1/3이었지만, 시대가 변하면서 식료품비의 비중이 훨씬 더 줄어들었다는 것이다. 실제로 1990년대에 조사한 저소득층의 식료품비 비중은 1/6로 나타났으며, 2008년의 조사(Blank, 2008)에서는 이 식료품비의 비중이 1/7.8까지 줄어든 것으로 나타났다. 이런 결과를 감안한다면, 현재의 미국의 최저생계비는 매우 저평가된 것이며, 실제로는 식료품비에 3를 곱하기보다는 6이나 7.8을 곱해야 된다는 것이다.

3) 절대빈곤 개념의 문제점

절대적 빈곤의 개념이 사회복지 정책을 위해 매우 중요한 개념임에는 틀림이 없지만, 이 개념 자체로는 몇 가지 문제점이 있는 것도 사실이다. 첫째, 절대빈곤 개념은 상대적 박탈감을 고려하지 못한다. 비록 빈곤선 아래에 있는 것은 아니지만, 다른 많은 사람들이 누리는 문화적 혜택을 이용하지 못하는 사람은 상대적으로 자신이 빈곤하다고 느끼지만, 절대빈곤 개념으로는 이러한 박탈감을 감안할 수가 없다. 절대빈곤의 개념 내에서 이러한 문제는 몇 가지 추가적인 개념을 만들어냄으로써 어느 정도 개선이 가능하다. 예를 들어 차상위계층, 극빈층, 근로빈곤층 등은 빈곤을 단순히 빈곤선 아래와 위로 이분법적으로 정의하는 데서 발생하는 다양한 틈새를 메우는 개념들이다.[1)]

둘째, 시대변화에 따라서 필수품이나 사치품의 개념 자체가 변함에도 불구하고 이것을 즉각 빈곤선에 반영할 수가 없다. 한국의 경우 약 5년 단위로 설정된 기준연도에만 조사하고 나머지는 물가변동률에 따라서 조정하였는데, 이 5년 사이에 일어난 시대변화는 일반적으로 감안되지 않는다.

셋째, 지역에 따라서 다른 생계비가 반영되지 않는다. 예를 들어 서울에서 200만 원을 버는 가구와 농촌에서 200만 원을 버는 가구의 생계의 어려움은 큰 차이가 있다. 따라서 우리나라에서는 대도시, 중소도시, 농촌지역으로 나누어 최저생계비를 집계했었다.

넷째, 연령에 따라서, 직업에 따라서 최저생계비가 다른데 절대빈곤 개념은 이것

---

1) 일반적으로 빈곤층(poor)은 빈곤선 아래에 있는 사람들을 지칭하는 것이고, 차상위계층(near poor)이란 빈곤선 위에는 있지만 그 소득이 빈곤선 소득의 100%에서 120% 사이에 있는 사람들을 말한다. 다시 말해서 빈곤선상의 소득에서 그것의 1.2배를 더 벌어들이는 사람들, 그리고 소득은 빈곤선 아래이지만 재산이 있어 수급대상에서 제외된 사람들을 포함한다. 그리고 극빈층(deep poor)은 빈곤선의 50% 미만의 소득을 버는 가구를 말한다. 예를 들어 빈곤선이 가구당 월 100만 원이라면, 100만 원에서 120만 원 미만은 차상위계층이며, 50만 원 미만은 극빈층으로 분류할 수 있다.

을 반영하기 어렵다. 예를 들어 장시간 노동을 하는 노동자와 자유로운 시간이 많은 교수의 생계비는 다를 수밖에 없는데 절대빈곤 개념은 이것을 감안하기 어렵다. 미국의 경우 65세를 기준으로 빈곤선을 다르게 추정하여 이 문제를 부분적으로 보완하고 있다.

(2) 상대빈곤

상대빈곤(relative poverty)은 다른 인구집단과 비교하여 특정인구집단이 결핍을 겪는 것을 말한다. 다시 말해서 여기서 빈곤은 대부분의 사회구성원이 누리고 있는 생활수준에 비해서 박탈의 상태에 처해 있는 경우를 말하는데, 의·식·주의 기본적 욕구가 충족되었더라도 빈곤층으로 정의될 수 있다는 특징이 있다. 절대빈곤 개념이 다른 사람들과의 상대적 차이나 박탈감을 감안하지 못하는 데 비해서, 이 상대빈곤 개념은 한 국가의 평균적 소득수준을 감안함으로써 이러한 문제점들을 상당히 개선한다. 이 개념에서의 빈곤은 결국 불평등과 밀접한 관련을 가진다.

예를 들어 사회의 대다수가 자동차를 소유하고 있다면 자동차를 살 수 없는 사람은 분명히 빈곤하다고 할 수 있다. 인간의 욕구는 기본적 욕구에 한정된 것은 아니므로, 의식주가 충분히 해결된다고 하더라도 인간은 빈곤하다고 느낄 수 있다. 절대빈곤의 개념은 이러한 점을 포착하지 못하기 때문에, 다음과 같은 다양한 상대빈곤의 지표들이 개발되어 왔다.

첫째, 평균 혹은 중위소득의 일정 비율 미만의 소득을 갖는 사람들을 빈곤층으로 정의하는 방법이다.[2] 일반적으로 평균은 극단치(예를 들어 갑부)의 영향을 많이 받으므로, 최근에는 중위소득[3]의 일정 비율 미만의 소득을 버는 사람들을 빈곤층으로 정의하고 있다. 실제로 경제협력개발기구(OECD)의 경우는 중위가구소득[4]의 40%

---

2) 일반적으로 소득의 분포는 우측으로 길게 꼬리를 가진 우경편포(right skewness)하는 모양을 가진다. 이 경우 평균소득을 계산하면 실제의 대다수 사람들의 소득수준을 훨씬 상회하는 금액이 산출된다. 반면 중위소득은 갑부와 같은 극단치의 영향을 덜 받기 때문에 비교적 평균적인 정도를 잘 나타내 준다.

3) 중위소득이란, 예를 들어 100명의 인구가 있고 이들을 소득순으로 일렬로 세웠을 때 50번째 있는 사람의 소득이다.

4) 소득을 어떤 소득으로 할 것인지도 중요한 문제이다. 국내에서는 총소득을 보통 기준으로 하지만, OECD의 경우는 총소득에서 소득세와 사회보장비용을 뺀 가처분소득을 기준으로 한다. 따라서 최근에는 국내에서도 이 가처분소득을 중심으로 빈곤선을 산출하는 경우가 많아지고 있다(여유진 외, 2005).

미만을 버는 경우를 과거에 빈곤층으로 정의한 바 있으며, 세계은행의 경우 후진국은 평균가구소득의 1/3, 선진국은 1/2을 빈곤선으로 잡았다. 그러나 최근에는 '중위소득의 50%'를 기준으로 하는 상대빈곤의 정의가 일반적으로 받아들여지고 있다.

우리나라에서도 2016년부터는 이러한 방식으로 최저생계비를 정하기 시작하였다. 보건복지부의 고시(보건복지부, 2015a)에 따르면, 4인 가족 생계급여의 경우 4인 가족 중위소득(4,391,434원)의 29% 수준인 1,273,516원을 최저생계비로 산정하였다. 정부에서는 이 생계급여기준을 2017년까지 중위소득의 30%까지 단계적으로 인상하기로 하였다(법에 30% 이상으로 명시). 새로 바뀐 제도는 급여의 내용에 따라 각각 다른 기준을 마련하고 있는데, 2018년에는 생계급여는 중위소득의 30% 이하, 교육급여는 중위소득의 50% 이하, 주거급여는 중위소득의 43% 이하, 그리고 의료급여는 중위소득의 40% 이하 가구로 정하고 있다(보건복지부, 2017a).

둘째, 소득분배상의 하위 일정 비율을 빈곤층으로 정의하는 방법이다. 예를 들어 하위 10%나 하위 20% 등으로 간단하게 빈곤층을 정의할 수 있다. 그러나 이러한 방법은 빈곤선의 추정이 쉽다는 장점은 있으나, 훌륭한 빈곤정책을 통해 소득분배체계를 개선하더라도 항상 일정 비율의 빈곤층이 존재한다는 단점이 있다.

셋째, 박탈지수(deprivation index score)를 이용하는 방법이 있다. 이 방법은 사회의 생활양식을 대표하는 여러 가지 지표를 선정하여 이 지표 가운데 해당되지 않는 것이 많을수록 상대적으로 박탈된 것으로 간주하는 것이다. 예를 들어 타운젠트는 60가지 지표를 통해 빈곤을 측정하였는데, 여기에 포함된 지표들로는 "① 지난 1년 동안 일주일 간의 휴가를 가졌는지, ② 지난 4주 동안 친구를 집에 초대했는지, ③ 지난 2주 동안 예술을 관람한 적이 있었는지, ④ 냉장고가 있는지 등이 있다"(원석조, 2002: 228 참조). 그러나 누구나가 동의하는 객관적인 박탈의 지표를 찾는 것이 어렵고, 결국은 주관적일 수밖에 없어 이 방법은 잘 사용되지 않는다.

(3) 국제적 빈곤개념

지금까지 살펴본 절대빈곤과 상대빈곤을 측정하는 개념들을 모두 개인적 차원에서 빈곤한 사람이나 가구를 선정하기 위한 개념이었다고 할 수 있다. 그런데 많은 국제기구들은 한 국가에서 빈곤한 사람이 얼마나 있는지를 결정하기 위해 다양한 절대적, 상대적 빈곤개념을 개발해 왔다. 이런 개념들은 빈곤선을 결정하기 위한 것이 아니라, 어떤 국가에서 국제적으로 지원이 필요한 인구가 얼마나 존재하는지를 살펴보기 위해 만들어진 것이다. 예를 들어 UN에서는 각국의 빈곤 정도를 비교하기 위하여 매우 간단한 국제빈곤에 대한 지표를 사용하는데, 1인당 하루에 지출할 수 있는 금액이 2달러 미만인 경우를 빈곤으로 보고 여기에 해당하는 각국의 인구비율을 조사한다.

세계은행(World Bank)도 유사한 지표를 사용하여 각국의 빈곤정도를 제시하는데, 구매력 기준의 소득(Purchasing Power Parity, PPP)을 통해 하루 2.5달러 미만의 지출과 하루 10달러 미만의 지출밖에 하지 못하는 인구를 환산하고 있다. 세계은행의 2013년 한 보고서(World Bank, 2013)에 따르면, 2010년 기준으로 아시아에서 방글라데시는 총 인구의 86.2%, 캄보디아는 64.5%, 파키스탄은 76.4%, 필리핀은 53.3%가 하루에 2.5달러 미만의 지출만 할 수 있는 절대빈곤에 시달리고 있다. 아프리카에서도 이런 인구가 높은 나라들은 부룬디 96.1%, 콩고민주공화국 96.0%, 라이베리아 97.0%, 탄자니아 92.8%, 잠비아 90.6%로, 거의 100%에 가까운 인구가 절대빈곤에 시달리고 있는 것으로 나타난다.

그러나 유엔개발계획(United Nations Development Programme, 이하 UNDP)은 빈곤이 다차원적이라는 점을 간파하고, 이러한 차원들을 포괄할 수 있는 빈곤의 지표를 만들어냈는데, 그것이 바로 인간빈곤지수(human poverty index, 이하 HPI)이다. 이 지수는 빈곤을 수입으로 정의하지 않고, ① 건강하고 오래 살지 못하는 박탈, ② 지식의 박탈, 그리고 ③ 일정 수준의 생활수준에서의 박탈이라는 세 가지 조건으로부터의 박탈로 정의한다. UNDP는 선진국으로 볼 수 있는 OECD 회원국가와, 비회원국가로 나누어서 이것을 집계하고 있는데, 비회원국의 경우 40세 이전 사망률, 성인문맹률, 개량화된 수도시설을 사용하지 못하는 비율, 연령에 비한 체중미달 아동의 비율, 빈곤선 미만의 수입가구 비율을 이용하여 인간빈곤지수-1(HPI-1)을 집계한다. 반면 OECD 회원국의 경우 60세 이전 사망률, 산문체 문장에 대한 이해력이 부족한 사람의 비율, 장기간의 실업자 비율, 중위소득의 50% 미만 인구비율을 사용하여 인간빈곤지수-2(HPI-2)를 집계한다(UNDP, 2009).

최근에는 세계은행도 빈곤이 다차원적이라는 점을 인식하고, 다차원 빈곤척도(Multidimensional Poverty Measure)를 만들어내었다(World Bank, 2018). 그들은 자료의 이용가능성에 따라서 3가지 차원의 척도와 5가지 차원의 척도를 각각 만들었는데, 전자는 금전적 빈곤, 교육, 기본적 기간시설에 대한 접근도의 차원을 갖고 있고, 후자는 여기에 더해 건강/영양, 안전의 차원이 추가된다([표 6-1] 참조). 이 각각의 차원들은 하나의 지수로 통합될 때 동일한 가중치를 갖는다.

표 6-1 ■ 세계은행의 다차원 빈곤척도의 하위차원과 지표(2024)

차원	3가지 차원	5가지 차원
금전적 빈곤	• 하루 두당 2.15달러 미만의 소비하는 가구비율	• 하루 두당 2.15달러 미만의 소비하는 가구비율
교육	• 8학년 연령대까지 적어도 한 명이 학교에 등록하지 않은 가구비율 • (9학년 연령대 이상의) 모든 성인이 초등학교를 졸업하지 못한 가구비율	• 8학년 연령대까지 적어도 한 명이 학교에 등록하지 않은 가구비율 • (9학년 연령대 이상의) 모든 성인이 초등학교를 졸업하지 못한 가구비율
기간 시설에 대한 접근도	• 일정 수준의 식수를 이용하지 못하는 가구비율 • 일정 수준의 하수처리시설을 이용하지 못하는 가구비율 • 전기를 사용하지 못하는 가구비율	• 왕복 30분 이내에 일정 수준의 식수를 이용하지 못하는 가구비율 • 일정 수준의 단독 하수처리시설을 이용하지 못하는 가구비율 • 전기를 사용하지 못하는 가구비율
건강/영양		• 지난 36개월 동안 의료시설을 이용하지 못한 15~49세의 산모가 있는 가구비율 • DPT3 백신을 맞지 않은 12~59개월의 아동이 있는 가구비율 • 0~59개월의 발육부진 아동이 있는 가구비율(HAZ<-2) • 15~49세의 영양부족 여성이 있는 가구비율(BMI<18.5)
안전		• 지난 1년 동안 범죄피해를 당한 가구 또는 우범지역에 위치한 가구비율 • 지난 1년 동안 (홍수, 가뭄, 지진 등의) 자연재해를 당한 가구비율

출처: World Bank, 2018; 2024

최근의 세계은행 보고서(World Bank, 2024)에 따르면, 세계의 지역별 다차원 빈곤율은 사하라 이남의 아프리카 지역이 52.6%로 가장 높고, 그다음으로 남아시아가 11.2%, 남미/카리브해가 3.6%, 동아시아/태평양이 2.7%, 유럽/중앙아시아가 2.1%, 중동/북아프리카가 1.5%의 순으로 나타난다. 특히 사하라 이남의 아프리카 지역은 금전적 박탈가구가 39%, 교육박탈이 각각 29%와 28%, 그리고 전기박탈이 46%, 하수도박탈이 59% 그리고 식수박탈이 29%였다.

2. 실업의 정의

실업(unemployment)이란 일할 의사가 있음에도 불구하고 일을 하지 못하고 있는 상태를 말한다. 여기에는 구직단념자(discouraged workers)는 제외되는데, 이들은 자신이 원하는 일자리를 구할 수 없어서 구직을 단념한 사람들을 말한다. 현실적으로 실업률을 집계할 때, 구직단념자의 규모를 어떻게 집계하는지에 따라서 실업률이 크게 달라진다. 특히 우리나라와 같이 청년실업문제가 심각한 나라에서는, 이들을 얼마나 많이 구직단념자에 포함시키는지에 따라서 실업률이 크게 영향을 받는다.

국제노동기구(ILO) 기준에 의하면, 실업자는 "경제활동을 할 수 있는 능력과 의사를 가지면서도 수입이 있는 일에 전혀 종사하지 못하는 사람"을 말하는데, 구직활동을 하고 있는 자, 일기불순, 일시적인 병, 자영업 준비, 직장대기 등의 사유로 구직활동을 실제로 하지 못하는 자를 포함한다. ILO의 기준에 따르면, 취업자는 다음 조건 중 어느 하나를 충족시키는 자이다. 첫째, 수입을 목적으로 1시간 이상 일한 자, 둘째, 자신에게 직접적인 이득이 없더라도, 가구단위의 농장이나 사업체의 수입을 높이는 데 도움을 제공한 가족노동자로서 주당 18시간 이상 일한 자, 그리고 셋째, 일시적인 병, 일기불순, 휴가 또는 노동쟁의 등으로 인해 일하지 못한 일시휴직자는 모두 취업자에 포함된다. 현재 우리 정부가 실업률 통계의 기준으로 삼고 있는 ILO의 실업자에 대한 정의는 "지난 1주 또는 4주 이내에 수입을 목적으로 일을 하지 않았거나 구직활동을 한 자"를 말하므로, 실제 느끼는 체감 실업률과는 큰 차이가 있다.[5)]

5) 실업자를 집계하는 기준에서 구직활동의 기간은 보통 1주와 4주 기준이 사용되는데, 국제노동기구(ILO)는 뚜렷한 기준을 제시하지 않고 나라마다의 실정에 맞추어서 적용하도록 권하고 있다. 일본이나 대만은 1주 기준

보통 실업률은 실업자수를 경제활동인구로 나누어서 계산하는데, 여기서 경제활동인구란 15세 이상에서 65세 미만의 취업자와 실업자를 모두 합한 것이다. 실업률을 계산하기 위한 다음의 식에서 실업자수를 어떤 기준으로 잡는지에 따라서 실업률은 크게 달라질 수 있다. 우리 정부가 발표하고 있는 최근의 실업률 수치는 실제보다 훨씬 더 축소되는 인상을 받는다. 특히 취업을 위해 졸업 후에도 공무원 시험 등을 준비하고 있는 청년인구들은 대부분 구직활동을 하지 않은 것으로 분류되어 제외되기 때문에, 정부가 발표하는 실업률이 현실을 제대로 반영하지 못한다는 비판을 받고 있다.

$$\text{실업률} = \frac{\text{실업자수}}{\text{경제활동인구(15\textasciitilde64세 인구)}} \times 100$$

실업보다 더 넓은 개념으로는 불완전고용(underemployment)이 있다. 일반적으로 이 불완전고용에는 ① 현재 시간제로 일하고 있지만 전일제 일자리를 찾고 있는 사람들과, ② 취업을 원하지만 낙담하여 일자리를 찾는 것을 포기한 구직단념자와, ③ 현재 일자리를 갖고 있거나 일자리를 찾고 있지는 않지만, 지난 1년 동안 일하기를 원해 일을 했고, 일자리를 찾았던 사람들이 모두 포함된다(Mooney *et al.*, 2007: 238). 정부에서는 이 불완전취업자를 하루 6시간 미만 또는 주당 36시간 미만의 취업을 했지만, 고용이 불안정한 사람으로 정의하고 있다.

으로 실업률을 집계하지만, 미국, 영국 등의 OECD 국가 대부분은 4주 기준으로 실업률을 집계하므로 우리나라도 1999년부터 4주를 기준으로 한 실업률을 1주 기준의 실업률과 함께 발표하고 있다(한국노동연구원, 2008: 19-20).

구직단념자

비경제활동인구 중 취업의사와 능력은 있으나, 노동시장적 사유로 일자리를 구하지 않은 자 중 지난 1년 내 구직경험이 있는 자로서, 지난 4주간 구직활동을 하지 않은 자.

불완전 취업자

하루 6시간, 주당 36시간 미만의 취업자로 취업을 했지만 불완전한 고용상태로 매년 그 수가 늘고 있다. 건설부문 일용직 노동자, 호출받고 일시적으로 근로하는 행사도우미, 은행의 피크타임(한 달에 며칠만 근무하는 비정규직) 노동자 등이 그 예이다.

제 2 절 빈곤 및 실업문제를 설명하는 이론

일반적으로 시차의 문제는 있겠지만, 실업은 빈곤을 가져오는 가장 직접적인 원인이다. 또한 빈곤이라는 것은 돈을 못 벌거나 생활에 필요한 정도 미만의 돈을 버는 데서 기인한다. 따라서 실업을 설명하는 이론은 빈곤을 설명하는 이론과 거의 중첩된다. 따라서 이 책에서는 빈곤문제와 실업문제를 한 곳에서 다룬다.

실업 및 빈곤문제를 설명하는 이론들은 크게 구조기능주의, 갈등이론, 상호작용이론으로 나눌 수 있다. 구조기능주의에 속하는 이론들로는 인적자본이론과 빈곤문화론이 있으며, 빈곤을 상대빈곤의 개념으로 받아들인다면 불평등을 구조기능주의 시각에서 설명하는 데이비스와 무어의 계층이론이 여기 포함된다. 반면 갈등이론에는 마르크스의 상대적 과잉인구론과 노동시장분절이론, 그리고 도시비공식부문론이 여기에 포함된다. 마지막으로 왁스먼이나 마챠의 빈민에 대한 논의들은 상호작용론적 시각에 포함된다.

1. 구조기능주의이론

구조기능주의에서 사회의 모든 부분들은 전체를 위하여 기능한다. 따라서 실업이나 빈곤은 사회에 기능적이지 않은 방식으로 행동하거나, 반대로 사회가 구성원들에 대해 적절한 방식으로 행동하도록 동기부여를 전혀 하지 못할 때 발생하고 사회문제가 된다. 예를 들어 실업은 전체 사회의 생존에 일시적으로 역기능적인 생산영역의 상태, 즉 균형이나 통합이 깨어진 상황을 의미하는데, 보통 이러한 실업이나 저임금, 불완전고용, 그리고 이로 인한 빈곤 등은 노동자들이 시대변화에 따라 요구되는 숙련이나 기술에 대한 개발, 훈련, 교육 그리고 재충전을 게을리했거나, 또는 극도로 상향이동이 제한되어 있는 사회에서 부를 획득할 수 있는 합법적인 기회를 전혀 가지지 못할 때 발생한다. 여기서 살펴보는 이론들은 이러한 실업이나 빈곤문제의 원인을 다양한 각도에서 설명한다.

빈곤의 기능

기능주의자 갠즈(Gans)는 빈곤이 사회에서 어떤 역할을 하는지에 대해 연구했다. 그에 따르면 빈곤이 꼭 사회에 역기능적인 것만은 아니며, 사회의 생존과 발전을 위해 많은 기능을 갖는다고 한다. 다음과 같은 그의 주장은 존재하는 것은 기능적이라는 구조기능주의의 설명방식을 그대로 보여준다.

① 아무도 원하지 않는 불쾌한 직업에 종사하게 한다.
② 부유층을 보조하는 활동을 한다.
③ 사회사업가와 같은 직업을 만들어 준다.
④ 다른 사람들이 사지 않는 질 낮은 상품을 구매하게 한다.
⑤ 경멸받는 일탈의 전형이 됨으로써, 지배가치를 공고히 한다.
⑥ 타인들에게 자선을 베풀 기회를 제공한다.
⑦ 양질의 교육, 직업으로부터 배제되기 때문에 다른 사람들이 사회이동할 기회를 만들어 준다.
⑧ 예술적인 건축에 싼 노동력을 제공하여, 문화활동에 기여한다.
⑨ 재즈와 블루스와 같이 종종 부유층이 생각해내지 못한 문화를 창출한다.
⑩ 대량실업의 희생자가 됨으로써 사회변화의 비용을 흡수한다.

---

(1) 인적자본이론

인적자본이론은 낮은 수입(실업)이나 빈곤을 설명하는 주류경제학의 중요한 시각이다. 인적자본이론(human capital theory)에 따르면, 개인의 소득은 개인의 생산성에 의해 결정되는데, 이러한 생산성은 기술의 숙련 여부에 의해 결정된다. 이러한 기술의 숙련은 다시 공식, 비공식 교육이나 훈련과 같은 자신의 인적자본에 얼마나 많은 투자를 하였는지에 따라서 결정된다. 예를 들어 교육에 많은 투자를 한 사람들은 높은 생산성을 가질 수 있으며, 이것은 일자리를 얻고 높은 수입을 얻는 데 영향을 미친다. 반면 자신의 교육에 투자를 덜한 사람들은 낮은 생산성을 가지며 따라서 일자리를 얻더라도 저임금 일자리를 얻게 될 것이다.

따라서 대학졸업, 영어회화능력, 각종 자격증 등과 같은 개인의 노동생산성을 높이기 위해서 많은 투자를 한 사람들이 더 양질의 일자리에 취업이 용이할 것이며, 따라서 상대적으로 높은 수익을 올리게 될 것이다. 그러나 이렇게 사회가 요구하는 자격기준을 갖추는 데 게을리 한 사람들이나 구성원들에게 이러한 자격기준을 갖추도록 동기를 부여하지 못하는 사회는 실업이나 빈곤문제가 더 심각할 것이다. 예를 들어 최근 우리 기업들이 요구하고 있는 각종 자격증이나 토익점수 등을 취업준비 기간중에 적절히 준비하지 못한 사람들은 실업이나 불완전고용 상태에 있게 될 것이다. 한편으로 사회의 대다수 취업준비자들에게 이러한 기준을 성취하기 위해 노력하도록 만들지 못하는 사회는 또한 실업이나 빈곤문제를 상대적으로 강하게 겪게 될 것이다.

(2) 빈곤문화론

실업이나 빈곤에 대한 또 하나의 오래된 시각 중에 빈곤문화론이 있다. 오스카 루이스(Lewis, 1959)는 멕시코, 푸에르토리코 등에서 빈민지역에 대해 일련의 참여관찰을 하였는데, 동일한 사회라도 계층에 따른 문화적 차이, 즉 하위문화가 있음을 알게 되고, 그는 이것을 빈곤의 문화(culture of poverty)라고 명명하였다. 그에 따르면, 빈민들 사이에는 주류사회와는 상이한 독특한 하위문화가 존재하는데, 이러한 하위문화는 사회화과정을 통하여 세대 간에 지속적으로 계승되게 된다. 빈민지역에서 빈곤이 지속적으로 유지되고, 이 지역의 사람들이 빈곤으로부터 탈출할 수 없는 것은, 사회에서 강조되는 주된 가치들과 상반되는 빈곤의 하위문화들을 받아들이고 이것이 세대를 통해 계승되기 때문이다.

루이스는 이러한 빈곤문화의 특징을 나타내는 70여 개의 항목을 나열하고 그 중 중요한 것을 다음과 같은 네 가지로 요약했는데, 첫째, 전체 사회와 하위문화와의 관계에 있어서, 빈민들은 사회의 주요 제도에 참여하지 않거나 통합되지 못하고, 따라서 빈곤지역 내에서 대안적 제도나 절차를 만들게 된다. 둘째, 빈민지역의 특성에 있어서, 누추하고 밀집된 주거형태, 주변마을과 뚜렷한 격리, 싼 집값, 일시적인 비공식 집단화의 경향을 보인다. 셋째, 가족의 특성 측면에서, 약한 사생활 보호, 조기의 성경험, 모계중심의 가족, 부의 권위주의 등이 존재한다. 넷째, 개인의 태도·가치·성격구조의 측면에서, 빈곤문화에서 자란 사람들은 운명주의, 무력감, 의타심, 열등감, 연약한 자아구조, 성적 구분의 혼돈, 물질적 박탈감, 현재지향주의, 일탈에 대한 높은 관용, 남성우월주의 등이 강하게 존재한다.

이러한 빈곤문화의 특징들은 빈민지역의 주민들이 열심히 일을 해 돈을 벌어서 잘 살 수 있는 여지를 제한하고 있으며, 이들 사이에서 강하게 공유되는 하위문화 속에서, 최소한의 생활수준에 만족해하며, 더 이상 근면성실하게 살고자 하는 의지를 갖지 못하도록 만든다. 결과적으로 이들이 지속적으로 빈곤 속에서 헤어날 수 없는 이유는 이러한 부적절한 하위문화가 사회화를 통해서 세습되기 때문이다.

이러한 루이스의 빈곤에 대한 문화주의적인 설명은 이후 많은 비판에 시달렸다. 그 대표적인 비판이 발렌틴의 비판으로서, 그에 따르면, 빈민들이 “빈민 가정의 사회화과정을 통해 얻는 것은 전체 사회에서 행해지는 사회화과정에서 얻는 것과 다를 바 없고, 오히려 빈곤가정의 희소한 기회로 인해 보편적인 문화의 디자인을 그대로 적용할 수 없기 때문에, 적응과정에서 수정하는 것일 뿐”이다. 이 비판은 빈곤문화가 존재하는지 과연 의문이며, 실제로 세습되는 것은 빈곤의 문화라기보다는 빈곤이라는 것이다.

초기 국내의 학자들은 우리나라에서도 빈곤의 문화가 존재하는지에 대해 관심을 가졌고, 일부 빈곤의 문화가 빈민들 사이에서 존재한다는 결론도 나타났지만, 대부분의 연구들은 국내에서 남미의 빈민지역에서 발견되는 것과 유사한 빈곤의 문화는 존재하지 않으며, 대부분의 한국의 빈민들은 중산계급이 가지는 것과 거의 동일한 가치관을 갖고 있으며, 상승이동의 욕구가 매우 강한 건전한 사람들이라는 점을 지적한다.

(3) 데이비스와 무어의 기능주의 계층이론

상대빈곤의 개념을 받아들인다면, 빈곤은 사실상 사회적인 불평등을 의미한다. 구조기능주의 시각에서 이러한 불평등에 대해 설명하는 이론은 데이비스와 무어(Davis and Moore, 1945)의 기능주의 계층이론이 있다. 그들에 따르면, 불평등이 생기는 기본적 원인은 기능적 필요성 때문이다. 모든 사회는 사회의 생존을 위해 성원들로 하여금 두 가지 동기, 즉 ① 포지션을 점유하고자 하는 동기, ② 그 역할을 수행하고자 하는 동기를 갖도록 해야 한다. 사회의 구성원들에게 이러한 동기를 부여하기 위해서, 사회는 각각의 포지션에 대해 차별적 보상과 등급을 결정해야 한다. 그들에 따르면, 이러한 기준은 크게 다음의 두 가지이다.

첫째, 포지션의 기능적 중요성으로서, 이것은 사회에 대한 중요성의 정도, 즉 사회의 생존에 대한 공헌도를 말한다. 이것은 다시 다음의 두 가지에 의해서 결정되는데, 그것은 ① 동일한 기능을 다른 포지션이 수행할 수 있는 정도와 , ② 다른 포지션이 문제의 포지션에 의존되어 있는 정도이다.

둘째, 인원의 부족으로서, 해당 포지션에 요구되는 수련기간이나 능력기준이 높을 때, 충원에 어려움을 가지고 오며, 따라서 그 포지션에 대해서는 많은 보상을 해 주어야 한다. 만약 오랜 기간의 수련기간이 요구되는 포지션에 다른 포지션에 비해 비슷하거나 상대적으로 낮은 보상이 주어진다면, 아무도 그 포지션을 점유하려고 하지 않을 것이다.

따라서 사회가 생존하기 위해서는 다양한 포지션을 사회의 구성원들이 점유하고자 하는 동기를 부여해야 하는데, 보다 많은 능력이 요구되거나 중요한 포지션에 대해서는 보다 많은 보상을 해줌으로써 사회구성원들을 적절히 배치할 수 있게 된다. 따라서 사회 내에서 불평등은 필연적으로 존재할 수밖에 없으며, 그 자체로 사회의 생존을 위해 기능적이다.

이러한 데이비스와 무어이론 역시 이후 많은 비판을 받았는데, 그 대표적인 사람은 튜민(Tumin, 1953)이다. 그는 두 가지 측면에서 그들을 비판했는데, 첫째, 기능적 중요성의 가정은 타당하지 않다. 예를 들어 한 공장의 운영에서 엔지니어가 비숙련노동자보다 중요하다는 것을 적절히 입증하는 것은 불가능하다. 둘째, 불평등은 위세와 존경의 필연적인 체계라고 볼 수 없으며, 과거 어떤 개인이 맡은 바 임무를 양심적으로 수행하는 한 그 사람은 다른 사람만큼 가치가 있다는 전통을 세우려는 노력이 한 번도 없었다고 주장한다.[6)]

지금까지 살펴본 기능주의이론들은 모두 실업이나 빈곤이 개인의 부적응이나 노력부족 또는 사회의 성원에 대한 부적절한 동기부여에서 발생한다고 주장한다. 따라서 이 이론들은 대부분 수입불평등에 대해 초점을 맞추고, 이러한 수입의 차이가 개인의 노력과 투자의 차이에서 기인한다는 점을 지적한다. 이러한 기능주의이론들은 실업이나 빈곤이 개인의 노력부족이나 신체적 정신적 결함 등과 밀접한 관련이 있다는 점을 잘 보여주지만, 실업이나 빈곤은 또한 상당부분 개인의 노력이나 능력과는 관계가 없는 다른 요인에 의해 나타나는 측면도 강하다는 점을 제대로 설명하지 못한다.

렌스키(Lenski, 1966)는 현대사회로 올수록 개인의 업적에 의한 능력보다는 귀속적 능력이 사회성원들 간의 불평등을 설명하는 데 더 강하게 작용한다는 점을 지적한다. 그에 따르면, 수렵채취사회에는 식량조달과 관련된 기능적 중요성, 개인의 능력, 기술이 주로 보상을 결정했지만, 진보된 사회에서는 제도화되고 영속화된 귀속적인 불평등이 커진다. 이러한 렌스키의 비판은 특히 자녀의 성공을 위해 거의 모든 자원을 투자하는 한국적 상황에서 더욱 중요하다. 우리 사회에서 취업을 잘하고 부자로 산다는 것은, 공부를 잘 해서 높은 수입을 올리기보다는 부모를 잘 만난 것이 더 중요한 요인이 아닐까?

2. 갈등이론

갈등이론은 부의 세습과 같은 구조적인 불평등과 그것의 지속을 잘 설명한다. 갈등이론에 따르면, 빈곤이나 실업은 특정한 집단이 그것으로부터 이익을 보기 때

6) 튜민의 비판과는 달리 실제로 이런 전통을 세우려는 노력이 이스라엘의 협동농장인 키부츠에서 행해졌지만, 결국 실패로 돌아간 바 있다.

문에 생겨난다. 사회의 가용한 자원은 제한되어 있기 때문에, 한 집단은 다른 집단이 덜 가져야만 더 많이 가질 수 있다. 따라서 빈곤이나 실업은 지배집단이 피지배집단을 착취하는 과정에서 발생하는 문제들이다.

마르크스의 상대적 과잉인구론과 노동시장분절이론은 지배집단인 자본가 계급이 자신들의 안정적 이윤축적을 위해 노동자의 실업이나 빈곤상태를 원하기 때문에 빈곤이 나타난다고 설명하는 이론이며, 도시비공식부문론은 선진자본주의 국가가 후진농업국들을 착취하는 과정에서 제3세계의 도시에서 발생하는 과다한 빈곤인구의 증가를 잘 설명하는 이론이다.

(1) 상대적 과잉인구론

상대적 과잉인구란 기업부분에서 필요로 하는 노동력의 수요에 비해 노동력의 공급이 항상 초과상태로 유지되는 것을 말한다. 자본주의 사회에서 실업이나 저임금, 그리고 이로 인한 빈곤의 위험은 안정적인 이윤의 창출을 위한 필수적인 조건으로 볼 수 있다. 자본주의 생산에서 상대적 과잉인구는 노동력의 저수지로서 작용하여 자본가의 필요에 따라 원활하게 노동력을 공급하는 역할을 한다. 자본가계급의 입장에서, 이러한 노동력의 저수지는 경기변동의 위험을 흡수해 줄 수 있는 편리한 스펀지와 같은 역할을 한다. 따라서 실업은 그 자체로 자본주의 체제의 필연적인 결과이며, 이렇게 만들어진 상대적 과잉인구들은 낮은 근로조건으로도 노동력을 제공하게 만드는 원인이 되며, 그 자체로 경기변동에 따라서 고용과 실업상태를 반복하는 빈곤인구이다.

마르크스(Marx, 1990)에 따르면, 산업예비군으로서의 상대적 과잉인구의 창출은 필연적인 자본주의 축적의 일반법칙이다. 생산수단을 박탈당한 농민들은 자본주의 축적규모에 필요한 것 이상의 상대적 과잉노동자군을 형성하게 된다. 또한 자본의 유기적 구성의 고도화[7]는 끊임없이 상대적 과잉인구를 만들어 낸다. 마르크스는

---

7) 마르크스의 이론은 노동가치설에서 출발한다. 노동가치설이란 어떤 상품의 가치는 그 상품을 생산하는 데 투여한 노동시간에 의해 결정된다는 것이다. 자본가는 노동자들에게 주는 임금보다 더 많은 노동력을 뽑아내려고 하는데, 이것이 바로 자본가가 가지는 잉여가치(surplus value)이다. 그런데 문제는 기계가 자꾸 도입되면, 노동력이 점점 덜 필요해지고, 전체 자본에서 가변자본(노동력)이 구성하는 부분이 불변자본(땅, 공장, 기계 등)에 비해 점점 줄어드는 '자본의 유기적 구성의 고도화'가 나타나게 된다. 이렇게 되면 자본가들의 잉여가치

이러한 상대적 과잉인구가 다음의 몇 가지 형태로 존재한다고 한다.

첫째, 유동적 과잉인구로서, 이들은 산업의 중심부분에서 직장을 유출입하며, 반실업 혹은 불완전하게 취업하고 있는 사람들을 말한다.

둘째, 잠재적 과잉인구로서, 이들은 농업의 자본주의화에 따라서 농촌내부에서 발생하는 상대적 과잉인구를 말한다.

셋째, 정체적 과잉인구로서, 이들은 취업중인 노동자로서 대단히 열악한 근로조건을 감수하고 있는 노동자군인데, 주로 유동적 과잉인구 중에서 낙층한 사람들과 농촌으로부터 도시에 유입된 사람들로 구성된다.

넷째, 피구휼궁민으로서, 이상의 3가지 상대적 과잉인구의 밑바닥에 존재하는 최저의 침전지를 이루는 사람들로서, 주로 노동력이 없는 고령자, 불구자, 부랑자 등으로 이루어져 있다.

이와 같이 마르크스의 상대적 과잉인구론은 실업과 빈곤이 자본주의 경제발전의 필연적인 결과이며, 필요조건이라는 것을 보여준다. 실제로 산업화된 선진국들은 높은 실업률에 시달리고 있으며, 생활수준의 향상으로 새로운 유형의 일자리(예를 들어 요트생산이나 정비업, 정원사 등)들을 만들어내고 있지만, 산업화가 덜 된 나라들에 비하면 실업률이 높다는 점에서 마르크스의 주장은 일면 타당한 점이 있다. 그러나 한편으로는 자본주의가 보이지 않는 손에 의해서만 움직이던 시절(마르크스가 분석한 시절)과는 달리, 국가가 적극적으로 경제발전에 개입하고 있고, 실업에 있어서도 유효수요의 확대와 같은 정책으로 어느 정도 완화시킬 수 있다는 점은 마르크스의 이론으로 설명하기 어려운 부분이다. 또 한편으로 기업부문에서도 독과점기업들이 나타나면서, 일부 부문에서는 노동자들이 고용불안정이나 빈곤화의 길을 걷지 않았다는 점은 마르크스의 이론의 한계이다.

(2) 노동시장분절이론

과거 수십 년 동안 미국에서의 인적자본이론에 기초한 교육과 훈련을 통한 빈곤

는 점점 줄어들 것이고, 자본가들 간의 경쟁으로 인하여 상품의 가격을 쉽게 올리지는 못하고 노동자의 임금을 점점 줄이려고 할 것이고, 따라서 더 많은 상품을 생산함으로써 이러한 문제를 해결하려고 하는데, 노동자의 구매력은 점점 줄어드는데 상품의 공급은 점점 늘어나게 되어 결국 경제공황이 오게 된다고 한다. 실제로 1920년대의 대공황은 이러한 한 예이다.

퇴치 프로그램이 행해졌지만 빈곤이 지속되었고, 여기에 대해 새로운 설명을 제공하기 위해 노동시장분절이론이 나타났다. 이들은 왜 노동생산성의 향상이 바로 수입의 증가로 이어지지 않는지에 대해 관심을 기울였다.

노동시장분절이론에 따르면, 수입불평등의 분포는 능력이나 교육수준보다 훨씬 더 불평등하다. 실제 고용의 과정에서, 고용주는 교육과 훈련 등의 기준을 고용결정에 있어서 단지 참고자료로 사용할 뿐이다. 독점자본주의 시대의 노동시장은 한계효용의 원리가 동일하게 전체에 걸쳐 적용되는 단일시장이 아니고, 명확하게 두 개의 노동시장으로 분리되어 한계효용의 원리가 차별적으로 각각 적용되며 시장 간의 상호이동은 거의 없다. 시장은 내부노동시장과 외부노동시장의 뚜렷이 구분되는 두 시장으로 나뉘는데, 내부노동시장(1차 노동시장)은 대기업의 직업으로 구성되며 높은 임금, 좋은 승진기회, 안정적인 고용을 특징으로 한다(독점부문). 반면 외부노동시장(2차 노동시장)은 불안정한 고용, 낮은 임금을 특징으로 한다(주변부문). 따라서 개인이 아무리 노동생산성을 높여도, 1차 노동시장에 진입하는 것은 매우 어렵고 결국 고용이 불안정하고 임금이 낮은 2차 노동시장에서 고용되는 경우가 대부분인데, 이 경우 실업, 불완전고용, 빈곤에 시달리게 된다.

이렇게 이중노동시장이 만들어지는 이유는 크게 다음의 세 가지를 들 수 있다.

첫째, 특정기업에서 사용되는 직무관련기술은 다른 기업에서 사용되기 어렵기 때문에, 노동자들은 그러한 기술을 배우는 데 투자를 하기 어렵고, 따라서 사용자가 보통 부담하며, 근로자의 이직은 사용자에게도 불리하게 작용한다. 따라서 내부노동시장의 기업들은 고용한 노동자들에 대해 고용을 안정적으로 유지하려고 한다.

둘째, 이런 기술들은 대개 현장훈련에 의해 배우게 되는데, 대부분 동료노동자에 의해 비공식적으로 제공되기 때문에 현장훈련은 고용안정의 중요성을 더욱 높이게 된다.

셋째, 일단 고용안정이 이루어지면, 노동자들 사이의 비공식적인 작업규칙 등이 형성되어 사용자가 외부의 경제적 요소들의 변화에 대응하기가 더욱 어렵게 되어 내부노동시장은 더욱 공고히 유지된다.

이렇게 내부노동시장은 점점 안정적인 근로조건과 고임금으로 향해 가지만, 노동자들의 숙련수준을 높이 요하지 않는 산업으로 주로 구성된 외부노동시장은 쉽게 고용하고, 쉽게 해고하며, 높은 임금을 제공하지 않는 시장을 형성한다. 따라서 빈곤이나 실업은 2차 노동시장에서 1차 노동시장으로의 진입을 차단하고 있는 독점자본주의 경제구조에서 필연적으로 나타나는 현상이다.

(3) 도시비공식부문론

선진국과 후진국 간의 불평등한 무역구조와 후진국의 종속을 설명하기 위해 남미에서 등장한 종속이론은 전세계적 차원에서 불평등의 문제를 파악한다. 종속이론에 따르면, 후진국들이 서구선진국들에 대한 종속에서 벗어날 수 없는 이유는 서구의 선진국과 후진 농업국 사이에서 행해지는 부등가교환에서 기인한다. 서구의 선진국들은 기계를 도입한 공장에서 적은 노동력으로 만든 공업제품들을 주로 식민지 시절에 만들어진 플랜테이션 농업으로 많은 노동력을 투입해 생산한 농산물들을 불평등하게 교환하기 때문에, 이런 무역을 계속할수록 후진농업국들은 선진산업국에 대한 종속에서 벗어날 수 없다.

이 종속이론에 따르면, 후진국에서 특정 도시(대부분 수도)의 비대화가 나타나는데, 이 후진국에서는 아직 농촌에서 들어오는 이농민들을 적절히 받아들일만큼 공업부문이 성장하지 못하기 때문에, 이들은 도시의 대규모 빈민으로 자리잡게 된다. 특히 세계 자본주의의 침투에 따라, 후진국의 발전수준에 맞는 노동집약적 공업이 성장하지 못하고 자본집약적 공업부문의 과잉확대에 따라 이 부문에 편입되지 못하는 다수의 이농민들이 쉽게 생계를 유지할 수 있게 해주는 부문에 집적되는 현상이 나타난다. 하트(Hart, 1973)는 이러한 부문을 후진국의 '비공식적 경제활동(informal economy)'이라고 명명하고, 이 비공식활동의 특성으로는 손쉬운 진입, 토착자원에의 의존, 가족기업소유, 소규모 경영, 노동집약, 정규교육 밖에서 취득한 기술의 사용 등을 지적하였다.

일반적으로 경제가 발전된 선진국에서 3차 산업의 비중이 증가하는 현상이 나타나는데, 제 3 세계의 후진국에서도 이농민들이 쉽게 할 수 있는 지게꾼, 인력거꾼, 구두닦이 등의 비공식 서비스산업이 이상 비대해지는 현상이 나타날 수 있다. 그러나 이들 비공식부문도 인력의 공급은 많지만, (제대로 된 산업기반이 갖춰지지 않은 이유로 인해) 인력수요는 따라가지를 못하고, 결국 이들은 저임금과 불안한 고용상태에서 헤어나기 힘든 도시의 빈민으로 집적되게 되는 것이다. 결국 세계의 제3세계에서 발견되는 도시빈민들은 전세계적인 자본주의 경제의 종속과 선진 자본주의 국가의 자본집약적인 산업의 침투에 의해 나타나는 것이다.

도시비공식부문의 비대화에 의해 빈곤을 설명하는 것은 제3세계의 독특한 빈곤현상을 잘 설명해 줄 수 있는 장점이 있지만, 실제로 특수한 현상을 일반적인 현상으로 확대해석한 측면이 강하다. 과거 한국에서도 서울이나 부산과 같은 대도시지역에서 나타난 판자촌과 속칭 달동네의 형성에 대해 이런 도시비공식부문의 비대로 설명하려는 시도들이 다수 있었다. 그러나 1960년대 이후 급속한 생활수준의 향상과 절대빈곤의 감소를 경험하면서, 이렇게 종속이론과 도시비공식부문의 비대를 통하여 빈곤을 설명하려는 시도는 점차 사라지게 되었다.

(4) 신베버주의 계층이론

마르크스주의자와는 달리 베버주의자들은 사회가 두 집단 간의 이해관계의 대립으로 나타나는 것이 아니라, 둘 이상의 여러 집단의 이해관계의 대립으로 구성된다고 한다. 파킨(Parkin, 1972)에 따르면, 사회는 다층구조의 여러 집단으로 구성되는데 이들은 사회의 중요한 희소자원인 권력을 차지하기 위해 갈등한다. 이 과정에서 일반적으로 힘 있는 집단들은 그렇지 않은 집단들에 비해서 더 많은 권력을 갖게 되고, 이러한 불평등한 권력의 배분은 사회적 폐쇄를 통해서 가능해진다. 사회적 폐쇄(social closure)란 일부의 사회집단들이 다른 집단들에 의한 자원과 기회에의 접근을 제한하는 여러 과정들을 말하는데, 여기서 권력이란 이런 폐쇄상황에 내재되어 있는 하나의 속성이다.

이러한 사회적 폐쇄는 두 가지의 기본 형태로 나타나는데, 하나는 배제(exclusion)로서, 이것은 지배분파들이 피지배자들에게 권력을 부여하지 않는 중요한 수단이 된다. 다른 하나는 강탈(usurpation)로서, 피지배자들이 자신들의 지배자들로부터 일정한 권력을 빼앗고자 시도하는 수단이다. 일반적으로 강탈에 비해 배제가 현대사회에서 더 효율적인 수단으로 작용하는데, 자본가들이 노동자들을 생산과정에서의 권력으로부터 배제하는 것이 그 한 예이다. 반면 이러한 공식적 과정에서 권력을 획득하지 못한 피지배집단들이 결속을 통하여 위로부터 일정한 권력을 강탈하는 것은 덜 효과적인데, 예를 들면 노동조합을 통한 파업을 통해 일부의 권력을 빼앗으려는 것을 들 수 있다. 현대사회에서 이러한 시도는 대부분 불법적인 것으로 여겨지고, 매우 일부의 파업만 법으로부터 보호를 받는다(Grabb, 1990).

이러한 파킨의 이론은 다양한 집단으로 구성된 현대자본주의 사회의 갈등을 잘 설명하고 있으며, 사회문제의 설명에서도 매우 큰 강점이 있다. 예를 들어 자본가가 노동자를 권력의 배분에서 배제하는 것과 마찬가지로, 정규직 노동자가 비정규직 노동자를 권력의 배분에서 배제하는 것 또한 동일하게 설명이 가능하다. 이러한 설명은 노동자들이 모두 동일한 이해관계를 갖고 있다고 설명하는 마르크스의 도식보다, 훨씬 더 현대사회의 복잡한 배제와 강탈현상의 설명에 더 강점이 있다.

3. 상호작용이론

상호작용의 시각에서 빈곤을 설명하는 이론들은 모두 빈곤층이라는 것이 객관적 속성에 의해 정의되기보다는 사회적 관계에 의하여 주관적으로 정의되는 것이라고 주장한다. 어떤 사람이 객관적으로 빈곤하다는 사실을 넘어서 타인에 의해 빈곤층의 역할을 할 것이 기대되고, 자신도 이러한 기대에 맞추어서 행동할 때 그는 빈곤층이 된다. 이 시각은 빈곤층에게 부여된 다양한 오명(stigma)과, 빈민이 사회적으로 구성되는 과정에 초점을 맞춘다.

(1) 오명으로서의 빈곤

상호작용적 시각에서 볼 때, 빈곤층(the poor)이라는 용어는 단순히 경제적 수입이나 부의 분포상에서 하층을 의미하는 것이 아니라, 사회의 빈곤하지 않은 다수가 빈곤층이라고 생각하는 일련의 집단을 말한다. 그 과정에서 사회의 빈곤하지 않은 다수는 빈곤층에 대한 다양한 오명을 부여하는데, 이러한 오명은 대부분 빈곤층 자신의 빈곤에 대한 책임이 개인 내부에 존재한다는 점을 강조하며 빈곤층을 폄하하는 도구로 사용된다. 또한 빈곤층의 입장에서는, 자신에게 부여된 오명은 자신의 행동과 태도를 예측하는 중요한 도구가 되며, 오명을 뒤집어쓴 빈민은 자신들에게 부여된 일반인들의 기대에 부합하여 행동하는 것이 기대된다. 결과적으로 이런 오명의 자기충족적 예언에 따라 빈민은 자신이 혐오스러운 빈곤층이라는 자아개념을 갖게 되고 이것은 더욱 빈곤을 탈출하기 어렵게 만든다.

예를 들어 쓰레기, 부랑자, 홈리스, 노숙자, 천민 등 빈곤층에게 부여되는 명칭은 가치중립적인 용어라기보다는, 오히려 빈곤층에게 부정적인 이미지를 담고 있고, 궁극적으로 빈곤층이 그런 방식으로 행동할 것을 기대하는 사회적 의미를 담고 있다. 마챠(Martza, 1966)에 따르면, 사회 내에는 평판이 나쁜 빈곤층(the disreputable poor)이 존재하는데, 이들에게는 다양한 오명이 부여된다. 이런 사람들은 크게 네 가지의 형태로 존재하는데, 사회쓰레기, 신규이민자, 부랑자, 불구자, 생활보호대상자가 그것이다. 이들에 대한 오명의 수준은 사회쓰레기로 인식되는 사람들에게 가장 강할 것이며, 점점 낮아져 생활보호대상자가 네 집단 중에서는 가장 약할 것이지만, 이 집단에 속하지 않는 나머지 하층계급들은 이들보다는 훨씬 약한 오명이 부여될 것이다. 만약 어떤 사람이 생활보조금을 받는다는 사실은 그 사람이 도덕적으로 문제가 있고, 믿기 어려우며, 어떤 방식으로 그들의 행동이 제한되어야 한다는 것의 충분한 증거가 될 수 있다. 또한 이러한 오명은 종종 다른 오명과 함께 중첩되어 나타나기도 하는데, 신규이민자가 그 예이다. 보통 그들은 빈곤층이라는 오명과 함께 인종, 민족, 종교와 같은 집단적 오명의 피해자가 된다. 또한 불구자는 빈곤하다는 오명과 신체적으로 불구자라는 오명이 중첩되는 사람들이다.

이러한 오명은 빈곤층에게 낙인으로 작용하여, 빈곤층을 노력이 부족한 사람들로 정형화하고 이들은 빈곤하지 않은 나머지 사람들로부터 고립되게 만든다. 특히 빈곤층에 대해 보수주의적이고 억압적인 정책은 이러한 편견의 산물이라고 할 수 있는데, 이러한 정책의 이면에는 인간의 본성이 악하며(비도덕적이며), 빈곤층의 생활을 보조해 주는 것은 이들의 게으름을 부추긴다는 생각이 존재한다. 타운젠트, 맬서스, 아담스미스, 다윈 등의 자유방임주의와 적자생존으로부터 유래하는 빈곤에 대한 개인주의적 가정[8]은 빈곤의 오명(stigma of poverty)을 더욱 강화하는 요인이 되었지만, 빈곤이 그들이 자란 환경에 의해 기인한다는 생각은 빈곤층과 나머지 사람들과의 사회적 관계에 대해 관심을 갖게 하였다. 이런 관점에서 빈곤은 자신들에게 부여된 빈곤층이라는 오명의 결과이며, 빈곤층은 자신들에게 부여된 나머지 사

---

8) 빈곤의 책임이 개인의 게으름이나 도덕적 해이에 있다는 생각.

람들의 기대에 따라 행동한 사람들이다(Waxman, 1977: 72-90).

이러한 오명은 특히 많은 소수집단들이 존재하는 이질적인 다원사회에서 강하게 나타나는데, 예를 들어 미국사회에서 대학에 진학하고 공부를 열심히 하는 것은 빈곤한 흑인에게 기대되는 행동이나 태도가 아니라, 상류층의 백인자녀에게 기대되는 행동이나 태도이다. 흑인자녀가 수업에 결석하지 않으며, 열심히 공부하고, 마약을 멀리한다면, 백인들로부터는 물론 같은 동네에 사는 흑인친구들로부터 이단아로 여겨질 것이며, 따라서 그들의 사회적 관계로부터 배척당할 수 있는 위험에 빠질 수 있다. 이처럼 빈곤층에 대한 오명은 이들이 빈곤으로부터 벗어날 수 있는 길을 차단하는 바리케이트와 같은 역할을 한다.[9] 만약 어떤 사람들이 게으르거나, 비도덕적이거나, 성취동기가 낮아서 빈곤한 것이 아니라, 이들이 게으르고, 비도덕적이고, 성취동기가 낮다는 인식 때문에 빈곤하고 빈곤으로부터 벗어나기 어려운 것이라면, 빈곤에 대한 정책은 빈곤층을 경제적으로 도와주는 것보다는 빈곤층에 대한 이러한 오명과 편견을 없애고, 이들을 주류사회에 통합하는 것이어야 할 것이다.

따라서 이런 입장에서, 빈곤의 오명을 깨기 위해서는, 빈곤층에게 생활보조금을 주어서 사회로부터 고립시키기보다는 이들을 적극적으로 통합할 수 있는 정책이 필요하다. 그러기 위해서는 부족한 소득에 대한 지원과 보조를 특정의 빈곤층을 대상으로 시행할 것이 아니라, 사회의 빈곤층과 비빈곤층을 모두 포함한 전 구성원들을 대상으로 시행하여야 할 것이다. 특정 빈곤층에 대한 배타적인 생활보조금의 지급은 일시적으로 이들을 빈곤의 고통으로부터 구해주는 진통제가 되겠지만, 그렇게 함으로써 이들의 고립은 더욱 심화될 것이다(Waxman, 1977: 124).

(2) 사회적 구성으로서의 빈곤 및 실업문제

빈곤 및 실업문제에 대해 더욱 주관적인 시각은 이 문제들을 하나의 사회적인 구성물로서 인식하는 것이다. 비교적 최근에 출현한 이러한 시각들은 트레일러에서 사는 사람이나 노숙자 등의 빈민층에 대한 '인식'이 이들에 대한 대응에 있어서도 매우 상이한 결과를 가져올 수 있음을 보여준다.

레머트(Lemert, 1951)는, 갈등론자 풀러와 마이어스(Fuller and Myers, 1941)의 미국

9) 미국 흑인빈곤층의 오명에 대한 사례는 8장 2절 3.의 박스글을 보라.

디트로이트 트레일러 주택[10)]이 규제되는 과정에 대한 연구에서 출발하여, 캘리포니아 남부에서는 왜 같은 트레일러 주택이 상이한 과정을 거쳐 규제되었는지를 보여준다. 풀러와 마이어스에 따르면, 디트로이트에서 트레일러 캠프는 1930년대에 네 곳이었다가 1935년에는 아홉 곳으로 늘어났으며, 이들은 심지어 바퀴를 떼고 아예 그곳에 정착하려는 경향을 나타내었다. 이에 이웃주민들이 그곳의 지저분함이나 냄새, 시끄러움, 부도덕한 행동이나 범죄 등에 대해 불평을 하게 되고, 나아가 부동산업자나 시관리 등이 그들을 쫓아내려고 시도하게 되었다. 이에 반해서 트레일러 제조업 협회는 트레일러 주택이 빈곤층의 주택문제에 대한 대안이라고 주장하였고, 여기에 노동조합과 시민단체들이 가세하여 논쟁을 벌이게 되었고, 그 결과 정부기구와 전문가들이 시의 특정 지역에 트레일러 캠프를 금지하였고, 트레일러 주택의 거주자들에게 면허, 검사, 감독을 받도록 하였다.

그러나 레머트는 캘리포니아 남부의 트레일러 캠프들을 연구한 후, 모든 트레일러 캠프가 이러한 이익단체들의 각축에 의해서 트레일러 주택이 규제되는 것은 아니라는 점을 발견하였다. 그에 따르면 캘리포니아는 디트로이트와 달리 트레일러 캠프가 생기기 전에 자동차 캠핑장이나 텐트 캠프가 있었던 적이 없었으며, 또한 이 지역에서는 트레일러 문제가 그 자체로서 중요한 문제로 받아들여지기보다는 오히려 가뭄으로 인해 오클라호마나 텍사스로부터 이주해 온 노동자들이 직면한 보다 큰 문제들 중의 하나로 인식되었다는 점이 차이가 있었다. 이러한 인식의 차이로 인하여, 어떤 주들은 트레일러가 차량인지 주택인지에 대해 명확히 결론을 내리지 못하여 규제를 하지 않은 주들도 있었던 반면에, 어떤 주는 지역 내에 트레일러 캠프가 전혀 없었음에도 불구하고 트레일러 캠프를 규제한 주들도 있었다 (Spector and Kitsuse, 1977: 130-134). 이 결과는 트레일러 캠프가, 어떤 객관적 조건의 존재나, 이들을 사회문제로 규정하려는 이익집단의 존재와는 관계없이 해당 지역의 상황적 특성에 따라서 사회문제로 규정되기도 하고, 그렇지 않기도 한다는 점을 보여준다.

미국 뉴욕에서 노숙자들을 정신병원에 강제 입원시키는 법안이 만들어지는 과정

10) 승용차나 트럭이 견인할 수 있는 트레일러에 주거에 필요한 각종 편의시설을 설치한 이동주택으로서, 주로 장기간의 캠핑을 목적으로 생산됨.

을 연구한 로세크(Loseke, 1995)는 노숙자들이 거의 대부분 정신적으로 전혀 문제가 없는 사람들임에도 불구하고, 이들에 대해 몇 가지 단계를 통해 사회적으로 구성된 이미지가 이들을 정신병자로 만들었다는 것을 보여준다. 그에 따르면, 대중들이 노숙자들을 정신병원에 강제로 입원시킬 수 있는 권리를 갖는지는, 집이 없다는 것(homelessness)의 '이미지'와 노숙자(homeless)들의 '이미지' 두 가지에 달려 있다. 1980년대 당시 뉴욕타임스(NYT)지는 이 노숙자의 이미지를 변화시키는 데 중요한 역할을 했는데, 그것은 이 신문의 사설과, 독자투고, 여론조사 등과 관련된 많은 기사들을 게재함으로써, 당시 이 법안의 주창자였던 코치(Koch) 뉴욕시장의 주장을 뒷받침하는 역할을 했다.

그러나 초기에 이 주장에 반대하는 쪽의 논리도 뉴욕타임스지를 통해서, 전파되었는데, 그것은 대체로 현실적으로 이 법안으로 인해 나타날 수 있는 실용적, 절차적, 법적 또는 금전적 문제점과 윤리적 문제점에 대한 우려로 나타났다. 이들이 노숙자들을 보는 관점은 그들이 단순히 집이 없기 때문에 거리에서 노숙하기를 선택한 합리적 행위자라는 것이었다. 따라서 다른 사람들에게 별다른 피해를 끼치지 않는 합리적인 행위자들에게 자기결정권을 빼앗는 것은 바람직하지 않았다. 그러나 만약 그들이 합리적이지 않다면 그러한 주거의 선택권을 빼앗는 법은 정당화될 수 있었다. 따라서 이 법안의 주창자들은 뉴욕타임스지의 독자들의 경험을 통해 거리에서 사는 것이 받아들이기 힘든 부적절한 것이라는 점을 전파했다. 예를 들어 "노숙자가 크게 증가했다"던지, "주민 5명 중 4명은 그런 노숙자들을 매일 목격한다"라는 독자의 진술을 통해서 노숙자의 문제가 도시의 가장 중요한 문제 중의 하나라는 점이 기정사실화된다. 그 결과 노숙자는 따뜻한 식사가 제공되는 부랑자 쉼터를 이용하지 않고 추운 날씨에 거리에서 잠을 자는 이해할 수 없는, 다시 말해서 '미친 사람들'이 되었다(Loseke, 1995).

이렇게 정신병자로서 노숙자들의 이미지를 바꿈으로써, 노숙자들이 살 곳을 선택할 권리를 빼앗고, 강제적으로 정신병원에 입원시키는 것이 가능해진 것이다. 이제 노숙자들은 그들이 거리에서 살게 된 원인에 의해 판단되는 것이 아니라, 단지 거리에서 산다는 것에 의해 정신병자로 규정되게 된 것이다. 그 결과로 정신적으로 문제가 있는 사람들을 정신병원에 수용하기 어렵게 만드는 법은 나쁜 것이며, 수정되어야 할 법이 된다. 이제 노숙자들은 너무나 정신적인 병에 시달리기 때문에, 자신의 병을 진단하는 것은 불가능하며, 이들은 시당국에 의해 절실히 도움이 필요한 사람들이다. 따라서 강제 입원법은 노숙자들을 그들 자신으로부터 구해주는 법이다(Loseke, 1995). 이것은 노숙자들이 사실상 거의 대부분 정신적인 문제가 없음에도 불구하고, 이들이 정신병을 가진 것으로 규정함으로써 노숙자라는 빈곤문제가 매우 주관적으로, 그리고 우연적으로 중요한 사회문제가 될 수 있다는 것을 보여준다.

이러한 빈곤층에 대한 오명은 사회의 소수집단의 이미지와 자주 결합된다. 미국에서 빈곤층의 대부분 흑인이며, 그들은 노동능력이 있음에도 불구하고 주류 백인들이 내는 세금으로 무위도식하며 살아가는 기생충같은 이미지로 여겨진다. 미국의 언론기사들을 내용분석하여 빈곤층에 대한 언론의 이미지에 대해 연구한 길렌스(Gilens, 2008)에 따르면, 실제의 빈곤층과 '언론빈곤층'은 매우 상이한 집단으로 나타난다. 언론에서 보도되는 이미지인 언론빈곤층(Magazine Poor)은 빈곤층이 과반수 이상이 노동능력이 있는 인구이며 노인은 2%에 불과한 반면에, 실제의 통계상 빈곤층은 노동능력이 있는 연령대가 50% 미만이며 노인층은 11%에 달했다. 또한 언론빈곤층은 85%가 일하지 않는 상태인데 반해, 실제의 빈곤층은 49%가 일을 했으며, 특히 이것은 흑인의 경우에 더 심했는데, 흑인 언론빈곤층은 88%가 일하지 않는데 비해서, 실제의 흑인 빈곤층은 58%가 일을 하고 있었다. 이처럼 한 나라의 주류언론들은 빈곤층에 대해 실제와는 다른 이미지를 만들어내며, 주로 소수집단 빈곤층에 대한 오명을 강하게 만들어내는 경향이 있다.

이렇게 사회문제가 사회적으로 구성되는 현상은 실업이나 저임금의 규정에 있어서도 동일하게 나타난다. 과거 우리 사회에서 저임금은 큰 사회문제로 인식되지 않았지만, 최근 정부가 복지국가를 표방하면서 새롭게 중요한 사회문제의 한 유형으로 정의되어 왔다. 최저임금제는 이것의 대표적인 한 예이다. 과거 한 사람의 임금은 고용주와 노동자의 자유로운 협상의 결과로 나타나는 것으로서, 그것이 많든, 적든 거의 사회문제로 인식되지는 않았다. 그러나 최근에는 많은 나라에서 최소한도로 받아야 하는 임금이 정해지고, 이것을 위반하는 경우는 매우 중요한 사회문제(범죄)로 규정하고 있다. 이렇게 과거에 사회문제로 규정되지 않았다가 새롭게 사회문제로 규정되는 것으로는 이것 외에도 차상위계층, 근로빈곤층 등이 있다.

제 3 절 빈곤 및 실업문제의 실태

1. 절대빈곤의 감소와 상대빈곤의 중요성 증가

우리나라는 국민기초생활보장법에 의해 최저생계비에 미달하는 가구소득을 버는 가구는 생활보호자로서 생계비 보조의 대상이 될 수 있다. 이것의 수급대상자가 되기 위해서는 가구의 소득인정액[11]이 가구원수에 따른 최저생계비에 미달하면서 부양능력이 있는 부양의무자가 없어야 한다.

우리나라의 빈곤선 미만의 절대빈곤가구의 비율은 1980년대에 급속히 감소하기 시작하여 절대빈곤가구의 비율이 최근에는 약 8%에서 안정적으로 유지되고 있다. 1980년대 초에 전체 가구의 80%가 넘었던 절대빈곤가구의 비율이 급속히 감소하여 10년 후인 1992년에 이르러서는 약 14%로 줄어들었고, 1997년에는 7.34%까지 떨어졌다가, 다시 IMF 외환위기로 인해서 다음 해인 1998년과 1999년에는 각각 16%대로 올라갔다가 2001년 이후부터는 10% 미만으로 유지되고 있다. 2012년 보건복지부의 통계(보건복지부, 2013)에 따르면, 2006년 이후 최근까지 국민기초생활수급자의 비율은 총인구 대비 약 3% 내외로 꾸준히 유지되고 있어, 최근까지도 절대빈곤율의 큰 변화는 없는 것으로 추정된다.

한국에서도 이제 절대빈곤의 중요성이 떨어져 아예 집계를 하지 않고 있는 반면에, 빈곤선을 결정하기 위해 현재는 상대빈곤을 통해 생활보호대상자를 선정하고 있다. 2023년의 생활보호대상자의 지역별 분포를 보여주는 [표 6-2]에 따르면, 국민기초생활보장 수급자는 경기도와 서울이 각각 18.6%와 16.7%로 가장 많은 비중을 차지하고 있다. 그러나 지역 인구대비 수급자의 비율을 살펴보면, 전북이 7.4%로 가장 높고, 그다음으로 부산이 7.1%, 대구와 광주가 각각 6.6%, 전남이 6.1%,

11) 현재의 가구소득과 함께 재산이 있는 경우 자산소득으로 환산한 금액을 더한 금액. 2025년 현재 다음과 같이 계산됨(보건복지부 홈페이지, 2025년 5월 5일 검색).
소득인정액 = 소득평가액 + 재산의 소득환산액
소득평가액 = {0.7 x (근로소득 - 112만 원)} + 기타소득
재산의 월 소득환산액 = [{(일반재산 - 기본재산액1) + (금융재산 - 2,000만 원) - 부채} x 0.04(재산의 소득환산율, 연 4%) ÷ 12개월] + 고급자동차 및 회원권의 가액2

인천과 경북이 각각 5.8%의 순으로 나타나고 있다. 반면에 세종과 경기도는 기초생활보장 수급자 비율이 가장 낮았다. 이러한 생활보호대상자의 분포는 대체로 노인인구의 분포와 거의 일치하고 있다.

표 6-2 ▪ 국민기초생활보장 수급자의 지역별 분포(2023)

지역	수급자수(명)	지역별 비율(%)	지역 인구 대비(%)
서울	427,880	16.7	4.6
부산	234,657	9.2	7.1
대구	154,802	6.1	6.6
인천	174,116	6.8	5.8
광주	96,473	3.8	6.6
대전	77,554	3.0	5.3
울산	43,817	1.7	4.0
세종	8,607	0.3	2.2
경기	474,086	18.6	3.4
강원	86,667	3.4	5.7
충북	81,577	3.2	5.0
충남	92,992	3.6	4.2
전북	131,557	5.1	7.4
전남	107,240	4.2	6.1
경북	151,253	5.9	5.8
경남	176,280	6.9	5.4
제주	35,069	1.4	5.2
합계	2,554,627	100.0	

출처: 보건복지부, 국민기초생활보장수급자현황.

표 6-3 ▪ 가구원수에 따른 중위소득 기준

연도	1인	2인	3인	4인	5인	6인
2024	2,228,445	3,682,609	4,714,657	5,729,913	6,695,735	7,618,369
2025	2,392,013	3,932,658	5,025,353	6,097,773	7,108,192	8,064,805

출처: 보건복지부, 2024a

2025년 가구규모별 중위소득은 4인 가구 기준으로 6,097,773원으로, 이것의 32%인 1,951,287원 이하를 생계급여대상자로 선정한다. 그 외 의료급여대상자로 중위소득의 40%인 2,439,109원 이하, 주거급여대상자로 중위소득의 48%인 2,412,169원 이하, 교육급여대상자로 중위소득의 50%인 3,048,887원 이하 가구를 선정한다.

표 6-4 ■ 2025년 가구원수별, 급여유형별 대상가구 선정기준

급여유형	1인	2인	3인	4인	5인	6인
생계급여 (중위 32%)	765,444	1,258,451	1,608,113	1,951,287	2,274,621	2,580,738
의료급여자 (중위 40%)	956,805	1,573,063	2,010,141	2,439,109	2,843,277	3,225,922
주거급여 (중위 48%)	1,148,166	1,887,676	2,412,169	2,926,931	3,411,932	3,871,106
교육급여 (중위 50%)	1,196,007	1,966,329	2,512,677	3,048,887	3,554,096	4,032,403

출처: 보건복지부, 2024b

2. 경제위기와 실업 및 노숙자 문제

1990년대 말 우리나라에서는 외환위기를 겪으면서, 실업률이 크게 증가하였다. 외환위기 직전인 1997년에는 3% 미만이었던 실업률이 외환위기가 한창이던 1998년과 1999년에는 모두 6%가 넘었다. 이렇게 높은 실업률은 다시 외환위기 이후에는 점차 낮아지기는 했지만, 당시 사회복지제도가 제대로 갖추어지지 않은 상태에서 많은 사람들이 큰 어려움을 겪었고, 사회적으로 자살, 가족해체, 범죄의 증가 등의 많은 문제들이 나타났다. 이 중 일부는 기차역이나 지하철역, 터미널 등의 기본적인 난방이 되는 곳에서 잠을 자는 노숙자의 길로 들어서기도 하였다. 그러나 많은 기업들이 고용규모를 줄이고 신규채용을 줄이면서, 젊은 층의 실업률이 크게 높아져 현재까지도 중요한 우리 사회의 문제로 자리잡고 있다.

실업은 경제적으로는 한 국가의 총생산을 감소시켜, 경제성장률을 하락시키지만, 그 외에도 숙련도의 하락, 자존심의 손상, 가정불화, 알코올 및 약물중독, 이혼, 아동학대 등의 여러 가지 문제를 가져온다. 우리 사회에서도 IMF사태 이후 대량실업

으로 인해 가정의 해체, 자살, 신용불량자의 양산, 재산범죄의 증가 등의 많은 문제점들이 나타났다. 일반적으로 이러한 위기상황에서 가장 큰 피해를 보는 계층은 고용이 불안정한 하층계급이다.

현재 2002년 이후 안정적으로 유지되고 있는 3% 대의 실업률은 1997년 이전의 2%대에 비하면 높은 수준이지만, 다른 선진국들과 비교하면 매우 낮은 수준이라고 할 수 있다. 그러나 주변에는 일자리를 찾지 못한 많은 사람들이 눈에 띄는데도 불구하고 요지부동으로 실업률이 3%대를 유지하고 있다는 사실은 우리나라의 실업률 통계에 대한 불신을 낳고 있다. 이 3%의 실업률은 사실상 완전고용에 가까운 수치로서, 일자리를 원하는 사람은 거의 모두가 취업이 가능해야 함에도 불구하고, 이 수치는 주변에서 느끼는 체감 실업률을 전혀 반영하지 못하고 있다.

이렇게 정부의 실업률 통계가 대중이 체감하는 실업률과 큰 차이가 생기게 된 것은 고용률이 약 61% 정도로 낮고, 20대의 청년실업률이 9.8%로 매우 높고 점점

실업률의 함정

통계청이 발표한 2006년 평균 실업률은 3.5%이다. 실업지표만을 놓고 보면 3%대 실업률은 '완전고용'에 가깝다. 주변을 살펴보면 취업이 안 되는 사람이 넘쳐나는 것 같은데 3%대의 실업률은 어떻게 나온 것일까. 일은 하지 않는데도 실업자로 분류되지 않는 비경제활동인구(15세 이상 일할 수 있는 사람들 중 취업자나 실업자를 제외한 나머지 사람)가 매년 늘고 있는 것에 주목해보지 않을 수 없다.

비경제활동인구는 2006년 한해 평균 14,784,000명에 달했다. 정부는 취업준비자를 구직활동을 하지 않는 비경제활동 인구로 분류하면서 실업자 수에 포함시키지 않고 있다. 이 때문에 주변에 취업준비생들이 넘쳐나고 있어도 이들의 수가 실업률에는 반영이 되지 않고 있어 문제가 되고 있다. 한편 주당 36시간 이하 근로자와 구직단념자 및 실망실업자 등 준실업자를 합치면 사실상 실업 상태에 있는 노동자는 15%에 이른다. 해외 유학파 등 고학력 청년실업률도 무려 10%에 달한다고 한다.

주당 36시간 이하 근로 취업자수는 2002년 164만 명, 2003년 162만 명, 2004년 178만 명, 2005년 213만 명으로 매년 늘고 있다. 주당 근무시간이 많은 취업자가 줄고 근무시간이 적은 취업자가 늘어날수록 고용의 질 저하가 우려된다.

증가추세에 있다는 점에 기인한다. 특히 청년들 상당수는 취업준비와 학원통학 등으로 실제로 취업을 원함에도 불구하고 (실업률 계산에서 빠지는) 비경제활동인구로 분류되므로 실업률이 과소평가되는 경향이 있다.

실업자수를 연령별로 살펴보면 한국에서 청년실업문제의 심각성을 잘 알 수 있다. [그림 6-1]에 따르면, 대학을 졸업하는 연령대인 20대의 실업률은 전체 실업률의 2배 이상으로 높다. 최근 들어 청년실업률이 다소 낮아지기는 했지만, 이것도 청년들이 취업을 많이 했다기보다는 비난을 의식한 정부에서 청년들의 단기 일자리(속칭 알바)를 공공부문에서 대거 늘인 데서 기인한다.

그림 6-1 ■ 최근 한국의 실업률 추이

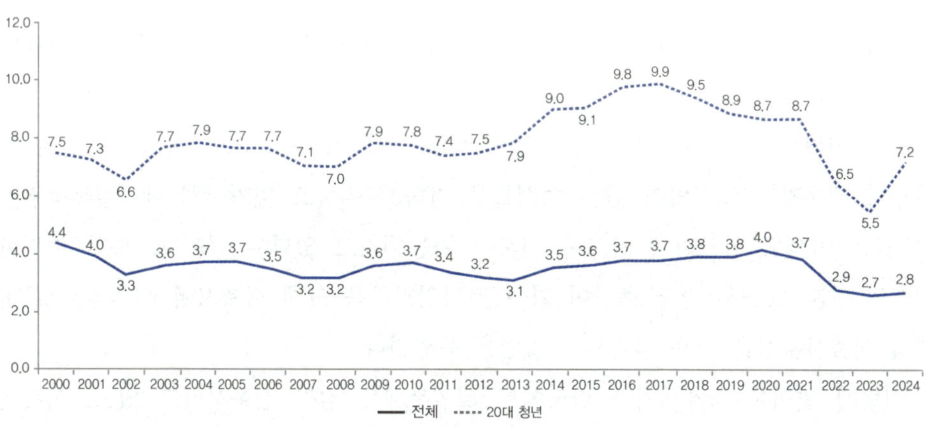

출처: 통계청, 경제활동인구조사.

이렇게 청년들의 취업이 어려워짐으로 인해서 다음과 같은 여러 가지 문제가 나타나고 있거나 증가할 것으로 예상되고 있다.

첫째, 부모세대의 부양부담의 증가이다. 학교를 졸업하고 오랫동안 취업을 못하거나 취업을 준비함으로 인해서, 부모들의 부양의 부담이 가중될 수밖에 없고, 따라서 사교육비와 함께 가계의 큰 부담으로 작용하여 향후 노인의 빈곤문제로 연결될 가능성이 높다.

둘째, 적은 일자리를 갖고 너무나 많은 구직자들이 경쟁하게 되면, 맡게 되는 직무가 필요로 하는 지식이나 자격을 훨씬 초과하는 자격기준이 요구되며, 결국 전체적으로 볼 때 사회적 낭비가 초래된다. 또한 구직의 문이 지나치게 좁으면, 결국 부모의 사회경제적 능력이 자녀의 구직에도 크게 작용할 가능성이 더욱 높아져, 사회정의를 해칠 가능성이 높다.

셋째, 오랫동안의 취업준비기간으로 인하여 취업준비자 본인은 과도한 스트레스에 시달리게 되고, 이것은 사회나 부모, 또는 주변사람들에 대한 적대감으로 표출될 가능성이 높다. 특히 청년 시기는 가장 혈기가 왕성한 시기로서, 비행이나 범죄율이 가장 높은 연령대이기도 하다.

넷째, 좁은 취업문으로 인해서 대부분의 고학력 취업준비생들은 자신의 기대수준에 한창 못 미치는 일자리를 갖게 되며, 이것은 다시 직무만족도의 하락이나 잦은 이직 등의 추가적인 비용을 낳는 문제로 나타난다.

다섯째, 가장 큰 문제는 이 청년실업문제가 현재에도 매우 중요한 사회문제인 저출산문제를 더욱 심화시킬 것이라는 점이다. 이미 적당한 시기에 취업을 하지 못함으로 인해서, 초혼연령이 높아지고 있으며, 더욱 심각한 것은 과거와는 달리 남성들도 배우자로서 직업이 있는 여성들을 강하게 원하고 있기 때문에, 결혼적령기에 있는 여성도 일자리를 가져야 결혼이 가능해지고 있다는 점이다. 특히 이러한 여성의 만혼 경향은 결국 출산이 가능한 가임기간을 크게 단축시켜 필연적으로 현재의 저출산문제를 더욱 심화시킬 것임에 틀림없다.

이렇게 연이은 경제위기가 한국에서 실업문제를 점점 심화시키고 있고, 이것은 다시 절대빈곤 중의 절대빈곤이라고 할 수 있는 노숙자문제로 나타나고 있다. 일반적으로 노숙자(homeless)란 일정한 주거가 없이 거리에서 생활하며, 특히 잠을 집이 아닌 외부공간에서 해결하는 사람을 말한다.[12] 법률상으로 이들이 명시된 것은 2003년 개정된 사회복지사업법에서 부랑자와 노숙인을 규정한 것이 처음이며, 이 법에서 노숙인이란 일정한 주거나 생업수단 없이 상당한 기간 거리에서 배회 또는 생활한 사람들로서 부랑인 및 노숙자보호시설에 입소한 18세 이상의 사람으로 정의된다.

---

12) 그러나 일각에서는 이러한 일반적 정의와 법적 정의 모두, 단지 집이 없다는 것으로 노숙자를 정의하는 것은 노숙자를 너무 좁게 정의하는 것이며, PC방이나 만화방, 24시간 사우나, 고시원, 쪽방거주자 등에서 주거를 해결하는 사람도 노숙자로 보아야 한다는 주장도 있다.

그림 6-2 ■ 국내의 노숙자 거주유형별 추이

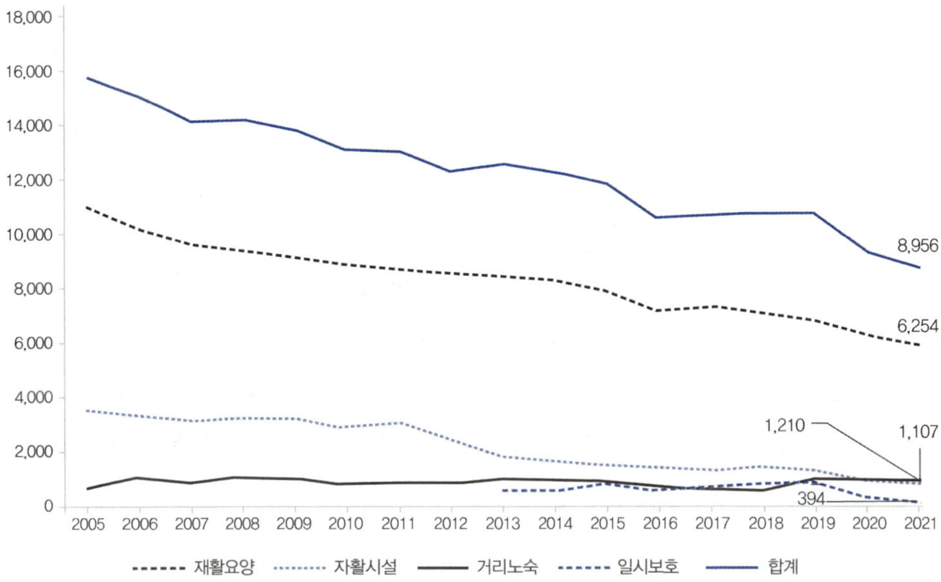

출처: 보건복지부, 2020b, 부록; 보건복지부, 2021.

보건복지부의 통계에 따르면, 국내의 노숙자의 수는 2005년에 15,785명이었다가 2019년에 10,875명으로 점점 감소하는 추세에 있다. 2021년을 기준으로 이들을 거주유형별로 살펴보면, 총 8,956명의 노숙자들 중에 재활요양시설에 수용된 사람이 6,254명, 자활시설에 수용된 노숙자들이 1,107명, 거리노숙자가 1,201명, 그리고 일시보호시설에 수용된 사람들이 394명으로 나타난다. 지역별로는 서울이 29.0%로 가장 많고, 그다음으로 경기도가 13.7%, 대구가 9.7%, 경남이 8.7%, 충북이 7.1%, 전남이 7.0%, 인천이 5.6%의 순으로 나타난다. 이들을 사회인구학적 특성별로 보면, 남성이 84.4%로 대부분을 차지하였고, 연령별로는 60대가 39.7%, 50대가 30.8%, 40대가 12.6%, 70대가 11.5%로 나타난다. 학력별로는 초졸 이하가 38.2%, 고졸이 33.5%, 중졸이 21.2%, 대졸 이상이 7.1%로 나타난다(보건복지부, 2021).

2016년 노숙인실태조사(보건복지부, 2017b)에 따르면, 노숙을 하게 된 계기는 질병/정신질환이 25.6%로 가장 많고, 그다음으로 이혼/가족해체가 15.3%, 실직 13.9%, 알코올중독 8.1%의 순으로 나타난다. 이들의 70.4%는 문제성 음주자였으며, 51.9%

는 우울증 증세를 보이고 있었다. 대구의 노숙자들을 심층면접한 현시웅과 최희경(2008)에 따르면, 국내에서 노숙자가 발생하는 원인은 크게 다음의 세 가지로 나누어 볼 수 있다.

첫째, 생래형으로서, 이것은 고아이거나 어릴 때 부모가 사망하여 고아원 등에서 생활하다가 가출, 구두닦이, 웨이터, 배달원 등을 하면서 직장내 숙소에서 생활하다가 거리에서 노숙을 하게 되는 경우이다. 이 경우 노숙의 주된 원인은 원래 가족이 없어 유년기에 적절한 교육을 받지 못한 것이 가장 중요한 원인이다.

둘째, 가출형으로서, 부모가 있고 형제도 있으나 학업 도중 가정폭력, 가정해체로 가출한 후 직업이 없거나 불안정한 직업에 종사하다가 비정상적인 결혼생활을 하다가 노숙에 이르게 되는 경우이다. 이 경우는 주로 청소년기에 본인이 가족으로부터 이탈한 것이 노숙의 중요한 원인으로, 가출이 반복되면서 가족의 지지를 받지 못하고, 오히려 노숙생활의 문화에 빠져들게 된 경우이다.

셋째, 실직형으로서, 부모나 형제가 있으나 조기 취업하여 동일 직종에 오랫동안 종사하거나 사업을 하였으나 직장이 망하거나 사업실패로 인해서 노숙에 이르게 된 경우이다. 이 경우는 본인의 실직이나 사업실패로 인해서 경제적 어려움이 가중되고, 가족관계에 있어서 문제가 생기고 결국 가정이 해체되어 노숙에 이르게 되는 경우이다.

앞의 두 유형의 경우, 자신들이 노숙자라는 자아인식을 갖고 있고 일을 하지 않는 경우가 많으며, 거리노숙을 많이 하는 반면에, 실직형은 자신이 노숙자라는 생각을 갖지 않으며, 잠도 주로 PC방, 찜질방, 쉼터 등에서 잔다. 대인관계의 측면에서도 앞의 두 유형은 주로 노숙자 동료들과의 매우 제한된 관계망을 가지지만, 실직형은 직장동료나 친척, 동창 등의 상대적으로 훨씬 다양한 대인관계망을 갖는다. 이 유형은 극복의지도 강하며, 항상 노숙으로부터 탈출하려는 의지를 갖고 있지만, 앞의 두 유형은 자신들이 사회의 가장 밑바닥에 있는 노숙자라는 자아개념을 받아들이고, 별다른 극복의지를 갖지 않는 경우가 많기 때문에, 그 문제의 해결이 쉽지 않다.

3. 비정규직 노동자의 증가와 빈부격차의 심화

1990년대 이후 두 차례의 경제위기를 겪으면서, 우리 사회는 큰 변화를 맞게 되었다. 우선 위기 이전에는 기업이 정규직, 사실상의 종신고용 중심의 관행을 갖고 있었지만, 위기 이후에는 자의든 타의든 임시직, 계약직, 파트타임직 등의 비정규직을 중심으로 한 고용보장이 없는 노동관행이 자리잡게 되었다. 또한 기업이 위기 이후 대규모의 감원과 함께 신규 투자와 채용을 극도로 꺼리게 되면서, 비정규직 노동자의 비율이 급속도로 높아졌다. 비정규직 노동자란 한시적 노동자(기간제 노동자 포함)와 시간제(파트타임) 노동자, 그리고 비전형 노동자(파견, 용역, 특수고용,[13] 일일, 가내근로 노동자)를 모두 합친 것을 말하는데, 기업의 입장에서 비정규직의 형태로 고용을 하게 되면, 일단 고용과 관련한 4대 보험의 비용이 들지 않으며 또한 해고가 용이하기 때문에 최근에 예측하기 힘든 경기변동에 대해서 기업이 감원을 쉽게 할 수 있어, 불황기의 안전판으로 활용할 수 있기 때문이다.

실제로 비정규직 노동자는 정규직에 비해 훨씬 적은 임금을 받는 것으로 나타난다. 특히 이러한 임금격차는 노조활동이 활발하고 임금수준이 높은 300인 이상의 대규모 사업장에서 가장 크게 나타난다. 300인 미만 사업장의 경우는 정규직에 비해 비정규직 노동자가 받는 임금이 약 12% 포인트 정도밖에 낮지 않으나, 300인 이상의 사업장의 경우 비정규직 노동자가 같은 사업장의 정규직 노동자에 비해 무려 약 32% 포인트나 적게 받는 것으로 나타난다. 이것은 노조의 유무를 기준으로 볼 때도 마찬가지이며, 이런 비정규직 노동자에 대한 임금차별이 주로 대기업에서 훨씬 강하게 나타난다는 것을 보여준다. 또한 남성 정규직 노동자와 남성 비정규직 노동자 간의 임금격차보다 여성 정규직 노동자와 여성 비정규직 노동자 간의 임금격차가 훨씬 강하게 나타나고 있다(노동부, 2009: 629). 이 결과는 여성들이 출산과 육아문제로 인하여 취업단절을 경험하는 것과 밀접한 관련이 있는 것으로 추정된다.

우리 사회의 비정규직 노동자의 비율은 2013년의 32.5%에서 조금씩 감소하여 2015년에는 32.2%로 가장 그 비율이 낮았지만, 문재인정부 시절이었던 2018년부터

---

13) 특수고용에는 간병인, 대리운전기사, 애니메이터, 택배기사, 텔레마케터, 퀵서비스 배달원, 덤프트럭기사 등이 포함된다.

급속히 증가하여 2024년 현재 전체 노동자의 38.2%를 차지하고 있다. 이렇게 비정규직 노동자가 크게 증가한 것은 한시적 노동자와, 기간제 노동자, 그리고 시간제 노동자가 크게 증가한 데서 기인한다. 2010년 이전에는 2006년 11월에 입법된 비정규직 보호법[14]의 효과로 비정규직이 감소하고 있었지만, 그 이후 32% 수준에서 계속 유지되다가, 최근에 코로나19의 세계적 대유행의 영향으로 비정규직 노동자 비율이 크게 높아졌다. 최근 이렇게 비정규직 노동자 비율이 크게 증가한 것은, 최저임금의 대폭 인상과 코로나19 대유행으로 인한 실업률의 증가에 대응하여 정부가 사회복지와 공공부문에 한시적인 일자리를 크게 늘린 데서 기인한다.

그림 6-3 ▪ 연도별 비정규직 노동자 추이(8월 기준)

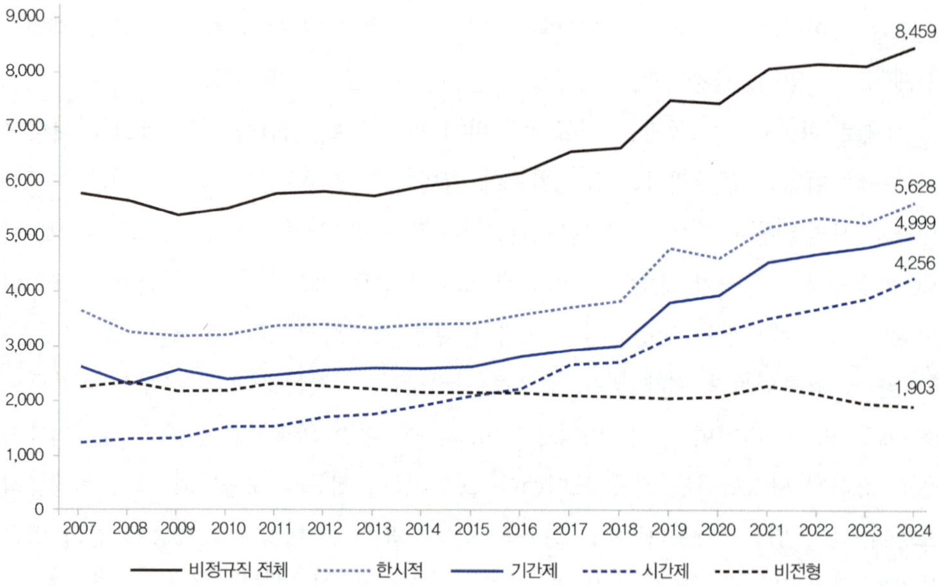

출처: 통계청 경제활동인구조사 부가조사.

14) 이 비정규직 보호법은 「기간제 및 단시간근로자 보호 등에 관한 법률」, 「파견근로자보호 등에 관한 법률」, 「노동위원회법」 등 비정규직보호 관련 법률을 통틀어 이르는 말이다.

취업 보트피플

모로코·알제리·튀니지 등 북아프리카인들에게 지중해는 '희망의 대륙'으로 통하는 관문이다. 그들은 가난에서 벗어나기 위해 몰래 보트를 탄다. 목적지는 지중해 건너 스페인이나 이탈리아 남부, 보트피플의 항해다. 요즘은 거꾸로 현상도 나타난다. 스페인 청년들이 모로코로 넘어간다. 일자리 때문이다. 보트를 타지 않는다는 점만 다르다. 스페인 통계청에 따르면 지난해에 30세 이하 스페인 청년 28만 명이 일자리를 찾아 외국으로 떠났다. 대부분 다른 유럽 국가나 미국 등으로 갔지만 일부는 북아프리카의 건설 현장으로 향했다. 스페인의 청년 실업률은 56%나 된다.

전 세계를 강타하는 청년실업, 한국이라고 예외가 아니다. 통계청에 따르면 15~29세 청년들의 9월 실업률은 7.7%다. 숫자로는 나아 보이나 속내는 딴판이다. 가장 큰 문제는 취업자로 잡히는 비정규직이다. 당신이 웬만한 직장에 다닌다면 사무실을 둘러보라. 거의 예외 없이 비정규직 청년들이 근무하고 있을 것이다. 올해 30세인 A씨. 대학을 졸업하고 직장을 두 차례 옮겼다. 처음 직장에서는 계약직 촬영보조로 1년을 근무했다. 두 번째 직장은 파견직이었다. 2년 돼서 나왔다. 지금 직장은 사무직이지만 역시 파견직이다. 2년 후를 기약할 수 없다. "보수가 적더라도 한 직장에서 계속 근무하면서 경력과 실력을 쌓고 싶다. 그래야 승진도 하고, 봉급도 올라간다. 비정규직 보호법 때문에 보트피플처럼 떠도는 내가 밉고, 사회가 싫다." A씨의 가슴에는 이런 칼이 들어 있다.

1997년 외환위기 이후 급속히 늘어난 비정규직 근로자의 권익을 보호하기 위해 만든 게 비정규직 보호법이다. 2007년 7월부터 시행됐다. 핵심은 비정규직으로 2년 이상 근무하면 사용자가 정규직으로 전환하도록 규정했다. 법이 시행된 지 6년이 지났다. 고용노동부가 2010년 4월부터 올 4월까지 비정규직 근로자를 대상으로 패널 조사를 했다. 근무기간 2년이 적용되는 근로자 121만 5천 명 중 정규직으로 전환했거나 정규직 일자리로 옮긴 비율은 11.4%(13만 9천 명)에 그쳤다. 이 기간 중 절반 이상인 52.7%는 일자리를 잃거나, 다른 곳으로 옮겼다. 기업의 입장도 답답하다. "2년 동안 숙련시킨 직원을 계속 고용하는 게 낫다. 그런데 정규직으로 전환하라고 하면 부담이 돼서 어쩔 수 없이 계약을 해지할 수밖에 없다."

비정규직 청년들의 절규는 그치지 않는다. 좌절이 계속된다면 이들은 동남아로, 중국으로, 심지어 아프리카로 떠날지 모른다. 지중해를 건너는 보트에 몸을 싣는 아프리카 청년들은 영광의 탈출을 하는 게 아니다. 그들은 목숨을 건다. 보트가 뒤집히면 세계에서 가장 멋진 풍광을 자랑하는 바다는 아비규환 생지옥으로 변한다. 한국의 청년들에게 이런 보트피플 소식이 남 얘기일까?(중앙 2013. 10. 26.)

김종윤

고용노동부의 패널조사 결과에 따르면, 2010년 4월 당시 비정규직이었던 121만 5천 명 중에 3년 후인 2013년 4월에 정규직으로 고용된 인원은 11.4%에 불과했다. 나머지 88.6%의 대다수는 비정규직 보호법에 의해 취업을 위해 다시 유랑하는 보트피플이 되었고, 이후 정부의 기간제 일자리 양산정책에 따라서 속칭 '단기 알바'를 유랑하는 사람들은 더 많아지고 있다.

문제는 외환위기 이후 비정규직의 형태로 직원을 채용하는 기업이 많아졌고, 이러한 비정규직의 임금이 정규직에 비해 턱없이 낮기 때문에, 이들은 일을 열심히 하면서도 빈곤 상태에서 벗어나기 힘든 상황이 벌어지고 있다는 점이다. 과거 빈곤 문제는 일자리를 갖지 못하는 사람들의 문제였으나, 최근의 한국의 빈곤상황은 급속도로 전일제 일자리를 갖고 있거나, 전일제 일자리로의 고용과 실업을 반복하여 빈곤상태에서 벗어나지 못하는 근로빈곤층의 문제로 확산되고 있다. 따라서 정부는 지나치게 낮은 임금으로 노동계약을 해 근로빈곤층(working poor)[15]을 양산하지 않도록 최저임금제를 통하여 고용관계에서 약자의 위치에 있는 노동자들을 보호하려는 정책을 시행하고 있다.

현재 한국의 최저임금은 2025년 기준으로 시간당 10,030원이며, 하루(8시간)에 80,240원이었으며, 이것을 월로 환산하면 월 209시간 노동에 2,096,270원이 된다. 이것은 당연히 시간제로 일하는 사람들에게도 적용되는데, 예를 들어 하루 4시간을 일하는 대학생 아르바이트를 고용하더라도, 한 달이면 120시간을 일하게 되고, 따라서 최저한도의 임금은 1,203,600원이 된다. 그러나 주로 대학생들을 고용하는 시간제 일자리(아르바이트)의 경우 일자리는 적은 데 비해서, 이것을 하려는 사람들은 많은 관계로, 특히 소규모의 사업장일수록 이러한 최저임금 기준이 잘 지켜지지 않고 있는 것이 현실이다.

15) 근로빈곤층에 대한 정의는 시간제 근로가 아닌 임금근로자 중에서 빈곤상태에 있는 사람을 의미하는 협의의 정의에서 시작하여, 여기에 실업자를 포함하는 중범위의 정의, 그리고 여기에 다시 실망실업자와 비경제활동인구를 모두 포함하는 광의의 정의 등 다양하다(노대명 외, 2007 참조).

최저임금제는 빈곤층을 위한 것인가?

고용주가 아니라면 누구나 찬성할 것 같은 최저임금제에 대해 항상 의견이 일치되는 것은 아니다. 최저임금제에 반대하는 입장에 따르면, 최저임금제가 시행되면 크게 영향을 받는 부문은 레스토랑 등의 시간제 일자리에 큰 영향을 준다. 이러한 일자리들은 대부분 일하는 사람의 경력에 큰 도움이 안되고, 기껏 용돈이나 여행비 마련 등을 위해 일하는 경우가 대부분이며, 이들은 대부분 대학을 다니는 학생들로서 빈곤층 가정 출신이 아닌 경우가 많다.

실제로 윤희숙(2016)의 연구에 따르면, 국내에서 최저임금을 받고 일하고 있는 사람 중에서 빈곤층은 30.5%에 불과하며, 결국 최저임금의 인상으로 인한 혜택의 70%는 빈곤층이 아닌 사람에게 돌아간다. 따라서 최저임금제는 경력을 쌓을 수 있는 전일제 일자리를 주로 하는 빈곤층에게 혜택을 주기보다는, 오히려 이들보다 더 나은 생활 여건을 갖춘 젊은이들에게 도움을 주는 제도일 수 있다.

1998년의 외환위기와 2008년 미국발 세계경제위기로 인해, (통계상으로는 잘 나타나지 않지만) 국내에서는 실업률이 증가하였고, 고용의 질도 과거 위기 이전에 비해 훨씬 낮은 수준으로 이루어지고 있다. 이러한 일련의 과정을 통해 중산층이 몰락하여 빈곤층으로 떨어지는 경우가 많아졌으며, 새로 만들어진 일자리의 대부분이 비정규직이나 불완전고용의 수준이며, 따라서 점점 한국에서도 빈부의 격차가 심해지고 있다.

이러한 빈부의 격차는 지니계수[16)]나 상대빈곤율 등을 통하여 파악할 수 있는데, 통계청의 가계동향조사에 따르면, 1980년대 이후 고도의 경제성장에 따른 노동자계급의 소득향상을 통해서 우리나라의 지니계수는 급속도로 낮아지다가 90년대 초반부터 다시 올라가기 시작하여 98년 외환위기 직후인 1999년에는 0.288를 넘었다. 그러나 이후 경제가 회복되자 다시 약간씩 하락하다가, 다시 2003년부터 악화되기 시작하여 서브프라임 모기지론의 부실로 인한 세계 경제위기 직후인 2009년에 소득불평등을 나타내는 지니계수와 상대빈곤율이 모두 정점을 이루었다가 이후 조금

16) 지니계수는 소득 순으로 인구의 누적분포와 소득누적비율의 로렌츠곡선을 이용하여 소득분배균등선(45°선)과 로렌츠곡선 사이의 면적비율로 구해지며 지니계수는 0과 1 사이의 값을 가지는데 값이 0에 가까울수록 소득분배의 불평등 정도가 낮고 1에 가까울수록 분배가 불평등함을 의미함(한국노동연구원, 2009: 99).

완화되었지만, 다시 2016년에는 다소 악화되었다가 그 이후에는 조금씩 개선되고 있다. 이 결과는 경제위기가 전반적인 불평등 상황보다는 특히 하위계층에 미치는 영향이 강하다는 것을 보여준다.

그림 6-4 ■ 한국의 지니계수와 상대빈곤율의 추이(가처분소득 기준)

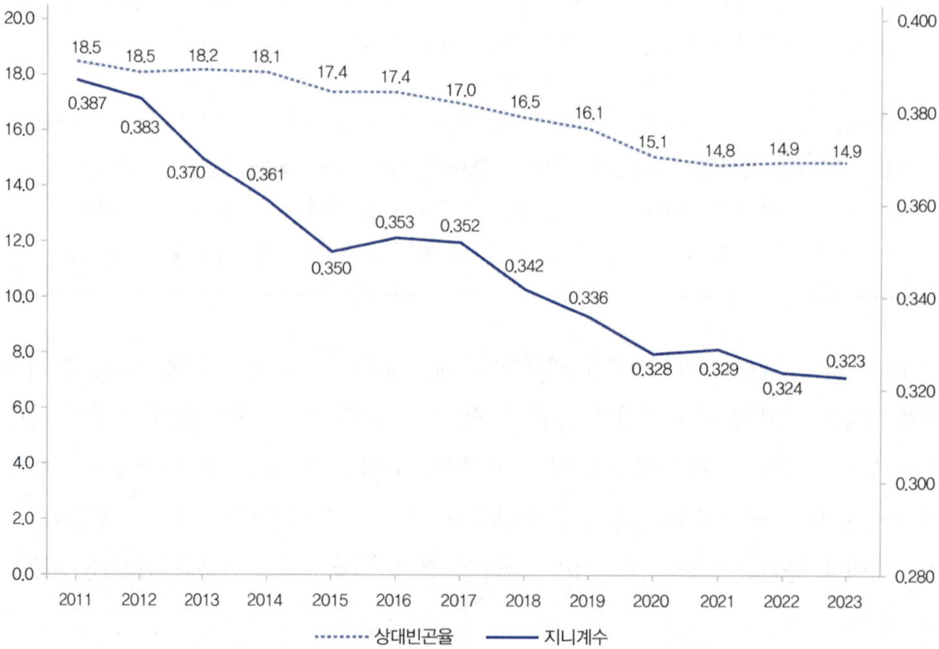

출처: 통계청, 가계금융복지조사.

이러한 상대빈곤과 불평등의 심화현상의 이면에는, 경제위기 이후 '고용 없는 성장'이 한동안 계속되었기 때문이다. 많은 기업들이 도산하고, 한계기업들 중 상당수는 인건비가 싼 중국이나 베트남 등으로 생산기지를 옮기면서, 국내의 고용상황은 더욱 악화되었다.

한국의 고용문제의 심각성은 국제적으로 보아도 나타나는데, 독일, 영국, 미국과 같은 주요 선진국과 비교하여도 한국의 고용률은 매우 낮다는 것을 알 수 있다. 이들 나라들에 비해 실업률은 현저히 낮은데, 고용률이 극히 떨어지는 것은 비경제활동인구가 그만큼 많거나 부풀려져 있다는 것을 나타낸다. 다시 말해서 전업주부와 같이 아예 취업을 할 생각이 없는 사람이 많거나, 고시생과 같은 취업준비생을 대거 비경제활동인구로 분류했다는 것을 보여준다. 그나마 2009년 이후에는 고용률이 조금씩 지속적으로 상승했지만, 코로나19 팬데믹으로 인해 감소했다가 다시 증가하여 지금은 OECD 평균에 근접하고 있다.

그림 6-5 ▪ OECD 주요국의 고용률 추이

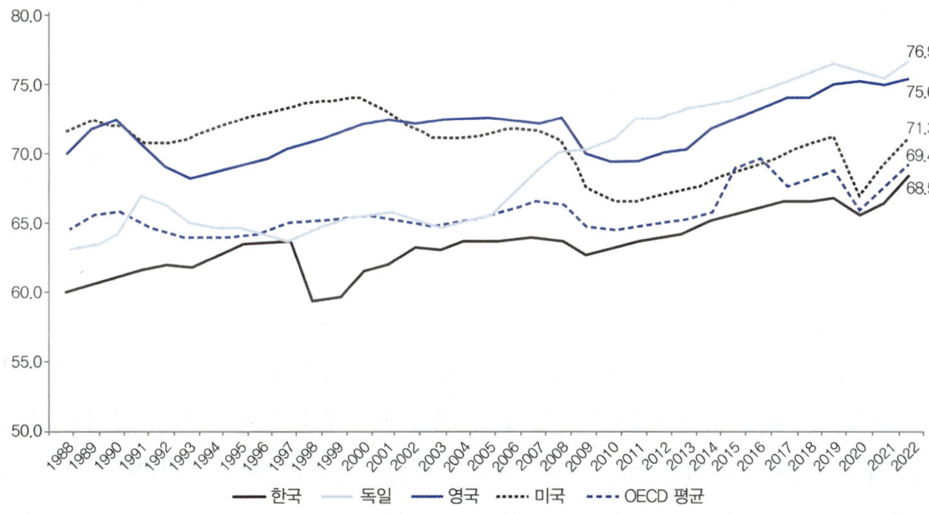

출처: OECD, Source DB.

지금까지 살펴본 바와 같이, 우리나라에서 빈곤문제는 실업문제와 밀접한 관련을 갖고 나타나고 있다. 특히 두 번의 대규모 경제위기로 인하여 고용의 양과 질 모두에서 급격한 하락을 경험하였고, 그 결과 급속하게 일자리가 소멸하였다. 문제는 고용이 되었다고 하더라도, 이 문제에서 자유롭지 않다는 것이다. 경제위기를 거치면서 새로 만들어지는 일자리들은 대부분 그 질적인 면에서 과거에 비해 매우 낮은 것들로 채워지고 있고, 여기서 나타나는 근로빈곤층은 우리 사회의 새로운 사회문제가 되고 있다.

또한 새 정부 들어 나타난 부동산 폭등으로 인해 소위 영끌투자로 인해 향후 많은 사람들이 대출이자에 허덕이게 될 것이다. 이들 중 일부는 대출이자를 내고 남는 가처분소득이 급격히 줄어들어 생계의 압박을 받는 소위 하우스푸어(house poor)들로 전락할 가능성이 높다. 향후 실업률의 증가와, 고용의 질 저하는 당분간 계속될 것으로 예측되며, 이에 따라 불평등과 상대빈곤율도 높은 수준으로 유지될 것으로 예상된다. 이 문제는 다양한 다른 문제들을 불러올 것으로 예상된다.

제 4 절 제3세계의 절대빈곤 문제

세계의 여러 나라들이 직면하고 있는 빈곤이나 실업문제는 매우 다양한 양상으로 나타나고 있다. 제 3 세계의 국가들은 아직도 상당수가 절대빈곤의 탈출을 위해 몸부림을 치고 있는 반면에, 선진국들은 상대빈곤과 실업문제에 시달리고 있다. 그러나 지구상의 여러 나라들 중에 기아상태의 절대빈곤에 시달리는 나라는 그리 많지 않다. 문제는 이러한 국가들이 아프리카와 아시아의 특정지역에 몰려 있고, 이들이 직면한 정치현실을 감안해 볼 때, 이들이 기아상태를 벗어나는 것은 가까운 시일 내에는 쉽지 않아 보인다는 점이다. 왜냐하면 먹을 것이 없어서 굶어서 죽을 정도의 국가들은 대부분 반복적으로 전쟁이 계속되고, 불안한 치안상황에서 발전의 토대가 되는 경제활동이 어렵거나, 아니면 부패한 정권이 들어서서 이러한 경제발전을 막고 있기 때문이다.

2차 세계대전 이후 동서냉전이 이어졌고, 그 과정에서 사회주의 국가와 자본주의 국가 간에 큰 긴장상태가 오래 지속되었지만, 동구권이 몰락하면서 전쟁의 가능성은 최근에 들어 그만큼 줄어들었다. 그러나 국지적인 분쟁의 가능성은 오히려 증가하였다는 주장도 있으며, 실제로 아프리카나 중동, 동구권몰락 이후 독립한 국가들에서 중소규모의 국가 간 전쟁이나 내전 또는 테러가 자주 발생하고 있다. 이처럼 전쟁이나 테러가 잦은 국가나 지역에서 편안하게 작물을 재배하고 판매하는 것은 어려우므로, 이러한 지역에서는 상습적으로 기아문제가 발생하고 있다.

기후변화 또한 기아를 발생시키는 중요한 요인이다. 이러한 기후변화 문제는 대체로 정치적 불안과 상호작용하면서 해당 지역의 빈곤문제를 더욱 심화시키고 있다. 지구상의 최빈국이라고 할 수 있는 아프리카의 에티오피아, 차드, 수단, 소말리아와 같은 나라들이 이러한 범주에 속하는 나라들이다. 에티오피아의 경우 특히 이상기후가 농업생산에 막대한 타격을 가하면서 빈곤문제를 심화시키는 대표적인 국가이다. 이 나라의 국민 85%는 고원지대에 거주하고 있는데, 이 지역에는 몇 년씩 비가 내리지 않는 경우가 계속 이어져, 사실상 농업생산이 불가능하고 목축을 하기에도 쉽지 않은 실정이 계속되고 있다.

그나마 국제연합(UN)에서 운영하는 난민수용소가 몇 개 안되는 그들의 안식처가 될 수 있지만, 이들이 기아의 위기에 몰려 그들이 나고, 자란 고향을 떠나 난민수용소에 무사히 도착하는 것은 그리 쉽지 않다. 대부분의 난민들은 몇 주씩 고원지역을 걸어서 난민수용소에 도착하지만, 그 과정에서 많은 사람들이 기아, 영양실조, 질병 등으로 사망하거나, 회생이 어려운 상태가 된다. 난민수용소에 도착하더라도 모든 것이 해결되지 않는다. 유엔의 지원은 그리 넉넉하지 못하기 때문에, 의약품과 식량은 생존할 가능성이 높은 상태가 양호한 난민들에게 우선적으로 지급이 된다. 따라서 이 난민수용소들에는 이들이 살 가능성이 있는지를 판단하는 죽음의 감별사들이 있다. 여기에서는 수많은 난민들의 삶과 죽음이 이 죽음의 감별사들의 즉흥적인 판단에 의해서 결정되는 것이다.

죽음의 감별사

극심한 가뭄으로 식량난에 시달리는 에티오피아의 아고르다드에 있는 난민수용소에는 죽음을 감별하는 간호사가 있다. 기근을 피해 오랜 길을 걸어 난민수용소로 온 사람들은 항상 이 죽음의 감별사를 먼저 만나야 한다. 이 난민들은 아직 살아있음에도 불구하고 삶과 죽음이 결정되는 감별을 받는 것이다.

에티오피아의 인구는 약 4,200만 명인데, 그 85%가 거주하는 에티오피아 고원에는 5년 째 비가 내리지 않고 있었다. 땅은 먼지뿐이고 말라 비틀어진 테프(곡식의 일종) 줄기만이 여기저기 서 있었다. 수십만의 농민이 얼마 안되는 곡식을 찾아 먼지 덮인 산야를 헤매고 있었다. 고원에서는 벌써 오래 전에 가축들을 잃은 아파르 유목민들이 물이나 먹을 만한 뿌리 같은 것을 찾기 위해 맨손으로 땅바닥을 파고 있었다. 2,000년이 넘는 장구한 역사를 자랑하는 광대한 나라 에티오피아는 연간 1인당 국민소득이 128달러로 현재 지구상의 최빈국에 속한다. 사람들은 종종 난민수용소까지 오기 위해 티그레, 볼로, 초아 지방의 고원을 몇 주일에 걸쳐 걸어서 횡단한다. 얼마나 많은 사람들이 도중에 목숨을 잃는지 알 수가 없다. 그 숫자는 결코 가늠할 수가 없다.

아고르다드와 마찬가지로 마칼레와 코렘에서도 똑같이 선별작업이 행해지고 있었다. 그곳 의료진은 난민들의 상태를 보고 그들이 살아날 가망이 있는지, 별로 가망이 없는지를 판단했다. 정말 무자비한 선별작업이었지만 어쩔 수 없다. 모두에게 배급하기에는 식량과 정맥주사, 비타민제, 프로테인이 충분하지 않았기 때문이다. 그래서 몸과 뇌가 아직 치료가 불가능할 정도로 손상되지 않은 사람들을 우선적으로 구할 수밖에 없는 것이다. 간호사는 식량배급을 받으러 온 엄마와 아기에게 이렇게 이야기한다. "댁의 아이는 너무 약하고, 우리의 배급량은 너무 빠듯해요. 그래서 아이에게 (배급을 탈 수 있는 표시인) 손목밴드를 줄 수가 없어요." 이런 죽음의 감별은 지금도 차드, 수단, 시에라리온, 소말리아 그리고 제 3 세계의 거의 모든 지역에서 아직도 되풀이 되고 있다.

Ziegler, 1999: 50-56.

소말리아는 국가 내부의 정치세력들 간의 내전으로 인하여 기아가 계속되는 나라이다. 이 국가 내부의 불안한 정치현실은 이 나라의 상당수의 국민들에게 정상적인 생산활동을 허용하지 않는다. 최근에 발생하고 있는 수에즈운하를 통과하는 선박들에 대한 해적활동은 이러한 소말리아의 내부상황의 산물들이다. 특정 지역의 소말리아인들에게 해적활동은 사회적으로 성공할 수 있는 거의 유일한 통로이다. 이들이 태어난 지역에서 외국선박을 납치하고 약탈하는 해적활동은 부유해질 수 있는 좋은 방법이다. 정부의 통제력이 미치지 못하는 이 지역에서 해적이 된다는 것은, 부자가 되어 첩을 여러 명 거느리고 자동차를 굴릴 수 있는 성공의 통로가 된다. 그러나 해적도 될 기회가 없는 대부분의 사람들은 불안한 정치상황에 의해 의미있는 돈벌이를 찾기가 어렵고, 상당수는 기아의 늪에서 헤어나오지 못하게 된다.

내전과 테러가 끊이지 않고 있는 아프가니스탄 역시 절대빈곤에서 허덕이는 나라이다. 비가 많이 내리지 않는 고원지대에 거주하는 사람들에게, 정상적인 곡물을 재배하는 것은 그리 쉬운 일이 아니다. 만약 밀과 같은 곡물을 재배한다고 하더라도, 언제 알카에다와 같은 반군세력에 의해 이것을 빼앗길지 모르며, 시장에서 제값을 받고 판다는 보장이 없다. 따라서 많은 고원지대의 아프가니스탄인들은 적은 강수량에도 잘 크는 양귀비 재배에 열중하지만, 이것도 정부의 단속과 반군의 약탈로 인해 그리 쉬운 일이 아니다. 특히 마약원료가 되는 양귀비의 재배와 이를 이용한 마약의 제조와 판매는 반군세력의 자금줄이 되며, 이로 인해 내전은 더욱 길어지고, 아프가니스탄 국민들의 절대빈곤문제도 함께 지속된다.

이 지구상에는 이상기후도, 전쟁도, 또는 치안불안도 없는 상태에서 국민들이 기아에 시달리는 나라들이 또한 존재한다. 이러한 국가들에는 대부분 무능한 부패정권이 들어서서 오랫동안 독재를 행사하고, 절대빈곤에서 탈출하는 것을 막고 있다. 이러한 나라들의 절대빈곤문제는 국민 모두에게 해당되는 것이 아니다. 부패권력층이나 부패권력을 유지하는 데 중요한 역할을 하는 사람들과 그들의 가족들에게 절대빈곤은 남의 일이지만, 그렇지 못한 사람들은 절대빈곤, 심지어 기아에 시달리는 고단한 삶이 계속된다. 현대사회에서 부자 간에 권력을 세습하고, 심지어 3대째 권력세습을 시도하고 있는 북한이 이러한 유형의 대표적인 예이다. 또한 막대한 석유를 깔고 앉아 있는 나라인 베네수엘라도 절대빈곤에 빠지기도 한다. 이런 국가에서 외국의 도움과 개발은 거의 유일한 기아탈출의 대안이지만, 부패정권은 자신들의 권력이 위협받을 수 있는 도움과 개발은 단호히 거절한다.

이처럼 세계 각국에서 정치적 불안은 우선적으로 농업생산을 위축시키고, 불안한 치안상황과 부패한 독재정권은 또한 선진국의 투자와 지원을 가로막는 원인이 된다. 정치적 불안에 노출된 이들 국가의 국민들은 선택의 기회가 매우 제한되어 있으므로, 또한 장기 가뭄이나 홍수와 같은 기후변화에 매우 취약한 상태가 된다. 지구상에서 일어나고 있는 대규모의 기후변화가 거의 모든 나라에 영향을 미치지만, 특별히 이들 나라에서 그 여파가 심각한 것은 이 때문이다.

제 5 절 빈곤 및 실업문제에 대한 대응

기능주의이론은 일반적으로 개인이 노동생산성을 향상시키기 위해 노력을 게을리 했거나 반대로 사회가 개인들에게 그러한 노력을 하도록 성취동기를 부여하지 못한 데서 빈곤이 기인한다고 주장한다. 따라서 이 시각에서는 빈곤을 줄이기 위한 대책으로, 주로 사회적 부조를 중심으로 한 대책들을 제시한다. 그 대표적인 것이 헤드스타트 프로그램으로서 빈곤층 자녀들이 그들이 처한 불리한 환경으로 인하여 성공적인 성취를 실현하지 못하는 것을 개선하기 위하여 빈곤지역에 더 나은 교육 시설과 더 능력있는 교사들을 배치하여 빈곤층 자녀들을 비빈곤층 청소년보다 오히려 더 좋은 환경에서 교육시켜 빈곤을 벗어나게 하려는 프로그램이다.

현재 우리나라에서도 정부에서 빈곤층을 위하여 〈드림스타트 프로그램〉을 시행하고 있다. 전국에 드림스타트센터를 개설하고, 각 센터에서는 빈곤층이 경제적 어려움으로 인해 소홀하기 쉬운 건강관리, 자녀의 보육, 교육지원 등의 사업을 시행하고 있다. 구체적인 프로그램으로는 예를 들어 빈곤층 산모의 출산을 전후하여 초음파검사, 기형아검사, 풍진검사를 위한 쿠폰 발행, 저소득층 아동의 치아관리를 위한 조기 안과검진, 구강검진 및 치아관리법 교육, 무료진료, 독감, 간염, 뇌수막염 그리고 폐렴 예방접종, 아토피 및 알레르기 치료, 안면기형 등의 특수질병 치료, 발달장애 아동을 미리 선별하여 치료하는 영유아 발달스크리닝 프로그램, 가정방문 건강진단 등의 다양한 프로그램이 있다(김승권, 2008).

그림 6-6 ▪ 남양주 드림스타트센터의 2080 치아건강 프로그램

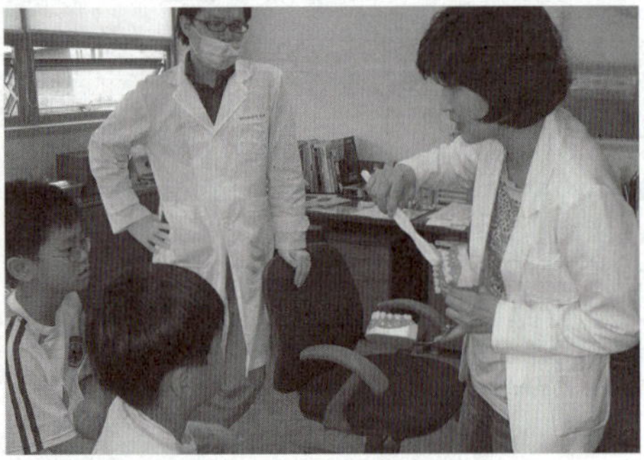

출처: 김승권, 2008.

실업자들을 위해서는 실업보험을 지급하거나, 이직을 위한 재교육지원 등이 대표적이다. 국내에서도 노동부를 중심으로 실업자 재취업을 위한 다양한 과정에 교육비를 지원하고 있으며, 2009년부터는 바우처제도(내일배움카드제)를 통하여 실업자 1인당 200만 원 상당의 재교육비를 1회에 한해 지원하고 있다. 또한 최저생계비에 미달하는 직접적인 소득부족분을 지급하는 국민기초생활보장제를 시행하고 있다. 이 제도는 실질적으로 인간적인 생활에 필요한 소득을 벌지 못하는 모든 가정에 그 부족분을 보조하는 제도로서, 전 국민의 인간다운 생활을 국가가 보장해주는 제도라

고 할 수 있다.[17)]

표 6-5 ■ 빈곤 및 실업문제에 대한 시각과 그 대책들

이론	원인	대책
구조기능주의이론	개인의 노동생산성을 향상시키기 위한 투자부족, 사회가 구성원들에게 중요한 위치를 점유하고자 하는 동기부여를 하지 못함, 빈곤지역에서 공유되는 독특한 하위문화와 이것의 세대 간 전승	이직을 위한 재교육, 헤드스타트 프로그램, 실업보험, 사회의 문화적 가치지향을 성원들에게 내면화, 직업훈련, 국민기초생활보장사업, 생활보호대상자 지원, 자활지원사업, 빈곤아동에 대한 튜터 지원, 노숙자 및 부랑인 지원, 빈곤아동 지원프로그램
갈등이론	자본가계급의 안정적인 이윤추구를 위한 상대적 과잉인구의 창출, 노동시장의 분절과 높은 시장 간의 진입장벽, 자본가 집단의 차별적 노동통제전략, 세계자본주의의 제3세계로의 침투와 이로 인한 제3세계 국가에서의 자본집약적 산업의 이상비대	노동자의 정치세력화 및 노동조합화, 무차별적인 자본가의 고용 및 해고에 대한 규제(ex. 비정규직법) 요구, 독과점의 규제, 도시빈민의 정치세력화, 다국적기업에 대한 규제, 청년실업자의 정치세력화, 누진세제의 강화
상호작용이론	빈민이라는 오명의 부여, 빈민으로서의 자기정체감의 형성, 상징의 십자군에 의한 사회문제로서의 관심과 정의행위의 존재, 문제의 의료대상화	빈곤층과 비빈곤층을 모두 포괄하는 복지서비스의 지향, 빈곤층이나 복지정책에 대한 언론의 보도태도 감시 및 모니터링, 노숙자에 대한 이미지 개선, 빈곤층을 대상으로 하고 빈곤층을 부각시키는 사회부조제도 지양

반면 갈등이론에서 제시되는 빈곤의 원인은 훨씬 구조적인 것들이다. 이 시각에 따르면, 빈곤은 자본주의 사회에서 자본가계급의 이윤창출 과정에서 필연적으로 나타나는 결과이다. 따라서 빈곤을 완화하기 위해서는 노동자들이 정치세력화하고, 노동조합을 결성하여 자본가의 고용 및 해고, 그리고 다국적기업의 무차별적인 투

17) 이 제도는 부의 소득세제라고도 하는 것으로 세금을 낼 정도에 미달하는 가정에 오히려 세금을 지원해주는 제도로서 일부에서는 근로의욕의 저하 등의 문제가 있는 것으로 지적되고 있다. 예를 들어 최저생계비가 150만 원이라면 150만 원을 버는 사람이나 100만 원을 버는 사람이나, 50만 원을 버는 사람이나 결과적으로 같은 가처분소득을 가질 수 있어, 최저생계비를 초과하는 정도가 아니라면 굳이 더 많이 벌려고 노력하지 않을 것이라는 예측이 가능하다. 여기에 대해서는 "박동운, 「빈곤퇴치정책의 어두운 그림자 – 지나친 부(負)의 소득세는 경계해야」, 자유기업원"을 보라.

자에 대한 견제장치를 마련하는 것이 중요한 수단이 된다. 최근에 시행된 비정규직법은 이러한 견제장치의 대표적인 예라고 할 수 있다. 이 법은 기업이 우월한 지위를 이용하여 노동자들의 고용불안을 조장하고, 편법으로 낮은 임금을 제공하고, 복지혜택은 주지 않는 행위를 금지하려는 것을 목적으로 한다.

상호작용이론의 관점에서 빈곤은 빈곤층에 대한 낙인의 부여와, 상징의 십자군들이 어떤 상황을 사회문제로 고려하는 데 관심을 갖거나, 의사의 개입이 필요한 것으로 의료화함으로써 발생한다. 따라서 빈곤층에 대한 오명을 부여하지 않도록, 빈곤층이나 노숙자, 그리고 복지정책에 대한 언론의 보도를 감시하며, 복지정책이 빈곤층과 비빈곤층을 모두 포괄함으로써 빈곤층을 나머지 다수로부터 고립시키지 않도록 하는 것이 중요한 대책이 된다.

제 6 절 결론

빈곤문제만큼이나 중요하면서도 오래된 사회문제를 찾는 것은 쉽지 않다. 옛말에 "가난은 나라님도 못 고친다"는 말이 있듯이, 빈곤을 퇴치하는 것은 어렵지만 빈곤을 어느 정도 완화시키는 것은 가능하다. 절대빈곤은 물론이고, 상대빈곤도 적절한 소득재분배 정책을 통해서 빈곤을 완화시키는 것이 불가능하지는 않다. 그러나 빈곤의 원인이 단순하지 않기 때문에, 빈곤을 줄이는 것이 쉬운 일은 아니다. 또한 빈곤은 국가에 따라서, 시대에 따라서 매우 다양한 원인으로 나타나기 때문에, 어느 일률적인 하나의 정책으로 빈곤을 완화시키기는 어렵다.

한국은 전후 세계에서 가장 가난한 나라들 중의 하나였지만, 급속한 경제발전을 통하여 빠르게 절대빈곤을 줄여왔다. 그러나 최근에는 거듭되는 경제위기와 산업기반의 해외이전으로 인한 실업률의 급속한 증가로 인해, 빈부의 격차가 점점 심화되고 있다. 이러한 실업과 빈부격차의 심화는 향후 다양한 집단들 간의 갈등을 낳을 것으로 예상되며, 우리 사회의 불안을 증가시키는 중요한 요인이 될 것이다. 이처럼 빈곤은 범죄문제, 가족문제, 환경문제, 교육문제, 여성문제, 노인문제 그리고 건강문제 등의 다양한 문제를 낳는 근본원인이 되기 때문에, 시급히 해결해야 할 중요한 문제이다. 따라서 정부에서도 막대한 예산을 들여가며, 빈곤과 실업문제를 완화하기 위하여 노력하고 있다.

세계적으로 볼 때, 빈곤이나 실업문제는 더욱 심각하다. 아직도 과거와 마찬가지로 빈곤의 대부분이 아프리카나 남아시아에 집중되어 있으며, 이들이 조기에 개선될 가능성도 매우 적어보인다. 특히 아프리카의 몇몇 국가들은 내전으로 인한 정치 불안, 기상이변 등으로 인해, 그리고 북한과 같은 나라들은 부패한 독재정권으로 인해 국민의 상당수가 기아선상에서 허덕이고 있다.

요약
SUMMARY

- 빈곤은 일반적으로 기본적인 의, 식, 주의 욕구가 충분히 만족되지 않은 상태를 말한다. 그중에서도 먹는 욕구는 가장 기본적인 욕구이며, 빈곤에 대한 정의는 이것이 가장 핵심이 된다.
- 절대빈곤은 기본적 욕구, 즉 먹고, 자고, 입는 것을 해결하지 못하는 것을 말한다. 이러한 절대빈곤개념에 입각한 빈곤선 추정방법은 전물량방식, 반물량방식, 국제적 빈곤개념 등이 있다. 그러나 이러한 절대빈곤은 개인의 상대적 박탈감을 고려하지 못하는 단점이 있다.
- 상대빈곤은 다른 인구집단과 비교하여 특정인구집단이 결핍을 겪는 것을 말한다. 이 상대빈곤개념을 통해 빈곤선을 추정하는 방식은 주로 '중위가구소득의 50% 미만' 기준이 가장 널리 사용된다. 2016년부터 한국에서도 이런 방식으로 빈곤선을 결정한다.
- 실업이란 일할 의사가 있음에도 불구하고 일을 하지 못하고 있는 상태를 말하고, 실업률은 실업자수를 경제활동인구로 나눈 것을 말한다. 그러나 실업률을 계산할 때는 취업을 하고 싶어도 취업을 하지 못해 낙담한 사람들과 오랜 준비를 필요로 하는 시험을 준비하는 사람들은 보통 제외되므로, 실제로 현장에서 느끼는 체감 실업률과는 차이가 있다.
- 구조기능주의이론에서 빈곤은 개인이 자신의 노동생산성을 올리기 위해 교육 등에 투자를 게을리 했거나, 빈곤의 문화 속에 살면서 나태하고 게으르고, 성취동기 자체가 낮은 생활을 몸에 익혔기 때문이라고 설명된다.
- 갈등이론은 부가 개인을 단위로 부여되기보다는 가족이나 집단을 단위로 부여된다는 점에 주목한다. 이 이론은 빈곤이 노동자계급을 필연적으로 빈곤하게 만들

어야 자본가들 자신이 살 수 있는 자본주의 체제의 필연적 결과이거나, 독점 자본주의가 만들어내는 단절된 노동시장에서 2차 노동시장을 벗어날 수 없는 구조의 결과이거나, 아니면 제3세계 국가가 선진국에 종속되어 나타나는 결과이거나, 아니면 자신의 이익을 위해 각축하는 다양한 집단들이 하층집단을 이익분배에서 배제시킨 결과로서 설명한다.

- 상호작용이론에서는 객관적으로 빈곤하다는 것보다는 이들이 사회의 나머지 사람들에게 어떻게 인식되는지에 따라서 빈곤문제가 만들어지거나 그렇지 않다고 설명한다.
- 우리 사회는 1960년대 이후 적극적인 경제개발로 인해 급속히 절대빈곤인구가 줄어들었다. 그러나 두 번의 경제위기를 겪으면서 다시 빈곤인구가 늘고 있으며, 특히 상대빈곤과 경제적 불평등이 매우 심화되었으나 최근에 다소 완화되었다.
- 취업차원에서는 기업의 낮은 국내 투자와 맞물려 심각한 청년실업문제를 낳고 있다. 또한 일련의 경제위기를 겪으면서 사회의 가장 밑바닥에는 노숙자들이 크게 늘었다.
- 빈곤의 문제는 국제적으로 볼 때 더 심각하다. 아프리카와 남아시아, 북한 등의 많은 지역에서는 아직도 기아에 시달리고 있으며, 그 배경에는 항상 지구 온난화에 따른 이상기후와 정치적 불안, 그리고 부패정권이라는 문제가 있다.
- 기능주의 시각에서는 성취동기가 낮거나 부적응하는 빈곤층에게 실업급여, 생활보호자 지원, 빈곤층 아동에 대한 지원 등의 공적 부조가 대책으로 제시된다.
- 갈등이론에서는 자본주의의 끊임없는 이윤추구에 어느 정도 제동을 걸 수 있는 노동자의 조합화, 고용관행을 규제하는 입법 등이 대책으로 제시된다.
- 상호작용이론에서는 빈민에 대한 낙인과 오명을 씌우지 않도록, 빈곤층과 빈곤층을 구별하지 않고 모두를 포괄하는 복지제도와 빈곤층에 대한 고정관념을 바꾸는 대책들이 제시된다.

❒ 토론 및 추가학습을 위한 주제들

1. 우리에게 빈곤의 의미는 무엇인가?
2. 정부에서 발표하는 실업률 수치는 왜 현실을 제대로 반영하지 못하는가?
3. 빈곤의 원인은 개인에게 있는가? 아니면 사회에 있는가?
4. 향후 한국에서 빈곤문화가 형성될 가능성은 있는가?
5. 한국의 비정규직법은 노동자의 안정적인 고용에 도움이 되는가?
6. 한국의 빈곤층에게 부여된 오명은 있는가? 있다면 어떤 오명이 부여되는가?

7. 노숙자는 왜 쉼터가 아닌 노숙을 선택하는가?
8. 정규직과 비정규직의 임금 및 복지혜택의 차이는 어떻게 설명될 수 있는가?
9. 부의 소득세는 근로의욕의 저하를 가져오는가?
10. 교육을 통해 빈곤을 극복할 수 있는가?

❒ 조별 활동을 위한 주제들

1. 빈곤문화와 빈곤의 세습
2. 이중노동시장과 비정규직
3. 게으름과 빈곤
4. 빈곤층에 대한 오명과 빈곤
5. 여성과 빈곤
6. 사회적 배제와 상대빈곤의 심화

❒ 참고할 만한 문헌 및 웹사이트

- 굿네이버스(http://www.goodneighbors.kr): 빈곤층에 대한 전세계적인 구호를 위해 1991년 창설된 비영리단체.
- 한국노동연구원(http://www.kli.re.kr): 노동정책에 대한 국책연구기관. 많은 자료와 보고서를 볼 수 있다.
- 한국보건사회연구원(http://www.kihasa.re.kr): 인구, 보건, 사회보장 및 부조에 대한 국책연구기관.
- 보건복지부(http://www.mohw.go.kr): 빈곤에 대한 정책을 시행하는 주무부처. 많은 보고서와 정책자료를 구할 수 있다.
- 백수회관(http://cafe.daum.net/backsuhall): 청년실업문제에 대한 다음카페.
- [영화] 자전거 도둑/1948/비토리오 데 시카: 2차 대전 직후 로마에서 거리를 배회하던 실업자 안토니오가 간신히 일자리를 얻고 자전거도 구했으나 도둑을 맞고서 그도 도둑이 되어가는 과정을 그린 이야기.
- [영화] 빌리 엘리어트(Billy Elliot)/2000/스티븐 달드리: 가난한 광부의 아들이 발레의 재능을 발견한다. 재능 있는 가난한 집 자녀의 딜레마를 그린 영화.
- [영화] 뻔뻔한 딕 & 제인(Fun with Dick and Jane)/2005/딘 패리솟: 잘 나가던 IT업체 홍보담당자인 짐 캐리가 갑자기 회사가 파산해 실업자가 되면서 겪는 내용을 코믹하게 다뤘다.

CHAPTER 7

여성문제

이 장에서는 아마도 지구상에서 가장 오래된 불평등 문제 중의 하나인 여성문제를 다룬다. 역사적으로 볼 때 여성의 지위는 지속적으로 개선되어 온 것이 사실이지만, 현대사회에서도 여전히 여성의 존재는 남성에 비해 열등한 존재로, 낮게 유지되고 있다. 우리 한국사회에서도 조선시대의 유교적 가치관에서 보이는 여성상은 자신에게 가해지는 부당한 불평등과 억압을 참고, 견디는 순종적인 상으로 비춰지고 있다.

그럼 유교가 한국사회에 전파되기 전의 한반도에 존재하였던, 삼국시대와 통일신라시대, 그리고 고려시대에 여성의 지위는 어떠하였을까? 현재 남아있는 제한적인 과거의 기록들을 참고할 때, 이들 시대에 여성의 지위는 조선 중기 이후의 유교적인 조선시대에 비해 보다 자유분방하고, 성불평등이 적었음을 추정할 수 있지만, 이 시대에도 여성의 억압과 불평등은 여전히 존재한 것으로 보인다.

일반적으로 성불평등에서, 동양과 서양의 상황은 크게 대조되는 것 같지만, 실제로는 서양도 동양과 마찬가지로 극도의 남성우월적인 사회였음을 관련 문헌들은 보여준다. 예를 들어 중세 유럽에서 여성은 남성에 부속된 재산 정도에 불과하였으며, 따라서 여성 혼자서는 재산의 소유, 거래계약 등의 아무런 중요한 사회적 역할을 수행할 수 없었다. 단지 서양의 여성들이 동양이나 이슬람권의 여성들에 비해서 보다 평등하다는 것은 그들이 먼저 자신들의 권리를 좀 더 많이 얻은 것에 불과하다. 이것은 현대의 서양사회도 정도의 차이는 있지만 여전히 남녀 간의 불평등이 존재한다는 점에서 그러하다.

제 1 절 여성문제의 정의

여성과 관련된 문제는 현대사회에서 매우 다양하게 존재한다. 예를 들어 결혼, 출산, 육아, 이혼, 성매매, 성폭력 그리고 빈곤 등의 문제는 여성과 매우 밀접하게 관련된 여성문제들이지만, 일반적으로 사회문제의 영역에서 여성문제는 남녀 간에 존재하는 성불평등(gender inequality) 문제를 말한다. 이러한 입장을 받아들일 때, 여성문제란 단지 생물학적으로 여성이라는 이유 때문에 여성들이 억압과 차별을 당하는 현상이다. 이처럼 여성은 현대의 거의 모든 사회에서 열등한 존재로서 억압받는 집단이기 때문에, 현대사회에서 그 수가 가장 많은 마이너리티이기도 하다.

전통적으로 매우 오래된 성불평등에 대한 신화 중의 하나는 이것이 남녀 사이의 생물학적인 능력에서 기인한다는 것이다. 그러나 남녀 간의 생물학적인 능력의 차이는 오랫동안 이어 내려온 남녀 간의 불평등을 설명하기에는 너무나 미미하거나, 어떤 분야에는 오히려 여성이 더 뛰어난 분야도 많이 존재한다는 것이 근래에 들어 알려졌다. 1984년 타브리스와 웨이드(Tavris and Wade)의 연구결과에 따르면([표 7-1]), 남성은 힘, 수리능력, 공간지각능력에서 여성에 앞서지만, 여성은 건강, 조작능력, 언어능력, 창의력에서 더 뛰어나며, 전반적으로 남녀 간의 능력의 차이는 그다지 존재하지 않는다.

따라서 최근에는 성불평등을 논할 때, 생물학적인 성을 의미하는 'sex'보다는 사회적으로 학습된 성을 의미하는 'gender'라는 용어를 일반적으로 쓰고 있다. 이 사회적인 성인 젠더(gender)는 성차별이 생물학적인 차이가 아니라 사회적으로 부여된 차별이라는 점을 강조하고 있으며, 인간은 태어날 때부터 남성은 남성다운 행동을 학습하며, 여성은 여성다운 행동을 학습함으로써 이러한 남녀 간의 차이가 나타난다는 점을 암시한다.

표 7-1 ■ 남녀 간의 능력의 차이

항목	차이
힘	남자가 더 크고 근력이 셈
건강	여성이 질병에 덜 걸리고 오래 삶
조작능력	스피드가 요구되는 작업에는 여성이 더 우월
지능	차이 없음
언어능력	여성이 10~11학년부터 우월
수리능력	남성이 청소년기부터 우월
공간지각능력	남성이 10학년 정도부터 우월
창의력	여성이 언어를 통한 창의력 테스트에서 우월

출처: Tavris and Wade, 1984, Sullivan, 1997: 244에서 재작성.

이러한 전제를 받아들일 때, 여성문제는 생물학적으로 여성이라는 이유로 차별을 받고 열등한 지위를 가지는 현상이며, 이런 관점에서 여성문제는 노동시장에서 성역할의 차별적 분리, 비슷한 직무에서의 여성들의 상대적으로 낮은 임금문제, 여성의 노동시장 진입문제, 전업주부 여성의 가사노동문제, 사회의 각 제도에서의 여성차별문제 등을 포함할 수 있다. 이러한 다양한 하위 여성문제들은 그들을 어떤 시각에서 보는지에 따라서 그 현상들에 대한 이해와 대책이 크게 달라질 수 있다. 이하에서는 이러한 여성문제를 설명하는 시각들을 살펴본다.

제 2 절 성불평등을 설명하는 이론

성불평등을 설명하는 이론들은 전통적인 생물학적 시각부터, 페미니스트의 시각, 상호작용론적 시각 등에 이르기까지 매우 다양하다. 그러나 이 책에서 다루는 다른 사회문제에 비해서 갈등이론의 시각이 상대적으로 매우 중요한 부분을 차지한다. 따라서 여기에서도 갈등이론의 시각을 좀 더 자세하게 다룬다.

1. 구조기능주의이론

구조기능주의 시각에 따르면, 성불평등문제는 여성과 남성에게 가장 어울리면서도 적합한 역할을 찾는 과정에서, 남성이 맡는 역할과 여성이 맡는 역할이 자연스럽게 전체 사회의 생존에 도움이 되는 방향으로 나누어졌지만, 산업사회에서 이러한 역할이 전체 사회의 생존에 기능적이지 않거나 덜 기능적이 됨에 따라서 나타나는 것이다.

남성은 힘이 세고 출산과 육아로부터 자유로운 반면에 여성은 생물학적으로 오랜 기간을 출산과 육아에 보낼 수밖에 없기 때문에, 남성이 위험한 사냥이나 전사의 역할을 맡게 되었다. 모든 사회는 그 사회가 대를 이어 생존하기 위해서, 세대를 지속적으로 재생산해야 하는 중요한 기능을 보호해야 하는데, 전쟁이나 사냥 등으로부터 남성의 손실은 (부족 내의 다른 남성이 그 역할을 대신할 수 있어) 큰 문제가 되지 않았기 때문에 여성은 주로 거주지 주변에서 안전한 육아와 출산, 채취 등의 노동력 재생산이나 취사와 관련된 일을 맡게 되었고 그것이 기능적이고 자연스러운 것이었다(Sullivan, 1997: 245).

그러나 산업사회에서 작업장이 가정과 명확히 분리되게 되고, 기대수명의 연장, 자녀의 보호기간의 연장, 핵가족제도의 일반화 등을 통해, 남성은 밖에 나가서 노동을 하는 반면 여성은 점점 가정 내에 활동영역이 제한되는 성역할분업이 정착되게 되었다. 이런 성역할 분업에서 남성은 사냥하고, 집이나 도구를 만들고, 작업을 관리하는 뚜렷한 목표를 가지는 도구적인 일(instrumental tasks)을 맡는 데 비해서, 여성은 가족의 조화와 행복, 그리고 감정적인 안정감을 유지하는 표출적인 일(expressive tasks)을 맡게 되었다. 심지어 산업사회에서 남성들이 자신의 아내를 나가서 일을 하지 않고 집에 머무르도록 하는 것은 능력 있는 남편의 상징이 되었다(Parsons and Bales, 1950, Sullivan, 1997: 245에서 재인용).

그러나 전체 사회의 생존은 물론 서로에게 도움이 되는 이러한 자연스러운 성역할 분업은 산업사회에서 가정 내에서의 여성의 일을 대신해 줄 수 있는 기계나 제도의 발달로 인해 점점 흐려지고 있다. 현대산업사회에서 여성들은 과거에 비해 적은 자녀를 출산하며, 그 양육의 기간도 점점 짧아지고 있으며, 또한 양육노동을 대신해 줄 수 있는 산후조리원, 어린이집 등의 새로운 기관들이 나타나고 있으며, 요리와 빨래와 같은 힘이 드는 집안일을 쉽게 만들어 주는 많은 기계들이 보급되었다. 또한 정보화 사회의 발달로 많은 중요한 직업들은 과거에 비해 남성이 주로 갖고 있는 신체적 능력을 크게 필요로 하지 않는다. 그럼에도 불구하고 현대사회에서의 성역할 분업은 여전히 견고히 지속되고 있다.

기능주의 시각에 따르면, 사회의 생존을 위한 욕구들이 변화하고 있고 남성과 여성의 성역할 분업은 점점 흐려질 것이다. 그러나 아직 이러한 성역할 분업이 여전히 견고히 남아 있는 것은 물질적인 변화가 정신적인 변화를 앞서 나가는, 다시 말해서 정신적인 규범이나 가치관이 물질적인 규범이나 가치관의 변화를 따라가지 못하는 문화지체(cultural lags) 때문이다. 장기적으로 볼 때 이러한 덜 기능적인 사회의 문제들은 결국 사회의 요구에 맞추어 균형을 이루게 된다. 남녀 간의 성별분업에 의해 주로 나타나는 성불평등은 결국 더 많은 여성들이 가정을 벗어나 일을 하게 되고 새로운 형태의 자연스러운 성별분업이 이루어짐으로써 자연스럽게 해결되거나 완화될 수 있는 것이다.

기능주의의 한 시각인 인적자본이론[1)]에 따르면, 여성의 열등한 지위는 여성들이 그들이 사회에서 발휘할 수 있는 노동생산성을 덜 갖추었기 때문이다. 따라서 그들은 노동시장에서 남성들에 비해 상대적으로 낮은 임금으로 일하며, 이러한 결과는 가정 내에서의 여성의 종속으로 나타난다. 실제로 여성의 교육에 대한 투자는 우리 사회에서 과거에 비해서는 훨씬 많아지기는 했지만, 여전히 남성에 비해 덜 투자되는 것이 사실이며, 교육은 노동생산성을 결정하는 매우 중요한 요인이므로 여성의 열등한 지위를 잘 설명할 수 있다. 그러나 여성에 대한 교육투자가 남성에 비해 적은 것이 그들의 능력 차이에 의해 나타나는 것이 아니라, 사회적 권력의 차이에 의해 나타난다는 비판이 있다.

2. 갈등이론

갈등이론은 성불평등의 기원에 대해 보다 진전된 논의를 제공한다. 갈등이론은 특히 궁극적인 또는 제한적인 남녀평등을 추구하는 여권운동의 형태로 전개되었는

1) 여기에 대해서 보다 자세한 내용은 6장의 2절 1.의 (1)을 보라.

데, 페미니스트라고 불리는 여권운동가들은 이러한 다양한 이론들의 발전에 크게 공헌했다. 자유주의에서 급진적 페미니스트이론에 이르기까지 이들이 갖는 이론의 외연은 매우 넓고 다양하지만, 큰 틀에서 여성들이 남성들에 의해 억압을 받는다고 가정하고 이들로부터의 독립과 동등한 지위를 추구한다는 점에서 갈등이론의 범위에 포함된다.

(1) 자유주의 및 복지주의 페미니스트이론

자유주의적 페미니즘(liberal feminism)은 서구사회가 봉건사회에서 자본주의 사회로 이행하는 과정에서 나타난 자유주의 사상에 그 기원을 두고 있다. 이 당시 나타난 계몽사상은 인간 개개인이 억압으로부터 벗어나 인간다운 권리를 누려야 한다는 평등의 이념에서 출발하였다. 그러나 이러한 평등조차도 여성에게는 허용되지 않는 오직 남성만의 평등에 불과하였으므로,[2] 자유주의 페미니스트들은 여성들에게도 남성과 동등한 기회가 보장되어야 한다고 주장하고, 이를 통해 성불평등을 해소하고자 하였다.

이처럼 이 입장은 여성이 남성에 비해 열악한 지위에 있는 이유가 여성들에게 정치, 교육, 취업 등에서 남성들과 동등한 기회가 주어지지 않기 때문이라고 주장한다. 따라서 이들은 이러한 기회의 평등을 보장할 수 있는 법률의 제정이나 개정을 위해 노력하였으며, 초기 서구 여성운동의 이론적 기초가 되었다. 특히 20세기 초 서구사회에서 여성들의 참정권 획득은 자유주의 페미니스트 운동의 결과였다고 할 수 있다. 이 입장에 따르면, 여성들에게 남성들과 동일한 권리와 기회가 주어진다면 성불평등은 해소될 수 있다. 지금까지 여성들에게 동일한 기회가 부여된 적이 없었기 때문에, 동등한 기회가 부여된다면 여성이 남성과 평등하게 살 수 있는 것이다.

이러한 자유주의적 페미니즘은 자본주의 틀 내에서 제도적 개혁을 통해 여성문제를 해결하고자 하는 관점으로서, 동등한 기회가 여성들에게 부여되지 않는다는

2) 프랑스 혁명은 봉건적인 신분제도에 반대하고 모든 인간이 천부인권을 가지며 법 앞에서 만인의 평등을 선언하였지만, 이러한 권리는 사유재산을 소유한 남성에게만 해당되는 것이었다. 그 후 2년 만에 프랑스에서 〈여성선언〉이 발표되고 남성들에게 주어진 모든 권리가 여성들에게 주어져야 한다고 주장했지만, 이들의 주장은 20세기에 들어와서야 여성참정권이 인정됨으로써 실현되었다(안진, 1991: 229).

문제제기를 하지만, 정작 이 동등한 기회가 왜 여성들에게 부여되지 않는지에 대해서는 별다른 중요성을 부여하지 않는다. 따라서 궁극적으로 여성들의 불평등 문제를 해결하는 시각으로 한계가 있다고 비판을 받는다. 특히 현재 여성들의 교육기회나 취업기회의 평등, 그리고 참정권이 획득된 서구사회에서 여전히 성차별과 남녀 간의 불평등한 성별분업이 존재한다는 점에서 그 한계가 명확하다.

이 자유주의적 페미니즘의 영역에 속한다고 할 수 있지만, 다소의 다른 입장을 가진 복지주의적 페미니즘이 있다. 자유주의 페미니즘이 사적인 영역에 대한 국가 개입에 대해 반대한 반면에, 이 복지주의적 관점에 따르면, 사적인 영역인 가족 내의 문제에 국가가 적극적으로 개입하여야 한다. 왜냐하면 여성의 출산과 육아와 같은 모성의 기능은 여성이 생물학적으로 가질 수밖에 없는 문제이므로, 국가가 개입하여 지원을 하여야 성별 불평등이 해소되거나 감소될 수 있다. 다시 말해서 여성의 생물학적 차이에 따른 여성의 기능은 어쩔 수 없는 것이므로, 국가가 이로 인한 불이익을 정책적으로 감소시켜야 한다.

따라서 복지주의 관점은 남성과 여성 사이에, 그리고 부유한 가정과 가난한 가정 사이에 국가가 사회복지급여를 통해 적극적으로 개입, 중재하여 여성의 모성기능과 사회적 재생산을 충분히 보장해줌으로써 여성의 지위를 향상시킬 수 있다고 주장한다. 이처럼 자유주의적 관점이 공적 영역에서의 기회의 평등을 추구하는 반면, 이 입장은 사적 영역에서의 기회의 평등을 추구한다는 점에서 차이가 있다. 그러나 두 입장 모두 자본주의 사회 내에서 여성에게 동등한 기회가 보장되어야 한다고 주장하는 점에서 그 공통점이 있다.

그러나 한편으로 복지주의 관점은 남녀의 성적인 차이를 인정함으로써 여성의 경제적 의존을 더욱 정당화, 영속화시키는 측면이 있고, 자유주의 페미니즘과 함께 궁극적인 남녀 사이의 평등을 추구하는 데 한계가 있다. 그럼에도 불구하고 현대사회에서 찾아 볼 수 있는 여성의 권리신장은 이 자유주의적 페미니스트들에 의해서 대부분 얻어진 것이라는 점도 부정할 수 없는 분명한 사실이다.

(2) 마르크스주의 및 사회주의 페미니스트이론

마르크스주의 페미니즘(Marxist feminism)은 자유주의적 페미니즘과는 달리 여성에 대한 기회의 불평등이 왜 나타났는지에 대해 좀 더 궁극적인 문제를 제기한다. 이 입장에 따르면, 성불평등은 계급의 출현과 함께 나타난 것이다. 따라서 자본주의 사회에서 성불평등을 해소하기 위해서는 계급을 철폐함으로써 해결될 수 있다.

엥겔스(Engels)에 따르면, 여성에 대한 억압은 계급사회의 등장과 동시에 출현한 가부장적인 일부일처제 가족에서 비롯된다. 계급이 형성되기 이전의 사회인 원시 공산사회는 생산수단을 부족이나 씨족 성원 전체가 공동으로 소유하고 공동으로 분배하는 사회였다. 이 시기에는 자녀의 양육이 전적으로 생모에 의해 이루어지는 것이 아니라 공동으로 양육되는 형태를 띠었다. 일부일처제(monogamy)는 사랑에 기초한 가족형태가 아니며, 내용상으로는 가부장제이며 사유재산제도의 출현에 따라 나타난 형태이다. 여기서 가부장제(patriarchy)란 (여성이 아닌) 남성 가장이 주도적으로 가족을 대표하고 나머지 구성원들을 이끄는 제도를 말하는데, 일부일처제는 사유재산을 소유한 남성 가장이 자기재산을 상속하고 가계를 유지하기 위한 목적에 의해 형성된 것으로 여성은 사회적 영역에서 배제되어 가정 안에 갇히고 남성의 성적 욕구의 대상이자 자녀의 출산 및 양육을 위한 도구로 전락하여 남성에 종속된다(Engels, 1884; 안진, 1991: 232에서 재인용).

가정 내의 일들은 고도의 기술이나 교육이 필요하지 않았으므로, 활동영역이 가정 내에 국한된 여성들은 교육을 덜 받게 되었으며, 가부장제 사회에서 가정 내에서의 권력관계에서의 열악한 지위에 의해 양질의 교육기회에서 배제되게 되었다. 이처럼 성불평등은 사유재산제도의 출현과 남성을 중심으로 한 가부장적인 상속관행에서 기인하는 것이므로, 이것을 해결하기 위해서는 남성과 여성의 영역을 구별하지 않고 생산수단을 사회화(국유화)함으로써 해결할 수 있다. 다시 말해서 사유재산제도가 폐지된다면, 재산을 상속해 줄 사람이 누구인지는 중요하지 않게 되므로 남성과 여성의 차별이 해소되거나 감소될 수 있다.

이 입장은 과거 구소련이나 중국 등의 사회주의 국가에서 여성문제 해결의 이론을 제공하여, 이들 국가가 자녀양육과 가사노동의 상당부분을 사회적으로 해결할 수 있도록 하였다. 사회주의 국가들에서 활성화되었던 탁아소, 보육원, 밥공장, 세탁공장 등은 이러한 대책의 중요한 예들이다. 실제로 사유재산이 철폐되었던 사회주의 국가에서 성불평등이 자본주의 사회에 비해서 훨씬 완화되었다는 점은 마르크스주의 페미니즘의 설명을 지지한다. 그러나 사회주의 사회에서도 분명히 성불평등이 완화되기는 하였지만, 여전히 남아 있었으며 가부장적인 일부일처제 가족도 여전히 지속되었다는 점은 마르크스주의 페미니즘의 한계를 보여준다.

이러한 한계를 인식한 마르크스주의자들은 사회주의적 페미니즘(socialist feminism)으로 발전하였는데, 이 입장은 (마르크스주의 페미니즘과 유사하게) 성불평등을 가져오는 원인으로 계급관계를 강조하지만, 이와 함께 가부장제(patriarchy) 역시 동등하게 중요한 원인이라고 주장한다. 이 입장은 성불평등이 자본주의 사회보다는 훨씬 완화되었지만, 사회주의 사회에서도 여전히 풀지 못한 숙제라는 자각에서 출발하여, 결국은 인류의 역사와 거의 함께 해온 가부장제라는 괴물을 사회주의 사회도 여전히 갖고 있음을 인정한 것이라고 할 수 있다.

(3) 급진적 페미니스트이론

사회주의의 실험이 막바지에 이르고 있던 1960년대 말과 1970년대 초에 이르러 자본주의 사회에서의 자유주의적 페미니즘과 사회주의 사회에서의 마르크스주의적 페미니즘에 의한 여권운동이 모두 성과를 내지 못하고 있음을 자각한 여권론자들은 새로운 형태의 급진적인 페미니즘에 기대기 시작하였다. 이들은 자본주의와 사회주의 사회 모두에서 성불평등이 잔존하고 있다는 점에 실망하고, 여성문제는 궁극적으로 여성의 생리적, 생물학적 조건(출산과 육아와의 관련)에서 발생한 것이므로, 이러한 생물학적 조건을 뒤엎을 수 있는 개혁이 일어나야 한다고 주장했다.

급진적 페미니즘(radical feminism)에 따르면, 일부의 우호적인 남성과 연합하여 성불평등을 감소시키는 것은 불평등 문제의 핵심을 찌르지 못하기 때문에 문제를 궁극적으로 해결할 수 없다. 성불평등은 가부장제를 통해서 남성이 여성을 통제하고 억압함으로써 발생하기 때문에, 이것을 해결하기 위해서는 남성에 대한 종속이 시작되는 생물학적인 기능을 강조하는 가족[3]을 이루지 않음으로써 해소가 가능하다. 이러한 가족에서 남성은 여성의 출산과 성을 통제하게 되고, 이를 통해 여성을

3) 남녀 배우자와 그 자녀로 구성되는 가족.

지배하게 되는데, 이를 지양하기 위해서는 여성이 스스로 출산과 성을 통제할 수 있는 성혁명을 통하여 가능해진다. 급진적 페미니스트가 주장하는 생물학적 기능이 강조되는 가족에 대한 대안으로는 피임, 동성가족, 자유연애, 인공수정(대리부)이 제시될 수 있으며, 이들은 모두 남성이 출산과 성을 통제하여 여성을 지배하는 문제를 해결할 수 있다(안진, 1991: 237-238; 박용순 외, 112-113).

이 급진적 페미니즘은 성불평등의 가장 중요한 원인이 가부장제에서 시작된다는 점을 인식하였으나, 한편으로는 성불평등의 원인을 가부장제라는 하나의 원인으로 너무나 단순화한다는 문제점이 있다. 가부장제가 역사적으로 인류의 역사만큼이나 오랫동안 지속될 수 있었던 것은 각 시대나 생산양식에 따라서 매우 다양한 탈을 쓰고 교묘히 지속되어 왔음에도 불구하고, 급진적 관점은 근본원인을 지적하였지만 그것이 각 시대에 구체적으로 나타나는 양상을 제대로 설명하지 못하고 있다. 계급은 여성의 지위를 결정하는 데 있어 가부장제만큼이나 중요한 역할을 해왔는데, 예를 들어 귀족의 여성은 노예 남성을 지배한다. 현대 자본주의 사회에서도 상류층의 여성은 하류층의 남성보다 훨씬 높은 지위를 갖는 것이 현실이다. 이런 문제들을 제대로 설명하지 못한다면, 급진적 페미니즘의 이론적 지위는 그리 높지 않을 것이다.

3. 상호작용이론

상호작용이론은 성불평등이 나타나는 원인으로서 언어와 이를 통한 성고정관념에 주목한다. 상호작용이론에 따르면, 인간들은 어떤 특정 사회 내에서 사회적 의미를 갖는 상징들에 기초하여 서로를 관련시킨다. 이러한 상징들의 의미는 매일 매일의 상호작용 과정에서 만들어지고 전파되고, 또한 강화된다. 따라서 만약 우리가 남성과 여성들이 다양한 상황에서 어떻게 상호작용하는지를 관찰하면, 성불평등이 만들어지고 유지되는 과정을 이해할 수 있다. 인간의 가장 중요한 상징체계는 언어이기 때문에, 이것을 관찰하면 성불평등에 대해 가장 잘 이해할 수 있다. 어떤 말들은 성적인 편견을 유지하는 기제로 작용하는데, 예를 들어 영어의 'he'는 남성과 여성을 모두 지칭하는 일반대명사로 자주 쓰인다. 영어에서의 이러한 관례는 여성에 대한 남성의 지배를 유지하는 은밀한 방식이다. 이러한 성차별적인 용어쓰임은 은연중에 남성의 우월함을 강조하고 각인시키는 도구가 된다(Sullivan, 1997: 247-249).

서양이나 일본사회에서 결혼한 여성이 이름을 남성의 성으로 고쳐 쓰는 관행은 여성이 남성의 부속물이거나 최소한 여성이 남성에 비해 열등한 존재라는 것을 은연중에 사회성원들에게 각인시킨다. 이것은 결혼 후에 여성의 성을 바꾸지 않는 한국도 예외는 아니다. 여성들은 결혼 후 대부분 이름으로 불리지 않는다. 자녀를 갖기 전에는 새댁 등으로 불리다가, 자녀를 갖게 되면 자녀의 이름을 붙여서 '○○엄마'라는 호칭으로 대부분 불린다. 한국사회에서 남성은 직장에서 모두 자신의 이름으로 불리지만, 전업주부 여성의 직장인 가정과 이웃에서 여성의 이름은 찾기 힘들다.

성고정관념(sexual stereotype)은 태어날 때부터 시작하여 생애 내내 적용되고, 유지 강화된다. 신생아가 입는 배냇저고리의 색깔부터 시작하여 남아에게는 남성다움을 강조하는 고정관념이, 여아에게는 여성다움을 강조하는 고정관념이 끊임없이 적용된다. 특히 이러한 경향은 남아에게 더욱 강하게 나타나는데, 남아가 남성다운 행동을 받아들이지 않을 때 부정적인 사회적 반응은 매우 강하게 나타난다. 예를 들어 동성애혐오증(homophobia)[4]은 이것의 한 예이다. 상호작용론자들은 이러한 성역할과 성불평등을 해소하기 위해서는 사회화과정에서 남아는 좀 더 수동적인 역할을 받아들이도록 사회화될 필요가 있고, 여아는 좀 더 공격적으로 사회화될 필요가 있다고 주장한다. 그러나 전통적인 방식으로 사회화되어 있는 부모를 설득하는 것은 극히 어렵다(Cloeman and Cressey, 1999: 336). 왜냐하면 이들은 전통적인 방식이 받아들여지지 않을 때 부여될 수 있는 낙인이 얼마나 강한지에 대해 잘 알고 있기 때문이다.

문제는 거의 모든 사회에서 여성에 대한 성고정관념은 약하고, 보호되어야 하고, 열등하다는 것이다. 이러한 열등한 여성의 성고정관념은 매일의 상호작용 과정을 거쳐 끊임없이 만들어지고, 유지되고, 전파된다. 이러한 사회에서 남성과 여성은 분리되고, 남성이 하는 일과 여성이 하는 일은 명확히 구분되고, 이에 따른 임금의 격차 또한 필연적인 결과로 남는다.

---

4) 동성애혐오증에 대해서는 5장 3절 4.를 보라.

"군복무에 부적합한 여성"

여성에 대한 고정관념 중에서 우리 사회에 깊이 뿌리를 내리고 있는 것은 여성이 군복무에 부적합하다는 것이다. 전통적으로 여성은 세대를 재생산할 능력이 있고, 따라서 부족이나 국가의 중요한 자산으로 여겨졌기 때문에, 전쟁에서 배제되고 보호되어 왔다. 이러한 관행이 오랫동안 계속되면서, 여성은 군복무에 부적합하다는 이미지가 고정관념으로 굳어진 것이 사실이다. 이러한 고정관념은 한편으로 남성과 여성의 차별을 만들고 유지하는 근거로서 작용하기도 하였다. 최근 헌법재판소에서 위헌으로 결정 난 공무원 채용에서의 군가산점제도가 그 대표적인 사례이다.

그러나 최근에 지원병으로 모집하는 여군의 인기가 높아지면서 이러한 고정관념에 변화가 생기고 있다. 더욱이 이러한 변화가 군가산점을 빼앗기게 된 남성들뿐만 아니라 여성들에게서도 무시할 수 없는 움직임으로 나타나고 있다. 2009년 10월에 한국여성정책연구원과 이화여자대학교 젠더법학연구소의 공동주최로 열린 포럼에서 발표자의 상당수는 "여성이 군복무를 하지 않는 것은 대한민국 국민으로서의 병역의무를 규정한 헌법 조항에 불일치하여 평등권을 침해한다"거나, "여성이 징병제에 참여하게 되면 병역이 희생에서 사회봉사로 발전할 수 있으며, 여성의 공적 분야에의 참여와 권리신장이 기대된다"고 주장하면서 여성의 군복무 문제에 찬성하는 의견을 나타냈다.

여성주간지인 우먼타임스가 남녀 대학생 및 신입 구직자 1,245명을 대상으로 여성과 국방의무에 대해 설문조사를 한 결과 전체 여성 응답자(682명)의 55.6%가 여성도 군대에 가야 한다고 응답한 반면, 남성 응답자(563명)는 24.9%만이 여성의 군입대를 긍정적으로 보는 것으로 나타났다. 이처럼 여성의 군복무에 대한 반대의견은 오히려 병무청이나 남성들에게 더 강하게 나타난다. 이들은 이미 남성들만으로도 병역자원이 충분하기 때문에 여성의 징병은 필요가 없으며, 군대의 본질은 살상이기 때문에 여성에 부적합하다는 논리가 제시된다. 반면 여성의 군복무를 반대하는 여성들은 여성은 출산을 하고, 생애의 자녀를 양육하는 데 오랜 시간을 빼앗기기 때문에 여성의 군복무는 바람직하지 않으며, 어떤 측면에서는 여성에게 두 배의 부담을 지게 할 것이라고 주장한다.

그러나 최근의 저출산 현상으로 인해 여성의 출산의무에 대한 주장이 급속히 그 근거를 잃어가고 있으며, 장교나 부사관이 되기 위해 고시공부하듯 매달리는 여성들이 매우 많아진 상황에서 여성들이 군복무에 부적합하다는 고정관념은 급속히 약화되고 있다. 또한 과거에 비해 군대 내에 꼭 힘을 필요로 하지 않는 분야들이 많아지게 되면서 오히려 여성들의 능력을 발휘할 수 있는 여지가 과거에 비해 훨씬 더 커지고 있다는 점도 이러한 고정관념을 희석시키는 중요한 요인이다. 이미 여성들이 군대에 지원하여 걸프전, 이라크전 등에서 남성들에 비해 전혀 처지지 않는 능력을 발휘하고 있는 미국에서는 군대의 여러 보직에 여성의 진출이 막혀있다는 점이 문제제기의 대상이 되고 있다는 점을 고려하면, 국내에서도 여성의 군복무문제는 점점 더 큰 쟁점이 될 전망이다.

여성군복무를 시행하고 있는 이스라엘과 스웨덴의 상반된 사례는 이러한 논쟁에 중요한 참고자료가 될 수 있다. 이스라엘의 경우 군대에 입대한 여성들이 전투병을 하지 않고 주로 지원업무만을 하는 데 비해서, 스웨덴의 경우 양성평등의 기치하에 군에 입대한 모든 여성들은 남성과 똑같은 역할을 수행한다. 이스라엘의 경우 여성들이 군에 복무하더라도 전투를 하지 않기 때문에, 똑같은 의무를 했다는 느낌을 주지 않고 따라서 이스라엘의 남녀평등도 여성징병제를 실시하는 나라치고는 시원찮다고 한다. 물론 이것은 남성중심의 종교적 영향력이 정치분야에 매우 크다는 이스라엘의 고유한 특성이 작용한다. 그러나 스웨덴의 경우 여성징병제 자체가 남녀평등을 위해 도입되었고, 그러한 사회분위기가 있기 때문에 스웨덴은 세계에서 가장 남녀가 평등한 나라이다(권인숙, 2008). 최근 유럽에는 남녀평등을 위해 여성을 징병하는 국가들이 늘어나고 있는데, 위의 두 나라 외에도 노르웨이(2015), 덴마크(2027), 네덜란드(2018)와 같은 나라들이 대표적이다. 그 외 핀란드는 1995년부터 모병제를 통해 여성도 함께 모병을 해 왔고, 노르웨이는 여성을 남성과 동일한 내무반에서 함께 생활하게 하여 진정한 성평등을 실현하고 있다.

가부장제 사회에서 여성들에 대한 보호를 의미하는 군복무의 면제는 여성에게 달콤한 사탕이면서, 한편으로는 불평등을 영속화시키는 독이기도 하다. 전통적으로 남성의 군복무는 여성과 노약자에 대한 보호를 의미했다. 그 점에서 '보호받는 사람'이 '보호해 주는 사람'과 평등하기는 힘들지 않을까? 역사적으로도 서구사회에서 완전한 권리를 의미하는 시민권은 전쟁에서 싸우는 남성들에게만 주어졌다.

평등과 시민권에 관한 많은 저서들을 남긴 석학 브라이언 터너(B. Turner, 1986)는 그의 한 저서의 표지 뒤에 오래된 한 철학자의 명언을 써 놓았다.

시민들이여, 무기를 들어라! — Rouget de Lisle(1760~1836)

제 3 절 여성문제의 유형과 실태

성불평등문제가 나타나는 영역은 우리 사회에서 실로 매우 광범위하다. 이것은 가부장적 전통이 매우 오랜 역사를 갖고 있고, 우리 사회의 전반에 깊이 뿌리내리고 있다는 증거이기도 하다. 여성에 대한 불평등은 가부장제가 가장 직접적으로 실현되는 가족의 영역에서부터, 생산의 영역, 그리고 정치사회적인 영역에 이르기까지 매우 광범위하게 나타난다.

1. 가정에서의 불평등: 가사노동문제

자본주의 사회에서 가정에서의 여성의 열등한 지위는 대체로 여성이 가정에 자신의 활동영역을 국한함으로써 나타난다. 일반적으로 자본주의 사회에서 나타나는 임노동[5]의 노동강도는 매우 높기 때문에, 지속적으로 일을 할 수 있는 노동력을 재생산하는 문제는 매우 중요한 문제가 된다. 일반적으로 선진자본주의 국가에서는 노동강도가 센 반면에, 노동자에게 고임금이 지급되고, 결과적으로 여성들이 고용된 남편들의 노동력을 재생산하는 데 전념하도록 하는 무언의 압력이 존재한다.[6]

5) 고용주에 의해 고용되어 노동력을 제공하고 임금을 받는 노동.

6) 그람시(Gramsci)는 그의 저서 「옥중수고」(이상훈 역, 1999)에서 이것을 포착한다. 그에 따르면, 컨베이어벨트시스템이 도입된 포드자동차 공장에서 노동자들은 매우 강한 노동강도에 시달리지만, 당시로는 매우 고임금이었던 일당 5달러를 제공함으로써, 노동자의 불만을 누그러뜨렸다. 그리고 채용 시 일부일처제를 조건으로 함으로써 생산에 쓰여야 할 노동력이 엉뚱한 데 쓰이지 않도록 만들었고, 사랑에 기초한 핵가족제도에 원활하

또한 사회에 굳게 뿌리를 내리고 있는 가부장제 또한 여성의 활동영역을 가정 내로 한정하게 만드는 중요한 요인이다. 이처럼 생산이나 작업장에서 여성이 점차로 배제됨으로써 여성이 주로 전담하는 가사노동에 대한 평가문제가 새롭게 대두되었다.

가사노동(domestic labor)이란 주로 여성들이 다른 가족구성원들의 노동력 재생산이나 자녀양육을 위해서 행하는 노동으로, 밥을 짓고 빨래를 하고 청소를 하는 매우 다양한 일을 가리킨다. 문제는 가사노동을 어떻게 평가하는지에 따라서 여성의 역할과 비중에 대한 평가가 달라질 수 있다는 것이다. 만약 가사노동을 남성이 고용되어 일하는 임노동과 동등한 중요성을 갖는 것으로 파악한다면, 여성은 남성과 동등하게 가정의 유지에 기여하는 것이며, 만약 이혼을 할 때에도 동등하게 재산분할을 청구할 수 있는 여지가 생긴다. 반대로 가사노동이 남성의 임노동에 비해 덜 중요한 노동이라면 여성은 남성에 비해 가정의 유지에 덜 기여하는 것이며, 이혼 시 재산분할을 청구할 때도 동등한 분배를 요구하기 힘들다. 이처럼 가사노동을 어떻게 평가하는지는 자본주의 사회의 가정과 혼인생활에 있어서 매우 중요하며, 직접적으로 성불평등문제와 관련되어 있다.

가사노동을 얼마나 중요한 노동으로 볼 것인지는 여성문제를 보는 각 시각에 따라 달리 나타난다. 우선 기능주의 시각에 따르면, 가사노동은 고용되어 일하는 임노동에 비해서 덜 중요한 노동이다. 이것의 근거는 다음의 몇 가지로 요약될 수 있는데, 첫째, 여성들이 하는 가사노동은 전체 사회의 생존을 위해서 덜 중요한 것이다. 예를 들어 원시사회에서 가장 중요한 일은 다른 부족사회로부터 자신들의 부족사회를 지키는 일이었으며 이것을 생물학적으로 힘센 남성이 담당했다. 둘째, 자본주의 체제의 발전은 또한 직장에 나가서 하는 일의 중요성을 더욱 크게 한다. 왜냐하면 고도로 분업화된 자본주의 사회에서 생활필수품을 조달하는 것은 가정에서의 노동이 아니라 화폐를 벌어오는 일이 될 수밖에 없기 때문이다. 셋째, 여성들이 주로 맡고 있는 육아와 가사의 일은 학교제도의 발전, 가사도구의 발전 및 (대량생산으로 인한) 보편화 등으로 인해 점점 쉬워졌을 뿐만 아니라, 손쉽게 대체될 수 있다. 예를 들어 이혼이나 사별로 인해 부인이 없는 남성의 경우 자신의 노동력으로

게 노동력을 재생산하도록 유도하였다. 따라서 결과적으로 포드자동차 노동자들의 부인들은 남편의 높은 월급으로 따로 일을 하지 않을 수 있고, 남편 노동력을 재생산하는 데 전념할 수 있었다.

어느 정도 가사노동을 대체할 수 있으며, 수입이 많은 남성의 경우 파출부를 통해서 이를 대신할 수 있다.

이러한 기능주의 시각은 왜 여성이 남성에 비해 열등한 존재가 되었는지에 대해 중요한 단서를 제공한다. 그러나 문제는 여성이 상품을 생산하는 노동에 참여하여도, 가사노동에서 벗어나지 못한다는 것이다. 현실적으로 자본주의 사회에서 여성들이 직장에서 일을 하여도 가사노동과 육아노동을 전담하는 것이 거의 대부분이라는 점은 단순히 여성문제가 여성이 덜 중요한 일을 하는 데서 기인하는 것은 아니라는 점을 보여준다.

정통 마르크스주의에서 가사노동을 보는 관점 역시 그 평가는 기능주의 관점과 결과적으로 크게 다르지 않다. 마르크스주의에 따르면, 교환가치를 생산하고 잉여가치를 생산하는 생산적 노동이 가장 중요한 노동이다. 반면에 가사노동은 교환가치를 생산하지 못하고, 가족구성원의 소비를 목적으로 한 사용가치만을 생산하는 덜 중요한 노동이 된다. 그러나 만약 똑같은 가사노동을 파출부 등의 형태로 다른 사람에게 고용되어 제공할 때, 이것은 생산적 노동으로서 중요한 노동이 된다. 분명 똑같은 노동이 어떤 경우에는 생산적 노동이며, 어떤 경우에는 비생산적 노동이 되는 것은 비논리적으로 보인다.

이러한 문제점을 시콤(Seccombe, 1974)과 같은 마르크스주의자들은 가사노동이 무급노동이기 때문에 보이지는 않지만, 자본가들로 하여금 남성노동의 착취와 그에 의한 잉여가치의 증대에 기여하기 때문에 자본주의 생산체계의 일부로 간주되어야 한다고 주장한다. 왜냐하면 기혼여성을 재생산노동에 묶어두는 것은 자본의 재생산비용을 절감시켜 주는 역할을 하며, 따라서 여성을 착취하는 것은 여성의 무급노동으로부터 잉여가치를 추출하는 자본가가 된다. 다시 말해서 자본가에게 고용된 남성노동자와 함께 이 남성노동자의 배우자는 함께 그를 고용한 자본가로부터 착취에 노출되어 있는 것이다. 따라서 여성이 불평등으로부터 벗어나는 것은 가사노동으로부터 해방되는 것이며, 이러한 해방은 가사노동을 사회화함으로써 가능해진다. 예를 들어 밥은 밥공장에서 배급을 받고, 빨래는 세탁공장을 이용하며, 양육은 탁아소를 이용함으로써, 여성은 가사노동으로부터 해방될 수 있고 보다 생산적인 노동에 전념할 수 있게 된다(유희정, 1994: 207-208에서 재인용).

기능주의나 마르크스주의가 가사노동을 덜 중요한 노동으로 간주하는 반면에, 급진적 페미니즘은 상이한 견해를 가진다. 이 이론에 따르면, 가사노동은 진정한 중요한 노동이라고 할 수 있으며, 성적인 불평등이 나타나는 것은 남편들이 자신들의 부인으로부터 그들의 노동을 착취하는 데서 기인한다. 다시 말해서 부인은 남편을 위해서 오랫동안 일을 하지만 그것에 대한 정당한 대가를 받지 못한다. 따라서 이러한 불평등으로부터 벗어나기 위해서는 자신의 노동력에서 잉여가치를 뽑아내는 남성들로부터의 해방이 필요한 것이다.

그러나 이러한 급진적 시각은 가사노동의 문제를 너무나 단순화한다는 문제가 있다. 이러한 비판에서 중요한 것으로는, 가사노동이 모든 기혼의 여성들에게 동등한 부담으로 나타나지 않는다는 것이다. 상류층의 기혼여성들은 가정부나 파출부 등을 통해서 가사노동의 부담에서 이미 해방되어 있는데, 이 경우 가정부의 노동력을 남편이 전유하는 것인가? 또한 여성의 성격이나 생활습관에 따라서 가사노동을 매우 많이 하는 여성이 있을 수 있고, 반대로 가사노동을 매우 적게 하는 여성이 있을 수 있는데, 이 경우 어떤 기혼여성은 부지런하기 때문에 남편에게 더 많은 잉여가치를 빼앗기는가? 미혼여성들이 하는 가사노동은 그 여성이 고용되어서 직업적으로 일하는 노동보다 중요한 것인가? 이런 여러 가지 문제점들은 급진적 시각이 성불평등 문제를 너무나 단순하게 해석하기 때문에 나타나는 것이다.

그러면 실제로 기혼여성들이 하는 가사노동은 어느 정도의 가치가 있을까? 이것에 대한 평가는 급진적 시각에서 매우 후하게 나타난다. 일반적으로 가사노동은 장시간 행해지는 특성을 가진다. 급진적 페미니스트시각에 입각한 연구들에 따르면, 일반적으로 서구사회에서 주부의 가사노동은 평균 주당 77시간으로 산업노동자의 44시간에 비해 훨씬 긴데 이것은 한국사회에서도 크게 다르지 않다. 한국사회에서 가사노동은 주당 63시간으로 남자근로자의 평균 48시간에 비해 훨씬 길다고 한다. 이들은 대부분 기혼의 전업주부인 여성들이 하는 가사노동의 가치가 남성의 임노동에 비해서도 그 가치가 최소한 떨어지지 않는다고 주장한다(유희정, 1994 참조).

그러나 이들의 연구들은 노동강도를 고려하지 않은 단순한 계산이 대부분으로 그 직접적인 비교가 어렵다는 문제점이 있다. 보다 객관적인 자료를 찾아본다면, 현재 여성이 사고를 당했을 때 보상의 기준이 되는 노동력 손실가치를 추정한 결과를 기준으로 전업주부 여성의 가사노동의 연봉을 계산한 바 있다. 그들의 계산에 따르면 법원에서 인정하는 전업주부의 가사노동의 가치는 2018년 6월을 기준으로 연봉 2,900만 원에 해당한다.

전업주부의 가사노동의 가치

전업주부가 자신의 가사노동에 대한 대가를 받는다면 최대 연봉 2,500만 원 수준인 것으로 나타났다. 삼성증권은 '부부의 날'(21일)을 맞아 내놓은 '아내에게 바치는 글'이라는 보고서를 통해 "국내법원의 판결과 통계청 등 관련 기관의 자료를 분석한 결과 전업주부의 연봉은 2,100~2,500만 원 선"이라고 20일 밝혔다(한국일보, 2007. 5. 21.).

보다 최근의 자료를 찾아보면, 2018년 6월 현재 법원에서 인정하는 가정주부의 소득은 약 241만 원이다. 정확하게는 하루 일당 10만9819원씩 한 달에 22일 일하는 것으로 봐서 월(月) 241만 6,018원이다(월간조선. 2018.7). 이것을 연봉으로 환산하면, 약 2,900만 원에 해당한다.

---

2. 고용 및 직장에서의 불평등: 여성실업, 성별직종분리 그리고 저임금

생산 영역에서 여성문제는 크게 여성의 낮은 경제활동참여, 남녀 간의 엄격한 성별직종분리, 그리고 남녀 간의 임금격차 등이 포함된다. 여성의 경제활동참가율은 과거에 비해서는 조금씩 높아지고 있지만, 대체로 남성에 비해 매우 낮은 수준이다. 2024년에 여성의 경제활동참가율은 56.3%로 같은 해 남성의 72.9%에 비해 매우 낮은 수준이지만, 최근 들어 여성의 경제활동참가율이 제법 빠르게 늘고 있어 그 격차가 많이 줄었다.

그림 7-1 ■ 성별 경제활동참가율의 추이

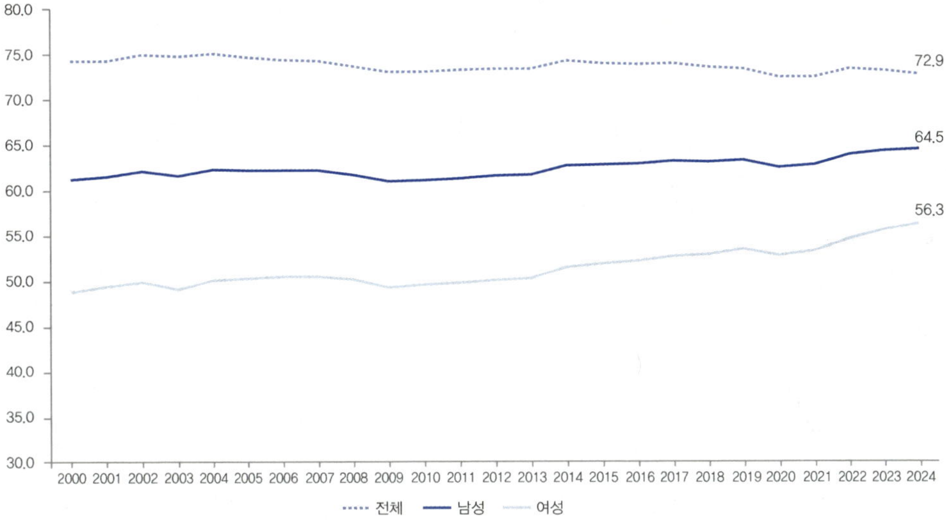

출처: 통계청, 경제활동인구조사.

여성의 경제활동참가율이 이렇게 낮은 이면에는 국내에서 모성보호가 충분히 되고 있지 않고, 개개인의 가정에 거의 모든 책임을 떠맡기고 있다는 문제점이 도사리고 있다. 이것은 [그림 7−2]의 연령별 경제활동참가율을 보면 잘 알 수 있는데, 남성의 경우는 20~30대에 급속히 경제활동에 참여하기 시작하여 30대 후반에 피크를 이루고 이후는 안정적으로 유지되다가 60대에 은퇴를 하는 자연스러운 곡선으로 나타나고 있다. 그러나 여성의 경우는 출산을 할 시기인 30대에 급속히 경제활동으로부터 이탈하는 경향을 나타내고 이후 다소 증가하지만, 그 비율이 크게 높아지지는 않는 것으로 나타난다. 이 결과는 여성이 출산과 육아를 시작하는 시점에 직장을 포기하고 전업주부로 돌아서는 경우가 매우 많다는 것을 보여준다.[7] 그러나 2019년과 2024년의 여성곡선을 비교해 보면, 2019년에 비해 5년만에 30대 여성들의 경제활동참가율이 거의 10% 가까이 높아진 것을 알 수 있다. 이것은 과거에 비해 여성들의 경력중단이 많이 줄어든 것을 보여준다.

7) 여성이 경제활동에서 출산과 육아를 위해서 급속히 이탈하는 연령대는 90년대 이전에는 20대였으나, 최근에는 만혼과 저출산, 출산연기 등의 세태로 인해 그 시기가 30대로 밀려났다(통계청, 2009f).

그림 7-2 ■ 연령별·성별 경제활동 참가율(2024)

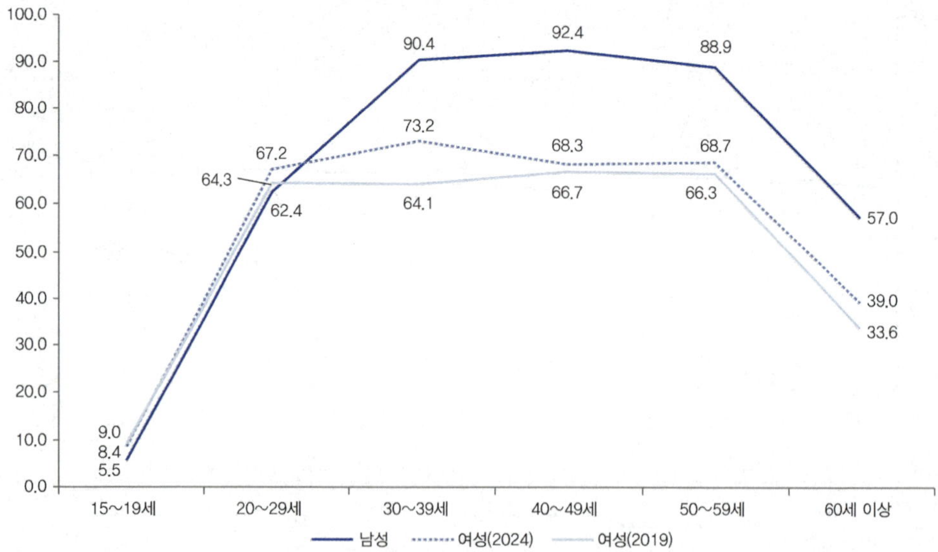

출처: 통계청, 경제활동인구조사.

그러나 여전히 많은 여성들이 30대부터 경제활동에서 이탈하는 경우가 많은데, 이렇게 여성이 직업경력에서 경력단절을 겪는 것은 직업을 가진 여성들이 출산과 육아를 병행할 수 있는 사회적 여건이 충분히 마련되어 있지 않기 때문이다. 그러나 이러한 단절은 향후 노동과정에서 여성의 지위에 매우 불리하게 작용한다. 예를 들어 직장에서 여성에 대해 출산휴가, 생리휴가 등을 통해 남성에게는 배려해 주지 않아도 되는 것을 배려해 주어야 하는 귀찮은 존재라는 기본적인 인식 외에도, 직장의 상사나 선후배로부터도 정년퇴직을 같이 할 사람이 아닌 언젠가 중간에 그만둘 사람으로 여겨짐으로써 교육비용이 많이 드는 직무로부터의 배제나 승진이나 인사의 불이익 등으로 연결되는 경향이 강하다.

우리 사회의 강한 가부장제에서 비롯되는 이런 경향은 결국 남녀가 일하는 직종과 그것의 지위에 강하게 반영된다. 성별 종사상의 지위별 분포를 살펴보면([그림 7-3]), 여성의 경우는 상용직으로 일하는 여성이 55.1%로 남성의 58.9%에 비해 적은 반면, 임시직으로 일하는 여성은 23.1%로 남성의 11.6%에 비해 훨씬 많다. 또한 무급으로 가족사업장의 일을 돕고 있는 여성도 5.9%로 남성의 0.8%에 비해 훨씬 많음을 알 수 있다. 이 결과는 남성에 비해 여성노동자들이 훨씬 더 열악한 근로조건에서 일하고 있다는 것을 보여준다. 그러나 여성의 상용직 비율은 꾸준히 증가하고 있다. 아직 남성의 상용직 비율에 비해서는 낮기는 하지만, 그 증가속도는 남성에 비해 훨씬 빠르다. 이러한 지위상승의 이면에는 여성의 고등교육의 기회 확대에서 기인하는 것으로 생각되지만, 아직도 우리 사회에 깊은 가부장제에 의해서 고등교육을 받은 여성들이 자격에 맞는 일자리에 취업을 하는 것은 그리 쉽지 않다.

그림 7-3 ■ 성별 종사상의 지위별 분포(2024)

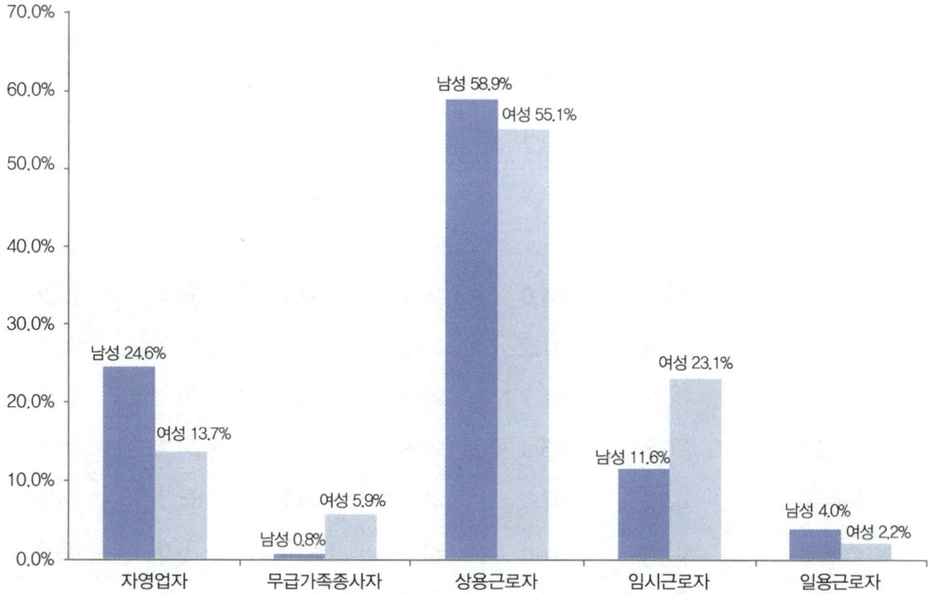

출처: 통계청, 경제활동인구조사.

표 7-2 ■ OECD 주요국의 성별, 학력별 경제활동참가율(25~64세, 2023)

회원국	남성			여성		
	중졸이하	고졸	대졸	중졸이하	고졸	대졸
OECD 평균	76.2	87.6	93.6	55.0	74.3	86.8
호주	70.9	88.6	92.9	58.0	75.5	86.6
오스트리아	71.1	84.7	92.8	55.2	77.2	86.6
캐나다	71.8	85.2	91.1	50.5	72.6	84.6
덴마크	73.1	88.8	94.8	56.4	80.4	90.1
핀란드	71.1	85.9	93.2	55.8	81.1	91.6
프랑스	70.1	82.8	93.0	53.5	76.0	88.8
독일	79.5	88.8	93.7	60.0	82.2	87.4
아이슬란드	88.5	92.7	95.0	66.0	81.5	91.2
이탈리아	76.2	88.2	91.1	42.6	67.9	84.9
일본	-	-	96.3	-	-	82.1
한국	**72.3**	**84.0**	**90.7**	**57.7**	**64.4**	**72.2**
네덜란드	79.9	91.2	94.6	61.8	81.8	89.8
뉴질랜드	80.8	92.7	95.5	68.1	80.4	89.0
노르웨이	70.8	86.9	92.9	54.7	78.2	89.7
포르투갈	83.0	92.6	95.1	69.7	88.3	94.0
스페인	81.8	87.8	91.9	63.7	78.0	88.0
스위스	80.9	90.2	95.3	66.1	82.9	89.2
튀르키예	79.9	86.1	90.8	33.1	43.7	70.5
영국	72.5	85.7	92.0	56.4	75.9	86.2
미국	73.7	79.7	89.3	46.8	66.4	81.4

자료: OECD Data Explorer(2025년 5월 검색).

이러한 문제점은 결국 한국사회에서 고학력여성의 낮은 경제활동참가로 나타난다. OECD 주요국의 25세에서 34세 사이 인구의 성별, 학력별 경제활동참가율을 살펴보면([표 7-2]), 남성의 경우 전 학력대에서 OECD 평균에 비해 크게 차이가 나지 않았으나, 여성의 경우 평균과 큰 차이를 나타낸다. 여성의 경제활동참가율을 살펴보면, 한국의 경우 2023년에 중졸 이하의 경우 경제활동참가율이 57.7%로 55.0%인 OECD 평균에 비해 다소 높았으나, 고졸의 경우 64.4%로 OECD 평균인 74.3%에 비해 낮았다. 대졸의 경우는 그 격차가 더 큰데, 2013년에 한국 여성대졸자의 경우 72.2%가 경제활동에 참여하는 데 반해서, OECD 평균은 86.8%로 다른 선진국 대졸여성들에 비해 훨씬 경제활동에 적게 참여하는 것을 알 수 있다. 이처럼 현재 한국사회에서 고학력 여성인력 개발문제는 국가가 직면한 매우 큰 문제이다.

그림 7-4 ■ 남녀 임금격차의 추이 (단위: 천 원, %)

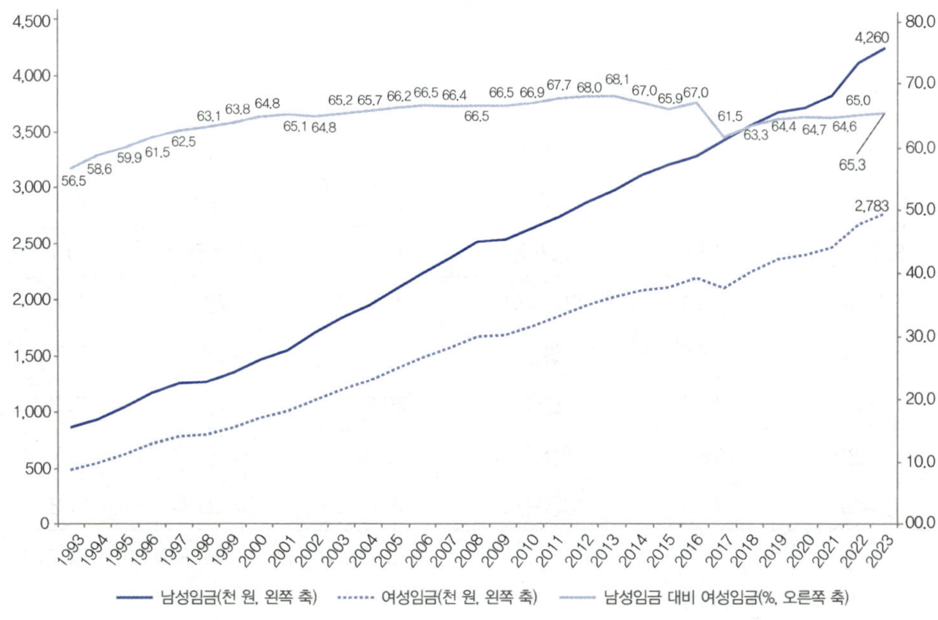

* 2017년 이후 통계집계방식 변경으로 그래프가 고르지 않는 것으로 추정됨.
출처: 고용노동부. 고용형태별 근로실태조사.

이상에서 살펴본 노동시장에서의 여성의 열악한 지위는 남녀 간의 임금격차로 그대로 반영된다. 1993년부터 2023까지의 남녀 간의 임금격차의 추이를 살펴보면 ([그림 7-4]), 1993년에는 여성의 평균임금은 490,541원으로 같은 해 남성임금인 867,970원의 56.5%에 불과하였으나, 그 이후 지속적으로 높아져 2016는 남성임금

대비 여성임금이 67.0%에 이르기도 했으나, 이후 다시 격차가 커져서 2023년에는 65.3%로 나타나고 있다.

OECD 주요국의 남녀 간 임금격차를 비교해 보면([표 7-3]), 한국의 경우는 남성임금과 여성임금의 격차가 29.3%인데 반해, 대부분의 나라들은 그 격차가 훨씬 적다는 것을 알 수 있다. 예를 들어 이탈리아, 노르웨이는 남녀 간 임금격차가 각각 단 5% 미만에 불과하며, 네덜란드와 스페인도 6%대에 불과했다. 그다음으로 호주, 오스트리아, 캐나다, 칠레, 체코, 핀란드, 독일, 헝가리, 멕시코, 영국, 미국 등 대부분의 회원국에서 임금격차가 10대에 그치는 것으로 나타났다. 반면 일본은 22.0%로 높은 편에 속했다. 이처럼 한국의 성별 임금격차는 OECD 평균인 11.3%의 약 3배에 가까운 2.9배이며, 회원국 중 가장 높은 수준이다.

표 7-3 ▪ 주요국의 남녀 간 임금격차(2020) (단위: %)

국가	임금격차	국가	임금격차	국가	임금격차
호주	11.3	그리스	9.7	노르웨이	4.5
오스트리아	12.0	헝가리	14.2	포르투갈	10.1
캐나다	16.1	이탈리아	4.1	스페인	6.2
칠레	13.6	일본	22.0	스웨덴	7.3
체코	13.2	**한국**	**29.3**	영국	13.3
핀란드	16.1	멕시코	15.0	미국	16.4
독일	14.2	네덜란드	6.1	OECD	11.3

출처: OECD Data Explorer(2025년 5월 검색).

남녀 간의 임금격차를 연령대별로 살펴보면([그림 7-5]), 남녀 간의 임금격차가 50대 후반 이후를 제외하고는 지속적으로 벌어지고 있는 것을 알 수 있다. 특히 출산과 육아문제가 생기는 30대 초반부터 낮아지기 시작하여 30대 후반에는 남성임금의 79.6%를 받으며, 40대 초반에는 69.6%, 40대 후반에는 61.7%, 그리고 50대 후반에는 가장 낮은 50.4%로 나타난다. 이처럼 남성과 여성의 임금이 극명하게 반대방향을 향하는 것은 한국사회에서 여성의 모성보호가 거의 전적으로 가정에 맡겨져 있기 때문이다. 따라서 대부분의 여성이 경력단절을 겪고, 전문직이 아니면

한 번 단절된 직업경력을 다시 복원하기가 매우 어렵기 때문에, 대부분의 여성들은 비정규직이나 비공식분야에 낮은 임금으로 취업을 하게 된다.

그림 7-5 ▪ 연령대별 남녀임금과 임금격차(2019)

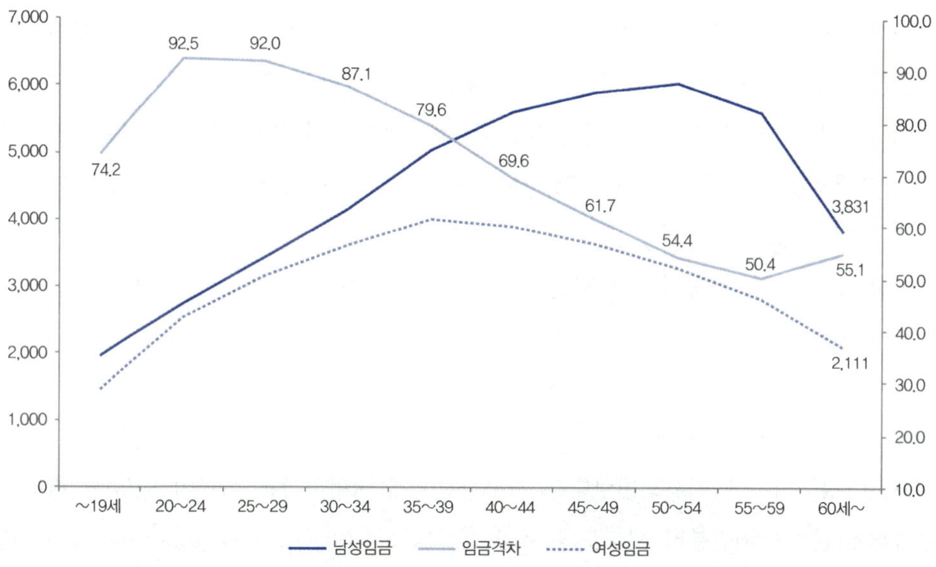

출처: 고용노동부, 고용형태별 근로실태 조사.

따라서 정부에서는 2001년 「모성보호법」을 통해 국제노동기구(ILO)의 권고수준(14주)에 따라 출산휴가를 90일로 늘리고(이 중 30일은 정부부담), 육아휴직 조건을 1세 미만에서 3세 미만으로 확대한 바 있다. 그러나 한편으로는 이 법이 여성고용의 현실을 무시한 탁상행정이라는 비판이 있다. 대부분의 여성들이 출산휴가나 육아휴직을 이용할 수 없는 2차 노동시장이나 비정규직에 고용되어 있는 상황에서, 이러한 혜택은 상대적으로 고용상태가 나은 매우 일부의 여성에게만 집중되고, 불완전하게 고용되거나 일자리가 없는 여성들은 오히려 채용외면이나 비정규직으로의 고용, 해고나 퇴직 등의 문제에 시달리고 있다. 이를 해소하기 위해서는 결국 모성보호비용을 세금을 통해 국가가 부담하는 방법밖에 없을 것이다.

3. 정치/사회 분야에서의 불평등

지금까지 살펴본 바와 같이 여성들은 가정 내에서, 그리고 직업을 가진 여성들은 직장에서 다양한 차별에 시달리고 있는 실정이다. 이것은 다른 외국도 유사하게 나타나지만, 한국의 경우 비슷한 경제수준에 있는 국가들과 비교할 때 더 심한 실정이다. 이것은 정치/사회분야에서도 또한 동일하게 나타난다. 정치/사회분야에서의 차별은 주로 여성의 교육기회, 여성의 참정권, 여성의 사회진출 등에서 나타난다. 우리나라에서 여성들이 과연 정치/사회분야에서 어느 정도의 차별을 받는지를 판단하는 것은 쉽지 않다. 분명히 여성들이 차별을 받고 있지만, 이것은 어느 정도 다른 외국도 똑같이 나타나는 현상이기 때문이다.

따라서 이러한 추상적인 문제를 보다 명확히 보여주기 위해서는 보다 객관적인 지표가 필요하다. 다행스럽게도 UN의 산하기관인 유엔개발계획(UNDP)에서는 인간개발지수(HDI)와 함께 2009년까지 여성권한지수(Gender Empowerment Measure, 이하 GEM)를 매년 산출하여 보고하였으나, 이 지수가 도시엘리트의 편견을 반영하며 보편적으로 모든 나라에 적용되기보다는 서구선진국에 적절하다는 비판이 있었다. 따라서 UNDP에서는 2010년부터 새로운 지표인 성불평등지수(Gender Inequality Index, GII)를 발표해 오고 있다. 이 지수는 보다 보편적인 지표를 동원하여 세계 여러 나라들의 성평등 정도를 측정한다. 이 지수를 구성하는 항목들에는 출생아 10만 명당 산모 사망건수, 여자청소년 1,000명당 출산건수, 여성국회의원 비율, (남성과 비교하여) 적어도 중등교육을 받는 여성비율, (남성과 비교하여) 여성의 경제활동참가율이 포함된다.

2024년 UNDP 보고서(UNDP, 2024)에 따르면, 세계 193개국 중에서 성불평등지수가 가장 양호한 나라는 스위스로서, 산모사망률이 낮고 청소년출산율이 매우 낮으며, 중등교육 이상을 받는 여성 비율이 96.9%로 매우 높고, 여성의 경제활동참가율이 61.5%로 높은 나라라는 것을 알 수 있다. 그 외 이 지수 순위가 높은 나라로는 노르웨이(2위), 아이스란드(3위) 등이 있다. 이 지수가 양호한 국가들은 대부분 유럽 국가들이며, 아시아 국가들 중에는 싱가폴이 9위로 가장 높고, 그다음으로 한국(19위), 일본(24위), 카타르(40위)의 순으로 나타난다. 이 순위가 가장 낮은 나라들 중에는 대부분 아프리카나 중동의 이슬람 국가들과 아시아의 파키스탄(164위), 캄보디아(148위), 네팔(146위), 미얀마(144위), 인도(134위) 등이 포함되었다.

표 7-4 ■ 주요국의 성불평등지수(GII) 순위(2024)

국가	성불평등 지수(GII) 순위	산모 사망률	청소년 출산율	여성 국회의원 비율	여성 중등 교육률	여성 경제활동 참가율
스위스	1	7	2.2	39.0	96.9	61.5
노르웨이	2	2	2.2	45.0	99.1	62.5
아이슬란드	3	3	5.1	47.6	99.8	70.7
덴마크	5	5	1.8	43.6	95.1	59.4
스웨덴	5	5	3.3	46.4	92.4	63.7
독일	7	4	7.2	34.8	95.4	56.1
싱가포르	9	7	2.5	29.1	80.5	63.4
호주	10	3	7.7	44.5	94.6	62.3
네덜란드	10	4	2.7	37.8	89.8	63.6
핀란드	12	8	4.1	45.5	99.2	58.2
영국	15	10	10.0	31.3	99.8	59.1
뉴질랜드	16	7	11.8	50.4	82.0	66.9
아랍에미레이트	17	9	2.8	50.0	82.0	55.3
캐나다	18	11	6.6	35.0	97.8	61.5
한국	**19**	**8**	**2.1**	**18.6**	**83.8**	**55.0**
미국	20	21	15.1	28.1	95.4	56.8
스페인	27	3	6.3	41.4	78.5	53.2
프랑스	28	8	9.4	36.4	84.3	52.5
이탈리아	30	5	3.9	33.0	78.6	40.7
사우디아라비아	40	16	11.6	19.9	71.3	34.5
튀르키예	45	17	15.7	17.4	59.1	35.1
러시아	56	14	14.5	17.8	98.3	55.5
중국	75	23	11.1	24.9	79.7	53.8

출처: UNDP, Human Development Report 2024.

그 외 국제적인 시각에서 한국의 여성지위를 평가해 볼만한 자료는 다보스포럼으로 유명한 세계경제포럼(World Economic Forum)에서 산출하는 성차별지수(Gender Gap Index, 이하 GGI)가 있다. 이 포럼에서 발간하는 보고서에 따르면, 한국의 성차별 순위는 2006년 92위, 2007년 97위, 2008년 108위, 2009년 115위, 2010년 104위, 2011년 107위, 2012년에 108위, 2017년 118위, 2020년 108위(World Economic Forum, 2020)로 매우 심각한 수준으로 평가되었다. 이 순위는 심각한 성차별로 유명한 인도보다 더 심각한 수준인데, 사실상 이 지수의 근거가 되는 수치의 신빙성이 많이 의심되어 그리 믿을만한 지표가 되지는 못한다.[8)]

과거에 비해 한국의 여성지위는 많이 상승하였다. 그 이유로는 정치, 사회영역에서의 여성의 진출 확대, 여성에 대한 교육기회의 확대, 그리고 여성의 경제활동 참가율의 상승 등이 존재한다. 그러나 아직도 다른 선진국에 비해 여성의 경제활동참가율은 상대적으로 많이 낮은 것으로 나타난다. 이러한 노동시장에서의 여성의 배제는 고위직으로 올라갈수록 더욱 심하게 나타나는데, 우리나라 5인 이상의 기업체에서 여성은 전체 종사자의 31%를 차지하는 데 비해서, 과장 이상의 관리자 급에서는 전체의 5.9%에 불과하다. 또한 중앙정부부처의 일반직 공무원 중에서 여성의 비율은 20.8%를 차지하지만, 가장 낮은 9급에서는 여성이 41.9%를 차지하고, 7급에서는 23.6%, 5급에서는 8.5%, 그리고 3급에서는 2.0%에 불과해진다(권승 외, 2008: 241-242 참조). 이러한 문제는 대부분 여성들의 출산으로 인한 경력 단절에 기인하는 것으로, 이것은 여성의 노동시장에서의 지위를 더욱 크게 하락시키는 요인으로 작용하고 있다.

전문직에서는 그나마 성차별이 적은 편에 속하지만, 여기에서도 차별은 여전히 존재한다. 여성개발원의 자료에 따르면, 2002년 당시 우리 사회에서 박사를 취득한

---

8) 예를 들어 이 포럼의 2009년 보고서를 살펴보면, 대학진학률의 여자/남자 비율이 0.67로 나타난다. 즉 여자는 67%가 대학에 진학하는데, 남자는 100%도 아닌 113%가 진학하는 것으로 나타난다. 실제로 통계청에서 발표한 대학 진학률은 2008년 기준으로 남성이 84%이며, 여성이 83.5%이다. 단지 0.5% 포인트밖에 차이가 나지 않는 데도 불구하고, 이 포럼의 자료는 엄청난 차이가 나는 것으로 되어 있다. 이런 차이는 유네스코의 자료에 대한 깊이 있는 이해가 없이 이것을 사용하기 때문이다. 이 자료에서 세계에 거의 유일하게 남자의 대학진학률이 100%를 지속적으로 넘고 있는 것은, 이 자료가 우리가 일반적으로 생각하는 대학진학률이 아닌 독특한 기준(예: 고교졸업자의 이후 5년간 대학재학자비율)을 사용하기 때문이다. 여기서 남자들만이 대학 시기에 모두 강제적으로 징병되는 한국적 특수성은 감안되지 않는다.

사람들 중에 여성은 23.8%였으나, 전체 교수 중에 여성은 14.1%였고, 이것은 국공립대에서 훨씬 더 낮아 8.8%에 불과하였다. 따라서 정부에서는 국공립대를 대상으로 여성교수 임용목표제를 시행하여, 2016년 전체 교수의 15.3%가 여성교수이다. 다른 분야보다는 좀 낫기는 하지만, 여성의 사회진출은 전문직의 영역에서도 매우 어렵다는 것을 보여준다. 이러한 배제는 전문직 여성도 여전히 우리 사회의 가부장제에 의해 자신의 일에 전념하기가 쉽지 않은 데서 기인한다.

이러한 문제를 해결하기 위해서 선진국에서는 직장을 가진 여성들이 직장일과 가정의 일을 모두 잘 할 수 있도록 정부차원에서 다각도의 지원을 시행해 왔다. '일가족양립정책'이라고 불리는 이러한 정책들은 주로 현금급여나 조세제도를 통한 금전적 지원, 휴가정책, 보육서비스, 가족 친화적 근로시간 등을 통해서 일과 가족을 병행할 수 있도록 지원하고 있다. 류연규의 연구(2009)에 따르면, 이렇게 일가족양립정책을 시행하고 있는 나라들은 가족서비스와 관련한 정부지출이 많았고, 이러한 지원을 통해서 노동시장에서의 여성고용을 증가시키고, 남녀 간의 임금격차가 적다고 한다.

제 4 절 제3세계에서의 여성의 열악한 지위

1. 아프리카의 여성할례

매년 2월 6일은 UN 인구기금(UN Population Fund)에서 정한 국제 반여성할례일(International Day Against Female Genital Mutilation)이다. 여성할례(female genital cutting, FGC)[9]란 보통 미혼의 소녀들을 대상으로 행해지는 것으로, 여성 성기의 일부분[10]을 칼로 잘라내는 것을 말한다. 매우 적은 부분만을 잘라내는 경우도 있지

9) 여성할례는 그 외에도 female genital mutilation(FGM), Female circumcision 등의 다양한 용어로 쓰이고 있다.

10) 잘라내는 형태도 보통 네 가지로 나뉘어지는데, 첫째 유형은 여성의 음핵만을 잘라내는 것이고, 두 번째 유형은 음핵과 소음순을 잘라내는 것이며, 세 번째 유형은 성기의 대부분을 잘라내고 생리혈이 흘러나올 수 있는 구멍만 남겨놓는 방식이다. 마지막 유형은 성기를 자르기보다는 찌르거나, 긁어 상처를 내거나 피어싱을 하거나 꿰는 방식이다(WHO, 2008). 이러한 네 유형은 혼합되어 사용될 수 있다.

만, 경우에 따라서는 상당히 많은 부분을 도려내는 경우도 있어 과다출혈이나 세균 감염에 의해 소녀가 사망하는 경우도 빈번하게 발생한다. 이처럼 비인간적인 아프리카의 여성할례는 아프리카 여성의 낮은 지위와 눈물의 상징이다.

여성할례가 행해지는 지역은 주로 적도와 북회귀선 사이에 존재하는 이집트, 기아나, 수단, 중앙아프리카공화국, 부르키나파소, 코트디부아르, 에리트레아 등의 광범위한 국가들에 걸쳐 있다. 여성할례의 발생빈도는 한 국가 안에서도 지역마다 차이가 있지만, 주로 이집트와 수단, 소말리아, 에티오피아 동부, 말리, 기니, 시에라리온, 에리트레아 등은 무려 90% 이상의 소녀가 여성할례를 경험하는 것으로 나타난다. 그 외에도 에티오피아 서부와 케냐 북부지역은 80% 내외의 소녀에게 여성할례가 행해지고 있다. 그리고 중앙아프리카공화국의 북동부, 차드의 남부, 나이지리아 남부지역, 부르키나파소, 코트디부와르 북부, 기니 동남부, 라이베리아 북부지역은 50~75% 정도의 소녀에게 할례가 행해지는 것으로 추정된다.

그림 7-6 ■ 세계의 여성할례 실태(2020)

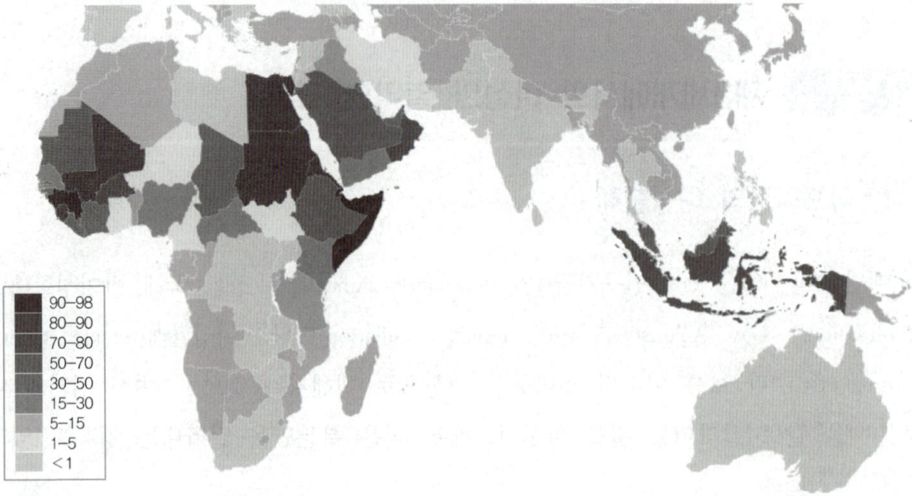

출처: End FGM European Network, End FGM U.S. Network, and Equality Now. 2020.

국가별로 여성할례의 구체적인 발생 정도와 추이는 가구조사결과에 의해 알 수 있는데, 2005년 이전까지 이집트와 에리트레아, 기니, 말리, 수단 북부의 경우 거의 모든 여성들이 할례를 받고 있으며, 에티오피아, 부르키나파소, 모리타니도 70% 이상의 여성들이 할례를 받고 있는 것으로 나타난다. 그 외 코트디부아르, 차드, 중앙아프리카공화국 등도 거의 40% 이상의 여성들이 할례를 받고 있다. 그 외 비교적 덜하기는 하지만, 케냐, 세네갈, 나이지리아, 베냉, 탄자니아, 카메룬, 니제르 등도 여성할례가 행해지고 있다. 유니세프의 추정에 의하면, 매년 300만 명의 아프리카 소녀들이 여성할례의 위험에 처해진다고 한다(UNFPA, 2009).

이러한 여성할례는 아프리카대륙에 국한되지 않는다. 아시아의 인도네시아, 레바논, 예멘에서도 여성할례가 행해지고 있으며, 이민의 증가로 인하여 심지어는 호주, 캐나다, 이탈리아, 뉴질랜드, 스웨덴, 미국, 영국에서도 이민자 가정에서 할례가 행해지고 있다. 물론 대부분의 나라에서는 할례를 법으로 엄격히 금하고 있지만, 이민자들이 소녀의 방학기간을 이용하여 모국으로 가서 할례를 하고 다시 돌아오는 사례가 많다. 실제로 미국에서는 2006년 처음으로 칼리드 아뎀(Khalid Adem)이라는 사람이 자신의 딸을 할례를 시킨 이유로 기소된 바 있다.[11] 인도네시아에서는 90년대에 금지된 여성할례를 병원에서 공공연히 행하고 있는 실정이다.

그림 7-7 ■ 내가 당한 할례

11) 위키피디아 2009년 12월 검색, “female genital cutting”.

할례는 파라오 시기의 이집트에서 종교적인 이유로 시작되었으나, 이후 오랜 세월을 거치면서 여성을 억압하고 성적으로 착취하는 목적으로 변질되었다. 최근 한국에서도 번역된 소말리아 출신의 슈퍼모델 와리스 디리(Waris Dirie)의 이야기인 〈사막의 꽃〉에는 비인간적인 여성할례의 현실이 잘 그려져 있다. 와리스 디리는 어린 소녀 시절에 녹슨 칼로 할례를 당하고 12살에 노인에게 낙타 몇 마리에 팔려서 시집가기가 싫어서 집을 도망쳐 나와, 나중에 영국 런던의 맥도날드에서 일을 하다가 우연한 기회로 슈퍼모델이 되어, 아프리카 여성의 인권을 보호하기 위한 유엔 인권대사가 되기까지의 경험을 자서전으로 내었다. 이 책에는 소녀의 성기를 잘라낸 후, 다시 실로 꿰매는 아픔을 어린 시절에 아무것도 모르고 겪은 자신의 아픔이 담겨 있다(이다희 역, 2005).[12] 이러한 와리스 디리의 이야기는 아프리카에서 여성할례가 여성을 성적으로 착취하는 도구로 전락되어 있음을 생생하게 보여준다.

유엔을 비롯한 세계 각국은 여성의 인권을 침해하는 여성할례를 종식시키기 위해 많은 노력을 기울이고 있지만, 아직도 아프리카의 많은 나라에서는 여성할례가 은밀히 행해지고 있다. 아직도 갈 길은 매우 멀다. 아프리카의 대부분의 나라들이 1990년대에 들어서야 이를 법으로 금지하였으며, 이집트와 에리트레아는 유엔의 노력에 힘입어 2007년이 되어서야 모든 형태의 할례를 금지하였다.

유엔인구기금(UNFPA)과 유니세프(UNICEF)는 공동으로 향후 한 세대(25년) 내에 여성할례를 근절하기 위해 노력하고 있다. 이 프로그램은 2008년부터 2012년까지의 5개년 동안 아프리카의 이집트, 수단, 지부티, 소말리아, 케냐, 에티오피아, 우간다, 탄자니아, 에리트레아, 세네갈, 기니, 기니비사우, 부르키나파소, 감비아, 가나, 말리 그리고 모리타니의 17개국에서 시행예정이며, 2008년에는 이 중 8개국에서 우선적으로 시행되었다. 이 프로그램은 구체적으로 15세 이하의 소녀들에 대한 여성할례를 40% 감소시키고, 적어도 1개국은 완전히 근절하는 것을 목표로 하고 있다(UNICEF, 2008). 아직도 세계 30여 개 나라에서 약 200만 명의 소녀가 할례를 당한 것으로 추정되지만, 이런 UN의 노력으로 30년 전에 비해 현재는 아프리카대륙에서 여성할례가 1/3로 줄어들었다고 한다(UNFPA−UNUCEF, 2017). 그러나 최근 감비아 의회는 2015년에 만들었던 여성할례 금지법을 폐지하는 안을 42대 4로 통과

---

12) 이렇게 꿰맨 실은 결혼할 때까지 유지하여야 하고, 결혼 후 그 소녀를 사는 남자가 자르게 된다고 한다.

시켜, 감비아에서는 다시 공공연히 여성할례가 성행할 것으로 예상되고 있다(Al Jazeera English, 2024년 보도).

2. 인도의 결혼지참금과 신부살인

아프리카에 여성할례가 있다면, 인도, 파키스탄, 방글라데시의 남아시아에서는 이보다 훨씬 심각한 신부의 결혼지참금(dowry) 문제가 있다. 인도에서는 남녀가 결혼을 할 때 어느 한 쪽이 지참금을 준비하는데, 남편이 가난한 경우라면 시집올 여자를 위해 남자가 지참금을 준비하지만, 보통의 경우 신부 측에서 지참금을 준비하며, 만약 신랑될 사람이 꽤 능력 있는 사람이라면 거액의 지참금을 요구하는 경우가 다반사이다. 따라서 신부 측 가족들은 능력 있는 사위를 맞기 위해서 거액의 지참금을 마련하느라 빚더미에 앉는 일이 다반사이고, 그러한 지참금을 마련하지 못하는 경우에는 신랑 측 가족이 신부를 살해하는 일이 자주 발생하고 있다.

보통 신랑 측 가족이 신부 측에 지참금을 요구하고 신부 측 가족이 동의를 해서 결혼이 이루어지면, 집안 형편이 넉넉하지 못한 신부 측 가족이 지참금을 마련하지 못하는 일이 생기게 되고, 이렇게 되면 시집을 온 신부는 살해의 위협에 시달리는 경우가 자주 발생한다. 신랑 측의 계속된 독촉결과 신부 측에서 지참금을 마련할 가능성이 없다고 판단되면, 신랑 측 가족은 자살을 요구하거나 신부를 살해하는데 이것을 결혼지참금살인(dowry death)이라고 부른다. 이러한 살인은 보통 가솔린과 같은 인화성 물질을 붓고 신부에게 불을 붙여 잔인하게 태워 죽이기 때문에 신부방화살인(bride burning)이라고도 부른다.

인도는 이러한 신부살인이 사회문제가 되자 이미 1961년에 「결혼지참금 금지법(dowry prohibition act)」을 통해 결혼지참금을 요구하거나, 주거나 받는 일체의 행위를 엄격히 금지시켰지만, 여전히 인도사회는 결혼을 할 때 지참금을 요구하고 있고, 결혼지참금과 관련한 살인도 빈번하게 발생하고 있다. 인도에서 이러한 살인이 어느 정도 발생하고 있는지를 파악하는 것은 쉽지 않다. 대부분의 이러한 살인이 자살이나, 부엌에서의 신부의 실수로 화상을 입어 죽은 것으로 포장되기 때문이다. 따라서 인도정부에서는 특정 연령대(18~35세)의 여성이 부자연스럽거나 별다른 이유 없이 사망(unnatural and untimely death)한 경우를 모두 결혼지참금살인으로 분류하고 있다.

인도국립범죄통계국의 보고[13]와 이것을 인용한 인도의 언론보도 등에 따르면, 1988년에 2,209건, 1990년에 4,835건, 1993년에 5,377건, 2000년에서 2004년 사이의 4년간 평균 7,026건, 2005년에 6,787건, 2012년 8,233건, 2013년 8,033건, 2014년 8,455건, 2015년 7,634건, 2016년 7,621건, 2017년 7,466건, 2018년에 7,166건(The Indian Express, 2015.7.31.; Statista, 2020), 그리고 2022년에는 6,450건이 발생했다(The News Minite, 2023.12.6.). 인도에서 이렇게 결혼 지참금 살인이 근절되지 않고 있는 것은 이것에 대한 인도의 느슨한 법집행에 기인한다고 할 수 있다. 인도 통계에 따르면, 2012년 한 해 동안 지참금 살인이 8,233건이 발생했고, 재판 중인 지참금 살인사건이 27,969건, 취하된 지참금 살인사건이 1,389건이나 되는 데 반해, 정작 유죄판결을 받은 지참금 살인은 668건에 불과하였다(Prasad and Srivastava, 2016).

그 외에도 결혼지참금 문제로 자살을 하는 신부가 2004년에 2,585명, 2005년에 2,305명, 2006년에 2,276명으로 나타나(Ahmad, 2008), 인도사회에서 결혼지참금으로 인해 수많은 여성들이 스스로 죽음을 선택하는 것을 알 수 있다. 그 외 사소하거나 심각한 학대를 당하는 사례는 부지기수로 많을 것으로 추정된다. 또한 인도의 최근의 신문기사[14]에 따르면, 살해의 방법도 진화되어, 태워 죽이는 방법 외에도 독극물을 먹여서 죽이는 방법도 많이 이용되고 있다고 한다. 특히 이것은 농촌지역에서 많이 이용되는 방식인데, 펀잡지방의 결혼지참금 살인사건 중 84.7%에 이를 정도로 일반적인 방법이다.

인도 정부의 공식통계에 따르면, 인도에서 발생하는 전체 살인 중 무려 3.2%가 결혼지참금 때문에 신부가 살해당하는 것으로 나타난다. 이처럼 아무런 잘못 없이 자신의 부모가 결혼지참금을 마련하지 못했다는 이유만으로 살해당하고 학대받는 인도의 사례는 극도로 낮은 여성의 지위를 상징적으로 보여주고 있으며, 낙태나 성비불균형과 같은 추가적인 문제를 낳고 있다.

---

13) URL "http://ncrb.nic.in/crime2005/cii-2005/CHAP3.pdf"
14) The Tribun, 2007. 5. 27.

3. 이슬람권의 명예살인

명예살인(honor killing)[15]이란 가족이나 가문의 명예를 더럽혔다는 이유로 다른 가족구성원이나 친척들에 의한 살인을 말한다. 일반적으로 명예살인에서 명예를 더럽히는 사유로는 크게 세 가지가 대부분인데, 첫째, 가족들에게 받아들여질 수 없는 옷을 입는 것, 둘째, 가족이 정한 혼인을 받아들이지 않거나 자신이 선택한 배우자와 결혼하는 것, 셋째, 어떤 특별한 성행위에 연루되는 것이다. 튀르키예에서의 명예살인을 연구한 카르담(Kardam, 2007)에 따르면, 명예살인의 피해자는 크게 다음의 7가지의 유형으로 나타나는데, 첫째, 혼외정사를 한 기혼여성, 둘째, 다른 남자랑 도주한 기혼여성, 셋째, 남편을 떠나거나 이혼하려는 기혼여성, 넷째, 다른 남자와 성관계를 가진 이혼여성, 다섯째, 남자와 성관계를 가진 미혼의 어린 소녀, 여섯째, 남자와 함께 도망간 미혼의 어린 소녀, 일곱째, 납치되거나 강간당한 여성이 그것이다. 문제는 간통이나 가출 등의 어떤 문제가 없더라도, 단지 납치되거나 강간의 피해자가 되는 것만으로도 명예살인의 사유가 된다는 것이다.

유엔인구기금(UNFPA, 2000)의 추정에 따르면, 매년 세계적으로 무려 약 5,000건의 명예살인이 행해진다고 한다.[16] 그러나 이 많은 숫자도 오히려 과소추정된 것이라는 주장도 있다. 한 이슬람권의 기자에 따르면, 2007년에 파키스탄의 펀잡지방에서 신고된 명예살인의 건수만도 무려 1,261건에 이른다고 한다(Chester, 2009). 이슬람교를 옹호하는 사람들은 이 명예살인이 이슬람교와는 전혀 관련이 없는 단순한 가정폭력에 불과하다고 주장하지만, 현실적으로 이러한 살인이 거의 모두 이슬람권이나 이슬람교도가 이민 간 국가에서 발생한다.[17] 실제로 이슬람권에서 이러한 살인은 일반적인 다른 살인에 비해 매우 경미한 범죄로 다루어지거나 정당한 것으로 용인된다.

예를 들어 사우디아라비아는 10학년 교과서에서 간통을 한 사람들을 죽이는 것은 허용된다고 가르치고 있다. 또한 요르단에서는 2001년 국왕이 명예살인을 엄격

15) 일부에서는 이 명예살인이라는 용어가 살인을 미화하는 측면이 있다고 비판한다. 이 책에서는 그러한 측면이 있는 것은 사실이지만, 일반적으로 이렇게 알려져 있기 때문에 이해를 위해 그대로 사용한다.

16) 이 보고서는 "http://www.unfpa.org/swp/2000/english/index.html"에서 열람할 수 있다.

17) 이슬람교 외에 가끔씩 시크(Sikh)교도에게서도 발생한다.

히 처벌하는 법안을 국회에 제출했을 때, 국회의원들은 "명예살인을 처벌하면 간통을 증가시키고 새로운 사회문제를 낳을 것"이라고 주장하면서 그 법안을 부결시켰다. 현재 요르단에서는 명예살인을 한 사람에 대한 실제 처벌은 고작 6개월 정도의 징역에 불과하다. 2005년 요르단의 범죄통계에 따르면, 전체 살인 중에서 1/3이 명예살인이었다고 한다. 이라크에서는 더 심각하다. 이라크에서는 명예살인을 한 사람에게 아무런 처벌을 하지 않는다. 17세가 된 자신의 딸을 살해한 아버지에게, 수사관은 "명예살인에 대해 우리는 아무런 조치를 취할 수 없다. 여러분은 이슬람 사회에 살고 있고, 여성들은 종교법에 따라야 한다"고 말했다. 그 딸의 '불명예스러운' 행동은 한 영국군인과 사랑에 빠진 것이었다. 결국 그 아버지는 이후 또 자신의 부인도 '명예롭게' 살인을 했다고 한다. 이 두 살인에 대해 그가 이라크 사회로부터 받은 처벌은 아무것도 없었다(Zaidi, 2008).

현재 이러한 명예살인이 발생하고 있는 지역은 이슬람권이라고 할 수 있는 요르단, 레바논, 시리아, 튀르키예, 예멘 등의 중동지역과, 이집트, 모로코 등의 북아프리카 지역, 그리고 파키스탄과 인도의 일부지역 등의 남아시아지역에서 많이 발생하고 있으며, 이슬람교도들이 이민한 유럽과 북미에서도 이러한 명예살인이 발생하고 있다. 특히 유럽이나 북미에서 발생하는 명예살인들은 단순히 딸이 너무나 서구식 또는 미국식 행동방식을 지향한다는 이유인 경우가 많다. 2008년 미국 텍사스주의 집에서 이 두 자매(각각 18세와 17세)는 아버지가 쏜 총에 맞아 죽었다. 총을 쏜 이유는 이 자매들이 단지 이집트 무슬림의 생활양식을 버리고, 서구식 생활방식을 받아들였기 때문이었다. 대부분의 명예살인의 사례와 유사하게, 당시 이들의 어머니는 아버지가 딸을 살해하는 것을 도왔다고 한다(Chesler, 2009).

그 외에 미국이나 유럽에서 발생한 명예살인의 살인동기를 살펴보면, 단순히 서구식 생활방식을 받아들이는 것 외에, 힌두교도인 아내가 이슬람교로 개종하지 않는다거나, 부모가 반대함에도 불구하고 가난한 무슬림 남성이랑 결혼하려고 한다거나, 히잡을 쓰는 것을 거부하고 서구식 스타일로 옷을 입는다거나, 이혼을 하려고 한다거나, 사촌과 결혼하는 것을 거부한다거나, 미혼소녀가 남자친구의 아이를 가졌다거나, 대학에 진학하려고 한다거나, 기독교도와 사귄다든가, 인터넷으로 남자친구를 사귄다거나, 부모가 정해준 혼처를 거부한다든가, 친인척이 아닌 다른 남자의 차를 얻어 탄다든가, 또는 배꼽티 등 노출이 심한 옷을 입는다든가 하는 이유로 나타난다(Chesler, 2009). 반면 이들의 본국에서는 이러한 사유에 더하여 강간을 당했다든지 하는 더 황당한 사유가 가족이나 친족구성원을 살해하는 사유로 추가된다.

그림 7-8 ■ 아버지에게 살해당한 자매

출처: Chesler, 2009.

튀르키예의 설문조사결과를 보면, 이슬람권에서 가족과 가문의 명예라는 개념은 여성과 여성의 성에 대한 통제와 직접적으로 관련된다(Kardam, 2007). 강한 가부장적 전통 속에서 가문의 명예는 여성이 자신의 성을 적절히 통제하여 남성가장이 정해주는 남성만을 남편으로 섬길 것이 강요된다. 이러한 극도의 남성우월적인 전통은 남성과 여성이 모두 이슬람 율법을 따라야 함에도 불구하고, 대부분 여성에게만 차별적으로 엄격하게 적용되는 것이 현실이다. 따라서 강간을 당한 여성은 본인의 의사가 아니었다고 하더라도 정조를 유지해야 하는 전통을 깨뜨린 것이 되며, 가문의 얼굴에 먹칠을 한 것이기 때문에 죽음이 강요된다. 살해의 방법 또한 매우 잔인한 경우가 많은데, 수십 번을 칼로 찌른다든지, 산 채로 불에 태워 죽인다든지, 참수를 한다든지, 사지를 절단한다든지 하는 방법들이 자주 동원된다. 이런 잔인한 방식을 통한 공포는 가족 내의 말을 듣지 않는 여성을 복종시키는 수단이다.

제 5 절 여성문제에 대한 대응

성불평등의 원인을 보는 시각은 이 문제를 개선하기 위한 대책에 반영된다. 기능주의 시각에 따르면, 여성이 남성에 비해 열등한 위치에 있는 것은 자본주의 사회 이전에는 서로에게 기능적이었던 성역할 분업이 자본주의 사회에 들어 덜 기능적이 되었음에도 불구하고, 여성들이 이것에 맞추어서 적절히 적응하지 못했기 때문이다. 예를 들어 과거에 여성들에게 고등교육은 별로 필요하지 않은 것이었으나, 현대사회에서 가치 있는 노동을 하고 인정받기 위해 고등교육은 모두에게 필수가 되었음에도 불구하고 여성들이 고등교육의 필요성을 늦게 인식하고 가정 내에 안주하게 됨으로써 낮은 생산성을 갖게 되었다.

따라서 이를 해결하기 위해서는 여성에 대한 적극적 우대정책(affirmative actions)을 통하여 여성들이 다양한 방면에서 더 많은 기회를 얻을 수 있도록 배려하는 것이 필요하다. 예를 들어 교육기회를 놓친 여성들을 위해 재교육의 기회를 제공하거나, 공무원이나 정부기관에 일정비율의 여성들을 고용하도록 하거나, 대학의 인기 전공에 (고교졸업생 비율에 맞춘) 일정비율의 여성정원을 배정하도록 하거나, 여성의 불리한 점을 고려하여 여성에게 초점을 맞춘 특화된 다양한 공적 부조를 제공하거나, 장관 등의 고위공직에 일정 비율 이상의 여성을 임용하도록 하는 등의 대책이 제시될 수 있다.

만약 여성문제가 가부장제하에서 여성에게 다양한 기회가 차별적으로 부여되거나 원천적으로 막혀 있는 데서 기인하거나, 여성의 열등한 지위로 인해 여성들의 문제로 대두되는 모성보호에 대한 사회적 배려가 없는 데서 불평등이 기인한다면, 여성들을 정치세력화하여 모성보호에 대한 정부의 지원이나 제도적 개선을 요구할 수 있을 것이다. 그리고 남성 배우자와의 결혼을 통해 남성우월적인 가부장적인 가족의 형성에 의해 불평등이 시작되고 착취가 시작된다면, 독신으로 살거나 동성애가족을 꾸리는 것이 대안으로 제시될 수 있다. 또한 1인가족이나 동성애가족에 대한 사회적 불편사항들을 제거할 것을 정부에 요구하고 실현하는 것이 대안이 될 수 있다. 예를 들어 동성애가족을 가족으로서 주민등록을 할 수 있도록 개선을 요구하는 것이 그 한 예이다.[18]

표 7-5 ■ 여성문제에 대한 시각과 그 대책들

이론	원인	대책
구조기능주의이론	생물학적인 조건의 차이, 기능적인 성역할 분업과 여성의 활동영역이 가정 내로 한정, 변화하는 환경에 대한 여성의 부적응, 여성의 생산성에 대한 상대적으로 적은 투자	여성 재교육, 여성에 대한 우대정책, 여성 고용 목표제, 여성입학정원 부여, 여성에 특화된 공적 부조, 공직임용의 여성할당
갈등이론	가부장제하에서 여성의 다양한 기회 제한, 자본주의 사회의 모성보호의 제도적 미흡, 가부장적인 가족의 형성, 남성의 여성에 대한 억압과 착취	여성의 정치세력화, 모성보호를 위한 다양한 제도적 개선, 출산 및 육아의 사회화 및 비용의 정부지원, 동성애가족 및 1인 가족을 위한 제도정비, 가사노동 가치의 동등한 인정, 가사노동의 사회화, 여성에 대한 남성의 다양한 폭력을 범죄화
상호작용이론	여성에 대한 차별적인 성고정관념, 성차별적인 용어 사용관습	성차별적인 고정관념을 재생산하는 용어의 사용제한, 여성징병제, 성중립적인 사회화의 실현

만약 상호작용이론에서의 주장처럼, 여성의 차별이 여성은 약하고 보호되어야 할 존재라는 성차별적인 고정관념이나 이것을 지속적으로 재생산하는 언어사용관습에 의해 나타난다면, 성불평등을 개선하기 위해서는 성차별적인 고정관념을 재생산하는 용어의 사용을 제한하고, 여성과 남성을 분리하는 모든 관행을 변화시키는 것이 중요한 대책이 될 수 있다. 예를 들어 남성징병제는 여성이 유약하고 보호되어야 할 존재라는 인식을 갖게 하므로, 여성을 함께 징병하는 형태로 제도를 바꿀 수 있다. 또한 여성만을 입학시키거나 남성만을 입학시키는 대학을 폐지하고, 모든 성에 동등한 기회를 주도록 변화시키는 것 등의 대책이 가능할 것이다.

18) 여기에 대해서 추가적인 논의는 이 책의 5장 3절 4.를 보라.

제 6 절 결론

지금까지 살펴본 바와 같이, 우리 사회에서도 다른 사회와 마찬가지로 전형적인 성차별이 존재한다. 그것은 가정 내에서부터 이미 시작되어, 작업장에서, 그리고 정치 및 사회적인 분야에서 광범위하게 존재한다. 현대사회에서 여성들은 가사노동이라는 상대적으로 가치가 떨어져 보이는 일에 전념해 왔으며, 상당기간 동안 이 노동에 전념하는 것은 부와 능력 있는 남편의 상징이었으며, 현모양처라는 이데올로기에 의해 적절히 포장되어 왔다. 그러나 과거에 비해 여성들의 교육기회가 늘고 사회진출이 늘어나면서, 전통적인 여성의 역할을 거부하는 여성들이 날로 늘어가고 있다. 이에 맞추어 성평등에 대한 욕구도 과거에 비해 훨씬 더 커져가고 있다.

그럼에도 불구하고 여러 사회문제들 중에서 성불평등만큼이나 오래되고 그 해결이 어려운 문제는 없어 보인다. 불평등이 존재한다는 것은 대부분의 사람들이 지각하지만, 이 불평등을 개선하기 위해 적극적으로 노력하는 사람들은 상대적으로 매우 소수이다. 그 이유는 이 문제가 그리 해결이 쉬워 보이지 않으며, 우리 세대 내에서는 해결이 불가능한 것이 확실하고, 어쩌면 영원히 해결할 수 없는 것일 수도 있다. 또 하나 문제는 성불평등이 어느 하나의 원인에서 나타나는 것이 아니라, 몇 가지 요인들의 접합에 의해서 복잡하고 다양하게 포장된 상태로 나타난다는 것이다. 자본주의 사회에서 돈 많은 여성들의 지위는 결코 낮지 않다. 사실 자본주의 사회에서 유사한 조건을 갖추었다고 생각되는 부부 사이의 불평등에 비해 부자와 가난한 자의 불평등이 더 중요하고 또한 심각하다.

부유한 국가에서 여성들은 최소한 어느 정도의 인권을 존중받지만, 가난한 나라의 여성들은 할례를 강요받고 팔려 다닌다. 또한 단지 신부의 아버지가 돈을 마련하지 못했다는 이유로 산 채로 불태워 죽음을 당하기도 한다. 이 모든 것이 우리가 살고 있는 지구상에서 일어나고 있는 일이며, 이런 것들은 모두 여성의 열등한 지위에서 기인한다. 그러면 과연 여성의 미래는 어떤 모습일까? 지금 단계에서 내릴 수 있는 결론은, 성불평등이 여전히 완전히 해소되지는 않겠지만 상당히 완화된 모습으로 남아 있을 것이다. 이러한 완화속도를 더 가속화시키기 위해서는 한 국가의 노력만으로는 부족하고, 국제적인 노력이 절실히 필요한 것이 사실이다. 아프리카의 여성할례를 근절하기 위한 프로그램을 위해서 아프리카와 전혀 관련이 없어 보이는 세 나라[19]가 기금을 출연한 것은 인권과 성평등이 인류가 추구할 만한 보편적인 가치가 있기 때문이다.

요약
SUMMARY

- 여성문제란 단지 생물학적으로 여성이라는 이유 때문에 여성들이 억압과 차별을 당하는 현상이다.
- 기능주의이론에서 여성문제는 산업사회에서 여성들이 가정의 일에 국한되게 되면서 '자연스럽게' 여성들에게 교육기회의 필요성이 줄어들거나 투자를 적게 하게 되고 이러한 변화에 여성들이 재빨리 적응하는 데 어려움을 겪는 문화지체에 기인한다.
- 갈등이론은 주로 페미니스트이론과 결합하여 여성문제가 공적, 사적 영역에서 여성의 기회가 제한되거나, 모성보호가 이루어지지 않거나, 자본주의 체제의 더 강도 높은 착취의도에 의해서, 또는 가부장제가 실현되는 생물학적인 가족을 구성함으로써 발생한다고 설명한다.
- 상호작용이론은 사회의 영향력 있는 사람들에 의해 여성이 유약하고, 보호되어야 할 존재라는 성고정관념이 언어관습과 남녀분리의 사회관행에 의해 재생산되는 데서 여성문제가 발생한다고 설명한다.
- 가정에서 전업주부의 가사노동의 가치는 성평등문제와 밀접한 관련을 가진다. 여기에 대해 기능주의이론과 정통마르크스주의이론이 '결과적으로' 그 가치를 적은 것으로 보는 반면에, 급진적 페미니즘이론은 가사노동의 가치가 남성들의 임금노동과 동등하거나 그 이상의 가치가 있다고 주장한다.
- 한국사회에서 남성들은 꾸준히 경제활동에 참여하는 데 비해서, 여성들은 출산과 육아문제 때문에 경력이 단절되는 현상을 겪고, 이것은 후에 여성들의 노동시장에서의 열악한 지위를 가져온다. 이것은 가부장적 전통과 결합하여 여성이 종사하는 직종이나 직위는 열악한 경우가 대부분이고, 비슷한 업무를 하더라도 그 임금은 남성에 비해 낮은 편이다.
- 정치 및 사회분야에서의 불평등으로 인해 한국 여성들은 특히 국회의원, 고위관리직, 여성장관 등의 주요 위치에 여성들의 진출이 미약하다.

19) 이 기금은 노르웨이가 364만 달러, 아일랜드가 74만 달러, 그리고 호주가 16만 달러를 출연했다.

- 여성의 열악한 지위는 세계적으로 볼 때 매우 심각하다. 아프리카에서 주로 행해지는 여성할례, 인도의 결혼지참금살인, 이슬람권의 명예살인은 모두 열악한 여성의 지위를 극적으로 보여준다.
- 기능주의이론에서 여성문제는 생물학적 차이나 빠른 사회변화에 여성들이 적응하지 못하는 데서 기인하므로, 주로 여성 재교육, 여성에 대한 각종 우대정책이 대안으로 제시된다.
- 갈등이론에서 여성문제는 가부장제와 자본주의 체제의 극대화된 이윤획득 욕구에서 기인하므로, 여성의 정치세력화와 이를 통한 모성보호의 법제화, 가사노동의 사회화 및 지원, 성차별적이지 않은 가족제도의 법적 인정, 여성에 대한 다양한 남성폭력의 범죄화 등의 대안이 제시된다.

❐ 토론 및 추가학습을 위한 주제들

1. 남녀 사이에 능력의 차이는 존재하는가? 존재한다면 어느 정도 존재하는가?
2. 성별 역할분업은 가정이나 사회를 위해 얼마나 기능적인가?
3. 현재 한국사회에서 여성의 지위가 낮은 가장 큰 이유는 무엇인가?
4. 한국사회에서 남녀 각자에게 주어지는 기회는 얼마나 평등한가?
5. 한국사회에서 가부장제의 흔적은 어떤 것이 있는가? 그리고 그것들은 얼마나 해소가능한가?
6. 여성의 모성보호 비용을 전적으로 또는 대폭적으로 정부에서 지원하는 것은 전체 사회의 차원에서 볼 때 국가에 이익이 되는가?
7. 여성징병제는 성불평등을 개선할 수 있는가?
8. 가사노동은 얼마나 중요한 노동인가? 성평등을 위해 가사노동문제는 어떻게 풀어야 하는가?
9. 노동시장에서 출산휴가, 육아휴가 등 다양한 제도를 통해서 모성보호를 강화하는 것은 성평등을 위해 도움이 되는가?
10. 여성이 할 수 없거나, 하기가 극히 어려운 분야는 어떤 것이 있는가?
11. 한국에서 기업의 고위직에 여성이 극히 적은 것은 무엇 때문인가?
12. 채용이나 입시 등에서 여성에 대한 우대제도는 필요한가?
13. '여기자'나 '여대생'은 성차별적인 용어인가?

❐ 조별 활동을 위한 주제들

1. 인터넷 접근에서의 성불평등
2. 교육기회와 성불평등

3. 모성보호와 성불평등
4. 성차별적 고정관념과 성불평등
5. 성차별적 고정관념의 언어적 재생산
6. 가부장제와 성불평등

❐ 참고할 만한 문헌 및 웹사이트

- The Milla Project(http://www.millaproject.org): 여성에 대한 폭력을 근절하기 위한 국제 캠페인을 위한 홈페이지. 전세계에서 발생하는 명예살인이나 이에 대한 재판 등의 소식을 제공한다.
- 한국여성정책연구원(http://www.kwdi.re.kr): 여성문제에 특화된 정부출연연구소. 성불평등, 성인지예산제도 등의 여성정책에 대한 많은 자료를 제공한다.
- 여성가족부(http://www.mogef.go.kr): 양성평등을 위한 정책의 주도권을 쥐고 있는 정책부처.
- Waris Dirie and Cathleen Miller(이다희 역). 2005. 「사막의 꽃」. 섬앤섬.
- [영화] 모나리자 스마일/2004/마이크 뉴웰: 결혼과 직업 사이에서 방황하는 여성 이야기.
- [영화] 호주제폐지, 평등가족으로 가는 길/2001/오정훈: 지금은 폐지된 호주제로 인해 어떤 문제가 나타날 수 있는지를 구체적으로 보여주는 다큐멘터리.
- [영화] 단지 그대가 여자라는 이유만으로/1990/김유진: 가해자가 된 강간피해자의 법정투쟁을 그린 이야기.

CHAPTER

8

소수집단문제: 인종, 민족, 국적

과거에 한국에서 주로 거론되는 소수집단문제는 전통적으로 구한말 이후 가난이나 박해를 피해, 또는 일본의 전시동원이나 유학을 위해 해외로 흩어졌거나, 또는 건국 이후 자발적 또는 비자발적으로 해외로 이주한 한민족의 문제였다. 이들은 모두 공통적으로 나라가 없는 민족이라는 이유로 또는 국력이 약한 조그만 나라 출신이라는 이유로, 이주한 나라에서 주류사회에서 배척당하고 소수민족으로서 차별 속에서 살아 왔다. '코리안 디아스포라'[1]라고 최근에 지칭되기 시작한 한인소수집단은 세계 곳곳에 흩어져 한국인의 정체성을 유지하며 살아가고 있다. 한국인들은 이러한 소수집단으로서의 한인들의 어려움을 잘 알고 있기 때문에, 비교적 다른 아시아국가들에 비해서 아직까지는 외국인소수집단에 대해 온정적인 측면도 있다.[2]

최근 들어 한국사회 내에 존재하는 인종, 민족, 국적에 따른 소수집단문제가 관심의 대상으로 크게 부각되고 있다. 한국사회에서 이런 소수집단에 속하는 집단으로는 청나라 출신으로 구한말 시기에 한국으로 건너 온 화교들이 있으며, 최근에는 농촌에 신부감이 모자라 주로 중국 연변, 베트남, 필리핀, 중앙아시아 등에서 결혼이민을 한 여성들이 있고, 한국의 소위 3D 업종에 종사할 인력이 모자라 이주한 외국인노동자들, 그리고 북한에서 탈북한 탈북주민들이 있다. 이들은 모두 한국사

1) 이들에 대한 보다 깊이 있는 이해를 위해서는 윤진인의 연구(2004a)를 보라.

2) 2009년 뉴욕타임스지는 한국의 동남아출신 국제결혼 이주여성들에 주목하고, 한국이 다른 아시아국가들에 비해서는 비교적 인종적 다양성에 개방적이라고 평가했다(연합, 2009. 11. 30.).

회에서 갖가지 차별에 시달리는 우리 사회의 소수집단들로서, 최근 한국사회의 저출산 문제와 맞물려 이런 소수집단문제가 급격히 우리 사회의 중요한 사회문제로 부각되고 있다.

제 1 절 소수집단문제의 정의와 특성

소수집단(minority group)[3]이란 한 사회에서 그들이 가진 열악한 지위로 인해 권력, 위세 그리고 사회의 부에 동등하게 접근할 수 없고, 편견과 차별의 대상이 되기 쉬운 어떤 범주의 사람들이다. 일반적으로 소수집단의 지위는 사회에서의 수에 의해 결정되는 것이 아니라, 사회적 지위에 의해 결정된다(Mooney et al., 2007: 290). 따라서 남성과 거의 동일한 숫자로 존재하는 여성도 소수집단이며, 남아프리카공화국에서 수적인 다수를 점하며, 또 대통령을 배출한 집단인 흑인도 소수집단이다. 그 외에 청소년도 소수집단이며, 빈곤층이나 노인, 한국 내의 탈북주민 등도 모두 소수집단에 속한다.[4] 이 책에서 소수집단문제는 "단지 자신이 속한 집단이 어느 집단인가에 따라서 편견과 차별의 대상이 되는 것"을 말한다.

모든 소수집단은 각각 자신들의 독특한 특성들을 갖지만, 다음의 몇 가지 특성들(Feagin, 1996; Simpson and Yinger, 1985)은 이 장에서 다루는 국적/민족/지역에 기초한 소수집단을 이해하는 데 특히 중요하다.

첫째, 소수집단은 어떤 복잡한 사회의 종속적인 분파들이다.

둘째, 소수집단은 특별한 신체적 또는 문화적 속성들을 갖는 경향이 있는데, 이들은 사회의 지배적인 분파에게 바람직하지 않은 것으로 여겨진다.

셋째, 소수집단은 어떤 집단의식 또는 '우리 느낌(we feeling)'을 발전시킨다.

넷째, 어떤 소수집단에 소속된다는 것은 출신이라는 기준에 의해 부여되는데, 이

3) 소수집단이란 minority를 번역한 것으로, 국내에서는 그냥 마이너리티라고 쓰기도 하고, 최근에는 소수자라는 표현을 많이 쓰는데, 이 책에서는 주로 소수집단이라는 용어를 사용한다. 왜냐하면 인종, 국적, 민족에 의한 마이너리티를 표현하는데 이 용어가 가장 적합해 보이기 때문이다.

4) 이처럼 소수집단은 다양한 유형이 있지만, 빈곤층, 여성, 노인, 청소년 등은 이 책의 다른 부분에서 다루므로 여기에서는 주로 국적, 민족 그리고 지역에 기초한 소수집단을 다룬다.

기준은 이후 세대에 대해서도 소수집단의 지위를 부여할 수 있고, 심지어는 소수집단의 특별한 신체적 또는 문화적 속성이 사라지더라도 가능하다.

다섯째, 소수집단의 구성원들은, 그것이 선택이든 강요든, 집단의 구성원끼리 결혼(endogamy)하는 경향이 있다.

제 2 절 소수집단에 대한 차별의 이론

차별(discrimination)은 특정의 집단에 속한 것으로 여겨지는 사람들에 대해 상이한 대우를 하는 것이다. 지배적인 집단의 구성원들은 자신들에 대해서 적용하는 기준과 다른 것을 종속적인 집단의 어떤 구성원에게 적용하려는 경향이 있다. 차별은 비교적 공공연한 행동인데, 예를 들어 어떤 소수집단의 구성원이 특정 지역으로 이사 오는 것을 꺼리는 부동산중개업자들의 암묵적인 약속과 같은 것이 대표적이다. 이러한 차별은 자민족중심주의(ethno-centrism)에서 기인하는 경우가 많은데, 일반적으로 사람들은 자신의 행동양식과 신념구조를 바람직하고 자연스러운 것으로 보며, 반대로 다른 사람들의 것은 덜 바람직하고 덜 자연스러운 것으로 보는 경향이 있다. 이러한 두 가지의 경향, 즉 인종주의와 차별의 경향은 보통 편견을 낳는다(Kornblum and Julian, 2001: 259-260).

편견(prejudice)은 어떤 집단에 속한 사람들 모두에 대한 부정적인 태도와 느낌을 말한다(Mooney et al., 2007: 308). 편견을 가진 사람들은 어떤 상황이나 사건에 대해 어떻게 생각할지에 대해 미리 결정하는 경향을 보이며, 자신의 태도를 웬만하면 바꾸려 하지 않으려는 경향을 나타낸다. 편견을 가진 사람들은 그들의 선입관을 통해서 특정 범주의 사람들에 대해 판단하려는 경향이 있고, 심지어는 그렇지 않다는 명백한 증거가 제시되더라도 그들은 생각을 잘 바꾸려 하지 않는다. 편견은 어떤 범주의 사람들에 대해서 생각하는 경향인 데 비해, 차별은 특정 집단에 소속되었다는 점만으로 명백한 (상이한 대우의) 행동을 하는 것을 말한다. 이처럼 편견과 차별은 밀접하게 관련되어 있고, 어떤 상황에서 보통 둘 다 함께 나타난다(Kornblum and Julian, 2001: 260).

1. 구조기능주의: 좌절-공격이론과 권위적 성격

소수집단에 대한 차별을 설명할 수 있는 심리학적 이론으로는 좌절-공격이론이 있다. 이들은 개인이 갖고 있는 좌절감이나 무의식 속에 잠재된 불안에 의해 엉뚱한 다른 사람에게 분노나 공격성이 나타날 수 있다는 점을 잘 설명하며, 소수집단에 대한 차별의 설명에도 적용될 수 있다. 이 이론들은 어떤 문제 있는 개인의 부적절한 성향에 의해 다른 사람들을 차별하게 된다고 설명하기 때문에 기능주의이론으로 분류할 수 있다.

좌절-공격이론(frustration-aggression theory)에 따르면, 사람들은 때때로 무언가를 가지기를 원하지만 가지지 못할 때 좌절감을 느끼게 된다. 이러한 좌절감은 공격과 분노를 유발하게 되는데, 이것은 몇 가지 방식으로 외부로 표출된다. 가장 명백한 방식은 좌절의 원인이 되는 대상에 대해 항의를 하는 것이지만, 대부분 이러한 방식은 불가능하다. 왜냐하면 그 사람이 좌절의 원인이 무엇인지를 모르거나, 주관적으로 그것을 인식할 수 없거나, 또는 그러한 항의행동을 할 위치에 있지 못하기 때문이다. 어떤 경우든 자신의 분노를 좌절을 느끼게 한 실제 대상에 대해 발산하지 못하게 된다. 따라서 사람들은 종종 분노를 발산할 보다 안전하고 편리한 대상을 찾게 되는데, 여기서 분노의 대상이 되는 것이 희생양(scapegoat)이라고 할 수 있다. 다시 말해서 분노가 좌절을 느끼게 한 대상과는 전혀 관계없는 유사한 대리물을 찾아서 발산되는 것이다(Kornblum and Julian, 2001: 261).

만약 좌절을 느끼게 한 집단이 지배집단이라면, 그 지배집단을 대상으로 공격성이나 분노를 발산하는 것은 위험할 수 있기 때문에 소수집단이 그 분노의 대상이 되는 경우가 종종 있다. '넘을 수 없는 벽'과 같은 지배집단에 비해, 소수집단은 대체로 사회에서 지배적인 위치에 있지 못하기 때문에 분노를 발산하기에 훨씬 더 안전하고 편리한 집단인 것이다. 예를 들어 미국의 LA 흑인폭동은 백인들의 흑인차별에 항의하여 발생한 것이지만, 지배집단인 백인들을 상대로 분노와 공격성을 발산하기에는 너무나 위험하거나 근처에 보이지 않았기 때문에, 흑인들이 유사하게 흑인들에 대해 은근한 경멸의 태도를 가지는 만만한 소수집단인 한인들에 대해 그들의 분노를 발산하였던 것이다.

심리학이론들은 이렇게 부적절하게 희생양을 찾기 쉬운 성격에 대해 주목한다.

그들에 따르면, 권위적 성격(authoritarian personality)을 가진 사람들은 그렇지 않은 사람들에 비해 훨씬 더 편견을 갖기 쉽다(Stanford, 1950). 그들은 자신에게 나타날 수 있는 불확실한 상황에 대해 잘 참지 못하는 경향이 있고, 따라서 보다 전통적인 행동을 고집하며 다른 사람들이 전통적인 기준을 따르지 않을 때 자신이 위협받는다고 느끼는 경향이 있다. 따라서 그들이 가진 편견은, 미리 비전통적인 행동을 할 사람들을 회피하고 대비함으로써 그러한 행동에서 나타날 수 있는 위협을 감소시키는 기능을 가진다(Coleman and Cressey, 1999: 268-269 참조).

일반적으로 권위주의적 성격을 가진 사람들은 강자 앞에서는 한없이 약해져서 그들의 권력과 권위에 절대복종하지만, 다른 한편으로는 자신들이 권력자가 되어 다른 사람들을 지배하고 싶은 욕구를 강하게 갖는다. 따라서 소수집단과 같은 약자에게는 매우 권위적인 태도를 취하는 동시에 이들에 대한 편견을 갖는 경향이 있다. 국내에서도 호남인에 대한 차별을 연구한 민경환(1989)은 권위주의적 성격을 지닌 사람들이 호남인이나 빈곤층 또는 여성에 대해서 부정적인 평가를 내린다고 보고하며, 송관재 외(1999)도 권위주의적인 사람들이 장애인에 대해 부정적으로 생각하고 더 많은 고정관념을 갖는다는 것을 보여주었다(양계민, 2009의 리뷰를 보라).

어떤 사람들은 사회적 정체성의 형성으로 외집단에 대한 편견을 설명한다. 사회정체성(social identity)이란 자신이 어떤 사회집단의 일원이라는 지식과 그러한 멤버십에 부여되는 가치와 정서적 의미로부터 생기는 개인의 자기개념의 일부인데, 국적, 종교, 성, 직업, 학교 등 다양한 사회범주에 소속함으로써 획득되는 사회정체성은 개인이 자신과 세상을 지각하는 중요한 준거틀이 된다. 이런 주장(Tajifel, 1982)에 따르면, 개인은 사회적 정체성을 통해서 자신의 자아존중감을 높이려고 하는데, 이를 위해서는 자신이 속한 내집단(in-group)을 편파적으로 선호하고 반대로 자신이 속하지 않은 외집단(out-group)은 내집단과의 차이를 과장해서 지각하게 된다. 결과적으로 내집단구성원에 대한 근거 없는 편애가 나타나며, 외집단에 대해서는 반대로 근거 없는 부정적 감정을 갖게 된다. 자신이 속한 민족의 문화를 기준으로 다른 민족을 재단하려는 태도인 자민족중심주의(ethnocentrism)도 이러한 외집단 편견의 한 예이다(양계민, 2009; 2008 참조). 결국 외집단을 비하하고 내집단을 더 높이 평가하는 것은 자신의 가치를 더 높이려는 욕구와 관련되어 있는 것이다.

이처럼 일반적으로 심리학적 이론들은 주로 개인에게서 나타나는 성향이나 성격을 설명한다. 좌절-공격이론이나 권위주의적 성격은 개인이 다른 개인에 대해 품을 수 있는 근거 없는 편견에 대해 좋은 설명을 제공한다. 그러나 이러한 이론들은 집단들 간에 지속되는 편견이나 차별에 대해 제대로 된 설명을 제공하지 못한다. 다시 말해서 소수집단에 대해 짧은 시간 동안 나타나는 부정적인 태도에 대해서는 잘 설명하지만, 과연 이러한 성격특성을 가진 사람들이 더 많은 편견을 갖는지에 대해서도 의문이 있으며, 또한 아주 오랜 기간을 걸쳐 지속되는 소수집단에 대한 부정적인 태도에 대해서는 설명의 한계가 있다. 소수집단문제와 관련하여 문제가 되는 것은 바로 후자이기 때문에, 소수집단문제를 제대로 설명하기 위해서는 이러한 좌절과 공격이 발생한 후에 이러한 기제가 어떤 과정을 거쳐서 확산되고, 유지되는지에 대한 추가적인 설명이 더 필요하다.

2. 갈등이론: 인종위협이론

갈등이론에서 출발하여 소수집단에 대한 차별을 설명하는 최근의 이론은 인종위협이론이 있다. 인종위협이론(racial threat theory)에 따르면, 백인 인종주의는 소수집단이 백인의 경제적 풍요를 위협하거나 문화적으로 지배하려고 할 때 그 대응으로 나타난다. 다시 말해서 어떤 소수집단의 수나 힘이 지배집단을 위협하는 수준에 미치지 못할 때 그 소수집단에 대한 적대적 태도는 나타나지 않지만, 그 소수집단의 수나 힘이 지배적인 집단을 위협할 만한 수준으로 성장했을 때 그 소수집단에 대한 편견이나 차별이 나타나게 된다.

예를 들어 1840년과 1870년의 대규모 중국계 이민이 광산, 철도 그리고 기타 건설현장에서 일하기 위해 미국에 왔을 때, 중국계 노동자들이 미국 노동자들을 대체하여 반중국인 감정이 일어났다. 이에 따라 중국인에 대한 편견과 차별이 나타나게 되었고, 결과적으로 중국인 이민제한법이 1882년 통과되었다. 또한 보다 최근인 1996년 히스패닉, 흑인, 아시아계 주민이 많았던 지역인 캘리포니아주에서는 이들에 우호적인 정책이 폐지되기도 하였다. 이 두 사례에서 소수집단에 대한 우대정책에 대한 반대는 인종적, 민족적 구성이 다양한 지역에서 보다 강했고, 이것은 이러한 지역에서 사는 백인들이 소수집단에 대해 더 많은 위협을 느낀다는 것을 보여준다(Mooney et al., 2007: 306).

실제로 많은 편견과 차별의 이면에는 희소자원을 둘러싼 경제적 경쟁이 놓여 있다는 많은 증거가 있다. 이것은 특히 경제위기의 시대에 잘 드러나는데, 경제위기 상황에서 노동자의 일부분을 해고하여야 할 때 소수집단들은 보통 해고의 1순위가 된다. 따라서 보통 이러한 편견을 많이 갖고, 차별을 많이 하는 사람들은 지배집단의 최상층이라기보다는 대개 이러한 소수집단과 경쟁하는 중하층 백인이다. 예를 들어 실제로 20세기 초 미국에서 백인 중심의 노동조합은 흑인들의 노조가입을 거부한 바 있다(Coleman and Cressey, 1999: 270). 이처럼 미국에서 흑인들을 더 많이 차별하는 집단은 흑인들과 일자리를 놓고 경쟁 상태에 있는 백인 노동자계급이며, 아시아계 집단이나 기타 더 작은 소수집단들에 대한 차별과 편견은 백인집단보다는 일자리를 놓고 경쟁관계에 있는 흑인이나 히스패닉집단에서 훨씬 강하게 나타난다.

대공황 시기에 이전에 미국으로 대거 유입된 멕시코노동자들을 쫓아내기 위해 1937년 마리화나 과세법을 도입하여 마리화나를 주로 많이 사용하는 멕시코노동자들을 쫓아낸 사례는 소수집단이 지배집단과 희소자원을 놓고 경쟁하는 상황에서 소수집단을 공격한 전형적인 사례라고 할 수 있다. 이처럼 소수집단이 지배집단을 위협하는 존재로 부상하거나, 또는 경제위기 등으로 인하여 지배집단과 희소자원을 두고 경쟁하는 상황에서, 소수집단이 희소자원을 못 가지거나, 덜 가지도록 강요하기 위해 이들에 대한 편견이나 차별을 만들어 내게 된다.[5)]

미국에서 나타났던 이러한 소수집단에 대한 배제와 공격에서도 알 수 있듯이, 보통 희소자원을 두고 경쟁하는 경우 소수집단의 가치가 희생되고, 그 결과 차별은 공공연히 평등의 가면을 쓰고 제도화되는 경향이 있다. 이러한 제도적인 차별(institutional discrimination)은 잘 느껴지지 않는 상태에서 모든 사회에 존재한다. 예를 들어 한 사회의 소수집단들은 보통 이민 온 나라의 언어구사와 독해에 능숙하지 못한데, 이들이 주류사회에 들어갈 기회를 얻기 위해서는 이러한 불완전한 언어장벽과 싸워야 한다. 예를 들어 한국유학생이 미국에서 박사학위를 취득하고 대학에 자리잡거나 대학의 종신재직권(tenure)을 얻기 위해서는, 그가 도저히 극복할 수

---

5) 여기에 대한 상세한 논의는 4장 2절 2.를 보라.

없는 언어장벽과 싸워야 한다. 모든 사람에게 기회가 평등하지 않음에도 불구하고, 얼핏 보기에는 누구에게나 기회는 평등한 것으로 여겨진다.

반대로 차별이 공공연한 형태로 나타날 수도 있고, 이 경우 증오범죄라는 더 강력한 형태로 발현될 수도 있다. 미국에서의 KKK단의 흑인에 대한 테러와 폭력, 독일에서 신나치주의자의 이민자들에 대한 폭력 등은 모두 주류집단이 소수집단을 지배하고, 이것을 계속 유지하기 위한 도구이다.

증오범죄

증오범죄(hate crime)는 인종, 민족, 성적 지향, 종교, 장애, 계급, 국적, 연령, 성 등의 소수집단에 대한 편견으로 소수집단에 대해 폭행이나 협박, 위협 등을 가하거나, 소유한 물건이나 주택에 대해 금전적 손상을 입히는 행위를 말한다. 증오범죄가 나타나는 형태는 폭행이나 손괴 외에도 집단따돌림, 희롱, 언어적 폭력, 공격적인 낙서나 편지 등의 다양한 형태로 나타날 수 있다. 이러한 소수집단에 대한 테러나 폭력은 보통 한 집단의 다른 집단에 대한 지배를 유지하고 보전하기 위해서 나타난다. 미국에서 악명 높은 백인우월주의자 집단인 KKK(Ku Klux Klan)단의 흑인에 대한 테러와 폭력은 이것의 전형적인 한 예이다.

서구 유럽이나 북미의 도처에서 일어나고 있는 증오범죄에 대한 2008년 조사 보고서(Human Right First, 2008)에 따르면, 현재 세계 도처에서 실제로 발생하고 있는 증오범죄의 유형은 ① 인종 및 외국인 혐오에 의한 폭력, ② 셈족[6]에 대한 폭력, ③ 무슬림에 대한 폭력, ④ 종교적 무관용에 의한 폭력, ⑤ 집시에 대한 폭력, 그리고 ⑥ 성적 지향 및 성정체성에 대한 편견에서 발생하는 폭력의 6가지로 나눌 수 있다. 이 보고서에 따르면, 세계적으로 증오범죄가 증가추세에 있다.

경우에 따라서 편견과 고정관념은 의도적으로 만들어지기도 한다. 서구중심의 세계화는 이런 편견과 고정관념을 만들어내었다. 유럽의 여러 나라들이 경쟁적으로 신대륙의 발견과 식민화에 나선 후 가장 먼저 직면한 문제는 아메리카대륙에 있던 원주민들을 처리하고, 신대륙의 개발에 필요한 인력을 확보하는 문제였는데, 유럽의 제국주의 국가들은 이것을 인종주의를 동원함으로써 해결하였다. 그들은 아메리카의 원주민을 쫓아내거나 죽이고, 아프리카에서 흑인들을 사냥하여 노예로 끌고 왔는데, 이러한 행위들을 정당화하기 위해서는 그들이 쫓아내거나 죽이거나, 노예사냥을 통해 끌고 온 사람들에 대해 이들은 백인과는 다른 열등한 인간이거나, 심지어 동물에 불과하다는 논리가 필요했다(박경태, 2008: 30). 결국 이후 오랫동안 이어 내려온 백인우월적 인종주의는 백인들의 이익을 위해 신대륙의 자원을 개발하고 차지하기 위한 도구로 작용했다.

국내에서 청소년들의 소수집단에 대한 태도가 어디서 기인하는지를 연구한 한 연구(양계민, 2009)는 한국에서도 소수집단에 대한 부정적인 태도가 희소자원을 둘러싼 현실적인 갈등에서 기인한다는 것을 보여주었다. 그에 따르면, 한국의 청소년들은 한국 내에 존재하는 외국인노동자, 다문화가정자녀, 탈북주민, 조선족과 같은 소수집단이 한국사회에 피해를 주거나 제한된 자원을 빼앗아갈 수 있을 것이라는 인식을 갖고 있었으며, 이것이 이들 소수집단에 대한 부정적인 태도에 영향을 미친다. 소수집단의 존재로 인해 한국의 청소년들이 직접적으로 피해를 입는 것은 아니지만, 자신들의 내집단인 '전체로서의 한국사회'에 위협이 된다고 생각하며, 이것은 초등학생, 중학생 그리고 고등학생 집단에서 매우 일관되게 나타난다. 이러한 분석 결과는 한국에서도 소수집단에 대한 부정적인 태도와 평가절하가 희소자원을 둘러싼 경쟁에서 상당수 기인한다는 것을 보여준다.

---

6) 셈족(Semitic)은 중동지역에서 발원한 어족을 가리킨다. 아랍어나 히브리어가 여기에 속하며, 이러한 언어들을 사용하는 민족을 통칭하여 셈족이라고 한다. 현재는 주로 중동과 북아프리카에 걸쳐 분포하고 있다.

3. 상호작용이론: 고정관념과 학습

상징적 상호작용론자들은 인종과 민족이 어떻게 사회적으로 구성되는지에 초점을 맞춘다. 현대의 인종학자들은 인종을 분류하는 데 아무런 과학적, 생물학적 기초가 없다는 데 동의하지만, 사람들은 인종범주를 실질적인 것으로 생각하도록 학습되어 왔다. 낙인의 시각은 인종과 민족에 대해 나타나는 부정적인 고정관념의 역할에 대해 고려한다. 고정관념(stereotypes)은 특정 집단의 특성과 행동에 대한 과장 또는 일반화라고 할 수 있다. 편견이 어떤 집단에 대한 부정적인 태도 또는 평가인데 비해, 고정관념은 이보다 더 굳은 신념이라고 할 수 있다(홍대식, 1994: 709).

이것이 소수집단에 대해 적용되면, 자기충족적 예언(self-fulfilling prophecy)이 되어 소수집단들을 곤혹스럽게 한다. 예를 들어 이러한 예언이 적용된 소수집단들은 위세나 승진의 기회가 거의 없는 낮은 임금 직업만을 얻을 수 있다. 왜냐하면 이 소수집단의 구성원들은 보다 중요하고 좋은 위치에 있는 직업을 수행하기에 능력이 떨어진다고 지배집단들이 생각하기 때문이다. 따라서 소수집단의 구성원들은 과학자, 기업의 중역, 또는 의사가 되는 데 필요한 훈련을 받을 기회가 제한되고, 지배집단이 덜 선호하는 직업으로 한정된다. 결과적으로 소수집단에 대한 근거 없었던 정의는 사회적 허상이 아닌 실재가 된다(Mooney et al., 2007: 308).

상호작용론자들은 사람들이 어떻게 언어를 통해 부정적 고정관념이나 편견적인 태도를 갖게 되는지에 관심을 가졌다. 이러한 언어를 통해 고정관념이 심화되는 대표적인 예는 색깔에 함축된 언어의 의미이다. 예를 들어 미국에서 백인기사는 좋은 사람이지만 흑인기사는 악당이고, 천사의 음식은 하얗지만 악마의 음식은 검은 색을 띤다. 그 외에도 검은 색에 관련된 부정적인 용어들은 검은 양,[7] 흑사병, 흑주술(黑呪術), 블랙리스트 등 수없이 많다. 한국에서도 검둥이, 검버섯, 검은 음모, 흑색선전 등 수없이 많다. 이러한 언어관습은 그 자체로 어떤 소수집단에게는 낙인과 고정관념으로 작용한다. 최근에 미국에서 이민자의 권리를 옹호하는 입장을 가진 사람들은, 과거에 불법체류 노동자라고 불리던 외국인노동자들을 미등록노동자라는 보다 중립적인 용어로 부르는 것을 선호한다(Mooney et al., 2007: 308). 이것은 언어

7) 영어에서 검은 양(black sheep)은 악당이나 말썽꾸러기를 의미함.

사용의 관습에 의해 사실이 아닌 것이 사실이 되는 것을 방지하기 위한 것이다.[8)]

문제는 이러한 부정적인 의미는 대부분 소수집단의 특성을 나타내는 것으로 사용된다는 것이다. 미국의 대선유세 중에 레이건이 자주 언급한 '복지여왕의 신화'는 이것이 매우 극소수 흑인여성의 사례였음에도 불구하고, 전체 흑인여성의 행동과 이미지로서 고착화된다. 이처럼 상호작용이론의 시각에서 사회문제는 (그것이 실제로 존재하는가에 상관 없이) 사회 내에 영향력 있는 사람(들)이 어떤 문제가 있다고 언급하고, 그것이 대중들과 사회제도에서 받아들여질 때 생겨난다.

소수집단 여성에 대해 '복지여왕'의 오명을 씌우기

페미니스트 학자인 콜린스(Patricia Hill Collins)는 미국사회에서 빈곤층에 대한 가장 악의적인 신화 중의 하나로 복지여왕(welfare queen)의 신화를 지적한다. 이러한 신화 속에서, 빈곤층의 여성은 복지혜택을 얻어서 여기에 의존하여 살고, 일을 하려 하지 않으며, 그들의 나쁜 가치를 자녀들에게 물려주는 존재가 된다. 예를 들어 미국대통령을 지냈던 레이건은 그의 선거운동 기간 동안, 부양자녀가 있는 여성에 대한 복지프로그램에 대한 공격이 필요하였고 이를 위해, 복지혜택 사기사건으로 입건된 한 흑인 빈곤층 여성에 대해 자주 언급하였다. 레이건에 따르면, "그녀는 80개의 허위이름과 30개의 허위주소, 12개의 사회보장번호를 사용하면서 퇴직군인연금을 받거나, 의료혜택을 받거나, 푸드스탬프[9)]를 모아왔다." 이러한 대통령 후보의 언급은 모든 빈곤층 흑인여성들을 캐딜락을 타고 다니는 복지여왕의 이미지로 고착화시킨다. 따라서 이러한 복지여왕의 신화는 사회복지정책에 대한 개혁에서 빈곤층 소수집단 여성들에게 매우 부정적인 역할을 하게 된다.

이러한 나쁜 이미지는 흑인여성에게만 그치지 않는다. 미국에서 흑인남성들의 교도소 수감률은 세계 제일이며, 심지어 인종차별이 극심했던 남아프리카공화국의 흑인 수감률보다도 더 높다. 이러한 오명은 부모들에게 한정되지 않는다. 이 오명이 씌워진 이미지는 빈곤층 지역과 홈리스 가족으로부터 흑인 아이들에게 확장된다. 이 아이들은 학교수업에 잘 참석하지 않는 경향이 있는데, 이것은 사실

---

8) 최근에 국가인권위원회는 다른 피부색을 가진 사람이 곤란을 겪지 않도록, '살색'이라는 용어의 사용을 지양하도록 권고하였다.

9) 빈곤층에게 지급되는 음식을 무료로 살 수 있는 쿠폰.

그들이 능력이 없어서라기보다는 오히려 기회가 없기 때문임에도 불구하고, 이 흑인 아이들이 무능력하다는 신화는 그들의 교육에 사회가 적은 투자만을 하는 것을 정당화시키기 위해 사용된다.

Kornblum and Julian, 2001: 265.

이러한 사실과 다른 부정적인 고정관념이 쉽게 만들어질 수 있는 것은, 일상적으로 사람들은 그들의 상호작용 과정에서 많은 부분을 생략하여도 의미의 전달이 가능하기 때문이다. 예를 들어 다른 지역의 사람들이 호남사람과 상호작용을 할 때, 그가 호남사람이라는 것을 알게 되면 상당히 많은 대화의 진행이나 결과, 그리고 향후 행동에 대한 예측이 가능하다. 아마도 그 호남사람은 노무현 전 대통령을 지지할 것이며, 이명박 대통령의 노선에 적극적으로 반대할 것이고, 경상도사람에 대한 반감을 갖고 있을 것이며, 김대중 전 대통령에 대해 말을 할 때는 아마도 조심스럽게 해야 한다는 정도를 쉽게 예측할 수 있다. 물론 어떤 호남사람들은 노무현을 지지하지 않으며, 경상도사람에 대한 반감이 적다는 것은 사실이다. 그러나 호남사람들에 대한 고정관념은 (물론 그것이 틀렸다고 하더라도) 이러한 복잡한 가능성에 대해 과감히 생략하고 대화를 나누며 상호작용을 쉽게 할 수 있게 한다. 다시 말해서 대화의 맥락 하나하나를 짚으면서 어렵게 넘어가지 않아도, 서로 상호작용을 하는 사람들 사이에는 이미 맥락이 공유되어 있다는 가정 속에서 상호작용이 매우 원활하게 될 수 있는 것이다.

또 다른 예를 하나 들어보자. 공항에서 비행기표를 파는 사람에게 동남아 출신의 외국인노동자가 표를 사려고 왔을 때, 표를 파는 사람들은 1등석을 탈 것인지, 이코노미석을 탈 것인지를 물어보지 않아도 된다. 왜냐하면 이들은 돈이 없고 아껴야 한다는 동남아 출신 외국인노동자에 대한 고정관념을 갖고 있기 때문이다. 이것은 사람들이 상호작용을 할 때 어떤 상황 상황의 뉘앙스를 모두 고려하지 않고도 신속하고도 적절하게 대응할 수 있게 해주는 전형화(typification)[10]의 한 사례이다. 문제는 모든 동남아 출신 외국인노동자가 돈이 없고, 이코노미석을 타지는 않는다

---

10) 여기에 대해 자세한 내용은 이 책의 2장 2절 3.을 보라.

는 점이다. 그럼에도 불구하고 동남아 출신 외국인노동자는 돈이 있더라도, 1등석 티켓을 사지마라는 무언의 사회적 압력이 존재한다. 이것이 사회적 실재이며, 이러한 실재가 깨어졌을 때 그는 이러한 깨어진 실재를 복원하려는 사회적 청중의 반응[11]에 시달릴 것이다. 이처럼 동남아 출신 노동자에 대한 자기충족적 예언은 그들에 대해 다른 사람들이 가진 고정관념에 따라서 행동하게 만들고, 자신들에 대한 차별에 대해 무감각해지고 숙명처럼 받아들이게 만든다.

그러면 왜 다수의 사람들에게 고정관념이 공유되는 것일까? 여기에 대해서는 대체로 학습에 의해서 설명되는 경향이 강하다. 한 사회의 어른들이 갖고 있는 고정관념은 대체로 아이들에게도 매우 어릴 적부터 전수되는 경향이 있다. 아이들은 어려서부터 자신의 부모의 생각을 별다른 의심 없이 받아들이는 경향이 있다. 따라서 부모가 가진 고정관념은 부지불식 간에 자녀들에게 전달된다. 예를 들어 호남사람에 대해 타 지역의 어린 학생들은, 그들이 대부분 호남사람들을 한 번도 만나보지 못했음에도 불구하고 어른들과 비슷한 고정관념을 공유한다. 이것은 호남학생들도 또한 마찬가지로 경상도사람을 대부분 한 번도 만나보지 못했음에도 불구하고, 경상도사람에 대한 고정관념을 어른들과 매우 유사하게 갖는다. 왜냐하면 그들은 모두 부모들로부터 부모들이 바람직하게 생각하는 방향을 받아들이며 자라왔기 때문이다. 실제로 이러한 타 지역에 대한 고정관념은 타 지역 사람을 만나보지 못한 사람에게서 더 강하게 나타난다.

이처럼 사회문제는 고정관념에 의해서 실제와는 관련이 없이 만들어지는 것이며, 이러한 고정관념은 부모로부터, 동네어른으로부터, 친구로부터의 상호작용과정에서 학습되어 세대 간에 전승된다. 문제는 그것이 허상이든 실상이든 사회문제로 만들어질 때 사회적 실재로 등장한다.

11) 예를 들면 진짜 일등석을 원하는 것이 맞느냐는 질문 등.

제 3 절 소수집단문제의 유형과 실태

이 절에서는 한국사회에 존재하고 있는 다양한 소수집단들 중에서도 인종, 민족, 국적에 따른 소수집단에 대해 다룬다. 여기에 속하는 집단들로는 오랜 역사를 갖는 화교에서 시작하여 비교적 최근에 나타난 이주노동자와 혼인에 의한 다문화가정이 있으며, 우리와 같은 민족이지만 실제로 한국사회의 전형적인 소수집단으로 나타나고 있는 탈북주민이 있다.

1. 화교

한국에서 소수집단문제의 역사는 의외로 길다. 많은 사람들이 특히 국적, 민족, 인종에 따른 소수집단문제는 최근에 한국경제가 발달하면서 나타난 문제라고 생각한다. 특히 최근의 동남아나 중국 출신의 외국인노동자와 결혼이민자의 증가는 이러한 생각의 토대가 된다. 그러나 한국사회에는 매우 오래 전부터 우리 사회에 숨을 죽이고 살아온 소수집단이 있다. 이들은 주류사회에 대해 자신의 권리를 쟁취하기 위해 자신을 공공연하게 드러내지 않았기 때문에, 대부분 한국인들은 이들이 얼마나 많이 한국에 존재하고 얼마나 많은 차별을 받고 있는지에 대해 잘 모른다. 보다 정확히 표현하면 무관심하다. 이러한 소수집단에 대한 무관심은 대부분의 주류사회에서 나타나는 것이지만, 한국의 화교의 경우 그 정도가 심하다. 화교가 한국에서 살아온 역사는 한 마디로 끝없는 차별과 배제의 역사였다.

화교가 한국으로 이주하기 시작한 것은 1882년 고종 19년으로 추정된다. 임오군란 때 청나라 군대를 따라서 40여명의 상인들이 입국했는데, 이들이 한국화교의 기원이 되었다. 이후 청나라는 조선에 통상조약을 강요하여 화교 상인들이 유입되는 길을 텄다.[12] 1884년 인천, 1887년 부산, 1889년 원산에 화교 상인거주지가 설치됨에 따라 화교 수는 크게 증가하였다. 이러한 증가추세는 조선이 일본의 식민지가 된 1910년 이후에도 지속적으로 나타나는데, 당시 화교는 식민지 조선에서 전체

12) 이처럼 청나라의 강요에 의해 화교가 유입된 것은 이후 지속적으로 화교에 대한 나쁜 이미지를 만드는 원인이 된다.

상권의 70%를 장악하였다. 지속적으로 증가하던 화교가 일시적으로 준 것은 1931년 만주에서 일어난 조선인에 대한 테러로 조선인 200여 명이 사망(만보산 사건)한 후 평양을 중심으로 화교에 대한 보복테러(배화폭동)의 여파로 인해 화교가 크게 줄어든 것 외에 화교는 지속적으로 증가했다.[13] 이 폭동은 물론 보복테러의 성격을 띤 것이었지만, 그 이전부터 식민지 조선에서 화교에 대한 이미지가 매우 좋지 않았다는 것을 보여준다.

그림 8-1 ■ 구한말과 식민지 시기의 한국 내 화교인구 추이 (단위: 명)

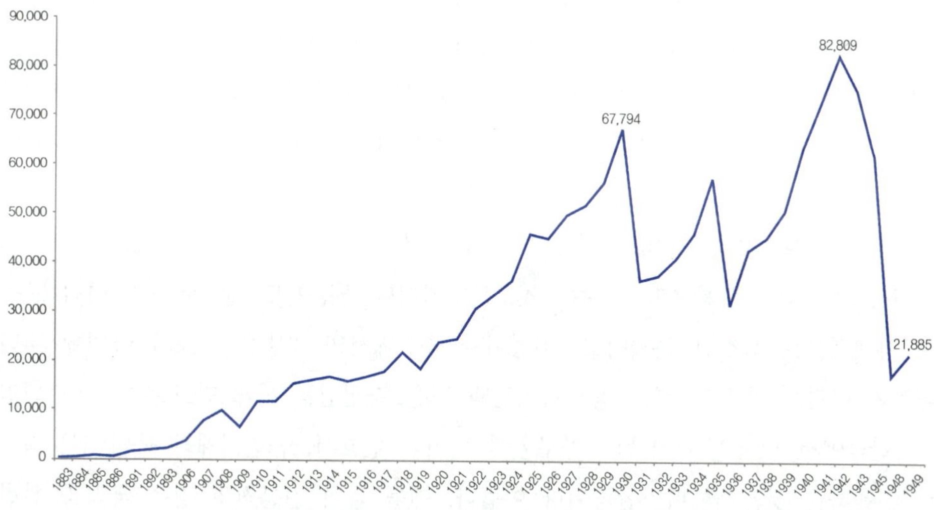

출처: 손승희, 2009.

해방 이후 한국의 화교는 중국과의 무역을 거의 독점하면서 일시적으로 번영을 누렸다. 그러나 1950년 한국전쟁으로 인하여 창고에 쌓아두었던 많은 화교의 물자가 모두 불타버리면서 화교의 경제력은 완전히 바닥이 났다(이재광, 2004). 또한 냉전체제가 구축되고 공산주의 중국과 국교가 단절되고 대만과 우호적인 교류를 하

13) 당시 만주에서 중국인의 공격을 받아 조선인 800명(실제로는 200명)이 사망했다는 조선일보의 부정확한 보도에 의해 흥분한 평양시민 6천여 명이 화교에 대한 잔인한 응징에 나서서, 화교에 대한 보복테러를 하였다. 그 결과 화교 142명이 사망하고, 546명(중상 120명)이 부상을 당하고, 91명이 실종되고, 재산피해는 이루 헤아릴 수 없는 지경이었다. 이 테러의 배후에는 일본총독부가 있다는 설도 있다(손승희, 2009).

게 되면서, 국내의 화교들도 어쩔 수 없는 선택에 직면했다. 그들의 대부분은 대륙 출신이지만, 그들의 국적은 자동적으로 대만국적이 부여되었다. 원래 이들은 별다른 증명서 없이 한국에 체류했지만 1954년에 중화민국(대만)의 대사관에서 '화교거주허가증'을 발급하면서 법적으로 대만의 국민이 되었다(박상순, 2001; 장수현, 2004).

그러나 주로 박정희 정권하에 화교를 비롯한 국내거주 외국인에 대한 권리를 대폭 제한하는 각종 조치가 취해짐으로써 화교의 시련은 시작되었다. 이들에 대한 권리제한 중 중요한 것은 법적으로 이들의 체류자격이 매우 불안정한 것이었으며, 경제적으로는 토지의 소유 등 매우 중요한 경제활동을 할 권리가 크게 제한되는 것이었다. 2002년 출입국관리법의 개정으로 5년 이상 장기체류한 외국인들에 대해 영주권(F-5)을 부여하기 전에, 국내의 화교들이 가진 체류자격은 거주자격(F-2) 비자가 부여되었다. 이것은 물론 장기적인 거주권을 부여하는 것이기는 하지만, 3~5년을 주기로 갱신을 해야 하는 불편함이 있었고, 해외여행 시 미리 재입국허가를 받지 않고 출국하는 경우 체류와 관련된 모든 기득권을 상실할 위험이 있었다(장수현, 2004).

화교에 대한 경제활동의 권리제한은 훨씬 더 심각하다. 주민등록번호가 아닌 외국인등록번호가 잘 통용되지 않는 것, 은행거래나 신용카드 발급에서의 어려움 등은 상대적으로 사소한 문제이고, 취업이나 승진에서의 차별은 화교가 국내에 뿌리내리기 어렵게 만들고, 주로 중국음식점과 같은 자영업을 하게 만드는 원인이 되었다. 한국에서 외국인이 각종의 공무원이 되거나 변호사, 공인회계사 등의 전문직으로 진출하는 것은 별 따기만큼이나 어렵다. 예를 들어 전문직의 경우 국적과 관련한 직접적인 차별조항은 없지만, 법의 시행령과 시행규칙에서 구비서류로서 주민등록등초본 등을 요구하여 외국인을 원천적으로 배제한다(박상순, 2001).

또한 경제적인 측면에서 국내의 화교들에게 가장 큰 타격이 된 것은 역대 정권에서 외국인의 부동산소유를 엄격히 금지했다는 것이다. 1961년의 「외국인토지소유금지법」은 주로 화교들의 부동산 소유를 금지하는 법이었고, 1963년의 화폐개혁은 주로 현금을 보유한 화교들의 돈을 강제로 끌어내었다. 이후 경제개발과 함께 부동산가격이 급격하게 오르면서, 많은 한국인들이 앉아서 거액의 불로소득을 올리는 과정에 국내의 화교는 철저히 배제되었다.[14] 따라서 화교들은 대부분 중국음식점과

---

14) 실제로 자신의 명의로 부동산을 취득할 수 없는 화교들이 친한 한국인의 이름으로 부동산을 샀다가, 눈뜨고

같은 자영업을 하거나, 그렇지 않으면 대만과 한국을 왕래하면서 양국의 물가 차이를 이용한 소규모 무역(보따리장사)을 주로 하여 생업을 이어나갔다. 그러나 이러한 손쉬운 돈벌이는 한편으로 여기에 종사하는 화교들이 자주 집을 비우게 만들어 자녀들의 교육을 등한시 하게 만드는 원인이 되었고, 따라서 현재에도 화교사회의 미래는 한국에서 여전히 밝지 못하다.

이러한 각종의 차별조치로 인하여 한국의 화교는 1960년대 후반에 3만여 명에 이르던 것이 현재는 대거 대만이나 미국 등으로 이민을 떠나, 현재는 2만여 명으로 줄어들었다.[15] 이들이 이민을 떠난 이유는 한국사회의 차별이 중요하게 작용했으며, 또 하나의 원인은 화교들이 주로 운영하고 있던 중국음식점의 대표음식인 자장면이, 집에서 쉽게 요리해 먹을 수 있는 라면이나 프라이드치킨과 같은 경쟁자들이 등장함으로써 급속히 쇠퇴했다는 점이다. 어쨌든 한국은 일본과 함께 화교가 기를 펴고 살기 힘든 거의 유일한 나라이다.

[표 8-1]에 따르면, 한국사회에서 화교들은 특히 취업단계와, 승진단계 등의 직장에서의 차별과, 핸드폰이나 인터넷 가입과 같은 상업서비스 차별, 그리고 참정권과 복지혜택에서 차별이 심각하다고 생각한다. 반면에 교육이나 공공기관, 은행, 세금부과 등은 차별은 있지만 비교적 상대적으로 양호한 것으로 나타난다. 또한 표에는 나타나 있지 않지만, 한국사람이나 한국정부 모두 화교에 대해 차별을 하는 것으로 화교들은 느끼지만, 그 중 사람들보다는 정부에서 더 많은 차별을 당한다고 생각한다.

한 화교의 증언에 따르면, 화교들에 대한 멸시와 폭언 등은 일반인들보다 오히려 관공서에서 훨씬 심했다고 한다. 요즘에는 공무원들의 서비스 의식이 많이 개선되어 그런 것들은 거의 찾아보기 어렵지만, 예전에는 심지어 새파랗게 젊은 공무원이 나이가 지긋한 화교어른에게 반말로 대하는 경우도 많았다고 한다. 이처럼 화교들은 오랫동안 차별과 멸시에 시달렸지만, 오히려 이러한 차별에 대해 상당 부분 이해한다는 반응도 제법 많다. 예를 들어 박정희 정권의 외국인에 대한 토지소유금지조치는 당시 국내의 외국인 중 97~98%를 차지하던 화교를 겨냥한 것으로 알려

자신의 부동산을 강탈당하는 사례가 많았다고 한다.

15) 2세의 출산으로 인한 자연증가분이 있다는 점에서 이러한 감소는 매우 큰 것이다.

졌지만,[16] 정작 화교들은 이것이 일본자본의 침투라는 현실적인 두려움에서 나온 것이라고 생각하거나, 화교들의 국적을 발급한 나라인 대만에서도 외국인의 토지소유는 동일하게 제한되어 있기 때문에 상호주의에서 나온 것이라고 생각하는 화교들이 의외로 꽤 있다. 오히려 차별과 멸시, 따돌림을 어려서부터 체험하고 자란 젊은 화교들의 반한 감정은 상당히 높다. 예를 들어 이들의 상당수는 북한과 남한이 축구를 하면 남한이 지기를 바라는 것이 일반적인 정서라 한다(국사편찬위원회, 2007).

표 8-1 ■ 한국사회에서 화교들이 느끼는 차별의 정도 (단위: %)

차별의 종류	심각하다	그저 그렇다	심각하지 않다
핸드폰, 인터넷 가입과 같은 상업서비스 차별	79	13	8
복지혜택 차별	79	15	6
참정권 차별	79	16	5
승진 단계에서 차별	79	15	6
취업 단계에서 차별	77	16	7
은행 등 금융기관에서 차별	58	19	23
대학입시에서 차별	56	26	18
세금 차별	50	35	15
공공기관(구청, 동사무소)에서 차별	50	28	22
초중고 교육에서 차별	46	30	24

출처: 박경태, 2004.

현재 젊은 화교 3세대들이 놓여 있는 현실은 두 개의 조국과 또 다른 의미의 조국인 한국 사이에서 자신의 정체성에 대한 고민에 처해 있다. 이들의 뿌리는 대륙

16) 한 드라마에서도 박정희 대통령이 직접적으로 화교들을 탄압하라고 지시하는 모습이 나오지만, 실제로 박정희 대통령을 근처에서 만날 수 있는 위치에 있었던 한 화교는 이것을 부정한다. 그에 따르면, 박정희 대통령은 화교가 어려움을 겪을 때 오히려 도와주었다고 한다. 화교에 대한 탄압에 가까운 차별은 그보다는 한국의 고위공무원들에게 주로 나왔다고 한다. 예를 들어 한국에서 외국인을 담당하는 고위공무원이 대만에 갔다가, 몸수색을 당한 후 불쾌감을 가지고 한국에 돌아와서 화교들을 탄압하는 것과 같은 일이 비일비재했다고 한다(한국 화교 중의 최고 엘리트 국백영의 증언). 보다 자세한 내용은 국사편찬위원회, 2007을 보라.

중국에 있지만, 그들은 대만의 국적을 갖고 있고,[17] 생활방식과 사고방식은 한국사람과 오히려 비슷하기 때문에 이들 화교 3세대들은 정체성의 혼란 속에 있다. 향후 이들은 중국의 국적을 취득하거나,[18] 한국에 귀화하여 한국사회에 동화할 것으로 예상된다.[19]

2002년의 통계[20]에 따르면, 국내에 거주하는 화교들의 대부분은 서울(38.9%)에 거주하고 있으며, 그다음으로 인천(13.0%), 경기(9.8%), 부산(8.7%)의 순으로 분포한다. 한국의 화교는 세계적으로 볼 때, 매우 독특한 특성을 갖고 있다. 싱가포르나 말레이시아의 경우 주로 광동지역 출신들이 대부분이며, 이미 그 지역에서 주류집단으로 부상해 있고 자신들이 싱가포르나 말레이시아 국민이라는 정체성을 갖는다. 그러나 한국의 화교들은 이미 이주 2세대를 넘어서 3세대로 발전하였음에도 불구하고 아직도 한국사회에 동화되기보다는 자신들의 뚜렷한 정체성을 유지하고 있다. 이렇게 오랜 기간 동안 자신들의 정체성을 유지하게 된 이유 중의 하나는 한국사회에서의 제도적인 차별이 중요하게 작용하였다고 생각된다.

실제로 화교들이 한국에서 사는 것은 매우 불편함에도 불구하고, 그들이 한국인으로 귀화하는 경우는 별로 없다. 이것은 한국사회의 차별에 따른 반감에서도 기인하는 것이지만 보다 현실적인 이유도 존재한다. 현재 화교의 경우 외국인이기 때문에 한국인들이 겪는 입시지옥을 겪지 않고도, 대학에 비교적 수월하게 특례 입학할 수 있다. 또한 한국남자들의 무거운 의무인 병역의 의무에서 자유롭다. 한국사회에서 이 두 가지 문제는 젊은이들이 사회에 진출하고 성공하는 데 매우 중요한 것이기 때문에, 이러한 혜택들은 화교들에게 있어서 무시할 수 없는 중요한 문제이다. 예전에는 대만정부에서 해외 화교들에게 많은 혜택을 주어서 대학에서 공부할 수 있도록 장려했지만, 최근에는 그러한 혜택이 감소하고 있으며 심지어는 대만의 군

17) 사실은 이마저도 한국이 중국과 수교하면서 대만을 국가로서 인정하지 않기로 하였기 때문에 애매하며, 보다 정확히 한국사회에서 이들의 지위를 표현하면 난민이다.

18) 그러나 중국국적을 취득하는 경우 다른 외국으로 여행을 하고자 할 때, 비자발급이 극도로 제한되기 때문에 쉽지 않다. 실제로 중국대사관은 화교들이 중국국적을 취득하려고 하면 이러한 문제를 거론하며 말린다고 한다.

19) 그러나 한국의 국적을 취득하는 경우 남자의 경우 병역문제가 있다.

20) 이 화교의 지역별 분포는 장수현(2004)이나 박경태(2004)의 논문에 실려 있는데, 그들이 제시한 법무부의 인터넷 주소는 현재 접속되지 않는다.

홍성방(鴻成坊)

부산역 앞에 자리 잡은 차이나타운에는 화교들이 운영하는 많은 중국음식점들이 있다. 어떤 집은 만두가 맛있고, 어떤 집은 하얀 짬뽕이 맛있다. 그 중 차이나타운의 공식적인 입구라고 할 수 있는 상해문 바로 앞에 있는 홍성방은 탕수육이 맛있는 집이다. (싸다는 이유로 가짜가 없는) 이과두주 한 잔에 탕수육을 걸치면 세상이 부럽지 않다.

어느 날 이과두주를 한 잔 걸치면서 문득 본 홍성방의 한자가 예사로워 보이지 않았다. 한자를 잘 쓰지는 못하지만, 그래도 읽는 데는 큰 지장이 없는 나에게 홍성방의 '鴻'자는 그리 만만하지 않았다. 그래서 (나의 주관적인 생각으로) 중국배우 공리를 닮은 젊은 화교 여주인에게 그 한자가 무슨 자냐고 질문을 한 적이 있었다. 그 화교주인의 말에 따르면, 홍성방의 '홍'자는 '기러기 홍'에다 '이룰 성'이다. 주인의 대답을 듣는 순간 '아차!'하는 약간의 후회와 함께 착잡함이 느껴졌다. '홍성방'의 뜻은 "한국에서 크게 벌어서 기러기처럼 훨훨 중국으로 날아가겠다"는 것이 아닌가? 아마도 한국에서 태어나서 한국말을 쓰면서 살아왔을 것으로 보이는 젊은 화교에게 한국이라는 나라의 의미는 무엇이었을까? 그리고 아마도 그녀의 뿌리 중국과, 아마도 그녀의 모국 대만은 또 어떤 의미로 여겨지는 것일까?

대에서 병역의 의무를 다해야 하는 문제도 발생할 수 있다.[21] 따라서 현재는 화교 자녀들의 대부분이 한국 내의 대학에 진학하고 있다. 어차피 이들이 취직하고 정착해야 할 곳이 한국이라면, 한국의 대학을 졸업하는 것이 더 유리하기 때문이다.

1944년 평양에서 출생한 화교 2세인 진모씨는 미국으로 이민을 갔다가, 광동어를 쓰는 미국의 화교집단에 끼지 못하고 오히려 한국사람들이 모여 사는 곳에서 한국 사람들과 친하게 지내다가, 자신이 버리고 떠난 한국에 대한 향수를 이기지 못하고 결국 영구 귀국하였다(국사편찬위원회, 2007: 294).[22] 소수집단인 그가 사는

21) 실제로 대만의 대학을 다니면서 대만의 호적(주민등록)을 취득했던 한 화교가 5년이 지난 후에 대만에 놀러갔다가 공항에서 잡혀서 대만군대에 입대한 사례도 있다(국사편찬위원회, 2007: 196).

사회의 차별로부터 반감을 갖고, 그 사회와 동화되지 않으면서도 은연 중에 이미 그 사회의 일원이 되어 있는 경우를 우리는 자주 볼 수 있다. 최근에 한국에 거주하는 화교 3세대들 사이에는 한국에 거주하는 외국인으로서의 권리를 찾아야 하겠다는 생각이 많아지고 있다. 부모세대에서는 다소 차별을 당하거나, 소위 '뙷놈'이나 '짱깨'와 같은 멸시의 표현을 듣거나 폭행을 당하더라도 곧 돈을 벌어서 돌아가려는 생각에 별다른 권리 주장을 하지 않았지만, 이미 3세대들은 이제 영구히 살지도 모르겠다는 생각을 하는 사람들이 늘고 있고, 자연스럽게 외국인으로서의 권리를 주장하게 될 것이다.

2. 외국인 이주노동자

한국에서 외국인 이주노동자(immigrant workers)들이 생겨나게 된 것은 1988년 서울올림픽을 계기로 출입국규제가 크게 완화(사증면제협정 체결범위 확대, 무사증입국의 허용, 입국심사의 간편화 등)되고, 냉전체제의 붕괴 및 적극적 북방외교의 성과로 구공산권 국가(특히 중국)에 거주하는 교포들의 모국방문이 가능해지면서 국내를 출입국하는 외국인의 수가 증가한 데서 그 기원을 찾을 수 있다(조병인·박철현, 1998). 그 당시 이미 국내에서는 소위 3D 업종에 대한 기피현상으로 인하여, 이 분야의 기업들은 심각한 인력난을 겪고 있었다. 주로 중소기업들로 구성되어 있는 이러한 기업들은 중소기업협동조합을 통하여 임금이 싼 외국인 노동자들을 쓰기 위해 산업연수생제도를 만들었다.

이 산업연수생제도는 일본의 산업연수생제도를 모방한 것으로 외국인노동자들을 정식 노동자의 신분으로 데려오지 않고 기술을 배우는 연수생의 신분으로 데려와서 쓰는 형식이었다. 이렇게 함으로써 기업주들은 외국인노동자들에게 노동 3권을 보장하지 않고 노동자들을 저임금에 쓸 수 있는 이점을 누렸다. 그래서 이 산업연수생제도는 인력난에 처한 중소기업에게는 매우 매력적인 제도였다. 1993년 11월 이 제도를 통해서 2만 2천여 명이 입국한 것을 시작으로 1996년 말까지 4년 동안 입국한 산업연수생은 무려 8만여 명에 달했다. 이 당시 입국한 산업연수생들의 국

22) 그의 자녀들은 한국으로의 재이민을 반대하여 아직 미국에 산다.

적은 조선족을 포함한 중국이 가장 많았고, 그다음으로 인도네시아, 베트남, 필리핀, 방글라데시가 많았으며, 그 외에도 스리랑카, 우즈베키스탄, 파키스탄, 태국, 네팔, 미얀마, 이란, 카자흐스탄, 몽골에 걸쳐 매우 다양했다(중소기업협동조합중앙회, 1996). 이것은 산업연수생의 도입을 담당한 중소기업협동조합에서 국가별로 산업연수생의 도입인원을 이렇게 배정했기 때문이다.

이 산업연수생제도는 일본의 제도를 모방한 것이지만, 기본적으로 프랑스나 독일 등의 국가가 외국인노동자 정책의 기조로 삼고 있는 '회전문정책'에 기초한다. 단기교대제라고도 불리는 회전문정책이란 일시적인 노동력수급의 부조화를 극복하기 위해 이들을 산업예비군으로 활용하려는 것인데, 노동시장의 상황에 따라 도입할 노동자의 수를 조절하는 방법에 의해 이들을 제한된 기간 동안만 고용하고, 그 기간이 다 되면 이들을 본국으로 돌려보내고, 다시 새로운 노동자를 들여오는 방식을 말한다. 이미 프랑스나 독일 등의 이러한 방식은, 이전에 들어온 외국인 노동자들이 그들 나라에서 영구정착하게 되어 실패로 돌아갔다.

왜냐하면 외국인노동자를 고용한 고용주의 입장에서, 외국인노동자가 어느 정도 기능을 익히고 의사소통이 원활해지기 시작하면 다시 본국으로 돌려보내고 새로운 외국인노동자를 교육시켜야 하는 부담을 떠안을 수밖에 없었고, 따라서 고용주들은 일단 채용된 외국인노동자의 장기고용을 원하게 되어 결과적으로 외국인노동자들이 영구히 정착하게 되는 결과로 나타나기 때문이다. 이처럼 외국인노동자를 수입한다는 것은 결국 이들의 정착을 가져올 가능성이 높으며, 인종차별이나 범죄, 임금착취, 임금체불 등의 다양한 문제를 발생시킬 수 있고 심하면 송출국과 외교적 분쟁의 가능성도 생긴다. 한국에서도 실제로 산업재해나 임금체불, 외국인노동자에 대한 폭력 등의 매우 다양한 문제점들이 나타났으며, 우리 정부는 한때 이러한 문제들을 해결하기 위해 많은 추가적인 비용을 지불한 바 있다.[23] 또한 국내에 들어온 많은 외국인노동자들도 다른 외국의 사례와 마찬가지로 체류기간이 다 되어도 대부분 돌아가지 않았으며, 현재 한국의 이주노동자[24]문제로 남아 있다.

---

23) 초기 산업연수생으로 입국한 외국인노동자들이 위험한 작업장에서 산업재해를 당한 후, 제대로 보상도 받지 못하고 꿈을 버리고 본국으로 돌아가게 되어 외교적인 분쟁의 소지가 되었다. 따라서 정부는 그들이 사실상의 노동자라는 현실을 인정하여 산재보험을 산업연수생에게도 적용해 주었고, 심지어 이전의 보상을 못 받았던 산재사례까지 소급적용을 해주어 문제를 해결한 바 있다.

표 8-2 ▪ 한국사회에 거주하는 외국인노동자의 지역별 분포(2023)

지역	인구	외국인노동자	지역인구 대비 외국인노동자 비율	전체 외국인노동자 대비 지역별 비율
전국	**51,774,521**	**470,250**	**0.9**	**100.0**
서울특별시	9,384,512	41,962	0.4	8.9
부산광역시	3,279,604	14,897	0.5	3.2
대구광역시	2,379,188	9,028	0.4	1.9
인천광역시	3,025,950	22,210	0.7	4.7
광주광역시	1,457,090	6,006	0.4	1.3
대전광역시	1,470,336	2,825	0.2	0.6
울산광역시	1,107,432	10,170	0.9	2.2
세종시	386,261	2,110	0.5	0.4
경기도	13,815,367	169,511	1.2	36.0
강원도	1,528,014	7,192	0.5	1.5
충청북도	1,641,481	22,259	1.4	4.7
충청남도	2,216,332	36,431	1.6	7.7
전라북도	1,768,491	13,505	0.8	2.9
전라남도	1,776,668	25,625	1.4	5.4
경상북도	2,589,880	27,103	1.0	5.8
경상남도	3,271,148	48,131	1.5	10.2
제주도	676,767	11,285	1.7	2.4

출처: 행정안전부, 지방자치단체외국인주민현황.

따라서 정부에서는 이러한 문제들을 해결하기 위하여, 2004년부터 고용허가제를 통하여 외국인노동자들을 정식노동자 자격으로 도입하는 방식을 병행하기 시작했으며, 2007년에는 산업연수생제도를 전면 폐지하였고 고용허가제로만 외국인노동자를 도입할 수 있게 되었다. 고용허가제는 산재보험 등의 혜택을 국내노동자와 동일하

24) 국내에서 일하고 있는 외국인노동자를 지칭하는 다양한 용어들이 있으나, 이미 이들의 상당수가 체류기간이 매우 길고 영구정착의 가능성도 높기 때문에 이주노동자라고 부르는 것이 적절해 보인다.

게 받을 수 있는 제도로서, 대부분의 선진국에서 이 제도를 채택하고 있다. 전형적인 고용허가제는 우선 고용의 수요가 있을 때, 내국인을 대상으로 채용공고를 일정 기간 동안 한 다음 내국인을 고용하는 것이 쉽지 않을 때 외국인을 고용하는 것을 허가해 주는 제도이다. 일부 이견[25]은 있으나, 이 제도는 산업연수생제도에 비해 임금과 고용유지비용이 더 많이 든다는 단점은 있으나, 외국인노동자에 대한 착취 시비나 송출국과의 외교분쟁의 가능성이 적은 좋은 제도이다.

행정안전부의 조사에 따르면, 2023년 기준 한국에 거주하고 있는 외국인노동자는 총 470,205명인데, 이것은 2015년의 608,116명에 비해 코로나19 불경기로 인해 많이 감소한 수준이다. 이들을 지역별로 살펴보면, 경기도가 169,511명으로 가장 많고 그다음으로 서울이 41,962명으로 서울/경기에 국내 전체 외국인노동자의 44.94%가 거주하고 있는 것을 알 수 있다. 나머지 지역 중 외국인노동자가 많은 지역은 경남(10.2%), 충남(7.7%), 경북(5.8%), 전남(5.4%), 인천과 충북(각 4.7%)으로 나타나고 있다. 이것을 지역인구에 대비하여 살펴보면, 지역주민에 비해 외국인노동자가 가장 많은 지역은 제주(1.7%)가 가장 많고, 그다음으로 충남, 경남, 충북의 순이었다. 반대로 대전, 서울, 대구는 외국인노동자가 적은 지역이다. 이 결과는 외국인노동자들이 대부분 산업기반이 충실한 서울, 경기, 인천의 수도권지역에 분포한다는 것을 보여준다. 실제로 중소기업이 밀집한 안산의 원곡동은 세계 각국의 외국인노동자들로 붐비고, 세계 각국의 음식을 파는 식당들로 빼곡해서 최근에는 '국경 없는 마을'로 불리고 있다.

[표 8-3]에 따르면, 2023년 외국인노동자의 출신지역은 중국이 19.4%로 가장 많고, 그다음으로 베트남이 11.2%, 네팔이 10.4%, 캄보디아가 9.5%, 인도네시아가 9.1%, 미얀마가 6.0%, 태국이 5.9%, 필리핀이 5.8%, 스리랑카가 5.2%, 우즈베키스탄이 4.6%의 순으로 나타난다. 과거에 비해서 불법체류자 단속의 강화로 인해 태국의 비율이 2019년 24.3%에서 5.9%로 대폭 줄어들었으며, 중국(한족)도 2019년 18.3%에서 2.4%로 대폭 줄어들었다. 반면에 네팔, 인도네시아, 캄보디아, 중국(조선족)의 비율은 2019년에 비해 많이 늘어났다.

---

25) 주로 시민운동권에서 반대를 많이 한다. 예를 들어 정정훈, 2009를 보라.

표 8-3 ■ 외국인노동자의 국적별 분포(2023)

국적	외국인노동자 수	구성비
전체	**470,250**	**100.0**
중국(한족)	11,361	2.4
중국(조선족)	79,945	17.0
베트남	52,673	11.2
필리핀	27,210	5.8
태국	27,552	5.9
인도네시아	42,970	9.1
캄보디아	44,492	9.5
미얀마	28,208	6.0
스리랑카	24,341	5.2
파키스탄	5,227	1.1
방글라데시	15,271	3.2
네팔	48,812	10.4
우즈베키스탄	21,618	4.6
미국	7,826	1.7
기타	32,744	7.0

출처: 행정안전부, 지방자치단체외국인주민현황.

일부 선진국 출신을 제외하면, 이주노동자들은 한국인에 비해 훨씬 힘든 일을 하더라도 이들이 받는 임금은 일반적으로 더 적다. 막노동 현장에서 일하는 이주노동자들은 임금의 차가 거의 없는 것으로 알려져 있지만, 한국의 중소기업에서 일하는 외국인 이주노동자들은 한국인에 비해 같거나 더 많은 양의 노동을 하면서도 더 적은 임금을 받는다. 물론 이들이 기술을 배우면 이 상황은 좀 나아지지만, 외국인노동자에게 기술을 가르쳐 주는 한국인을 만나기는 매우 힘들다. 한국인노동자의 입장에서 이들은 언제 자신의 목줄을 위협할지 모르는 잠재적 위협대상이기 때문이다. 대부분의 외국인노동자들은 오랜 시간 일을 해 어느 정도 기술을 배워도 더 높은 직급으로 승진이 불가능하다. 왜냐하면 기술이 낮은 한국인노동자라도 외국인노동자 밑에서 지시를 받으면서 일하는 것은 자존심의 문제이기 때문이다. 이것을 잘 아는 사장은 한국인 인력이 아쉽기 때문에, 외국인을 승진시키는 경우는 거의 없다.

외국인노동자에 대한 고정관념

한국에 중국이나 동남아출신 외국인노동자들이 유입되면서, 자연스럽게 형성된 것은 이들에 대한 편견과 고정관념들이다. 외국인노동자들의 유입 초기에 겪은 문화충돌은, 다른 분야였다면 문화의 차이로 여겨졌을 수도 있는 차이를 편견과 고정관념으로 만들어냈다. 예를 들어 모국에서 당연히 가졌던 기도의식 시간, 낮잠시간, 8시간 노동시간에 대한 외국인노동자들의 향수는 이들의 이미지를 게으르거나 요령을 피운다는 편견을 만들어내었다.

결국 이러한 편견이나 고정관념들은 한국사회에서 외국인노동자들의 사회적 위치가 매우 낮기 때문에 발생하는 것들이다. 이러한 차별은 그들의 생물학적인 능력이나 기술수준과는 전혀 관계가 없는 것이다. 네팔 외국인노동자들을 연구한 함한희(1997)는 한국사회에서 외국인노동자와 관련하여 이들에 대한 왜곡된 인종주의와 가족경영을 지적한다. 한국사회에서 소수집단인 외국인노동자에 대한 지배를 공고히 하기 위해 채택되는 이러한 전략 중에서, 인종주의는 교묘하게 이용되는 한 도구이다. 한국사회에서 흑인이나 흑인과 비슷하게 피부색이 까만 동남아시아나 서남아시아 노동자들에 대해 만들어진 이미지는 게으르거나, 부도덕하다는 것이다. 이것은 중국인이나 심지어 생물학적으로도 같은 민족인 조선족에 대해서도 별로 다르지 않다. 이들에 대해 가장 자주 나타나는 이미지는 사회주의 체제에 길들여져서 일을 열심히 하지 않고 시간만 때우려고 한다는 것이다. 이러한 많은 외국인노동자들에 대해 만들어진 나쁜 이미지는 결국 한국인노동자와 외국인노동자 간에 제도적으로 만들어진 차별을 정당화한다.

예를 들어 외국인노동자를 고용한 업주들을 인터뷰하면, 이들은 외국인노동자들이 교육수준이 높고 소양을 갖추고 있어 일을 빨리 배운다는 호의적인 평가를 하다가도, 외국인노동자들의 낮은 임금이 화제가 되면 외국인노동자들을 부정적으로 묘사하는 경향이 있다(함한희, 1995). 이처럼 외국인노동자에 대한 차별과 그 차별의 근거가 되는 논리와 이미지들은 계속하여 만들어진다. 왜냐하면 차별을 유지해야 사업을 유지할 수 있기 때문이다.

한국사회에서 이러한 외국인혐오증(xenophobia)은 다양한 측면에서 만들어진다. 예를 들어 정식 노동자급에 못 미치는 열등한 노동자인 연수생이나, 가난과 굶주림을 피해 온 난민, 그리고 에이즈(AIDS)나 사스(SARS)병을 옮기는 근원이라는 인식은 이러한 외국인혐오증을 반영하는 다양한 반응들이다(한건수, 2004). 한국인의 눈에 비친 외국인노동자들은 대학을 졸업한 사람들도 열등한 연수생이며, 가난과 기아로부터 탈출하여 선진국에 망명한 난민이고, 다양한 질병을 옮기기에 지하철에서 옆에 앉기 싫은 기피의 대상이다. 이러한 외국인에 대해 만들어진 다양한 인종주의적 이미지는 외국인을 공격하고 차별을 정당화하는 중요한 도구이다. 이러한 이미지는 대중매체에서 외국인노동자의 범죄 등이 보도될 때마다 한국인들에게 각인되고 재생산된다.

'범죄도시' 상영금지 신청한 조선족 단체

최근 조선족 단체 30여 개로 구성된 '중국동포 · 다문화 · 지역사회와 함께 하는 한국영화 바로 세우기 범국민 공동대책위원회(공대위)'는 2017년 9월 "지난 9일 개봉한 영화 청년경찰로 인해 중국동포 사회뿐 아니라 대림동 등 지역사회가 들끓고 있다"며 "아무리 영화라고 해도 특정집단을 범죄조직으로 매도하는 것은 상영 금지해야 하는 중대한 문제"라고 밝혔다. 공대위는 "영화 청년경찰은 중국동포를 10대 여성 인신매매조직으로, 대림동을 경찰도 들어오지 못하는 지역으로 묘사하는데 이는 엄연히 사실과 다르다"고 지적했다.

외국인 이주노동자들에게 자녀가 있는 경우, 자녀의 교육은 그들에게 닥친 매우 중요하고도 현실적인 문제이다. 현행법상 이주노동자는 자녀를 동반할 수 없지만, 브로커를 통해 브로커의 자녀로 가장하여 입국하는 경우가 많다. 그 외 다른 유형은 부부가 함께 한국에 일하러 들어와서 자녀를 낳거나, 아니면 한국에서 이주노동자들끼리 만나서 자녀를 낳는 경우이다.[26] 보통 이주노동자들은 한국의 물가가 높

26) 그 외 이주노동자가 한국인과 결혼하여 자녀를 낳는 경우인데, 이것은 혼인에 의한 다문화가정에 좀 더 가깝기 때문에 다음 항에서 다룬다.

기 때문에, 아이의 양육비를 마련하는 것이 쉽지 않으므로, 아이를 본국의 가족들에게 보내는 경우가 많다.[27] 교육부 자료(교육부, 2020a)에 따르면, 이주노동자의 자녀는 2020년 현재 전국적으로 초등학교에 17,532명, 중학교에 4,782명, 고등학교에 2,014명, 그리고 기타 125명으로 총 24,453명으로 나타나고 있다.[28] 최근 이주노동자는 줄고 있는데도 불구하고, 이주노동자의 자녀학생들은 급속히 늘어나고 있는데, 예를 들어 2012년에 이주노동자의 초등학생 자녀가 1,789명에 불과했는데 비해서 8년만에 무려 10배가 늘어났다. 이런 급속한 증가의 이면에는 정부에서 다문화가정 학생에 대해 대학생멘토를 지원하는 등의 다양한 혜택을 제공하기 때문이다. 따라서 초기에 야학 등의 비정규교육을 이용하던 이주노동자의 자녀들이 이제는 정규교육으로 대부분 편입되었고, 학교에서도 다문화교육이나 편입시 도움을 주는 것을 통해 다문화가정 학생들의 적응을 돕고 있다.

3. 다문화가정

한국에서 혼인에 의해 다문화가정을 이루게 된 경우는 1990년대부터이다. 물론 그 전에도 국제결혼은 많이 있었지만, 농촌에서 힘든 농사일을 기피하여 농촌총각들에게 시집을 가지 않으려 하여 중국이나 동남아시아의 여성들을 본격적으로 대거 신부로 맞이하기 시작한 것은 이때부터이다. 한국에서 처음에는 신부감으로 같은 민족이었던 조선족 출신을 선호하여 1992년 한중수교 이후 1999년까지 무려 4만 명이 결혼을 위해 입국하였다. 그러나 평생을 사회주의 체제 속에서 살아 온 이들은 한국인과의 문화적 차이가 매우 컸고, 따라서 다양한 부부갈등의 원인이 되었다. 더욱이 조선족에 의한 위장결혼이나 사기결혼은 신부감을 구하지 못한 나이 많

27) 그러나 이주노동자가 불법체류 상태인 경우 이마저도 쉽지 않은데, 이 경우 브로커를 이용하는 경우가 많다. 그러나 이것은 국제인신매매의 우려가 있어 필리핀 출신 외국인노동자의 경우 필리핀 대사관에서 신원을 보증한 경우는 타인이 아이를 데리고 출국하는 것을 허용한 바 있다. 그 외 다른 나라는 대부분 브로커를 이용한다(한건수, 2008).

28) 한국정부는 2001년 불법체류 상태의 이주노동자의 자녀교육이 문제되자, 출입국에 관한 증명서만으로 학교등록을 허용하도록 개정하였다. 이마저 브로커를 통해서 입국한 경우 서류가 없는 경우가 많아, 2003년에는 지침을 통해 해당 지역에 거주사실을 입증하는 서류만으로 입학이 가능하도록 하였다. 2008년 시행된 〈다문화가족지원법〉에도 교육 등에 있어서 다문화가족 구성원인 아동을 차별하지 않도록 명시하고 있다(오성배, 2009).

은 농촌총각들에게 추가적인 고통을 주었고,[29] 결혼중개업소들은 그 이후 점점 동남아시아의 다른 나라로 신부감을 찾게 되었다. 특히 베트남과 필리핀이 그 대안으로 각광을 받았는데, 베트남 여성의 경우 '예쁘고 온순하며 부모를 잘 모신다'는 소문이, 그리고 필리핀은 영어가 모국어라는 사실이 그 원인이 되었다. 그러나 베트남에서 베트남 출신 신부들이 각종 피해를 당하는 소식이 알려지자, 베트남 정부는 한국인과의 국제결혼에 대해 남성의 재정적인 능력증명과 같은 몇 가지 중요한 제한을 신설하였다. 그 이후 결혼중개업체들은 캄보디아나 미얀마로 그 대상을 확대하고 있지만(남인숙·장흔성, 2009), 아직도 베트남 여성과의 국제결혼이 많다.

최근 국제결혼의 연도별 추이를 살펴보면([표 8-4]), 2019년 23,643명에서 점점 그 수가 줄어들어 2021년에는 13,102건으로 감소했다가, 다시 증가하여 2024년에는 20,759명이 되었다. 아직도 결혼적령기대의 성비불균형이 심하다는 사실을 감안할 때,[30] 국제결혼의 수는 급하게 줄지는 않을 것으로 예상된다. 신부의 국적별로 살펴보면, 베트남이 5,017명으로 가장 많고, 그다음으로 중국이 2,604명, 태국이 최근에 급속히 증가하여 2,143명, 일본이 1,176명, 미국이 628명 그리고 필리핀이 605명의 순으로 나타난다.

반면 한국여자와 외국남자의 국제결혼은 매년 5,000명 정도를 유지하고 있는데, 신랑의 국적별로 살펴보면, 미국이 가장 많은 1,479명이었고, 그다음으로 중국이 905명, 베트남이 771명, 캐나다가 303명, 호주 164명, 영국 162명, 그리고 일본 147명의 순으로 나타난다. 이 경우 일본남성과의 결혼은 급속히 줄고 있는 반면에, 베트남 남성과의 결혼은 급속히 늘고 있다. 이렇게 베트남 남성과의 결혼이 늘고 있는 이유는, 외국인 신부로 한국에 와서 국적을 취득한 베트남 여성들이 베트남 남성들과 재혼을 하기 때문이다. 최근에 베트남 신부 중에는 원래부터 이런 루트를 계획하고 국적을 획득하는 사례들이 생기면서 사회문제가 되고 있다.

---

29) 1998년에는 이런 피해를 막기 위해서 국적법 개정을 통해 이전에는 결혼 즉시 국적을 취득할 수 있게 하던 것을 결혼 후 2년 이후에 국적을 취득할 수 있게 바꾸었다. 그러나 이 조항은 선의로 입국한 대부분의 외국인 신부의 입장에서는 족쇄가 되어 새로운 각종 피해에 시달리게 되는 계기가 되었다.

30) 여기에 대해서는 13장 3절의 3.을 참조.

표 8-4 ■ 출신국가별, 연도별 국제결혼 추이 (단위: 명)

연도	2019	2020	2021	2022	2023	2024
국제결혼 총건수	23,643	15,341	13,102	16,666	19,717	20,759
한국남자 + 외국여자	**17,687**	**11,100**	**8,985**	**12,007**	**14,710**	**15,624**
베트남	6,712	3,136	1,319	3,319	4,923	5,017
중국	3,649	2,524	2,426	2,282	2,668	2,604
태국	2,050	1,735	1,589	1,932	2,017	2,143
일본	903	758	723	599	840	1,176
필리핀	816	367	260	509	629	605
미국	597	432	457	600	558	628
캄보디아	432	275	137	422	388	363
러시아	305	275	356	295	325	318
한국여자 + 외국남자	**5,956**	**4,241**	**4,117**	**4,659**	**5,007**	**5,135**
미국	1,468	1,101	1,276	1,380	1,386	1,479
중국	1,407	942	777	750	921	905
베트남	639	501	440	586	792	771
캐나다	363	257	223	310	281	303
일본	265	135	140	125	143	147
영국	190	146	112	166	156	162
호주	178	82	77	151	158	164
프랑스	123	93	86	70	80	85
독일	95	54	65	65	78	83

출처: 통계청, 인구동향조사.

이렇게 대거 외국인여성들이 한국으로 국제결혼을 통해 이주하면서 갖가지 문제들이 발생하고 있다. 한국사회가 이들을 받아들일 만한 준비가 아직 덜 되어 있는 상황에서 국제결혼여성들의 대량이민은 일부이기는 하지만 때때로 국제결혼 이주여성들에 대한 학대나 폭행으로 이어지기도 한다.[31] 이들이 한국에서 갈등을 빚는 경우는 대부분 문화적 차이를 이해하지 못하는 경우들이다. 예를 들어 가장 많은 논란이 생기는 경우는 결혼 이민한 여성들이 정기적으로 본국의 친정가족들에게 돈을 부치고 싶은데, 이런 문제로 한국인 남편과 충돌을 빚는 경우가 많다. 일반적으로 대부분의 국제결혼을 통해 외국인여성을 배우자로 맞이한 한국인 남편들은 경제적으로 넉넉한 형편은 아니지만, 외국인 아내들이 본국 친정에 돈을 부치는 것에 대해 인간적으로 해야 할 당연한 도리라고 생각한다(최지영, 2009).

그러나 경제적인 어려움 때문에, 한국인 배우자를 찾지 못한 일부 한국인 남편들은 자신의 아내의 요구를 들어주기가 어렵다. 극단적인 경우이기는 하지만, 국제결혼중개업체를 통해 결혼하는 경우 1,000만 원에서 1,500만 원 정도의 수수료를 지불하고, 추가적으로 결혼 직후 처가로 일정액의 돈을 보내게 되면 많은 빚을 지게 되는 경우도 있다. 이런 경우 아내의 요구를 응하기 힘들게 되고, 갈등이 발생하는 원인이 된다. 그러나 부계의 우위가 아닌 부계와 모계가 동등한 전통을 가진 동남아시아의 대부분의 국가의 관습상, 시집간 딸이더라도 가난한 친정가족을 위해 당연히 생활비를 보내야 되는 것이다. 만약 그렇게 하지 못하게 되면, 다양한 경제적 갈등상황에 이를 수 있다. 이러한 갈등에는 일부 결혼중개업체가 이들 여성에게 결혼 전 한 거짓말도 한 몫을 한다. 한 조사결과(설동훈 외, 2005)에 따르면, 약 22% 정도의 혼인이주여성들이 결혼 전 남편에 대해 들었던 내용이 일치하지 않는다고 응답했으며, 그중에서도 추상적인 남편의 성격문제는 제쳐 두더라도 남편의 직업, 재산, 소득과 같은 명백한 것들이 사실과 일치하지 않은 경우가 20~28%가 되었다.

또한 특히 외국인 아내가 도망갈 수 있다는 한국인 남편의 막연한 두려움은 외국인 아내에 대해 항상 경계하는 태도를 가져오게 되며, 때로는 지나치게 엄격한 통제를 하게 된다. 예를 들어 생활비나 용돈을 매일 5,000원씩 준다든지, 여권을 빼앗는다든지, 본국이나 본국출신 친구들과 전화통화를 할 때 항상 감시를 한다든지 하는 인간으로서의 기본권을 빼앗는 일들이 일부의 혼인다문화가정에서 발생하고 있다.[32] 이런 과정에서 1998년 개정된 「국적법」은 매우 편리한 통제의 도구로

31) 따라서 국내에서는 이 문제를 주로 이주한 여성의 문제로 보는 시각이 많이 존재한다. 그러나 이들의 국제결혼에서 생기는 문제는 이 여성들에게만 국한된 것은 아니며, 그들이 낳은 자녀의 적응과 소외문제, 그들을 받아들인 한국인 가정의 문제 등 매우 다양하다. 따라서 이 책에서는 이 문제를 소수집단의 문제로 파악한다.

32) 외국인 아내가 도망을 갈까봐 두려워서 강한 통제를 하는 것에 대해 몇몇 연구들은 이것을 '선녀와 나무꾼' 신드롬이라고 표현한다. 자녀 셋을 낳을 때까지 날개옷을 주지 말아야 하는데 그것을 줘 선녀가 하늘로 도망

서 활용되기도 한다. 보통 결혼 후 2년 이내에 외국인 아내의 귀책사유로 이혼이 되는 경우 국내에서의 체류자격을 상실하기 때문에, 한국인 남편이 아내의 국적을 취득하는 데 노골적으로 방해를 하는 사례도 있다.

극단적인 사례는 폭력으로 나타나는데, 국제결혼 이주여성들의 문제를 남녀 간의 불평등의 시각으로 접근하는 많은 연구들은 주로 사례연구를 통하여 한국인남성에게 잔인하게 폭행당한 외국인여성들의 피해를 고발한다. 이들 연구들은 주로 쉼터와 같은 여성시설들을 방문하여 국제결혼 이주여성들의 폭행피해가 매우 심각함을 지적한다. 이러한 연구들에 따르면, 국제결혼을 통해 이주한 많은 여성들이 강제적인 성관계, 상습적인 구타, 외국인 아내와 출신국에 대한 멸시에 시달린다고 한다. 어떤 연구는 한국인 남편에게 폭행당해 갈비뼈가 18개가 부러져 죽은 외국인 여성이나 맞아서 거동을 할 수 없어 침대에 누워 있는 여성의 사례를 부각시킨다.

어떤 면에서 이러한 현상은 대다수의 국제결혼 이주여성들을 거침없는 남성폭력의 피해자로 만드는 피해자산업(victim industry)의 성행이라고 할 수 있다. 실제로 좀 더 나은 표본설계를 갖춘 연구들의 분석결과는 외국인 결혼이주여성들의 폭행피해가 이 정도로 심각한 것은 아니라는 것을 보여준다. 예를 들어 국제결혼여성 1,082명을 조사한 한 연구(설동훈 외, 2005)에 따르면, 기혼, 별거, 이혼, 동거, 사별 등의 다양한 유형으로 구성된 전체 표본 중에서 지난 1년간 모욕적인 말을 들은 경우가 31.0%, 때리겠다고 위협한 경우가 18.4%, 물건을 던진 경우가 23.7%, 세게 밀친 경우가 13.9%, 손발로 구타를 한 경우가 13.5%, 성행위를 강요한 경우가 14.0%, 변태적인 성행위를 강요한 경우가 9.5%로 나타난다. 이 결과는 실제로 물리적인 폭행피해를 당한 경우는 전체의 13.5%로 그리 높게 나타나지 않는다. 이 정도의 수치는 국내의 일반부부 및 이혼한 사람들을 조사하여도 충분히 나타나는 수치라는 점을 감안하면, 크게 국제결혼가정에서 물리적 폭행이 많이 일어나고 있는 것은 아니라고 생각된다.

간 나무꾼이 되지 말아야 한다는 생각이 외국인 아내를 맞이한 한국가정에 공통적으로 존재한다. 실제로 이러한 두려움은 실체가 없는 것은 아니다. 특히 국제결혼 초기에 중국출신 여성들을 중심으로 이러한 일이 비일비재하였으며, 특히 조선족은 의사소통이 어려움이 없기 때문에 더욱 심각하게 나타났다. 이러한 사례들은 사기피해를 당한 농촌의 노총각에게는 씻을 수 없는 상처로 남고, 한때 우리 사회의 큰 문제가 되었다.

다만 모욕적인 말이나 노골적 또는 은근한 외국인여성이나 그의 출신국에 대한 경멸은 물리적인 폭행보다는 훨씬 더 심각하게 나타난다. 이러한 상징적인 폭력들은 기본적으로 우리 사회에 뿌리 깊은 인종주의에서 기인한다. 특히 선진국출신의 여성들에게 이러한 상징적인 폭력이 거의 일어나지 않는다는 점에서 이 점을 잘 알 수 있다. 중국이나 동남아시아 출신의 국제결혼 여성들에 대한 부정적인 이미지는 국적을 얻기 위해 사기결혼을 한다거나, 가난한 나라에서 돈에 팔려 와서 친정에 돈을 부치는 데만 관심이 있다거나, 언제 도망갈지 모른다거나 하는 다양한 유형으로 존재한다.[33] 이러한 부정적 이미지는 국제결혼 이주여성들에 대한 편견과 고정관념으로 남는다. 국제결혼을 하여 한국으로 이주한 한 베트남 출신 여성의 이야기는 자신들이 어떻게 상품으로 취급되고 있는지 직접 목격하고 깜짝 놀란다.[34]

서로의 문화를 잘 모르고 결혼을 한 결과는 높은 이혼율로 나타난다. 여성가족부의 조사결과에 따르면([표 8-5]), 2015년에 결혼이민자 중에서 이혼이나 별거를 하고 있는 사람은 전체의 6.9%에 해당한다. 그중에서 여성 결혼이민자의 이혼비율은 7.4%로 남성 결혼이민자의 이혼비율에 비해 더 높았다. 그러나 2018년 조사결과와 비교하면, 전체 이혼이나 별거 비율은 늘었으나, 이민자의 성별에 따라 그 양상은 거꾸로 된 것을 알 수 있다. 이러한 추세는 2021년에도 계속되어 여성이민자의 경우 이혼이나 별거 비율은 9.7%로 더 높아졌고, 남성이민자 역시 12.4%로 더 높아졌다.

33) 이러한 국제결혼 이주여성들에 대한 부정적인 이미지와 관련해 스리랑카 출신의 한 여성이주자는 이것을 극복하기 위해 남편이 번 돈을 고향집에 송금해서는 안 된다고 주장한다. 그녀는 베트남이나 필리핀, 혹은 스리랑카에서 온 여성들의 경우 친정식구들은 '죽을 때까지 함께 가는 가족'이라서 친정 생각하는 이들의 마음이 남다르다는 것을 강조한다. 그녀 역시 사우디와 싱가포르에서 일할 때 늘 고향집에 송금을 하곤 했다. 그러나 이주여성들이 일단 한국에 와서 새로운 가족을 꾸렸으면, 스스로 버는 돈이 있지 않는 한 친정에 송금하면 안 된다는 것이다. 이를 통해 '다문화가족'에 대한 편견을 제공할 수 있으며, 그것은 또한 한국사회에 정착해 살고 있는 다른 이주여성들의 상황을 힘들게 만들기 때문이라고 그녀는 말한다(김영옥, 2009).

34) 〈베트남결혼, 무료맞선, 전액후불제, 부담 없이 전화주세요, 초혼-재혼-장애환영, 나이-학력-재산 상관없음, * 베트남결혼정보회사, 주·야 011-9**-****〉 이와 같은 광고는 조용한 나의 결혼생활에 큰 충격이었다. 베트남 여성이 물건도 아니고, 이런 식의 광고를 허용하는 한국사회는 정말 야만스럽다. 상담원으로서 나는 한국생활 적응에 실패해 이혼하고 귀국하고 싶어 하는 베트남여성을 자주 만난다. 이들의 한국인 남편이나 시부모는 한결같이 이 여성들에게 "내가 너를 얼마를 주고 데리고 왔는데! 돈 돌려주고 가"라고 한다(김나현, 2009).

표 8-5 ■ 결혼이민자의 혼인상태

연도	구분	배우자 있음 (사실혼 포함)	배우자 사망	이혼·별거
2015	여성이민자(%)	89.0	3.6	7.4
	남성이민자(%)	94.5	1.1	4.5
2018	여성이민자(%)	95.4	0.0	4.6
	남성이민자(%)	91.5	0.2	8.3
2021	여성이민자(%)	87.7	2.6	9.7
	남성이민자(%)	86.8	0.8	12.4

출처: 여성가족부, 전국다문화가족실태조사.

국제결혼가정의 어려움은 이주여성에게 국한되지 않는다. 국제결혼을 통해 배우자를 맞이한 한국인남성은 주로 배우자를 선택하는 기준으로 ① 도망가지 않을 여성, ② 한국여성과 유사한 외모를 가진 여성, ③ 한국농촌에 잘 적응할 수 있는 생활력이 강한 여성이 중요하게 고려된다(박경동, 2008). 다시 말해서 한국남성들이 선호하는 여성은 잘 도망가지 않는 베트남여성을 선호하며, 겉보기에 한국의 가정과 별 차이가 없어 보이는 가정을 꾸리기를 바라며, 몸매가 좋은 여자보다는 손이 거칠고 힘든 일도 잘 할 여성을 선호한다. 이러한 한국남성의 바람은 자신과 자신의 가정, 그리고 자신의 자녀가 한국사회에서 소수집단으로 멸시받지 않길 바라는 소망이 담겨 있다.

실제로 아시아계 외국인여성과 결혼한 남성들의 네트워크는 매우 좁아진다. 그들은 대부분 기존의 오래된 친구들과 관계를 단절하고, 오히려 비슷하게 외국인여성을 아내로 맞이한 가정과 교류를 한다. 창피한 것은 아니지만 사회의 편견이 싫어서이다(최지영, 2009). 한국 내에 존재하는 피해자산업도 이러한 다문화가정에 대한 편견을 만들어내는 데 기여했다. 이들 피해자산업이 국제결혼 이주여성들을 상습적으로 남편의 폭행과 학대에 시달리는 것으로 묘사하면, 이들 여성들에 대한 또 다른 편견은 더 늘어난다. 많은 이주여성은 잘 살고 있는 자신들을 불쌍한 남성폭력의 피해자로 묘사하는 것이 매우 불편하다고 토로한다.

국제결혼으로 인해 형성된 다문화가정의 문제는 여성들에게만 국한되지 않는다.

그들이 낳은 자녀들은 학교를 다녀야 하고, 다른 한국인 가정에서와 같이 숙제를 봐줄 수 없거나, 학교의 가정에 대한 전달사항에 대한 이해가 떨어진다. 따라서 자녀들은 학교에서의 학업성취도가 떨어질 가능성이 아무래도 높다. 특히 다문화가정 자녀의 경우 언어발달이 지체되는 경우가 많이 있고, 이것은 학교에서의 집단따돌림으로 발전하는 경우가 많다. 이들에 대한 집단따돌림은 초등학교에서 약간 나타나다가, 중학교 때 가장 심해졌다가, 고등학교가 되면 줄어든다. 그리고 국제결혼의 다문화가정 자녀들의 기초학력 부진문제는 매우 심각한데(박병섭, 2008: 101-103), 최근 정부에서 이런 학생들에게 대학생 멘토를 지원하는 등의 조치를 통해서 점점 개선되고 있다.

이런 다문화가정의 상당수는 최저생계비 이하의 수준에서 살고 있는 경우가 많다. 그나마 최근에는 제한이 많긴 하지만 다문화가정도 국민기초생활수급대상자로 확정이 되면 의료서비스 제공을 받을 수 있다. 또한 2007년부터 한국인 배우자 사이에서 출생한 자녀가 있는 결혼이주여성들도 수급자 대상에 포함되었다. 또한 저소득 모·부자 가정지원도 2007년도부터 한국인 배우자와 사별 또는 이혼한 여성들이 한국 국적의 미성년 자녀를 양육하는 경우에는 대상에 포함되었다(차미경, 2009). 보건복지가족부가 2009년 국회에 제출한 자료에 따르면, 한국 일반가정의 기초생활보장대상자 비율이 2.8%인데 비해 다문화가정은 5.0%로 훨씬 더 많은 것으로 나타난다(여성가족부, 2012 참조).

최근에 한국사회에서 다문화사회에 대한 관심이 크게 증가하고 있다. 저출산문제를 겪고 있는 우리 현실에서 다문화사회는 거부할 수 없는 선택이다. 따라서 정부와 언론에서는 이러한 내용들을 적극적으로 홍보하고 있고, 우리 사회의 민족적, 인종적 소수집단들에 대해서 지나칠 만큼 많은 관심을 보여주고 있다. 그러나 우리 사회가 진정으로 다양한 문화를 인정하고, 포용하기 위해서 가야 할 길은 아직 많이 멀다.

4. 탈북민

탈북민[35] 또는 탈북자는 경제난, 또는 정치적 탄압을 피해 북한을 이탈한 사람들을 가리킨다. 북한을 이탈하여 한국에 입국하는 주민들은 1989년 이전에 607명과 1990년에서 1998년 사이에 340명이던 것이, 2000년대 들어 북한에서 대규모 자연재해와 식량난으로 인하여 급속히 증가하였다(통일부, 2009). [그림 8-2]에 따르면, 2002년에 1,142명, 2003년에 1,285명, 2004년에 1,898명, 2005년에 1,384명이던 것이 2006년에는 2,028명, 2007년에는 2,554명, 2008년에는 2,803명, 그리고 2009년에는 2,914명으로 정점을 이루었다가, 그 이후 점점 낮아져서 2021년에는 거의 사라졌다가, 다시 최근에 들어 약간 늘고 있다. 이것을 성별로 살펴보면, 탈북자의 증감에는 남성보다는 여성탈북자의 증감이 전체 탈북자수의 증감에 큰 영향을 미치고 있는데, 이것은 북한사회의 통제로 인해 직장이 있는 남성의 탈북이 용이하지 않기 때문이다.

그림 8-2 ■ 연도별, 성별 입국 탈북자수

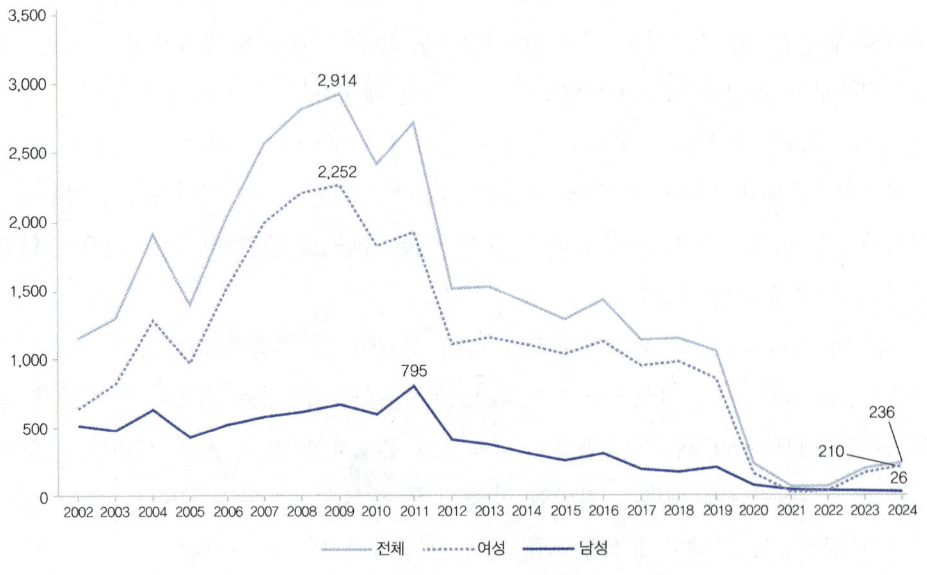

출처: 통일부. 연간 북한이탈주민 입국인원 현황(남/녀).

35) 한때 탈북자라는 용어가 부정적인 이미지를 줄 수 있다고 하여, 2005년 정부에서는 이들을 지칭하는 용어로 '새터민'이라는 용어로 바꾼다고 발표했다. 원래 이 말은 새로운 터전에 정착한 사람들이라는 의미이나 일부에서는 이 용어가 억지스럽고 부자연스럽다고 쓰기를 꺼렸다. 그래서 정부는 다시 2008년 11월에 가급적 이 용어를 쓰지 않기로 하고 새로 '북한이탈주민'이라는 용어로 쓰고 있다. 이렇게 정부가 다시 용어를 바꾼 데에는 탈북자단체가 이러한 용어로 불리기를 꺼렸다는 것이 중요하게 작용한 것으로 생각된다.

이렇게 입국한 탈북주민들은 수사기관의 조사를 받은 후, 탈북자 지원조사기관인 '하나원'에 보내져 7주 동안 남한사회 적응훈련을 받는다.[36] 그들에게는 주민등록번호의 부여, 정착금, 임대주택, 직업훈련 등의 지원이 주어진다. [표 8-6]에 따르면, 탈북민 1인의 경우 3,100만 원이 주어지며, 가족규모가 커질수록 더 많은 정착금이 주어진다. 만약 7인 이상의 가족이라면 총 8,450만 원의 정착금이 주어진다. 이것 외에도 장애인, 장기치료가 필요한 경우, 제3국 출생 자녀 양육이 필요한 경우, 한부모가정 아동보호가 필요한 경우, 고령자, 무연고 청소년에 대해서는 추가적인 가산금이 지급된다. 또한 한 업체에 오래 근무하는 경우 취업장려금, 지방에 거주하는 경우 지방거주장려금, 신규 취업자의 경우 새출발장려금이 지급된다(통일부 홈페이지, 2025년 5월 검색).

표 8-6 ■ 탈북민에 대한 초기 정착지원금(2025.1.~) (단위: 만 원)

세대원수	정착금 기본금			주거지원금	합계
	초기 지급금	분할 지급금	소계		
1인	1,000	500	1,500	1,600	3,100
2인	1,600	800	2,400	2,000	4,400
3인	2,100	1,050	3,150	2,000	5,150
4인	2,600	1,300	3,900	2,000	5,900
5인	3,100	1,550	4,650	2,300	6,950
6인	3,600	1,800	5,400	2,300	7,700
7인 이상	4,100	2,050	6,150	2,300	8,450
지급시기	하나원 퇴소 시 지급	거주지 전입 후 1년 이내 분기별로 분할 지급		임대보증금 이외는 5년 후 지급	

출처: 통일부 홈페이지(2025년 5월 검색).

36) 안성 외에도 2002년에 여성전용의 성남분원과 2006년의 시흥분원이 개원되었고, 2012년에는 화천에 제2하나원이 개원하였다.

「북한이탈주민의 보호 및 정착지원에 관한 법률」에 따르면, 북한이나 다른 외국에서 취득한 자격을 재교육이나 보수교육 등을 통하여 인정할 수 있도록 하고 있으며, 직업훈련을 희망하는 경우 3개월 이상의 직업훈련을 한다. 만 35세 미만의 경우는 대학을 진학한 경우 사립대는 등록금의 50%, 국립대는 전액을 지원한다. 또한 취업하는 경우에는 3년 동안 취업보호기간을 통해 고용주에게 임금의 50%를 지원하며, 한 직장에서 계속 일하는 경우는 이 기간을 1년 연장할 수도 있다. 또한 보호기간이 종료된 사람 중에 생활이 어려운 경우는 국민기초생활보장법에 따라서 보호를 받을 수도 있다. 최근에는 탈북자의 정착을 돕기 위해 전국 16개 시도에 총 23개의 지역적응센터를 지정하여 민간자원봉사자들의 도움을 받을 수 있도록 하고 있다.

그리고 적응교육을 마친 탈북자들이 거주지역을 정할 때 정부는 탈북자의 집단세력화를 경계하여 지방에 분산하여 거주하는 경우 더 많은 인센티브를 주고 있다. 통일부의 자료(통일부, 2025)에 따르면, 2025년 3월 기준 탈북주민들이 정착하여 거주하고 있는 지역을 살펴보면, 전체 31,438명 중에서 서울, 인천 및 경기지역이 도합 20,529명으로 전체의 2/3를 차지하고 있다. 나머지 중에서는 충남/세종시가 1,847명, 충북이 1,423명, 경북이 1,125명, 경남이 1,051명, 강원이 927명, 부산이 825명의 순으로 나타나고 있다.

이들은 처음에는 자의반 타의반으로 지방으로 배치되지만, 일자리 부족과 동료 탈북자와의 사회적 연결망의 부재, 그리고 평양에 사는 것 자체가 큰 권력이었던 북한에서의 경험 등으로 인해 수도권으로 대부분 재이주하는 경우가 많다. 따라서 수도권에서는 탈북자의 집단거주 커뮤니티가 형성되기도 하는데, 서울의 영구임대주택단지가 형성된 노원구, 양천구, 강서구 등에 주로 집단으로 거주한다. 특히 양천구의 임대아파트단지에는 탈북자단체들이 결성되어 교회와 예술단 등을 활발히 운영하고 있다. 윤인진은 이들 탈북자들을 통일대비나 민족적 차원에서 보기보다는 소수집단의 차별의 시각에서 보고 접근해야 한다고 주장한다. 따라서 단순히 도와주기보다는 이들이 장기적으로 우리 사회의 일원으로 성장하여 자활할 수 있도록 유도해야 한다는 것이다(윤인진, 2004b).

우리 사회에서 탈북주민에 대한 이미지는 매우 부정적이다. 최근의 한 연구(양계민 외, 2008)는 한국 내에 살고 있는 몇몇 소수집단들에 대해 보가더스(Bogardus) 척도를 이용하여 이들 집단과의 사회적 거리감을 측정하였다.37) 그 결과를 보여주는 [표 8-7]에 따르면 학부모나 교사들의 경우에 가장 거리가 먼 집단은 외국인노동자였지만, 청소년들의 경우 모든 집단에서 탈북주민이 가장 사회적 거리가 먼 집단으로 나타난다. 특히 이러한 사회적 거리는 어린 학생일수록 더욱 강하게 나타난다. 심지어 민족이 다른 외국인노동자나 중국국적의 조선족보다도 더 사회적 거리가 멀다는 것은 북한에 대한 한국인의 원망과 애증, 자본주의 사회에 적응하지 못하는 많은 탈북자에 대한 실망, 우리와 비슷하리라는 기대와는 달리 평생 동안 상이한 체제에서 살아 온 동족에 대한 실망 등이 복잡하게 얽혀 있다.

표 8-7 ■ 집단별 소수집단에 대한 사회적 거리

집단	초등학생	중학생	고등학생	학부모	교사	전체
탈북주민	2.48	2.73	2.81	2.91	3.37	2.82
외국인노동자	2.72	2.80	2.83	2.82	3.11	2.83
조선족	2.66	2.80	2.85	2.83	3.26	2.84
국제결혼자녀	2.79	2.96	3.13	2.98	3.30	3.01

출처: 양계민 외, 2008: 151.

이러한 탈북주민에 대한 사회적 거리감은 탈북주민에 대한 편견과 고정관념으로 자리잡는다. 한국에서 탈북주민들을 보는 이미지는 "간첩이나 빨갱이", "가족과 조국을 버린 배신자", "한국사회의 경제 불안을 가중시키는 귀찮은 존재", "남한사회의 발전에는 손톱만큼의 기여도 없으면서, 자신의 권리를 당당히 주장하는 사람들" 등의 다양한 부정적인 시선들이 존재한다. 탈북자들은 한편으로는 가족을 버리고 떠나온 죄책감에 이런 오명들에 대해 자신들도 동의하며 상처받기도 한다. 또한 그들은 자신들에게 편견을 가진 한국사람들은 물론, 같은 처지에 있는 탈북자들과도

37) 이들은 이를 위해 청소년의 경우는 '이웃주민으로 받아들일 수 있다', '같은 반 친구로 받아들일 수 있다', '가장 친한 단짝이 될 수 있다', '연인이 될 수 있다', '결혼할 수 있다'의 5문항에 응답을 하도록 하였고, 이에 비해 학부모와 교사들은 '이웃주민으로 받아들일 수 있다', '직장 동료로 받아들일 수 있다', '친구로 받아들일 수 있다', '연인으로 받아들일 수 있다', '결혼할 수 있다', '내 자녀와 결혼시킬 수 있다' 등 총 6문항에 응답하도록 하였는데, 각 문항에 대해 '전혀 아니다(1)'부터 '매우 그렇다(5)'까지 5점 척도상에 표시하도록 하였다. 따라서 점수가 낮은 경우가 사회적 거리가 가장 멀다는 것을 나타낸다.

거의 교류를 하지 않는다. 이러한 사회적 네트워크의 축소는 그들의 미래를 더욱 불안하게 만든다(유해숙, 2009).[38]

이러한 고정관념은 탈북 1세대에 그치지 않는다. 더욱 심각한 것은 그들의 자녀들의 학교적응문제가 매우 심각하다는 것이다. 북한이나 중국에서와는 너무나 다른 한국의 교육환경은 이들에게 도저히 넘어설 수 없는 벽이다. 알파벳도 모르는 아이들이 당장 영어수업에서 원어민교사를 접해야 하는 것, '수행평가'라는 것이 무엇인지에 대해 궁금해야 하는 것 등은 너무나 생소한 한국교육현장의 한 예이다. 남한의 살인적인 교육경쟁에 바로 내몰린 탈북가정의 자녀들이 거기서 인정받는 것은 천재가 아니고서는 불가능하다. 또한 또래의 친구들은 어른들이 그렇듯이 소수집단을 그들의 출신국가를 통해서 본다. 탈북자의 자녀들은 북한이 로켓을 발사하면, 학교에서 죄인이라도 된 듯이 위축된다. 가끔씩 "내가 미사일 쐈나?"라고 친구들에게 반문해 보기도 하지만, 그런 고정관념은 줄지 않는다. 그래서 탈북자의 자녀들은 학교에서 운동을 열심히 한다. 공부를 해서 따라가는 것은 불가능에 가깝기 때문이다. 특례입학제도가 있어서 대학은 가기 쉽지만, 문제는 고등학교를 정상적으로 졸업하는 것이 어렵다(이은주, 2009).[39] 그래서 검정고시를 많이 보지만, 일단 한국사회의 인맥경쟁에서 뒤처진다.

탈북주민들에게 가장 큰 고통 중의 하나는 경제적 어려움이다. 물론 북한이나 중국에서의 상황과는 비교할 수 없지만, 이들은 한국사회의 최하층으로 편입되고 있다. 2024년 현재 탈북민의 실업률이 6.3%로 같은 해 일반인의 2.8%에 비해 2배 정도 높고, 고용률도 60.1%로 일반인의 62.7%에 비해 낮다. 월평균 임금도 262만원으로 일반인의 313만 원보다 낮다(남북하나재단, 2024). 그리고 기초생활수급자 비율도 29.0%로 일반인의 4.8%에 비해 훨신 더 높다(북한인권정보센터, 2023). 윤여상의 연구(2008)에 따르면, 이들의 실업률은 지방에 있는 탈북자들보다 수도권에 있는

38) 이것은 탈북자들 서로 만나봐야 조금이라도 도움을 줄 수 있는 처지가 아니라는 현실적인 이유도 있지만, 한편으로 자신들의 이름과 명단이 북에 알려질 경우 북한의 가족이나 친척들이 받을 수 있는 여러 가지 위협을 우려하는 것이기도 하다. 실제로 탈북자들의 단체 중 하나인 〈숭의동지회〉의 명단이 북한에 유출되면서, 이러한 탈북자들의 우려는 현실로 나타나기도 하였다(유해숙, 2009).

39) 2008년 통계에 따르면, 탈북주민 자녀들의 중도탈락률은 초등학교에서 중학교, 고등학교로 올라갈수록 높아지며, 이것은 최근으로 올수록 심화되고 있다(이은주, 2009에서 재인용).

탈북자들이 훨씬 높게 나타난다(각각 1.4%와 14.8%). 이들 중 상용근로자로서 일하는 경우는 46.9%이며, 임시근로자는 3.1%, 일용직근로자는 42.6%, 자영업은 6.8%로 각각 나타난다. 한국의 일반국민들과 비교할 때, 이들은 오히려 상용근로자의 비율이 높지만, 임시직근로자와 자영업의 비율이 현저히 낮다. 또한 일용직근로자의 비율은 현저히 높다. 그러나 통일부 자료(통일부, 2017; 2015; 2020)에 따르면, 생계급여 수급을 받는 탈북자의 비율이 탈북민 정착 초기인 2007년에 63.5%로 매우 높았는데, 이 비율이 많이 떨어졌다는 것을 알 수 있다. 아직 일반국민에 비해 생계급여 수급율이 훨씬 높지만, 탈북자들이 남한세계에 점점 적응해가고 있다는 증거라고 할 수 있다.

탈북민들이 이렇게 생계급여수급율이 높은 것은 이들이 다음의 두 가지의 추가적인 부담이 있기 때문이다. 하나는 한국으로 입국하면서 지불해야 하는 브로커비용[40]이고, 다른 하나는 북한이나 중국에 남겨두고 온 가족들에게 송금하거나 이들을 입국시키기 위한 브로커비용이다. 이러한 생활의 어려움으로 인해 일부의 한국 입국 탈북자들은 자신의 한국국적 취득을 속이고 유럽 등으로 가서 망명을 신청하기도 한다.[41]

이상에서 살펴본 탈북주민들은 한국사회의 다른 소수집단인 외국인 이주노동자나 국제결혼에 의한 다문화가정 등과 마찬가지로 우리 사회의 전형적인 소수집단이라는 것을 보여준다. 이들은 다른 소수집단과 마찬가지로, 경제적 어려움을 벗어나기 위해서 이주하며, 한국사회에서의 깊은 편견이나 고정관념에 시달리고, 자신들의 적은 소득의 일부를 본국에 있는 자신의 가족들을 위해서 송금하려 한다. 차이가 있다면 다만 그 입국과정이 매우 위험할 뿐이다.

---

40) 주로 입국 후 분할지급하며, 한국 돈 150만 원 내외이다. 한국정부도 이러한 문제를 알지만, 이들이 필요악이라 방관한다. 최근 북한정부에서 국경경비와 관련자 처벌을 강화하면서, 브로커비용이 1,000만 원을 넘어섰다(조선일보 2015. 11. 14.).

41) 최근 영국 등 유럽에 정치적 망명을 신청하는 경우도 급증했다. 그러나 이들 중 상당수는 조선족 등 중국인이거나, 한국국적을 이미 취득한 탈북자인 것으로 나타났다. 따라서 2008년 한국정부는 영국정부의 요청에 따라서 망명자의 지문확인에 협력하기로 하였다(통일연구원, 2009). 이처럼 탈북자들이 망명을 신청하는 것은 그들이 위임난민의 신분으로, 국제법상 난민으로 인정되기 때문이다. 위임난민(mandate refugees)이란 1951년 〈난민의지위에관한협약〉에서 정의하는 난민은 아니지만, 유엔난민고등판무관실(UNHCR)에서 "우려그룹"으로서 난민으로 인정한 것을 말한다(위키피디아).

일본의 소수집단 재일한국인

일본에는 오랜 역사를 가진 소수집단인 재일한국인이 있다. 재일한국인42)의 기원은 1910년 한국이 일본의 식민지가 되고, 1920년대에 세계 대공황의 여파로 당시 식민지 조선의 경제상태가 많이 나빠져, 일자리를 찾아서 일본으로 건너간 사람들이 늘게 된 것이 그 시초가 된다. 그 후 1937년부터 중일전쟁 및 태평양전쟁에 돌입하여 일본 내에서만 내려졌던 국민징용령을 1944년 9월부터 식민지 조선지역에도 확대하여 많은 한국인들이 일본에 노동자 또는 군인으로 끌려갔다. 따라서 일본 내의 한국인 거주자수도 1920년대부터 급격히 증가하여 전시동원이 이루어져 일본이 패전하기 직전에는 2백만 명에 가까운 한국인이 일본에 거주하고 있었다. 그러던 것이 일본의 패전과 함께 광복이 되자, 일본에 있던 대부분의 한국인들은 귀국선을 타고 부산으로 돌아왔다. 그러나 그 이후에도 60만 내외의 인구는 일본에 남아서 현재의 재일한국인 소수집단을 형성했다.

왜 이렇게 많은 사람들이 남게 되었는지에 대해서 정확히 아는 사람은 많지 않다. 그 당시 상황을 상당히 객관적으로 보여주고 있는 와그너의 연구에 따르면, 당시 일본이 패전을 한 후 수천 명의 한국인들이 부관연락선을 타고 한국으로 돌아갔고, 또한 남은 모든 한국인들이 돌아갈 것으로 예상되었다. 그러나 잠시 후 미점령군이 귀국하려는 한국인들에게 가지고 갈 수 있는 돈의 액수와 재산에 대해 심각한 제한을 가했다. 당시 점령군은 환전할 수 있는 돈(가지고 갈 수 있는 돈)을 단지 1,000엔으로 제한을 하였고, 이 정도의 액수로는 한국에 돌아가서 자신의 생업을 위한 도구들을 마련하기가 힘들었다. 또한 당시 한국에서 들려오는 홍수, 전염병, 폭동, 귀국자에 대한 편견 등은 이러한 귀국자의 귀국을 망설이게 만드는 원인이 되었다. 또한 1945년 8월에 발생한 일본 군수물자선 우키시마호의 의문의 폭발침몰사건43)은 재일 한국인들이 귀국을 더욱 망설이게 하는 이유가 되었다. 나중에 한국인들이 갖고 갈 수 있는 수화물 제한은 많이 완화되었지만, 금액규정

42) 재일한국인을 지칭하는 용어로 재일조선인, 재일동포 등 다양하나, 이 책에서는 남한과 북한 국적 모두를 포함하는 일반적인 용어로 재일한국인을 사용한다.

은 결코 완화되지 않고 남았다. 결국 60만 이상의 많은 한국인들은 일본에서 번 돈을 잃고 한국에서 궁핍하게 사는 것보다 일본에 남는 것을 선택했다(Wagner, 1951: 41-43).

당시 한국의 경우 갑작스러운 해방으로 인해 아직 질서유지나 국가관리의 역량이 많이 부족하였으므로 직접적으로 미군이 통치하는 정책을 썼고, 일본에 대해서는 얼마 후 일본인들의 조직을 통해서 질서유지나 국가관리의 역할을 맡도록 하였다. 그 결과 일본인에 의해 한국인들에 대한 차별과 탄압이 가능해지게 되었고, 실제로도 재일한국인들은 치안을 책임진 일본경찰들의 차별적인 태도에 시달렸다. 따라서 재일한국인들은 차별적인 공권력 앞에서 자신을 지켜줄 보호막이 필요하게 되었는데, 그때 그들의 대안이 된 것이 조직폭력집단인 야쿠자였다(Wagner, 1951). 그래서 이 야쿠자의 고위간부 중에는 재일한국인이 상당수 있다.

또 하나 재일한국인들이 공권력에 기대지 않고 음지의 권력에 기대게 된 계기는, 당시 재일한국인들의 돈벌이에 기인한다. 한국인의 능숙한 기술 중의 하나는 술을 빚는 기술인데, 당시 한국인들은 이것이 불법임에도 불구하고 술을 만들어 많은 수익을 올렸다(Wagner, 1951). 일반적으로 이러한 음지의 돈벌이는 음지의 권력을 필요로 하게 된다. 또한 1923년 발생했던 관동대지진 시 "한국인들이 우물에 독을 풀고 다닌다"라는 유언비어가 돌면서 무차별적으로 한국인들을 살해하여 약 6,000명의 한국인들이 죽었음에도 불구하고, 일본인 경찰들은 이를 거의 방치, 묵인한 기억은 더욱 일본경찰에 대한 기대를 접게 만들었다. 이런 몇 가지 이유로 인해 재일한국인과 야쿠자는 관계가 깊다.

문제는 이러한 것들이 일본인들로 하여금 재일한국인에 대한 부정적인 이미지로 발전한다는 것이다. 다른 여러 소수집단들과 마찬가지로 재일한국인들은 여러 가지의 오명에 시달린다. 예를 들어 "파친코와 같은 도박장을 운영하는 사람들", "테러를 하는 북한국적의 사람들", "야쿠자와 가까운 사람들", "범죄자들" 등의 이미지는 재일한국인들에게 부여되어 있는 일본인들의 편견과 고정관념이다. 따라서 많은 재일한국인들은 자신이 한국국적이라는 사실을 감춘다. 특히 능력이 우선되고 차별이 적은 직종인 스포츠나 연예계에 많이 진출해 있는 재일한국인들이

43) 우키시마호는 길이가 108미터, 4,730톤이나 되는 대형 군수물자수송선으로, 일본군인들은 비행장건설 등에 투입되었던 한국인들을 이 배에 거의 강제로 태워 한국으로 가던 도중 의문의 강한 폭발로 배가 두동강이 나 배에 타고 있던 한국인 5천~1만 명 정도가 바다에 수장된 사건이다. 당시 일본군인들은 폭발이 일어나기 전에 모두 보트를 타고 먼저 빠져 나갔다고 하며, 여러 정황증거를 볼 때 일본군의 고의적인 폭발로 추정된다.

최근 가끔씩 자신의 국적이나 뿌리를 밝히는 커밍아웃을 해서 일본인들이 충격에 빠지기도 한다.

일본에서 유명한 재일한국인들 중에는 자신의 뿌리를 당당히 밝힌 사람들이 있는가 하면, (동성애자의 경우와 유사하게) 아웃팅을 당한 사람들도 존재한다. 16세에 귀화하여 일본의 고위관리로 성장하고, 재일한국인으로는 최초로 국회의원이 되었던 아라이 쇼케(박경재)는 자신도 실제로 일본을 좋아하였고, 일본으로 귀화하여 완전한 일본인이 되었다고 생각하였다. 그리고 그는 국회의원에 출마했으나, 상대 진영에서 아라이 쇼케가 재일한국인 3세라는 선전을 퍼뜨려 낙선하였다. 그러나 그 이후 철저히 표발관리를 하여 다음 선거에서 여유 있게 당선된 대단한 인물이었지만, 결국 정적의 공격과 일본언론 및 형사사법기관, 동료국회의원들의 차별에 좌절하고 자살을 선택했다. 그가 자살하기 전날 호텔방에서 술을 마시고 옛 친구에게 전화를 걸어 "너는 아직 일본에 있었는가. 이런 나라에 집착하지 말고 더 큰 나라에서 활약을 생각해 보는 것이 낫지 않겠나?"라고 이야기했다고 전한다(박일, 2005).

제 4 절 소수집단문제에 대한 대응

소수집단문제는 여러 사회에서 중요한 사회문제이며, 그대로 방치할 경우 큰 갈등을 가져올 수 있으므로 적절한 대책을 제시하는 것은 무엇보다도 중요하다. 만약 구조기능주의이론에 따라서 소수집단문제가 좌절을 느낄 때 희생양을 찾으려 하거나, 불만이나 죄의식을 다른 집단에 돌리려는 권위주의적 성격이나 반대로 소수집단의 부적응에서 발생한다면, 여기에 대한 대책은 문제 있는 성격을 가진 사람이나 집단에 대한 재교육프로그램이 필요할 것이며, 부적응을 겪는 소수집단에 대해서 여러 가지 적응을 위한 지원을 하는 것이 제시된다.

미국의 소수집단 우대정책과 논쟁

연방정부는 1964년에 제정된 획기적인 민권법(Civil Rights Act)과 그에 따른 행정명령 및 법원의 판결 등에 기초하여 연방의 보조금을 수령하는 일정한 사업체와 교육기관에 대해 우대 프로그램을 개발하도록 요구했다.

미국에서는 제법 오래 전부터 이 소수집단 우대정책에 대한 격렬한 논쟁들이 있었으며, 선거에서 이것을 반대하는 공화당과 반대로 찬성하는 민주당의 중요한 정책쟁점이 되어 왔다. 아래에 소수집단 우대정책과 관련한 논쟁의 요지를 소개한다.

찬성	반대
• 사람을 채용하는 데는 그의 능력을 보고 뽑아야 하지만, 현실은 그렇지 않다. 민족적 소수집단이나 여성들은 주류집단이나 남성에 비해 같은 조건이라도 채용률이 낮다. 수세기 동안 이어온 차별 때문에, 법이 차별을 하지 말라고 해도, 하루아침에 차별이 없어지지는 않는다. 이러한 뿌리 깊은 차별은 적극적 우대정책을 시행하지 않는다면, 해결할 수 없다.[a] • 채용에서 차별을 받았다는 것은 개인이 입증해야 하지만, 고용주는 항상 여기에 대해 '타당한' 이유를 가지고 있다. 우대정책은 이러한 이유가 차별에서 기인한다는 것을 입증하는 어려움에 대해 쉽게 해결할 수 있다.[a] • 한 연구에 따르면, 소수집단 우대정책은 직장에서 소수집단의 비율을 평균 10~15% 증가시켰고, 대학에서의 흑인학생비율을 증가시켰다. 특히 의대에서의 흑인학생의 증가는 이들이 백인들에 비해 도시의 슬럼지역에서 일하는 것을 꺼려하지 않는다는 점에서, 그 지역의 보건을 향상시켰다. 또한 이들은 흑인지역의 청소년들에게 긍정적인 역할모델을 제공한다.[b]	• 여성이나 소수집단을 차별하는 것은 나쁘지만, 그렇다고 이들에 대한 우대정책을 취해서 남성이나 백인을 차별하는 것 또한 나쁜 일이다. 성차별주의가 남성을 차별한다고 해서 성차별주의가 아닌 것이 아니다. 인종차별주의가 백인을 차별한다고 해서 인종차별주의가 아닌 것이 아니다. 흑인 은행가의 자녀가 백인 거지의 자녀보다 채용에서 우대받는다면 이러한 역차별은 과연 정의로운 것인가?[ab] • 주류집단을 오히려 차별하는 우대정책을 쓰지 않더라도, 소수집단에 대한 차별을 완화하는 정책은 많다. 예를 들어 도심의 슬럼지역의 처참한 교육환경을 개선하는 것이나 실업자에게 고용을 위한 재교육을 실시하는 것은 역시 소수집단에 대한 차별을 완화한다. 이런 정책을 시행하기 위해서는 국회의원들이 이것을 강요하고, 여기에 필요한 예산을 배정하는 법안을 통과시키면 된다.[a] • 소수집단에 대한 적극적인 우대정책은 오히려 사회가 정의롭지 않다는 느낌을 갖게 하고, 부당하게 혜택을 보는 소수집단에 대한 적대감을 갖게 한다. 또한 소수집단에 대한 자아존중감을 떨어뜨린다.[ab]

• 소수집단 우대정책은 소수집단들에게 교육이나 고용기회를 확대시킴으로써 (물론 그것이 적은 사례라고 하더라도) 소수집단의 자아존중감을 높인다.[b] • 캘리포니아주립대학에서 소수집단 우대정책을 폐지한 후 소수집단 학생들의 수가 급격히 줄었다.[b]	• 캘리포니아주립대학에서 소수집단 우대정책을 폐지한 후 전체적으로 흑인학생들이 줄지는 않았다. 그들은 단지 버클리나 UCLA가 아닌 캘리포니아주립대학의 다른 지역분교들로 이동했을 뿐이다. 그리고 좀 더 장기적인 추세는 결국 흑인학생들의 증가가 나타난다.[c] • 소수집단 우대정책을 지지하는 사람들은 의도적으로 아시아계 미국인들의 성공을 모른 체한다. 그들은 흑인보다도 더 소수집단임에도 불구하고, 흑인들보다는 물론, 백인들보다 더 좋은 성적을 낸다. 이것은 흑인들의 열악한 성취가 차별에 의해 기인하는 것이 아니라는 것을 보여준다.[c]

a: Coleman and Cressy, 1999 참조.
b: Mooney *et al.*, 2007 참조.
c: Sowell, 2008.

만약 소수집단문제가 희소자원을 둘러싼 집단들 간의 갈등과 이로 인한 배제와 제도적 차별에 의해서 발생한다면, 소수집단이 정치적으로 단결하여 더 많은 분배를 요구하고 자신들에게 부여된 부당한 이미지와 제도적 차별을 철폐하는 것이 그 대안이 될 수 있을 것이다. 예를 들어 탈북단체들이 정부에서 탈북자지원법의 개악에 항의하고 시정을 요구하거나, 재일한국인의 사례와 같이 참정권을 요구하는 것이 가능하다. 또한 주류집단에 대해 오히려 불이익을 주는 소수집단에 대한 적극적 우대정책(affirmative action)[44]은 그 중요한 대안이 된다. 예를 들어 한국의 대학입시에서 많이 쓰이는 외국인 특례입학이나 농어촌 특별전형 등이 그 예이다.

만약 소수집단문제가 소수집단에 대해 생산된 편견과 고정관념에 의해 발생되거나 고정관념의 유지에 도움을 주는 다양한 기제에 의해 유지되거나, 소수집단을 피해자로 만드는 피해자산업의 출현에 의해서 나타난다면, 소수집단에 대한 편견과 고정관념을 생산, 재생산하는 과정을 차단하는 것이 중요할 것이다. 예를 들어 소

44) 최근에는 이것을 적극적 조치라고 많이 번역하지만, 우대정책은 좀 더 쉽게 의미가 와 닿는 장점이 있다.

수집단에 부정적인 이미지를 줄 수 있는 언어사용관습을 개선하거나 소수집단에 씌워진 오명을 벗겨주는 것 등이 그 대책이 될 수 있다. 예를 들면 어린 학생들이 쓰는 크레파스에서 '살색'은 인종적 편견을 심어줄 수 있으므로, 인권위원회의 권고에 의해 그런 표현을 없앤 것은 이것의 한 예이다. 또한 최근 다문화가정의 자녀들도 군입대를 하도록 한 것도 그 대표적인 예이다.

제 5 절 결론

이상에서 살펴본 바와 같이, 한국사회에서 인종이나 국적, 민족에 의한 소수집단들이 생겨나기 시작한 것은 제법 오래되었으나, 그 존재감이 두드러져 보이고 한국사회의 중요한 문제로 인식되기 시작한 것은 비교적 최근에 들어서였다. 이처럼 소수집단에 대한 차별과 이들의 적응이 중요하게 부각된 현 시점에서, 한국사회에서 소수집단문제를 어떻게 해결해야 하는지에 대해 진지하게 숙고하는 것은 어쩌면 당연한 일일 것이다. 근세사에서 한국은 주변 강대국의 틈바구니에서 국가의 정체성을 유지하는 것이 당면한 큰 문제였기 때문에, 한국사회는 지나칠 정도로 민족을 강조하는 측면이 있었다. 이것은 한국이 놓인 어려운 주변정세에서 어쩌면 당연한 선택이었겠지만, 이러한 강한 민족주의는 생존의 문제를 넘어서 한 단계 더 강한 국가의 단계로 나아가려는 현시점에서 큰 걸림돌이기도 하다. 또한 심각한 저출산 문제와 예상되는 미래의 경제활동인구 감소의 위기에서 외국으로부터의 이민과, 이로 인한 소수집단문제의 증가는 피할 수 없는 현실적인 선택이 될 것이다.

한 국가 속에서 존재하는 소수집단에 대해 얼마나 많은 배려를 하는지는 그 국가의 성숙도를 보여주는 중요한 척도이다. 그러나 너무 급격히 발전해 온 우리의 경험은 이러한 소수집단에 대한 배려를 제도화하고 유지하기에는 너무나 미흡하다. 한편으로 소수집단들에 대해 보다 적극적인 배려를 해주기에는, 우리 사회의 빈곤층과 같이 아직 많은 배려를 필요로 하는 사람들이 존재한다. 그러나 다민족사회가 우리의 피할 수 없는 선택이라면, 적극적으로 소수집단들을 한국사회에 포용하고 융합함으로써, 다민족사회의 많은 장점들을 누리고 발전시켜나가는 보다 적극적인 태도를 가져보는 것도 바람직한 대처방법이 아닐까?

요약
SUMMARY

- 소수집단문제는 단지 자신이 속한 집단이 어느 집단인가에 따라서 편견과 차별의 대상이 되는 것을 말한다.
- 소수집단은 '우리 느낌(we feeling)'이라는 집단의식을 발전시키며, 보통 집단의 구성원끼리 혼인을 하는 경향이 있다.
- 편견은 어떤 집단에 속한 사람들 모두에 대한 부정적인 태도와 느낌을 말하며, 차별은 이러한 편견에 의해 나타나는 상이한 대우를 말한다.
- 기능주의이론에 따르면, 좌절이나 불만, 죄의식 등은 외부집단에 대한 공격으로 나타날 수 있는데, 이것은 권위주의적 성격을 가진 사람에게 더 강하게 나타난다.
- 갈등이론에 따르면, 소수집단이 지배집단의 이익을 위협할 만한 수준이 될 때 소수집단은 사회문제로 규정된다.
- 상호작용이론에 따르면, 부모나 친구들, 또는 대중매체로부터 학습되는 소수집단에 대한 부정적인 고정관념은 특정 소수집단에 속한 사람들의 개인차를 말살하고 하나의 집단적 특성으로 보게 하며, 이것은 소수집단을 차별하는 원인이 된다.
- 한국사회에서 화교집단은 대표적인 소수집단으로서, 매우 지속적인 사회적, 경제적 차별에 시달렸다. 그 결과 한국의 화교는 60년대 3만여 명에서 현재는 2만여 명으로 줄어들었다.
- 외국인 이주노동자는 한국사회에서 매우 빠르게 증가한 소수집단이다. 도입초기 다양한 제도적 차별로 인해 제대로 된 노동자의 대우를 받을 수 없었고, 임금체불이나 폭행, 장시간 노동 등의 위험에 시달렸으나, 현재는 고용허가제의 정착으로 이런 문제들이 많이 해결되었다.
- 국제결혼에 의한 다문화가정은 농촌에서 신부감을 구하기 어려워 급속히 증가하였다. 그러나 그러한 혼인의 일부는 문화적 차이를 극복하지 못해 어려움에 처해 있다. 그동안 우리 사회에서는 이들 결혼이민여성들의 폭행피해 등에 주목해 왔지만, 이들의 사례를 자세히 들여다보면, 그보다 더 중요한 문제는 우리 사회의 뿌리 깊은 인종차별주의라는 점을 알 수 있다.
- 탈북주민 또한 이주노동자나 결혼이민자와 유사한 경제적인 문제에 시달린다. 특히 이들은 같은 민족이라는 공통점에도 불구하고, 이들에 대한 다양하고도 매우 부정적인 고정관념은 이들을 우리 사회에서 가장 사회적 거리가 먼 소수집단으로 만들고 있다.
- 기능주의이론은 소수집단에 대한 차별을 완화하기 위해서는 그들의 사회적 적응을 돕고, 그들이 처한 다양한 불리한 환경을 개선하는 것이다. 예를 들어 빈곤층 거주지역의 학교에 우수한 교사를 배치하고 훌륭한 시설을 갖추는 것은 소수집단이 주류집단에 비해 교육에서 뒤떨어지지 않고 사회에 진출할 수 있도록 만드

는 한 대안이 된다.

- 반면 갈등이론은 소수집단문제를 해결하기 위해서는 소수집단의 정치세력화를 통하여 영향력을 확대하고, 이를 통해 소수집단에 불리한 다양한 제도적 개선을 추구해야 한다고 주장한다. 더 나아가 지배집단에 대해서 더 많은 양보를 요구해야 한다. 그 대표적인 것이 오히려 주류집단에 불이익을 주는 적극적인 소수집단 우대정책이다.
- 상호작용주의 입장에서 이러한 우대정책은 소수집단에 대한 영원한 낙인이 될 수 있고, 부정적인 고정관념을 만들 수 있다.

❐ 토론 및 추가학습을 위한 주제들

1. 말레이시아 인구의 대부분을 차지하는 말레이인(Malay)은 소수집단인가?
2. 소수집단들은 왜 자신들의 집단 내에서 배우자를 찾는가?
3. 개인의 성격은 소수집단에 대한 편견을 설명하는 데 있어서 얼마나 중요한가?
4. 한국사회에서 인종주의는 존재하는가? 존재한다면 어떤 형태로 존재하는가?
5. 한국사회에서 소수집단에 대한 제도화된 차별은 어떤 것이 있는가?
6. 한국의 다양한 소수집단들이 갖고 있는 이미지는 어떤 것들이 있는가? 이것은 얼마나 근거가 있는 것인가?
7. 한국의 소수집단들은 왜 한국에 대한 반감을 가지며, 왜 그들의 본국으로 떠나지 않는 것인가?
8. 비교적 최근에 한국사회의 소수집단으로 등장한 외국인 이주노동자, 결혼이민자, 탈북주민들은 어떤 공통점이 있는가?
9. 왜 탈북주민은 우리들에게 가장 사회적 거리가 먼 사람들인가?
10. 오래 전에 미국에 정착한 흑인들이 아시아계 미국인들보다 더 못한 학업성취를 얻는 것은 무엇 때문인가?
11. 재일한국인들과 화교들은 그들의 미래를 위해 앞으로 어떤 선택을 해야 하는가?
12. 국제결혼 다문화가정이나, 탈북주민가정, 화교, 외국인 이주노동자, 여성 등의 소수집단에 대한 적극적인 우대정책은 정당한 것인가? 아니면 역차별인가?
13. 국내에 존재하는 다양한 소수집단에 대한 지원자금은 국내의 빈곤층과 같은 다른 불우한 소수집단을 위해서 우선적으로 사용되어야 하는 것이 아닌가? 우리는 어떤 소수집단들에 우선적으로 국민의 세금을 써야 하는가?

❐ 조별 활동을 위한 주제들

1. 권위주의적 인성과 소수집단에 대한 편견
2. 한국사회의 민족주의와 소수집단 차별
3. 한국인의 고용기회와 소수집단
4. 소수집단에 대한 고정관념의 재생산과정
5. 소수집단에 대한 고정관념과 소수집단에 대한 차별

❐ 참고할 만한 문헌 및 웹사이트

- 한국화교인권포럼(http://cafe.naver.com/koreanchinese): 주로 한국화교들이 중심이 되어 화교의 인권증진을 위해 논의하는 네이버 카페. 화교의 어려움이나 혜택 등을 이해하는 데 크게 도움이 된다.
- 한국이주여성인권센터(http://www.wmigrant.org): 2001년 '외국인이주여성노동자의 집'으로 시작되어, 주로 국제결혼 이주여성의 적응과 인권보호를 위한 일을 한다. 이주여성에 대한 다양한 자료를 덤으로 얻을 수 있다.
- 탈북자동지회(http://www.nkd.or.kr): 북한 주체사상을 만들고 남한으로 망명한 황장엽 씨가 명예회장으로 있었던 비영리단체. 탈북주민의 안전한 정착을 돕는 활동을 하며, 목숨을 걸고 사선을 넘어 도망쳐 온 그들의 눈물겨운 이야기를 볼 수 있다.
- 새터민쉼터(http://www.toxjals.com): 탈북주민들의 인터넷 커뮤니티. 다양한 탈북자들의 게시물과 사연들을 볼 수 있다.
- 남북하나재단(http://www.koreahana.or.kr): 탈북자의 생활안정과 사회적응을 위해 「북한이탈주민의 보호 및 정착지원에 관한 법률」에 근거해 1997년 설립된 특수법인. 탈북자의 수기나 질문 등을 통해 그들의 한국사회 적응의 어려움에 대해 파악할 수 있다.
- 숭의동지회(https://together.kakao.com/): 1980년 월남귀순자 500여 명으로 설립된 단체로서, 탈북주민들이 증가하면서 새로운 정체성의 변화를 겪고 있는 비영리단체. 원래 하나원을 수료하면 자동적으로 가입되었으나, 회원명단 유출사건 이후 선택으로 바뀌었다.
- 재일한국민단(http://www.mindan.org): 재일한국인거류민단 홈페이지. 재일한국인에 대한 다양한 통계를 볼 수 있다.
- [영화] 여섯 개의 시선: 믿거나 말거나, 찬드라의 경우/박찬욱: 한국인과 똑같이 생긴 네팔인 외국인노동자 찬드라가 정신병원에 갇혀 6년 8개월을 생활하게 된

실화.

- [영화] 크로싱/김태균: 몽골루트를 통한 탈북실화에 기초한 영화. 차인표의 감동적인 연기를 볼 수 있다.
- [영화] [SBS 스페셜(62, 3회): 특별기획 2부작-탈북자1, 2, 2006. 11. 12/19]
- [영화] [SBS 스페셜: 자이니치 60년 학교 가는 길(95회), 나는 가요-도쿄, 제2학교의 여름(10회)]
- [영화] [SBS 그것이 알고 싶다: 조선족이라 불리는 중국동포(459회) 2008. 1. 19]
- [영화] [MBC 스페셜: 우리 엄마는 외국인-국제결혼 14%시대의 고민(254회, 2006. 10. 22)]
- [영화] [MBC 뉴스후: 어느 베트남 신부의 마지막 편지(87회, 2008. 6. 21)]

CHAPTER

9

노인문제

한국사회는 다른 선진국들에 비해서 훨씬 빠르게 발전하고 있고, 그만큼 사회변화도 빠르게 진행되고 있다. 과거에 노인이 누렸던 지위는 급속히 하락하고 있고, 그 결과 다양한 형태의 노인문제들이 나타나고 있다. 과거에 노인이 '어르신'으로서 존경과 권위의 상징이었다면, 현대 한국사회에서 노인은 청장년층에게 오히려 귀찮고, 부담스러운 존재로 바뀌고 있다. 이러한 노인의 지위 하락으로 인하여 현대사회에서 노인들은 상당수가 빈곤, 욕구불만, 외로움과 소외, 그리고 심지어는 학대와 같은 문제에 시달리고 있다. 이렇게 노인들이 겪고 있는 다양한 문제들은 다양한 사회적인 여파를 가져오고 있고, 분명히 해결이 필요한 사회문제이다.

아직도 한국의 TV 드라마에서 묘사되는 노인들은 전제적인 권위를 가진 가부장으로 묘사되지만, 이미 하층계급을 중심으로 한 상당수의 가정에서는 노인들이 권위를 잃고 중장년층은 물론 어린이들의 눈치까지 보면서 방황하는 것이 우리의 현실이다. 그나마 재산을 갖춘 노인들은 다르지만, 재산이 없거나 대부분의 재산을 이미 자녀들에게 물려준 노인집단은 자신의 추락하는 권위와 새로운 상황에 적응하는 문제로 고민하고 있다. 과거와 같이 손자나 손녀의 혼인문제와 같은 가정의 중요한 문제에서 가장 큰 발언권을 행사하는 노인은 과연 현대 한국사회에서 얼마나 될까?

이러한 노인문제 증가의 배경에는 산업화로 인한 가족형태의 변화, 공공교육기회의 확대와 지식의 대량생산과 보급, 인터넷의 발전, 가부장제의 쇠퇴 등의 다양한 요인들이 작용하고 있다. 문제는 한국사회에서 이러한 변화들이 모두 점진적으로 온 것이 아니라, 매우 급속히 왔기 때문에, 노인이 직면하는 다양한 문제들에 대해 대비할 여유가 없었고, 그 결과 일부의 노인들은 매우 심각한 상황에 직면하는 경우도 많이 나타난다.

이 장에서는 이렇게 한국사회에서 급속히 나타나고 있는 노인문제에 대해 다룬다. 사회문제에 대한 많은 교재들이 노인문제를 다른 문제의 하위영역으로 넣거나, 인구문제와 함께 다루지만, 이 책에서는 노인문제를 중요한 별개의 문제로서 다룬다. 많은 교재들은 인구고령화 현상이 노인문제와 관련을 맺고 있다는 점에서 자주 인구문제와 노인문제를 함께 다루지만, 이 책에서는 노인문제를 노인지위의 하락으로 인한 불평등문제로 접근한다. 따라서 인구고령화와 같은 문제는 다루지 않는다.[1)]

제 1 절 노인문제의 정의

다양한 사회문제 교과서에서 노인문제를 정의하는 방식은 매우 다양하다. 교재에 따라서 다르지만, 어떤 경우는 노인에 대해서는 정의를 하지만 노인문제에 대해서는 아예 정의도 하지 않고 넘어가는 경우도 다수 있으며, 어떤 경우는 인구고령화나 청소년문제를 함께 다루기 위해 다양한 현상을 포괄할 수 있는 매우 넓은 정의를 하기도 한다. 최성재(2000)의 정의에 따르면, 노인문제란 "노인에게 공통적인 기본적인 생존과 발전의 욕구나 문제를 노인 자신이나 가족의 노력으로 해결하지 못하는 상태"로서 경제적 어려움, 건강보호의 어려움, 역할상실과 여가선용의 어려움, 고독과 소외 및 갈등을 느끼는 현상이라고 정의한다. 또 다른 교재에서는 노인문제를 "노인 자신이나 가족들의 힘만으로는 해결할 수 없는 생존이나 기본적 욕구가 불충분한 상태를 말하고, 여기에는 경제적 어려움, 건강보호의 어려움, 역할의

1) 이를 위해서는 13장의 인구문제를 보라.

상실, 소외와 고독, 그리고 기타 갈등을 느끼는 모든 사회적 현상들을 포괄한다"(김영화 외, 2006)고 하여 전자와 유사하게 정의한다.[2)]

이 책에서 노인문제는 기본적으로 노인의 사회적 지위하락에서 출발한다고 가정한다. 다시 말해서 노인의 지위가 하락하지 않았으면, 아마도 노인문제는 현대사회에서 중요한 사회문제로 등장하지 않았을 것이다. 따라서 이러한 문제를 감안하여 노인문제를 정의하면, 노인문제란 "노인의 사회적 지위하락으로 인하여 사회생활에서 불편을 겪고 사회적 비용을 발생시키는 것으로, 사회의 영향력 있는 사람들이 개선이 필요하다고 생각하는 상황"이다. 따라서 이 정의에 따르면, 노인의 빈곤, 노인의 소외와 자살, 노인학대 등의 다양한 노인문제를 포괄할 수 있다. 그러나 인구고령화와 같은 문제는 노인문제에서 제외된다. 왜냐하면 이것은 노인의 지위하락에서 생겨난 문제가 아니기 때문이다.

그럼 연령을 기준으로 할 때 노인은 어떤 연령대를 말하는가? 과거 한국사회에서 기대수명[3)]이 낮을 때, 60세가 되면 환갑잔치를 했다. 이러한 노인이 되는 통과의례는 한국인의 기대수명이 80세에 육박하면서 퇴색되고 있고, 노인을 가르는 연령기준으로서 60세의 기준은 너무 낮다는 것이 일반적인 인식이다.[4)] 이처럼 사회변화에 따라서 노인을 가르는 연령도 점점 높아지고 있다. 현재 한국에서 노인에 대한 연령기준은 대부분 만 65세를 기준으로 한다. 한국에서 만 65세가 노인의 기준으로 된 것은 1981년 「노인복지법」이 제정되면서부터였다. 이 기준은 국제적으로

---

2) 이런 포괄적인 정의가 대부분인 것은 그만큼 노인문제가 정의하기 어렵다는 것을 나타낸다. 노인문제를 정의하는 것은 노인문제의 외연을 확정하는 것이기 때문에, 다양한 형태의 노인문제들을 다 포괄하기 위해서는 자주 이런 포괄적인 정의를 필요로 한다. 이러한 정의에는 꼭 "자신이나 가족의 힘만으로 해결할 수 없는 상태"라는 표현이 들어간다. 그러나 이 조건은 노인문제를 정의하는 데 그리 적합해보이지 않는다. 예를 들어 노인의 죽음은 사회문제일까? 사람은 누구나 늙으면 죽게 마련인데, 특별히 빨리 죽지 않는 한 이것 자체로는 사회문제라고 하기는 어려울 것이다. 만약 이러한 조건이 노인문제를 정의하는 데 중요한 것이 아니라면, 첫 번째의 정의는 나열식의 정의에 불과해진다. 두 번째 정의는 "생존이나 기본적 욕구가 불충분한 상태"라는 표현이 들어감으로써 다양한 노인문제를 나열함으로써 이들을 포괄한다고 한다. 그러나 나열된 문제들 중에서 '소외와 고독'이 인간의 생존이나 기본적 욕구가 불충분한 상태인지가 명확치 않고, '기타 갈등을 느끼는 모든 사회적 상황'은 더욱 그렇다.

3) 특정 연도에 태어난 사람이 평균적으로 생존할 것으로 기대되는 연령을 기대수명이라고 한다. 보통 출생연도에 기준하여 추정된다. 13장 참조.

4) 예를 들어 60세 노인이 노인정에 가면 친구나 동료가 아닌 애 취급을 당한다. 2008년의 보건복지가족부 조사에 따르면, 노인들이 생각하는 노인은 70세부터였다.

도 주로 사용되는 기준이므로, 만 65세 이상인 사람을 노인으로 보는 것은 비교적 적절해 보인다.

제 2 절 노인문제의 이론

노인문제에 대해서는 다양한 이론들이 존재한다. 기능주의이론에서는 노인문제를 빠르게 변화하는 현대사회에서 노인이 적절히 적응하지 못한 데서 노인문제가 발생한다고 설명한다. 즉 개인이 나이가 들어서 은퇴하면 자신의 변화된 역할에 신속하게 대응해야 하는데 그렇지 못할 경우 노인문제가 발생한다. 그러나 갈등이론에 따르면, 노인문제는 상이한 연령집단들 간의 갈등과 투쟁의 결과 권력과 부의 배분과정에서 노인들이 소외된 현상이다. 반면 상호작용이론은 노인들에 대해 만들어지는 부정적인 이미지가 노인들을 사회의 중요한 역할로부터 배제하며, 따라서 노인문제가 발생한다고 주장한다.

1. 구조기능주의이론

(1) 분리이론

1960년대에 노인문제를 설명하는 최초의 이론이라고 할 수 있는 분리이론이 나타났다. 분리이론(disengagement theory)[5]에 따르면, 노년기에는 다른 사람들과의 사회적 교류 및 활동의 범위가 축소되는 '분리'의 과정을 거친다. 이러한 분리의 과정은 노인이나 사회를 위해서 바람직하고 불가피한 과정이며, 사회와 노인의 점진적인 상호분리과정은 양자 모두에게 기능적이다. 개인의 입장에서 볼 때, 노화에 따라 자신의 능력이 감퇴됨을 인식하고 조용히 죽음에 대비하게 되므로 사회로부터의 분리는 궁극적으로 노인에게 심리적 안락감을 준다. 반면 사회의 입장에서 보면, 사람은 언젠가 죽기 마련이므로 늙어감에 따라 활동범위를 축소시켜 나가야만

5) 분리이론은 은퇴이론, 이탈이론, 유리이론 등 다양하게 번역된다.

노동력의 신진대사가 이루어질 수 있고, 그 결과 사회체계는 부단한 세대교체의 과정 속에서 유지될 수 있는 것이다. 따라서 상호간에 분리 또는 철회는 서로에게 도움이 되며, 정년퇴직은 이러한 상호철회의 단적인 예라고 할 수 있다(Cumming and Henry, 1961; 고영복, 1981; 김수영 외, 2009 참조).

노인과 사회가 모두 분리할 준비가 되어 있을 때, 완전한 분리가 행해진다. 그러나 양쪽이 모두 분리할 준비가 되어 있지 않거나, 어느 한쪽이 분리할 준비가 되어 있지 않는다 하더라도 분리의 과정은 보통 계속된다(Cumming and Henry, 1961). 따라서 보다 자연스러운 분리를 위해서는 노인이 자신의 능력이 저하되고, 남은 시간이 많지 않음을 자각하고 여기에 대해 준비하기 위해 자신이 맡던 역할로부터 자연스럽게 물러날 필요가 있다.

사회는 사회의 생존을 위해서 어떤 책임이 부여되는 위치를 한 집단(노인)에서 다른 집단(젊은이)으로 넘겨줄 필요가 있다. 이 자리를 그만두는 노인들이 흔쾌히 그만두도록 하기 위해서는 서로 도움이 되는 거래가 필요한데, 노인은 일을 하지 않으면서 돈(연금)을 받고 그 대가로 젊은이는 노인으로부터 일자리를 넘겨받는 것이다. 이렇게 서로 도움이 되는 교환을 통해서 사회는 유지될 수 있다(Henslin, 2000: 34). 노인문제는 이러한 자연스러운 교환의 과정에서 어느 한 쪽이 부적절한 교환을 하거나 아예 교환을 하지 않으려는 데서 발생한다. 예를 들어 노년기에 사회적 네트워크의 범위가 줄어드는 자연스런 현상에 불만을 느끼거나, 줄어든 역할에 만족하지 않고 예전의 역할을 원할 때 어색한 교환이 일어나게 되고 여기서 노인문제는 발생한다.

다시 말해서 노인이 일자리에서 물러나면 연금이나 노후를 위해 벌어둔 재산으로 생활하게 되는데, 대개의 경우 돈을 벌던 청/장년기보다는 음식, 의복, 주거의 질을 줄이고 또한 문화생활의 양을 줄여야 함에도 불구하고, 그렇지 않고 과거의 기대수준을 계속 유지하려고 할 때 노인빈곤문제나 노인의 심리적 소외 등이 나타날 수 있다. 과거에 비해 노인들이 자녀나 손자들에게 해 줄 수 있는 역할이 적어졌음에도 불구하고, 이러한 역할이나 네트워크의 축소를 받아들이지 못할 때 노인의 소외는 나타날 수 있다. 네트워크나 역할의 축소는 전체 사회의 생존을 위해 자연스럽고 서로에게 도움이 되는 기능적 과정임에도 불구하고, 기능적으로 적응하지 않을 때 노인문제는 나타난다.

이러한 분리이론에 대한 가장 큰 비판은 분리과정의 보편성과 불가피성에 대해 과대평가한 것이다. 또한 분리이론은 사회에서 벗어나고 싶어하는 경향이 노년기의 특징일 뿐만 아니라 개인적인 차원이라는 점을 증명하지 못했다(모선희 외, 2006: 65 참조). 특히 최근의 노인들은 자신이 하던 일에서 물러나서 일 없이 지내는 것보다는 오히려 일을 할 수 있다면 최대한 일을 오래 하고 싶어 한다는 점에서 분리이론의 설명과는 맞지 않는 점이 있다.

(2) 근대화이론과 사회적 교환이론

사회발전과 노인의 지위문제에 관심을 집중한 이론으로 근대화이론이 있다. 근대화이론(modernization theory)에 따르면, 노인의 지위는 근대화의 정도와 반비례한다. 다시 말해서 전통사회에서 노인의 지위는 매우 높았으나, 특정 사회의 산업화가 진행될수록 노인의 지위는 낮아지게 되었다. 코길(Cowgill, 1974)에 따르면, 근대화에 따라 보건의료기술과 생산기술이 발전하고, 도시화가 진전되며, 그리고 교육이 대중화됨으로써 노인의 중요성이 떨어지고 따라서 노인의 지위가 낮아지게 되었다(모선희 외, 2006: 66).

노인의 적은 네이버

전통사회에서 노인이 맡았던 자녀교육, 생활에 필요한 노하우와 생산에 필요한 다양한 기술의 전수, 외부세계와의 통신, 가족의 대표 등의 역할은 산업화된 근대사회에서 다양한 전문기관들이 맡게 되었다. 예를 들어 후손을 교육시키는 노인의 역할은 학교제도에서 떠맡게 되었고, 더 이상 노인의 지식은 산업사회에서 중요한 지식이 될 수 없었다. 또한 생산에 필요한 지식교육은 전문화된 학교에서 행해졌고, 만약 더 필요하다면 고용한 직장 내에서 이루어지게 됨으로써, 노인의 지식이 생산현장에서 더 이상 중요한 것이 아니게 되었다.

그리고 가족형태가 핵가족으로 변하면서 가족을 대표하는 것은 노인이 아니라, 청장년층이 되었으며, 휴대폰, 이메일 등과 같은 새로운 통신기술의 발달은 외부로의 통신 영역에서도 오히려 노인들이 그들의 후손들에게 의존해야만 하는 상황이 되었다. 이제 더 이상 어린 손자나 자녀들은 잘 못하는 일을 해야할 때, 공손한 태도로 노인들에게 여쭤보지 않는다. 공손한 태도로 예의를 갖춰서 노인들에게 질문하는 것은 네이버(Naver)에서 궁금한 것을 간단히 검색하는 것에 비해 너무나 노력 대비 효용이 떨어지는 작업이다. 심지어 많이 검색하고 많이 활동하면 포인트도 얻을 수 있다. 이런 사회에서 노인의 노하우성 지식은 젊은층에게 더 이상 별다른 가치가 없게 되었고, 노인의 지위하락은 필연적이 되었다.

현대사회에서 노인의 노하우성의 지식은 후손들에게 더 이상 소중한 지식이 아니다. 오히려 네이버와 같은 포털에 검색하는 것이 더 빠르고, 더 정확한 정보를 얻을 수 있다. 따라서 현대사회에서 노인의 지위하락은 필연적이었다고 할 수 있다. 이처럼 근대화이론의 설명은, 노인의 빈곤, 소외, 학대 등의 노인문제가 노인이 급격하게 변하는 사회에서 필요로 하는 지식과 기술에 발맞추어 나가지 못하여 발생하는 것이라는 가정을 갖는다.

노인문제를 유용한 자원의 호혜적인 교환으로 설명하는 사회적 교환이론도 유사한 설명을 제공한다. 사회적 교환이론(social exchange theory)에 따르면, 사회는 개인들 서로에게 이득이 되는 교환을 통해서 지탱되는데, 노인문제가 발생하는 것은 전통사회에서 노인들이 제공했던 자원의 가치가 산업사회에서 저하하여 호혜적인 교환이 되지 않기 때문이다. 가치가 저하된 자원을 갖고 노인들이 기존의 교환관계를 유지하기 위해서는 상대방의 의도에 순응하는 비용을 감수할 수밖에 없게 되고, 따라서 낮아진 지위 또한 감수하게 된다. 그러나 근대화이론과는 달리 교환이론에서는 모든 노인이 동일한 정도의 문제를 겪지 않으며, 특히 사회경제적 지위가 높은 사람은 상대적으로 많은 자원을 소유하며, 따라서 문제를 덜 겪게 된다고 한다(Dowd, 1975; 고영복, 1991: 313). 이러한 교환의 시각은 구조기능주의와는 다른 조류에서 출발하지만, 전체적으로 노인문제를 개인의 적응과 그 결과로 나타난다고 봄으로써 기능주의 시각으로 함께 묶을 수 있다.

일반적으로 근대화이론은 산업화를 일찍 경험한 서구의 경험을 토대로 하여, 모든 미개발된 사회는 서구사회가 나아갔던 길을 그대로 따라 갈 것이라는 전제를 한다. 다시 말해서 아직 노인문제가 심각하지 않은 덜 산업화된 사회도 서구사회와 같은 산업화의 수준에 이르게 되면, 현재의 서구사회가 경험하고 있는 정도의 노인문제를 경험하게 될 것이라고 주장한다. 물론 이러한 수렴의 명제는 각각의 구체적인 개별사회가 경험할 수 있는 독특한 발전경로를 간과할 수 있는 문제가 있으나, 한편으로는 산업화를 경험하고 있는 대부분의 사회에서 노인들의 권위가 하락하고 있다는 점에서 노인문제의 해결을 위한 하나의 실마리를 제공해 준다. 반면 사회적 교환이론은 근대화이론의 수렴의 명제에서 탈피하여, 개개인이 그들의 생애과정에서의 선택과 적응에 따라서 상이한 수준의 문제를 경험할 수 있다는 것을 보여준다.

2. 갈등이론: 노년문화와 노년의 정치

갈등이론으로 분류할 수 있는 이론으로는 노년문화론과 노년정치론이 있다. 이 이론들은 노인들이 그들의 일자리로부터 물러나는 것이 분리이론의 설명과는 달리 자발적으로 이루어지는 것이 아니라 강제적으로 이루어지며, 그것은 노인들이 사회의 지배적인 위치를 점하는 중장년층과의 희소자원을 차지하려는 경쟁에서 밀려났기 때문으로 파악한다. 다시 말해서 사회는 연령에 따라 지배적인 위치의 연령집단과 피지배적인 위치의 연령집단이 존재하고, 이 집단들이 갈등하며, 그 갈등의 결과 소수집단인 노인집단의 가치는 희생된다.

노년문화론(subculture of aging)에 따르면, 청년층에서 특유의 하위문화가 존재하듯 노년층에서도 노년문화가 발전된다. 로즈(Rose, 1965)는 현대사회에서 노년문화의 발전 가능성을 보여주는 다음과 같은 몇 가지 증거가 나타난다고 한다(박재흥, 1991: 315-316).

첫째, 노년인구의 절대적 증가가 노인들끼리의 상호작용의 기회를 증대시켰다.

둘째, 신체적 능력을 가진 노인들의 수가 늘어나고 이들은 노년문화를 창출할 수단과 의욕을 가지고 있는 사람이다.

셋째, 은퇴촌의 형성, 정년퇴직 등을 통해 노년층이 젊은 층과 점차 격리되며 이것은 고유한 노년하위문화의 가능성을 제시한다.

넷째, 노인복지에 대한 관심이 늘어나면서 노인들이 공통된 이해관계를 갖는 공동운명체로 인식하는 경향이 증가하고 있다. 현대사회에서 노인들 간에는 점차 집단의식이 형성되고 있으며, 이를 바탕으로 노인들은 단순히 불평을 넘어서 정치적 압력집단으로서 실력행사를 하는 단계로 진입했다.

다시 말해서 노인들의 수명증가에 따라 노인인구가 늘어나며, 그들 본인들의 의사와는 달리 일자리에서 강제적으로 물러나게 됨으로써 능력을 가진 노인인구들이 늘어나고, 실버타운과 같은 은퇴촌이 다수 생겨나면서 노인들이 지리적으로 근접하게 되어 상호작용이 늘어나며, 이를 통해 자신들의 공통된 이해관계에 대해 집단적인 자각을 하게 되어 사회의 지배적 집단인 중장년층에 대해 사회의 희소자원의 분배에 대해 적극적인 의사표현을 하게 되었다는 것이다.

예를 들어 미국의 은퇴자협회는 수천만 명의 회원을 갖고 있으며, 노인들의 권익신장을 위해 의회에 상당한 압력을 행사하고 있으며, 젊은 층들은 나날이 증가하는 노인복지예산에 강하게 불만을 보이고 있다. 또한 한국에서도 이러한 움직임은 유사하게 나타나는데, 초기 정치적 관변단체의 역할에 그쳤던 노인단체가 최근에는 노인들의 문제를 해결하고 노인들의 공통적인 이해관계를 실현하기 위해 노인들을 정치적으로 대변하는 형태로 새롭게 태어나고 있다. 예를 들어 '한국노인유권자연맹'이나 '대한은퇴자협회'와 같은 단체들은 노인들에 대한 복지지원서비스를 넘어서 노인들의 공통된 이해관계를 실현하기 위한 대표적인 조직이라고 할 수 있다. 특히 대한은퇴자협회(KARP)는 2002년 설립된 이후, 연령차별금지법[6]의 제정에 크게 기여하였고, 최근에는 정년을 만 65세로 연장하기 위하여 노력하고 있다.

갈등이론은 노인문제에 대해서 기능주의와는 매우 상이한 시각을 갖는다. 기능주의이론은 노인문제를 개인이나 가족단위의 문제로 파악한다. 다시 말해서 문제를 겪는 노인이나 그의 가족은 빠르게 변화하는 산업사회에서 요구하는 다양한 역할 변화와 적응을 잘 하지 못한 사람이나 가족들이다. 그러나 갈등이론에 따르면, 노인문제가 더 많은 희소자원을 차지하려는 세대 간 전쟁에서 소수집단인 노인들의 이익이 희생되었기 때문에 발생한다. 따라서 노인이 겪는 문제는 가족이나 자녀에 의존해서 해결하거나 또는 국가가 시혜적 부조를 통해서 해결해야 하는 것이 아니라, 노인집단의 당연한 정치적 요구를 통해서 해결되어야 하는 문제이다.

여기에 주목하는 이론이 노년정치론(politics of aging)이다. 이런 입장을 가진 몇몇 학자들은 노인집단이 매우 동질적인 이익집단들이며, 그들은 자신들에게 주어지

6) 「고용상 연령차별 금지 및 고령자 고용촉진에 관한 법률」을 말함.

는 다양한 부정적인 고정관념의 희생양으로 자처함으로써, 미국에서 지나치게 많은 혜택을 누리고 있다고 지적한다. 프레스턴(Preston, 1984; 1994)은 미국 정부의 예산 지출자료를 분석하여, 노인집단의 정치권력으로 인해서 정작 어린이들에게 사용되어야 할 예산이 노인의 복지에 사용되게 되어, 많은 어린이들의 영양, 건강 그리고 교육이 부실해지는 결과를 낳았다고 주장한다. 이와 유사한 주장은 그 외에도 많다. 피터슨(Peterson, 1987)은 미국이 다시 일등국가로 거듭나기 위해서는 노인복지 예산을 대폭 삭감하지 않으면 안될 것이라고 주장한다. 이러한 주장들은 공통적으로 노인들이 매우 동질적인 이해관계를 공유한 집단들이며, 이들을 통제하지 않으면 탐욕스럽게 다른 세대가 혜택을 보는 데 사용되어야 할 예산을 먹어치울 것이라고 주장한다.

일반적으로 노인들의 정치적 결집과 자신들의 문제를 해결하기 위해 정부에 대해 더 많은 요구를 하게 되면, 노인과 관련된 예산이 크게 증가한다. 전통사회에서 가정에 맡겨졌던 노인의 부양비용을 사회화하려는 움직임이 세계적으로 매우 강하고, 이 경우 노인의 요양비용이나 일자리에 대한 우대정책은 결국은 청장년세대에게 사용될 예산의 일부를 빼앗아 와야 하는 문제가 발생할 수밖에 없다. 스피츠의 표현에 따르면, “프랑스나 한국의 젊은이들은 인구고령화로 인하여 역사상 최대 규모의 강도를 당할 운명에 처해있다”(Spitz, 2009). 수가 많은 노인들이 수가 적은 젊은이들이 감당하기 힘든 정도의 노인예산을 정부를 통해서 쓰게 되면, 세대 간의 전쟁 상황이 올 수도 있다.

미국의 세대 간 전쟁

복지국가 미국에서는 노령화로 인하여 연금을 받는 노인들이 급속히 증가하면서, 노인연금과 관련하여 가히 세대 간의 전쟁이라고 할 만한 충돌이 일어나고 있다. 과거 노인차별주의에 대한 문제제기는 노인에 대한 근거 없어 보이는 고정관념에 대해 문제를 제기하고 정년의 철폐나 기타 고용에 대한 노인에 대한 차별을 걷어내는 데 일조하였다. 그러나 세상은 바뀌어 노인들이 이제는 오히려 그들이 받고 있는 지나친 혜택으로 인해 비난의 대상이 되고 있다. 이러한 인식은 먼저 언론에서 발견된다.

"노인들? 신화는 그들이 가난 속에 있다는 것이요, 실재는 그들은 잘 산다는 것이다. 문제는 그들이 너무나 많다는 것이다. 신이시여 그들에게 축복을!", "탐욕스러운 노인네", "미국 노인의 전제정치는 미국이 직면한 가장 중요한 쟁점이다", "거대한 예산블랙홀", "큰 위험을 줄 수 있는 인구학적, 경제적, 의료적 눈사태", "위기에 선 어린이들, 누가 고령화사회를 먹여살릴 것인가?"……

이들의 공통된 주장은 노인들이 정치적인 영향력을 행사하여 다른 연령집단에게 돌아갈 예산을 빼앗아 자신들의 복지에 쓴다는 것이다. 그 결과 노인들의 생활은 윤택해졌고, 아동과 같은 다른 연령집단에 대한 예산은 더 줄어들게 되었다는 것이다. 실제로 미국언론이 세대 간의 전쟁에서 노인들을 승자로 묘사하는 것도 전혀 근거가 없는 것은 아니다. 미국에서 현재 노인관련예산은 미연방 총 예산의 무려 1/3이나 된다. 이것은 그 많다는 미국의 한 해 국방비와 맞먹는 것이다.

이러한 노인권력(senior power) 입장에 대해 반대하는 노인차별주의(ageism) 입장은 노인들의 투표성향을 보면, 이들이 어느 하나의 성향으로 움직이지 않고 상당 부분 이타적으로 선택을 한다고 주장한다. 그럼에도 불구하고 이 노인차별주의 입장이 설 자리는 점점 좁아지고 있다. 결과는 노인의 복지예산 증가로 나타났고, 또한 노인들이 이타적으로 투표를 한다는 사실에 대해 언론은 관심이 없기 때문이다.

Binstock, 2005.

그러나 보통 각국의 정부들은 이러한 최악의 상황을 막기 위해 다양한 대책을 마련할 수 있다. 쉽게 생각할 수 있는 대책은 노인들에게 덜 지불하면서, 젊은이들이 지게 될 짐을 덜어주는 것이다. 그러나 이것은 얼핏 쉬워보여도 그리 쉽지가 않다. 최근에 한국에서 보듯이 덜 내고 더 많이 가져가는 공무원연금 개혁이 각종의 강력한 반대에 부딪친 것은 그것의 한 예이다. 젊은이들은 여기에 대해 반발해야 함에도 불구하고 별 반발을 하지 않는다. 그것은 아마도 이 사실에 대해 관심이 없거나, 아니면 잘 모르거나, 그것도 아니면 자신도 위 세대가 받는 만큼 받을 수 있다고 착각하기 때문이다.

정부가 할 수 있는 또 하나의 쉬운 방법은 젊은 세대들을 이데올로기를 통해서 통제하는 것이다. 중국은 현재는 이런 문제에서 멀리 떨어져 있지만, 중국의 법적인 한 자녀 출산 제한으로 인하여 향후 이런 문제가 매우 크게 불거질 가능성이 높다. 피터슨은 이러한 중국의 노인문제에 대해 언급하면서, 중국정부가 전통적인 유교윤리를 강화함으로써 고령인구의 (정부) 부양비용을 최소화시킨다고 주장한다. 전통적인 유교윤리는 부모의 부양을 위해서 (정부를 대신하여) 자녀가 열심히 노력해야 하는 것이다(Peterson, 2002: 137). 그러나 노인에 대한 부양을 상당 부분 사회화한 선진국을 따라가려는 국가에서는 정부예산의 증가로 나타난다. 점점 노인들은 더 단결되고, 지리적으로 더 결집되기 때문에, 앞으로 노인복지에 더 많은 예산을 배정하라고 압력을 넣을 것이기 때문이다.

3. 상호작용이론

(1) 노인차별주의

상징적 상호작용론에서 출현한 노인문제를 설명하는 한 시각은 노인차별주의(ageism)이다. 이 시각에 따르면, 현대사회의 젊은이 지향적 문화(youth-oriented culture) 속에서 노인은 그들이 이러한 문화를 따라갈 수 없기 때문에 가치가 떨어지는 존재로 오명이 씌워진다. 따라서 노인들은 이러한 노인차별주의의 희생자로 볼 수 있는데, 이러한 낙인은 개인들에 의해서뿐만 아니라 사회제도들에 의해서도 부여된다. 현대사회에는 이러한 노인차별주의에 공헌하는 다음과 같은 몇 가지 태도들이 존재한다(Kornblum and Julian, 2001: 315-321).

첫째, 젊은 외모에 대해 과도하게 가치를 부여한다. 특히 이것은 여성의 경우에 더 강하게 나타난다. 노인은 이러한 젊음의 아름다움 기준을 충족시킬 수 없기 때문에, 많은 사람들은 무의식중에 노인의 외모를 보고 혐오감을 가질 수 있다.

둘째, 노인이 일을 하지 않고 자녀를 출산하지 않기 때문에 노인이 쓸모없다는 믿음이 존재한다.

이러한 태도들은 우리 문화의 사회적·심리적 구조 깊은 곳에 뿌리박고 있기 때문에, 이것을 없애기는 매우 어렵다. 이 노인차별주의는 사회의 다양한 제도를 지배하고 있는데, 예를 들어 노인문제를 담당하는 정부부처는 중요성이 낮으며, 정책입안에 참여할 권한이 적다. 불경기에 정부예산을 줄이려고 할 때, 노인들에 대한 예산은 빈곤층에 대한 예산과 마찬가지로 우선적으로 줄어든다. 또한 노인차별주의는 강제적인 정년퇴직제도에도 반영되는데, 정년퇴직 후 노인들은 과도한 의료비용, 자아존중감과 사회적 지위의 하락, 경제적 안정성의 저하 등의 문제에 시달리게 된다. 이것은 대중매체를 통해서도 반영되는데, 노인들의 이미지는 여성과 같은 소수집단과 마찬가지로 신체적으로 그리고 정신적으로 약한 존재로 비추어지고, 따라서 사회적 부담으로서 여겨지게 만든다(Kornbulum and Julian, 2001: 321-322).

한편으로 노인들은 노인의 유아화(infantilizing elders) 현상에 직면한다. 노인들은 종종 대중매체의 광고, 연극, 드라마 등에서 아이들과 같은 옷, 얼굴표정, 기질 그리고 활동의 측면에서 아이들과 유사한 것으로 묘사된다. 예를 들어 텔레비전 드라마나, 연극, 소설 등에서 노인들은 종종 아이들과 함께 출연한다. 산타로 분장한 노인들은 항상 어린이들과 함께 출연하며, 급기야 그들은 청소년들이 보살펴야 하는 존재로 묘사되기도 한다(Mooney et al., 2007: 415). 노인들에 대한 최근의 한 설문조사 결과(Donlan et al., 2005)는 노인들이 텔레비전을 오래 볼수록, 노인에 대해 부정적으로 정형화된 태도를 나타낸다는 것을 보여준다.

이처럼 노인차별주의는 사회의 여러 현상에 반영되어 나타나는데, 노인들의 높은 자살률이 그러한 극적인 예 중의 하나로 볼 수 있다. 실제로 미국을 비롯하여 영국, 스페인, 덴마크, 스위스, 벨기에, 프랑스 그리고 헝가리 등의 거의 모든 국가에서 75세 이상의 노인들은 다른 연령대에 비해서 거의 두 배 이상의 높은 자살률을 나타내고 있다. 이것은 여성노인보다는 남성노인에 있어서 매우 심각하게 나타나며, 특히 배우자가 없는 남성노인에게 있어서 자살률이 높게 나타난다(Kornbulum and Julian, 2001: 323).

이처럼 노인차별주의적 시각에 따르면, 사회 전반을 지배하고 있는 젊은이 중심적 사고와 가치에 기초하여, 노인이 사회적으로 쓸모없는 존재라는 낙인을 정부, 대중매체, 기업 등과 같은 사회의 여러 제도들이 받아들이게 한다. 따라서 노인들은 사회적으로 좌절하며 그 결과 자신에 대한 존중감이 하락하고, 자신이 이러한 쓸모없는 존재라는 이미지를 받아들이게 되며, 결국 이것은 자신의 처지를 비관하게 하여 자살에 이르게 만든다. 특히 이 시각은 분리이론의 설명과는 달리 정년퇴직이 자신이 원하는 것이 아니라 쓸모없다는 낙인에 의해 강제적으로 행해지며, 일할 능력 있는 많은 노인들이 이러한 낙인에 의해 배제된다고 설명함으로써, 경륜과 경험이 요구되는 다양한 직종에서 일괄적으로 연령기준에 의해 노인들이 배제되는 현상을 잘 설명한다.

(2) 사회와해이론과 활동이론

사회와해이론(social breakdown theory)은 동일하게 상징적 상호작용론에서 출발하여 노인문제에 대해 노인차별주의와 매우 유사한 설명을 제공한다. 이 이론에 따르면, 노인들은 사회와해증후군(social breakdown syndrome)이라는 부정적인 피드백의 악순환과정을 겪게 되는데, ① 역할상실 혹은 노화에 대한 고정관념 때문에 기왕에 자아개념이 손상되어 있을 수 있는 노인 개인이 건강관련 위기를 경험하게 되고, ② 사회환경(의료진 또는 가족)에 의해 노인들이 의존적인 존재로 낙인이 찍히며, ③ 이전에 소유하고 있던 기술 자체가 위축되고, 마지막으로 ④ 노인들은 병들고 부족하고 무능한 자신의 자아개념을 수용하게 된다. 이러한 부정적인 악순환이 지속되면 노인들은 점점 무능력한 존재가 되게 되는데, 이 과정을 개선하기 위해서는 노인들이 처한 환경의 지지망을 확충하고, 노인의 장점을 발견하며, 그 장점을 계속 유지할 수 있는 기회를 제공하는 사회재건증후군(social reconstruction syndrome)을 활성화시킴으로써 가능해진다(Kuypers and Bengtson, 1973, 모선희 외, 2006: 76-77).

이러한 노인의 자아존중감의 유지 또는 회복의 대안은 사회적 활동에의 적극적인 참여라는 형태로도 제시된다. 상호작용론에서 출발한 또 하나의 이론인 활동이론(activity theory)에 따르면, 사회적 활동은 개인의 자아개념을 유지하고 재확인하는데 필요하다. 활동이 친밀하고 빈번할수록 해당 노인의 사회적 역할은 더욱 확실히 지지된다. 이러한 과정은 노인이 긍정적인 자아개념과 높은 생활만족도를 유지하는데 필수적이다. 다시 말해서 분리이론의 설명과는 달리 ① 노인들이 사회적 활동에 적극적으로 참여함으로써, ② 노인들이 사회에서 맡고 있는 역할이 지지되고, ③ 이를 통해 노인들의 자아가 긍정적으로 유지되면, ④ 결국 노인들의 생활만족도는 높아질 수 있고, 노인문제는 개선될 수 있다(Lemon et al., 1972; 모선희 외, 2006: 75).

제 3 절 노인문제의 유형과 실태

현대 한국사회에서 노인들에게 중요한 문제로 나타나는 것은 노인의 빈곤과 소외, 그리고 노인의 학대와 자살, 노인의 건강문제 등이다. 이 절에서는 이러한 문제들을 노인의 지위하락이라는 틀을 통해서 차례대로 살펴본다.

1. 노인실업과 빈곤

한국사회는 매우 빠른 발전을 해 왔고, 1996년 선진국클럽이라고 할 수 있는 OECD에 가입한 지 13년 만에 다시 OECD의 개발원조위원회(DAC)에 가입하였다. 그리고 UN 개발계획 사무소가 공식 철수하여, 2010년부터는 다른 나라의 원조를 받는 나라에서 공식적으로 다른 나라에 원조를 제공하는 나라로 변신하였다. 그러나 한국사회 내에서도 모든 사람들이 발전의 혜택을 골고루 보는 것은 아니다. 거듭된 경제위기로 인해 많은 새로운 빈곤층이 양산되고 있고, 상대빈곤도 점점 심화되고 있다. 특히 아직 한국사회가 노인들의 노후생활에 대해서 정부가 많이 개입하지 않아 왔기 때문에, 노인들이 여러 가지의 사회적 위험에 노출되어 있다. 그중에 가장 중요한 것은 노인빈곤이다.

보건복지부의 노인실태조사에 따르면, 2023년에 노인의 월평균 개인총소득은 216만 원으로 나타난다.[7] 연령별로 볼 때, 65세에서 69세 사이의 노인들의 소득은 월평균 307만 원으로 가장 많고, 그 이후로 연령이 증가할수록 그 소득은 급격히 떨어져 90세 이상은 115만 원으로 나타난다.[8] 이것을 거주 지역별로 살펴보면, 도시 노인과 농촌 노인의 소득은 각각 223만 원과 197만 원으로 그리 차이가 크지 않다. 특히 도시와 농촌의 생활비 자체가 다르기 때문에, 직접적인 비교는 어렵다. 성별로 살펴보면, 남성 노인은 월평균 305만 원을 벌어 여성 노인의 약 2배에 달한다. 그 외 학력별로는 중/고졸과 전문대졸 이상이 각각 297만 원과 416만 원으

---

7) 이것은 2004년(보건복지가족부, 2004)의 486,000원, 그리고 2008년(보건복지가족부, 2008a)의 584,000원에 비해 대폭 상승한 것이다. 아마도 이것은 기초노령연금 혜택의 확대 때문인 것으로 추정된다.

8) 이 조사는 노인 개인의 재산이나 근로소득뿐만 아니라, 자녀 등으로부터 받는 용돈도 노인의 소득에 포함하는데, 연금제도가 정착되지 않은 한국의 현실에서 당연한 것이라 생각된다.

표 9-1 ■ 노인 유형별 월평균소득(개인소득) (단위: 만 원)

변인	구분	월평균소득		
		2017	2020	2023
전체		98.0	155.8	216.4
거주지역	도시	101.3	166.9	223.1
	농촌	90.9	121.0	197.4
성별	남성	141.4	207.2	305.4
	여성	66.0	116.9	146.6
연령	65~69	117.7	213.2	307.1
	70~74	94.8	156.2	202.6
	75~79	91.0	129.4	177.0
	80~84	76.8	94.9	131.9
	85~89	83.1	89.2	132.2
	90 이상	-	-	115.2
가구형태	노인독거	90.2	136.7	198.4
	노인부부	105.3	165.0	232.1
	자녀동거	89.8	147.2	187.3
	기타	104.9	161.0	228.3
교육수준	무학(문맹)	57.9	80.6	100.9
	무학(해독)	66.7	103.5	141.2
	초졸	81.2	132.7	198.6
	중/고졸	99.3	212.3	297.2
	전문대졸 이상	130.3	389.1	415.8

출처: 보건복지부, 노인실태조사. 각 연도.

로 학력이 낮은 다른 노인들에 비해서 훨씬 평균소득이 높았다. 가구형태별로 살펴보면, 노인부부가족이 가장 높고, 그다음으로 노인독거가족이 높은 반면 자녀와 동거하는 노인의 소득은 가장 낮았다. 2008년의 조사에서는 노인독거가족이 압도적으로 소득이 낮았다는 점을 고려할 때, 최근에 자녀와 동거하는 노인들은 대부분 경제적 어려움이 중요한 동거사유로 작용한다는 것을 알 수 있다.

표 9-2 ■ 연령집단별 국민기초생활보장수급자 현황(2023) (단위: 명, %)

구분	수급자수	백분율[1)]	수급률[2)]	남	수급률[2)]	여	수급률[2)]
전체	2,458,608	100.0	4.8	1,087,444	4.2	1,371,164	5.3
성인(20~64세)	1,068,613	44.9	3.1	527,331	3.0	541,282	3.2
노인(65세 이상)	1,015,379	35.3	10.8	369,686	8.9	645,693	12.2

주: 1) (수급자/총수급자)×100.
2) (연령대별 수급자/연령대별 추계인구)×100.
자료: 보건복지가족부, 국민기초생활보장 수급자 현황.

다음으로 65세 이상의 노인인구 중에서 국민기초생활보장수급자 현황을 다른 연령집단과 비교하여 살펴보면, 2023년 기준으로 총수급자 중에서 노인수급자는 1,015,379명으로 전체의 35.3%로 나타난다. 이것은 2016년의 27.3%에 비해 크게 증가한 것이다. 그리고 노인인구 중에서 이 생계보조를 받는 비율은 10.8%이며, 이 중 남성은 8.9%이지만, 여성은 12.2%로 좀 더 높다. 이것을 20세 이상 64세 이하의 노동능력이 있는 성인들과 비교해 보면, 노인을 제외한 성인 전체 수급률이 3.1%, 남성이 3.0%, 여성이 3.2%로 나타나 노인들이 월등히 국민기초생활보장 수급률이 높다는 것을 알 수 있다. 이 결과는 많은 노인들이 절대빈곤의 상태에 있다는 것을 보여준다.

이것은 상대빈곤의 측면에서 살펴보아도 크게 다르지 않다. 근로연령(18~65세)의 상대빈곤율은 10년 전인 2013년에 13.6%였으나, 점점 감소하여 2023년에는 9.8%로 낮아졌다. 노인인구의 상대빈곤층 비율도 2013년에 46.2%였다가 다소 낮아져서 2023년에는 38.2%가 되었지만, 아직도 거의 40%에 가까운 노인인구가 상대빈곤층이라고 할 수 있다. 노인의 빈곤율을 국제비교를 통해서 살펴보면, 한국은 전 회원국 중에서 전체 인구 빈곤율 대비 노인빈곤율이 가장 높게 나타난다. 또한 대부분 국가의 노인들이 각 국가의 평균적인 소득과 유사하지만, 한국의 경우 특히 노인층이 더 빈곤하다는 것을 보여준다.

그림 9-1 ■ OECD 회원국의 전체인구 상대빈곤율 대비 노인인구 상대빈곤율(2020)

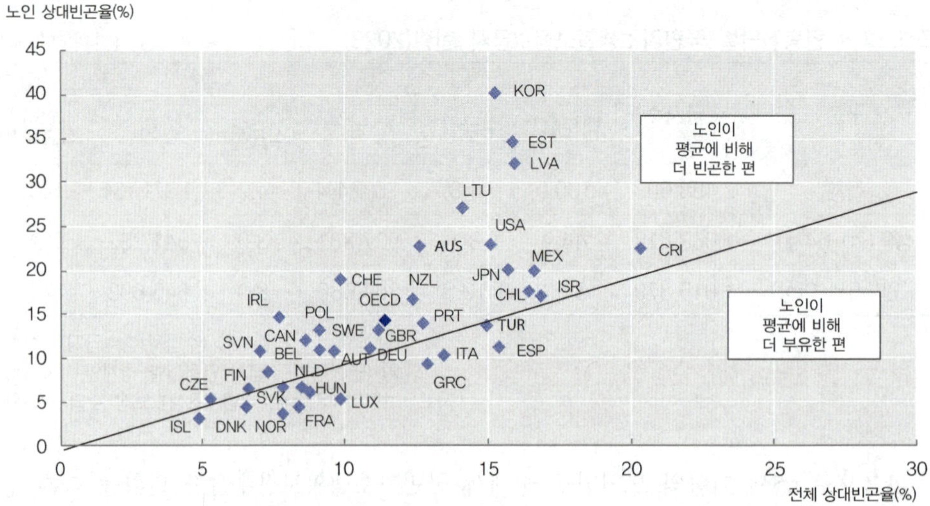

* 대각선은 국가별 중위소득을 의미함.
출처: OECD, Pension at Glance 2023: 199.

이렇게 한국의 노인빈곤율이 높게 나타나는 것은 현재 노인들 대부분이 연금혜택을 제대로 받지 못하고 있기 때문이다. 한국에서 국민연금제도가 실시된 것은 1988년으로, 당시 20년 이상의 가입기간과 60세 이상의 연령에 도달한 사람들에 한해서 연금을 받을 수 있도록 함으로써, 그 당시 60세 이상의 노인은 물론 40세 이상의 장년과 50대 은퇴자까지 모두 연금의 혜택에서 배제되게 되었다(현외성 외, 2005: 95). 따라서 노인의 빈곤문제가 점점 심화되자, 정부에서는 10년 후인 1998년에 「노인복지법」에 따른 경로연금, 그리고 이것을 발전시켜 2007년의 「기초노령연금법」에 따라서 기초노령연금제도를 만들어서 기여 없이 받을 수 있는 노령연금제도를 시행하였고,[9] 2014년 7월부터 기초연금으로 이름을 변경하여 시행하고 있다. "이 제도는 기존 제도들에 비해 그 수혜대상자가 광범위하지만, 소득과 재산조사를 거쳐서 대상자가 결정되므로 사회적 부조의 성격을 띠고 있다"(고수현·윤선오, 2009).

9) 2025년의 경우 최대 342,510원을 받을 수 있는데, 여기에는 연금이 전혀 없거나 국민연금 월 급여액이 513,760원 이하인 경우 등이 여기에 해당한다.

한국에서 공적 연금제도는 제법 정착이 되어, 많은 사람들이 국민연금 등에 가입되어 있다. 통계청 경제활동인구조사에 따르면, 2020년 8월 현재 전체 임금근로자 중에서 국민연금 가입자 비율은 69.8%가 가입되어 있다. 이 중 정규직의 경우 88.0%가 가입되어 있는 반면 비정규직의 경우 37.8%만이 가입되어 있다. 그러나 국민연금제도가 시행된 지가 오래되지 않은 관계로, 노인의 경우는 현재 대부분 원천적으로 제외되어 있다. 2011년 국민노후보장패널조사에 따르면, 50대 중에서 공적연금을 납부한 경험이 있는 사람이 16.1%에 불과하며, 개인연금에 가입한 사람도 2.8%에 불과했다. 반면에 대부분의 50대는 자영업자이거나 비정규직 임금근로자로 공적연금의 혜택을 받지 못하고 있었다(연합 2013. 9. 30.).

그림 9-2 ■ 4대 공적연금 수급자 규모의 추이(2002~2022)

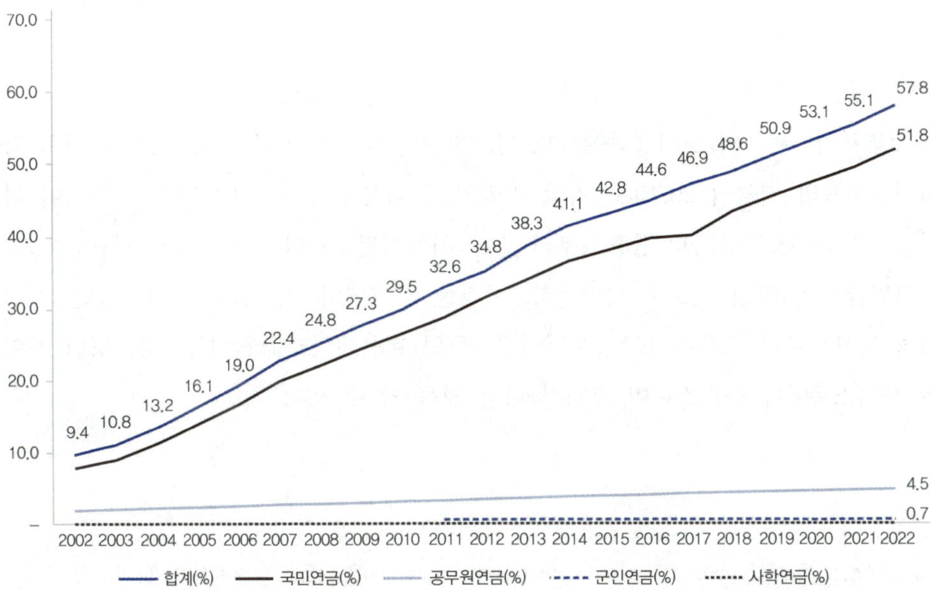

주: 각 연금수급자의 합계를 65세 이상 추계인구로 나눈 비율임.
출처: 통계청. 고령자통계 및 추계인구.

그나마 최근부터 국민연금 가입자들이 은퇴하기 시작하면서 이 연금 수급자 비율은 조금씩 증가하고 있다. 국민연금, 공무원연금, 사학연금, 군인연금의 4대 공적

연금을 받고 있는 노인들은 2002년에 총 9.4%에 불과하였지만, 지속적으로 증가하여 2022년에는 57.8%까지 높아졌다. 이것은 주로 국민연금 수급자의 증가에서 기인한다. 국민연금이 실시된 후 약 32년이 지났으므로, 향후 지속적으로 그 수급자가 증가할 것으로 예상된다.

그러나 이들이 받는 연금의 액수는 점점 줄어들 것으로 예상된다. 왜냐하면 그 규모가 가장 크고, 다른 연금의 기준이 될 것으로 보이는 국민연금 등이 2007년 연금개혁법에 의해 이전의 소득대체율[10]을 지속적으로 낮추고 있기 때문이다. 특히 2008년에 이미 소득대체율이 50%로 낮아졌으며, 그 이후에는 0.5%씩 낮춰서 20년 후에는 40%까지 낮출 계획이기 때문이다(최선화 외, 2008).[11] 다시 말해서 20년 후에는 자신이 받던 평균적인 임금의 40% 정도를 은퇴 후에 연금으로 받아서 본인과 배우자의 생활비로 쓸 수 있는 것이다. 그러나 이러한 금액은 인플레이션의 영향을 받을 수도 있고, 소득대체율도 더 줄어들 수 있으므로, 향후에는 연금을 수령하는 노인도 빈곤 상황을 맞을지도 모른다. 2020년 현재 국민연금의 소득대체율은 44%인데, 매년 0.5%씩 낮아져 2028년부터는 40%가 될 것으로 전망된다.

보건복지가족부의 조사결과에 따르면, 2023년 노인의 소득 중에는 연금 등의 공적이전소득의 비율이 26.7%로 가장 많았고, 그다음으로 사업소득과 근로소득이 각각 26.0%와 23.3%, 자녀 등으로부터 받는 사적이전소득이 9.2%, 재산소득이 7.9%, 사적연금이 6.0%의 순으로 나타났다. 이것을 2011년의 조사결과와 비교하면, 우선 자녀 등으로부터 도움을 받는 사적이전소득의 비율이 크게 줄어들었고, 노인 개인의 사업소득이나 근로소득이 크게 늘어난 것을 알 수 있다.

---

10) 노령연금소득대체율(pension replacement rate by earnings)은 다음의 식을 통하여 계산되는데, 이것은 한 나라의 연금지급액이 정년퇴직 전의 주 소득을 어느 정도 대체하는지를 나타낸다.

$$(\text{총}\cdot\text{순})\text{대체율} = \frac{\text{은퇴후 연금}(\text{총}\cdot\text{순})\text{수입}}{\text{은퇴전}(\text{총}\cdot\text{순})\text{수입}} \times 100$$

11) 한국의 경우 평균소득자를 기준으로 할 때 총대체율이 39.3%, (은퇴 전 실수령액을 기준으로 하는) 순대체율이 45.1%로 나타난다. 이것은 OECD 국가 중에 다소 낮은 수준인데, 그동안의 연금개혁으로 인해 OECD 평균인 각 64.6%와 62.9%에 비해 많이 낮은 것이다. 그러나 OECD 다른 국가들과 비교할 때 낮은 수준이기는 하지만 최하 수준은 아니다. 예를 들어 일본의 총대체율과 순대체율은 각각 34.6%, 40.0%이다(OECD, 2017b).

그림 9-3 ■ 노인 개인의 소득에 대한 각 소득원천별 구성비

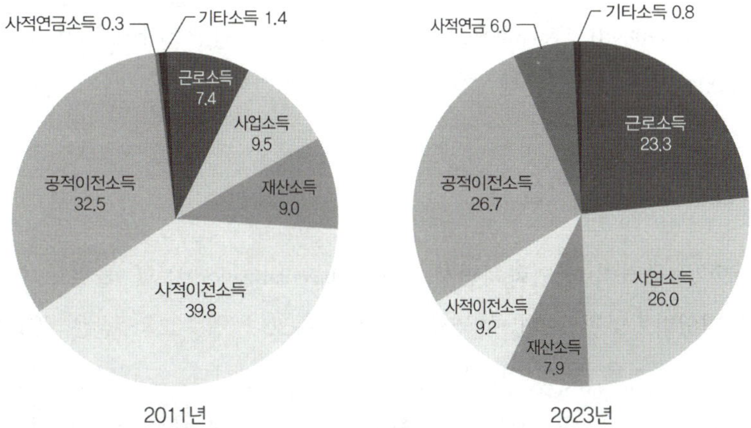

출처: 보건복지가족부, 노인실태조사 각 연도.

이것은 그동안 정부에서 노인의 일자리를 창출하기 위해 다양한 노력을 한 결과라고 할 수 있는데, 정부에서는 노인들의 일자리를 만들어 주기 위하여 여러 가지 정책을 시행하고 있다. 먼저 채용, 임금, 교육, 승진, 퇴직 등에서의 연령차별을 하지 않도록, 「고용상 연령차별 금지 및 고령자 고용촉진에 관한 법률」을 제정하였다. 이 법은 1991년 「고령자고용촉진법」으로 제정되어, 몇 차례 개정을 거쳐 2010년 1월부터 개정 및 시행되었는데, 합리적인 이유 없이 연령을 이유로 고용 등에서 차별을 하는 것을 금지하고, 고령자의 고용촉진과 고용안정을 위해 만들어졌다. 이 법은 일정 규모 이상의 기업을 운영하는 사업주는 업종에 따라 기준고용률 이상의 고령자를 고용하도록 노력해야 한다고 명시한다.[12] 또한 고령자를 고용하는 업체에는 보조금을 지급할 수 있도록 하고 있다.

이와 함께 '노인일자리사업'을 통해서 일자리를 희망하는 노인에게 일자리를 제공함으로써 노인의 소득을 창출하고 노인의 사회참여 기회를 제공하려고 하고 있다. 정부는 매년 많은 예산을 투입하여 65세 이상의 노인들에게 공공분야와 민간분야의 다양한 일자리를 창출하기 위해 노력하고 있다. 이 중 공공분야의 일자리는

12) 이 법 시행령에 따르면, 고령자는 55세 이상의 고령자를 업종에 따라서 최소 2/100(제조업)에서 최대 6/100(운수, 부동산, 임대)을 고용하도록 하고 있다.

정부에서 소요비용을 모두 부담하는 방식이며, 민간분야의 일자리는 기업 등 활용업체에서 인건비를 지급하고, 부대경비는 정부에서 보조해주는 방식으로 운영된다(보건복지가족부, 2009d). 결과적으로, 통계청 경제활동인구조사에 따르면, 노인의 고용율은 2000년에 29.4%였는데, 가장 최근인 2022년에는 36.2%까지 높아졌다.

2. 노인의 소외와 자살

한국사회가 급격히 산업화되면서, 세속화(secularization)[13]의 물결도 매우 급격히 일어나게 되었다. 얼핏 보면 한국사회에서 기독교나 천주교와 같은 종교의 성장은 현대사회에서 유례를 찾기 어려울 정도로 괄목할 만하다. 그러나 이러한 서구종교의 융성 이면에는 우리의 전통적인 종교의 권위가 약해지는 더 중요한 흐름이 존재한다. 서구문명과 일제 식민지 시대를 거치면서 다소 약해지기는 했지만, 우리의 생활 구석구석을 통제하고 있는 종교윤리는 역시 아직도 유교윤리이다.

특히 이것은 관혼상제의 매우 중요한 의례에서 아직도 핵심적인 원리로 자리하고 있다. 가정은 항상 남성 중심이며, 혼인을 한 여자는 남자의 집 식구가 된다. 자본주의 사회에서 공무원의 지위는 그리 높지 않은데도 불구하고, 아직도 공무원, 특히 고위공무원을 위해 불철주야 공부에 매달린다. 합격은 자신의 영광이기도 하지만, 더 나아가서 가문의 영광이며, 붙은 자신보다 부모의 어깨에 더 힘이 들어간다. 벼슬을 하지 못한 사람(공무원이 되지 못한 사람)은, 대기업 회장이라도 죽어서 비석은 '학생'으로 시작한다. 이러한 강한 유교윤리는 강력한 가부장의 권위를 상징한다. 이런 유교윤리가 마음에 들지 않는 젊은이들은 제사를 지내지 마라는 종교에 귀를 기울인다. 이처럼 한국사회에서 세속화현상은 아이러니컬하게도 기독교와 같은 서구종교의 부흥으로 나타난다.

이러한 유교의 세속화는 우리 사회에서 노인의 지위하락을 보여주는 대표적인 현상이다. 전통사회에서 양반가의 노인들은 확대가족과 가문을 대표하는 일부터 시작하여, 자녀나 손자들이 연장자를 공경하도록 유교적 윤리를 가르치는 일, 농업생산을 하거나 여기에 필요한 전답을 관리하는 일 등 매우 다양한 역할을 갖고 있었

---

13) 종교적 권위가 약해지는 현상. 현대사회에서 일반적으로 관찰된다.

다. 그러나 자본주의 사회에서 핵가족이 발달하면서 노인의 운명은 쇠퇴기에 접어들었다. 핵가족의 발달은 노인이 그의 자손을 통제하고 싶어도 쉽게 통제하기가 어려웠다. 멀리서 직장을 다니는 자녀나 손자들은 명절이나 되어야 단지 며칠 동안만 통제할 수가 있다.

또한 학교제도의 발달과 지식의 대량생산 및 보편화는 더욱 노인의 권위를 약화시켰다. 과거에 노인이 가진 노하우(know-how)성의 지식은 현대사회에서 별로 중요한 지식으로 받아들여지지 않는다. 오히려 노인들이 손자들로부터 컴퓨터의 사용법, 핸드폰에 전화번호나 음악 저장하는 법 등의 노하우를 배운다. 노인들이 키오스크 조작에 익숙하지 않으면, 이제 햄버거 하나 사먹기 어려운 시대가 되었다. 여성들의 출산은 이제 노인들의 손을 떠난 지 오래되었다. 현대과학을 신봉하는 젊은 여성들은 노인들의 노하우를 믿지 못한다. 분업의 발달은 노동을 파편화하며, 생산과정에서 노인들의 노하우는 점점 그 중요성이 떨어진다. 이처럼 교육, 생산, 출산 등의 거의 모든 부분에서 노인들의 역할이 점점 줄어들고 있고, 그에 따라 노인의 지위는 함께 하락하고 있다.

한국사회의 노인비하

최근 한국사회의 노인비하 문제는 매우 심각하다. "라떼는 호스야"라고 대표되는 윗 세대에 대한 비하는 '꼰대', '틀딱충', '연금충' 등에 대한 공격적인 비하로 발전된다. 특히 못 배우고 빈곤한 노인에 대한 비하는 더욱 극을 달린다. 최근 국민연금공단에서 주최한 광고 공모전에서 대상을 수상한 노인 비하광고는 생계가 어려워 카트에 폐지를 줍는 노인을 여행가방을 들고 해외여행을 다니는 노인과 대비시켜, 폐지 줍는 노인들을 젊을 때 (국민연금과 같은) 대비를 제대로 하지 않은 게으른 사람들로 비하한다.

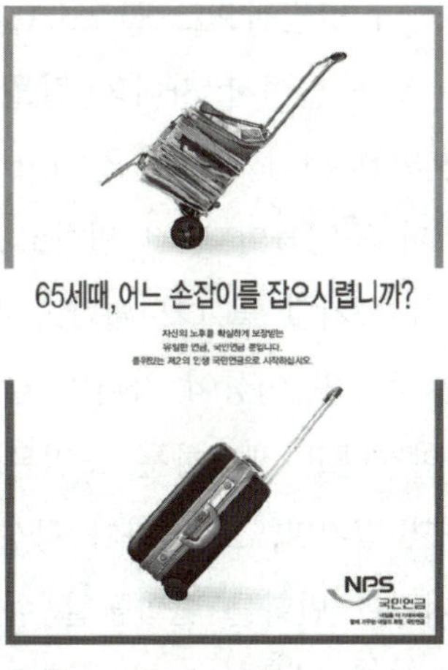

이러한 노인비하는 젊은 층일수록 심하며, 이들은 노인들의 예의 없음이나 새치기 등의 행동문제를 지적한다. 모든 노인들이 그렇지 않음에도 불구하고 일부 젊은 층의 노인비하는 모든 노인들을 향한다. 오래 동안 계속되어 온 청년실업과 청년의 기회 축소는, 사실 노인들 탓은 아니지만, 이들의 응어리진 가슴 속의 분노는 노인들을 향해 표출된다. 한 보고서(국가인권위원회의, 2017)에 따르면, 노인인권이 침해되는 이유가 노인에 대한 부정적 편견이 원인이라는 데 청년의 80.9%가 동의하였다. 또한 노인일자리 증가 때문에 청년 일자리 감소가 우려된다는 데도 55.4%의 청년이 동의하였다. 이것은 결국 노인이 희망 없는 청년의 분노에 대한 희생양일 수 있다는 것을 보여준다.

특히 핵가족제도의 보편화는 노인문제에 있어서 직격탄이 되었다. 미혼의 자녀와 부모로 구성된 전형적인 핵가족이 가장 보편적인 가족의 형태로 자리 잡게 되면서, 한국사회에서 부모가 자녀들에게 주장하는 권리는 점점 줄어드는 반면, 의무는 그대로이거나 오히려 더 늘어난다. 부모는 과거와 달리 자녀의 부양을 받지 않으면서, 자녀들이 공부할 돈과 살 집을 마련해 주어야 한다. 대학의 등록금 인상과 급격한 부동산가격의 상승은 대부분 자녀보다는 부모의 부담으로 돌아간다. 부동산가격의 상승은 더욱 노인의 삶을 갈라놓는다. 부유한 노인은 부동산에 투자하거나 운용하여 합법적으로 불로소득을 올린다. 그러나 그렇지 못한 노인은 자신이 살고 있는 집을 줄여서 자녀의 집을 마련해 줘야 한다. 그러면서도 변화되는 가치관 탓에 혼인한 자녀와 같이 살자고 요구하는 것은 쉽지 않다.

이미 노인들이 먼저 변하고 있다. 보건복지가족부 조사(2008b)에 따르면, 노후에 자녀와 동거할 필요가 없다고 생각하는 노인이 2008년에 이미 70%가 넘었다. 노인 10명 중 7명 이상이 자녀와 같이 살 필요가 없다고 생각하는 시대에, 자녀와 같이 살아야겠다고 생각하는 노인은 노인 중에서도 소수이다. 이렇게 노인의 가치관도 변하고 있지만, 그 변화가 항상 모든 노인들에게 나타나는 것도 아니며 모든 노인이 이러한 변화를 받아들일 수 있는 것은 아니다. 노인들이 변하기 위해서는 젊은이의 10배 이상의 노력이 필요하다. 급격하게 변화하는 한국사회에서 노인들과 젊은이들의 가치관의 차이는 항상 크게 존재한다. 이러한 가치관의 차이는 보통 가족 간의 갈등과 노인의 소외, 그리고 심하면 노인에 대한 학대로 표출된다.

그림 9-4 ■ 노인가구의 가구형태 추이

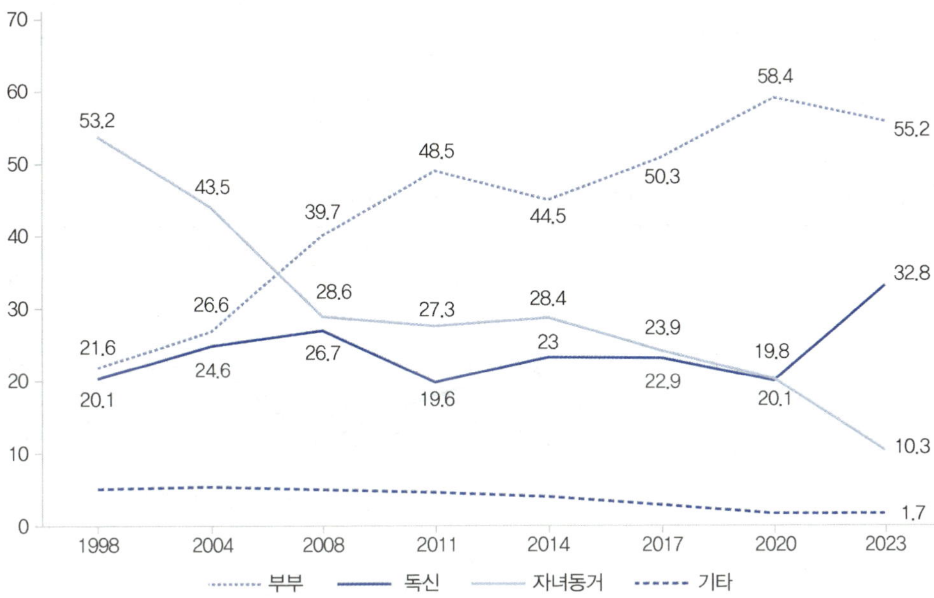

출처: 보건복지부. 노인실태조사 각 연도.

우선 자녀와 동거하지 않는 노인 단독가구가 크게 증가하고 있다. 보건복지부의 노인실태조사에 따르면, 2023년 노인가구 중에서 독거가구 비율은 32.8%로 나타났으며, 노인부부가구는 55.2%, 그 외 자녀와 동거하는 가구는 10.3%로 나타났다. 특히 자녀동거가구의 비율은 매우 큰 폭으로 감소하였는데, 1998년 조사에서 자녀와 동거하는 비율이 53.2%인 데 비해서, 2023년에는 1/5로 감소하여 한국사회에서 노인의 가족형태가 얼마나 빠르게 변하고 있는지를 보여준다.

노인의 비하와 소외의 경험은 노인들에게 극단적인 선택으로 자살을 고려하게 한다(배진희, 2009; 오인근 외, 2009). 또한 경제적인 어려움으로 공공부조를 받는 노인들은 일반노인에 비해 더 많은 차별을 경험하고, 이들의 우울증 경향은 일반노인에 비해 훨씬 높게 나타난다(박현식, 2008). 이러한 노인의 부정적인 경험은 노인 스스로를 부정적으로 생각하게 만들고, 스스로 능력이 떨어진다거나 하는 부정적인 자아개념을 받아들이게 만든다. 그 결과 노인들의 연령이 높아질수록 자신들에 대한 부정적 이미지는 더욱 커진다(최성재, 2009). 1994년 한 조사에 의하면, 자신을 보호하는 사람으로부터 유기나 학대의 경험이 있는 사람이 20% 미만으로 미미하게 나타났지만, 이러한 학대의 경험에 영향을 미치는 요인으로 노인의 자립능력, 즉 경제력이 거의 유일한 중요한 요인이었다(이건종·전영실, 1992). 이처럼 노인의 경제적 능력은 노인의 고통을 설명하는 매우 중요한 요인이다.

그림 9-5 ▪ 주요국의 연령집단별 인구 10만 명당 자살률(2019)

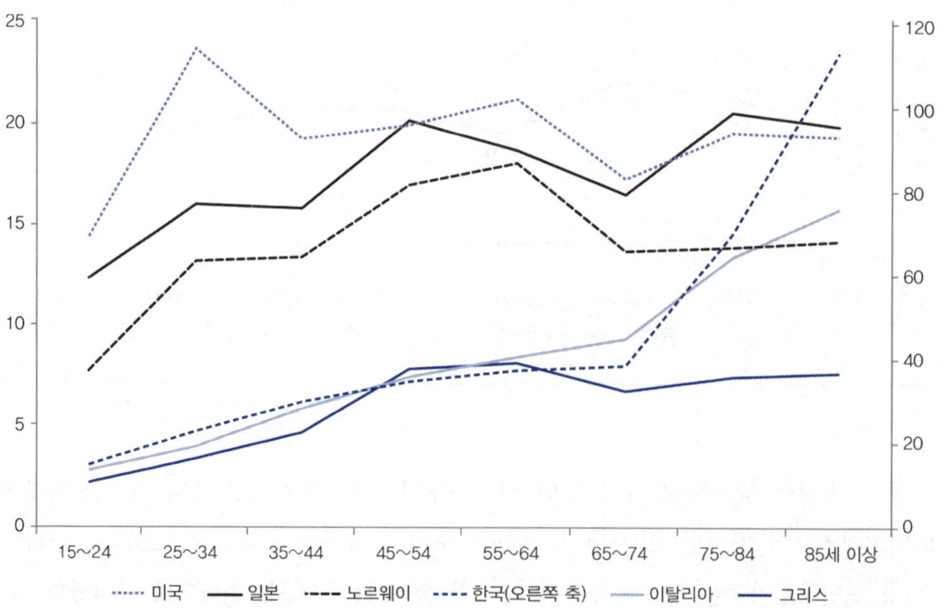

출처: WHO, Database.

[그림 9-5]는 2019년을 기준으로 한국을 비롯하여 그리스, 이탈리아, 일본, 노르웨이, 미국의 연령별 자살률을 나타낸 것이다. 이 그래프를 보면 한국의 노인자살률이 얼마나 높은지를 잘 알 수 있다. 다른 국가의 일반적인 패턴은 연령에 관계없이 일정하게 유지되거나(미국, 일본), 아니면 연령에 따라서 감소하거나(노르웨이, 그리스), 아니면 소폭 증가하는 패턴(이탈리아)으로 나타난다. 그러나 한국의 경우는 노년기에 자살률이 매우 급속히 증가하는 형태를 보여준다. 특히 한국의 자살률은 노인기인 65세 이후에 급격히 증가하기 시작하여, 85세 이상의 고령노인의 경우 해당 연령대 노인인구 10만 명당 무려 120건에 가까운 자살이 발생하고 있다. 이

그래프는 한국노인의 자살률이 너무나 높기 때문에 한국그래프용의 보조축을 오른쪽에 따로 제시할 정도로 다른 나라와의 노인자살률 차이가 크다. 한국은 OECD 국가 중에서 가장 자살률이 높은 나라이지만, 특히 노인자살률에서는 타의 추종을 불허할 정도로 매우 높다.

보건복지부의 2014년 노인실태조사 결과에 따르면, 노인들이 자살을 생각하는 이유는 경제적 어려움이 40.4%로 가장 많고, 그다음으로 건강문제가 24.4%, 외로움이 13.3%, 부부/자녀/친구 갈등 및 단절이 11.5%의 순으로 나타난다. 그러나 가장 최근 조사인 2023년 조사결과는 그 이유가 많이 달라졌는데, 신체적 어려움이 47.8%로 가장 많고, 그다음으로 외로움이 23.3%로 많았고, 경제적 어려움은 9.3%로 대폭 낮아졌다. 이 결과는 노인의 자살이유가 경제적 어려움에서 건강문제로 바뀌고 있음을 보여준다.

3. 노인건강문제

인간은 누구나 나이가 들면 노화하게 되고, 그 결과 사망하는 것이 자연의 이치이다. 이렇게 자연스럽게 보이는 과정이 왜 사회문제일까? 인간이 누구나 법 앞에 평등한 것처럼, 모든 노인은 건강하게 살다가 여생을 마감할 권리가 있다. 그러면 건강하게 노후를 보내기 위해서는 어떤 조건이 만족되어야 하는가? 아마도 적절한 영양의 섭취와 여가생활, 충분한 소득, 적절한 일자리와 같은 경제적 기회 등이 제공되어야 노후를 건강하게 보낼 수 있을 것이다. 그러나 문제는 이런 것들이 모든 노인들에게 평등하고도 충분하게 제공되지 않는다는 것이다. 상류층의 노인들은 충분히 이런 조건들을 갖추고, 건강관리를 하면서 여생을 보낼 수 있다. 그러나 하층계급의 노인들은 노인이 되어서도 여전히 빈곤에 시달리면서 위험하거나 부적절한 환경에서 노동을 하며, 충분한 여가생활이나 소득이 보장되지 않는다. 그들은 상층계급의 노인들과는 달리 여생을 건강하게 보낼 권리가 주어지지 않는다.

자본주의 사회에서 건강을 유지한다는 것은 곧 돈이 들어간다는 것을 의미한다. 노화에 따라 자연스럽게 수명이 다 되어가는 치아나 신체의 각 부분은 조금 더 오래 여생을 즐기기 위해서 많은 보수비용을 필요로 한다. 건강하지 않은 치아는 적절한 영양섭취를 방해한다. 그러나 자본주의 사회에서 이런 기본적인 조건의 상당

부분이 의료보험의 영역 밖에 존재한다. 이런 노후의 유지보수비용을 사회화하는 것은 한 유력한 대안이 될 수 있다. 현재 경제활동인구들로부터 세금을 걷어서 노인들의 노후에 필요한 기본적인 조건들을 제공하는 것은 어떤 국가든 한 번쯤 검토해 볼만한 일이며, 현재 서구의 많은 복지국가들이 실제로 그렇게 하고 있다. 그러나 노인들이 노후를 건강하게 보낼 수 있느냐 하는 것은 당시의 정치적 판단과 청장년층과 노인 사이의 정치적 지평에 의해 영향을 받는다.

이처럼 노인의 건강문제는 그 자체로 권력관계에 의해서 영향을 받으며, 그것을 개선하고 바꾸는 것도 사회적 권력관계에 의해서 영향을 받는다. 예를 들어 노인복지예산을 줄이는 것은 노인들의 의료혜택을 줄일 수 있고, 노인요양기관의 예산압박을 가져온다. 그 결과 노인들은 그 전에 비해 더 병원문턱이 높다는 것을 체감하며, 노인요양기관을 이용하기가 어렵거나 본인의 부담이 늘어나는 것을 느낀다. 노인들 중 상당수는 하는 수 없이 이러한 의료혜택이나 요양기관의 이용을 자제하며, 이들 중 일부는 건강의 악화나 생명의 단축을 경험하게 될 것이다. 이처럼 문제가 사회적 결정에 의해 나타나고 해결된다면, 그것은 전형적인 사회문제이다.

최근 한국사회의 큰 이슈 중의 하나는 노인복지 관련예산이 급격히 증가하고 있다는 것이다. 인구노령화 현상으로 인하여 전체 인구 중에서 노인인구가 차지하는 비율이 점점 증가하고 있으며, 이것은 한국을 포함한 아시아에서도 이제 노인연금의 부담(Park, 2009)과 노인복지예산의 증가로 나타나고 있다. [그림 9-6]에 따르면, 2003년에 4,011억 원이던 노인복지관련예산은 2007년까지 큰 변화 없이 약간씩 증가하다가, 2008년 이후 매우 가파르게 증가하고 있다. 이것은 주로 2008년 1월 시행된 기초노령연금과 같은 해 7월 시행된 노인장기요양보험의 수급자의 급속한 확대, 그리고 2019년의 장기요양보험료 인상에 그 원인이 있다(통계청, 2009a; 보건복지부, 2019a). 또한 2014년부터 기초노령연금을 폐지하고 새로 혜택을 확대하여 시행한 기초연금 탓으로 인해 노인복지예산이 매우 가파르게 증가하였다. 이 예산이 국가예산(중앙정부)에서 차지하는 비율을 살펴보면, 2003년의 0.26%에서 2007년까지만 해도 0.32%에 불과했으나, 가파르게 증가하여 2025년에는 4.05%로 증가했다. 이 정도의 수치는 노인복지가 발달한 선진국에 비해서는 아직 훨씬 적은 비율이지만, 문제는 그 증가속도가 만만치 않다는 것이다.

그림 9-6 ■ 국가예산 대비 노인복지예산의 추이

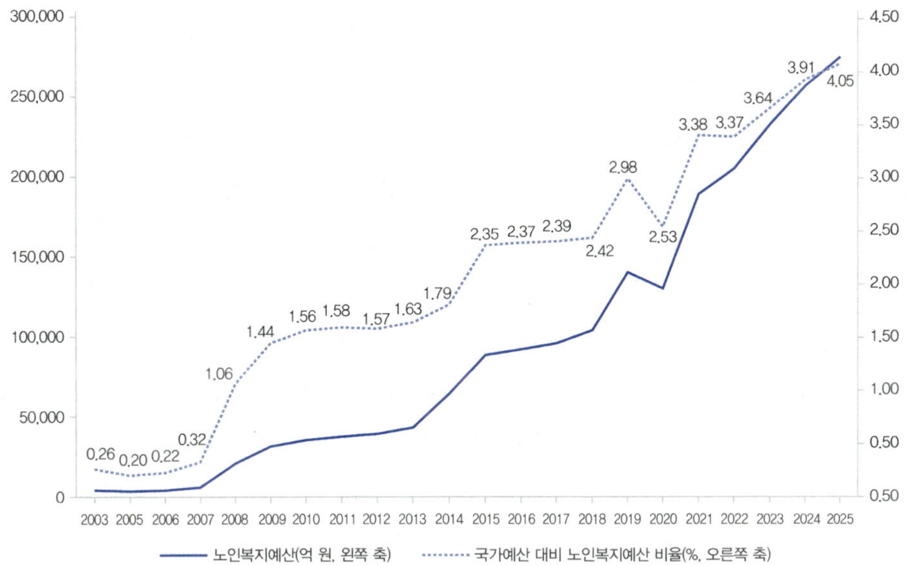

출처: 보건복지부, 각 연도 예산안 보도자료.

그 정도의 증가는 아니지만 건강보험 노인의료비의 증가도 매우 두드러진다. 건강보험에서 노인의료비의 추이를 살펴보면([표 9-3]), 1990년에 전체 의료비 중에서 노인의료비의 비중은 8.2%에 불과하였으나, 1995년에는 12.0%, 2000년에는 17.5%, 2005년에는 24.4%, 2010년에는 32.4%, 그리고 2015년에는 38.4%, 2020년에는 43.4%로 매우 급속도로 높아지고 있다. 이것은 점점 노인인구가 많아지고 노인들이 과거에 비해 더 많은 의료서비스를 이용하게 되었기 때문이다. 문제는 이 급속하게 불어나고 있는 노인의료비를 급속하게 줄어들고 있는 경제활동인구가 부담해

표 9-3 ■ 노인의료비 비율의 추이 (단위: 억 원, %)

구분	1990	1995	2000	2005	2010	2015	2020
노인진료비	2,403	7,385	22,555	60,731	141,350	222,673	376,135
노인인구비율	4.9	5.6	6.6	8.3	10.2	12.3	15.4
노인진료비 비율	8.2	12.0	17.5	24.4	32.4	38.4	43.4

출처: 건강보험정책연구원, 건강보험통계연보 각 연도.

야 한다는 것이다. 이처럼 노인의 건강문제는 전체 사회에 부담을 주며, 전체 의료 체계에도 또한 부담을 줄 수 있다.

일반적으로 노인들이 겪는 질병은 전체적인 신체의 신진대사의 저하에서 오는 만성질환이 많고, 동시에 여러 가지의 질병이 발생하는 경향이 있고, 생활력이나 병력, 경제력 등에 따라서 개인차가 매우 크게 나타나며, 합병증을 동반하기 쉽고 장기적인 치료와 간호를 필요로 하며, 노인의 표현능력의 감퇴로 인하여 정확히 병을 진단하는 것 자체가 어려운 특징이 있다. 따라서 보통 질병을 겪는 노인들은 의식장애나 정신장애를 일으키기 쉽고, 그 정도는 아니더라도 대체로 사회적으로 소외되거나 특히 경제적 생활의 어려움을 겪기가 쉽다(권중돈, 2008; 보건복지가족부, 2009d 참조).

보건복지부의 2023년 노인실태조사에 따르면, 노인 본인이 가졌다고 생각하는 질병은 고혈압이 59.5%로 가장 많고, 그다음으로 고지혈증 28.9%, 당뇨병 27.7%, 관절염 16.2, 골다공증 11.1%, 신경통 10.0%, 백내장 6.2%, 전립선비대증 5.2%의 순으로 나타났다. 이러한 질환들은 대부분 노인들의 거동을 불편하게 만드는 직접적인 원인이 되는 것들이다. 일반적으로 거동이 불편한 노인들의 학대경험은 그렇지 않은 노인들에 비해 훨씬 높게 나타난다. 또한 노인의 입장에서도 이러한 거동불편은 자신의 자아존중감의 하락을 가져오며, 활발한 사회생활을 하지 못하도록 하여, 노인의 생활만족도를 하락시키는 중요한 원인이 된다.

이러한 신체적 퇴화 외에도 많은 노인들은 다양한 정신적인 질환에 시달린다. 노인들이 주로 시달리는 정신질환으로는 하던 일을 상실함으로써 주로 생기는 불면증, 치매, 우울증 등이 대표적이다. 이 중 치매에 걸린 노인은 정상적인 사회생활은 물론, 가족관계나 다른 사회적 네트워크로부터도 배제될 수 있는 매우 심각한 정신질환이다. 한 보고서(오영희, 2009)에 따르면, 인구고령화에 따라서 65세 이상 노인의 치매환자가 2010년 약 47만 명으로 전체 노인의 8.76%에 이를 것으로 추정되고 2012년 약 52만 명, 2020년 약 75만 명, 2030년 약 114만 명으로 증가할 것으로 전망된다. 그리고 2009년 노인장기요양 등급인정자 25만 9,400여 명 가운데 치매환자가 5만 7,300명으로 22.1%, 치매·중풍환자가 1만 8,600여 명으로 7.2%를 차지하였다. 이처럼 치매환자는 가족들에게 큰 부담이 될 뿐만 아니라, 대부분 장기요양의 대상이 되므로 사회적으로도 큰 부담이 된다.

그림 9-7 ■ 노인의 치매 유병률 및 치매환자수 예상추이

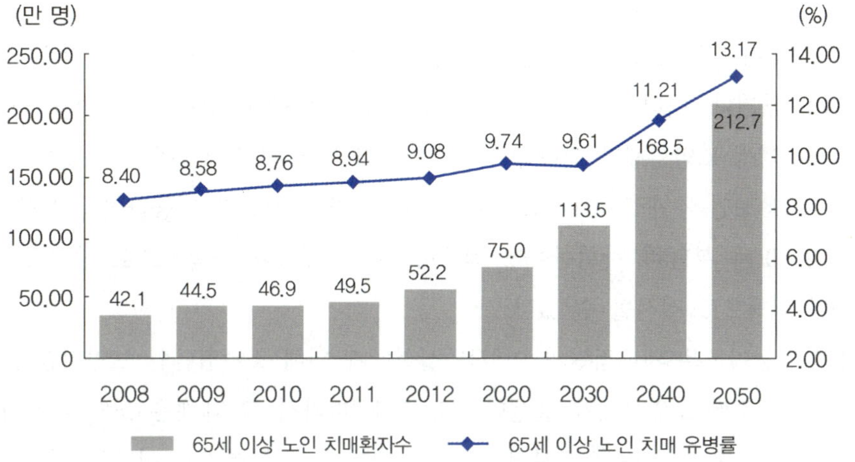

출처: 오영희, 2009.

정부에서는 이러한 치매, 뇌혈관성질환, 파킨슨병 및 관련 질환을 가진 노인에 대해 2008년 7월부터 시행된 노인장기요양보험제도를 통하여, 그동안 비용이 부담되어 이용하지 못했던 요양원이나 요양보호사의 서비스를 적은 비용으로 이용할 수 있도록 하였다. 이 제도에서 실제로 서비스가 제공되는 형태는 크게 재가급여, 시설급여, 특별현금급여의 세 가지 유형으로 나눌 수 있다. 재가급여는 노인환자가 가정에서 일상적인 도움을 받는 것으로 요양보호사가 가족 대신 목욕, 간호, 보호 등을 해주는 것이다. 시설급여는 노인요양전문병원이나 요양시설에 정식으로 입원하여 전문적인 서비스를 받는 것을 말한다. 이전에 수백만 원의 시설이용료 때문에 대부분의 가정이 이용하지 못했던 것을, 정부에서 대부분을 보조하여 저렴한 비용으로 시설을 이용할 수 있게 되었다. 그리고 도서나 산간오지 등 요양시설이나 요양보호사가 없어 가족 등의 다른 사람으로부터 요양을 받는 경우에는 현금을 지급하는 특별현금급여 제도도 있다(박용순 외, 2008).

제 4 절 노인문제에 대한 대응

기능주의이론은 급속한 사회변화에 따라 적절히 자신의 역할변화에 적응하는 데 어려움을 겪거나, 이러한 적응을 재빠르게 하도록 성원에 대해 동기부여를 하지 못하는 사회에서 노인문제가 나타난다고 설명한다. 따라서 노인문제를 해결하기 위해서는 부적응노인을 재교육시키고, 이들에 대한 공적 부조를 제공하여 적응을 도와주는 것, 또는 부단히 사회변화에 적응하도록 성원들을 지속적으로 사회화시키는 것 등이 대책으로 제시될 수 있다.

반면 갈등이론은 지배집단의 이익을 실현하기 위해 소수집단인 노인집단의 이해가 희생됨으로써 노인문제가 발생한다고 본다. 따라서 그 대책은 노인을 정치세력화하여 지배집단(청장년층)으로부터 더 많은 양보를 이끌어내고 이것을 제도적으로 확립하는 것이 있을 수 있다. 이를 위해서는 노인에 대한 일정비율의 의무고용제 등을 제도화하는 것이 대표적인 정책이 될 수 있다.

상호작용이론의 시각에서 노인문제는 노인에 대한 부정적인 고정관념과 낙인에 의해 노인들이 자신들의 자아 이미지를 문제 있는 것으로 받아들이고, 바꿀 때 노인문제는 발생한다. 따라서 노인이 이러한 자아 이미지를 가지지 않도록 그들을 다른 연령대와 분리하거나 차별하는 관습을 개선하는 것이 그 중요한 대책이 된다. 이를 위해 고용이나 퇴직에서의 연령차별을 철폐하고, 노인을 동일한 조건에서 경쟁하도록 만드는 것이 중요한 대책이 된다.

표 9-4 ■ 노인문제에 대한 시각과 그 대책들

이론	원인	대책
구조기능주의이론	급속한 사회변화에 따른 역할변화에 대한 노인의 부적응이나 적응미숙, 사회성원들에 대한 부단한 적응을 위한 동기부여의 미흡	부적응 노인에 대한 재교육과 공적부조, 사회성원들이 사회변화에 부단히 적응하도록 성원들을 사회화 또는 통제
갈등이론	소수집단으로서 지배집단의 이익실현을 위해 노인의 이해관계가 희생됨	노인을 정치세력화하여 더 많은 이익을 얻어내고 이것을 제도화
상호작용이론	노인에 대한 부정적인 고정관념과 낙인으로 인한 부정적 자아개념의 인정	노인을 차별하고 분리하는 관행을 지양, 노인에 대한 오명의 해소, 적극적 활동을 통해 긍정적인 자아개념의 유지

제 5 절 결론

한국사회에서 노인들의 지위는 다른 사회에 비교해 볼 때 매우 빨리 하락하고 있다. 그 이면에는 노인정치(gerontocracy)의 토대가 되었던 유교윤리의 세속화가 크게 작용하였지만, 그 외에도 인터넷의 발달과 교육과 지식의 보편화, 핵가족제도의 발전 등이 중요하게 작용하였다. 따라서 현대 한국사회에서 노인들은 빈곤과 소외, 그리고 극도의 상대적 빈곤에 시달리는 존재가 되었다. 이렇게 빈곤과 소외에 시달리는 노인들은 다시 또 학대피해를 당할 가능성이 더 높으며, 심지어는 자살을 하는 경우도 매우 높게 나타나고 있다.

다행히 최근에는 공적연금을 수령하는 노인들이 10명 중 4명꼴로 늘어났고, 그렇지 못한 노인들에 대해서는, 걸음마 단계이기는 하지만 새롭게 다양한 복지정책들이 시행되고 있다. 덕분에 하층계급 노인들의 생활은 앞으로 점점 나아지겠지만, 이러한 개선 또한 그리 오래 가지는 못할 것으로 생각된다. 왜냐하면 세계에서 최고로 빠른 속도로 고령화되고 있는 한국의 인구구조로 인하여, 조만간 몇십 년 안에 노인들은 다른 세대와 연금을 둘러싼 세대간 전쟁을 치러야 할 가능성이 높기 때문이다.

요약
SUMMARY

- 노인문제란 "노인의 사회적 지위 하락으로 인하여 사회생활에서 불편을 겪고 사회적 비용을 발생시키는 것으로, 사회의 영향력 있는 사람들이 개선이 필요하다고 생각하는 상황"이다.
- 구조기능주의이론에서 노인문제는 노인들이 사회변화에 적절히 적응하지 못하는 데서 발생한다.
- 갈등이론의 시각에서 노인문제는 희소자원을 더 많이 차지하려는 지배집단에 의해 소수집단인 노인집단의 가치나 이해관계가 희생되기 때문에 나타난다.
- 상호작용이론의 시각에서 노인문제는 노인에 대한 부정적인 고정관념이나 낙인이 부여됨으로써 발생한다.

- 한국사회에서 많은 노인들은 매우 심각한 빈곤 속에서 허덕이고 있으며, OECD 국가들 중에서 가장 상대빈곤율이 높다.
- 핵가족제도가 자리를 잡고, 대부분의 노인들이 자녀들과 떨어져 살게 됨으로써 노인들의 역할상실과 소외는 더욱 깊어지고 있다. 그 결과 학대나 자살충동에 시달리는 노인들도 많아지게 되었다.
- 노인들은 각종의 노인질환에 시달리는데, 상당수의 노인들이 빈곤한 관계로 제대로 된 관리가 쉽지 않다. 또한 노인인구의 증가와 치매 등의 거동불편노인들에 대한 요양복지프로그램의 증가로 인하여 노인들을 위한 의료비가 급속히 증가하고 있다.
- 기능주의에서 노인문제를 해결하기 위해서는 주로 노인의 재교육이나 공적 부조가 제시된다. 반면 갈등이론에서는 노인의 정치세력화를 통한 더 많은 혜택의 획득과 이것의 제도화가 제시된다. 상호작용이론에서는 노인을 차별하고 분리하는 사회적 관행을 없애는 것이 중요한 대책이다.

❐ 토론 및 추가학습을 위한 주제들

1. 한국사회에서 노인의 정치적 영향력은 어느 정도인가?
2. 노인에 대한 고정관념은 어떤 것들이 있는가?
3. 한국사회의 노인들 상당수가 빈곤상태에 빠져있는 것은 무엇 때문인가?
4. 다른 외국에 비하여 한국의 노인들 사이의 개인차가 크고, 상대빈곤이 심한 것은 무엇 때문인가?
5. 노인을 위한 복지예산은 더 확대되어야 하는가?
6. 한국사회에서 모든 조직에 대해 정년을 연장하도록 법으로 강요해야 하는가? 정년을 연장하는 것은 노인들에게 도움이 되는가?

❐ 조별 활동을 위한 주제들

1. 노후준비와 노후빈곤
2. 노인의 인터넷 사용능력과 노인소외
3. 노인의 조직화와 노인복지예산
4. 노인에 대한 고정관념과 노인의 소외
5. 노인의 사회활동범위와 노후생활 만족도

❐ 참고할 만한 문헌 및 웹사이트

- 나이보다 능력(http://cafe.naver.com/working60plus.cafe): 고령자의 일자리와 정보교환을 위한 네이버카페.
- 대한은퇴자협회(http://www.karpkr.org): 노년층의 권익향상과 지속적인 사회활동을 지원하기 위한 비영리단체. 노인유사체험과 걷기대회 등의 활동을 주최하고 있다.
- [영화] 황금연못(On Golden Pond)/1981/마크 라이델: 삶의 황혼기에 접어든 노인이 아직도 '소통'할 가능성이 있음을 차근차근 보여주는 영화.
- [영화] 아이리스(Iris)/2001/리차드 에어: 치매노인 영화. 치매에 걸린 할머니를 할아버지가 돌보는 이야기.
- [영화] 노인, 또 하나의 시간/1995/정현주: 노인들의 솔직한 자기고백을 통해 우리나라 노인들의 처지를 여과 없이 보여준다.

PART

4

사회제도, 삶의 질과 사회문제

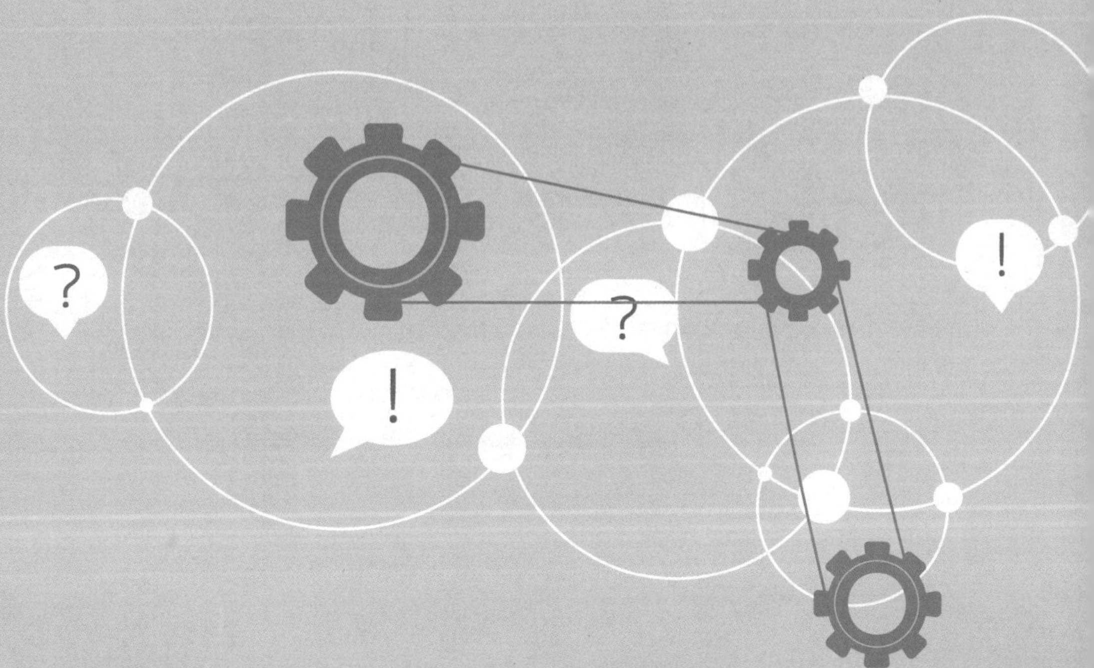

사 회 문 제 론

PART 4

제4부에서는 현대 한국사회에서 사회제도 및 삶의 질과 주로 관련하여 나타나는 문제들을 살펴본다. 일반적으로 사회제도와 주로 관련되는 사회문제로는 가족문제, 교육문제, 건강문제, 인구문제 그리고 환경문제들을 들 수 있다. 이 중 가족문제와 교육문제는 주로 제도와 관련된 문제들이며, 건강문제, 인구문제 그리고 환경문제는 주로 삶의 질과 관련되는 문제들이다. 특히 건강문제는 삶의 질을 결정하는 중요한 문제이기도 하면서, 또한 의료제도라는, 국가에 따라서 다른 사회제도와도 관련되는 문제이다.

제도와 관련된 사회문제들은 주로 이 제도의 경계선으로 작용하는 국가의 영역에 따라서 다양하게 나타난다. 특히 현대사회에서 가족문제는 사람들의 가치관 변화에 의해 가장 많은 영향을 받는 문제들 중의 하나이다. 인류의 역사상 부부중심의 핵가족이 보편적인 형태라고 할 수 없는 것과 같이, 가족제도는 역사적으로 많은 변화를 겪어 왔다. 따라서 여기서 파생하는 가족문제도 시대에 따라서 사회에 따라서 매우 다양하게 나타난다. 한국의 교육문제와 미국의 교육문제가 다른 것처럼, 교육문제도 또한 세계적으로 매우 다양한 형태로 발현된다. 의료문제 또한 마찬가지이다. 다양한 지역과 시대에 따라서 인간의 건강의 중요성은 매우 상이하게 인식된다. 또한 이러한 인식에 따라서 건강을 관리하는 의료제도 또한 다르게 나타난다. 이처럼 사회제도와 관련된 문제들은 어떤 사람이 속해 있는 국가의 다양한 제도에 의해서 크게 영향을 받는다는 점에서 그 공통점이 있다. 이 책의 10장, 11장, 12장은 이러한 문제들을 다룬다.

삶의 질 문제는 주로 사회의 발전과 관련을 갖는다. 인간이 얼마나 인간답게 살고 행복한 생활을 할 수 있는지에 대한 기대와 가치부여는 주로 경제적으로 풍요로운 사회에서 더 강하다. 더 건강하게 오래 살아야 하겠다는 생각은 이런 건강문제나 인구문제, 그리고 환경문제에 대한 관심을 더 높인다. 또한 개인과 사회 간의 관계, 인간과 자연 간의 관계 등에 대한 성숙한 이해와 염려는 이러한 삶의 질에 대한 중요성을 더욱 높이고 있다. 이처럼 삶의 질의 문제는 사회의 발전과 성숙의 산물이기도 하다. 또 한편으로 이 문제들은 다른 문제에 비해 인간의 가치판단에 의해서 많이 영향을 받는 문제이기도 하다. 과거에 자녀를 많이 낳을수록 좋은 것으로 평가받았던 시기가 있었던 반면에, 오히려 적게 낳고 자원을 적게 쓰는 것이 더 좋은 것으로 평가받는 시대도 오고 있다. 동물이 아닌 인간으로서 사는 문제를 넘어서 인간다운 인간으로서 사는 것이 중요시되는 시대에, 삶의 질과 관련된 문제들은 점점 그 중요성을 더해 갈 것이다. 이 책의 12장, 13장, 14장은 이런 문제들을 다룬다.

CHAPTER

10

가족문제

가족은 사회의 가장 기초가 되는 제도이다. 만약 가족제도에서 문제가 발생할 때 사회의 거의 모든 부분들은 함께 영향을 받는다. 예를 들어 가족문제가 발생하여 이혼율이 높아질 때, 청소년들의 가출이나 학교중퇴, 방황 등의 문제가 발생하고, 이들은 교육제도나 비행을 담당하는 형사사법제도에 영향을 준다. 또한 이혼을 한 여성들이 노동시장에서 열악한 지위에서 허덕일 때, 빈곤과 노동문제가 발생하며 또한 딸린 자녀가 있는 경우에는 이들에 대한 보호문제가 발생한다. 이처럼 가족제도의 문제는 한 사회의 전반에 걸쳐 영향을 주는 매우 중요한 문제이다.

최근 한국사회는 경제위기와 가부장제의 약화로 인해서 가족제도가 큰 영향을 받고 있다. 경제위기로 인한 가장의 실직은 다시 이혼, 가출, 성매매 등의 새로운 사회문제들을 만들어내고 있다. 또한 점점 늘어가고 있는 여성의 사회진출은 여성들이 더 이상 과거처럼 남성 배우자에게 얽매여 살지 않게 만들고 있다. 또한 가부장제의 약화와 가부장적 윤리에 의해 만들어졌던 많은 제도적 차별들이 해소되면서, 이혼의 증가와 같은 예상치 못한 가족문제들이 양산되기도 하였다. 이러한 한국의 가정 내에서 몰아치고 있는 소용돌이는 청소년비행, 범죄, 노인부양문제 등의 다양한 사회문제들의 증가로 나타나고 있다. 이 장에서는 이러한 문제들에 대해서 살펴본다.

제 1 절 가족문제의 정의

머독(Murdock, 1941)에 따르면, 가족이란 "공동거주, 경제적 협동 및 출산을 특징으로 하며 사회적으로 허용되는 성관계를 유지하는 적어도 두 사람의 남녀 성인들을 포함하고 한 명 이상의 친자녀 또는 입양자녀들로 구성되는 사회집단"이다. 이러한 머독의 정의는 전형적으로 핵가족을 염두에 두고 있는 정의이다. 일반적으로 우리 사회의 전형적인 가족도 부부와 미혼의 자녀로 구성된 이런 핵가족이거나 여기에 부계의 노인이 함께 거주하는 확대가족을 생각할 것이다. 그러나 이런 형태의 가족은 우리 사회에서 수적으로 다수를 점할 뿐이지, 이 가족들만이 정상적인 가족이라고는 할 수 없다. 그것은 가족의 유형이 시대에 따라서, 지역에 따라서 매우 다양하게 나타나기 때문이다.

가족의 유형

가족제도는 역사적, 문화적 산물이다. 따라서 역사적 시대에 따라서, 그리고 문화를 공유하는 다양한 지역들에 따라서 가족제도는 상이한 형태로 존재한다. 머독(Murdock, 1941)은 가족유형을 가족구조를 기준으로 다음의 세 가지로 분류한다.

첫째는 핵가족(nuclear family)으로서, 이것은 한 가구에 동거하는 부부와 미혼의 자녀로 구성된 가족을 말한다. 현대 산업사회는 대부분 이러한 핵가족을 가장 보편적인 가족으로 만들고 있다.

둘째는 확대가족(extended family)으로서, 이것은 3세대 이상의 세대로 구성된 가족이다. 미혼의 자녀가 있는 핵가족에서, 부계나 모계의 조부모가 있는 가족을 말한다. 일반적으로 부계의 조부모를 상상하지만, 꼭 이렇게 구성되지는 않는다. 예를 들어 이러한 부처확대가족 외에도 장인장모와 함께 사는 모처확대가족(데릴사위제도), 결혼한 부부가 부계나 모계의 어떤 부모와도 함께 거주할 수 있는 양처확대가족도 있고, 심지어는 외숙처확대가족[1] 등도 존재한다.

셋째는 복혼가족(polygamy family)으로서, 이것은 혼인을 여러 번 해서 형성되는 가족을 말한다. 이것은 다시 일부다처가족(polygyny), 일처다부가족(polyandry), 집단혼가족(group marriage)으로 나눌 수 있다.

예를 들어 한 명의 남편이 여러 명의 부인들과 가족을 구성하는 것(일부다처제)은 현재에도 지구상의 여러 지역에서 평범한 형태의 가족으로 받아들여지며, 한국에서도 조선시대까지는 중상류층의 가정에서 이러한 형태를 자주 찾아볼 수 있었다. 심지어 세계의 가장 강한 선진국이라는 미국에서도 이런 가족형태를 아직 찾아볼 수 있다. 또한 현대사회에는 자녀를 갖지 않는 가족들도 많으며, 한부모가족이나 1인가족, 조손가족[2]도 있고, 심지어는 동성 간의 동성가족도 가족의 한 유형으로 등장하고 있다. 따라서 이러한 가족의 다양한 유형들을 모두 포괄하기 위해서는 새로운 정의가 필요한데, 조정문과 장상희(2001)에 따르면, 가족이란 경제적 협동 혹은 일상생활의 공유를 지속적으로 영위하여 정서적 만족을 얻는 사회생활의 단위이다. 이 정의는 상당히 포괄적인 정의로서 위에 진술한 다양한 가족유형을 모두 담을 수 있다.

세계의 복혼가족과 법규

세계 도처에는 아직도 복혼이 인정되는 국가들이 상당수 있다. 우리도 조선시대까지 힘 있는 양반은 축첩이 가능했으며, 현대에도 제주도와 같은 특정 지역에서는 현실적인 이유 때문에 사실혼 관계의 여러 처를 두는 경우가 종종 있었다. 세계적으로도 지구상의 약 ⅓은 복혼이 법적으로 인정되고 있다. 아래의 그림에서 인도, 말레이시아, 브루나이, 필리핀은 무슬림에게만 복혼이 인정되며, 인도네시아는 특정 지역에서만 복혼이 인정되고, 러시아, 중앙아시아 국가들, 남아프리카 국가들, 미얀마는 복혼이 법적으로 인정되지 않지만 처벌 또한 받지 않는다. 그러나 나머지 대부분의 나라들은 복혼이 법적으로 금지되어 있다.

---

1) 신랑의 외삼촌집에서 함께 사는 가족형태.

2) 부부의 사망, 이혼 등으로 인하여 조부모와 손자녀로 구성된 가족.

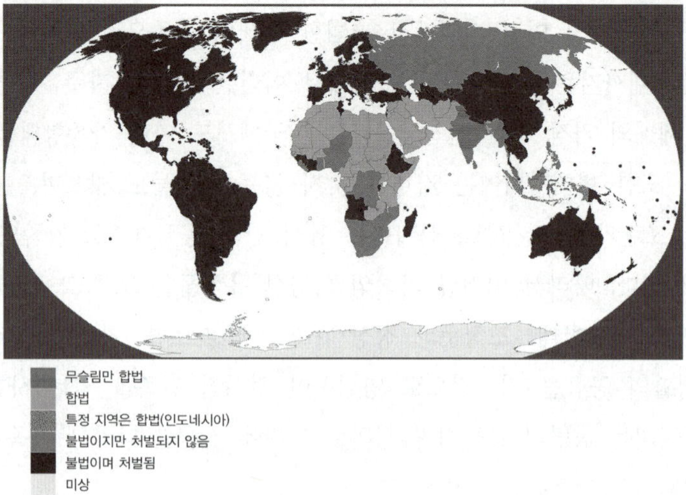

출처: 위키피디아, 2019년 7월 기준.

그러나 이러한 정의는 한편으로 지나치게 넓어 가족이라고 볼 수 없는 다른 집단도 포함될 수도 있어 보인다. 예를 들어 특정 종교단체에서 재산을 모두 헌납하고 함께 생활을 하는 경우는 이 정의에서 가족이 된다. 그러나 보통 이런 단체를 가족이라고 칭하지는 않는다. 그러면 지나치게 넓지 않으면서 새롭게 나타나는 다양한 가족유형을 포괄할 수 있는 가족의 정의는 어떠해야 하는가? 이를 위해서 다음의 몇 가지 조건이 포함되어야 할 것이다. 첫째, 가족구성원들 사이에 사회적으로 허용된 성적인 관계가 있어야 한다는 점이 중요하다. 문제는 1인가족이나 조손가족, 한부모가족에서는 이런 성적인 관계가 없다는 것인데, 이런 가족은 과도기적, 예외적인 가족유형으로 보는 것이 더 나아 보인다. 둘째, 혼인이나 혈연에 의해서 결합된다. 셋째, 기존의 정의에서도 모두 있는 조건으로서, 외부환경과 뚜렷이 구분되는 경제적 공동체이어야 한다. 부부는 따로 벌어서 따로 쓸 수는 있으나, 위급한 상황 같은 경우에 가족구성원을 위해 경제적인 무한책임을 진다. 그렇지 않은 경우에는 대부분 가족의 해체로 나타난다. 이런 점들을 고려하여 가족을 정의하면, 가족이란 "주로 둘 이상의 성인 구성원들 사이에 사회적으로 허용된 성적 관계가 보통 존재하고, 외부환경과 뚜렷이 구분되는 혼인이나 혈연에 의해 결합된 공동체로서 경제적으로 무한책임을 갖는 단체이다." 이 정의는 일부 과도기적 가족을 포섭할 수는 없지만, 동성가족이나 일부다처제 가족, 일처다부제 가족, 확대가족, 무자녀가족, 집단혼가족 등을 모두 포괄할 수 있다.

이렇게 가족을 정의하면, 가족문제란 "한 명 이상의 가족구성원이 가족생활의 적응에 심각한 불편함을 겪는 것으로 사회적 비용을 발생시키며, 사회의 영향력 있는 사람들이 개선할 필요가 있다고 생각하는 상황"이라고 할 수 있다. 이런 정의에 기초할 때, 한국에서 가족문제라고 할 수 있는 것은 이혼, 가출과 같은 가족의 해체문제와 배우자폭력, 아동학대, 미혼모 등을 들 수 있다.

제 2 절 가족문제의 이론

1. 구조기능주의이론

기능주의이론에서 가족은 사회의 기초가 되는 원초적인 제도이다. 따라서 이러한 가족제도의 기능을 밝히는 것은 기능주의자들의 중요한 임무였다. 설리반과 톰슨(Sullivan, 1997; Sullivan Thompson, 1988)은 가족의 기능을 다음의 6가지로 요약한다. 첫째, 성행동과 재생산의 규제기능으로서, 이것은 가족성원들이 사회가 용인하는 형태(혼인)로 다음 세대를 재생산하도록 하는 역할이다. 둘째, 사회화와 교육의 기능으로서, 가족제도는 어린 가족의 구성원들을 사회화하여 이들에게 사회규범을 내면화시키는 역할을 한다. 셋째, 지위부여의 기능으로서, 가족은 자녀들에게 그들이 사회에서 평가받게 될 미래의 지위를 부여한다. 넷째, 경제활동의 기능으로서, 가족은 경제적 생산의 가장 기본적인 단위가 되며, 자신들의 생존을 위해 함께 일한다. 다섯째, 보호의 기능으로서, 모든 사회에서 가족은 그들의 구성원들을 위해 다양한 형태로 보살피고 보호한다. 여섯째, 애정과 동반자관계의 기능으로서, 가족은 모든 인간들이 필요로 하는 사랑, 애정, 심리적 지지를 제공한다.

이러한 다양한 가족의 기능은 사회에서 가족이 존재하는 이유가 된다. 그러나 현대사회에서 산업화와 도시화는 가족의 이러한 기능들을 많이 쇠퇴시켜 왔다. 예를 들어 최근에 여성들 사이에서 나타난 성혁명(sexual revolution)은 가족구성원들의 성에 대한 가족제도의 역할을 크게 퇴색시켰다. 그리고 재생산 또한 가족의 영역 내에서만 이루어지지 않는다. 현대의 부부들은 그들이 원하는 스펙을 갖춘 아이를 갖기 위해 그러한 아이에 맞는 정자를 정자은행에 주문할 수도 있다. 또 정부에서는 교육기관들을 통해서 가족의 자녀들에 대한 사회화에 더 많은 영향력을 행사하고 있으며, 특히 의무교육은 자녀의 사회화와 초기 교육에 대한 가족의 권리를 법적으로 제한한다. 예전에 생산의 기본단위가 가족이었을 때 모든 가족구성원은 생존을 위해 모두 의무적으로 함께 일을 해야 했지만, 공장제생산의 발달은 아버지를 가족으로부터 따로 떼어내어 생산에 전념하도록 하고 여성배우자는 생산과 관련이 없는 가사노동에 집중하도록 만들었다. 또한 노동능력이 있는 젊은 자녀들은 과거에 비해 부모들에게 덜 의존하게 되었다. 또한 보호의 기능 중 상당 부분은 정부에 의해서 주도되는 의료기관에 의해 대체되었고, 노인이나 문제아동 등도 사회적으로 보호되게 되었다(Henslin, 2000: 382-383).

이처럼 기능주의 입장에 따르면, 가족문제는 급속한 사회변화에서 가족의 전통적인 역할과 기능이 쇠퇴하는 데서 발생한다. 과거에 비해 현대의 가족은 더 적은 기능을 가지고, 기능을 적게 가질수록 가족의 유대는 약해진다. 따라서 이혼, 가출, 가정폭력 등의 가족문제들은 이러한 약화된 가족기능의 결과인 것이다(Henslin, 2000: 383). 구조기능주의자들의 관점에서 볼 때, 높은 이혼율과 한부모가정의 증가는 가족제도의 붕괴를 의미한다. 가족제도는 사회를 구성하는 가장 근간이 되는 제도이기 때문에, 이러한 제도의 붕괴는 범죄나 빈곤, 약물남용 등의 다른 사회문제를 유발한다. 반면 핵가족의 증가는 산업사회에서 다양한 가족유형들 중에 그것이 가장 산업사회에 적합했기 때문이다. 특히 구드(Goode)는 핵가족이 기동력이 있기 때문에 일자리 중심으로 거주지가 정해지는 현대 산업사회에 적합하며, 또한 그럼으로써 귀속적인 지위보다는 능력에 의해서 직원들을 뽑을 수 있는 이점이 있고, 그리고 산업사회의 공장제생산에서 증가한 노동강도에 의해 지친 노동력을 재생산하기에도 훨씬 유리한 제도였기 때문에, 산업사회에서 핵가족이 가장 일반적인 가족유형으로 자리잡았다고 주장한다.

산업사회에서의 핵가족의 기능적 적합성

기능주의에서 출발한 근대화이론은 가족의 유형에 대해서도 의미있는 기여를 했다. 기능주의 입장에 따르면, 산업화는 모든 사회가 거치지 않을 수 없는 길이고, 따라서 먼저 산업화를 이룬 선진국의 경험은 이 길을 나중에 지나갈 후진국에 의해 동일하게 반복된다(수렴의 명제). 산업화에 의해 나타난 가족형태의 가장 큰 변화는 핵가족화(nuclearization)라고 할 수 있다. 기능주의자들에 따르면, 그 이유는 핵가족이 산업사회에서 가장 기능적으로 적합했기 때문이며, 다음의 몇 가지 핵가족의 적합성을 지적한다.

첫째, 산업조직체에서의 역할수행은 직장중심의 이주를 필요로 하므로, 가족구성원이 많은 확대가족보다는 핵가족이 훨씬 적합하다.

둘째, 공장제 생산의 특성상 개인의 정서적 욕구들이 직장을 통해 만족될 수 없고, 노동과정의 중압감과 스트레스를 풀기 위해 애정관계가 중시되는 핵가족이 적합하다.

셋째, 핵가족 제도하에서는 가족이나 출신에 따른 상속, 교육기회의 차별 등이 약화되므로, 계급분화가 최소화되어 기업이 필요로 하는 인력의 개발이 용이하다.

넷째, 핵가족의 기초가 되는 자유로운 배우자 선택과 경제적인 독립은 양육기간의 연장을 초래하지만, 결혼 후 비교적 충분한 능력을 가진 상태에서 직업선택의 기회를 가질 수 있다. 따라서 기업은 가족의 배경보다는 능력에 기초하여 충원을 할 수 있다.

Willaim J. Goode

2. 갈등이론

갈등이론에서 가족문제는 주로 페미니스트이론에 의해서 설명된다. 페미니스트이론에 따르면, 역사 이래로 거의 모든 사회는 가부장제가 강하게 존재하였다. 가부장이라는 것이 한 가족의 리더역할을 하는 남성을 의미한다면, 이것은 가족제도에서 그 기반을 갖고 가족제도에서 재생산되는 이데올로기이다. 여성이 한 가족의 대표가 될 수 없는 가부장제하에서 여성은 결혼을 통해 가족을 구성함으로써 불평등과 억압의 위험에 노출된다. 이런 점에서 가족제도는 여성을 억압하고 통제하는

하나의 중요한 도구이다.[3)]

따라서 페미니스트의 입장에 따르면, 가족문제는 성불평등을 지속적으로 재생산하는 가부장적인 가족이데올로기에서 기인하는 것이다. 예를 들어 가정폭력은 거의 대부분이 남성가장에 의해 행해지며, 자신의 우월함을 유지하고 재생산하기 위해 여성배우자를 통제하려는 욕구에서 발생하는 것이다. 또한 이혼은 여성들이 가정에서 남성 가부장의 폭력에 시달리고, 심지어는 생존을 위협받을 수 있는 상황에서 불가피하게 선택하는 탈출이다. 가출이나 아동학대도 동일하게 이해될 수 있는데 남성가부장의 물리적 폭력이나 성적인 폭력에서 탈출하기 위해 딸들이 선택하는 것이 가출이며, 이들은 이러한 탈출의 부산물로 미혼모와 같은 또 다른 가족문제를 만들어 내는 경향이 있다.

페미니스트에 따르면, 자본주의 사회에서 공장제 생산의 발달로 남성은 돈을 버는 노동을 하는 반면에 여성은 '가내노예(domestic slavery)'와 같이 무보수의 가사노동을 하게 됨으로써, 여성은 남성에게 경제적으로 종속이 된다. 따라서 이러한 경제적 종속은 여성이 불공평한 상황에도 불구하고 가족을 유지하도록 만드는 중요한 도구이다. 일반적으로 이혼율은 부부 중에 여성이 남성보다 많이 벌 때 더 높아진다. 왜냐하면 여성이 이런 불평등한 관계에 남지 않더라도 경제적으로 생활을 영위할 수 있기 때문이다(Jalovaara, 2003, Mooney et al., 2007 재인용). 이러한 설명도식은 우리 사회에서 경제위기 후 남편이 실직한 가정에서 더 많은 이혼이 발생하는 현상도 동일하게 설명할 수 있다.

기능주의 시각에서 이혼으로 인한 한부모가정이나 여성독신가정은 자녀의 비행이나 범죄, 부적응, 그리고 결혼파동, 노후부양 등의 다양한 문제를 발생시키고 따라서 사회문제로 규정된다. 그러나 페미니스트의 시각에서 이러한 가족유형은 가부장적인 남성폭력으로부터의 탈출이나 이러한 폭력에 대한 소극적인 저항행동으로 여겨진다. 이처럼 같은 문제가 시각을 달리함으로써 완전히 다른 문제로 보이는 것은 사회문제가 가진 특성 때문이다. 다시 말해서 사회문제라는 것은 속성으로 정의되는 것이 아니라, 특정 시대, 특정 지역의 사회적 관계에 의해서 정의되기 때문이다.

이러한 가족에 대한 페미니스트의 입장은 이혼이나 가출, 가정폭력, 미혼모문제

---

3) 페미니스트이론에 대한 좀 더 자세한 언급은 7장을 참조.

등을 잘 설명한다. 그러나 한편으로 가정폭력의 피해자들 중에는 남편들도 상당수 존재하는 것이 현실이며, 이러한 부인의 남편에 대한 폭력을 설명할 수가 없다. 물론 남편에 대한 부인의 폭력은 그 수에서 적고, 남편의 가정폭력에 비해서 피해의 정도가 비교적 경미하기는 하다. 그러나 그런 점을 감안하더라도, 페미니스트이론은 아들의 가출이나 아들에 대한 어머니의 아동학대를 설명하지 못한다. 가출청소년의 성별 비율은 여자가 좀 더 많기는 하지만, 남자청소년도 거의 비슷할 정도로 많다.

3. 상호작용이론: 가족문제의 사회적 구성

상호작용이론은 다양한 가족문제에 부여된 이미지에 주목한다. 예를 들어 이혼한 사람은 한 때 사회 내에서 주변사람이나 가까운 가족 및 친지들로부터 매우 부정적인 오명이 씌워졌다. 그러나 이혼에 대한 이러한 부정적인 이미지가 점점 약해지자, 이혼은 비약적으로 증가하였다(Mooney et al., 2007: 148). 재혼 또한 마찬가지이다. 이혼을 하는 사람들이 많아지고, 사회적으로 재혼에 대해 거부감이 줄어들게 될 때 재혼 또한 급격히 증가한다. 우리 사회에서도 과거에 비해 이혼이 크게 늘었고, 그 배경에는 이혼하는 여성들에 대한 낙인이 크게 줄어들었다는 배경이 있다. 이러한 사례들은 이혼이 사회문제로 규정되는 것이 사회적으로 부여되는 낙인에 기인할 수 있으며, 이러한 이혼에 대한 낙인이 제거될 때 이혼문제는 새롭게 정의될 수 있다는 것을 보여준다.

사회구성적 시각은 현대사회에서 새롭게 부각되고 있는 아내학대나 아동학대와 같은 몇 가지 가족문제를 이해하는 데 매우 유용하다. 여성배우자에 대한 남편의 가정폭력에 대한 한 연구는 아내학대라는 사회문제가 피해자산업에 의해 사회적으로 구성된 것일 수 있다는 것을 보여준다. 로세크(Loseke, 2001)에 따르면, 30년 전만 하더라도 아내학대(wife abuse)라는 용어는 존재하지 않았다. 그것은 당시에 이런 사례들이 존재하지 않았다기보다는, 아내학대라는 사회문제가 그 당시에는 대중의 의식 속에 존재하지 않았으며, 매맞는 여성과 학대하는 남편은 대중적으로 인식될 만한 정체성을 갖지 못했기 때문이다. 이들의 정체성은 현대사회의 많은 가정폭력 지원단체들과 같은 피해자산업이 만들어낸 것이다.

그에 따르면, 매맞는 아내(battered wives)에 대한 다양한 지원단체들은 그들만의 고유한 이야기공식(formula stories)을 갖는다. 이들 지원단체들은 가정폭력피해자를 면접할 때, 자신들만의 이야기를 진행시키는 미리 준비된 공식이 있으며 이것은 다양한 가정폭력피해자들로 하여금 이들 단체들이 의도하는 형태로 자신의 경험을 진술하도록 만드는 경향이 있다. 전형적인 이들의 이야기공식은 "그가 당신에게 한 짓을 이야기해 보세요"에서 시작하여 "그는 폭력을 통해 당신을 통제하려고 해요"라는 형태를 띠는데, 이런 공식에 의해 유도되는 아내학대의 피해자들은 자신이 겪은 가정폭력의 상황이 그런 전형적인 공식과 다소 맞지 않더라도 이 공식에 맞추어 진술이 유도된다. 또한 피해자의 입장에서 쉼터와 같은 지원단체의 지원을 받기 위해서는 이들의 의도에 맞추어 진술하는 것이 가장 자연스럽고 편리한 것이기도 하다. 많은 가정폭력 사례들은 설령 실제에서는 남편의 폭력과 애정이 반복적으로 나타나고, 이러한 것들이 동시에 존재하기도 하고, 또한 폭력도 일방적인 것이라기보다는 상호 행해진 사례들일 수 있다. 그러나 이런 단체의 이야기공식하에서, 남편과 아내의 관계는, 무조건 여성은 일방적인 피해자이며 남편은 악당으로 묘사된다. 여성은 자신이 피해를 당한 상황에 분명히 행위자로 개입되어 있었음에도 불구하고, 여성은 자신의 상황에 대해 아무것도 할 수 없는 무기력한 피해자가 된다(Loseke, 2001).

아동학대 또한 유사한 과정을 통해서 사회적으로 구성된다. 1948년에서 1980년 사이의 32년 동안 미국 애리조나주의 신문 보도에서 나타난 아동학대와 아동방임을 분석한 존슨(Johnson, 1995)에 따르면, 현대사회에서 아동학대는 언론들을 통해 소름끼치는 이야기(horror stories)로 새롭게 탄생한다. 언론들은 아동학대의 많은 사례들 중에서 매우 극단적인 사례들("man bite dog" stories)을 부각시킴으로써, 아동학대의 사례들을 한 쪽 방향으로 몰아가는 경향이 있다. 다시 말해서 언론들은 아동학대 사건을 보도할 때 가해자들을 이중의 탈을 쓴 동물들과 같이 묘사함으로써, 아동학대가 실제로 일어나는 것보다 훨씬 더 심각하게 받아들여지게 한다. 이것은 언론의 이해관계에도 부합하는 것이며, 이를 넘어서 새롭게 나타나는 다양한 단체들의 요구와 이익에도 부응하는 것이다. 실제로 소름끼치는 아동학대 사례들을 보도하고 출간하는 것은 많은 전문직업집단, 사회과학과 의학연구자들, 그리고 다양한 사적 또는 비영리기관들에게 도움을 준다. 이들은 아동학대를 중요한 사회문제로 만듦으로써, 아동학대근절운동을 위한 행동일정을 만들고, 이러한 캠페인은 다시 보다 많은 자원과 공적인 자금을 그들에게 투입하게 만든다. 그러나 이들은 딱히 이런 이익을 바라서라기보다는 그것이 옳다고 믿기 때문에 이런 일을 한다. 이익은 단지 부산물일 뿐이다.

'매를 아끼면 자식을 망친다'

서양 속담 중에 '매를 아끼면 자식을 망친다'라는 속담이 있다. 이 속담은 자식을 바르게 키우기 위해 매를 적극적으로 들지 않는 부모가 사회문제라는 의미를 가진다. 실제로 서양의 부모들도 자녀들의 훈육을 위해 체벌을 많이 행한다. 우리나라도 과거부터 자녀들의 바른 성장을 위해 부모들이 체벌을 자주 하였고, 심지어 학교의 교사들도 이러한 체벌을 자주 사용하였다.

그러나 최근에는 아동의 인권에 대한 관심이 늘어나면서, 매를 아끼지 않는 부모는 어느 사이에 아동학대의 가해자가 되었고, 부적절한 부모의 상징이 되었다. 매를 들지 않는 부모가 사회문제이었던 시기가 그리 오래지 않은데, 정반대로 이제는 매를 드는 부모가 사회문제가 되었다. 이처럼 사회문제는 어떤 행동이나 현상에 대한 정의에 의해 만들어진다. 두 시기 사이에 차이가 있는 것은 각 시대의 도덕십자군들이 매에 대해 가진 생각뿐이다.

아내학대나 아동학대 문제의 심각성을 보여줄 사례로서 선택된 끔찍한 사례들은 여성과 아동의 기본적인 인권이 침해되고 있음을 보여주며, 이러한 기본적인 인권의 침해 앞에서 이러한 문제들을 한 사회의 중요한 사회문제로서 구성하는 데 아무도 반대할 수 없다. 피해자산업이 이러한 분야에서 만들어지고 성장하는데, 언론매체에서 동의하고, 더 많은 피해자를 만듦으로써 더 많은 이익을 가질 수 있는 상황에서 가정폭력이나 아동학대의 피해자는 양산된다.

제 3 절 가족문제의 유형과 실태

이 절에서는 다양한 가족문제 중에서 배우자폭력, 이혼, 아동학대, 가출, 미혼모를 차례대로 살펴본다. 이미 가족문제의 정의부분에서 언급한 바와 같이 가족문제로 볼 수 있는 만혼과 저출산, 낙태 그리고 노인학대문제는 모두 다른 장에서 다루므로 여기에서는 따로 다루지 않는다.

1. 배우자폭력

배우자폭력4)이란 부부 사이에서 나타나는 폭력을 말하는데, 어느 한 쪽의 일방적인 폭력부터 상호 간의 폭력까지 모두를 포함한다. 배우자폭력의 실태를 보여주는 자료로는 설문조사자료와 상담센터 등의 상담통계가 있다. 전자는 가정폭력의 전반적인 실태를 비교적 정확히 보여줄 수 있으며, 후자는 특히 좀 더 심각하고 여성이 피해자가 되는 폭력을 잘 보여준다.

우선 설문조사자료로는 3년 주기로 가정폭력실태 전반에 대해 조사하는 여성가족부의 가정폭력실태 조사가 유용하다. 2022년 조사에 따르면, 지난 1년 동안 부부 중 최소한 어느 한쪽이 폭행피해를 경험한 비율은 27.5%였다. 이것을 유형별로 살펴보면, 상대적으로 경미하다고 할 수 있는 정서적 폭력이 5.7%로 가장 많았고, 그 다음으로 성적 폭력이 2.3%, 신체적 폭력이 1.2%, 경제적 폭력이 0.4%로 나타났다. 폭력피해율은 점점 줄고 있는 것으로 보이는데, 특히 신체적 폭력은 크게 줄고 있다. 2013년 조사에서 신체적 폭력이 7.2%인데 비해서, 2016년에는 3.7%, 2019년에는 1.5%, 그리고 2022년에는 1.2%로 줄어들었다. 이것을 폭력행위자의 성별로 살펴보면, 남편이 아내에게 신체적 폭력을 행사한 경우는 1.3%였는데 비해서, 아내가 남편에게 신체적 폭력을 행사한 경우는 1.09%였다. 이 결과는 우리 사회에서 배우자 간의 신체적 폭력이 크게 감소했다는 것을 보여준다.

---

4) 가정폭력은 가정 내에서 일어나는 배우자, 노인, 아동 등에 대한 폭력을 모두 지칭하는 용어이지만, 국내에서 여성계를 중심으로 여성배우자에 대한 남성배우자의 폭력을 의미하는 것으로 주로 쓰인다. 그러나 이 책에서는 보다 중립적인 용어인 배우자폭력이란 용어를 사용한다.

가정폭력은 본질적으로 은폐되고, 지속되는 경향이 강하다. 이것은 가부장적인 전통에 의해 '가정 내'에서 일어나는 문제는 '가정 내'에서 처리되어야 한다는 생각이 지배하고 있기 때문이다. 따라서 주위의 다른 집에서 심각한 배우자폭력이나 아동학대가 일어나더라도 이웃주민들이 이들을 신고하는 경우가 많지 않으며, 설령 신고를 한다고 하더라도 경찰이 '가정 내'의 일에 개입하기를 꺼리는 경우가 많았다. 그러나 과거에 비해 경찰이 가정폭력에 대해 적극적으로 개입하고 있고, 이것은 한국사회에서 가정폭력의 발생율을 낮춘 것으로 생각된다.

한국에서 배우자폭력피해자에 대한 대책은 1998년 만들어진 가정폭력특별법과 그 사후조치들이 있다. 이 법은 「가정폭력범죄의 처벌 등에 관한 특례법」과 「가정폭력 및 피해자보호 등에 관한 법률」의 두 가지를 지칭하는데, 전자의 주된 목적은 그동안 가정 내의 부부싸움 정도로 여겨졌던 가정폭력을 경찰이 적극적으로 개입해야 할 범죄로 만들고, 가해자에 대해서는 보호처분을 통하여 최소한의 처벌을 하고, 피해자에 대해서는 다양한 지원을 하는 데 있다. 이를 위해서 전자감시 등을 통해 폭력가해자에 대한 접근을 금지한다든지, 일정 기간 동안 유치장이나 구치소에 구금한다든지 등의 긴급조치를 취할 수 있다. 후자는 가정폭력의 신고체계를 구축, 운영하고 피해자를 지원하기 위한 다양한 서비스를 제공하는 것을 목적으로 한다. 이 법에 의해 가정폭력피해자의 신고를 위한 〈1366 여성긴급전화〉와 피해자 상담을 위한 가정폭력상담센터, 신속한 치료와 증거확보 등을 위한 One-Stop 지원센터, 피해자의 안전한 대피를 위한 보호소(쉼터) 등을 설치, 운영하고 있다.

가정폭력피해자 보호시설에 입소한 경로는 주로 가정폭력상담소를 통하거나 1366전화를 통하여 입소하는 경우가 대부분이며, 일부 경찰이 보내거나 본인이 직접 오거나, 사회복지시설을 통해서 입소한다(여성부, 2009a). 그러나 아직도 가정폭력에 대해 외부의 개입을 꺼리는 경향이 많으므로, 그 신고율이나 시설 이용률은 그렇게 높지 않다. 2022년 조사에 따르면, 여성의 경우 경찰이나 1366전화, 주변가족이나 친척 등에 도움을 청한 경우가 10.3%였는데 비해서, 남성은 3.3%만이 도움을 청한 것으로 나타난다. 한국사회에서 여성에 대한 남성의 가부장적 우월의식은 여성에 대한 폭력을 만들어내는 원인이기도 하지만, 한편으로 자신의 피해를 다른 사람에게 내놓고 말하지 못하는 족쇄이기도 하다.

2. 이혼

한국사회의 여러 사회현상 중에서도 이혼율의 급격한 증가는 특히 드라마틱하다. 이를 살펴보기 위해서는 우선 이혼율을 계산하는 방법에 대해 알아야 하는데, 국내에서는 이혼율을 나타내는 지표로서 다양한 방식이 사용된다. 예를 들어 2002년에 한 보건복지부의 용역보고서는 한국의 이혼율이 47.4%라고 발표한 반면에, 통계청에서는 2003년 이혼율이 3.5건, 그리고 법원행정처에서는 2004년 이혼율이 9.3%라고 발표한 바 있다. 첫 번째 방식은 특정 연도의 결혼건수가 대폭 감소했을 때 이혼율이 100%가 넘어갈 수도 있기 때문에 실용성이 없는 지표이다. 반면 세 번째 방식은 일반적으로 느끼는 감정을 가장 잘 표현한 것이라고 할 수 있지만, 이혼율을 계산할 때 일반적으로 이용하는 방식이 아니다. 다른 대부분의 국가에서 받아들여지고 있는 국제기준은 조이혼율(crude divorce rate)로서 이것은 인구 1,000명당 이혼건수를 말한다.[5)]

다양한 이혼율 지표

• 한 해 결혼건수 대비 이혼건수 — 2002년 47.4%

$$\text{이혼율} = \frac{\text{한 연도 총 이혼건수}}{\text{한 연도 총 결혼건수}} \times 100$$

• 인구 1,000명당 이혼건수 — 2003년 3.5건

$$\text{조이혼율} = \frac{\text{한 연도 총 이혼건수}}{\text{한 연도 7월 총인구}} \times 1{,}000$$

• 현재 생존해 있는 사람들의 전체 혼인건수 대비 전체 이혼건수 — 2004년 9.3%

$$\text{이혼율} = \frac{\text{현재 생존해 있는 사람들의 총 이혼건수}}{\text{현재 총 혼인건수}} \times 100$$

---

5) 물론 이 기준도 혼인신고를 하지 않고 동거하는 사람들이 많은 유럽국가들의 이혼율을 과소평가하거나, 계산을 위한 인구기준으로 혼인과 관련이 없는 아동인구도 모두 포함하여 한 나라의 인구구조에 의해 많은 영향을 받는다는 단점이 있다. 따라서 급격히 고령화되는 국가의 경우 보통 이혼율은 과대평가된다.

이것을 혼인율과 비교해 보면 더욱 두드러지는데, [그림 10-1]에 따르면, 인구 1,000명당 혼인건수를 나타내는 조혼인율(crude marriage rate)이 1980년에 10.5건이었는데, 이 수치는 1990년대 후반까지 큰 변화가 없다가, 1997년부터 급속히 떨어지기 시작하여 2022년에는 3.7건으로 낮아졌다가 2004년에는 다시 4.4건으로 조금 높아졌다. 그런데 인구 1,000명당 이혼건수를 나타내는 조이혼율은 1980년에 단지 0.6건에 불과하다가 이후 지속적으로 증가하여 2003년에 무려 3.4건까지 올랐다가 이후 다소 감소하여 2024년에는 1.8건으로 낮아졌다. 이 결과는 한국인들이 혼인은 적게 하는데, 오히려 이혼은 더 많이 한다는 것을 보여준다. 그럼 한국인들이 최근 이혼을 하는 사유는 무엇일까? 통계청 인구동향조사에 따르면, 2017년을 기준으로 이혼사유를 살펴보면, 성격차이가 43.1%로 가장 많고, 그다음으로 경제문제가 10.1%, 배우자의 부정이 7.1%, 가족 간의 불화가 7.1%, 정신적, 육체적 학대가 3.6%로 나타난다.[6)]

그림 10-1 ■ 조혼인율과 조이혼율의 추이

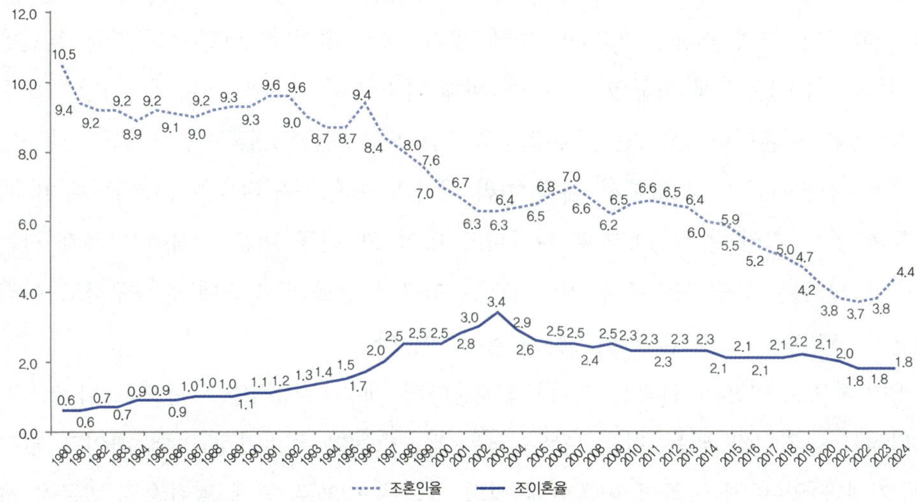

출처: 통계청, 인구동향조사.

6) 2017년 이후 이혼사유가 조사되지 않음.

이러한 통계상에 나타나는 이유 외에도 이혼율이 증가하는 데 기여하는 몇몇 추가적인 요인을 찾아 볼 수 있다. 첫째, 여성의 경제활동참가율이 높아지면서, 더 이상 결혼이 먹고살기 위해서 필수적인 조건이 아니게 되었다. 둘째, 가족을 구성하는 기본원리가 과거에 노동력과 2세의 재생산이라는 관점에서 부부 간의 사랑으로 바뀌었고, 따라서 부부 사이의 사랑이 식으면 과거에 비해 이혼을 선택하는 경향이 증가했다. 셋째, 과거에 강하게 존재했던 이혼녀나 이혼남에 대한 여러 가지 사회적 편견이 약해진 것도 중요한 한 요인이다. 넷째, 한국에서 이혼은 1990년 초부터 급속히 증가했는데, 1990년의 가족법 개정으로 인해 여성의 자녀양육권, 재산분할 청구권을 인정함으로써 여성이 이혼에서 불이익을 받는 상황을 개선한 데서 큰 원인을 찾을 수 있다. 결국 이러한 다양한 복합적인 원인으로 인해 한국사회에서 이혼이 최근에 급격하게 증가하였다.

이렇게 이혼율이 최근에 급속하게 증가했음에도 불구하고, 이러한 증가는 그리 오래 되지 않았기 때문에 실제로 한국사회의 가족구성에 아직 그리 큰 영향을 미치지 않고 있다는 증거가 있다. 2010년 세계 15세 이상 65세 미만의 43,087명을 대상으로 한 갤럽의 사회조사 결과에 따르면, 한국에서 이혼 상태인 가구는 0.9%에 불과하여 세계 평균인 3.2%에 비해 많이 낮은 편이다. 반면 배우자와 혼인을 유지하는 가구는 전체 평균인 59.1%에 비해 다소 낮은 56.5%로 나타나지만, 그 주요 원인은 이혼이라기보다는 초혼연령의 상승으로 인한 미혼가구가 많기 때문인 것으로 나타난다. 다시 말해서 세계 여러 국가의 미혼가구 비율은 24.9%인데 비해, 한국의 경우 훨씬 높은 39.0%로 나타나고 있어 그 만큼 미혼 상태에서 혼자 사는 가구가 많다는 것을 보여준다. 이 결과는 최근 이혼율의 상승에도 불구하고 아직 이혼가구의 수는 그리 많지 않다는 것을 보여준다.

일반적으로 이혼의 결과는 가족구성원들에게 매우 부정적인 영향으로 나타난다. 일반적으로 자녀가 없는 이혼집단의 경우 평균소득이 일반가정과 별 차이가 없지만, 자녀가 있는 경우 특히 이혼한 여성의 소득은 대체로 크게 떨어지고 빈곤에 시달릴 가능성이 매우 높다. 왜냐하면 이혼하는 여성들의 대다수가 경력이 단절된 사람들이고, 따라서 이들이 재취업을 하더라도 좋은 조건으로 일을 하기는 어려우며, 딸린 자녀가 있는 경우 전일제로 일을 하기가 어렵기 때문이다. 또한 이혼 당시에

표 10-1 ■ 세계 주요국의 가구구성 형태(2010) (단위: %)

국명	혼인	동거	미혼	사별	이혼	별거	기타	합계
중국	79.1	0.2	16.1	3.5	0.6	0.3	0.2	100.0
인도	70.4	0.0	23.4	5.5	0.4	0.2	0.1	100.0
인도네시아	67.2	0.0	24.2	8.0	0.3	0.3	0.0	100.0
일본	67.0	0.2	25.1	5.0	2.3	0.5	0.0	100.0
튀르키예	65.6	0.0	28.8	3.4	1.0	1.0	0.2	100.0
미국	59.3	1.6	25.5	4.9	5.9	2.0	0.8	100.0
전체 평균	**59.1**	**4.9**	**24.9**	**6.1**	**3.2**	**1.2**	**0.6**	**100.0**
포르투갈	58.5	4.2	23.9	7.3	3.9	1.3	1.0	100.0
이탈리아	58.1	2.5	27.4	6.6	0.9	1.5	3.1	100.0
호주	57.7	6.9	24.3	3.7	4.4	2.8	0.2	100.0
한국	**56.5**	**0.0**	**39.0**	**2.9**	**0.9**	**0.5**	**0.1**	**100.0**
네덜란드	56.5	9.5	22.9	6.0	3.4	0.5	1.2	100.0
독일	55.3	6.8	22.2	8.5	5.1	2.0	0.2	100.0
스페인	54.6	4.9	30.5	5.7	1.7	2.2	0.4	100.0
핀란드	53.5	18.5	16.5	4.7	6.8	0.2	0.0	100.0
캐나다	53.0	9.8	22.9	5.8	4.7	2.5	1.3	100.0
러시아	53.0	2.9	20.7	11.6	8.7	2.2	0.9	100.0
덴마크	52.3	12.1	21.5	6.7	5.1	0.7	1.6	100.0
뉴질랜드	49.3	8.8	29.9	4.9	4.4	1.9	0.7	100.0
멕시코	48.8	7.5	33.3	5.3	1.6	3.5	0.1	100.0
영국	48.7	7.2	27.9	6.6	6.0	2.5	1.1	100.0
브라질	48.4	9.3	30.2	5.3	2.4	4.4	0.0	100.0
스웨덴	48.3	20.3	20.7	1.5	5.2	1.1	3.0	100.0
프랑스	42.0	11.2	29.4	9.8	5.3	1.5	0.9	100.0
칠레	39.5	8.1	39.1	6.3	0.6	6.0	0.5	100.0

출처: Gallup World Poll 2010.

법정에서 자녀의 양육비를 그 자녀의 아버지로부터 보장받는다 하더라도, 실제로 양육비를 성실하게 보내주는 전남편은 그리 많지 않다. 따라서 이혼을 한 대부분의 여성은 시간제 일자리를 통해 어렵게 빈곤 속에서 생활하거나, 자녀를 그들의 조부모들에게 맡겨 조손가정을 만든다.

한국의 협의이혼과 이혼숙려기간제도

한국은 어쩌면 협의이혼에 있어서 굉장한 선진국이다. 협의이혼(no-fault divorce)이란 이혼을 하려는 부부 중 어떤 당사자의 과실도 없이 양자 간의 합의하에 이혼을 하는 것이다. 우리에게 익숙한 이런 제도가 사실은 좀 더 깊이 들여다보면, 세계적으로는 그리 오래된 제도가 아니라는 점을 알 수 있다. 한국이 일본을 통해 서구의 협의이혼제도를 받아들였음에도 불구하고, 실제로 서구의 여러 나라들은 이혼에 대해 매우 부정적인 기독교의 영향에 따라 이 협의이혼을 받아들이는 데 많은 심리적 저항이 있었다. 따라서 한국에서와 같은 매우 자유스러운 형태의 협의이혼제도는 세계적으로 유래를 찾아보기 힘든 제도이다.

공교롭게도 이혼에 대한 최근의 세계적 입법경향은 한국과 유사한 형태로 이혼을 비교적 자유스럽게 허용하는 쪽으로 변하고 있는데, 이미 한국은 식민지 조선시대인 1920년대에 일제에 의해 이 제도를 받아들였다. 그러니 시대를 한창 앞서간 선진국이 아니겠는가? 이런 협의이혼제도는 이혼에 대한 귀책사유를 묻지 않고 혼인생활이 파탄에 이른 경우 이혼을 허용하는 전형적인 파탄주의의 한 예이다. 20세기 들어 세계는 이혼에 있어서 파탄주의를 받아들이고 있다. 이와 유사한 조항을 처음으로 민법에 규정한 나라는 1907년의 스위스로서, 귀책사유가 없더라도 이혼소송을 제기할 수 있도록 하였다. 그 후 포르투갈은 1910년에, 러시아는 1917년에, 캐나다는 1968년에, 영국은 1969년에, 프랑스는 1975년에, 독일은 1976년, 미국은 1970년에 캘리포니아주를 시작으로 1985년에야 모든 주가 파탄주의를 받아들였다.

그럼에도 불구하고 이들 국가들에서 한국처럼 이혼이 쉬워진 것은 아니며, 각각 이혼소송의 제기기간을 제한한다든지, 이혼결정 전에 3개월 또는 9개월의 별거기간이나 숙려기간을 둔다든지, 이혼 전 상담을 강제한다든지 하는 제도를 두고 있다. 어쨌든 한국에서도 2006년 12월부터 모든 법원에서 1~3주 동안의 이혼숙려기간을 요구하게 되었다. 그 덕인지는 모르겠지만, 최근 이혼이 조금 줄어들었다. 서구사회에서도 협의이혼이 최근에야 도입되고 있는데, 한국에서는 이들보다 훨씬 빨리 이 제도가 도입되었다는 것은 재미있으면서도 씁쓸하다.

방혜신, 2004; Wikipedia

그러나 이혼으로 인한 부정적인 결과는 여기서 그치지 않는다. 자녀가 있는 경우 특히 자녀들의 부적응문제가 크다. 부모와 자녀가 같이 학대에 시달리다 탈출구로서 이혼을 한 경우를 제외하면 대부분의 이혼부부의 자녀들은 부모의 이혼에 의해 큰 정서적 불안상태를 경험한다. 한 연구에 의하면 이들의 1/3이 우울증이나 외로움에 시달린다고 한다. 또한 한부모가정의 자녀들은 부모가 생활을 통제하고 감시할 기회가 적기 때문에, 일반적으로 비행에 개입할 가능성이 더 높다. 글루엑부부(Glueck and Glueck, 1950)의 연구에 의하면, 일반소년 500명과 비행소년 500명 중 일반소년은 34.2%만이 한부모가정 출신인 데 비해 비행소년은 60.4%가 한부모가정 출신이다. 이러한 부정적인 영향은 남아보다는 여아에 더 큰 영향을 미친다. 특히 한부모가정은 청소년비행의 다양한 유형 중에서도 가출과 매우 뚜렷한 상관관계가 나타난다. 그 외에도 이혼에 의한 한부모가정의 자녀들은 이혼 전의 부모와의 긴장관계, 그리고 새 부모와의 긴장관계, 한부모가정의 자녀로서의 열등감 등 다양한 문제에 시달리게 된다.

한부모가정의 자녀 양육상의 문제점

① 별거 또는 이혼 전의 부모와의 갈등과 불화
② 별거 중에 편친이 방문함으로써 생기는 긴장
③ 재혼에 의한 계부모와의 적응문제
④ 별거하고 있는 편친과의 교섭상실과 남은 편친과의 조화의 어려움
⑤ 편친으로서의 불충분한 감독
⑥ 자식에 대한 가정적 책임의 증가
⑦ 한부모가정으로 인한 열등감과 불안정감

Sargent

여성가구주의 혼인상태별, 연도별 구성비율을 살펴보면([표 10-2]), 점점 최근으로 올수록 사별에 의해 한부모가정이 된 경우는 점점 감소하는 반면, 미혼으로 인한 1인가구와 남성배우자가 부양을 하지 못하는 유배우가구, 그리고 이혼가구가 점점 증가하는 것을 알 수 있다. 이 결과는 남성이 가정을 부양해야 된다는 전통적인 가치관이 약해지고 있으며, 결혼하지 않는 여성과 이혼여성이 증가하고 있다는 것을 보여준다.

표 10-2 ■ 여성가구주의 혼인상태별 구성 비율추이

(단위: %)

연도	미혼	유배우	사별	이혼	계
1990	20.4	17.7	56.3	5.6	100.0
2000	21.4	16.6	50.5	11.6	100.0
2010	22.3	24.0	37.7	16.0	100.0
2020	24.9	32.8	25.8	16.5	100.0

출처: 통계청, 「인구주택총조사」, 각 연도.

한부모가정의 가구주가 여성일 경우 직업경력이 대체로 그대로 유지되는 남성에 비해 훨씬 강한 사회적 배제를 경험한다. 일부의 능력 있는 여성들을 제외하면, 이들은 대부분 경제적으로 넉넉하지 못하기 때문에 대부분 영구임대아파트에 거주하는 경우가 많고 이것은 여성 한부모가족을 지리적으로 격리시켜 사회적 배제를 촉진한다. 특히 저소득층이 주로 사는 영구임대아파트에 대한 사회적 오명은 여성 한부모가족의 사회적 배제경험을 더욱 가중시킨다.[7] 또한 남성 한부모가족에 대해서는 사회적으로 동정적인 시선이 많은 데 반해서, 여성 한부모가족에 대해서는 색안경을 끼고 보는 사회적 분위기는 여성 한부모가족의 사회적 배제를 더욱 촉진한다. 자녀와의 관계에서, 일반적으로 한부모가족의 여성가구주는 생계문제로 인해 자녀

7) 대전시의 모 영구임대아파트 거주민들에 대한 면접결과들을 보면, 이들은 자신이 사는 동네에 대해 말하기를 꺼린다든지, 택시를 타면 자신의 아파트 앞에 내리지 않고 가까운 (임대아파트가 아닌) 분양아파트에 내린다든지, 다른 사람들이 임대아파트에 거주한다는 것 자체만으로도 자녀들을 불량스러운 것으로 인식한다든지, 절도사건이 났을 때 도둑으로 지목된다든지, 심지어는 학교에서 무료급식 등의 혜택을 받기 때문에 교사들로부터 '마음껏 야단쳐도 되는 쉬운 아이들'이라는 인식을 경험한다(유현숙·곽현근, 2007).

를 충분히 돌보지 못한다는 죄책감을 갖는 반면에, 자녀를 혼자 책임져야 한다는 심리적 중압감으로 인해 오히려 자녀에 대한 분노의 감정을 나타내 자녀를 학대하는 경우가 일반가정에 비해 훨씬 높게 나타난다. 이런 문제는 여성 한부모가족에서 가족 구성원들 사이에 엄마와 자녀의 유대를 약화시키는 요인이 된다(유현숙·곽현근, 2007).

3. 아동학대

세계보건기구의 정의(WHO, 2002)에 따르면, 아동학대란 "아동의 보호자나 신뢰관계인 또는 권한 있는 자에 의해 아동의 건강, 생존, 발달 또는 존엄성에 실제 또는 잠재적 해를 끼칠 수 있는 신체적 또는 감정적 가혹행위 또는 상업적이거나 다른 유형의 착취의 모든 형태들을 말한다." 또한 이 보고서는 아동의 보호관계인에 의한 4가지 유형의 아동학대를 구분하는데, 신체적 학대, 성적 학대, 감정적 학대, 방임이 그것이다(WHO, 2002: 59-60). 한국에서도 이러한 아동학대의 정의를 대부분 수용하는 것으로 보이는데, 실제로 보건복지가족부의 아동학대실태조사(보건복지가족부, 2009f)나 여성부의 가정폭력실태조사(여성부, 2008)를 보면 대체로 이와 유사한 구분을 채택하고 있음을 알 수 있다.

한국에서 아동학대가 어느 정도 발생하고 있는지를 알아보기 위해 여성가족부의 가정폭력조사에서 나타난 아동학대의 실태를 살펴보면, 2022년에 정신적, 신체적 학대를 모두 포함한 부모 등의 양육자의 지난 1년간의 아동학대율은 11.7%이며, 이 중 신체적 폭력을 행한 사람은 4.0%로 나타난다. 반면 정서적 폭력이나 방임은 각각 7.3%와 0.3%로 나타난다. 아동학대의 연도별 추이를 살펴보면, 모든 유형의 아동학대가 급격히 줄어들고 있는 것을 알 수 있으며, 특히 신체적 폭력은 2007년에 49.7%였던 것이 2022년에는 4.0%로 크게 줄어들었다. 나머지 중한 신체폭력이나 정서적 폭력 또한 줄어들고 있는 것으로 보아, 한국에서 아동학대는 매우 급속하게 줄어들고 있음을 알 수 있다.

표 10-3 ■ 아동학대의 추이 (단위: %)

연도	자녀 학대율	신체적 폭력			정서적 폭력	방임
		경한 폭력[a]	중한 폭력[b]	소계		
2007	66.9	48.8	8.7	49.7	63.3	2.7
2010	59.1	28.2	7.9	29.2	52.1	17.0
2013	46.1	17.5	4.8	18.3	42.8	5.0
2016	46.8	7.6	2.9	10.5	32.5	6.0
2019c	27.6	–	–	11.3	19.8	2.0
2022c	11.7	–	–	4.0	7.3	0.3

a: 2013년 이전은 아이를 쥐어박는 행위, 아이를 세게 밀치는 행위, 회초리로 아이의 손바닥이나 엉덩이를 때리는 행위, 손바닥으로 아이의 뺨을 때리는 행위 등 4개 유형이, 2016년 이후는 조사항목 변경으로 인해 손바닥으로 뺨이나 머리를 때리는 행위, 자녀를 잡고 던지거나 넘어뜨리는 행위가 해당됨.
b: 칼이나 흉기로 아이를 위협하는 행위, 회초리 이외의 물건(벨트, 막대기, 빗자루)으로 엉덩이 이외의 부분을 때리는 행위, 아이를 사정없이 마구 때리는 행위, 고의로 아이에게 화상을 입히는 행위 등 4개 유형이 해당됨.
c: 2019년 조사부터 가해자 중에 부모 외의 양육자가 모두 포함됨.

출처: 여성가족부, 「가정폭력실태조사」, 각 연도.

아동보호전문기관 등에 신고된 아동학대를 보여주는, 보건복지가족부의 상담통계에 따르면, 학대의 가해자는 대부분 친부모(85.2%)이며, 나머지는 학교나 보육시설의 교사(6.0%), 계/양부모(3.1%), 낯선 사람(2.7%), 조부모(1.8%)의 순으로 나타난다.

아동기는 개인의 성격이 형성되는 시기이므로, 아동학대는 여러 가지 추가적인 심각한 문제들을 만들어낸다. 여기에 대한 다양한 최근의 연구들(김광혁, 2009; 김은경·이정숙, 2009; 신선인, 2008; 김재엽·최지현, 2005; 김미숙·박명숙, 2004; 김혜인·김은정, 2007)에 따르면, 아동학대를 당한 아동들은 그렇지 않은 아동들에 비해 자아존중감이 낮아지며, 우울이나 불안증세에 시달리며, 정서 인식에 어려움을 겪고 정서표현을 잘 못하고, 주변인과의 관계에 어려움을 겪으며, (특히 수학분야의) 학습능력의 저하가 나타나고, 높은 공격성이나 비행 또는 범죄와도 밀접한 관련성을 보인다. 이러한 아동학대의 부정적인 결과는 성인이 되어서도 매우 오래 지속되는 경향이 있다. 특히 아동학대가 심각한 유형일수록 그러한 문제는 더 심해지는데, 의붓아버지에 의해 9살부터 성적인 학대를 당해오다가 대학에서 만난 남자친구와 함께 아버지를 살해한 김보은 사건은 아동성학대의 여파가 평생을 두고 지속되는 괴로움이라는 것을 잘 보여준다.

그림 10-2 ■ 아동학대 가해자의 유형별 분포(2023)

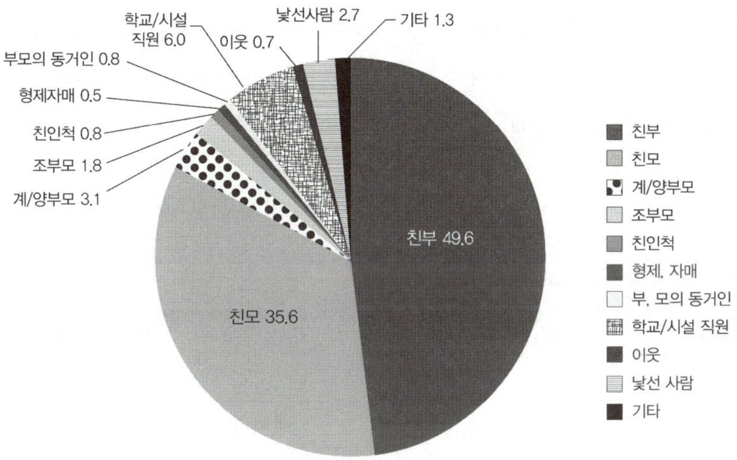

출처: 보건복지가족부. 학대피해아동보호현황.

4. 가출

청소년의 가출은 대표적인 가족해체 문제 중의 하나로서, 가족해체의 원인이라기보다는 이혼, 배우자폭력, 아동학대, 비행친구 그리고 유해환경 등에 의한 결과로 나타나는 경향이 강하다. 여성가족부의 <청소년 매체이용 및 유해환경 실태조사>에 따르면, 일반청소년 중에서 지난 1년간 가출을 한 비율은 2014년 4.0%에서 2016년 2.7%, 2018년 2.6%, 2020년 2.5%, 2022년 2.5%로 조금씩 감소하고 있다. 2022년을 기준으로 성별로 나누어보면, 남학생이 2.9%, 여학생이 2.0%로 나타나며, 학교별로는 초등학생이 2.0%, 중학생이 3.0%, 고등학생이 2.4%로 중학교 남학생이 가장 가출을 많이 하는 것을 알 수 있다(여성가족부, 2024). 가출의 원인을 살펴보면, 일반청소년들의 경우 가족과의 갈등이 가출의 주된 원인이 되는 반면에(여성가족부, 2018), 위기청소년들의 경우 이것 외에도 간섭없이 자유롭게 살고 싶거나 친구와

놀고싶어서 가출하는 경우가 상대적으로 많다(여성가족부, 2022). 이 결과는 위기청소년들이 처음에는 가정 내의 요인에 의해서 가출을 하다가도, 가출이 반복되면서 같은 처지의 친구들을 사귀면서 오히려 가정요인보다는 학교나 비행친구요인들에 의해 가출하는 경향이 더 강해지기 때문이다.

청소년유해환경접촉종합실태조사(여성가족부, 2014)에 따르면, 청소년들이 처음으로 가출을 하는 시기는 평균적으로 13~14세이며, 초등학교 5학년부터 크게 증가하기 시작하여 중학교 2학년에 가장 많은 가출을 하고, 그다음으로 중학교 1학년에 많이 가출을 한다.

표 10-4 ■ 가출유형별 실태

쉼터유형	수용인원	가출유형	유형별 인원
일시쉼터	184(24.2)	노숙형 배회형 일반형 무응답	35(19.1) 79(43.2) 66(36.1) 3(1.6)
단기쉼터	437(58.0)	해체가정형 갈등가정형 무응답	313(54.8) 237(41.5) 21(3.7)
중장기쉼터	134(17.8)		
합계	753(100.0)		

출처: 한국청소년쉼터협의회, 2007.

쉼터를 이용하는 청소년들은 가출을 거듭하여 가출생활이 비교적 익숙해진 청소년들이 대부분이다. 청소년쉼터의 유형[8]에 따라서 분류하면 일시쉼터에 입소한 청소년의 중에는, 가출하여 거리에서 생활하고 있는 노숙형이 19.1%, 집 바깥에서 많은 시간을 보내지만 집을 들락날락하는 배회형이 43.2%, 가출경험이 전혀 없지만 일시쉼터를 이용하는 일반형이 36.1%로 나타난다. 반면 단기, 중장기쉼터의 경우는 가정해체나 갈등 등의 문제로 가정에서 보호하기 어려운 청소년들을 주로 수용하는 관계로 해체가정형이 54.8%, 갈등가정형이 41.5%로 나타난다. 이처럼 가출을

8) 모두 가출청소년에 대해 개입을 한다는 점에서는 공통적이지만, 단기, 중장기쉼터가 입소청소년들을 대상으로 서비스가 제공되지만, 일시쉼터는 주로 이용청소년들을 중심으로 서비스가 제공된다.

반복해서 하고, 단기나 중장기쉼터를 찾는 청소년들은 이혼이나 가정폭력과 같은 문제를 더 갖고 있는 것은 사실이지만, 한편으로는 이 통계가 청소년시설을 운영하는 사람들이 판단하여 수집되는 자료라는 점을 감안하면 다소 왜곡되었을 가능성도 배제할 수 없다.[9)]

청소년의 가출은 그 자체로도 가족의 해체현상에 해당하지만, 부모의 이혼이나 재혼으로 인해 만들어지는 새로운 가족형태에 의해 크게 영향을 받는다. 일반청소년에 대한 설문조사 결과(보건복지가족부, 2008c)에 따르면 양친가정의 청소년이 가출경험이 있는 비율은 11.4%인데, 그렇지 않은 가정은 거의 두 배인 20.1%로 훨씬 더 높게 나타난다. 이것은 가출청소년시설의 통계를 통해서 봐도 비슷하게 나타나는데, 2007년을 기준으로 가출청소년 중에서 양친부모가정의 청소년은 전체의 26%인 데 비해서, 한부모가정은 35.1%로 훨씬 높고 그 외에도 친척이나 형제와 거주하는 가정은 13.6%, 친부모가 재혼을 하여 양부모와 거주하는 경우는 12.0%로 나타난다. 이러한 가족의 비율이 전체 가족에서 차지하는 비율이 그렇게 높지 않다는 점을 감안하면, 이혼이나 사별 등으로 형성되는 이러한 가족들의 자녀들이 가출할 확률이 매우 높다는 것을 알 수 있다.

표 10-5 ■ 가출 전 가족유형별, 연도별 분포 (단위: %)

연도	양친부모	한부모	친척, 형제	본인 혼자	시설, 위탁	친+새부모	기타
2004	16.5	36.7	17.5	1.0	2.5	17.5	8.4
2007	26.0	35.1	13.6	1.5	0.9	12.0	7.6

출처: 한국청소년쉼터협의회, 2007.

청소년이 가출을 하게 되면 보통 처음에는 친구집이나 친구들이 집단으로 거주하는 곳에 가서 보통 집에서 훔치거나 챙겨 나온 돈을 가지고 생활을 하다가, 가출을 반복하는 대부분의 청소년들은 직업소개소나 취업알선기관 등을 통해서 주유소, 음식배달 등의 저임금의 불안정한 일자리에 취업한다. 보통 이러한 과정은 청소년

9) 시설에 입소하려는 청소년들이 시설직원들에게 자신이 학교나 공부가 싫거나, 친구의 가출꾐 때문에 가출했다고 진술하기는 어렵다.

의 성별에 따라 달라지는데, 남자청소년의 경우는 이러한 과정을 반복하다가 주로 비행에 개입하는 경우가 많고, 여자청소년의 경우는 쉽게 돈벌이가 되는 성매매에 빠지는 경우가 많다. 따라서 이들이 최종적으로 귀착하게 되는 곳은 다시 비행청소년들과 어울려 비행을 하고 다니다가 소년원에 가거나, 아니면 성매매업소나 범죄집단에서 활동하는 경우가 많다. 그 외 좀 나은 케이스는 그룹홈[10]과 같은 집단생활가정에 가거나 일반 업소에서 계속 일을 하는 경우이며, 가정으로 복귀하는 경우는 그리 많지 않다. 왜냐하면 가정의 문제로 인해 가출을 하는 청소년들이 대부분인데, 이러한 문제는 이들이 복귀하더라도 쉽게 고쳐지지 않는 것이기 때문이다.

가출청소년들은 그들이 원하는 자유를 얻지만, 그 대가는 크다. 처음에 가출하면 며칠 동안 아는 사람 집에서 지내다가 결국 길거리를 방황하다가 노숙이나 고시원 등에서 생활한다. 끼니를 거르다가 건강을 잃는 경우도 많고, 돈을 벌기 위해 막노동이나 배달, 주유소 등에서 일을 한다. 문제는 가출을 시작하게 되면 일단 학교로 돌아가는 것이 매우 힘들고, 대부분의 친구관계도 가출을 한 같은 청소년들과 맺게 되어 결국 비행(남자)이나 성매매(여자)를 하면서 희망 없이 사는 경우가 대부분이다. 이들에게 쉼터는 공짜로 먹여주고 재워주는 여관이다. 사회가 이들을 받아들일 준비가 안 된 상황에서 이런 시설들은 가출청소년들을 가정폭력 등의 위험으로부터 일시적으로 보호하는 기능밖에 없다.

어느 가출청소년의 고백

역시 가출은 어른들과의 의견충돌이나 잦은 학대로 인한 스트레스로 가출하게 된다는 걸 부정할 수 없죠. 저도 그런 케이스였습니다. 제가 메신저를 자주 쓰는 편이거든요. 요즘은 일이 고돼서 많이 하는 편은 아닙니다만. 제 케이스가 케이스라 평범한 친구들보다는 풍파(?)를 겪고 있는 청소년들과 더 자주 얘기 하게 되구요. 약 친구리스트의 80%가 집을 뛰쳐나왔었거나 지금도 나와 살고 있는 친구들이거든요. 요즘도 가끔 얘기를 해보면 평범한 집처럼 평범하게, 편하게 사는 친

---

10) 사회생활에 잘 적응하지 못하는 아동청소년, 노인, 장애인 등을 소수의 그룹으로 묶어 가족적인 보호를 통해 사회에 적응할 수 있도록 해주는 시설.

구들이 한명도 없어요.

가출한 청소년들은 나오면 대부분 아는 사람 집에서 지내는 게 고작 최대한의 대비책입니다. 그것도 며칠 있다 다시 다른 곳으로 전전하다 결국 거리를 방황하게 되구요. 잘 곳이 없으니 구석진 놀이터나 건물 화장실 같은 곳에서 노숙을 하는 청소년도 종종 보게 됩니다. 저도 돈 없을 때 수없이 많이 돌아다녀 보았구요. 삥차(지하철 무임승차) 타고 좌석에 앉아 2~3시간 조는 게 고작이었거든요. 돈을 모아도 청소년은 방을 잡을 수가 없습니다. 사회생활 전무한 그들이 무엇을 어떻게 하는지 알 리가 없죠. 결국 돈 있어봐야 고시촌에서 고시원이나 잡고 생활하는 거구요. 식생활도 그렇습니다. 언제든지 돈을 갖구 다니는 것이 아니기 때문에 굶는 건 다반사입니다. 그러기에 속도 다 버리구요. 아는 사람 만나서 기껏 밥 한 끼 얻어먹는 것이 고작입니다. 저도 일 그만두고 한 2주일 놀던 적이 있는데요. 1주일은 그럭저럭 버텼었는데, 돈 다 쓰니 도저히 못버티더라구요. 결국에는 다시 주유소 잡아서 들어갔었습니다만 ... 그 후유증(?)으로 위염 장염이 짬뽕으로 걸려서 일도 못하고 며칠동안 탈수증세로 끙끙 앓았었구요. 결국 건강도 챙기지 못하니 자연히 잔병치레를 할 수밖에 없는 것입니다.

가출하면 대부분 퇴학처리되는 거 아시죠? 그걸로 끝이더라구요. 나중에 그들이 후회하여 다시 복귀하고자 할 때 전혀 기회를 주지 않거든요. 여전히 편견어린 시선으로 바라보며 그들만을 주시하기 때문이죠. 결국 그들이 선택할 수 있는 최후의 방법이 사회 진출입니다. 아르바이트로 시작해서 자신의 삶을 영위해 가는 것인데요. 제가 아무리 눈 씻고 찾아봐도 가출청소년들이 할 수 있는 직업은 단 두 가지입니다. 아르바이트 경우에는 노가다라고 하여 막노동에 끼어서 하루하루 근근히 살아가는 것밖에 없구요. 그거 아니면 전단지 정도 돌려가면서 꾸려나가던가요. 좀 더 좋은 환경에서 일할 수 있는 게 배달입니다. 중국집 배달이 워낙 대표적인 3D업종 중에 하나라서 사람들이 기피하거든요. 그래서 일자리가 넘쳐나는 실정이구요. 그런데서 잘 찾아보면 무면허라도 오토바이만 탈줄 알면 쓰는 중국집이 있구요. 하지만 이 두 종류 다 가출청소년을 차별대우하는 것을 많이 봤습니다. 무면허이긴 하지만 제 친구는 신림동의 중국집에서 하루에 12시간씩 배달하면서 겨우 80 받고 살았습니다. 업주도 악용한 것이지요. 좀 더 나은 청소년의 경우는 부모님께 허가를 받고 동의서를 얻어서 주유소를 하던지 면허를 따고 배달하는 게 고작입니다. 결국 자립이란 것도 3D업종을 벗어나지 못하기 때문에 역시 청소년다운(?) 생활과는 거리가 꽤 멀다고 말할 수 있습니다. 그나마 그런 일자리에서 잘리지 않고 오랫동안 일하면 다행이거든요. 근데 다들 몇 달

> 못가더란 말입니다. 전 그런 일이 없었던 걸로 기억이 되구요. 설사 있었어도 전 낙천적이어서 적당히 웃음으로 때워 넘길 수 있지만. 솔직히 자존심 좀 상합니다.
>
> 이미 쉼터는 "공짜로 먹이고 재워주는 곳"으로 인식된 지 오래입니다. 쉼터 인터넷 홈페이지 게시판 보면 가출하고 싶다고 상담게시판에 글을 써놓고 쉼터에 입소하는 경우 허다합니다. 전 햇수로 2년을 쉼터에서 생활해보았습니다만, 일하다 잠시 쉬려고 쉼터 들어가면 너무 정신이 풀어지더라구요. 쉼터 퇴소하고 다시 바로 일자리를 잡은 경우가 한 번도 없을 정도로 무기력증에 빠지거든요.
>
> 청소년보호위원회, 2003.

5. 미혼모

과거 여성의 순결과 정조를 강조하던 강한 전통윤리가 점점 성이 개방되고 혼전 성관계에 대해 나쁘지 않다고 생각하는 분위기로 바뀌어 가고 있다. 이런 변화는 청소년층에게도 예외 없이 스며들고 있으며, 우리 사회의 미혼모문제로 나타나고 있다. 미혼모에 대한 한국인의 인식을 조사한 연구(김혜영·안상수, 2009, N=2,000)에 따르면, 우리 사회에서 가장 많은 차별을 받는 사람은 동성애자이며 그다음으로는 미혼모인 것으로 나타난다. 한국인들은 이들이 성적으로 방탕하거나 본질적으로 문제 있는 성격을 가진 것으로 규정하지는 않으나, 이들의 판단력과 책임성의 부족에 대해서 강하게 비난한다. 미혼모에 대한 이러한 인식은 자녀가 미혼임신을 했을 때의 부모들의 태도로 나타난다. 자녀가 혼전임신을 했을 때 부모들이 어떤 태도를 취하는지를 살펴보면, 자녀가 20대인 경우에는 결혼을 시킨다는 태도가 가장 많았지만(48.5%), 자녀가 10대인 경우에는 결혼을 시킨다는 태도는 21.4%밖에 되지 않고, 오히려 친구부모와 상의하여 낙태를 시키거나 아예 상의도 없이 낙태를 시킨다는 태도가 각각 36.6%와 25.3%로 도합 61.9%의 부모들이 10대의 임신은 낙태를 시킨다고 응답했다. 2005년의 조사(김해중 외, 2005)에서 미혼여성의 낙태추정건수가 무려 한 해 동안 14만 3천여 건이나 되는 것도 다 이러한 부모들의 태도 때문이다.[11]

11) 구체적인 실태는 5장 3절을 보라.

이처럼 부모들이 자신의 자녀를 미혼모를 만들지 않겠다는 경향이 강한 것은 그만큼 한국사회가 미혼모에 대해 인식이 나쁘기 때문이다. 미혼모가 생기는 사례들을 살펴보면, 대부분 사랑하는 관계에서 만난 청소년들이 여자친구가 임신을 했다는 말을 들을 때 자신이 아직 가정을 꾸릴 준비가 되지 않기 때문에 여자친구의 임신에 대해 부정적인 태도를 나타내거나 심지어는 관계를 끊자는 의사를 전달한다. 이러한 책임회피적인 태도를 접한 미혼모는 남자친구에 대한 분노와 애증이 교차하는 가운데서 태아의 생명에 대한 집착이나 낙태를 쉽게 해주는 임신 초기시기를 놓친 경우에 미혼모가 발생한다(정경순, 2008).

국내에서 미혼모의 발생규모가 어느 정도 되는지에 대해서 정확히 알 수 있는 방법은 없다. 왜냐하면 대부분의 가정에서 자녀들이 미혼의 상태에서 임신을 했다는 사실을 수치스럽게 여기고 이를 숨기기 때문이다. 미혼모 문제는 바로 그들이 낳은 아동의 문제로 연결된다. 미혼모들이 대부분 경제적인 능력이 없는 상태이며 이들에 대한 인식이 우리 사회에서 좋지 않기 때문에, 이들이 아이를 낳는다고 하더라도 아이를 제대로 양육하기는 쉽지가 않은 것이 한국의 현실이다. 아이를 낳아서 키우는 경우도 미혼모의 아이로 키우기보다는 미혼모의 동생으로 출생신고를 하는 가정이 많다. 이것은 대부분의 사람들이 미혼모가 품행에 문제가 있다고 여기기 때문이다.

따라서 미혼모의 발생규모를 추정하기 위해서는 보호대상아동의 발생 실태를 살펴보는 것이 유용하다. 보호대상아동의 발생 유형 중에서 미아, 아동의 비행/가출, 아동학대에 의한 유형을 제외하고 유형별 발생추이를 살펴보면([그림 10-3]), 미혼모에 의해 발생되는 경우는 최근 급속히 줄어들기는 했지만, 2023년에 259명으로 나타나며, 또한 베이비박스 등의 유기아동(88명)의 대부분도 미혼모의 아기인 것으로 추정된다.[12] 반면 부모의 빈곤, 실직, 사망, 교도소입소 사유에 의한 요보호아동이 907건으로 나타난다.

12) 최근 사회적 논란이 되고 있는 소위 베이비박스(baby box)는 서울 관악구의 한 교회에서 설치한 것인데, 여기에 아기를 버리는 엄마들은 대부분 미혼모들이라고 한다. 추운 날 버려지는 아기들을 좀 더 안전하게 시설에 위탁하려는 목적으로 만들어진 이 장치는 현재 불법을 부추긴다는 비난 속에서 사회적 쟁점이 되고 있다.

그림 10-3 ■ 요보호아동의 유형별 발생추이

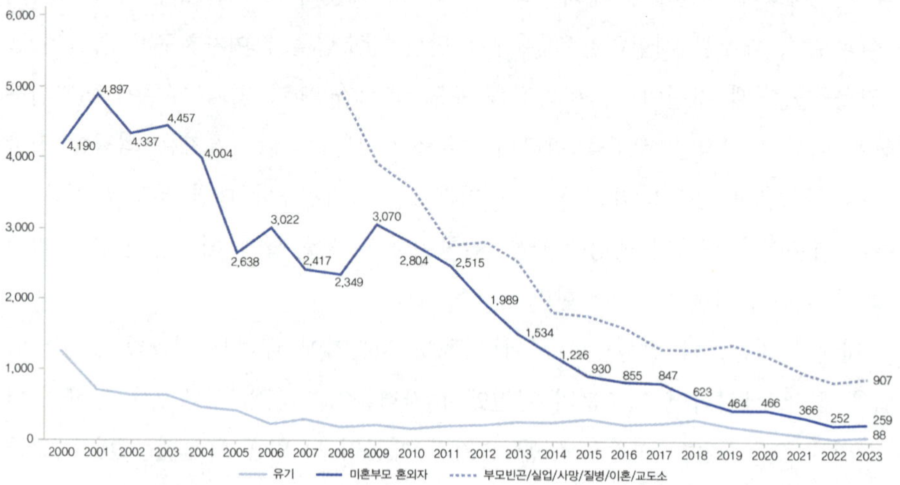

출처: 보건복지부, 요보호대상아동 현황보고.

이 결과는 미혼모가 우리 사회에서 점점 줄어드는 것으로 나타나지만, 국내의 많은 연구들(김유형·조애저·노충래, 2006; 백욱현, 2008)은 미혼모가 줄어들기보다는 자신이 아동을 낳아서 키우려는 미혼모가 과거에 비해 크게 증가한 데서 이 요보호 아동이 줄어들고 있다고 지적한다. 이렇게 직접 양육을 선택하는 미혼모가 늘어난 것은 미혼모에 대한 사회적 인식이 조금씩 개선되고 있고, 정부차원의 사회복지 지원이 조금씩 늘고 있기 때문이다.

'책임감 있는 미혼모'

한국사회의 저출산 문제는 최근 매우 심각한 사회문제로 인식되고 있다. 저출산이 가져올 것으로 예상되는 부양부담의 증가나 연금재정의 고갈 등은 미래의 한국사회를 낙관적으로 보기 힘들게 만드는 원인들이다. 이런 차원에서 더 많은 아기를 낳으라는 사회적 분위기는, 과거 무책임함의 대명사였던 미혼모에 대한 이미지를 크게 바꾸고있다. 자신이 낳은 아이를 자신이 양육하려는 '책임감 있는 싱글맘'에게, 사회는 아낌없는 박수를 보낸다. 이런 싱글맘에 대한 지원도 크게 늘었으며, 연말이면 지역의 미혼모쉼터에는 기업의 기부가 쏟아진다. 미혼모가 입양을 보내지 않고 자신이 힘들게 키워, 저출산 해소에 기여해 보겠다는데 사회의 지도층과 언론들은 어느 누구도 반대하지 않는다. 이런 과정에서 전혀 어울리지 않을 것으로 보이는 '책임감'과 '미혼모'의 두 개념은 잘 어울리는 짝이 되었다.

미혼모가 낳은 아기는 시설에서 보호하거나 일부 국내가정에 입양하는 경우도 있지만, 대다수의 미혼모의 아기들은 해외입양의 대상이 된다. 과거 해외입양의 초기에는 대부분 전쟁고아들이 입양되었지만, 1980년대부터 미혼모의 아이들이 주로 입양되기 시작하여 2001년부터는 매년 해외로 입양되는 아기의 99%가 미혼모의 아기이다(재외동포재단, 2006). 해외나 국내로 입양되는 아이는 2000년대 들어 꾸준히 줄고 있지만, 한국에서 해외입양이 줄고 있는 것은 정부 차원에서 고아수출국이라는 비난을 의식하여 쿼터를 두어 해외입양을 조금씩 줄이고, 대신 시설이나 가정위탁을 늘리고 있기 때문이다. 그러나 아직도 혈연을 중시하는 한국의 문화로 인해 국내입양은 전혀 늘지 않고 있다.

따라서 정부에서는 미혼모에 대한 지원을 강화하여, 2008년에 구 〈모자복지법〉을 개정하여 「한부모가족지원법」을 만들어 미혼모 등의 자립을 지원하고 있다. 미혼모가 5세 이하의 아동을 양육하는 경우 추가로 복지급여를 실시할 수 있고, 미혼모자시설, 미혼모자공동생활가정 등을 규정하고 있는데, 미혼모자시설은 미혼모가 출산 전·후 1년 이내, 미혼모자공동생활가정 및 모·부자공동생활가정은 2년 이내에서 생활할 수 있도록 규정하고 있다(백욱현, 2008).

한국의 해외입양

한국에서 해외입양이 개시된 것은 한국전쟁 이후 대량 발생한 전쟁고아들을 처리하기 위한 고육지책이었다. 한국전쟁 직후인 1953년 4명을 시작으로, 1963년 442명으로 증가했다가, 1973년에는 4,688명으로 매우 크게 증가했고, 1983년에는 7,263명으로 증가했고, 1985년에는 8,837명으로 가장 많은 한국아이가 해외로 입양되었다. 88서울올림픽 전에 해외언론이 한국이 아기장사(baby selling)를 한다는 비난을 받은 후, 해외입양은 조금씩 줄기 시작하여 1988년에는 6,463명, 1993년에는 2,290명, 2003년에는 2,287명, 2008년에는 1,250명으로 대폭 줄어들었다. 세계에서 제일 입양을 많이 받아들이는 국가는 미국인데, 미국에서 한국 입양아수는 다른 나라 출신의 입양아를 모두 합친 것보다도 더 많다(이미정, 2009).

해외로 입양된 아이들에 대한 연구들은 큰 문제가 있다는 증거는 없다고 하지만, 개별적인 사례들을 살펴보면 입양된 후 성장하여 자신의 정체성에 대한 고민과 우울증에 시달리는 경우도 많다. 최근에 국내에서는, 가난할 때의 입양은 불가피한 선택이었지만 한국이 잘 살게 된 현재 해외입양을 하지 말아야 한다는 주장이 자주 나타난다. 특히 스웨덴 의사남편과 결혼하여 스웨덴에서 정신과의사를 하고 있는 김현덕 씨는 스웨덴의 한국출신 입양아들의 정체성 혼란과 이로 인한 정신적인 어려움을 가까이서 목격하고 민들레회라는 단체를 만들었다. 이 단체는 한국의 해외입양을 금지하기 위해 노력하고 있으며, 이를 위해 거리에서 서명운동을 하고 있다. 2007년 8월 동국대 전철역에서 100만인 서명운동을 하는 동영상이 미국의 한 사이트에 소개되면서 다양한 형태의 외국인의 반응이 나타났다. 이것을 번역 게재한 한 인터넷사이트의 게시물에서 다양한 한국의 해외입양에 대한 미국인들의 의견을 소개한다.

반대	찬성
• 입양은 입양아의 자존심과 정체성의 상처를 초래한다. • 입양기관은 입양으로 수익을 올린다. 그것은 도덕적이지 못하다. • 한국에서 자란 고아를 만나보면 적어도 그들은 자신의 문화와 언어는 안다. 그리고 그들은 양아치나 깡패, 창녀가 되지 않고 잘 지낸다(학대가정에 입양된 한국인). • 엄마들은 그들의 아이를 키울 권리가 있다. • 동양아이의 생김새에 매료되어 입양하는 것은 나쁜 짓이다. 미국 내에서 입양을 해야 한다.	• 해외입양은 입양아에게 가족을 만들어주고 더 나은 환경에서 살게 해 준다. • 해외입양이 한국에 나쁜 이미지를 가져다준다고 걱정하기 전에, 아이의 미래를 위해 무엇이 최선인지를 먼저 고려해야 한다. • 주변에서 좋은 환경에서 자란 한국입양아들을 많이 보았다. 입양은 아이를 좋은 환경에서 자라게 해 준다. • 한국의 문화적 장벽을 고치지 않고, 단지 입양을 금지하는 것은 한국 내의 고아의 수를 증가시킬 뿐이다. • 입양은 최선은 아니지만 최악도 아니다. 차라리 낫다(71년 입양된 한국인).

제 4 절 가족문제에 대한 대응

기능주의 시각에서 가족문제는 급격한 사회변동에 따라 전통적인 가족의 기능이 약화되고, 가족구성원들이 여기에 대해 적절히 적응하지 못할 때 나타난다. 따라서 가족문제를 해결하기 위해서는 구성원들을 재사회화시키고 가치관을 다시 정립하도록 유도하거나, 부적응을 겪는 성원들에 대해 공적 부조와 지원을 하는 것이다. 예를 들어 「한부모가족지원법」을 만들어 미혼모나 이혼으로 구성된 가족에 대해 다양한 지원을 하는 것이 대표적이다.

갈등이론에서 가족문제는 가부장적 전통에 의해 우월한 남성집단이 여성을 통제하는 과정에서 가족문제가 발생한다. 또한 이런 과정에서 여성이 남성에 경제적으로 예속되는데, 이것은 여성의 낮은 지위를 낳고 여성에 대한 폭력을 가져온다. 이혼이나 가출 등은 이러한 가부장적 폭력으로부터 도피하는 불가피한 수단이다. 따라서 이런 문제를 해결하기 위해서는 여성을 정치세력화하여, 여성의 사회참여를 늘리고 경제적으로 종속되지 않도록 하며, 부당한 차별에 적극적으로 문제제기를 하여 모성기능을 사회화하는 것이다. 또한 적극적인 문제제기를 통해서 차별을 시정하고, 이혼녀, 미혼모, 가출청소년 등에 대한 적극적인 우대정책을 실시하는 것을 들 수 있다. 최근에 폐지된 호주제는 이러한 여성의 정치세력화를 통해 쟁취한 중요한 변화이다.

호주제 폐지와 그것을 둘러싼 논쟁들

호주는 말 그대로 집의 주인을 의미하는데, 구 민법상 가족의 장으로서 가족을 대표하는 자를 말한다. 구 민법상 호주승계의 순위는 물려주는 사람(호주)의 직계비속남자를 우선으로 한다고 명시하여, 남성우월적인 가부장적인 전통을 제도적으로 명시한 것이었다. 원래는 재산상의 상속권한까지 포함하는 광범위한 권한을 가졌으나, 몇 번의 민법개정을 통해 단순히 가족을 대표하는 것으로 약화되었다가 현재는 이것마저도 폐지되었다.

호주제 폐지운동의 시초는 최초의 사법고시 여성합격자였던 이태영 변호사가 1953년 남녀평등가족법안을 제출하면서 시작되었다. 그러나 당시의 사회 분위기

변호사가 상 당연히 받아들여지지 않았고, 1999년 유엔 인권규약감시기구에서 우리 정부에 호주제 폐지를권고하고, 2003년 국가인권위원회가 호주제를 합리적 이유 없이 가족 간의 종적 관계, 부계 우선주의 남계혈통의 계승을 강제해 인간으로서의 존엄과 가치, 행복추구권 및 평등권을 침해하므로 헌법에 위배된다는 의견을 헌법재판소에 제출하였고, 헌법재판소는 2005년 2월 호주제를 헌법불합치 결정을 내림에 따라 새로운 개정민법이 통과되고, 구호적법을 대체한 「가족관계등록 등에 관한 법률」이 2008년부터 시행되게 되었다.

그 내용을 잠깐 살펴보면, 호주라는 정의 자체가 없어지게 되고, 가족의 범위를 더 넓게 정의하여 다양한 가족유형의 변화에 대응하고 있으며, 호주제를 전제로 한 입적, 복적, 분가의 규정을 삭제하였고, 친양자제도를 신설하여 이혼 후 재혼한 가정에서 자녀들이 아버지와 성이 달라서 생기는 적응상의 문제점을 개선하였다. 그러나 호주제 폐지에 대한 한국사회의 의견은 그리 긍정적이지 않았다. 여성을 포함한 많은 사람들은 호주제 폐지가 가족의 기능을 약화시켜, 더 많은 가족문제들을 만들어낼 것이라고 주장한다. 아래에 이를 둘러싼 논쟁을 소개한다.

찬성	반대
• 남녀불평등을 만들어내는 가부장적인 제도로서 부계우선 및 남계혈통을 강제한다. • 대를 잇는 것에 초점이 맞추어진 호주제는 여성을 대를 잇는 도구로 보게 한다. • 호주제로 인해 이혼한 어머니의 자녀에 대한 권리가 보장되지 않는다. 이혼을 한 경우 자녀는 호주인 아버지의 호적에 남도록 되어 있다. • 재혼가정의 경우 자녀와 아버지의 성이 달라 많은 문제점이 발생한다. • 호주제로 인해 대를 잇기 위한 남아출산에 대한 압력이 여성들에게 가해진다. • 남아출산에 대한 압력은 여아에 대한 낙태와 성비불균형이라는 추가적인 문제를 낳는다. • 대부분의 서구 선진국은 개인호적제(1인 1적제)를 시행하고 있다.	• 호주제 폐지는 소수의 이혼한 가정의 자녀들을 위해 잘 살고 있는 대부분의 가정을 불편하게 만드는 일이다. 이런 문제는 호주제의 제도적 보완으로도 얼마든지 해결 가능하다. • 자녀가 아버지나 어머니의 성을 모두 따를 수 있고, 심지어 두 성을 병렬적으로 사용하는 것도 가능해지면, 논리상 이혼이나 입양으로 갈라진 경우 근친결혼도 가능해진다. • 국민의 대다수는 호주제의 존속에 찬성한다. • 부모가 여러 번 재혼할 경우 아이들의 의사와는 상관없이 성이 여러 번 바뀔 수 있다. 이것은 오히려 자녀에 대한 인권침해일 수 있다. • 1인 1적제하에서는 한 배우자가 다른 배우자를 속이고 중혼을 하여도 본인이 모른 체 한다면 알 수가 없다.

상호작용이론에서 가족문제는 특정 가족상황이 사회적으로 영향력 있는 집단의 관심을 받고, 이들의 가치관과 배치될 때 가족문제는 발생한다. 또한 합리적이고 자유로운 토론과 의사소통을 통해서 특정의 가족상황(이혼녀, 미혼모, 가출소녀 등)에 대한 오명이나 낙인을 제거하는 것도 중요한 대책이 될 수 있다.

표 10-6 ■ 가족문제에 대한 시각과 그 대책들

이론	원인	대책
구조기능주의이론	급격한 사회변동에 따라 전통적인 가족의 기능과 구성원들 간의 유대의 약화, 구성원들의 변화에 대한 부적응	사회성원들에 대한 재사회화, 가치관의 재정립, 부적응을 겪는 구성원들에 대한 공적 부조와 지원, 예를 들어 한부모가정에 대한 복지혜택 확대
갈등이론	우월한 남성집단이 열등한 지위의 여성집단을 통제하는 과정에서 가족문제가 발생, 자본주의 사회에서 여성이 생산과정에서 배제됨	여성들의 정치세력화와 부당한 차별에 대한 문제제기, 적극적인 여성우대정책, 모성기능의 사회화, 호주제 폐지
상호작용이론	어떤 가족상황이 사회적으로 영향력 있는 사람들의 관심을 끌게 됨, 오명이나 낙인의 부여, 피해자산업의 발달, 특정 가족상황에 대한 고정관념	특정 가족상황에 대한 구별이나 고정관념의 제거, 중립적 가족관련 용어의 사용, 합리적이고 자유로운 토론과 의사소통

제 5 절 결론

모든 사회에서 가족제도는 다른 어떤 제도들보다 중요하다. 그러나 급속하게 변하는 사회의 가치관으로 인하여 가족의 역할이 많이 약해지고 있다. 과거에 비해 한국의 젊은 층들은 혼인에 대해 덜 집착한다. 이들은 결혼을 하지 않고 독신으로 사는 사람도 점점 많아지고 있으며, 혼인을 하더라도 죽을 때까지 해로해야 된다는 의무감은 이미 거의 없다. 따라서 부부 간의 사랑이 식거나, 남편이 실직을 하고 돈을 벌지 못할 때 과거에 비해 쉽게 이혼을 선택하는 경향이 높아지고 있다. 그러나 이혼은 한부모가정을 발생시키고 자녀들의 적응에 좋지 못한 영향을 미친다. 재혼을 한다고 하더라도, 자녀들이 새로운 양부모와의 적응에 어려움이 있는 것은 마찬가지이다.

전통적인 가족형태가 아닌 다른 유형의 가족에 대해 관용도가 떨어지고 심지어 낙인을 부여하는 경향이 강한 한국사회에서 한부모가족이나 미혼모가족, 가출청소년가족 등과 같은 이러한 가족들이 살아가는 것은 매우 힘들다. 이들은 대부분 전통적인 가족을 구성하기를 거부했을 때 이들에 대한 오명과 빈곤이라는 공룡과 싸움을 벌여야 한다. 따라서 정부에서는 최근에 이러한 가족들에 대해 사회복지 서비스를 조금씩 늘리면서, 이들이 자활할 수 있도록 지원을 하고 있다. 그러나 가출청소년의 예에서 보듯이 이들이 쉼터와 같은 곳을 통해서 자활을 하는 것은 그리 쉽지 않다. 우리 사회는 공식적인 학교과정을 훌륭히 졸업을 한 사람에게도 주어지는 기회가 많지 않기 때문이다.

요약
SUMMARY

- 가족은 사회의 가장 원초적인 제도로서, 여기에서 문제가 발생할 경우 다양한 사회문제를 발생시킨다.
- 가족문제란 한 명 이상의 가족 구성원이 가족생활의 적응에 심각한 불편함을 겪는 것으로 사회적 비용을 발생시키며, 사회의 영향력 있는 사람들이 개선될 필요가 있다고 생각하는 상황이다.
- 기능주의 이론에서 가족은 사회의 유지에 다양한 긍정적인 기능을 한다. 그러나 급격한 사회변화로 인하여 가족기능이 약화되고 이것은 가족문제를 만들어낸다.
- 갈등이론에 속하는 페미니스트이론에 따르면, 가족문제는 가부장적 전통하에서 우월한 남성이 열등한 지위의 여성들을 통제하는 과정에서 나타난다. 다시 말해서 여성들이 자신과 남편의 불평등한 권력관계를 변화시키려고 할 때 가족문제는 나타난다.
- 상호작용이론에서 가족문제는 사회적 낙인이나 오명에 의해서 나타난다. 또한 과거에는 문제되지 않았던 배우자폭력이나 아동학대와 같은 많은 문제들이 가족문제로 나타나고 있는데, 이것은 사회의 영향력 있는 사람들로 구성된 피해자산업이 이런 상황들을 사회문제로 규정함으로써 나타난 것이다.
- 가정폭력에 대한 조사결과는 배우자폭력은 단지 여성들이 남성들에 비해 더 많이 당하지만, 일방적으로 당하는 것만은 아니라는 것을 보여준다. 그러나 여성들

은 남성들에 비해 경미한 폭력보다는 심각한 폭력에 시달리는 경우가 많다. 이것은 왜 배우자폭력문제가 여성들에게 초점이 맞추어지는지를 설명한다.

- 한국사회의 이혼율은 2003년에 가장 높아졌다가, 이후 지속적으로 조금씩 감소하고 있다. 2003년 이전에 이혼율이 급격하게 상승한 것은 이혼 시에 여성이 받을 수 있는 제도적 불이익을 제거한 것이 크게 작용하나, 그 외에도 지나치게 쉬운 협의이혼제도 등도 크게 작용한다.
- 이혼은 한부모가정을 만들고 자녀의 적응문제와 아동학대문제를 낳는다. 현재 한국사회의 한부모가정에서 아동학대율이 매우 높으며, 과거에 비해 신체적 학대는 줄어들고 방임이나 정서적 학대가 크게 증가하고 있다.
- 청소년의 가출은 크게 가정에서의 문제와 비행친구의 문제 두 가지 요인과 관련되어 나타난다. 일반적으로 가출청소년은 대부분 가정에서의 문제를 갖고 있는 경우가 대부분이며, 이들은 가출을 거듭하는 경우가 많으며 그럴수록 비행친구와의 관련이 높아진다. 첫 가출은 대부분 중학교 1학년 정도에서 가장 많으며, 가출을 하는 청소년의 연령은 점점 낮아지고 있다.
- 가출은 자녀에 대한 성행동 통제의 어려움으로 나타난다. 미혼모의 상당수가 가출경험이 있는 사람들이며, 이들은 임신 후 자신의 행동에 대해 후회하지만 대부분 낙태의 시기를 놓치거나 태아에 대한 애착으로 인해 출산을 결정한다. 이들이 낳은 아기들은 대부분 해외로 입양되지만 최근에는 국내의 사회복지시설이나 본인이 직접 키우는 경우도 많아졌다.

❒ 토론 및 추가학습을 위한 주제들

1. 1인가족은 가족의 한 중요한 유형인가? 아니면 과도기적 유형인가?
2. 가족의 기능을 인위적으로 강화한다면 가족문제가 줄어들 수 있는가?
3. 여성들이 불평등한 관계를 청산하기 위하여 이혼을 선택한다고 할 수 있는가?
4. 가정에서의 훈육적인 체벌로 볼 수 있는 것과 아동학대로 볼 수 있는 것은 어떻게 구분되는가?
5. 한국사회에서 아동학대나 배우자폭력과 같은 가족문제들은 어떤 과정을 거쳐서 사회의 전면에 등장하는가?
6. 한국의 이혼율은 서구의 선진국과 비교할 때 어느 정도 수준이고 왜 그런가?
7. 아동학대는 왜 발생하는가? 이론적으로 어떻게 설명할 수 있는가?
8. 가출청소년을 위한 쉼터나 지원기관들은 청소년 탈선을 지지하여 비행을 조장하는 시설이 아닌가?

9. 미혼모와 그 자녀에 대해서 어느 정도의 어떤 지원을 해야 하는가?
10. 해외입양은 입양되는 아동에게 불행인가? 아니면 더 나은 환경을 제공하는 것인가?

❒ 조별 활동을 위한 주제들

1. 가족유대의 약화와 가정폭력
2. 가부장적 폭력과 가출
3. 남녀 간의 경제적인 불평등과 이혼율
4. 오명의 약화와 가족문제
5. 피해자산업과 가족문제

❒ 참고할 만한 문헌 및 웹사이트

- 누주드 알리, 델핀 미누이(문은실 역). 2009. 「나 누주드, 열살 이혼녀」. 바다출판사: 겨우 10살에 부모에 의해 강제로 결혼을 하고 강간과 가정폭력에 시달리다 목숨을 건 이혼소송을 하여 승소한 예멘 소녀 누주드 알리의 이야기. 아프리카의 조혼과 아동학대를 잘 보여준다.
- 대한사회복지회. 2009. 「별을 보내다」. 리즈앤북: 20명의 10대 미혼모들이 엄마가 되기를 포기했던 사연들을 모아 놓은 책. 미혼모들의 잘못된 선택과 후회, 그들의 상처와 아픔을 잘 보여준다.
- 한국미혼모지원네트워크(http://www.kumsn.org): 20년 전 한국에서 딸을 입양한 리차드 보아스 박사가 설립한 미혼의 임신여성, 미혼모와 그들 자녀들을 위한 권리옹호 단체.
- 호주제는 우리의 가족제도입니다(http://cafe.naver.com/hojujedo): 여성계의 가족법개정에 반대하는 네이버 까페, 수많은 자료들을 볼 수 있다.
- 한국여성정책연구원(http://www.kwdi.re.kr): 여성문제에 특화된 정부출연연구소. 성불평등뿐만 아니라 가족관련 자료들도 많이 볼 수 있다.
- [영화] 크레이머 대 크레이머(Kramer Vs. Kramer, 1979)/로버트 벤튼: 아들에 대한 강한 아버지의 사랑을 보여주는 영화.
- [영화] 칼라 퍼플(The Color Purple, 1985)/스티븐 스필버그: 근친상간과 가정폭력의 피해자가 된 주인공이 이들을 극복해가는 과정을 그린 영화.
- [영화] 라이딩 위드 보이즈(Riding In Cars With Boys)/2001/페니 마샬: 미혼모가 된 한 시골 여고생의 고난을 그린 영화.

CHAPTER

11

교육문제

한국사회에서 교육문제를 빼고 한국의 사회문제를 논하기는 어렵다. 교육문제는 가장 중요한 사회문제 중의 하나인 빈곤문제, 청소년과 부모의 삶의 질 문제, 가족문제, 청소년 폭력문제, 노인문제 등과 밀접한 관련을 가지는 중요한 문제이다. 특히 한국사회에서 자녀의 교육에 대한 부모들의 집착은 상상을 뛰어넘는 수준이기 때문에, 여기서 많은 문제들이 발생하고 있다. 대표적인 업적지위 중의 하나인 학력이 귀속지위와 같이 작용하는 학력주의, 여기서 발생하는 명문대에 대한 지나친 선호현상과 과잉 대학교육, 청소년들의 입시 스트레스, 전반적인 교육의 질 저하, 공교육의 붕괴와 사교육의 지나친 팽창, 교육의 지역별, 계층별 격차, 그리고 조기유학과 이로 인한 기러기가족 등은 우리 사회가 갖고 있는 다양한 교육 분야의 문제들이다.

한국에서 부모들의 교육에 대한 열망이 지나치게 커지게 된 것은, 해방 이후 격변기를 거치면서 소수의 교육받을 기회가 주어졌던 엘리트들에게 지나치게 많은 차별적인 혜택이 주어졌기 때문이다. 갑작스럽게 해방을 맞은 신생국가에서 국가와 사회의 중요한 조직을 경영할 능력을 가진 엘리트들을 찾기가 쉽지 않았고, 당시 교육의 기회가 주어졌던 소수의 엘리트들은 과도한 대접을 받은 반면, 배울 기회가 없었던 대다수의 한국인들에게는 과도하게 낮은 대접이 주어졌다. 따라서 이러한 차별을 경험한 대다수의 한국인들은 교육만이 자녀들을 빈곤에서 벗어날 수 있게 해주는 통로로 여겼고, 자신들이 헐벗고 못 먹더라도 자녀들의 교육에 대해서만은 포기할 수 없었던 것이다.

이러한 한국부모들의 높은 교육열은 대학의 좁은 문으로 나타났으며, 대학은 치열한 선별시험의 결과로서 급격히 서열화되었다. 그 결과로 과거 4년제 대학에 입학한다는 것은 이미 선별되었다는 것을 의미했고, 대학생들은 엘리트의식을 가지고 적극적으로 사회문제의 해결과 사회의 쟁점에 대해 의견을 내었다. 당시에는 대학을 입학하고 졸업할 수 있는 사람은 많지 않았고 경제개발에 의해 많은 일자리가 쏟아져 나왔으므로, 대학 4년 내내 데모만 하다가도 좋은 일자리를 골라서 갈 수가 있었다. 그러나 베이비붐 세대의 대학입학을 전후하여 졸업정원제 등을 통해 대학정원이 급격히 확대되었고, 이후 "배우고 싶은 사람은 배워야 된다"는 논리로 대학정원을 크게 늘리면서 현재는 원하는 사람은 누구나 4년제 대학에 진학할 수 있게 되었다. 그러나 지나치게 많은 사람들이 대학에 입학하고, 기업의 생산기지 해외이전 등으로 국내의 일자리가 줄어들면서 과잉 대학교육에 대한 우려가 심화되고 있다.

현재 대학을 졸업한 사람들은 많은데 이들의 자격에 어울리는 일자리는 턱없이 부족한 실정이다. 따라서 소위 3D라고 불리는 생산직 일자리는 적지 않은데, 대학졸업자가 일할 만한 양질의 일자리는 매우 적은 구조적 문제가 심화되고 있다. 이제 과거처럼 대학을 졸업하면 일자리를 쉽게 얻을 수 있는 것이 아니라, 상당수의 대졸자가 대학을 졸업하여도 일자리를 얻지 못하는 청년실업 상태로 오랫동안 지내야 하는 상황이 되었다. 이런 과정에서 명문대학의 입학경쟁은 더 치열해졌고, 대학의 지역 간 격차도 훨씬 심화되었다. 또한 저출산 현상으로 인하여 자녀에 대해 과거보다 더 많은 투자를 하고, 더 많은 지원을 할 수 있는 한국의 부모들은 부모의 경제적 배경을 자녀의 교육에 아낌없이 투자한다. 사교육의 팽창과 명문대학 입시경쟁은 과거처럼 학생의 능력만으로 이런 대학에 갈 수 있는 여지를 크게 줄여놓고 있다. 이런 문제들은 바로 교육불평등 문제로 남는다.

제 1 절 교육문제의 정의

아쉽게도 대부분의 국내외의 사회문제 교과서들은 여기에 대해 명확한 정의를 하지 않는다. 교육문제가 과연 무엇인가에 대해 약간의 언급을 해놓은 교과서들은 교육문제에 속하는 문제들을 몇 가지 나열하는 정도의 망라적이고 나열적인 정의에 그치는 경향이 있다. 주로 이용되는 방법은 기존의 교과서들이 무엇을 교육문제로 다루고 있는지에 대해 살펴보고, 어떤 것이 주된 교육문제인가를 선택하는 것이다. 국내외의 많은 교과서들은 교육문제로서 대부분 교육불평등 문제를 집중적으로 다룬다. 상당수의 교재는 아예 교육문제를 다루는 장의 제목으로 교육불평등이 등장한다. 그러나 교육불평등이 교육문제의 중요한 문제이기는 하지만, 그것만이 교육문제라고 할 수는 없는 것이 사실이다. 이러한 불평등 외에도 교육의 질 문제, 과잉교육문제 등 많은 교육문제들이 존재한다. 이러한 것들을 모두 포괄하기 위해서는 교육불평등을 넘어서는 새로운 정의가 필요하다.

우선 교육의 본질은 무엇일까? 교육의 본질에 대한 다수의 입장은 다분히 기능주의적이다. 이렇게 기능주의적 입장이 중요한 것은 교육의 속성 자체가 대체로 사회의 안정을 도모하고 체제유지적인 특성을 갖기 때문이다.[1] 교육사회학에서 교육의 본질이 무엇인지는 항상 논쟁이 되는 주제이다. 그러나 일반적으로 받아들여지는 교육의 본질은 크게 다음의 두 가지로 요약된다.

첫째, 교육은 성원들을 사회화시키는 역할을 한다. 뒤르켐(Durkheim)은 교육을 사회화와 동일시하고, 여기에는 보편사회화와 특수사회화의 두 가지로 나누었다. 보편사회화란 전체로서의 사회가 요구하는 신체적, 지적, 도덕적 특성을 내면화시키는 것(socialization)인데, 이를 통해 한 사회는 해체되는 일 없이 존속이 가능하다. 특수사회화란 개인이 속하게 되는 특정의 직업세계와 같은 특수한 환경이 요구하는 신체적, 도덕적 특성의 내면화를 말하는데, 사회의 분업에 따라서 사회의 각 직업집단들이 요구하는 직업규범과 전문지식을 배우는 것(instruction)을 말한다(김신일, 2009: 57-60에서 재인용). 이러한 뒤르켐의 시각은 기성세대가 다음 세대에게 그 사

1) 여기에 대해서는 기능주의자들은 물론 이들을 비판하는 갈등이론가들도 동의한다.

회의 규범을 전수해주는 것이 교육이라는 것을 보여준다.

둘째, 교육은 사회의 적절한 위치에 배치하기 위한 선별의 역할을 한다. 파슨즈(Parsons, 1959)는 뒤르켐이 지적한 사회화기능과 함께 교육이 산업사회에서 사회성원들을 각자의 능력과 소질에 적합한 역할을 담당시켜 인력자원의 활용을 극대화하는 기능(sorting individuals into statuses)을 한다고 한다. 상호작용이론의 측면에서도 학교는 학생들에게 끊임없이 평가라는 꼬리표를 붙이며, 이것은 기본적인 선별의 과정이다.

이러한 교육의 두 가지 본질은 교육문제가 무엇인지를 파악하는 데 도움을 준다. 다시 말해서 교육문제는 이러한 본질이 침해되는 교육현상이다. 즉 교육제도가 성원들에게 도덕규범이나 직업생활에 필요한 전문지식을 적절히 내면화시키지 못할 때, 교육제도가 성원들을 적절히 선발하여 사회의 적절한 위치에 배치하지 못할 때, 이러한 과정이 부모의 경제적 배경이나 다른 사회적 요인에 의해서 방해를 받을 때, 그리고 한편으로 이러한 사회적으로 허용된 지위획득의 과정(교육)이 제대로 작동하지 않을 때 교육문제는 발생한다. 예를 들어 교육제도가 성원들에게 대다수의 기성세대가 생각하는 이념이나 도덕과 다른 것을 가르칠 때, 교육제도가 사회의 다양한 직업집단이 요구하는 수준에 미달하는 질 낮은 내용을 가르칠 때, 학업성취가 학생의 능력이 아닌 부모의 경제적 배경에 의해 크게 영향을 받을 때, 반대로 학업성취가 합법적으로 허용된 부모의 교육투자가 거의 또는 전혀 영향을 미치지 못하도록 교육제도가 만들어져 있을 때 최소한 우리 사회의 영향력 있는 사람들은 여기에 대해 불만을 느끼고 개선을 하려고 시도할 것이다.

이러한 문제들을 모두 포괄할 수 있도록 교육을 정의한다면, 교육문제란 "교육제도가 사회의 영향력 있는 사람들이 의도한대로 원활히 작동하지 않아서 불만을 갖게 하고 따라서 개선되어야 한다고 생각하게 만드는 현상"을 말한다. 이러한 정의에서 교육문제는 교육의 부실화나 낮은 질, 교육기회의 불평등, 성원들의 선별이나 배치기능의 약화 등이 될 수 있다. 따라서 한국사회에서 중요한 교육문제로 들 수 있는 것은 지나친 사교육비, 조기영어유학과 같은 교육기회의 불평등, 공교육의 붕괴와 교육의 질 저하, 낮은 학업성취, 그리고 과잉대학교육과 공정한 선별을 방해하는 학력주의 등을 들 수 있다.

제 2 절 교육문제의 이론

1. 구조기능주의이론: 제도적 무능력

구조기능주의 시각에서 사회체계는 사회의 성원들에게 사회가 지향하는 문화적 가치들을 내면화시키는 중요한 기능을 실현하는 장이다. 그중에서도 교육제도는 사회의 성원들에게 그 사회가 중요시하는 가치, 규범, 행동양식 등을 내면화시키는 핵심적인 제도이다. 따라서 교육문제를 이해하기 위해서는 교육제도를 이해하여야 하고, 교육제도를 이해하기 위해서는 교육제도가 생겨날 때의 기능을 이해함으로써 가능해진다. 앞서 언급한 바와 같이 교육제도는 사회화, 전문지식의 전수, 선별과 배치 등의 기능을 한다.

구조기능주의 시각에 따르면, 만약 교육제도가 이러한 사회의 중요한 기능들을 제대로 수행하지 못할 때, 다양한 사회문제들이 나타난다. 예를 들어 교육제도가 지식과 기술을 제대로 학생들에게 전달하지 못할 때 학생의 학력저하가 나타날 수 있으며, 공교육에 대해 소홀히 생각하게 만들고 사교육의 번성을 가져올 수 있다. 또한 기업들은 작업장에서 필요한 지식에 대해 추가적인 교육을 필요로 할 것이며, 심지어 학교에 대해 커리큘럼의 개편을 요구할 수도 있다. 또 학생들을 사회규범에 순응하는 구성원으로 내면화시키지 못하거나 적절한 보호를 제공하지 못할 때, 학교결석이나 중퇴, 그 외 다양한 비행이나 범죄를 만들어 낸다. 이처럼 교육제도가 그것의 중요한 기능을 제대로 수행하지 못하거나 심지어 역기능적인 상황일 때, 다양한 문제들이 나타날 수 있다.

기능주의 시각에서 이러한 문제들은 대부분 교육제도가 사회변화의 속도를 따라가지 못하는 데서 발생한다. 새롭게 나타나는 다양한 기술들은 교육제도와 교육의 내용을 부단히 바꾸어야 따라갈 수 있지만, 교육제도는 그 정도로 유연한 조직이 아니다. 예를 들어 인터넷의 발달과 급속한 청소년이용자의 증가로 인한 사이버폭력의 증가는 우리의 유연하지 못한 교육제도 때문이기도 하다. 사이버상에서 나타나는 다양한 일탈행동을 통제하기 위해 학교는 이러한 행동에 대한 도덕규범을 청소년들에게 신속히 내면화시켜야 함에도 불구하고, 학교의 커리큘럼을 변화시키는 것은 그리 쉽지 않다. 또한 기업의 직업현장에서 사용되는 기술발전은 대부분 학교에서 가르치는 기술의 수준을 앞서간다. 기업은 항상 졸업생의 학습된 기술수준에 대해 불평하고, 커리큘럼의 개선을 요구한다.

이처럼 기능주의이론은 교육문제가 교육제도의 기본적인 목적을 제대로 성취할 수 없는 데서 교육문제가 나타난다고 주장한다. 교육제도가 급격한 사회변동에 적응, 발전할 수 없어 구성원들의 불만을 만들어낼 때, 다시 말해서 교육제도가 제도적으로 무능력하여 이러한 변화의 욕구들을 제대로 수용할 수 없을 때 교육문제는 발생한다.

2. 갈등이론: 문화적 제국주의와 학교무용론

갈등이론가들은 교육제도가 가진 부정적인 측면에 대해 초점을 맞춘다. 그들에 따르면, 교육제도는 지배집단의 계급위치를 공고화하고 지배집단의 엘리트들이 대중을 통제하도록 허용하는 역할을 한다. 기능주의자들의 가정과는 달리, 교육의 기회와 교육의 질은 계급에 따라 동등하게 분포하지 않는다. 교육의 사회화기능은 자본주의 이데올로기 또는 지배적 집단의 이데올로기를 주입하는 문화적 제국주의(cultural imperialism) 또는 문화적 재생산을 위한 메커니즘으로서 작동한다(Mooney et al., 2007: 262 참조). 따라서 하층계급에게 있어서 학교는 불평등을 공고히 하는 하나의 수단으로 작용한다.

일반적으로 이러한 이데올로기의 주입은 학교의 공식적인 교육과정을 통해서 이루어진다고 생각되지만, 학교의 비공식적인 교육과정이 오히려 이러한 이데올로기 주입의 주된 수단이 된다는 주장이 있다. 일리치(Illich, 1973)에 따르면, 학교에는 숨겨진 교육과정(hidden curriculum)이 존재하는데, 이것을 통해 학생들은 공식적인 수업내용과 관련 없는 많은 것을 학교에서 배우게 된다. 학생들은 수동적으로 소비하는 입장이기 때문에, 이 과정을 통해 기존의 사회질서를 무비판적으로 수용하게 되며, 인생에서 자신들의 역할이 '자신들의 위치를 알고 그곳에 얌전하게 있는 것'이라는 점을 배우게 된다(Giddens, 2001: 451).

미국의 학교를 사례연구한 보울즈와 진티스(Bowles and Gintis, 1976)는 교육체계가 기존의 사회관계를 재생산하고 합법화하는 방식을 보여준다. 학교에서 아동들은 교육 내의 사회적 관계구조를 통해 작업장의 규율에 친숙해지며, 동시에 특정 유형의 자기표현양식을 개발시킨다. 노동계급 학생의 부모들은 흔히 그들 자신의 노동 경험을 통해 권위에 복종하는 엄격한 교육방법을 좋아하게 된다. 따라서 노동계급 청소년들이 주로 다니는 학교는 흔히 공장과 거의 유사한 형태의 사회적 관계를 보인다. 이처럼 노동계급을 양성하는 학교에서는 장차 학생들이 지위와 권위에 복종하도록 유순함을 가르치는 반면에, 지배계급을 양성하는 학교나 대학에서는 규범의 내면화를 통한 자율적 판단을 강조함으로써 지도력을 개발한다. 따라서 학생의 인성적 특성은 그들의 계급에 알맞게 학교에 의해 배양되고 강화된다. 다시 말해서 교육에서의 사회적 관계는 노동의 위계적 분업을 재생산하는 것이다(김병성, 2002: 125 참조).

몇몇 다른 갈등이론가들은 하층계급 출신의 학생들이 왜 학업성취에서 뒤쳐질 수밖에 없는지에 대해 설명한다. 부르디외(Bourdieu, 1986; 1987)는 이것을 문화자본으로 설명하는데, 문화자본(cultural capital)이란 언어나 생활습관 등에 있어서의 태도 및 행위, 가치관, 신념을 나타내주는 문화적으로 규정된 자본을 말한다. 문제는 이러한 문화자본이 계급에 따라 불균등하게 분포되어 있다는 것이다. 상층계급 출신의 학생들은 많은 문화자본을 보유하는 데 비해서, 하층계급 출신의 학생들은 문화자본을 적게 보유한다. 하층계급의 학생들은 학교에서 지배적인 집단과 충돌하는 사고와 행동양식을 발전시킨다. 이들은 학교에 들어갈 때 상층계급의 학생들에 비해 훨씬 더 큰 문화적 충돌을 경험한다. 그들은 상층계급의 학생들과는 달리 좋은 성적을 얻는 것에 덜 관심을 가질 뿐만 아니라, 교사와 의사소통하려고 최선을 다한다 하더라도 그들의 말과 언어습관은 교사의 것과 어울리지 않는다. 따라서 문화자본을 많이 보유하는 상층계급 출신의 학생들은 학교교육을 통해서 그들의 실제 능력 이상으로 보상을 받게 되고, 학교는 또다시 지배계층의 문화자본을 강화시키고 합법화시키는 순환과정이 끊임없이 반복된다(석현호 외, 2004: 290; Giddens, 2001: 452).

3. 상호작용이론: 학습지진아로서의 낙인

학교는 본래 교사의 권위를 통해 학생들에게 지식이 일방적으로 전달되는 곳이다. 이러한 학교에서 교육의 전 과정을 통해서 교사가 특정 학생들에 대해 학습지진아로서 낙인을 부여(labeling as underachievers)하는 경우는 매우 빈번하게 이루어진다. 예를 들어 학업평가, 지능검사, 성격검사, 품행관찰 등의 다양한 방식을 통해 학생들에게 '학습부진아', '문제아', '주의력 결핍 학생' 등의 다양한 낙인이 특정의 학생들에게 부여된다. 이러한 낙인이 문제가 되는 것은 그것이 자기충족적 예언을 통해 점점 더 그 낙인이 의미하는 문제를 촉진시키기 때문이다(석현호 외, 2004: 292).

로젠탈과 제이콥슨의 연구(Rosenthal and Jacobson, 1992)는 교사의 학생에 대한 인식이 학생의 미래 성취에 결정적인 영향을 미친다는 것을 보여준다. 그들은 샌프란시스코의 한 초등학교 교사의 협조를 얻어 한 반의 학생들을 대상으로 지능검사를 실시한 후, 교사에게 성적에 관계없이 무작위로 뽑은 명단을 보여주며 향후 성적이 오를 학생들이라고 알려주었다. 교사는 그 명단에 든 학생들이 성적이 오를 것이라고 기대하게 되었고, 이러한 교사의 기대는 직간접적으로 학생들에게 전달이 되었으며, 그 결과 그 명단에 든 학생들은 실제로 성적이 향상된 것으로 나타났다. 이러한 실험의 결과는 교사가 학생을 어떻게 인식하는지는 학생에게 그대로 전달되며, 교사와 학생의 오랜 기간의 상호작용이 끝날 때 학생은 교사의 기대대로 성과를 얻는 경향이 있다는 것을 보여준다. 로젠탈과 제이콥슨은 이러한 효과를 피그말리온 효과(Pygmalion effects)[2)]라고 이름 지었으며, 반대로 교사가 학생들을 지진아라고 생각할 때 그 학생들은 성적이 떨어지는 것을 골름 효과(Golem effects)라고 한다.

이러한 효과는 교실에서의 인종차별의 효과를 연구한 한 다른 실험에서도 입증된다. 이 실험에서 학생들을 푸른눈을 가진 학생과 갈색눈을 가진 학생으로 분리하여, 한 집단은 그들의 눈 색깔 때문에 지능이나 학습능력에 뛰어나다고 여기게끔 하고, 다른 집단은 반대로 눈 색깔 때문에 지능이나 학습능력이 떨어진다고 여기게끔 하였다. 다음 날은 집단별로 바꾸어서 이와 반대로 여기게끔 하였고, 매일 각각 단어 테스트를 한 결과, 눈의 색깔에 관계없이 뛰어나다고 여긴 집단이 그렇지 않

2) 그리스 신화에서 아프로디테는 키프로스섬에서 사람을 재물로 바치는 관행을 매우 싫어했다. 그래서 거기 사람들을 벌하려고 창녀촌을 만들었고, 피그말리온 왕은 이러한 난잡함에 빠지지 않으려고 조각을 시작했다. 그런데 그는 자신이 조각한 여인상과 사랑에 빠지게 되었고, 이 왕은 아프로디테 여신의 축제일에 황소를 매년 제물로 바치고 조각상과 닮은 여인을 아내로 맞이하게 해달라고 기도를 올렸다. 아프로디테는 피그말리온 왕이 진심으로 조각상과 같은 여인을 사랑한다고 생각하고 조각상에 생명을 불어넣어 주었다.

은 집단에 비해 성적이 훨씬 높았다(Williams, 1971).

이러한 일련의 실험이나 관찰들은 교실에서의 문제아가 학생들보다 우월한 교사의 낙인에 의해 만들어질 수 있다는 것을 보여준다. 이것은 특히 소수집단 출신의 학생들에게 큰 문제로 작용할 수 있다. 만약 학생들에게 많은 영향력을 행사하는 교사가, 학업성취가 떨어지고 학교에서 폭력적으로 행동하는 학생들에 대해 선입관을 갖고 대한다면 이들은 교사의 눈에 비친 자신의 모습대로 자아이미지를 바꿀 수 있다. 학급에서 학습지진아나 폭력학생 등의 낙인은 아무런 실체가 없이 교사의 낙인에 의해서 만들어질 수 있다. 이것은 반대로 뛰어난 집단들에 대한 평가에서도 예외가 아니다. 영재교육에 대해 연구한 마거린(Margolin, 1994)은 영재들의 뛰어난 점을 평가하고 영재교육의 필요성을 내세울 때는 항상 평범한 학생들을 부정적으로 묘사하는 경향이 있다고 주장한다. 이러한 과정에서 손해를 보는 사람들은 항상 '평범한' 학생들이다.

제 3 절 교육문제의 유형과 실태

한국사회에서 중요한 교육문제로 들 수 있는 것들은 학력이 귀속적인 지위처럼 인식되는 학력주의 현상, 교육기회의 불평등과 지나친 입시경쟁, 공교육의 붕괴, 과잉교육, 그리고 교육의 내용과 질 정도라고 할 수 있을 것이다. 이러한 다양한 교육문제들은 하나씩 별개의 문제로 인식될 수 있는 것이라기보다는 모두 강한 연관성을 가지고 연결되어 있다.

1. 학력주의사회와 대학서열화

학력주의(credentialism)란 학력이 어떤 개인의 업적을 평가하는 수준을 넘어서 어떤 희소한 학력을 가진다는 것이 그 학력이 가진 의미 이상으로 오랫동안 작용하는 것을 말한다. 다시 말해서 어떤 학력이 그것을 나타내는 졸업장에 어울리는 능력 이상으로 프리미엄효과를 누리는 것을 말한다. 예를 들어 서울대를 졸업했다는 사실이 서울대를 졸업하기에 필요한 능력 이상으로 대우를 받는 것을 들 수 있는데, 이것이 가능해지는 이유는 특정의 명문대학들은 특정의 나은 조건의 직업군에 모이고 이들이 학연을 자신과 유사한 학력을 가진 사람들이 아닌 모든 사람들을 배제하는 도구로서 이용할 때, 능력 이상의 대우를 누리는 것이 그 한 예이다. 학력주의는 크게 두 가지 형태로 다시 나눌 수 있다. 하나는 공식적인 수학연수를 기준으로 학력주의가 표출되는 것(수직적 학력주의)으로, 예를 들면 중졸보다 고졸이 더 대우받고, 고졸보다 대졸이 더 대우받는 현상을 말한다. 다른 하나는 같은 교육연수 중에서도 특정의 선호하는 학교 출신이 더 대우받는 현상(수평적 학력주의)이다. 수도권의 명문대와 다른 대학들의 대우상의 차이가 그것이다.

앞서 언급한 바와 같이 한국사회에서 학력주의가 팽배하게 된 데에는 해방 이후 국가를 경영할 학력을 갖춘 인재가 희소하였고, 따라서 이들이 많은 차별적인 특권과 보상을 누리게 된 데 큰 이유가 있다. 그러나 국가관리를 시험선발한 역사를 가진 동아시아의 한국, 중국, 일본과 같은 나라들 역시 학력주의가 팽배하다. 여기에 근거한 설명은 학력주의가 과거 관리들을 시험을 통해서 뽑던 과거제에서 유래한다고 주장한다. 그러나 서구사회에서도 이러한 학력주의는 강하게 존재하는 것으로 알려져 있다. 예를 들어 영국이나 미국에서도 옥스퍼드, 캠브리지, 하버드, 예일, 프린스턴 등의 명문대학의 입학경쟁은 한국 이상으로 치열하며, 그 전 단계에 있는 명문 고등학교의 입학 경쟁 또한 치열하다. 심지어는 학생이 원하는 대학에 거의 입학을 할 수 있도록 해주는 프랑스와 같은 나라들도 최상급의 영재학교에 입학하기 위한 경쟁은 치열하다(김병욱, 2007: 187-197). 미국의 명문대학 졸업장은 다른 평범한 대학들과는 비교할 수 없는 고연봉의 상징이다. 심지어 북한에서도 김일성대학은 모든 학생들이 입학하고 싶어 하는 꿈의 대학이며, 이 대학을 졸업하는 것은 큰 특권과 미래를 보장한다.

우선 한국의 학력주의를 살펴보기 위해 교육연수를 기준으로 단순히 학력별로 임금수준을 비교해 보는 것이 유용하다. [표 11-1]은 OECD 여러 회원국의 임금격차를 보여준다. 이 표는 2022년을 기준으로 고졸을 100이라고 할 때, 중졸 이하와 대졸의 평균임금을 제시한다. 따라서 이 값들이 100에서 더 크게 벗어날수록 임금격차가 크다는 것을 나타낸다. 이 표에서 첫 번째 칼럼은 중졸 이하와 고졸의 임금

표 11-1 ■ OECD 주요 회원국의 학력별 평균임금과 격차(2022년, 고졸 = 100)

국명	중졸 이하	대졸	(대졸/중졸)*100
칠레	49.0	260.8	531.8
포르투갈	83.6	173.1	207.1
미국	80.8	171.5	212.2
OECD 평균	81.0	158.3	195.3
폴란드	86.0	153.8	178.7
스페인	83.2	151.1	181.5
독일	74.8	150.2	200.9
네덜란드	85.7	149.2	174.0
튀르키예	77.5	149.2	192.5
오스트리아	77.2	142.9	185.1
영국	71.2	135.7	190.7
한국	**82.0**	**130.3**	**158.9**
호주	93.1	129.0	138.6
뉴질랜드	91.6	126.1	137.8
덴마크	90.1	123.9	137.5
노르웨이	86.0	118.4	137.6

출처: OECD Data Explorer에서 2025년 5월 11일 검색.

격차를, 두 번째 칼럼은 고졸과 대졸의 임금격차를, 세 번째 칼럼은 중졸과 대졸의 임금격차를 보여준다. 한국의 경우, 중졸은 고졸에 비해 82%의 임금을 받는 반면, 대졸은 고졸에 비해 130%의 임금을 받는 것으로 나타난다. 또 대졸은 중졸에 비해 159%의 임금을 받는다. 이 결과를 2018년의 임금격차(각각 76과 140)와 비교하면 학력별 임금격차가 많이 줄어든 것을 알 수 있다. 이러한 격차를 다른 국가들과 비교해 보면, 한국의 학력별 임금격차가 다른 나라들에 비해 상대적으로 낮으며, 오히려 OECD 평균에 비해 훨씬 낮다는 것을 알 수 있다.

그러나 이러한 단순 학력별 임금격차는 한국의 학력주의를 제대로 보여주지 못한다. 최근에 한국의 대학들이 급속히 늘어나고, 심지어는 신입생 충원에 어려움을 겪는 대학들이 나타나고 있으며, 대학졸업자들의 일자리는 급속히 줄어들고 있기 때문에, 한국의 학력차별은 단순한 학력보다는 그 학력의 질적 차이로 발전한 지 이미 오래이다. 이것은 기업의 꽃이라고 하는 임원들의 출신학교별 분포를 보면 잘 알 수 있는데, 한국에서 기업체의 중역이나 이사 이상의 학력은 대부분 명문대학으로 구성되어 있고, 이들은 취업에서부터 시작하여 승진과 퇴직에 이르기까지 매우 오랫동안 학력의 덕을 본다. 대기업의 이사진은 대부분 소위 SKY대학의 졸업생이며, 평범한 대학의 졸업생들이 대기업의 이사로 승진하기는 매우 어렵다. 심지어 높은 직급에 이를수록 명문대들 사이에서도 승진의 차이는 두드러진다.

2016년 시사저널에서 국내 100대 기업의 임원 6,848명의 출신학교에 대해 조사한 결과에 따르면, 서울대가 각각 594명으로 가장 많았고, 그다음으로 고려대가 460명, 연세대가 404명, 한양대가 320명, 성균관대가 253명의 순으로 나타난다. 이처럼 국내의 100대 기업의 전체 임원 중에서 이 상위 5개 대학 출신자가 차지하는 비율은 약 30% 정도가 된다(시사저널, 2016.9.28.). 최근에는 이런 경향이 다소 약화되었는데, 청년일보 보도에 따르면, 2023년 기준 삼성전자, 현대자동차, LG전자의 SKY 출신 임원 비율은 각각 24.0%, 25.5%, 18,4%였다. 이들이 줄어든 자리에는 카이스트, 포항공대와 같은 특수목적대가 대부분 채웠으며, 부분적으로 지방대의 비중도 다소 높아졌다(청년일보, 2024.4.17.). 이렇게 국내기업의 임원 중에 SKY의 비중이 줄어들었지만, 여전히 새로운 명문대학 출신들이 그 자리를 메우고 있다.

이런 상황에서 대학의 서열화는 강하게 나타난다. 대학의 서열화가 극단적으로 강해지면 특성화된 학과가 생길 수 없고, B대학의 모든 과는 A대학의 모든 과보다 낮은 수능성적을 갖게 된다. 국내에서는 이렇게 완벽할 정도의 대학 서열화는 아니지만 완벽에 가까운 대학 서열화가 명문대학들을 중심으로 이미 구축되어 있다. 김안나의 연구(2003)에 따르면, 이런 대학의 서열화는 수도권과 지방대학, 국립대학과 사립대학, 그리고 오랜 역사를 가진 대학과 신생대학[3)]의 세 가지 차원을 통해 나

3) 대학설립 준칙주의 도입 이후에 신설된 대학. 1996년 대학자율화 정책의 일환으로 대학을 설립할 때 인가를 받아야 하던 것을 일정한 설립기준만 갖추면 누구나 대학을 설립할 수 있게 되어 이후 10년 동안 2년제 대학을 포함하여 대학이 43개가 늘었고, 입학정원은 97,563명이 늘게 된 것을 말한다. 이 대학설립 준칙주의는 지역에 따라서 차별적인 결과를 가져왔는데, 새로 설립되는 대학의 대부분이 정원 등의 여러 규제에 묶여 있었던 수도권을 피해서 지방에 설립되게 된 것이다(김희삼, 2009). 이것은 인구 및 경제력의 수도권 집중과 맞

타난다. 이렇게 만들어진 대학의 서열구조는 일부의 지방대학에서 변화가 나타나는 사례는 있지만, 상위권 대학들에서는 매우 오랫동안 변함없이 유지되고 있다(김안나, 2003; 오호영, 2007).

이것은 대학서열과 전공 내 대학서열의 상관관계에서도 입증되는데, 의학과 약학계열을 제외하면 대학의 서열과 전공 내 대학의 서열은 90% 이상의 일치도를 갖는다. 예를 들어 2003년을 기준으로 대학의 서열은 사회계열, 공학계열 등과 같은 계열 내의 대학의 서열과 거의 100%에 가까운 상관관계를 갖는다.[4] 이 결과는 대학의 서열은 곧 전공의 서열이라는 것을 보여준다. 다시 말해서 특정 전공은 A대학이 더 좋고, 다른 특정 전공은 B대학이 더 좋은 경우는 거의 없다. 이러한 학과 선택에 있어서 그 학과가 속한 대학의 선호도가 강한 영향을 미치는 현상은 최근에 올수록 점점 더 강해지고 있다(오호영, 2007).

한국에서 학력주의 경향이 강한 것은 부모들이 자신들의 직·간접적 경험에서 자녀의 학력이 자녀의 미래와 수입을 결정하는 극히 중요한 요인이라는 것을 확신하기 때문이다. 그러면 소위 명문대학이나 수도권대학을 졸업하는 사람들과 지방대학을 졸업하는 사람들의 수입의 차이는 얼마나 될까? 여기에 대한 대부분의 연구는 지방대학과 수도권대학 출신자의 임금격차가 존재한다고 보고한다. 예를 들어 김희삼(2009)은 비서울지역 대학 출신자들은 서울지역 대학 출신자들에 비해 평균적으로 16.4% 임금을 적게 받는다고 한다. 또한 노동패널 자료를 이용하여 임금프리미엄을 분석한 장수명(2006)은 의대와 교육대학 출신의 높은 임금프리미엄 외에 상위 5개 명문대학 출신의 임금프리미엄이 매우 높다고 한다. 그러나 이 두 연구 모두 이러한 임금의 격차는 거의 대부분 이들의 능력을 나타내는 수능성적에 의해 설명된다고 보고한다. 다시 말해서 서울지역 대학 출신자나 상위 5개 명문대학 출신자들은 비서울지역 대학 졸업자나 비명문대학 졸업자들에 비해 상대적으로 임금이 높지만, 그 차이의 대부분은 (수능성적으로 표현되는) 능력에 기인한다는 것이다.

이처럼 능력의 차이가 임금의 차이를 가져온다면, 과연 한국사회는 학력주의 사

물려 수도권 대학의 선호도 증가와 지방대학의 선호도 감소로 나타났다. 이것은 실제의 수능성적의 변화로도 확인된다.

4) 대학의 서열은 인문계열 전공 내의 대학의 서열과 0.976의 상관관계를 갖고, 사회계열의 경우 0.976, 교육계열은 0.907, 공학계열은 0.982, 그리고 자연계열은 0.977로 나타난다.

회라고 할 수 있는 것일까? 일단 이러한 분석에서 지적할 수 있는 것은 이들이 취업한 사람들의 임금만을 기준으로 삼고 있다는 점이다. 지방대학의 출신자들은 상대적으로 비정규직, 임시직, 파트타임직 등으로 취업할 가능성이 높다. 또한 이들은 취업을 위해서 더 오랜 기간을 소요해야 하며, 대기업과 같은 양질의 일자리에서 더 빨리 은퇴하며, 또한 맡는 업무의 질 또한 차이가 있다. 이런 질적인 면은 단순히 임금만을 기준으로 삼을 때 잘 보이지 않는다. 이러한 임금격차에서 더욱 중요한 것은 부모의 경제적 배경에 따라서 교육기회의 원천적인 불평등이 존재한다는 점이 이러한 임금수준을 기준으로 한 분석에서는 감추어져 있다. 이러한 불평등은 공교육의 붕괴와, 부모들의 과도한 경쟁에서 비롯되는 경향이 있으며, 지역 간에 나타나는 경제적 격차에 따른 교육기회의 격차와도 중첩되어 있다. 이후에서는 이러한 문제들에 대해 다룬다.

2. 사교육의 팽창과 공교육의 붕괴

한국에서 사교육이 팽창하게 된 것은 2000년 무렵에서부터이다. 1980년 7월 당시 전두환 정부는 고액과외 등의 사교육이 문제를 일으키자, 과외교습을 전면 금지시키고 학원수강도 불가능하도록 만들었다. 이후 부분적으로 학원수강이 허용되다가 2000년 4월 헌법재판소에서 과외금지조치에 대한 위헌결정이 나자, 전면적으로 과외수업과 학원수강을 허용하게 되었다. 이 때부터 사교육시장은 기하급수적으로 커졌고, 최소 20조 원(통계청 발표)에서 최대 48조 원(현대경제연구원, 2007)에 달하는 거대한 시장을 형성했다.

통계청의 사교육비조사에 따르면([표 11-2]), 2024년 한국의 가정에서 학생 1인당 부담하는 사교육비는 평균 47만 원이다. 이것을 지역별로 살펴보면, 서울이 평균 67만 원으로 가장 많으며, 광역시와 중소도시가 각각 46만 원과 47만 원, 그리고 농촌지역이 33만 원으로 나타나, 서울이 농촌의 2배 정도의 사교육비를 지출하고 있음을 알 수 있다. 전체 평균 47만 원 중에서, 입시를 위한 일반교과 사교육비는 학생 1인당 36만 원을 사용하고 있으며, 이것 역시 학교급이 높아질수록 상승하여 일반계열고의 경우 약 50만 원을 사용한다. 고등학교의 경우 이 중 가장 많이 지출하는 과목은 수학, 영어, 국어의 순으로 나타난다.

표 11-2 ■ 학생 1인당 평균 사교육비 지출(2024) (단위: 만 원)

구분		전체	학교급			
			초등학교	중학교	고등학교	(일반계열고)
지역별 사교육비	전체	47.4	44.2	49.0	52.0	58.7
	서울	67.3	60.9	69.1	76.9	85.2
	광역시	46.1	43.2	48.7	49.0	56.5
	중소도시	46.5	43.3	47.8	51.1	56.9
	읍면지역	33.2	32.9	34.0	32.9	38.6
일반교과 평균 사교육비	소계	35.8	27.8	43.0	43.6	50.0
	국어	4.2	2.7	3.6	7.6	8.7
	영어	14.1	12.7	17.0	13.7	15.7
	수학	13.4	8.6	18.5	17.5	20.1
	사회, 과학	2.0	1.0	2.3	3.8	4.4
	논술	1.5	2.0	1.3	0.5	0.6
	제2외국어, 한문, 컴퓨터	0.6	0.7	0.4	0.5	0.5
월 가구소득별 사교육비 평균지출	300 미만	20.5	20.7	19.7	21.1	27.3
	300~400 미만	28.5	27.5	29.9	29.0	36.2
	400~500 미만	36.6	33.8	39.5	39.4	45.0
	500~600 미만	44.0	41.2	45.3	47.9	53.4
	600~700 미만	49.1	45.3	51.3	54.6	59.0
	700~800 미만	55.6	51.3	55.7	63.8	68.5
	800 이상	67.6	63.1	68.4	74.9	79.3

출처: 통계청, 초중고 사교육비조사.

그리고 월 가구소득별로 월평균 학생 1인당 사교육비 지출액을 살펴보면, 가구소득이 300만 원 미만인 가구에서는 21만 원을 지출하고 있고, 300만 원 이상 400만 원 미만인 가구가 29만 원, 500만 원 이상 600만 원 미만의 가정은 44만 원, 600만 원 이상 700만 원 미만은 49만 원, 700만 원 이상 800만 원 미만은 56만

원, 그리고 800만 원 이상의 가구는 68만 원의 사교육비를 평균적으로 지출하고 있는 것으로 나타난다. 이 결과는 가구소득이 높아질수록, 학교급이 높아질수록 이 사교육비 지출은 정확히 비례하여 많아지는 것을 알 수 있다. 이 결과는 한국에서 사교육비 지출을 통하여 학력이 세습되고, 부가 대물림된다는 것을 보여준다.

이러한 사교육비는 부모들의 큰 스트레스로 작용하고 있고, 이를 자녀에게 충분히 지원하지 못했을 때 자녀가 커서 혹시 원망이라도 하지 않을까 하는 초조함에, 또는 자신이 학력과 학벌 때문에 불이익을 당한 경험 때문에 무엇보다도 우선적으로 지급해야 할 필수 소비목록이 된다. 오지수 외(2009)의 연구에 따르면, 국내의 초등학생 부모들은 부모의 학력으로 인해 사회생활의 좌절감을 많이 경험할수록 자녀양육의 스트레스가 커지고, 이는 사교육에 대한 과감하고도 강박적인 투자로 이어진다. 또한 전업주부일수록 자녀의 교육에 대해 더 많은 책임을 갖고 있고 따라서 더 많은 사교육비를 지출하는 경향이 있다.

직접 사교육을 받는 학생들의 사교육에 대한 생각을 들여다보면, 사교육이 왜 팽창하는지에 대해 짐작할 수 있다. 학생들의 학원에 대한 인식은 학원이 학교수업 내용을 반복학습시켜 주고, 학원은 교사들이 더 격의 없이 대해주며, 소규모로 학급이 조직되어 더 집중력 있게 공부할 수 있고, 학교보다 더 효율적으로 수업내용을 잘 챙겨주기 때문에 결국 학교 성적을 올릴 수 있다고 학생들이 생각한다. 그러나 학교에 대해서는 교사와의 상대적인 거리감이 존재하고, 공부의 측면에서도 교사의 제지에도 계속 떠드는 학생들이 있는가 하면, 학원에서 공부하고 학교에서 자는 학생, 학원수업을 위해 학교 숙제를 소홀히 하는 학생 등에 의해서 학교는 공부하는 곳이라기보다는 공부 이외의 많은 다른 것을 가르치는 곳으로 인식한다(박은주, 2009). 이러한 학생들의 생각은 결국 사교육의 팽창이 공교육의 붕괴와 관계가 없지 않다는 것을 보여준다. 현실적으로 학력주의 사회에서 한국의 학교가 궁극적으로 명문대학의 진학을 위해 선별기능을 하고 있는 상황에서, 선별을 포기한 공교육의 현실은 학원보다도 못한 평가를 받는다. 학교에서는 엄두를 낼 수 없는 소규모의 위계적인 우열반 편성과 엄격한 학사관리는 과연 학력주의 사회에서 어디가 더 선별의 기능에 더 맞는 조직인지는 오래 생각하지 않아도 뻔하다.

그럼 공교육이 이렇게 붕괴된 것은 언제부터일까? 많은 사람들은 공교육이 붕괴되기 시작한 것이 김대중 정부에서 시작된 교육실험 때문이라고 생각한다. 당시 교육부장관이었던 이해찬 장관은 체벌의 금지 및 보충수업의 금지, 대학입학 전형의 다양화와 같은 청소년의 인권을 증진시킬 수 있는 다양한 조치들을 취했다. 그러나 체벌이나 보충수업 등의 대표적인 학교의 문제들이 실제로는 학력주의 사회와 이로 인한 대학의 서열화에 있다는 점을 내버려둔 채 진행된 이러한 시대를 앞서간 실험은 결국 목표로 했던 사교육은 잡지 못하고 공교육 붕괴의 단초를 제공하는 계기가 되었다. 이러한 교육실험의 실패는 중요한 정책의 시행에서 이상과 현실 사이에서 다양하고도 충분한 고려가 필요하다는 것을 보여준다.

3. 교육기회의 불평등: 지역 간 교육격차

한국사회에서 지나치게 과도한 사교육비는 공교육의 붕괴를 가져오는 한 요인이면서 결과이기도 하다. 또한 이렇게 과도한 사교육비 지출은 교육기회의 불평등이라는 핵심적인 교육문제로 나타난다. 해방 이후 지속적으로 이루어져 왔던 도시화와, 최근 몇십 년 사이에 나타난 인구 및 경제기반의 수도권 집중은 이러한 교육기회의 불평등문제를 지역 간 불평등문제로 만들고 있다. 현재 인구의 반이 수도권에 몰려있으며, 이들은 또한 다른 지역에 비해서 고소득층이다. 왜냐하면 양질의 고소득 일자리가 거의 대부분 수도권에 몰려있고, 이것은 다시 인구를 끌어당기는 요인으로 작용하기 때문이다. 이러한 수도권과 지방의 지역 간 경제력 격차는 교육기회의 불평등으로 나타난다. 왜냐하면 이미 사교육비가 평범한 가정의 가계를 압박할 정도로 커졌기 때문이다.

이미 [표 11-2]에서 살펴본 바와 같이, 거의 정확히 가구소득이 많을수록 더 많은 사교육비를 지출한다. 또한 더 많은 사교육비를 지출할수록 거의 정확히 학교성적이 더 높은 것으로 나타난다. 이러한 결과는 부모의 소득이나 사회경제적 지위가 자녀에게 직접적으로 전달되는 경향은 약하지만, 부모의 사회경제적 지위(SES)는 교육성취를 통해서 자녀에게 크게 전달된다는 기존의 경험적 연구결과들(방하남·김기헌, 2002; 여유진 외, 2007)과 일치하는 것이다. 특히 사교육이 상위권대학의 진학에 미치는 효과를 계량적으로 연구한 최형재의 연구(2008)에 따르면, 가정의 사교육비

지출은 상위권 31개 대학이나 4년제 대학 입학에 유의미하게 영향을 미친다. 구체적으로 사교육비 지출이 10% 증가할 때, 상위 31개 대학 또는 의학계열에 진학할 확률이 0.6~0.7% 증가하고, 일반 4년제에 진학할 가능성은 0.8% 증가한다.

최근에 사회문제가 된 소위 '기러기아빠'는 그 자체로 가족문제의 하나이기도 하지만, 가족구성원들이 합의하에 자녀의 더 나은 미래를 위해 자발적으로 이것을 선택한다는 점에서 교육문제에 더 가깝다. 그중에서도 자녀의 조기영어유학과 엄마의 동반이 평범한 가정에서 얻기 힘든 기회라는 점을 감안하면, 교육기회의 불평등을 보여주는 한 사례이다. 통계청 조사(통계청, 2008)에 따르면, 자녀를 조기유학 보내는 이유는 대부분 국제화시대에 어울리는 영어능력을 갖추기 위한 목적이 가장 많고(36.4%), 그 외 한국학교의 무한경쟁과 스트레스가 싫어서 가는 경우(23.7%)도 꽤 된다.[5] 이 결과는 한국 학교에 적응하지 못하고 도피성으로 유학을 가는 경우도 꽤 있지만, 자녀의 상품가치를 더 높이기 위해 대부분 유학을 선택한다는 것을 보여준다.

기러기가족

기러기가족은 세계적으로 유래가 없는 한국의 교육제도가 만들어낸 독특한 가족형태로서, 세계적으로 언론의 관심을 끌기도 하였다. 보통 기러기가족이란 가족 중에 엄마와 자녀가 외국으로 이주하여 자녀는 현지의 학교를 다니고 엄마는 자녀를 지원하며, 아빠는 국내에서 혼자 살면서 돈을 벌어 나머지 가족이 있는 외국으로 송금을 하는 가족을 말한다. 기러기가족이 생겨나게 된 가장 큰 이유는 한국 부모들의 끝없는 교육열이 크게 작용한다. 사회생활에서 어쩔 수 없는 언어장벽을 경험한 한국의 부모들은 자신의 자녀들은 좀 더 나은 외국어(영어) 구사능력을 원하는 경향이 있다. 또한 높은 사교육비는 비슷한 돈으로 본토에서 좀 더 확실하게 언어를 배우고 싶은 욕구를 발생시킨다. 따라서 부유한 가정의 부모들은 자녀들을 한 때 홈스테이 등의 형태로 보냈었지만, 여기서 많은 문제가 발생하자 아예 부부가 장기간 별거하면서 무리하게 분거가족을 형성하게 된 것이다.

그러나 기러기가족이 겪는 문제는 그리 만만치 않다. 가족을 외국으로 보낸 기

---

5) 그 외 능력과 재능에 적합한 교육을 위해서가 16.6%, 외국어 습득에 용이해서가 13.1%, 외국학력을 우대하는 풍토가 6.1%, 과도한 사교육비가 3.9%, 그리고 기타가 3.9%로 나타난다.

러기아빠는 공통적으로 외로움이나 성적인 욕구해결문제, 경제적인 압박에 시달린다. 최근 일간지의 기사로 자주 보이는 기러기아빠의 외로운 죽음과 관련한 기사는 이들의 외로움을 잘 보여주는 사례이다. 반대로 자녀를 데리고 외국으로 가서 사는 엄마의 사정도 크게 다르지는 않다. 이들은 기러기아빠보다는 좀 나은 상황에서 생활하지만, 남편과의 장기간의 별거로 인해 소원해진 부부관계, 자녀가 사춘기인 경우 자녀통제의 어려움, 대부분 불법체류로 생활을 하다 보니 행동의 한계에 따른 어려움 등을 토로한다. 실제로 김양호와 이태현의 연구(2009)에서 조사대상자로 선정되었던 11명의 기러기엄마 중에 2명은 이혼을 이미 했거나 준비하는 사례가 있었다. 이처럼 처음에는 2년 정도 자녀가 영어를 익힐 정도만 있으려고 했던 것이 5~6년을 넘어가게 되면 새롭게 다양한 문제들이 나타나고 여기에 시달리게 된다.

그럼에도 불구하고 현재 미국 초·중학교에서 외국인 학생수 1위를 기록하고 있는 나라는 한국이다. 이 조그만 나라에서 인구별 비율도 아니고, 절대수에서 1위를 기록한다는 것은 정말로 대단한 것이다. 미국 초등학교의 교사들은 한국학생들의 홍수 앞에서 교육에 대한 큰 부담을 느낀다. 이렇게 전혀 상상하지 못했던 형태의 가족이 생기는 이유는 역시 한국사회의 부모들의 높은 교육열 때문이다. 기러기가족들은 자녀들에 대해 의무감 같이 여겨지는 더 나은 영어교육을 했다는 데 스스로 만족감을 느낀다. 미국 메릴랜드주의 망가메리카운티에서의 한 연구는 기러기가족 10가족 중 7가족이 자신들의 선택에 대해 만족한다고 했다.

2005년에서 2023년 사이의 초·중·고등학교의 조기유학생의 추이를 살펴보면 ([그림 11-1]), 2006년에 초등, 중등학생이 각각 약 23,735명, 13,099명, 고등학생이 7,597명으로 피크를 이루었고, 그 이후 조금씩 감소하다가 미국의 경제위기 직후인 2009년에는 초등, 중등, 고등학생이 각각 16,836명, 8,172명, 4,761명 수준으로 크게 감소하였다. 그 이후 조금씩 감소하여 2016년에는 초등, 중등, 고등학생이 각각 10,814명, 4,400명, 3,938명 수준이었다가 2019년에는 초등학생이 12,432명으로 늘어났다. 그러나 코로나19 팬데믹으로 인하여 2020년에는 초등학생, 중학생, 고등학생수가 각각 5,750명, 2,079명, 1327명으로 최저 수준으로 떨어졌다. 이후 이 수는 다시 상승하여 2022년에는 각각 10,875명, 3,504명, 2,186명으로 코로나19 팬데믹 이전 수준에 근접하는 수준으로 늘어났다.

그림 11-1 ■ 조기유학생 수의 학교급별, 연도별 추이

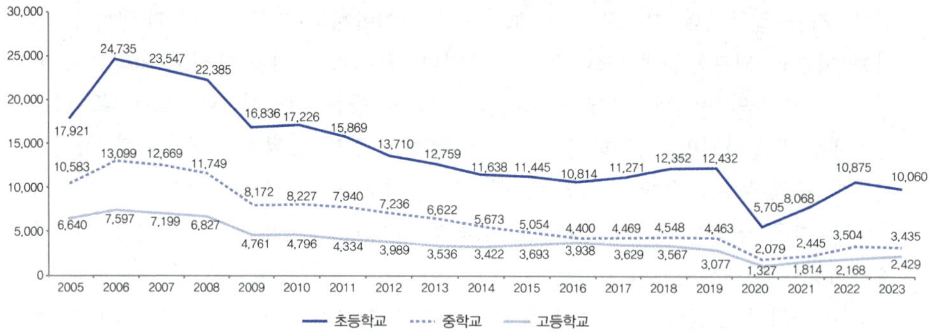

출처: 교육부·한국교육개발원. 교육통계연보.

[표 11-3]은 2023년을 기준으로 학교급별, 지역별 조기유학생수를 살펴본 것이다. 이 표에 따르면, 세종시의 초등학생 만 명당 조기유학생수는 119명으로 가장 많고, 그다음으로 서울시가 104명, 경기도가 44명으로 이 세 지역의 조기유학 비율이 다른 지역에 비해 특히 높다는 것을 알 수 있다. 반면에 전남, 광주, 경북, 경남, 대구 지역의 초등생 조기유학생수는 가장 낮은 수준으로 나타난다. 이 결과는 비교적 경제적 여건이 더 나은 서울/경기나, 세종 지역의 학생들이 더 많이 사교육의 혜택을 받으며, 또한 더 많은 조기유학의 혜택을 받고 있다는 것을 보여준다. 그중에서도 서울과 세종지역의 조기유학 비율은 다른 지역에 비해 월등히 높아, 더 많은 사교육의 혜택을 받고 있다는 것을 알 수 있다.

그런데 교육문제는 조기유학으로 끝나지 않는다. 몇몇 준비성(?) 있는 중산층 부모는 아예 자녀의 영어교육문제를 해결하고 남자아이라면 병역문제까지 해결하기 위해 미국 원정출산을 감행한다. 미국에서 어학연수의 사유로 공립학교에서 등록을 받아주지 않으므로, 대부분의 조기유학생들은 부모가 유학생신분으로 가장하거나, 그렇지 않은 경우는 대부분 사립기숙학교에 입학시킨다. 문제는 미국 사립학교의 등록금과 다양한 부대비용이 보통 수준이 아니라서 한국의 상류층도 많은 부담이 된다. 따라서 자녀의 조기영어유학이나 미국대학교육이나 이민까지 생각하는 부모들은 원정출산을 고려한다. 사회 일각에서는 이러한 상류층의 노블레스 오블리주(noblesse oblige)에 대한 거센 비판을 쏟아내지만 원정출산은 줄지 않고 있다.

표 11-3 ■ 학교급별, 지역별 조기유학생수(2023) (단위: 명)

지역	초등학교		중학교		고등학교[a]		전체	
	유학생수	만 명당 유학생수	유학생수	만 명당 유학생수	유학생수	만 명당 유학생수	유학생수	만 명당 유학생수
합계	10,060	40	3,435	26	2,429	19	15,924	31
서울	3,767	104	1,216	62	716	35	5,699	75
부산	354	24	109	14	109	15	572	20
대구	219	19	89	15	76	13	384	16
인천	372	25	192	24	147	20	711	23
광주	96	12	35	8	51	12	182	11
대전	284	40	82	21	85	22	451	30
울산	167	27	27	8	30	10	224	18
세종	383	119	90	57	45	33	518	84
경기	3,222	44	1,184	31	786	22	5,192	36
강원	110	17	34	9	45	12	189	14
충북	133	17	54	13	36	9	223	14
충남	260	23	81	13	69	12	410	18
전북	130	16	35	7	49	10	214	12
전남	37	5	26	6	28	6	91	5
경북	161	14	53	8	52	8	266	11
경남	279	16	83	9	74	8	436	12
제주	86	22	45	22	31	17	162	21

a: 해외출국 사유로 학업중단한 학생수임.
출처: 교육부, 2024. 교육통계연보.

표 11-4 ■ OECD 주요국의 교육비 부담(2021) (단위: %)

국명	공적 부담	사적 부담
칠레	64.0	36.0
영국	64.5	34.3
호주	68.5	31.5
미국	71.0	29.0
일본	73.2	26.8
튀르키예	73.9	25.3
OECD 평균	72.9	23.5
캐나다	77.5	22.4
한국	**79.7**	**20.3**
스페인	82.7	16.8
네덜란드	82.5	16.4
프랑스	84.0	15.5
이탈리아	85.3	12.8
독일	86.8	12.7
덴마크	90.4	8.0
노르웨이	95.2	4.4
스웨덴	95.3	3.4
핀란드	96.7	1.6

출처: OECD Data Explorer에서 2025년 5월 11일 검색.

이처럼 한국에서 교육기회의 불평등은 도시와 농촌 간에, 수도권과 지방 간에, 그리고 강남과 그 이외 지역 간에 뚜렷이 존재한다. 사교육비가 지나치게 높고, 심지어 조기유학을 보내는 부모가 많은 상황에서 교육기회의 평등은 존재하지 않는다. 정부는 이런 점을 인식하고 최근 국가장학금 등의 수단을 통해 특히 대학교육의 사적 부담을 낮추기 위해서 노력해 왔다. [표 11-4]는 OECD 주요 회원국들의 교육비 부담 실태를 정부가 부담하는 부분과 사적으로 부담하는 부분으로 나누어 제시한 것이다. 이 표를 보면, 한국의 교육비 사적 부담률은 20.3%로 OECD 회원국 평균인 23.5%에 비해 오히려 낮아졌다. 2017년에 우리나라의 교육비 사적 부담 비율이 45.7%로 OECD 국가 중 가장 높은 수준이었다는 점을 감안하면, 그 동안 한국에서 교육비의 사적 부담 비율이 급속도로 낮아졌음을 알 수 있다.

4. 교육의 내용과 질 문제

이처럼 한국사회의 학력주의와 입시경쟁, 그리고 대학서열화는 부모들을 자녀들의 교육에 목숨을 걸게 만들어, 결과적으로 교육기회의 불평등을 낳는다. 문제는 여기서 그치는 것이 아니라, 교육의 질 저하를 가져온다는 것이다. 교육의 질 저하 문제는 어떤 것을 배우는지와 어떤 교육과정을 거치는지와 밀접하게 관련이 된다. 또한 이것은 학교단계별로 매우 상이한 문제로 나타난다. 대학이 경험하는 교육의 질 저하와 초·중·고등학교가 경험하는 교육의 질 저하는 매우 상이하게 나타난다. 기초교육과 중등교육에서 교육의 질 문제는 주로 입시위주의 암기식 반복학습이 주로 지적되고 있으나, 이것 외에도 교육의 비실용적인 내용문제도 매우 큰 문제이다.

우선 반복 위주의 암기식 학습이 국내의 학교에서 자리잡게 된 것은 여러 가지의 이유가 있다. 가장 중요한 요인은 전후의 급격한 인구증가와 과밀한 콩나물학급으로 인해 단순한 지식전달식 수업이 아니고서는 다르게 교수할 방법이 없었다는 현실적인 이유가 우선 크다. 과거 학교시설이 모자라서 한 교실에서 오전과 오후를 나누어서 학생들을 수용하던 시대에 비하면, 최근의 30명 이내의 학급규모는 천국과 다름이 없다. 그럼에도 불구하고 다른 선진국들과 비교해 보면 학급의 규모는 여전히 크지만, 저출산현상으로 2022년 현재 한국의 평균 학급규모는 초등학교가 22명, 중학교가 26명이다. 이것은 각각 20명, 22명인 OECD 평균에 비해 더 높고, 특히 중학교는 아직 많이 높은 수준이다(OECD Database, 2025년 5월 검색).

그러나 사실 이러한 과밀학급문제보다 더 중요한 문제는 대학서열화와 입시 위주의 선별시스템에서 주입식, 반복식 외의 다른 수업방식은 사실상 낭만적으로 여겨질 수밖에 없다는 것이다. 당장 한국의 중·고등학교 어느 교실에서 한 주제를 놓고 오랜 시간 토론을 하고, 며칠 동안 자료를 수집한 다음에 결론을 내는 수업을 진행한다면, 당장 학부모들이 가만히 있지 않을 것이다. 한국의 학교에서 과목의 중요성은 그것이 대학입시에 얼마나 중요한 역할을 하는지에 따라서 거의 전적으로 결정된다. 아마도 수학이 대학입시 과목에서 빠진다면, 수학과목을 배우지 않는 학교가 아마 대부분일 것이다. 따라서 매번 실패로 돌아가는 정부의 입시제도 개혁안이 발표될 때마다, 각 과목과 관련된 교사나, 학원들은 촉각을 곤두세운다. 한국의 중·고등학교 교육은 사실상 대학입시에 초점이 맞추어져 모든 것이 운영된다.

따라서 대학입시에 속해 있는 과목의 경우 한국학생들의 학업성취도는 세계 최고의 수준이며, 수능성적에서 중요한 과목일수록 그 성적은 높다. OECD에서 3년마다 15세 학생들을 대상으로 조사하고 있는 국제성취도테스트(Programme for International Student Assessment, PISA) 2022년 결과(주 오이시디 대한민국 대표부, 2023)에 따르면, 한국은 세계 81개 국가 중에서 수학 3~7위, 읽기 2~12위, 과학 2~9위로 대부분 최상위권에 속해 있다. 그러나 세계의 유학생들 대부분이 몰려드는 미국의 경우 모든 영역에서 하위권이며, 특히 읽기 영역은 최하위권이다.

이런 문제는 결국 대학의 경쟁력으로 귀결된다. 한국의 교육제도에서 대학입시가 끝나면 선별과정이 사실상 종료되며, 대학의 공부는 대체로 쉽다. 실제로 대학에서 전공분야를 열심히 하는 사람은 대학원에 진학하려는 사람이나 장학금을 노리는 사람 외에는 별로 없는 것이 상당수 대학의 현실이다. 기업도 이것을 잘 알기 때문에 졸업생들이 대학에서 학점을 얼마나 받았는지는 채용에 중요성이 떨어지는 참고사항이며, 따라서 대학이름을 기준으로 선발하는 경향이 강하다. 이것은 대학이 당장 직업현장에서 쓰이는 구체적인 전문지식을 가르친다기보다는 이러한 전문지식을 재빨리 습득할 수 있게 해주는 기초지식과 교양을 가르치기 때문이기도 하지만, 획일적인 입시와 교육제도로 인해서 특별히 기업에 도움이 되고, 따라서 인정해줄 만한 특기를 대부분이 갖고 있지 않기 때문이기도 하다. 따라서 기업은 대학을 채용에 중요한 참고사항으로 이용하며, 부분적으로 대학에서 좀 더 열심히 한 증거가 되는 영어능력과 같은 것을 중요한 참고사항으로 삼는 것이다.

과거의 대학생들은 대학을 진학하는 순간 공부를 손에서 놓는 경우가 많았지만, 요즘 대학생들은 즐기는 것은 잠시이며, 더 중요한 취업을 위한 공부가 기다린다. 문제는 한국의 취업과 관련한 시험제도의 문제점으로 인해 업무에 크게 도움도 되지 않는 내용을 지나치게 달달 외운다든지, 과도하게 영어공부에 시간을 투자해야 한다는 것이다. 그러나 최근의 로스쿨제도, PSAT 그리고 영어능력 자격증화 등과 같은 몇몇 제도적 변화들은 보다 바람직한 변화를 보여주고 있다.

시험을 위한 공부와 교육의 질

한국은 작고, 자원이 빈약하기 때문에 풍요롭게 살 수 있는 기회가 상대적으로 적다. 그 과정에서 한국인들은 청소년기에서부터 시작하여 취업을 할 때까지 수많은 경쟁의 문을 통과해야 한다. 초·중·고등학교 학생들은 대학입시를 위해서 피나는 경쟁의 문을 통과해야 하고, 대학생들은 취업의 문을 통과하기 위해서 역시 힘들게 공부해야 한다. 이런 적은 기회와 과도한 경쟁은 교육의 질 문제로 나타난다. 초·중·고등학교나 사설학원에서 인간답고, 전인교육을 위한 수업은 상상할 수 없다. 오직 시험과목에 대한 선행학습과 반복학습만이 있을 뿐이다. 이러한 입시 위주의 교육은 학생들에게 생각하고 판단할 기회를 빼앗는다. 오래 생각하면 입시에 처지기 때문이다. 이런 문제는 다른 사람의 의견과 이견을 인정치 않는 새로운 문제로 나타나고 있다. 자신 또는 우리와 다른 의견을 가진 사람은 용서되지 않는다. 토론을 해 본 적이 없기 때문에, 토론의 필요성을 느끼지 않는다. 특히 인터넷상에서 크게 표출되는 이러한 갈등에서, 상대방을 인정하는 자세와 토론은 거의 보이지 않는다. 오직 무기를 들고 싸우는 적과 아군의 구별이 있을 뿐이다.

이런 문제는 청소년들에게 그치지 않는다. 취직을 해야 하는 대학생들에 있어서 갖가지 통과해야 할 테스트는 너무나 많다. 웬만한 대기업에 입사하기 위해서 학점 외에도 토익 950과 어학연수경력은 기본이다. 거의 원어민 수준의 영어실력을 가지고도 자신이 원하는 직장에 취업하는 것은 쉽지 않다. 공무원시험도 이러한 통과해야 할 관문 중에 하나이다. 공무원시험의 과목은 중요한 이권이다. 특히 행정고시나 사법고시와 같은 많은 사람들이 선호하는 직종의 경우에 더욱 그렇다. 대학 교수들은 이런 시험의 교재들을 팔아서 돈을 번다. 따라서 자신이 가르치는 과목이 포함되고 되지 않는 것은 교수의 삶의 질을 결정하는 중요한 사항이다. 문제는 대학이 고시학원이나 공무원시험 학원과 다름없이 변하고 있다는 것이다. 다행히 상당수의 법학교수들은 이러한 점을 일찍 인식하고 사법고시의 폐지와 로스쿨제도의 도입에 힘을 보탰다. 많은 법학교수들이 사법고시로부터 다양한 혜택을 보고 있었음에도 불구하고, 이러한 움직임은 대학의 고시촌화를 지양하고 대학교육을 정상화시키기 위한 고육지책의 하나였다.

행정고시에서도 이런 움직임이 나타나고 있다. 공직적성검사(PSAT)는 암기식, 기억력테스트 위주의 시험을 지양하고, 대학에서 다양한 전공을 두루 쌓고 정상적으로 대학생활을 한 사람들이 유리하도록 암기식 문제(지식형 문제)보다는 공직후보자의 논리력, 추리력, 정책판단력 등을 측정한다. 행정, 외무고시에서 PSAT가 도입된 이후 달라진 변화는 오랫동안 한 시험을 준비하는 고시폐인이나 벼락치기 공부가 사라지고, 젊은 사람들이 대거 충원됨으로써 공직사회의 분위기도 좋아졌다는 것이다. 이 결과는 PSAT가 암기식 위주의 테스트가 가져온 여러 문제들을 해결할 수 있는 한 대안일 수 있다는 점을 보여준다.

그러나 아직도 암기식 테스트와 여기에 대한 향수를 느끼는 집단들이 존재한다. 현재 행정고시에서도 국사과목을 넣어서 이익을 보려는 일부 사학 교수들과, 고시폐인 등의 교육과 취업문제를 풀어보려는 양심적인 집단들이 첨예하게 대립하고 있으며, 이에 따라 국사과목은 공무원시험에서 포함과 배제를 반복하고 있다. 집단이기주의라고밖에 표현할 수 없는 이러한 현상은 한국의 교육문제를 푸는 것이 얼마나 어려운지를 느끼게 한다.

한국에서 나타나는 과도한 정도의 영어공부도 이러한 테스트의 소산이다. 상당수의 영어가 포함된 시험들은 당락이 영어과목에 의해서 결정된다. 물론 국제화 시대에 영어능력은 중요하다. 그러나 영어가 당락의 관건이 되는 시험은 그 직무에 영어능력이 중요하게 필요한 직종에 제한되어야 한다. 예를 들어 9급 공무원 시험에 합격하기 위해서는 과도한 정도로 영어공부를 해야 한다. 그러나 9급 공무원들이 평생 업무를 보면서, 영어로 업무 볼 일이 얼마나 되겠는가? 문제는 한국의 영어교육의 문제로 인해서 독해와 문법에만 능숙한 영어로 합격한 공무원들은 외국인이 와도 제대로 된 대화가 안된다. 초등학교에서 대학교까지 영어공부를 위해 치열하게 매달리지만, 정작 일자리를 잡았을 때 그 정도의 영어능력이 필요한 사람들은 몇 사람이나 될까? 이 모든 문제는 한국의 시험제도와 시험 중심의 교육이 낳은 문제들이다.

다행히 최근에는 각종 시험에서 영어점수를 그대로 인정하지 않고, 일정 수준을 갖추면 시험에 응시할 수 있도록 자격기준화하는 움직임이 있다. 이러한 새로운 변화는 과도하게 영어공부를 하게 하는 문제점을 개선할 수 있다.

이렇게 한국사회에서 대학입시나 취업제도가 다양한 방식으로 필요한 인재를 선발하지 못하는 것은 정부가 지나치게 교육에 개입한 결과이기도 하다. 한국에는 사실상 사립학교가 없는 것이나 마찬가지이다. 왜냐하면 정부가 학생선발 등의 중요한 사항에 대해 사사건건 개입을 하기 때문이다. 따라서 사립학교는 아무리 자신의 판단대로 더 나은 학생들을 뽑고 싶어도, 정부가 정해준 구체적인 기준(수능점수와

내신)에 따라서 뽑을 수밖에 없다. 공교육이 외면 받고 있는 이유 중의 하나는 과거에 비해 학생과 학부모의 욕구가 훨씬 커진 상황에서 너무나 평등만을 부르짖었기 때문이기도 하다. 별다른 차이가 없는 대학은 단지 자신의 수능점수를 대외에 알리는 도구일지도 모른다.

그것은 중고등학교 또한 마찬가지이다. 수준별 분리수업의 금지나, 폭력을 행사한 학생에 대한 퇴학과 같은 징계조치의 어려움, 교사의 권위하락 등은 모두 평준화나 새로운 교육실험의 결과로 나타난 것들이다. 문제는 이러한 평준화는 더 나은 교육을 받을 수 있는 상당수 학생들을 하향평준화로 이끈다는 것이다. 특히 특목고나 자율형 사립고, 그리고 최근의 자율고 등의 도입으로 인해 이미 평준화가 사실상 깨어진 상황에서, 학부모들은 이러한 특수한 고등학교를 선호하는 것은 어쩔 수 없고 막을 수도 없다. 그동안 나타난 특목고 입시열풍과, 사교육의 번성, 조기 영어유학 등은 모두 붕괴된 공교육의 하향평준화에 끼지 않기 위해 벌어진 사건들이다.

그러나 중고등학교의 학업성적보다 보다 근본적인 문제는 과연 우리 청소년들이 배우고 있는 내용들이 과연 사회에서 필요로 하는 것인지 회의가 든다는 것이다. 가끔씩 한국 교육내용을 생각해 보면, 교과서에 들어가는 내용들이 사회적으로 얼마나 필요한 내용인지에 대해 얼마나 사회적인 합의가 이루어져 있는지 의문이다. 한국 교과서의 내용상의 문제점으로 지적될 수 있는 것은 이것이 너무나 비실용적인 내용이 많다는 것이다. 특히 이것은 국어나 국사와 같은 암기과목의 경우에 더 심각한데, 우리 학생들이 시조나 수필을 달달 외울 정도의 수준으로 공부를 하지만, 과연 그것이 사회에 진출하여 성공적으로 사회생활을 하는 데 얼마나 도움이 될까? 또한 조선시대의 왕들을 순서대로 모조리 달달 외운다고 한들 사회생활을 하는 데 큰 도움이 될 리가 만무하다. 근본적으로 이런 학습내용들을 볼 때, 과연 시험을 치기 위해 배우는 것인지, 배우기 위해 시험을 치는 것인지 헷갈리는 지경이다. 대학은 그나마 낫다. 대학생들이 전공공부를 안하는 것이 문제이지, 대학교육의 내용은 상대적으로 훨씬 낫다.

어느 미국 공립중학교의 교육내용

나는 미국의 한 도시에서 1년 동안 연구년의 기회를 가졌고, 대학에서 안식년을 갖는 대부분의 교수들처럼 1남 1녀를 미국의 중학교와 초등학교에 보내는 소중한 기회를 가졌다. 한국학교와는 달리 미국학교들은 숙제가 많아서 방과 후에도 숙제를 하는 시간이 길다. 한국인들은 대부분 영어가 미숙한 아이들의 사정상 수업을 따라가기 위해서는, 부모가 숙제를 도와주거나, 미국학생 튜터(가정교사)를 고용한다. 나의 아들은 한국 기준으로 초등학교 6학년 정도에 해당했지만, 내가 간 곳은 초등학교가 4학년까지밖에 없고, 우리 초등학교 5.5~6.5학년에 해당하는 학교는 인터미디어트 스쿨(intermediate school)이라는 초등학교는 아니지만 중학교에 보다 가까운 단계의 학교였다. 초등학교의 경우 한국 아이들이 워낙 많아서 도와줄 친구도 많고 도와줄 전문적인 ESL 교사도 이런 상황에 잘 적응하여 있지만, 중학교나 고등학교 단계에는 한국학생들이 거의 없고 간혹 교민학생들만 있으며, ESL 학급의 주류도 한국학생이 아닌 인도나 히스패닉, 이탈리아 등 매우 다양하다. 왜냐하면 한국학생들이 중학교 때 나와서 미국학교에서 생활을 하면 한국에 돌아가서 도저히 국어, 사회, 수학 등의 과목에서 학교수업을 따라갈 수가 없기 때문이다.

내가 있었던 지역의 미국학교는 초등학교부터 A, B, C, D, F의 학점을 매긴다. 미국 학생들에 비해 영어능력이 떨어지는 나의 아들은 국내에서 공부를 잘 하는 아이였지만, 첫 분기(쿼터)에 거의 C, D나 F를 받았다(만약 F를 받으면 계절학기를 수강해서 학점을 채워야 한다. 다만 온 지 얼마 안되는 외국인 학생들은 P(pass)로 처리될 수 있다). 최소한 수학에서는 A를 받으리라 생각했지만, 대부분의 문제가 응용문제로 출제되는 미국 수학문제의 특성상 문제를 해석할 수 없었기 때문이다. 나는 아들의 학점을 보고 난 후 충격을 받고, 두 번째 분기부터 아들의 엄격한 튜터가 되었다. 따라서 본의 아니게 나는 미국 중등학교의 교육내용을 자세히 알게 되었다.

대부분의 한국인들은 미국의 중등학교에서 학생들이 배우는 내용의 수준이 훨씬 떨어질 것이라고 생각하지만 실제로는 꼭 그렇지 않다. 예를 들어 과학 같은 경우는 교과서의 내용이 거의 대학 전공교재 수준이다. 아들놈이 하도 과학과목에서 학점이 낮아서 과학과목을 자세히 보았더니 그 수준이 놀라웠다. 우리의 초등학교 5.5학년에서 6.5학년 정도 되는 학생들의 교과서에는 염색체, 핵, 핵산, 형질, 미토콘드리아, 염기서열, 중간유전 등 우리의 대학졸업자가 보아도 잘 모르는 내용들로 채워져 있었다. 황당한 것은 내 아들이 영어사전으로 모든 단어를 해석해놓아도, 해석한 한국어를 보고서도 이것이 무엇인지를 모른다고 하소연을 하는 것이었다. 어른도 잘 모르는 단어를 거의 초등학생이나 다름없는 아이가 어떻게 알겠는가? 이런 내용이 숙제로 나오는 주에는 아이와 아빠 튜터는 새벽까지 공부를 해야 한다. 미국의 중학교와 고등학교에서는 이런 내용보다 더 어려운 내용을 배우는 것이 아니라, 이 내용을 다시 반복적으로 학습하여 거기에 대한 이해도를 증가시킨다.

미국학생들의 수학과 읽기 능력은 평균적으로 많이 처진다. 그 내용도 매우 기초적인 것들을 배운다. 그러나 모두 그렇다고 생각하면 오산이다. 예를 들어 미국의 수학학급은 중등학교부터 이미 수준별 수업으로 편성되어, 좀 잘하면 우수반(accelerated math)에서 수업을 하고, 더 잘 하면 최우수반(double accelerated math)에서 수업을 한다. 그러나 일반반(standard math)에서 A학점을 받는 것이나, 우수반에서 A학점을 받는 것이나, 최우수반에서 A학점을 받는 것이나 모두 똑같은 효과를 가진다. 물론 우수반 수준인데 일반반에 남겠다고 고집할 수는 없다. 어떤 반에서 학점을 받아도, 전체 학점이 뛰어나면 똑같은 우등상이 주어진다. 따라서 교육불평등과 같은 시비가 없다.

미국의 국어과목의 내용은 어떨까? 미국의 국어과목은 내용 자체가 한국과는 판이하게 다르다. 한국에서 중학생들은 조선시대의 시조나, 근대시, 수필 등을 배우지만, 미국에서 이런 것들은 대학에서 국문학을 전공하는 학생들이나 배우는 내용들이다. 그럼 미국학생들은 무엇을 배울까? 미국 중등학생들은 사회생활에서 실용적으로 쓸 수 있는 화법이나 대화의 기술 등을 배운다. 그래서 과목의 이름도 미국어가 아니고 언어(language art)이다. 예를 들어 미국 중등학교의 주별 학습주제 중에서 내 머릿속에 매우 인상 깊이 남았던 것 중에, '설득적 화법(persuasive discourse)'이란 것이 있다. 이것은 다른 사람을 설득하려 할 때 어떤 화법을 구사해야 하는지를 중점적으로 가르친다. 나는 이것을 처음 보고 매우 놀랐었다. 왜냐하면 내가 미국 가기 전에 국내의 한 금융기관에서 M&A를 담당하던 선배가 자기들이 이런 내용의 책을 가지고 직원들 사이에 세미나를 한다고 하면서, 혹시 이런 분야의 책이 있으면 번역하는 것도 좋을 것이라는 이야기를 들었기 때문이다. 이런 종류의 언어기술은 꼭 기업의 M&A와 같은 거창한 분야에서만 쓰이는 것이 아니라, 자동차를 팔 때, 보험을 팔 때, 옷을 팔 때 거의 모든 영업에서 쓰이는 것들이다. 미국에서는 이미 중등학교에서부터 배우는 생활의 기술들을 왜 우리는 대학을 졸업하고 당장 직업에 필요할 때서야 독학해야 하는 것일까? 우리가 학교에서 배우는 조선시대의 시조나 수필들은 과연 사회생활을 위한 준비를 위해서 얼마나 유용할까?

미국의 학교는 교과과목에서 이벤트를 자주 벌인다. 사회과목에서 한 인상적인 이벤트는 학생들 모두가 하나의 작은 사회를 구성하는 것으로 가정하고, 이들은 모두 처음에 (일반적인 화폐와는 다른) 소정의 이벤트머니를 갖고 시작하여 자신이 구상한 아이템으로 장사를 시작한다. 초기 이벤트머니를 만들기 위해서는 부모들에게 안마를 해주거나, 집안일을 도와주거나 다양한 방법이 동원된다. 물론 이 때에도 부모들은 규정된 금액 이하의 증여만 가능하다. 이 이벤트에 참여하는 학생들은 다양한 아이템으로 학생들 상호 간에 장사를 한다. 예를 들어 한국의 거리에서 볼 수 있는 뽑기와 같은 아이템은 이벤트머니를 벌 수 있는 한 방법이다. 학생들에게 즐거움을 주는 다양한 방식은 모두 이벤트머니를 벌 수 있는 방법이 된다. 많은 학생들은 도중에 파산을 하고, 파산을 한 학생들은 다른 학생들에게 보수를 받고 고용된다. 이 이벤트의 마지막 날은 부모들이 학교 강당을 방문하고, 이들이 전에 기부한 약간의 금액을 이벤트머니로 환산한 일정 금액을 받아서 쓸 수가 있다. 나는 어떤 학생이 씨앗을 심어 싹을 틔운 단풍나무 포트를 샀다. 이 이벤트에서 1등을 한 학생은 졸업식에서 학부모들의 우레와 같은 박수를 받으며, 상을 받는다. 이처럼 미국학생들은 이런 이벤트를 통해서, 책 속에서 배우는 창업, 투자, 고용, 파산 등을 몸으로 익힌다. (주입식 교육에 익숙한 내 아들은 신속히 파산하여 친구의 비즈니스에 종업원으로 고용되었다)

어쨌든 현재 낮은 성취도를 보여주는 미국의 교육이 한국보다 확실히 낫다고 할 수 있을지는 모르겠지만, 향후 한국의 교육개혁에 많은 시사점을 던져주는 것은 분명하다.

요약하면, 한국사회에서 초·중·고등학교 교육의 내용과 질이 문제가 되는 것은 학력주의로 인한 대학의 서열화가 중요한 원인으로 작용하고 있고, 중학교나 고등학교 단계에서 학생들의 학업성취도는 세계 최고 수준이지만, 대학에 가면 전공공부를 소홀히 한다. 이것은 대학이라는 학력이 취업이나 사회에서 더 중요하게 인정을 받는 학력주의 탓도 있지만, 전공공부를 열심히 한다고 하여도 취업에 크게 유리하게 작용하지 않기 때문이다. 따라서 대학교육도 이전의 중등교육과 마찬가지로 파행적으로 운영되고 있는 것이 현실이다. 그러나 한편으로 이러한 흐름을 바꾸어

보려는 실험이 몇 가지 취직을 위한 시험에서 나타나고 있다. 현재의 상황이 너무 나쁘기 때문에, 다양한 시험의 개혁조치를 통해서 미래의 교육환경은 더 나아질 희망이 보인다.

제 4 절 교육문제에 대한 대응

다른 문제와는 달리 교육문제를 설명하는 이론들은 대체로 같은 교육문제들에 초점을 맞추기보다는 각각 상이한 다른 문제들에 초점을 맞추는 경향이 있다. 기능주의이론들은 교육제도가 학부모들과 학생들을 만족시키지 못하는 제도적 무능력 때문에 사교육의 팽창이나 공교육의 붕괴가 나타난다고 주장한다. 따라서 여기에 대한 대책은 학부모들이나 학생들과 같은 교육구성원들의 욕구를 만족시킬 수 있도록 교육제도를 바꾸는 것이다. 예를 들어 능력별 학급을 통해서 공교육에 긴장감과 효율성을 도입하는 것은 교육제도의 효율성과 역할을 향상시킨다는 점에서 중요한 대책이 될 수 있다.

반면 갈등이론에 따르면, 교육제도가 지배집단의 계급위치를 공고히 하는 수단으로 작용함으로써 교육문제는 발생한다. 자본주의 사회에서 교육제도는 교육을 통해 계층적으로 상승이동할 수 있는 중요한 수단으로 여겨지지만, 실제로는 사회경제적 배경이 좋은 가정의 자녀가 부모의 높은 교육투자를 통해서 높은 학업성취를 얻게 되고, 이것은 계층지위를 세대 간에 세습하는 한 수단이 된다. 따라서 하층계급들을 정치 세력화하여 교육의 내용에 대한 문제제기를 하고 교육내용을 계급편향적이 아닌 계급중립적인 내용으로 개선하거나, 지배이데올로기를 사회화하도록 강요하는 학교를 아예 폐지하거나, 부모의 사회경제적 배경이 작용하지 않도록 학교를 평준화하거나, 아니면 아예 학비를 무료화하고 세금을 걷어서 운용하는 것이 중요한 정책이 될 수 있다. 또는 열악한 환경에 있는 소수집단들에 대해 적극적인 우대정책을 취하는 것이다. 최근 서울대의 지역할당제는 이러한 조치의 한 예이다.

표 11-5 ■ 교육문제에 대한 시각과 그 대책들

이론	원인	대책
구조기능주의이론	급격한 사회변동으로 인해 교육제도가 맡은 원래의 역할을 제대로 하지 못함, 교육제도가 변화하는 사회구성원들의 욕구를 통제하거나 만족시키지 못함	교육제도를 점진적으로 변화시켜 교육제도가 만들어내는 역기능을 제거하고 사회변화에 적응, 성원들의 다양한 욕구를 만족시킬 수 있도록 지나친 정부개입을 자제
갈등이론	교육제도가 지배집단의 계급위치를 공고히 하는 수단으로서 작동, 지배집단의 이데올로기(교육을 통한 상승이동)를 교육제도가 주입	피지배집단을 정치세력화하여 교육의 내용에 대한 수정, 학교의 폐지, 농촌지역에 대한 적극적 우대정책
상호작용이론	학습지진아나 능력이 떨어지는 학생으로 교사가 부여하는 낙인, 학생들의 차별적 분할교육	학교에서의 평가방법의 변경 또는 폐지, 능력별 학급제도의 폐지

상호작용이론은 학습지진아에 대해 부여되는 교사의 낙인이 그들에 대해 학업성취도의 하락을 가져온다는 점을 지적한다. 어린 청소년들의 가능성은 무궁하지만, 우월한 지위를 가진 교사가 그들이 열등하다고 꼬리표를 붙일 때 청소년들은 그들의 능력을 개발하기보다는 그들의 능력을 발휘하지 않기를 선택할 것이다. 따라서 학교에서의 평가방법을 비차별적으로 개선하거나 아예 이러한 꼬리표를 부여하지 않는 것, 또는 능력별 학급제도나 능력별 학교제도(ex, 특목고)를 폐지함으로써 특정 학생들에게 낙인을 부여하지 않는 것이 대책으로 제시될 수 있다.

제 5 절 결론

한국에서 교육은 빈곤을 탈출하는 중요한 수단으로 여겨지고, 실제로 상당 부분 그렇게 작동해 왔다. 이에 따라 많은 부모들은 자신이 느꼈던 학력에 따른 차별을 자녀들에게 물려주지 않기 위해서 세계의 유래 없이 교육에 대한 과감한 투자를 감행해 왔다. 그러나 이러한 끝없는 경주의 결과는 교육에 대한 지나친 기대와 교육에 대한 투자경쟁으로 발전해 왔다. 학력주의 사회에서 명문대학에 자녀를 입학시키고, 사회적으로 성공적인 적응을 기대하는 부모들은 수단과 방법을 가리지 않고 교육투자를 감행하고 있다. 심지어 부모가 이혼에 이르기도 하는 자녀의 조기영어유학을 위한 기러기가족, 최근 불거진 미국대학수능시험(SAT)을 둘러싼 강남의 학원과 학부모의 일탈, 조국 전장관 가족의 표창장 위조 등은 자녀의 더 나은 학벌을 위해서 물불을 가리지 않는 국내의 교육현실을 보여주고 있다.

물론 자본주의 사회에서 자녀의 교육에 대한 부모의 영향력이 없는 사회는 거의 없지만, 한국사회는 지나치게 공교육에 대한 투자가 적음으로써 교육기회의 사실상의 불평등을 정부가 조장한다. 이러한 불평등은 보다 적절한 능력을 가진 사람들이 보다 나은 자리에서 일을 하게 함으로써 기대할 수 있는 사회적 효율성을 위협한다. 그러나 이러한 우려에서 생긴 고교평준화는 교육의 하향평준화를 가져왔고, 높아진 학부모의 욕구를 충족시키지 못하였다. 결국 이러한 문제는 특목고나 자사고의 양산을 가져옴으로써 다시 교육기회의 불평등 시비가 일어나고 있다.

그러나 이러한 시비의 근본적인 문제는 학력주의 사회하에서, 국가가 대학의 거의 모든 것을 결정하는 지나친 국가개입이며, 단 하나의 기준으로 모든 대학을 줄 세우는 대학서열화이다. 그 과정에서 국내의 초·중·고등학교 과정은 대학입시를 위한 도구가 되었고, 이 과정들에서 사용되는 교과서의 내용은 단지 시험을 위한 것들로서 사회적응에 도움이 되는 실용적인 것들과는 지나치게 멀리 동떨어져 있다. 또한 대학생들은 전공공부는 등한시하고 취업공부에만 매달린다. 그나마 희망적인 것은 대학교육을 정상화하고, 과도한 취업준비기간을 줄이기 위한 약간의 개선이 진행되고 있다는 점이다. 그래서 한국 교육의 미래는 과거에 비해서는 좀 더 밝다.

요약
SUMMARY

- 교육의 본질은 성원들의 사회화와 전문직업지식의 전수, 다양한 일자리를 위한 성원의 선별, 부모의 사회적 지위의 전달로 요약될 수 있다.
- 교육문제란 "교육제도가 사회의 영향력 있는 사람들이 의도한대로 원활히 작동하지 않아서 불만을 갖게 하고 따라서 개선되어야 한다고 생각하게 만드는 현상"을 말한다.
- 구조기능주의이론에서 교육문제는 사회변화로 인하여 교육성원들의 욕구를 교육제도가 충족시켜 주지 못하는 데서 발생한다.

- 갈등이론에 따르면, 교육문제는 지배계급이 피지배계급에게 자신들의 이데올로기를 내면화하는 데서 발생한다.
- 상호작용이론은 일부 학생들의 낮은 학업성취도에 주목하고 이러한 문제가 주로 우월한 지위에 있는 교사들이 이들 학생들을 학습지진아로서 낙인을 찍기 때문이라고 설명한다.
- 많은 국가들에서 학력주의 경향은 대체로 존재하지만, 한국사회에서 학력주의 경향은 정부주도의 대학정책과 맞물리면서 대학의 서열화와 입시제도 및 수업내용의 획일화문제로 나타난다.
- 한국정부의 낮은 교육투자는 사교육의 팽창과 공교육의 붕괴로 나타났으며, 이것은 학부모들의 과도한 사교육비 부담으로 이어져, 사실상 교육기회의 불평등을 만들고 있다.
- 한국에서 교육기회의 불평등은 지역 간 경제력의 격차에 의해 크게 영향을 받고 있으며, 결국 이것은 교육결과의 지역 간 격차로 나타나고 있다.
- 공교육에 만족하지 못하는 중상류층의 부모들은 자녀들을 조기유학시키는 경향이 늘고 있고, 여기서 나타나는 기러기가족은 또 하나의 교육문제가 되고 있다.
- 입시위주의 교육과정은 결국 교육의 내용을 형식적으로 만들었고, 이것은 교육을 점점 현실과 유리된 시험을 위한 교육으로 만들어 교육의 질을 저하시켰다.
- 기능주의이론에서 제시되는 교육문제에 대한 대책은 교육에 대한 지나친 정부의 개입을 자제하여, 자율적인 개별 학교들이 학부모들의 욕구를 충족시키도록 하는 것이다.
- 그러나 갈등이론이나 상호작용이론은 교육내용을 계급중립적으로 바꾸거나, 학교나 학교에서의 평가를 폐지하거나 개선하는 것, 또는 능력별 학급제의 금지 등으로 나타난다.

❐ 토론 및 추가학습을 위한 주제들

1. 다른 외국과 비교하여 한국의 학력주의의 특성은 무엇인가?
2. 대학서열화는 왜 나타나는가? 해결방법은 없는가?
3. 향후 한국의 공교육은 어떤 방향으로 변화해야 하는가?
4. 한국의 학생이나 학부모들이 사교육에 크게 의존하는 것은 무엇 때문인가?
5. 사교육에 대한 다양한 규제와 제한(학원 심야수업 금지, 과외금지 등)은 필요한 것인가?
6. 교육기회의 불평등을 없애는 것은 가능한가?

7. 특수고등학교를 지양하는 교육의 평준화와 학교의 자율화를 통한 수준별 수업 중 어느 것이 한국의 미래를 위해 바람직한 것인가?
8. 교육비의 정부 분담부분을 확대하는 것은 교육기회의 불평등을 개선할 수 있는 대안인가?
9. 한국의 교육문제를 해결하기 위해서 가장 시급한 것은 무엇인가?

❐ 조별 활동을 위한 주제들

1. 공교육 붕괴와 사교육의 팽창
2. 한국 학부모의 교육열과 교육제도
3. 한국 교육과정 내에 숨겨진 지배계급의 가치
4. 전교조 운동에서 살펴본 교육개혁과 그 의의
5. 교사의 학습지진아로서의 낙인이 학생의 낮은 학업성취를 가져오는 조건들
6. 학력주의와 대학서열화

❐ 참고할 만한 문헌 및 웹사이트

- Ivan Illich(심성보 역). 2004.「학교 없는 사회」. 미토.
- 한국교육과정평가원(http://www.kice.re.kr): 초·중·고등학교 과정의 교육방법 및 교재를 연구, 개발하여 학업성취도를 증진하려는 목적으로 설립된 국책연구기관. OECD에서 주관하는 국제성취도평가(PISA) 한국담당기관이다. 교육과정과 학업성취에 관한 많은 자료들을 볼 수 있다.
- 교육부(http://www.moe.go.kr): 교육정책을 담당하고 있는 주무부서. 교육 및 교육정책과 관련한 많은 자료를 볼 수 있다.
- 대학교육협의회(http://www.kcue.or.kr): 1982년 설립되어 대학교육 정책을 실질적으로 개발하고 있는 법정 단체. 대학교육에 대한 많은 자료들을 볼 수 있다.
- 한국교육개발원(http://www.kedi.re.kr): 교육의 목적, 내용, 방법 등의 다양한 교육과정과 교육정책을 연구하는 연구기관. 많은 교육자료들을 볼 수 있다. 또한 기본적인 교육통계들을 서비스하고 있다.
- [영화] 맹부삼천지교/2004/김지영: 아들을 서울대 보내기 위해 세 번 이사를 하는 아버지 이야기.

CHAPTER

12

건강문제

건강문제는 그 자체로 개인의 삶의 질을 결정하는 중요한 문제이며, 한 나라의 삶의 질을 평가하는 척도로 이용되기도 한다. 예를 들어 기대수명이 높은 나라들은 대부분 선진국들이고, 기대수명이 짧거나 영아사망률이 높은 나라들은 대표적인 후진국으로 평가된다. 이처럼 사회구성원들의 건강수준은 한 사회의 발전과 구성원의 삶의 질을 결정하는 중요한 기준이다. 얼핏 생각하면 건강이라는 것은 유전적으로 타고나는 것같이 느껴진다. 그러나 세계의 여러 국가에서 발견되는 기대수명의 극심한 차이는 건강이 타고나는 것이라기보다는 사회적으로 결정되는 현상이라는 것을 말해준다.

어떤 사회의 전반적인 건강의 수준은 그 사회가 만들어 놓은 의료체계에 의해 크게 영향을 받는다. 한 사회의 의료체계는 개별 사회의 사정에 따라서 다양하게 발전해 왔다. 또한 어떤 것이 더 나은 의료체계인지에 대해서는 건강문제를 보는 시각에 따라서 판이하게 달라진다. 미국 전대통령 오바마는 기회가 있을 때마다 한국의 전국민의료보험제도를 부러워하고 이것을 따라가야 한다고 강조해 왔다. 그는 자신이 맡은 가장 중요한 과업을 미국의 의료체계 개혁으로 여겼다고 해도 과언이 아니다. 실제로 미국에서 많은 흑인들은 의료보험의 혜택으로부터 제외되어 있고, 개인이 받을 수 있는 의료혜택의 수준은 그 사람이 가진 부의 수준에 따라서 상이하다. 여기에 비해 한국인들 모두는 의료보험의 혜택을 받고 있다. 의료불평등의 견지에서 한국의 의료체계를 바라보면 그야말로 한국이 매우 선진적인 의료체계를 갖추고 있는 것이다.

그러나 이 문제를 좀 더 깊이 들여다보면 꼭 그렇지만은 않다. 예를 들어 한국의 극빈층과 미국의 슬럼거주 흑인이, 수술로 대부분 치료가 가능하지만 치료비가 매우 많이 드는 초기 위암에 걸렸다고 가정해 보자. 이럴 때 한국의 빈곤층은 자신의 치료비를 제공해주거나 보증을 서 줄 수 있는 연고자를 찾고 도움을 요청할 수 있을 것이다. 그러나 대부분의 경우에 그는 도움을 받지 못할 것을 예상할 수 있다. 왜냐하면 대부분의 극빈층은 거액의 치료비를 도와줄 수 있을 정도의 사회적 네트워크를 갖고 있지 않을 것이기 때문이다. 미국의 흑인의 경우는 문제가 달라진다. 그 미국인의 사회적 네트워크는 한국의 노숙자와 큰 차이가 없겠지만, 그는 제대로 된 치료를 병원에서 받을 수 있다. 한국의 병원은 치료비를 지불할 능력이 없다는 이유로 치료를 거부할 것이지만, 미국의 병원은 충분한 의료적 조치를 취하고 난 후 치료비에 대해 생각할 것이다. 이것이 가능한 이유는 미국에서 극빈자가 치료비가 없을 때 이것을 부조해줄 수 있는 사회적 복지가 잘 되어 있기 때문이다. 만약 그 극빈자가 자신이 지불능력이 없는 문제 있는 사람이라는 것을 선언하고 도움을 진지하게 요청하고 병원이 여기에 납득하기만 한다면, 병원에서는 그의 치료비를 대신 부담해줄 기부자를 찾아서 연결해 줄 것이다. 이런 점에서 의료불평등이 한국보다 미국이 더 심하다고 자신 있게 주장하기 어려운 것이 현실이다.

이처럼 지불능력이 없는 환자를 치료할 것인지 말 것인지는 각 나라의 의료체계에 따라서 달라진다. 어떤 의료제도를 가질 것인지는 각 사회 내의 여러 집단들 간의 합의, 강제, 조정의 결과에 달려 있다. 그 결과로 나타나는 의료제도는 그 사회의 구성원들의 건강수준을 결정한다. 이처럼 얼핏 개인의 문제로 보이는 건강문제는 실제로는 전형적인 사회문제인 것이다.

제 1 절 건강문제의 정의

건강한 상태는 개인이 신체적, 정신적으로 사회생활을 하는 데 별다른 불편함을 느끼지 못하는 상태를 말하는 반면, 건강하지 않은 상태는 개인이 사회생활과 적응에 있어서 신체적, 정신적 불편함을 느끼는 상태를 의미할 것이다. 건강문제는 개인이 건강하게 살지 못하거나, 사회구성원이 건강하게 살도록 의료체계가 적절히 작동하지 못하는 것을 의미할 것이다. 일반적으로 개인이 질병을 얻는 것은 개인문제일 수도 있지만, 조금만 사회학적 상상력을 발휘하면, 개인이 얻게 되는 질병이 꼭 개인의 문제가 아니라는 점을 알 수 있다. 예를 들어 암에 걸린 환자는 평소에 암을 유발하는 성분이 들어간 음식을 즐겼을 수 있으며, 또는 방사능에 자주 노출되었거나, 아니면 집 주위를 지나가는 고압선과 이것의 자기장에 노출되었을 수도 있다. 이처럼 암을 발생시키는 것으로 추정되는 환경문제뿐만 아니라, 작업장에서의 잦은 음주나 회식, 또는 실업과 같은 문제로 인해 스트레스를 많이 받았을 수도 있다. 더 나아가서 의료체계가 제대로 갖추어지지 못해서, 암을 유발하는 생활습관에 대해 적절한 주의를 주지 않았을 수도 있다. 또는 이혼이나 가정폭력으로 인한 스트레스도 이러한 문제를 만들 수 있다. 이처럼 얼핏 개인의 문제로 보이는 건강문제는 현대사회가 직면하고 있는 중요한 사회문제의 한 범주이다.

이것이 사회문제인 또 다른 이유는 사회구성원의 누구나 이 건강문제를 개선해야 한다고 생각한다는 점이며, 이를 위해 많은 사람들은 흔쾌히 자신의 월급에서 다른 사회구성원들의 치료를 위한 비용을 지불하기도 하지만, 어떤 사람들은 다른 사람들의 치료비를 대기 위해서 자신이 너무나 많은 부담을 한다고 불평을 한다. 또한 의료체계가 상당히 잘 갖추어져 있는 사회에서도, 치료비가 없어서 죽음에 이르는 사람들도 다수 존재한다. 이와 같이 건강문제와 관련된 요인들은 사실은 매우 사회적인 요인들이고, 사회적 합의나 강제에 의해서 결정되는 것들이다.

그럼 건강문제란 무엇일까? 건강문제란 “어떤 건강상황이 사회의 존립에 위협을 주며, 따라서 개선이 필요하다고 사회 내의 영향력 있는 집단이 생각하는 상황”이다. 이러한 정의에서 건강문제는 신체적, 정신적 장애, 다양한 질병, 의료불평등과 같은 의료서비스 등의 다양한 문제들이 포함된다. 예를 들어 사회성원들의 건강은 사회의 발전을 위해서 적절한 노동력을 공급하는 문제에 영향을 미친다. 전염병은 일반적으로 개인의 통제범위를 벗어나는 개인의 질병이다. 빈곤한 사람이라고 하더라도, 한 사회의 성원으로서 건강하게 살 권리는 있다고 생각되는 현대사회에서, 치료비가 없어서 죽은 경우는 큰 사회문제의 하나일 수 있다. 또한 특정 집단이 의료서비스를 독점하고 여기에서 과도한 이익을 남기는 것 또한 건강문제일 수 있다.

제 2 절 건강문제의 이론

앞서 언급한 다양한 건강문제들은 이론적 배경에 따라서 그 원인이 다르게 설명된다. 기능주의 이론은 질병과 같은 건강문제가 사회의 원활한 작동에 방해가 되는 나쁜 것으로 파악한다. 그러나 갈등이론은 질병이 사회 전체에 고르게 분포하는 것이 아니라 사회적 권력관계에 의해서 영향을 받는다고 주장한다. 반면 상호작용이론은 건강한 상태와 건강하지 않은 상태는 한 사회의 상징의 십자군들의 판단에 의존한다고 주장한다.

1. 구조기능주의이론: 문화적/행태론적 시각

건강과 계급과의 관계에 대한 연구들은 공통적으로 계급과 건강 사이에 매우 높은 상관관계를 보고한다. 일반적으로 사회경제적인 지위가 높은 사람일수록 낮은 사람들에 비해 더 건강하며, 더 크고, 더 강하고, 더 오래 산다. 건강선택론(health selection)은 그 이유에 대해, 건강이 능동적으로 사회적 지위에 영향을 미친다고 한다. 건강선택론에 따르면, 건강한 사람이 성공할 확률이 높고 상승이동의 기회도 많은 반면, 건강하지 않은 사람은 사회계층상 낮은 위치로 전락하게 된다. 예를 들어 출생 초에 건강문제가 있었던 아이는 나이가 들면 또래들과 동등한 수준의 교육적, 직업적 지위를 얻지 못한다. 따라서 결과적으로 건강이 좋지 못하다는 것은 승진과 전문직 직업을 얻지 못하는 결과를 가져온다. 문화적/행태론적 시각(cultural and behavioral explainations)에 따르면, 개인의 생활양식은 어떤 사람이 건강한지 또는 그렇지 않은지를 결정하는 중요한 결정요인이다. 종종 하층계급의 구성원들은 과도한 흡연, 음주와 같은 건강에 해로운 생활양식을 갖는다(Giddens, 2001: 166). 이러한 생활양식과 소비패턴은 개인의 선택에 의해 나타나는 것인데, 이것이 건강의 악화를 가져오므로 결국 개인의 건강상태는 본인의 선택에 기인한다고 할 수 있다.

질병은 전체 사회의 생존을 위해 역기능적이다. 병에 걸린 개인은 자신의 병에 대해 책임을 느끼게 되고, 따라서 자신의 병을 고치는 데 필요한 사회적 지원을 이끌어내기 위해 적절한 대응책을 찾게 된다. 파슨즈의 '환자 역할'은 이러한 대응방식의 한 예이며, 병자와 사회와의 적절한 타협의 결과로 나타난다. 파슨즈에 따르면, 사람들은 사회화 과정을 통해서 병자로서의 적절한 역할에 대해 알게 되고, 자신이 병이 들었을 때 이것을 실천한다. 이러한 환자역할은 다음의 세 가지 핵심적인 요건으로 구성된다. 첫째, 병자에게는 병에 걸린 책임이 없는 것으로 간주된다. 질병은 개인의 통제권 밖에 있는 물리적 원인에 의해 발생하는 것으로 여겨진다. 둘째, 따라서 아픈 사람은 일상의 작업이나 책임으로부터 면제되는 등의 권한과 특권을 누린다. 예를 들어 병자는 일을 하지 않아도 되며, 심지어는 종종 예절바르게 행동하지 않아도 크게 문제되지 않는다. 셋째, 아픈 사람은 의사를 찾아서 '환자'가 되는 데 동의하고 자신의 질병주장을 정당화해 줄 의사의 허가가 필요하며, 이를 위해 의사의 명령에 따라야 하는 의무를 갖는다(Giddens, 2001: 178-179).

의사는 생명을 다루는 직업이므로, 사회에서 능력 있는 사람들로 충원되어야 한다. 이를 위해서는 의사라는 위치에 어울리는 보상이 주어져야 하며, 이렇게 함으로써 인간의 생명을 책임질 수 있는 능력 있는 사람들이 의사가 된다. 따라서 환자의 치료에서 이들의 권위는 거의 절대적이며, 환자들은 의사의 지시에 절대적으로 복종한다. 의사는 의학에 대한 전문지식을 가지고 사회 구성원들의 노동력 공급에 차질을 빚지 않도록 하는 중요한 역할을 하기 때문에, 이들에게 많은 보상이 필요하고, 이를 위해서는 의사가 될 수 있는 사람을 소수로 제한하는 것이 필요하다. 의사들은 단지 치료만을 하는 사람들이 아니다. 이들은 환자가 진정으로 질병을 갖고 있는지, 아니면 꾀병으로 자신에게 부여된 임무를 소홀히 하려는 것인지를 판단해야 한다. 이처럼 의사는 사회체계가 원활히 작동하도록 통제하는 중요한 역할을 한다.

만약 의사가 이러한 역할을 충실히 수행하지 않는다면, 환자역할이 남용되게 되어 사회 전체적으로 생산성의 저하나 기능수행의 저하 현상이 빚어져 사회체계의 유지에 큰 장애가 생길 수 있다. 만약 의사에게 이들을 통제할 수 있는 적절한 권한이 부여되지 않는다면, 세상은 일을 하지 않아도 되는 환자가 넘쳐날 것이다. 따라서 의사에게 부여되는 절대적인 권위와 금전적 보상은 사회체계의 원활한 기능 유지를 위해서 전체적으로 도움이 되는 것이다. 따라서 의료행위를 할 수 있는 사람에 대한 엄격한 자격기준과 제한은 사회체계의 유지를 위해 필수적인 것이며, 무자격자에 대한 처벌은 엄격해야 한다. 이처럼 구조기능주의에서 환자와 의사는 각각에게 부여된 고유한 역할이 있고, 이러한 역할을 각자가 충실히 하는 것은 전체 사회를 위해서 기능적인 것이다. 기능주의에서 건강문제는 질병이라는 일탈을 의사가 얼마나 잘 통제할 수 있는지에 달려 있는 것이다(조병희, 1991).

2. 갈등이론: 유물론적/환경론적 시각

유물론적/환경론적 시각(materialist or environmental explanation)은 개인의 건강문제가 보다 큰 사회구조적 힘에 의해 나타난다고 한다. 이 시각에 따르면, 사회는 희소자원을 차지하려는 둘 이상의 집단으로 나누어져 있고, 지배적인 집단이 사회의 부와 권력과 같은 대부분의 희소자원을 차지하게 된다. 이런 희소자원의 불평등한 분포는 사회구성원들의 행동상의 제약으로 작용하며, 이런 제약은 사회성원들의 건강관리에 반영된다. 예를 들어 상층계급의 구성원들은 비교적 적은 시간만을 일하고 상대적으로 많은 여가시간을 가지며, 건강관리를 위해 많은 돈을 쓸 여유가 있는 반면에, 하층계급의 구성원들은 상대적으로 많은 시간을 힘들게 일하며, 따라서 노동력의 재생산을 위해 더 많은 투자가 필요하지만 이들에게 그러한 투자의 여력은 크지 않다. 따라서 사회에서 부의 불평등한 분포는 건강상의 불평등으로 나타나게 된다.

윌킨슨(Wilkinson, 2005)에 따르면, 한 사회의 불평등의 정도는 그 사회의 건강의 수준과 거의 정확히 반비례한다고 한다. 특히 사적인 의료보험체계가 발전되어 있는 미국의 경우는 각 주별 불평등의 정도는 거의 정확히 그 주의 건강수준과 반비례한다. 예를 들어 미국과 캐나다의 각 주의 인구 10만 명당 사망자수는 그 주의 불평등의 정도에 따라서 달라지는데, 가장 불평등한 미시시피주나 루이지애나주가 가장 사망자수가 많고, 불평등의 정도가 다소 약한 캘리포니아주나 텍사스주, 플로리다주는 상대적으로 사망자수가 적고, 그리고 미국에 비해 상대적으로 평등한 캐나다의 많은 주들은 미국의 주들에 비해 인구 10만 명당 사망자수가 훨씬 낮게 나타난다. 또한 과거 사회주의적 평등정책을 추구했던 동유럽의 많은 국가들은 서유럽국가들에 비해서 국민들의 건강수준이 훨씬 더 우월했다.

예를 들어 미국사회에서 현대사회의 중요한 건강문제 중의 하나로 등장하고 있는 비만문제는 대표적인 하층계급의 문제이다. 이들이 애용하는 값싸고 쉽게 사먹을 수 있는 햄버거, 피자, 핫도그, 프라이드치킨 등과 같은 소위 정크푸드(junk foods)는 높은 열량으로 인하여 비만을 불러온다. 이런 음식들은 대부분 그 조리법이 간단하기 때문에, 새로운 메뉴의 개발은 새로운 재료를 써서 만들어진다기보다는 대부분 고기나 햄을 1~2개 더 추가한 것들이다. 예를 들어 더블버거, 빅맥, 더블치킨버거 등은 싼 값으로 제공되지만, 이런 햄버거의 열량은 한 사람이 한 끼의 식사로 감당할 수 없는 정도로 높다. 싼 값으로 살 수 있는 이러한 음식들은 미국 하층계급의 비만문제를 가져오는 주범들이다. 한국에서도 사정은 크게 다르지 않다. 한국인들의 비만도는 그리 걱정할 만한 수준은 아니지만, 자신의 몸을 관리할 시간적, 금전적 여유가 있는 사람들은 대체로 비만하지 않다.

이러한 과정은 한 국가 내에서만 한정되지 않는다. 자본주의 세계체제의 발전에 따라서 다국적 제약회사들은 질병을 사회적 이슈로 만들고, 이들을 통해 이윤을 올리는 수익구조를 갖는다. 제약회사들의 연구개발 예산은 항상 사회의 공중건강의 필요에 따라서 사용되는 것이 아니라, 그들의 이익을 극대화하기 위해서 사용된다. 따라서 선진국의 국민들이 높은 가격의 의료서비스에 대해 돈을 낼 수 있고 가난한 나라의 국민들은 그렇지 못하기 때문에, 이들의 연구 및 개발의 방향은 선진국에서 주로 일어나는 질병의 치료에 집중된다. 예를 들어 말라리아는 매년 300만의 열대지방 사람들을 죽이며, 이것은 에이즈로 인한 사망자보다 훨씬 많은 치명적인 질병이지만, 이것에 대한 기사는 거의 뉴스에서 보이지 않으며 공중건강에 대한 투자에 있어서 상대적으로 낮은 우선권을 갖는다(Mooney et al., 2007: 37). 제약회사들은 발기부전이나 대머리 치료를 위해서 천문학적인 자금을 투자하고 이것이 심각한 문제라고 광고하지만, 말라리아의 치료에 대해서는 돈을 쓰지 않는다(Silverstein, 2008).

미국은 비만문제로 여러 사람들이 고통을 받고 있고, 언론들은 비만이 일 년에 40만명을 죽이는 어떤 질병보다도 무서운 대유행 상태라고 지적한다. 그러나 미국의 소비자자유센터(The Center for Consumer Freedom, 2008)에 따르면, 미국의 제약회사들은 비만의 위험을 과장함으로써 비만을 치료하기 위한 약을 팔아 큰 이익을 얻는다. 이 센터의 연구에 따르면, 비만으로 죽는 인구는 매우 과장되었으며, 실제로 더 믿을만한 자료에 따르면 비만으로 죽는 사람들은 한해 47,171명이었고, 이 또한 실제로는 비만보다는 그들의 운동부족이나 연령과 관련이 있었다.

이것은 신종플루(H1N1)의 사례에서도 동일하게 적용된다. 신종플루가 잠잠해지고 유럽국가들이 신종플루의 진정을 위해 구매한 대규모의 백신이 재고상태로 남게 되자, 2009년 1월 유럽회의 의원총회(PACE)는 어떤 제약회사가 세계보건기구(WHO)에게 '대유행'의 선언과 예방캠페인을 하도록 로비를 했는지를 가려내기 위해 긴급총회를 개최하기로 하였다. 이 조직의 보건분과 위원장은 "이번 사건이 신종플루로 이익을 챙긴 제약회사들이 주도한 허위 대유행이자 금세기 최대의 의학비리 가운데 하나"라고 주장하였다. 그에 따르면, 신종플루는 일반 종류의 독감이며, 사망률이 계절독감의 10분의 1도 안되는데도 신종플루 공포증이 조장되었고, 대유행 선언 때 대박을 예상한 제약업체들에 황금의 기회를 제공하였다(조선일보, 2010. 1. 12.). 이러한 그의 주장은 건강문제의 세계화에 따라서 다국적 제약회사들이 질병을 사회적 핫이슈로 만들고 자신들의 이익을 극대화하기 위해서 건강문제를 만들어낼 수 있다는 것을 보여준다. 신종플루를 심각한 건강문제로 만든 것은 상징의 십자군이 아니라, 그렇게 함으로써 이익을 얻는 다국적 제약회사들과 여기에서 이득을 얻는 일부 학자들이었다.

3. 상호작용이론: 의료화

상징적 상호작용론자들은 질병이란 것은 사회에 존재하지 않으며, 다만 사회가 질병으로서 정의하게 해온 조건들만이 존재한다고 한다. 예를 들어 정신병은 기껏해야 '다른' 사람들에게 부여되는 어떤 낙인에 불과하다고 한다. 이렇게 어떤 행동이나 조건들을 정의하거나 낙인찍는 것은 의료화(medicalization)라고 알려진 경향의 한 부분이다. 초기에 의료화는 (알코올중독, 자위행위, 동성애 등과 같은) 부도덕한 것으로 여겨지는 어떤 특정의 행동이나 상황들이 법적인 문제에서 치료를 필요로 하는 의료적인 어떤 문제로 변형될 때 나타나는 것으로 인식되었다. 후에 이 의료화의 개념은 다음의 두 가지를 포함하는 것으로 확장되었는데, 하나는 어떤 새로운 현상이 의료적 개입을 요하는 의료문제로 정의되는 것으로, 외상후 스트레스 장애, 생리전 증후군, 주의력결핍/과잉행동장애와 같은 것이 그 대표적인 예이다. 다른 하나는 의료적 개입이 필요한 의료문제로서 정의되어 왔던 '평범한' 생물학적 사건이나 상황으로서, 출산, 갱년기장애, 사망과 같은 것이 그 대표적인 예이다(Mooney et al., 2007: 38).

우리는 왜 출산을 병원에서 하는 것일까? 과거에 의사가 아닌 산파나 집안의 경험 많은 여성들이 맡는 일이었던 출산이 왜 의사가 전문적으로 맡는 일이 되었을까? 여기에는 병원에서의 출산이 안전하다는 인식과 그 반대로 병원이 아닌 곳(조산원, 산파 등)에서의 출산이 안전하지 못하다는 공포가 자리잡고 있다. 현대의 의료계에서는 병원에서의 출산이 좀 더 진보되고, 과학적이고, 안전하다는 인식이 있고, 그들은 적극적으로 여기에 대해서 홍보를 한다. 또한 의료인들을 대변하는 WHO와 같은 기구들은 국가발전의 정도를 나타내는 척도로서, 의사의 조력을 받는 비율을 국가별로 매년 발표를 한다. 이러한 과정에서 출산은 질병이 아님에도 불구하고 급속히 의료화의 과정을 밟았다.

출산과 유사한 경로를 밟은 현상 중의 하나는 최근에 들어 새로 문제시되고 있는 주의력 결핍(ADHD) 현상의 의료화이다. 과거에 좀 활발하거나 산만한 아이들, 다시 말해서 속된 말로 '나대는' 아이들에 대해서 아무도 이들이 질병을 가진 것으로 생각하지 않았다. 실제로 대부분의 산만한 아이들은 성장과정에서 자연적으로 이러한 문제가 해결된다. 그러나 최근에 ADHD는 전문적인 의사의 진단과 투약 및 치료가 필요한 질병이 되었다. 이러한 움직임의 이면에는 어떤 현상이 의료문제라고 규정할 영향력이 있는 의사들과 자녀들의 학습부진문제를 해결하려는 부모들의 노력이 있었으며, 여기에 반대하는 사람은 거의 존재하지 않는다.

'주의력 결핍'의 의료화

최근 들어서 리탈린(ritalin)이라는 약의 처방이 급속히 증가했다. 예를 들어 영국에서 93년에 3,500건의 리탈린 처방이 있었는 데 비해서, 98년에는 무려 12,500건의 이 처방이 있었다. 리탈린은 주의력 결핍/과잉활동장애(attention deficit hyperactivity disorder, ADHD)를 가진 어린이들과 청소년들에게 처방되는 약인데, 이 장애는 학령기 아이들이 산만하다거나, 집중력이 없다든가, 학습부진을 겪는 장애를 말한다. 이 약은 어린이들을 얌전하게 만들어주고 집중력과 학습능력을 높여준다. 한때 교실에서 떠들고 문제를 일으키던 아이들이 이 약을 먹고 나면 얌전한 학생으로 변한다고 일부 교사들은 말한다(Giddens, 2001: 177).

그러나 이 약에 대해 비판적인 사람들은 이 약이 어린이들의 신체발달에 장기적으로 어떤 문제가 있는지에 대해 검증되지 않았고, 이 약이 신체적 문제가 있지 않은 증상까지도 과도하게 사용된다고 한다. 또 다른 사람들은 이 소위 ADHD라는 증상이 사실은 현대를 살아가는 어린이들에게 가해지는 증가하는 압력과 스트레스가 반영된 것에 불과하다고 한다. 리탈린의 사용을 통해 의사들은 어린이의 집중력부족을 의료행위의 대상으로 만드는 데 성공했다(Giddens, 2001: 177).

한국의 경우도 과도한 입시경쟁으로 인해 이러한 ADHD의 의료화 경향이 강하게 나타난다. 최근 국감자료에 따르면, 2014년에서 2019년 상반기까지 최근 5년 6개월 동안 ADHD 환자에게 처방되는 메틸페니데이트가 무려 320만 건이 처방된 것으로 나타났는데, 이 중 청소년에게 처방된 것이 전체의 73.6%였다. 이 약물은 수험생과 학부모들 사이에 공부 잘하게 만드는 약물로 알려져 그 남용이 급격히 증가하고 있는데, 해마다 50만 건 이상이 처방되고 있으며, 특히 2018년에는 약 64만 건이 처방되었으며, 2019년에는 상반기에만 약 37만 건이 처방된 것으로 나타나(헤럴드경제, 2019.10.15.), 단순 계산하면 2019년 한 해에 약 74만 건의 처방이 이뤄졌을 것으로 추정된다. 이런 과정을 거쳐 '산만한 학생'은 한국에서 사회문제가 되었다.

출산과 ADHD는 특정의 임신한 여성들을 사회문제로 만드는 과정에서 서로 연관되어 나타난다. 1983년에서 1993년 동안 미국의 육아잡지에 실린 모든 기사들을 분석한 가드너(Gardner, 1994)에 따르면, 현대사회에서 임신 및 출산과 관련된 어떤 조건들을 사회문제로 만드는 과정은 이 문제에 대한 도덕십자군의 다양한 수사

(rhetoric)들을 통해서 가능했다. 과거 하늘이 선사하는 것으로 알았던 아이가 하늘이 아닌 부모의 역할에 의해 만들어진다는 것을 알았을 때, 기형, 선천적 장애 등의 태아가 가지는 다양한 문제들에 대한 책임은 하늘로부터 부모들로, 특히 임신한 여성들에게 지워졌다. 육아잡지들의 다양한 기사들은 임산부가 하지 말아야 할 다양한 사항과 먹지 말아야 할 다양한 음식 등에 대한 제한으로 가득하며, 이러한 '책임 있는 부모' 역할을 거부한 임산부들은 사회문제가 되었다. 이러한 윤리가 점점 강해지면서 임신한 여성들의 사회활동과 행동은 극심한 제한을 받게 되었으며, 이들이 책임 있는 부모의 역할을 다해야 할 기간은 9개월이라는 임신의 기간을 넘어서 점점 연장되었다. 현대사회에서 여성들은 건강하고 완벽한 아이를 낳기 위해서 수많은 금기사항들을 지켜야 하며, 이 기간은 임신 2~3년 전부터 시작된다. 뚱뚱한 여성은 임신을 촉진시키고, 분만을 잘하기 위해서 살을 빼라는 압력에 시달린다. 그 외에도 아직 임신을 하지 않은 젊은 여성들은 완벽한 아이를 낳기 위해서 많은 제한사항들을 갖는다. 이런 과정에서 임신한 여성들은 태아에 대한 책임을 넘어 이제 아동에 대한 책임으로 그 책임이 연장된다. 예를 들어 아동의 주의력 결핍이나 학업부진 등은 임신기에 과도한 카페인 탄산음료의 섭취와 연결된다. 이러한 특정의 임신한 여성들을 사회문제로 만드는 과정은 임신, 출산, 육아에 대한 전문가들이 만들어낸 사회적인 구성물이었다.

이처럼 여성과 아동들은 특히 이러한 의료화의 진전에 취약한 집단들이다. 그들은 사회의 소수집단이기 때문에 의료화의 경향에 저항할 힘이 상대적으로 약하다.[1] 특히 아동은 의료화의 중요한 목표가 되고, 이 아동들을 치료하는 소아과의사는 현대사회에서 이러한 의료화를 활발히 추진하는 사람들이다. 최근에 새롭게 등장하고 있는 신소아과(new pediatrics)는 이러한 경향을 잘 보여주고 있는데, 이 의학의 한 하위파트는 예전의 단순히 전통적인 질병으로 고생하는 아동들을 치료하는 것을 넘어서, 적극적으로 아동들에게 나타나는 다양한 현상들을 의료적 지원의 대상으로 만들고 있다. 예를 들어 이미 언급한 주의력 결핍(attention-deficit disorder)이나 운동과다증(hyperkinesis), 과잉활동성(hyperactivity), 학습무능력(learning disability) 등은 신소아과가 진료하는 다양한 새로운 질병들이다(Pawluch, 1996).

1) 국내에서 여성의 의료화에 대한 사회구성주의적 논의로는 국선희, 2006을 보라.

이러한 의료화의 경향은 꼭 소아과에만 한정되는 것은 아니다. 최근 이비인후과 병원에서는 새롭게 '코골이'에 대한 다양한 치료방법을 제시하고 있다. 과거에 코골이는 살이 찌거나 나이가 들면 누구에게나 있을 수 있는 평범한 현상이었지만, 현대의 의학은 편도절제술 등의 수술을 통해 코골이의 근본적 치료방법을 제안한다. 이 과정에서 코골이와 수면무호흡증은 심지어 사망에 이를 수 있는 위험한 문제로 홍보되지만, 편도절제의 부작용에 대해서는 관심이 주어지지 않는다.

자폐증(autism)도 이러한 현상 중의 하나인데, 현대사회에서 자폐증은 매우 큰 폭으로 증가해 왔다. 한때 영국의 권위 있는 의학분야 학술지인 Lancet에 게재된 논문을 통해, 이 자폐증의 원인으로 MMR백신[2]이 원인이라는 주장이 있었지만, 사실무근인 것으로 밝혀져 논문게재가 취소되고 논문저자들은 의사자격증을 박탈당했다. 베스트에 따르면, 이러한 유해백신의 사용증가와 같은 뚜렷한 이유가 없이 자폐증이 증가한 것은 자폐증이라는 객관적인 조건보다는 이것에 대한 주관적인 판단이 크게 작용한 결과였다. 예를 들어 자폐증에 대한 정의가 확대되었다든지, 의사들이 자폐에 대해 더 많이 알게 되고 더 많이 자폐증 판정을 내리게 되었거나, 초반에 자폐증이 자녀를 부적절하게 양육하는 무관심한 엄마의 탓으로 알려져 대중의 관심을 받게 되었다든지, 또는 과거에는 자폐증 아동에 대한 인식이 미흡하여 지원서비스의 이용이 어려웠다는 점 등이 현대사회에서 자폐증의 대유행에 기인했다는 것이다(Best, 2013: 123–126).

갈등이론가들은 이런 의료대상의 확대현상을 의료직업의 지배와 이윤의 추구로부터 기인하는 것으로 해석하지만, 일련의 상호작용론자들은 반대로 이 의료화 현상이 개인적인 고통의 경험을 공유된 질병의 경험으로 해석하려는 환자들의 노력으로부터 출발한다고 주장한다. 섬유근육통(fibromyalgia)[3]에 걸린 여성들에 대한 바커(Barker, 2002)의 연구에 따르면, 섬유근육통의 진단을 통한 증후군과 고통의 의료화는 환자들에게 그들의 고통의 경험을 이해하고 타당화시켜 주는 틀을 제공한다

---

2) 홍역, 볼거리, 풍진 예방을 위한 혼합백신.

3) 아무런 생물학적 원인을 찾을 수 없는 통증장애. 서울대병원에 따르면, 섬유근육통이란 만성적으로 전신의 근골격계 통증, 뻣뻣함, 감각이상, 수면장애, 피로감을 일으키고, 신체 곳곳에 누르면 아픈 부분이 나타나는 통증 증후군이다.

(Mooney *et al.,* 2007: 38). 실제로 증후군이라고 불리는 새롭게 나타나는 많은 질병들은 질병으로 진단되지 않는 증상을 앓고 있는 사람들을 이해하고 이들의 행동을 비정상적이지 않은 것으로 이해하기 위해 의사들이 만든 하나의 틀이다.

이러한 의료화의 개념들은 건강과 질병의 개념들이 사회적으로 구성되며, 이들의 정의는 사회에 따라 달라진다는 것을 보여준다. 예를 들어 어떤 국가에서 뚱뚱한 것은 건강의 상징이지만, 다른 나라들에서는 정신적 문제나 자기통제력의 부족의 표시로 보여진다. 유사하게 어떤 문화에서 종교적 성인들의 모습을 보거나 목소리를 듣는 것은 평범한 종교적 경험이지만, 다른 문화에서는 이런 환각은 정신병의 증세로 여겨질 수도 있다(Mooney *et al.,* 2007: 38). 또 다른 예로, 중국산 식품은 한국의 주부들에게 건강을 심각하게 위협하는 공포의 대상이지만, 수많은 중국인들이 매일 먹고도 기적(?)처럼 생존해 있는 무난한 식품이다.

상호작용론자들은 낙인이 부여된 질병을 가진 사람들에 대해 씌워지는 오명(stigma)에 주목한다. 특히 이런 오명을 받기 쉬운 사람들은 정신병, 약물중독, 신체기형과 장애, 에이즈에 걸린 사람들일 것이다. 이런 오명은 이 질병이나 장애를 가진 사람들에게 편견이나 차별을 유발할 수 있고, 심지어는 폭력까지 유발할 수 있다(Mooney *et al.,* 2007: 39). 특히 현대의 흑사병이라 불리는 에이즈는 초기 이 병에 걸린 사람들 대부분이 동성애자였거나 약물남용자였다는 점에서 과거의 나병환자에 버금가는 오명이 씌워졌었다. 한 번 에이즈환자라는 오명이 씌워지면 보건당국의 감시와 관리가 시작되며, 이러한 감시와 관리는 에이즈환자로 하여금 정상적인 사회생활을 어렵게 한다. 이런 과정에서 환자의 자아존중감은 매우 낮아지고, 이런 과정이 반복되면 자포자기적으로 범죄와 같은 더 문제되는 행동으로 나타날 수 있다.

제 3 절 건강문제의 유형과 실태

한국사회에서 건강문제라고 할 수 있는 것들은 정신장애나 신체장애와 같은 장애들, 그리고 암이나 성인병과 같은 한국인의 사망과 주로 관련되는 질병들, 그리고 새롭게 다시 한국인들의 건강을 위협하고 있는 전염병, 에이즈나 희귀질병들,

그리고 이들에 대한 대책에서 나타나는 의료불평등과 같은 문제들을 들 수 있다. 이런 문제들을 살펴보기 전에 우선 한국인의 전반적인 건강수준을 살펴보기 위해 기대수명이나 영아사망률과 같은 지표들을 살펴보는 것이 유용하다.

표 12-1 ■ 한국인의 출생 시 기대수명 추이 및 예상

구분	1980	1990	2000	2010	2020	2030	2050
전체	65.7	71.3	76.0	79.6	81.5	83.1	86.0
남자	61.8	67.3	72.3	76.1	78.0	79.8	82.9
여자	70.0	75.5	79.6	82.9	84.7	86.3	88.9

출처: 보건복지가족부, 2009h.

한국인의 출생 시 기대수명(life expectancy at birth)[4]은 한국의 경제적 발전으로 인해 과거에 비해 비약적인 수준으로 증가하였다. 1980년에 한국인의 기대수명은 65.7세였으나, 계속 증가하여 1990년에는 71.3세, 2000년에는 76.0세, 그리고 2010년에는 79.6세가 될 것으로 전망되고 있다. 다시 말해서 현재 태어나는 아기는 평균적으로 약 80세까지 살 수 있을 것으로 기대된다. 이런 경향은 미래에도 멈추지 않을 것으로 보이는데, 2020년에는 81.5세, 2030년에는 83.1세, 2050년에는 86세에 이를 것으로 예상된다. 이것을 성별로 살펴보면, 대체로 여성들의 기대수명이 높은 것을 알 수 있다. 1980년에 여성의 기대수명은 70.0세였으나, 남성의 기대수명은 이보다 훨씬 낮은 61.8세로 약 8세 정도의 차이가 있었다. 그러나 30년 후인 2010년에 그 차이는 약 7세의 차이가, 그리고 2050년에는 약 6세의 차이가 있는 것으로, 그 차이는 점점 좁혀지고 있다.

이것을 OECD의 다른 회원국들이랑 비교해 보면([그림 12-1]), 1970년에 한국의 출생 시 기대수명은 60대 초반밖에 되지 않았으나 2022년에는 OECD의 평균인 80.5세를 넘어 회원국 중 9위에 해당하는 82.7세에 이르고 있다. 이것을 다시 성별로 나누어서 살펴보면, 한국여성의 기대수명(83.6세)은 OECD 평균에 비해 높으나, 남성의 경우(76.8세)는 OECD 평균보다 낮게 나타난다. 이러한 결과는 한국남성들이

4) 0세 아기가 태어나서 살 것으로 예상되는 평균 수명

여성들에 비해 과로, 스트레스, 음주, 흡연 등의 건강을 해치는 요인들에 상대적으로 많이 노출되어 있다는 것을 의미한다. 일반적으로 이러한 기대수명은 각국의 소득과 건강유지에 쓰는 비용과 매우 밀접한 관련이 있다.

그림 12-1 ■ OECD 회원국들의 출생 시 기대수명(2022)

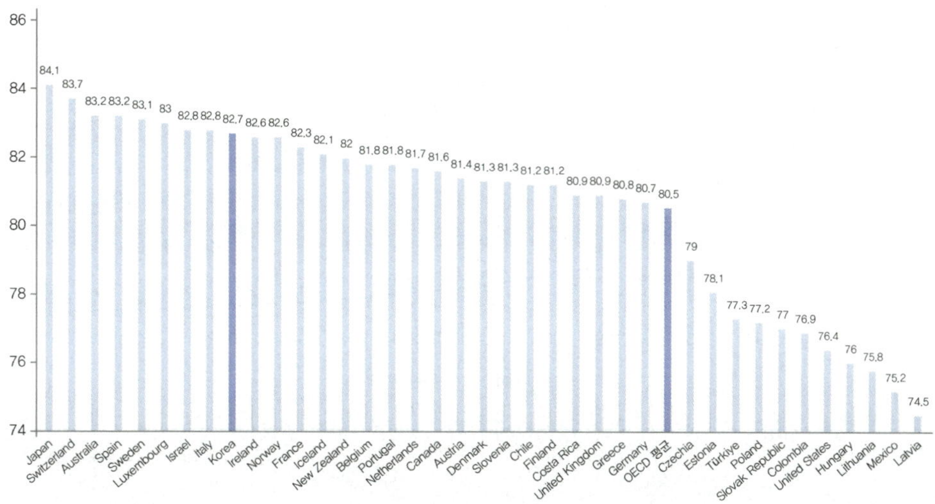

출처: OECD Data Explorer에서 2025년 5월 11일 검색.

영아사망률(infant mortality rate)은 출생아 1,000명당 만 1세 이전에 사망하는 아이의 수를 말하는데, 산모와 출산, 그리고 초기육아에 대한 보호가 얼마나 잘 되어 있는지를 나타낸다. 일반적으로 후진국에서 이 영아사망률은 매우 높게 나타난다. 한국의 영아사망률은 1990년에 14.9명으로 상당히 높은 수준이었으나, 2010년에는 4.6명으로 급속히 낮아졌고 이후 더 낮아질 것으로 예상되고 있다. 이러한 유아건강의 증진은 5세 미만 사망률[5]에서도 나타나는데, 2007년 한국의 5세 미만 사망률은 5명으로 전세계 194개국 중에서 166위로 세계에서 최저 수준이며(UNICEF, 2008), 2013년에는 다시 2.9명으로 줄어들었다(OECD, 2015c: 59). 이것은 유아건강에 대한 복지에서도 한국이 이미 세계 최고수준으로 올라왔다는 것을 보여준다.

5) 출생아 1,000명당 출생에서 정확히 만 5년이 될 때까지의 사망자수.

그림 12-2 ■ 세계와 한국의 영아사망률 예상 추이(1970~2050)

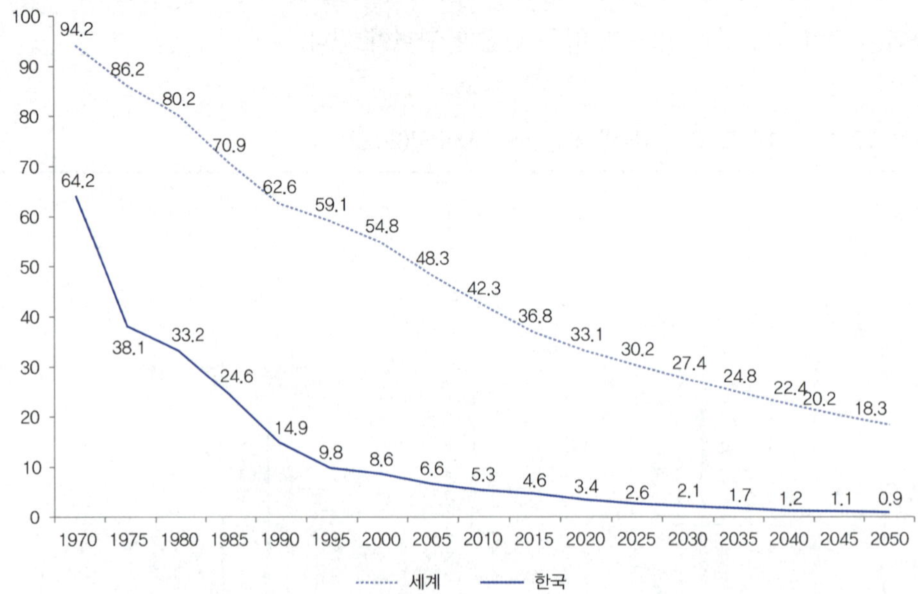

출처: United Nation, 2013b.

그러나 건강이라는 것은 의료환경 외에도 식생활문화 등에 의해서도 크게 영향을 받는데, 일본의 경우는 이 분야의 세계 1위이다. 한국의 경우도 채식을 많이 하는 비슷한 문화를 갖고 있다는 점을 감안하면, 향후 한국의 조기사망률은 더 떨어질 가능성이 매우 높다.

1. 비만과 성인병

비만(obesity)은 음주, 흡연, 약물, 영양실조 등과 함께 건강을 망치는 대표적인 요인이다. 한국에서 비만이나 과체중(overweight) 문제는 다른 외국에 비해서는 그리 심각하지 않다. 한국은 일본에 이어서 OECD 회원국 중에서 비만인구의 비율이 가장 낮은 국가 중 하나이다. 국제기준으로 2022년 현재 한국의 성인들 중에 비만인 사람의 비율은 단지 7.1%에 불과하다(OECD Database). 이것은 OECD 평균비율이 20%라는 점을 감안하면 매우 낮은 비율이다(OECD, 2015c: 75). 또한 자신이 과체중이거나 비만이라고 생각하는 비율도 각각 26.4%와 4.7%에 불과하다. 그러나 문제는 OECD의 모든 국가에서 비만인구 비율이 증가하고 있고, 한국이나 일본도 예외는 아니라는 점이다(OECD, 2019b: 96)

한국의 비만인구 비율 추이를 살펴보면, 전체적으로 저체중은 감소하고 비만인구는 점점 증가하고 있는 것으로 나타난다. 1998년에 비만인구의 비율은 1998년에 25.8%에서 2020년에 38.4%로 크게 증가하고 있다. 이 비율은 코로나19 팬데믹의 영향으로 일시적으로 비만인구가 늘어난 것이기는 하지만, 그 이후에도 2023년에 비만인구가 37%로 적지 않다. 이것을 성별로 나누어서 살펴보면, 남자의 경우 비만인구가 많이 늘어난 반면에 여성은 비만인구는 상대적으로 크게 늘지 않고 있다. 결국 한국에서 비만의 문제는 남성의 문제로 나타난다.

그림 12-3 ■ 한국의 성별 비만인구 추이

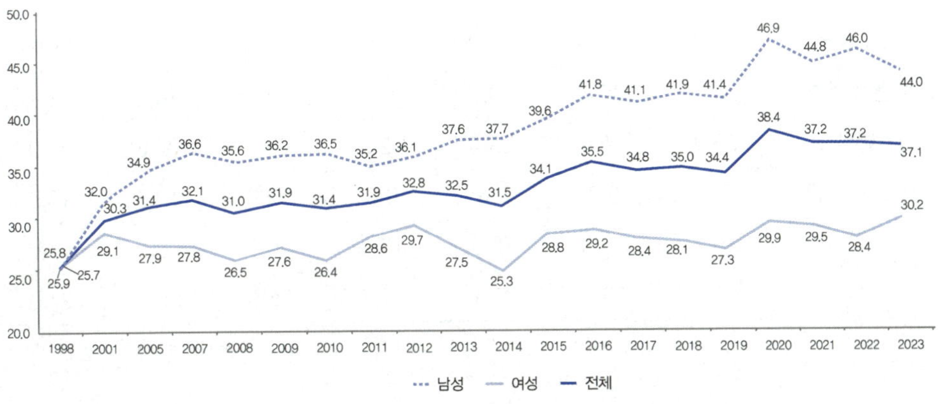

* 한국의 비만은 체질량지수가 25.0kg/m^2 이상인 경우를 말함(국제기준은 30 이상임).
출처: 보건복지부, 국민건강영양조사.

보통 비만, 음주, 흡연과 같은 건강을 해치는 요인들은 성인병의 위험을 높인다. 한국인의 사망원인의 추이를 보여주는 [표 12-2]는 1995년에서 2023년에 이르는 기간 동안 한국인의 사망원인이 매우 크게 변해왔다는 것을 보여준다. 1995년에 인구 10만 명당 사망원인은 심장/뇌혈관 질환이 140.5건으로 가장 많고, 그다음으로 암, 간질환, 교통사고, 호흡기 질환(폐렴), 당뇨병 등의 순으로 나타난다. 그러나 이후 교통사고와 간질환에 의한 사망은 크게 줄어드는 반면에, 암과 감염성 질환, 자살에 의한 사망이 크게 증가하였다. 결국 2023년에는 인구 10만 명당 암으로 인한 사망자수가 168.5명으로 가장 많은 건수를 차지하고, 그다음으로 심장/뇌혈관 질환이 130.6건으로 많았다. 그리고 최근 대유행한 코로나19 바이러스로 인해 폐렴과 감염성 질환이 각각 88.1%와 36.7%로 크게 증가한 것을 알 수 있다. 또한 노인 인구가 많아짐으로써 알츠하이머와 같은 신경계통 질환도 36.7건으로 증가하였다.

표 12-2 ■ 사망원인별 인구 10만 명당 사망자수 추이(19세 이상)

사망원인	1995	2000	2005	2010	2015	2020	2023
감염성 질환	11.9	13.3	11.6	13.5	14.3	20.1	36.7
암	113.2	125.9	137.5	147.6	153.4	161.6	168.5
당뇨병 등	19.0	25.3	25.9	22.5	22.9	19.4	24.5
신경계통 질환	5.0	6.1	8.6	12.2	21.0	26.6	36.7
심장/뇌혈관	140.5	125.1	117.7	113.2	116.7	120.0	130.6
호흡기 질환	24.7	34.4	29.7	37.4	54.5	70.2	88.1
간 질환 등	39.7	31.8	23.4	22.3	23.0	24.8	27.0
비뇨생식계통	5.0	6.7	6.4	9.8	12.8	18.0	19.9
교통사고	39.2	25.8	16.6	13.8	10.9	7.6	6.4
자살	10.9	13.9	25.1	31.4	26.5	25.5	27.0

출처: 통계청, 사망원인통계.

그러나 이러한 모습은 다른 선진국들과 비교해 볼 때, 매우 다른 양상을 보여준다([표 12-3]). 우선 암부터 살펴보면, 전체 암으로 인한 사망률은 한국이 대체로 낮은 수준이지만, 이것은 한국여성의 낮은 암발생률에 기인한다. 암의 유형별로 살펴보면, 간암이나 위암으로 인한 사망률이 높고, 반대로 직장암, 췌장암으로 인한 사망률은 낮은 편이다. 그리고 당뇨병이나, 알츠하이머/파킨슨병, 그리고 협심증/심근경색, 교통사고로 인한 사망도 다른 선진국에 비해서 매우 낮은 수준이지만, 자살로 인한 사망률은 OECD 34개국 중에서 가장 높은 수준이다. 2017년에 교통사고로 인한 사망률이 OECD 38개국 중에서 9위로 높았지만, 2022년에는 31위 수준으로 급격히 낮아졌다. 그리고 자살률은 그리고 자살은 다른 선진국들에 비해 가장 높은 수준으로서, 이것은 이미 살펴본 바와 같이 노인의 높은 자살율에서 기인한다.

이상의 결과는 특히 한국사회에서 스트레스가 한국인의 건강을 위협하는 매우 큰 요인이라는 것을 보여주고 있으며, 그 외에도 남성의 경우 음주로 인한 위암, 간암이 상대적으로 심각하다는 것을 보여준다.

표 12-3 ▪ OECD 회원국들과 비교해 본 한국의 주요 사망 유형별 사망률(2022)

구분	암					당뇨병	알츠하이머/파킨슨	호흡기질환(폐렴 등)	협심증/심근경색	교통사고	자살
	폐암	직장암	위암	췌장암	간암						
OECD 평균	37.9	22.5	9.8	14.4	8.4	28.2	38.2	62.2	115.8	31.3	11.2
한국	36.9	17.8	14.7	13.1	19.8	17.6	30.7	80.7	29.3	21.1	24.1
OECD 순위(34개국)	21	28	8	27	1	20	21	6	34	31	1

출처: OECD Data Explorer에서 2025년 5월 11일 검색하여 계산.

2. 전염병

2009년 전 세계를 공포로 몰아넣었던 신종플루와 최근 전 세계를 강타한 코로나19 바이러스와 같은 전염병의 위협은 그 자체로서도 매우 큰 심리적 위협이 되며, 그것이 발생시키는 사회적 비용은 엄청나다. 현행 「감염병의 예방 및 관리에 관한 법률」상 대표적인 전염병은 모두 1, 2, 3, 4급으로 나누어져 있다. 1급 전염병은 생물테러감염병 또는 치명률이 높거나 집단 발생의 우려가 커서 발생 또는 유행 즉시 신고하여야 하고, 음압격리와 같은 높은 수준의 격리가 필요한 감염병[6]으로, 에볼

6) 최근 「전염병예방법」이 「감염병의 예방 및 관리에 관한 법률」로 개정되면서 법률상 전염병이란 명칭이 감염병으로 변경되었다.

라, 두창, 탄저, SARS, MERS, 조류독감, 신종플루, 디프테리아 등을 말한다. 2급 감염병은 전파가능성을 고려하여 발생 또는 유행 시 24시간 이내에 신고하여야 하고, 격리가 필요한 것으로, 결핵, 수두, 홍역, 콜레라, 장티푸스, 파라티푸스, 세균성이질, A형간염, 백일해, 풍진, 한센병, 성홍열 등을 말한다. 3급 감염병은 그 발생을 계속 감시할 필요가 있어 발생 또는 유행 시 24시간 이내에 신고하여야 하는 전염병으로, 매독, B형간염, 일본뇌염, C형간염, 말라리아, 레지오넬라증, 비브리오패혈증, 발진티푸스, 쯔쯔가무시, 브루셀라, 공수증, AIDS, 뎅기열, 라임병 등이 여기에 포함된다. 4급 감염병은 1급 감염병부터 3급 감염병까지의 감염병 외에 유행 여부를 조사하기 위하여 표본감시 활동이 필요한 감염병을 말하는 것으로, 독감, 임질, 수족구, 사람유두종바이러스 감염증 등을 말한다.

2018년 이후 한국에서 발생하고 있는 주요 전염병 발생건수의 추이를 살펴보면 ([표 12-4]), 2020년부터 팬데믹 상황이 시작된 코로나19 바이러스 감염증이 2022년에 무려 2,842만여 건으로 정점을 이루었고, 2023년에도 552만여 건 정도가 여전히 발생하고 있다. 그다음으로 카바페넴내성장내세균목(CRE) 감염증[7]이 코로나 바이러스와 함께 증가하여 2023년에 38,405건으로 두 번째로 많았다. 다음으로 2018년에 96,467건이 발생하여 최근 서서히 감소하고 있는 수두[8]가 여전히 2023년 26,964건으로 많고, 과거에 거의 사라진 것으로 인식되었던 결핵이 다시 크게 증가하여 2019년 23,821건으로 그다음을 차지하지만, 표본감시 대상으로 전환되어 현재는 보고되지 않고 있다. 그 외 유행성이하선염[9]과 C형 간염이 다소 감소했지만 여전히 각각 7,737건과 7,249건으로 많이 발생하고 있다. 다음으로 쯔쯔가무시증[10]이 5,663건, A형 간염이 1,324건, 성홍열[11]과 말라리아가 대폭 감소하여 각각 815건과 747건으로 나타나고 있다.

---

7) 면역력이 약한 환자에게 큰 피해를 주는 슈퍼박테리아 중의 하나로, 매년 미국에서 9만 명 이상이 이것으로 사망하는 것으로 알려져 있다.

8) 전신의 피부, 점막 등에 작은 물집이 생기는 바이러스성 전염병.

9) 속칭 볼거리라고 하며, 열과 두통이 나고 이하선(입 안 침샘의 일종) 부위가 붓는 어린이 전염병.

10) 털진드기 유충을 매개로 발생하며, 발열, 발진을 특징으로 하는 급성 열성 질병으로서, 동남아시아나 호주 등에서 주로 발생한다. 한국에서는 1985년 이후 많은 환자가 발생하고 있다.

11) 목의 통증과 함께 고열이 나고 전신에 발진이 생기는 전염병.

표 12-4 ■ 주요 법정 전염병의 발생 추이

(단위: 건)

유형	2018	2019	2020	2021	2022	2023
수두	96,467	82,868	31,430	20,929	18,547	26,964
A형간염	2,437	17,598	3,989	6,583	1,890	1,324
유행성이하선염	19,237	15,967	9,922	9,708	6,358	7,737
성홍열	15,777	7,562	2,300	678	505	815
카바페넴내성장내세균목(CRE) 감염증			18,113	23,311	30,548	38,405
코로나19			60,722	569,943	28,424,349	5,517,540
C형간염	10,811	9,810	11,850	10,116	8,308	7,249
말라리아	576	559	385	294	420	747
레지오넬라증	305	501	368	383	415	476
쯔쯔가무시증	6,668	4,005	4,479	5,915	6,235	5,663
신증후군출혈열	433	399	270	310	302	452
뎅기열	159	273	43	3	103	206
중증열성혈소판감소증후군	259	223	243	172	193	198
결핵	26,433	23,821	a	a	a	a
후천성면역결핍증	989	1,005	a	a	a	a

a: 2020년부터 표본감시로 전환되어 보고되지 않음.
출처: 질병관리청, 법정감염병발생보고.

이러한 주요 전염병 외에도 시시각각으로 새로운 전염병들이 등장한 바 있는데, 이미 2009년 6월 세계보건기구는 멕시코에서 발생하기 시작한 신종인플루엔자 A(H1N1)가 세계적으로 대유행 상태라고 선언을 한 바 있으며, 미국, 브라질, 멕시코, 인도, 중국에서 각각 1,000명 이상의 사망자가 발생했으며, 거의 모든 나라에서 사망자가 발생했다. 질병관리본부에 따르면, 한국에서도 2010년 1월 23일 현재 4,753건이 발생되었고, 이 중 218명이 사망한 것으로 나타난다. 이렇게 인플루엔자가 세계적으로 대유행하여 많은 사망자를 낸 것은 이번이 처음은 아니다. 이번의 신종 인플루엔자와 같은 바이러스형인 H1N1은 1918년 스페인독감으로 유행하여

3,000만 명에서 5,000만 명 정도의 사망자를 낸 바 있으며, H2N2는 1957년 아시아독감으로, 그리고 H3N2는 1968년에 홍콩독감으로 대유행을 일으켜 각각 100만 명 내외의 사망자를 낸 바 있다(장형관, 2009).

2015년 발생한 중동호흡기증후군(MERS) 감염사태는 한 해 한국을 강타한 매우 큰 충격이었다. 원래 중동지역에서 주로 유행하던 메르스가, 이 지역을 방문하고 귀국한 한국인에게 5월 20일 최초 발병하면서 메르스 사태가 시작되었다. 초기 메르스 병원 비공개를 비롯한 정부의 부실대응으로 대규모로 확산되면서, 186명이 메르스에 걸리게 되었고, 이 중 사망자가 38명에 이를 정도로 매우 높은 사망률을 기록하였다. 이 기간 동안 16,693명의 감염의심자들이 확산 방지를 위해 자택에 격리되었으며, 한국으로 오는 해외관광객의 급감으로 관광수지에 막대한 피해를 입었다.

최근에는 2019년 말부터 중국 우한에서 발생하여 전파되기 시작한 코로나19 바이러스는 전 세계에 대유행을 가져왔고, 의료체계가 마비될 정도로 사망자가 급속히 늘었다. 한국에서도 수년 동안 이 전염병이 창궐하고 있어 경제활동을 제대로 하기 어려워 자영업자를 비롯한 수많은 사람들이 막대한 피해를 입었다. 최근까지도 사망자가 너무 많아 이들을 위한 화장시설을 구하지 못하여 장례를 연기하는 경우도 자주 발생하였다.

이렇게 주기적으로 변종의 바이러스가 출현하여 대규모의 사망자들을 내는 것은, 인플루엔자가 변이를 일으켜 사람들이 새로운 변종에 저항력을 갖지 못하기 때문이다. 보통 동물에게 감염되던 인플루엔자가 변이를 일으키면 사람에게 감염되게 되는데, 신종플루는 돼지에게 감염되던 것이 인간에게 감염이 가능하도록 변종이 생긴 것이다. 이 점에서 세계의 이 분야 학자들은 최근 아시아지역에서의 조류독감(H5N1)의 유행에 주목하고 있다.

일반적으로 이러한 전염병들은 삼림의 개발로 인해 동물의 서식처를 파괴하면서, 동물들을 대상으로 활동하던 바이러스들이 변종을 일으켜 사람에게 감염되는 것으로 알려져 있다. 이것의 대표적인 예가 아프리카에서 생겨난 에이즈나 에볼라 바이러스이다. 그러나 반대로 환경파괴가 아닌 파괴된 환경을 다시 복원하는 과정에서도 새롭게 전염병들이 생겨나고 있다. 그 중 유럽이나 미국에서 많이 발생하는 라임병은 이것의 대표적인 예이다. 선진국에서 과거에 파괴되었던 숲을 복원하고 사슴과 같은 동물들의 개체가 늘어나면서 사슴에 기생하는 진드기에 사람들이 물리게 되었고, 그 결과 이 진드기가 옮기는 라임병이 급속하게 퍼지게 되었다. 국내에서도 2016년에 27명의 라임병 감염환자가 발생한 바 있으며, 레지오넬라증(퇴역군인병)도 128명에게서 발생하였다. 문제는 이러한 전염병이 돌고 있다는 사실을 즉각 알아채는 것이 쉽지 않다는 것이다. 이 사실을 알게 되었을 때 대부분의 전염병은 이미 유행 상태가 된다. 사전 대응이 어려운 신종전염병의 심각성은 여기에 있는 것이다.

현대사회에서 새롭게 등장하는 전염병들

결핵, 유형성출혈열, 홍역, 말라리아 등 현대사회에서 거의 사라져간다고 생각되었던 전염병들이 최근에 새롭게 증가하고 있으며, 그보다도 중요한 것은 현대의 흑사병이라고 불리는 에이즈나 라임병, 퇴역군인병 등의 새로운 무서운 전염병들이 나타나고 있다는 것이다. 예전에는 새로운 전염병의 등장은 벌목이나 경작지의 개간 또는 댐의 건설 등과 같은 환경파괴에서 기원하였지만, 최근에 새로이 나타난 전염병들은 오히려 환경이 회복되는 과정이나 새로운 인공환경에서, 또는 삶의 질이 증진되었음을 뜻하는 변화로부터 기인하고 있다.

이 중 라임병은 1975년 미국 커넥티컷주 올드라임(Old Lyme)에서 처음으로 발견된 것으로, 두 가족의 자녀들이 반복적으로 발열과 관절통에 시달리고 있었으며, 이어 그 지역의 다른 어린이 10여 명도 같은 증상으로 치료를 받았다는 사실이 알려지면서 발견되었다. 이 병은 사슴에 기생하는 진드기가 옮기는 병으로 야외활동을 하다가 이 사슴진드기에 물리게 되면 라임병이 옮게 되고, 이 병에 걸리면 모두 관절염을 앓게된다. 문제는 이 병이 환경의 파괴에 의해서 나타나는 것이 아니라, 환경이 회복되면서 사슴진드기가 기생하는 사슴이나 설치류의 증가에 의해서 나타났다는 것이다. 따라서 환경이 회복되는 곳이면 대부분 라임병의 증가가 따라서 나타난다. 예를 들어 1980년대 이후 삼림이 회복된 유럽의 경우 이미 미국의 두 배나 되는 환자들이 있다.

퇴역군인병은 1976년 필라델피아에서 독립 200주년 행사가 개최되었을 때 나타났다. 이 행사를 위해 많은 관광객과 퇴역군인들이 도시 중심부의 우아한 벨뷰스트래퍼드 호텔에 묵게 되었고, 이 호텔에 묵은 사람들을 중심으로 발열, 오한, 근육통, 마른기침 등의 급성폐렴과 유사한 증상이 나타나게 되었지만, 폐렴균은 발견되지 않았고 결국 퇴역군인병이라는 독특한 이름으로 명명된 새로운 전염병이 나타나게 되었다. 이 병은 잠잠해지기까지 221명이 이 병에 걸렸고, 34명이 사망하였는데, 원인은 이 호텔의 에어컨 시스템에 의해 레지오넬라균에 오염된 압축공기가 에어컨, 냉각탑, 압축기, 온수시스템 등을 돌아다니면서, 이 호텔 주변의 여러 사람들을 감염시킨 것이었다. 이 병은 과학의 발달에 의해 나타난 새로운 인공환경이 새로운 전염병을 가져온 사례로 기억된다. 문제는 앞으로 에어컨 시스템이 계속 증가할 것이고, 노후화된 시스템에 의해 전 세계적으로 이런 감염 사례가 증가될 것이라는 점이다.

Karlen, 1995: 281-294.

광우병에 걸린 소를 먹음으로써 감염되는 광우병은 미국 쇠고기 수입협상의 결과와 여기에 대한 MBC PD수첩의 과장보도와 이를 계기로 한 2008년의 대규모의 집회로 인해 정부의 퇴진이 거론될 정도로 한국사회에 큰 파장을 가져왔다. 1984년 영국에서 최초로 발견된 광우병은 주로 유럽을 중심으로 많은 나라에서 감염된 소가 발견되어 왔다. 국제수역사무국 통계에 따르면, 광우병이 가장 많이 발생한 나라는 단연 영국으로 나타나고 있다. 영국은 1992년 백만 마리당 6,636마리의 광우병 소가 발견된 이후 서서히 감소하기 시작하여 1997년에는 1,000마리 이하로 내려갔으며, 2008년에는 백만 마리당 7.4마리로 급격히 줄어들었다. 이러한 감소추세는 대부분의 나라에서도 최근에 나타나고 있는데, 포르투갈의 경우 1999년 백만 마리당 199.5마리의 광우병 소가 발견되다가, 2009년에는 9.0마리로 급격히 줄어들었다. 따라서 최근에 광우병은 매우 가끔씩 발생하는 가축질병으로 인식되고 있다. 이렇게 광우병 소가 줄어들게 된 것은 대부분의 국가에서 광우병의 원인이 되는 동물성 사료의 사용을 금지했기 때문이다.

국제수역사무국은 광우병의 통제능력을 국가별로 분류하여 등급을 부여하고 있는데, 2015년 5월 현재 광우병의 위험이 거의 없는 국가로 미국, 호주, 일본, 한국 등의 111개국을 1등급으로 분류하였고, 소의 특정 위험물질을 제거하고 수출할 수 있는 2등급 국가로 영국, 캐나다, 독일 등의 11개 국가를, 그리고 나머지 국가들을 3등급으로 분류하고 있다(OIE, 2015).

3. 신체 및 정신장애

인간이 건강하게 생활하지 못하는 상태의 대표적인 경우는 아마도 신체장애나 정신장애를 겪는 것일 것이다. 장애는 선천적으로 태어나면서부터 갖고 태어나는 경우도 있지만, 대부분의 경우는 후천적으로 갖게 되는 경우가 대부분이다. 일반적으로 장애라고 하면 이러한 선천적 장애와 후천적 장애를 모두 합친 것으로, 국제보건기구(WHO)에 따르면, 장애(disabilities)란 신체기능이나 구조 장애(impairments), 활동에 있어서의 한계(activity limitations), 그리고 삶의 과정에서 다양한 활동에의 참여한계(participation restrictions)를 모두 포괄하는 용어이다.

한국에서는 「장애인복지법」에 따라서 장애인의 유형을 분류하고 있는데, 시행령 별표 1에는 [표 12-5]과 같은 유형의 장애인들이 열거되어 있다. 이 표에 따르면, 한국의 장애는 크게 신체적 장애와 정신장애로 나눌 수가 있고, 신체적 장애에는 다시 외부 신체기능의 장애와 내부 기관의 장애로 나눌 수가 있다. 외부 신체기능의 장애는 지체장애, 뇌병변장애, 시각장애, 청각장애, 언어장애, 안면장애가 있고, 내부 기관의 장애는 신장장애, 심장장애, 간장애, 호흡기장애, 장루·요루장애, 간질장애가 있다. 정신적 장애는 크게 정신발육의 지체인 지적장애가 있으며, 정신이상인 정신장애, 그리고 지적장애의 한 하위유형이라고도 볼 수 있는 자폐성장애의 크게 세 가지로 나눌 수 있다.

보건복지부의 장애인 현황에 따르면, 2024년 기준 한국에서 등록된 장애인은 2,631,356으로 유형별로 살펴보면, 지체장애가 전체의 43.0%로 가장 많고, 그다음으로 청각장애가 16.8%, 시각장애가 9.4%, 뇌병변장애와 지적장애가 각각 8.9%로 그다음으로 많다. 그 외 신장장애가 4.2%, 정신장애가 3.9%, 자폐성장애가 1.8%로 나타난다. 나머지 장애들은 모두 그 수에서 미미한 수준이다. 이것을 성별로 살펴보면, 전체 등록장애인 중 사회활동이 많은 남성이 58.0%로 여성에 비해 다소 많다.

2008년 한국보건사회연구원의 장애인 실태조사에 따르면, 일반적으로 어린 시기에 발견되는 지적장애나 자폐성장애를 제외하면, 보통 어리거나 늙은 사람들에 비해 40세 이상인 사람들의 장애율이 높게 나타나며, 이것은 50세 이상의 고연령층에서 크게 높아진다. 이것을 장애정도별로 살펴보면, 뇌병변장애나 지적장애, 자폐성장애, 정신장애, 신장장애는 과반수 이상이 1~2급의 판정을 받는 중증장애이며,

표 12-5 ■ 장애인복지법에 따른 장애의 유형분류

대분류	중분류	소분류	주요 내용	전형적 유형
신체적 장애	외부 신체 기능의 장애	지체장애	절단장애, 관절장애, 지체기능장애, 변형 등의 장애	수족 등의 절단, 왜소증
		뇌병변 장애	중추 신경의 손상으로 인한 복합적인 장애로 보행이나 동작에 상당한 제약이 있는 경우	뇌성마비, 뇌졸중 등에 의한 장애
		시각장애	나쁜 눈 교정시력이 0.02 이하, 좋은 눈 0.2 이하, 두 눈의 시야가 10도 이하 또는 50% 이상의 시야 상실	맹인, 매우 눈이 나쁜 사람
		청각장애	청력장애나 평형기능장애로서, 두 귀 청력손실이 60데시벨 이상, 한 귀 청력손실이 80데시벨 이상이면서 다른 귀 40 데시벨 이상, 두 귀의 말소리 명료도가 50퍼센트 이하	한 귀나 두 귀의 청력 장애, 평형기능장애
		언어장애	음성기능이나 언어 기능의 영속적 장애	언어장애, 음성장애, 구어장애
		안면장애	안면부의 변형이나 기형으로 인해 사회생활에 상당한 제약을 받는 경우	
	내부 기관의 장애	신장장애	신장의 기능부전으로 인해 투석을 받아야 하거나, 일상생활에 상당한 제약을 받는 경우	소화기장애, 비뇨기장애, 만성통증, 기타 암
		심장장애	호흡곤란 등으로 인해 일상생활이 현저히 제한되는 심장기능 이상	
		간장애	일상생활이 현저히 제한되는 만성·중증의 간기능 이상	
		호흡기장애	폐나 기관지 등의 만성적 기능부전으로 인해, 일상생활이 현저히 제한되는 만성·중증의 호흡기기능 이상	
		장루·요루장애	일상생활이 현저히 제한되는 장루·요루수술* 피시술자	
		뇌전증장애	일상생활이 현저히 제한되는 만성·중증의 간질	간질 발작
정신적 장애	지적장애		정신발육이 영구적으로 지체된 사람	
	정신장애		정신분열병, 분열형 정동장애, 양극성 정동장애, 반복성 우울장애	만성알코올·약물중독, 기질성뇌증후군, 치매
	자폐성장애		소아자폐 등 자폐성장애	기타 정신자폐성장애

주: * 항문이나 요도부위의 기능 저하로, 대변이나 소변을 배출하기 위해 만든 인공적인 관을 만드는 시술.

출처: 「장애인복지법」 시행령 별표 1.

그 외에도 청각장애, 심장장애, 간장애, 안면장애도 상당수가 1~2급이다. 장애를 당한 원인으로, 언어장애나 지적장애, 자폐성장애는 모두 20% 이상이 선천적인 원인으로 나타나고 있지만, 대부분의 장애인들은 개인이 앓게 된 질병이나 사고 등에 의해 장애를 가진 것으로 나타난다. 이 결과는 대부분의 장애인이 선천적으로 장애를 갖는 것이 아니라, 후천적으로 갖게 되는 병이나 사고에 의해서 장애인이 된다는 것을 보여준다(변용찬 외, 2009).

2023년 장애인패널조사에 따르면, 장애인가구의 평균소득은 약 월 293만 원이며 이 중 국민기초생활보조급여는 평균 49만 원이고 나머지는 대부분 근로소득이나 사업소득이다. 근로소득은 월 평균 175만 원으로 일반 가구에 비해 훨씬 낮다. 따라서 정부에서는 장애인에 대해 다양한 지원을 하고 있는데, 우선 국민기초생활보장법에 따른 저소득 등록장애인에 대한 생계보조가 있으며, 장애인복지법에 따른 재활 및 자활지원, 의료비지원, 교육비지원, 장애인차량지원, 보조견 훈련지원, 장애인 생산품 구매지원, 고용지원, 장애수당지급 등의 지원을 하고 있다. 또 장애인이 대학에 입학하고자 하는 경우 정원 외 특례입학 규정을 두고 있어 장애인의 성공적인 사회진출을 위한 기반을 제공하고 있지만, 대학에서의 적응은 대학 내의 높은 문턱으로 인해 성공적이지 못한 경우가 많다(윤점룡·김주영, 2002). 또한 정부는 장애인 의무고용제도를 시행하여 2021년 현재 국가 및 지방자치단체는 소속 공무원의 3.4%, 그리고 50인 이상 고용 기업은 상시근로자의 3.1% 이상을 의무고용하고, 여기에 미달되면 부담금을 납부하도록 하고 있지만, 대부분이 이 기준에 미달하는 것이 현실이다. 또한 2007년 「사회적 기업 육성법」을 통해, 이익보다는 복지차원에서 고용을 위해 만든 기업인 사회적 기업(social enterprise)의 창업을 유도하고, 이에 대한 지원을 통해 장애인 등의 소수집단에 대한 다양한 혜택을 제공하고 있다.

4. 의료불평등

한 사회의 건강수준은 그 사회의 의료체계에 영향을 주지만, 그 반대로 한 사회의 의료체계는 그 사회의 건강수준에 영향을 주기도 한다. 양적인 의료서비스의 수준은 그 사회의 의료인력이 얼마나 충분히 양성되어 있는지를 통해서 가늠해 볼 수 있다. 한국에서 대표적인 의료인력으로는 의사, 치과의사, 한의사를 포함한 의사집단과, 약사, 그리고 간호사, 조산사(산파)를 들 수 있다. 전체적으로 2000년의 의료인력이 322,269명이었는데 비해, 2005년에는 399,351명, 2010년에는 485,623명, 2015년에는 580,622명, 2020년에는 704,839명, 그리고 2023년에는 789,059명으로 크게 증가하였다. 이것을 의료인력의 유형별로 살펴보면, 2000년과 2023년 사이에 간호사가 3배 이상 증가를 했고, 한의사가 2.5배 정도 증가했으며, 의사, 치과의사는 두 배 미만으로 증가했음을 알 수 있다. 반면에 약사는 약간 증가를 했고, 조산사는 오히려 약간 감소한 것으로 나타난다.

표 12-6 ■ 의료인력의 유형별 추이 (단위: 명)

유형	2000	2005	2010	2015	2020	2023
의사	72,503	85,369	101,371	115,976	129,294	137,698
치과의사	18,039	21,581	25,379	28,942	32,340	34,361
한의사	12,108	15,271	19,065	23,178	26,115	28,233
약사	50,623	54,829	60,956	65,510	72,530	76,822
간호사	160,295	213,644	270,274	338,629	436,340	503,831
조산사	8,728	8,657	8,578	8,387	8,220	8,114
합계	322,296	399,351	485,623	580,622	704,839	789,059

출처: 보건복지가족부, 보건복지통계연보.

이것을 OECD 국가들의 평균과 비교해 보면, 한국의 의료인력 증가율이 상대적으로 크지만, 현재의 규모는 다른 OECD 국가들과 비교해 볼 때 매우 적다는 것을 알 수 있다. 이것을 의료인력의 유형별로 살펴보면, 약사나 간호사는 OECD의 평균 수준에 비교적 근접해 있으나, 의사나 치과의사는 OECD 최하 수준이고, 산파는 OECD 회원국 중에서 가장 적다는 것을 알 수 있다. 이것은 OECD 국가들 간의 의료인력수의 상대적 순위에서는 더 크게 나타나는데, 의사수가 OECD 최하위권에서 맴돌고 있는 것을 알 수 있다.

표 12-7 ▪ OECD와 한국의 1,000명당 의료인력수 (단위: 명)

기준		전체 의사	치과 의사	간호사	조산사	약사
OECD 평균	2000	2.71	0.61	7.8	0.72	0.76
	2022	3.70	0.71	9.40	0.38	0.91
한국 (순위)	2000	1.30 (29/29)	0.39 (27/30)	2.98 (19/21)	0.60 (22/24)	0.65 (18/28)
	2022	2.62 (26/27)	0.54 (20/24)	9.11 (13/25)	0.16 (24/24)	0.81 (14/25)

출처: OECD Data Explorer에서 2025년 5월 12일 검색하여 계산.

일반적으로 의료인력의 수가 적으면 병원문턱이 매우 높을 것으로 예상되는데, OECD 국가들과 의료행위와 의료시설을 비교한 [표 12-8]은 꼭 그렇지 않다는 것을 보여준다. 이 표에 따르면, 2022년 기준으로 국민 1인당 전문의 진찰건수는 한국이 연평균 17.5건으로 OECD 24개국 중 제일 높다. 이것은 한국이 병원문턱이 낮기 때문이기도 하지만, 한편으로는 다른 많은 선진국들이 환자들을 선별하는 단계에서 개업의(general practitioners)를 거치고, 이들의 추천을 통해서 전문의(doctors)를 만날 수 있기 때문이기도 하다.

표 12-8 ▪ OECD 회원국들과 비교해 본 한국의 의료행위 및 시설(2022)

구분	국민 1인당 전문의 진찰 건수	인구 100만 명당 CT	인구 100만 명당 MRI	인구 100만 명당 PET	인구 1,000 명당 치료 병상수	20~69세 여성 자궁암 검진비율	50~74세 인구 대장암 검진비율	50~69세 여성 유방암 검진비율
OECD 평균	7.88	27.32	18.84	2.48	4.38	54.15	43.66	26.23
한국 (순위)	17.5 (1/24)	44.45 (3/30)	37.46 (2/28)	3.77 (7/29)	12.84 (1/35)	64.23 (9/24)	40.4 (9/17)	69.80 (8/27)

출처: OECD Data Explorer에서 2025년 5월 15일 검색.

다음으로 첨단의료기기의 보유현황을 살펴보면, 인구 100만 명당 CT 대수는 한국이 45대로서 OECD 30개 회원국 중 3위에 해당이며, 인구 100만 명당 MRI 대수는 한국이 38대로 OECD 28개국 중 2위에 해당한다. 그리고 인구 100만 명당 PET-CT 보유대수는 3.77대로 OECD 29개국 중 7위에 해당한다. 이렇게 첨단 의료기기가 많은 것은 소규모의 개업병원과 종합병원들이 환자유치를 위해 이런 기기들을 잘 갖추는 경향이 있기 때문인데, 이것은 한편으로 불필요한 검사를 많이 하는 과잉진료의 원인이 되기도 한다. 다음으로 인구 1,000명당 치료병상수 또한 OECD 35개 회원국 중에서 가장 높다.

다음으로 20~69세 여성의 자궁암 검진율은 한국이 64%로서 OECD 평균인 54%에 비해서 높고, 대장암 검진비율은 40%로 OECD 평균이 44%에 비해서 약간 낮으며, 유방암 검진비율은 70%로 OECD 평균인 26%에 비해서 훨씬 높고 27개 회원국 중에서 8위에 해당한다. 이 결과는 전체적으로 한국의 의료환경이 나쁘지 않고 전문의의 진찰을 받을 기회도 많고, 각종 암예방을 위한 검진이 양호하게 이루어지고 있는 것을 보여주지만, 의료서비스의 이용에 많은 부분이 사적인 부담으로 이루어진다는 문제점도 있다.

이것은 소득에 비해 과도한 의료비지출이라고 할 수 있는 재난적 자기부담금의 정도를 보면 잘 알 수 있는데, 재난적 자기부담금(catastrophic health expenditure)이란 보험으로 커버되지 않는 치료비로서, 전체 가구소득에서 생계에 필요한 비용을 뺀 후의 나머지 가처분소득의 40%를 초과하는 과도한 의료비지출을 말한다. [그림 12-4]는 이 재난적 자기부담금(2010)과 치료비 자기부담비율(2009)과의 산점도를 주요 국가별로 보여주는데, 이 그림에서 한국은 재난적 자기부담금을 부담한 가구의 비율이 OECD 17개국 중에서 가장 높다는 것을 알 수 있으며,[12)] 이것은 의료비 중 자기부담금의 비율과도 비례하기 때문에 한국이 매우 높다. 이처럼 한국에서 공적인 의료보험제도가 성공적으로 실시되고 있지만, 아직도 의료비의 많은 부분을 공적인 의료보험이 충당하지 못하는 부분이 많고, 또한 지나치게 과도한 의료비 부담이 개별 가구에 가해지는 경우가 매우 많음을 알 수 있다.

---

12) 이 재난적 자기부담금은 OECD에서 2012년, 2016년, 2018년 실시한 보건제도특성조사(Health System Characteristic Survey)에서 수집되었는데, 한국은 2012년 조사에만 포함되었다.

그림 12-4 ■ 재난적 자기부담금 지출가구 비율과 자기부담률의 관계

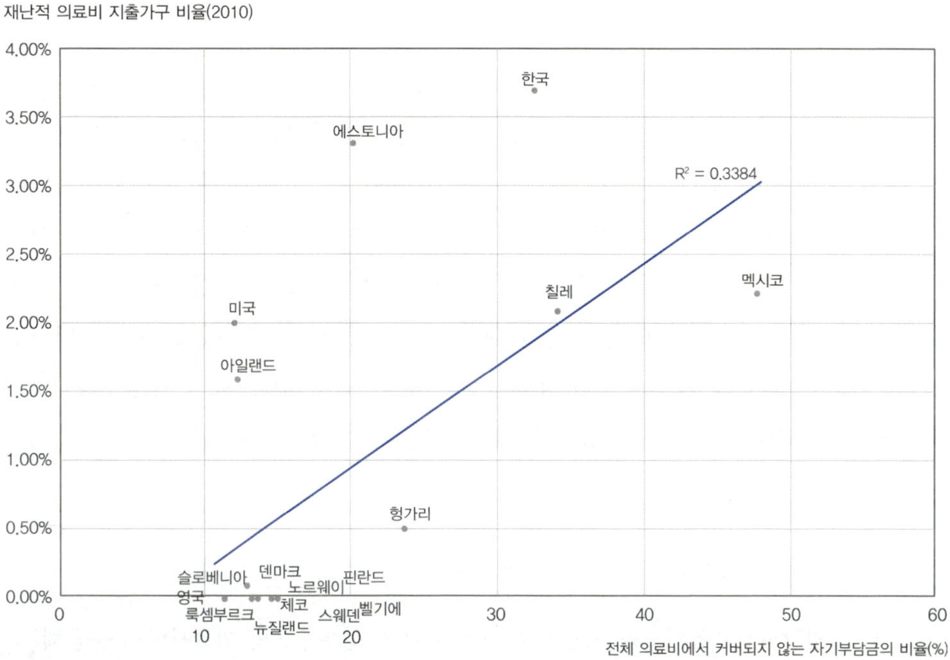

출처: OECD, Health at Glance 2011; Paris et al., 2016.

이것은 치과진료비의 자기부담비율을 살펴보아도 유사하게 나타난다. 한국인들은 치과진료에 들어가는 비용의 84%를 공적 의료보험이 아닌 개별부담으로 하고 있는데, 이것은 OECD 평균인 55%에 비해 매우 높은 수준이다. 반면 가까운 일본은 치과진료도 대부분 공적인 의료보험에서 커버해 주고 있으며, 자신이 사적으로 부담하는 의료비는 24%에 불과하다(OECD, 2013d).

이처럼 한국사회는 전 국민 의료보험이 시행되어 의료불평등이 매우 적을 것 같지만, 이면을 들여다보면 공적인 의료보험이 커버하는 부분이 다른 선진국에 비해서 매우 낮기 때문에 의료기회의 불평등이 오히려 더 높다. 이것은 특히 의료비가 많이 지출되는 큰 병에 걸렸을 때 문제가 되는데, 한국의 경우 소득에 비해 과도한 의료비 지출의 대부분을 개인이 감당해야 한다. 따라서 가족 구성원의 어느 한 사람이 큰 병에 걸렸을 때, 그 가족은 치료비 때문에 빈곤의 나락에 빠지게 되는 경우가 많은 것이다. 공공의료보험의 중요한 목적 중의 하나가 이러한 문제를 해결하는 것이라는 점을 감안하면, 한국의 공적인 의료보험제도가 하는 역할은 너무나 제한적이다.

따라서 최근에 영리병원 및 민간의료보험을 도입하려는 움직임이 있었지만, 야당의 큰 반발에 부딪히고 여당 내부에서도 이견이 제기되면서, 2012년부터 제주도와 경제자유구역에 한해 외국계 영리병원을 허용할 수 있도록 하였다. 영리병원이나 민간의료보험은 잘 운영하면 의료의 질을 높일 수 있고, 주로 여유가 있는 사람들의 의료보장을 더 충실하게 할 수 있는 이점이 있다. 그러나 한편으로는 공공의료보험과 함께 민간의료보험을 도입한 다른 선진국들의 경험을 통해 볼 때, 이것을 도입하더라도 의료비 부담이 큰 경우는 고스란히 공공의료보험의 부담으로 남는 경향이 있어 기대하는 만큼의 성과를 내지 못할 가능성도 높다.

영리병원 및 민간의료보험 도입과 관련한 논쟁

최근 민간의료보험제도의 도입이 제기된 이유는 정부주도의 의료서비스 공급체제를 계속 유지할 경우 정부지출 증가에도 불구하고 의료서비스 만족도의 저하, 공공의료보험의 보장수준의 저하, 그리고 국내 의료서비스의 질적 저하가 나타난다는 생각에서였다. 따라서 국내 의료서비스에 만족하지 못하는 많은 부유층들은 외국의 의료기관을 이용하는 경우가 많아졌으며, 이것은 외화유출로 나타나기 때문에 영리를 목적으로 하는 병원을 만들거나, 공적 의료보험이 커버하지 못하는 영역을 개인의 선택에 따라 사적 의료보험을 통해서 커버하자는 취지로 추진되었다.

실제로 이 정책과 관련하여 나타난 반대여론의 상당수는 제도에 대한 이해부족에서 기인하지만, 이 민간의료보험제도를 채택한 다른 외국의 사례에서 볼 때, 이 제도의 문제점 또한 상당히 많이 나타나고 있으므로 제도 도입에는 신중을 기해야 할 필요가 있다. 그러나 현재의 공공의료보험과 같은 전반적인 형태는 금지되어 있지만, 제한적 형태의 민간의료보험제도는 이미 많이 도입되어 있다. 예를 들어 생명보험이나 암보험, 상해보험, 실비보험 등은 모두 이러한 제한적 형태의 민간의료보험이라고 볼 수 있으며, 대부분의 한국인들은 이러한 보험에 실제로 가입되어 있다. 많은 선진국들이 공공의료보험을 보완하는 형태로 민간의료보험을 도입하고 있으므로, 이 경우에 나타날 수 있는 장점과 단점에 대해 살펴본다.

찬성	반대
• 영리병원은 의료의 수준을 향상시켜 외화 절약, 의료의 질 향상을 가져온다. • 영리병원은 공공의료서비스가 담당하기 힘든 난치성 질환이나 낙후지역 등의 서비스를 담당하도록 보완기능을 할 수 있다. • 공공의료서비스의 수준이 점점 하락하고 있으므로, 민간의료보험으로 의료의 질 저하를 막고 보완해야 한다. • 현행의 공공의료보험은 치료비가 많이 드는 중증질환에 대한 보장이 사실상 불가능하다. • 현재의 공영병원들은 엄격한 가격통제하에 있고 적자가 발생하더라도 정부에서 메워주기 때문에 도덕적 해이가 발견된다.	• 영리병원이 의료의 질을 개선한다는 증거가 없다. • 영리병원을 도입한 나라들의 경우, 영리병원은 주로 건강한 사람을, 비영리병원은 만성질환자를 주로 담당하여 공공의료보험의 부담을 가중시킨다. • 한국의 의료보험시장은 크지 않기 때문에, 경쟁 자체가 제한적일 수밖에 없고 그 도입의 효과는 제한적이다. • 민간의료보험이 공공의료재정의 부담을 완화시키는 효과는 없거나 미미하다. 이것은 고가의 의료비가 드는 경우일수록 공공의료보험을 이용하기 때문이다. • 민간의료보험회사는 의료서비스 가격이나 양에 대한 협상력이 떨어져서 의료비용을 줄이기가 어렵고 결국 의료비용의 증가를 가져온다.

이하 전형준, 2007 참조

제 4 절 건강문제에 대한 대응

구조기능주의이론에서 건강문제는 과음이나 흡연, 그리고 나쁜 식생활습관과 같은 부적절한 생활양식에 의해서 나타나는데, 이를 해결하기 위해서는 사회화나 재사회화 과정에서 건강에 도움이 되는 적절한 생활양식을 교육하거나, 많은 건강문제를 겪는 저소득층에 대한 생활부조, 무료건강검진, 또는 저소득층 자녀들을 대상으로 비만관리나 치아관리 등의 교육을 실시하는 것이 해결책으로 제시될 수 있다.

반면 갈등이론은 하층계급들이 희소자원으로부터 박탈됨으로써 건강관리에 필요한 경제적, 시간적 여유를 갖지 못하기 때문에 건강문제가 발생하고, 이를 해결하기 위해서는 하층계급을 정치세력화하여 건강관리를 위한 자원배분을 요구하거나 이것을 제도화하는 것이다. 예를 들어 누진적인 공공의료보험제도의 부담을 더욱 강화하는 것은 공적인 의료보험이 더 많은 의료비를 커버할 수 있도록 할 수 있으며, 이것은 하층계급의 의료비 부담을 경감하는 한 방법이 될 수 있다.

표 12-9 ■ 건강문제에 대한 시각과 그 대책들

이론	원인	대책
구조기능주의이론	개인의 부적절한 생활양식, 과도한 음주 및 흡연, 부적절한 식생활습관	적절한 생활양식에 대한 사회화와 재사회화(교육), 저소득층의 가정에 대한 무료건강검진, 저소득층 가정자녀의 비만관리나 치아관리 교육 등
갈등이론	희소자원으로부터의 박탈로 인해 하층계급들이 건강관리를 위한 시간적, 경제적 여유가 없음, 다국적기업들의 이윤획득 욕구	하층계급의 정치세력화를 통한 건강관리의 자원배분 요구, 계층별 누진세를 통한 건강관리비용의 분산
상호작용이론	사회의 영향력 있는 사람들의 관심과 개선 필요성의 인식, 특정 상황에 대한 낙인이나 오명의 부여	낙인이나 오명, 고정관념의 제거, 지나치게 마른 여성에 대한 선호를 바꾸는 것

상호작용이론에 따르면, 건강문제는 특정 상황에 대해 낙인이나 오명을 부여함으로써 나타난다. 따라서 이것을 해결하기 위해서는 이런 문제에 부여된 낙인이나 오명, 고정관념을 제거함으로써 가능하다. 예를 들어 지나치게 마른 여성 몸매에 대한 선호는 뚱뚱한 여성이 게으르거나, 성적 욕망이나 식욕의 통제가 잘 안된다는 오명을 부여할 수 있다. 따라서 패션쇼에서 깡마른 모델을 출연하지 못하도록 제도화하는 것은 이러한 문제를 해결하는 한 방법일 수 있다.

마른 모델 금지법

2016년부터 패션의 본고장 프랑스에서 마른 모델 금지법이 시행되었다. 이 법은 44사이즈(한국기준) 미만의 모델들을 패션쇼에 출연시키지 못하도록 강제한다. 또한 패션모델들은 건강진단서를 제출해야 하며, 지나치게 마른 모델들을 출

연시키는 에이전시나 브랜드는 75,000유로의 벌금이나 6개월의 징역형을 받을 수 있다. 또한 사진편집 프로그램을 통해 사진을 편집한 경우에는 '수정된 사진'이라는 문구를 적시하여야 한다(중앙 2017.5.6.).

이 법안이 만들어지게 된 것은 15년 동안 거식증을 앓고 있던 프랑스의 패션모델 이자벨 카로가 사망하면서부터이다. 대부분의 거식증 환자들은 "마른 여성이 아름답다"는 사회적 고정관념의 희생자들이다. 유럽은 프랑스를 시작으로 이탈리아, 영국, 스페인 등의 여러 나라들이 자국의 패션쇼에서 마른 모델의 출연을 금지시키기 시작했다. 이미 구찌, 루이뷔통 등의 브랜드사는 자사의 패션쇼에 마른 모델을 출연시키지 않겠다고 선언했다. 사실 마르고 뚱뚱하다는 판단은 전형적인 사회적 산물이다. 고대의 여성들의 그림을 보면, 아름다운 여성들은 대부분 출산을 잘하는 풍만한 여성들로 그려졌다. 제법 오랫동안 유지되어 왔던 "날씬한 여성이 아름답다"는 현대사회의 고정관념은 바뀔 수 있을까?

제 5 절 결론

한국은 급속하게 후진국에서 선진국으로 성장해 온 사회이기 때문에, 전반적인 국민들의 건강수준은 과거와는 비교할 수 없을 정도로 양호해졌다. 일단 과거에 비해 안전에 대한 인식이 제도적으로 충분히 자리를 잡았으며, 이것은 급속한 교통사고사망률의 감소로 나타난다. 이러한 안전에 대한 인식의 증가는 중국산 식품이나 미국산 쇠고기의 위험에 대한 과도한 공포증으로 나타나기도 하지만, 전반적으로 우리 사회가 선진사회로 가고 있다는 한 증거이기도 하다.

반면 한국인의 사망원인 중 가장 큰 비중을 차지하는 암사망자는 과거에 비해서 훨씬 더 늘고 있는 것이 사실이다. 이것은 한국남성들의 지나친 음주, 흡연, 과로 등에서 기인하는 것이기도 하지만, 한국의 공적 의료보험이 암과 같은 큰 질병에 대해 사실상 거의 보장을 해주지 못하는 문제와도 관련이 있다. 따라서 한국에서 가족 중에 큰 병을 가진 사람이 발생하게 되면, 그 가족은 웬만한 중산층이 아니라면 생계의 어려움을 겪게 된다. 이것은 또한 장애인문제와도 관련이 된다. 한국사회에서 장애인들의 대다수가 후천적으로 질병이나 사고로 장애를 당한 사람들이라는 점은 질병이나 사고가 해결되더라도 생계의 어려움이 여전히 가중된다는 것을 보여준다. 법률상으로 장애인에 대한 지원책은 비교적 잘 되어 있는 편이지만, 이것이 실제로 사회적인 지원으로 자리잡기에는 아직도 부족한 감이 있다.

건강문제와 관련하여 특히 주목할 만한 것은 건강문제가 빈곤이라는 중요한 문제와 매우 밀접하게 관련이 되어 있다는 것이다. 상층계급은 자신의 건강을 관리할 시간적, 경제적 여유를 가지는 경향이 있는 반면에, 하층계급은 자신의 건강에 대해 투자할 여유가 없다. 따라서 세계의 많은 국가들에서 건강문제는 하층계급의 문제이며, 빈곤한 국가의 문제이다. 이러한 문제를 해결하기 위해서는 우선적인 문제를 가려내고 이것에 자원을 지원하기 위한 사회적 합의를 도출하는 과정이 중요하다. 예를 들어 한국사회에서 장애인 지원문제는 중요한 문제이지만, 이러한 문제가 대학을 졸업하고 실업상태에 있는 청년실업자들보다 우선적으로 지원해야 한다는 이유는 없으며, 심지어 아프리카나 북한에서 기아상태에서 허덕이는 아동들보다 더 우선적으로 지원해야 한다는 이유도 없다. 이것을 판단하는 것은 중립적이고도 정확한 냉철한 판단과 사회적 합의가 필요하다. 그러나 이러한 결정은 보통 정치적으로 결정되는 경향이 있다.[13)]

요약
SUMMARY

- 건강문제란 "어떤 상황이 사회의 존립에 위협을 주며, 따라서 개선이 필요하다고 사회 내의 영향력 있는 집단이 생각하는 상황"이다.
- 기능주의이론에서 건강문제는 특정 집단들의 부적절한 생활양식과 소비패턴에 기인한다. 따라서 이러한 '문제 있는' 집단들을 엄격히 통제하기 위해서는 의사들에게 충분한 권위와 보상이 주어져야 한다.
- 갈등이론에서 건강문제는 지배집단이 이익을 극대화하려는 과정에서, 희소자원을

13) 보다 중립적이고도 사회적 논쟁의 여지가 적은 방법은 증거에 기반하여 판단하는 것이다. 여기에 대해서는 이 책의 결론 부분을 참조.

둘러싼 갈등에서 배제된 하층계급들이 자신의 건강을 관리할 만한 시간적, 경제적 여유를 가지지 못하기 때문에 발생한다.

- 상호작용이론에서 건강문제는 사회적으로 의료문제에 대한 권위가 인정된 의료집단들이 어떤 상황이 문제 있는 상황이라고 낙인을 부여함으로써 발생한다. 따라서 과거에는 사회문제로 여겨지지 않았던 많은 것들이 의료화의 과정을 거쳐서 건강문제로 등장하였다.
- 한국인의 전반적인 건강수준은 다른 선진국들과 비교할 때 비교적 양호한 수준이다. 이것은 출생 시 기대수명과 영아사망률, 조기사망률 등의 다양한 지표를 통해서 볼 때 그렇다. 또한 한국의 비만문제는 다른 선진국에 비해 훨씬 양호한 수준이지만, 문제는 점점 비만인구가 늘고 있고, 이것은 술과 흡연 등의 건강을 해치는 요인과 관련이 높은 남성들에게 중요한 문제로 나타난다.
- 한국은 과거에 비해 암, 자살로 인한 사망자가 크게 늘었지만 교통사고와 뇌혈관질환으로 인한 사망자는 지속적으로 줄고 있다.
- 최근의 인플루엔자 및 코로나19 바이러스의 광범위한 발생과 확산은 크게 주목할 만하다. 이들은 계속 변형을 일으키며 이러한 변종에 대한 저항력이 없는 인간들을 주기적으로 위협하고 있다.
- 최근 폭발적으로 발생한 코로나19 및 이것과 함께 증가한 카바페넴내성장내세균목감염증을 제외하면, 한국에서 많이 발생하는 전염병은 수두와 결핵이 가장 많고 또한 크게 증가하다가 최근에 다소 감소하는 추세에 있다. 그 외에 유행성이하선염, C형 감염, 쯔쯔가무시증이 많이 발생하고 있다.
- 한국에서 장애인은 그 수도 증가하고 있으며, 최근의 다양한 지원책에 힘입어 고용률도 증가하고 있다. 그럼에도 불구하고 아직도 많은 장애인이 일자리를 구하기가 힘들며, 빈곤 속에서 허덕이는 경우가 많다.
- 한국은 과거에 비해 의료인력수가 크게 증가했지만, 아직도 약사나 간호사를 제외하면 의사와 같은 핵심 의료인력의 부족은 여전하다.
- 이렇게 적은 의료인력은 다른 선진국에 비해 더 많은 진료를 하고, 첨단의료장비를 충분히 갖춤으로써 기본적인 의료수준을 유지하고 있다. 그러나 의료비 중에서 공적인 의료보험이 커버하는 부분이 적고, 따라서 치료비가 크게 드는 큰 병일수록 사실상 의료보험의 혜택을 받지 못하여, 의료불평등이 존재한다.

❒ 토론 및 추가학습을 위한 주제들

1. 의사들에 대한 높은 보상은 필요한가? 우리 사회가 감당할 수 있는 정도의 의료비 지출은 어느 정도이며, 어느 정도로 의료인력들을 늘릴 수 있는가?
2. ADHD, 신종플루 등을 사회문제로 규정하는 데 영향력이 있는 집단은 어떤 집단들을 들 수 있는가?
3. 패션쇼에 뚱뚱한 모델들을 등장시켜야 하는가?
4. 한국인의 성인병 발병에 영향을 미치는 특별한 요인들은 어떤 것들이 있는가?
5. 코로나-19 바이러스의 대유행은 건강문제인가? 아니면 환경문제인가?
6. 장애인을 지칭하는 '장애우'라는 용어가 거의 사용되지 않게 된 이유는 무엇인가?
7. 적극적인 우대정책에서 장애인은 노인, 여성, 소수집단, 빈곤층 등에 비해 얼마나 우선성을 갖는가?

❒ 조별 활동을 위한 주제들

1. 패스트푸드 섭취와 비만문제
2. 운동부족과 비만문제
3. 다국적 제약사와 전염병
4. ADHD의 의료화
5. 에이즈감염자와 에이즈공포증
6. 페미니즘의 관점에서 본 여성의 거식증
7. 위험식품의 사회적 구성
8. 고정관념과 장애인 적응의 어려움
9. 민영의료보험과 의료기회의 불평등
10. 공공의료보험제도와 의료의 질 저하
11. 의료기회의 지역 간 불평등

❒ 참고할 만한 문헌 및 웹사이트

- 리처드 윌킨슨(김홍수영 역). 2008.「평등해야 건강하다: 불평등은 어떻게 사회를 병들게 하는가」. 후마니타스.
- 평등사회를 위한 민중의료연합. 2003.「이윤보다 생명이다」. 교육비평.
- 질병관리청(http://www.cdc.go.kr): 전염병에 대한 진단, 예방, 연구, 관리를 하는 국가기관. 전염병의 확산에 대한 빠른 소식의 업데이트가 있으며, 신종인플루엔자 홈페이지 등을 운영한다.

- 장애우권익문제연구소(http://www.cowalk.or.kr): 장애인에 대한 제반문제들을 연구하여 장애인의 복지와 권익증진을 위해 1987년 설립된 연구소. 장애인 관련법의 개정, 세미나 개최, 장애인에 대한 법률지원 등의 활동을 한다.
- 전국장애인차별철폐연대(http://sadd.or.kr): 장애인에 대한 차별의 철폐를 위해 출근길 지하철에 드러눕는 등의 과격한 시위를 통해 문제를 제기해온 단체. 장애인에 우대가 사회적 배려인지, 아니면 장애인의 권리인지에 대해 생각해보게 하는 단체.
- [영화] 슈퍼 사이즈 미(Super Size Me)/2004/모건 스펄록: 미국의 비만문제와 패스트푸드를 고발하는 영화.
- [영화] 영국인 외과의사(The English Surgeon)/2007/제프리 스미스: 우크라이나의 열악한 의료현실과 한 외과의사의 박애정신을 보여주는 다큐멘터리 영화.

CHAPTER

13

인구문제

제 1 절 인구문제의 정의

인구문제란 “인구구조의 양적 또는 질적 변화로 인해 사회구성원들이 다양한 불편함을 겪고 사회적 비용을 유발하는 것으로 사회의 영향력 있는 사람들이 개선이 필요하다고 생각하는 상황”을 말한다. 이러한 정의에서 인구문제에 포함될 수 있는 것으로는 인구폭발로 불리는 인구의 과도한 증가, 반대로 건전한 성장을 방해하는 저출산과 급격한 인구감소, 베이비붐(baby boom)[1]이나 성비불균형과 같은 인구구조의 왜곡현상, 그리고 사회적으로 경제활동인구에 부담을 주는 과도한 인구고령화 등을 들 수 있다.

인구가 지나치게 급속하게 증가하는 것은 일단 식량문제부터 시작하여, 교육, 일자리 등에 이르기까지 사회 전반에 걸친 악영향을 미친다. 반대로 저출산은 한 사회의 성장을 위한 잠재력을 떨어뜨리고, 적게 낳는 자녀에 대한 부모의 집착을 강화시켜 자녀에 대한 과보호와 과잉교육 등을 가져온다. 또한 한 사회의 인구가 지나치게 급격하게 감소하면 주택가격의 하락과 이들을 담보로 잡는 은행의 부실 등의 사회문제를 가져온다. 그리고 전쟁 등의 역사적 요인에 의해 보통 발생하는 베이비붐은 이 세대가 지나가는 시기마다 출산시설부족, 교실부족, 대학부족, 일자리

1) 보통 전쟁 기간 동안 출산을 연기했던 사람들이 전쟁이 끝나고 한꺼번에 자녀들을 출산하여 급격히 특정 연령대의 인구가 많아지는 현상.

부족, 주택부족 등의 사회 전반에 걸쳐 다양한 사회문제를 가져온다.

이러한 인구의 양적인 측면 외에도 질적인 측면도 다양한 사회적 불편을 가져온다. 예를 들어 한 사회 내에서 남녀 간의 수가 균형이 맞지 않는 성비불균형은 혼인연령기에 배우자감을 구할 수 없는 결혼파동을 만들어 낼 수 있고, 이것은 다시 국제결혼과 이로 인한 소수집단문제를 유발한다. 또한 전체 인구 중에서 노인인구의 비중이 크게 확대되는 인구고령화는 경제활동인구가 더 많은 노동을 통해 이들을 부양해야 되는 부담으로 작용하며, 장기적으로는 연금재원의 고갈로 인해 세대간 전쟁 상황을 맞을 수도 있다.

이처럼 인구문제는 사회의 다양한 문제들을 유발할 수 있는 중요하고도 기초적인 문제이지만, 한편으로 인구문제는 다른 사회문제의 결과로 나타나기도 한다. 예를 들어 공교육의 붕괴와 사교육의 팽창, 그리고 이로 인한 지나친 자녀교육비는 저출산을 유발하는 중요한 요인이며, 또한 이것은 인구고령화로 이어진다. 그리고 여성문제나 가족문제는 출산에서 아들에 대한 선호를 가져오며, 이것은 결국 성비불균형문제로 나타난다. 또한 육아와 출산에 대한 사회적 지원이 없는 상태에서 여성의 경제활동 증가는 저출산 문제를 낳는다. 이처럼 인구문제는 사회의 다양한 다른 문제들과 매우 밀접하게 관련된다.

제 2 절 인구문제의 이론

1. 구조기능주의

구조기능주의이론은 사회가 안정적으로 작동하는 '정상적인 상태'를 가정한다. 이러한 정상적인 상태는 시대에 따라서 다소 다르게 정의되기는 했지만, 대체로 전체 사회의 발전에 도움이 된다고 생각되는 인구상태를 정상적인 것으로 가정했다. 예를 들어 중상주의 시대에는 생산의 증가를 위해 인구를 늘려야 한다는 강박관념이 있었으며, 어떤 사회의 발전을 위해서는 인구가 많을수록 좋다는 생각이 지배했다. 이렇게 함으로써 보다 적은 임금으로 노동자를 고용하고 더 많은 일을 시킬 수 있었기 때문이다. 전쟁이 잦았던 이 시기에 인구는 전쟁을 위해서도 필수적인 조건이었고, 전쟁의 결과로 줄어든 노동력을 보충하기 위해서도 인구의 증가는 필수적인 것으로 인식되었다. 만약 나라 안의 인구가 지나치게 많아져 실업자나 부랑자가 넘쳐날 때, 이것을 해결하는 유일한 방법은 식민지를 개척하여 잉여인구를 대거 식민지로 이주시키고, 여기에서 다시 인구를 증가시키는 것이었다(권태환·김두섭, 1990).

이처럼 중상주의 시대의 적정인구는 많으면 많을수록 좋은 것이었다. 당시에는 아직 개척되지 않은 식민지가 너무나 넓어보였고, 아직도 개발해야 할 땅이 거의 무한대로 존재하는 듯이 보였기 때문에, 더 많은 인구가 필요한 것으로 보였던 것이다. 그러나 맬서스(T. R. Malthus)는 인구의 지나친 증가는 인류에게 기아나 전쟁과 같은 파멸을 가져올 것이라고 생각하였다. 맬서스의 「인구론(1798)」이 발표된 후 유럽은 맬서스의 주장에 대한 찬반으로 나뉘어졌다.

(1) 맬서스이론(Malthusian theory)

산업화가 진행되던 시기에 대부분의 사람들은 과학기술의 발달로 인한 산업화는 인류에게 풍요를 가져다주리라고 생각했다. 그러나 맬서스는 이와 반대로 인구의 급속한 증가는 인류에게 기근이나 전쟁, 질병을 가져올 것이라고 예측했다. 그에 따르면, 인구는 기하급수적(1, 2, 4, 8, 16)으로 증가하는데, 식량은 산술급수적(1, 2, 3, 4, 5)으로 증가하기 때문에 식량의 증가는 인구증가에 미치지 못하게 된다. 식량의 공급은 경작지의 확대를 통해서 가능한데, 결국 작물을 키울 수 있는 한계가 있을 수밖에 없고, 따라서 식량공급은 어느 순간 정체를 겪는 시점이 오게 된다. 그러나 인간의 성욕은 미래에도 일정한 수준으로 유지될 것이고, 따라서 인구는 기하급수적으로 증가하게 된다. 그러나 이렇게 증가된 인구를 먹여 살릴 식량은 모자랄 수밖에 없기 때문에, 결국 인구를 인위적으로 줄여야 하는 시점이 오게 된다.

기하급수적 증가의 위험

똑똑한 노동자와 멍청한 사장이 고용계약을 맺기 위해 만났다. 똑똑한 노동자는 그를 고용한 사장에게 자신이 4주 동안에 걸쳐, 매일 전날 받은 임금의 두 배가 되는 임금을 받고 싶다고 이야기하면서, 첫 날에는 단지 1센트만 받겠다고 말했다. 그러자 그 사장은 선뜻 1센트를 주면서 싼 값에 그를 고용하게 되어서 감사하다고 인사를 했다. 첫 주의 마지막 날 사장은 그에게 얼마나 줘야 하는지를 알아보니 단지 총 1.27달러밖에 안 되는 것을 알고 그는 매우 기뻐했다. 그리고 둘째 주 마지막 날 역시 체크를 해보니, 그 사장은 단지 164달러를 주어야 하는 것으로 나타났다. 그러나 셋째 주의 마지막 날인 21일째 그 사장이 빚진 돈을 계산해 보니 20,972달러로 커져 있었고, 넷째 주의 마지막 날인 28일째에는 단 하루의 임금으로 무려 1,342,177달러를 주어야 했고, 4주 동안의 총임금은 무려 2,684,355달러나 되었다. 대충 1달러를 1,000원으로만 계산할 때, 첫날 100원이 기하급수적으로 늘어나면 한 달도 못 미쳐 26억이나 되는 큰 금액이 된 사례는 기하급수적인 증가가 얼마나 무서운지를 잘 보여준다.

William Faunce, 1981.

맬서스에 따르면, 인구증가를 억제하는 데는 다음의 두 가지의 방법이 가능하다. 하나는 적극적 억제(positive checks)로서, 전쟁이나 질병, 기근, 천재지변에 의해서 자연스럽게 인구가 줄어드는 것이다. 맬서스는 인구론의 초판에서 이 방법만이 기하급수적으로 증가하는 인구를 줄일 수 있는 방법이라고 믿었다. 그러나 그는 초판이 나온 후 2판을 출간하면서 새로운 형태의 다른 인구억제의 방법을 언급하는데, 그것은 예방적 억제(preventive checks)로서, 출산회피를 위한 결혼의 연기, 금욕 등의 인간의 이성에 의해 도덕적으로 조절하는 것이다. 후자가 제한적으로 인구를 억제할 수 있는 방법이기는 하지만, 맬서스의 기본적인 생각은 인간들은 대체로 본능적으로 행동할 것이고, 따라서 보다 비극적인 방법으로 인구가 안정될 것이라고 믿었다.

맬서스의 예언 후 서구 국가들의 인구성장률은 19세기와 20세기를 통틀어 매우 낮았으며 심지어는 인구감소를 걱정하기도 하였다. 따라서 이러한 맬서스의 주장은 잊혀졌다가, 20세기 들어 인구가 폭발적으로 증가하면서 다시 여기에 대한 관심이 부활하게 되었다. 특히 후진국의 인구팽창은 그들 국가에서 먹여 살릴 수 있는 인구의 규모를 훨씬 초과하고 있다(Giddens, 2001). 이러한 현대의 상황은 인구의 급속한 증가가 과잉인구를 낳고, 이 과잉인구는 다시 임금저하를 가져오고, 따라서 노동자는 생존을 위해 더 많이 일하게 되고, 이는 다시 식량생산의 증대로 이어져 인구의 증가를 초래하는 악순환에 빠지게 된다는 맬서스의 주장과 매우 비슷하다. 비록 이러한 현상들이 지구상의 일부 국가에서만 관찰되지만, 그 수는 무시할 정도로 적지는 않다.

그러나 맬서스의 주장에 대한 비판들 또한 만만치 않다. 가장 중요한 비판은 맬서스가 과학기술의 잠재력을 과소평가했다는 것이다. 맬서스는 농업생산이 한정된 농토에서 크게 증가할 수 없을 것으로 예상했지만, 이후의 증거들은 농업분야에서도 기술혁신과 함께 농업혁명이 일어나 식량의 증산도 매우 크게 일어났다. 또 하나의 중요한 비판은 피임법의 발달에 따라서 인간의 욕구는 일정하게 유지되었다고 하더라도, 성적인 욕구가 곧 인구의 증가로 이어지지 않았다는 것이다. 그러나 이러한 비판에도 불구하고 남아시아나 아프리카에서 인구의 증가는 맬서스의 주장과 같이 매우 크게 나타난다.

그림 13-1 ■ 세계인구의 폭발적 증가추세

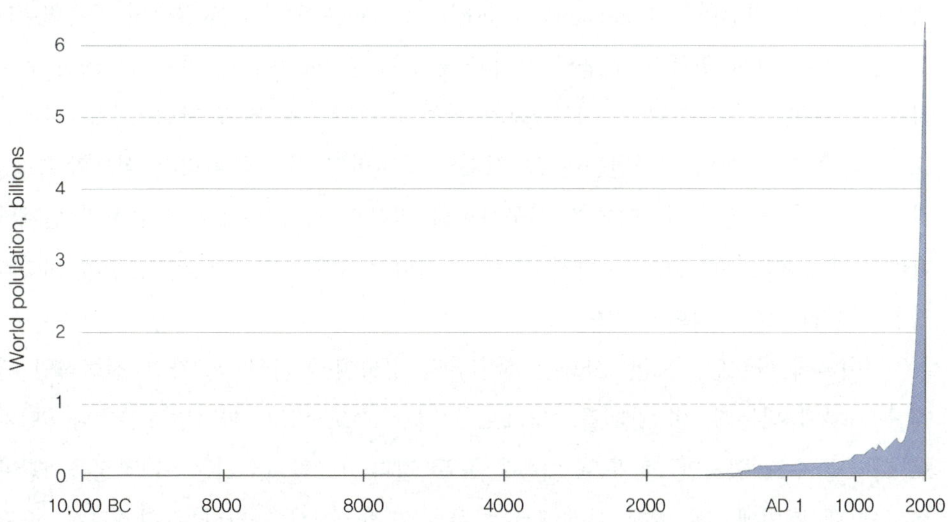

출처: Wikipedia.

실제로 신맬서스주의자(New Malthusians)라고 불리는 일련의 인구학자들은 역사적으로 근세에 들어 인구가 폭발적으로 증가하고 있으며, 이것은 기하급수적으로 증가하는 지수성장곡선(exponential growth curve)으로 나타난다고 주장했다. 신맬서스주의자들은 매우 장기간의 인구증가의 추세를 보면 [그림 13-1]과 같이 이러한 기하급수적인 증가가 실제로 나타나고, 맬서스의 주장이 틀리지 않았다고 주장한다.

그러나 여기에 반대하는 사람들은 신맬서스주의자들이 훨씬 최근에 나타난 일부 국가의 인구감소에 대한 증거와 인간들의 계획과 개선능력을 애써 무시한다고 비판한다. 또한 맬서스가 주장한 바와 같이 인구가 기하급수적으로 증가했는데도, 대부분의 사람들이 식량걱정 없이 잘 살고 있는 것 자체가 맬서스의 생각이 잘못되었다는 것을 보여준다고 비판한다. 따라서 맬서스이론을 초월하여 새로운 경험적 증거를 가지고 인구법칙을 만들고 인구의 증가 및 감소추세를 보여주어야 한다고 주장한다. 이러한 입장을 가진 사람들은 보통 인구변천이론의 입장을 지지한다.

(2) 인구변천이론

맬서스이론은 기능주의 입장에서 인구문제를 설명하는 역사적 의미가 있는 이론이지만, 현대의 기능주의 인구이론은 인구변천이론이라고 불리는 경험적 연구의 성과들이다. 인구변천이론(demographic transition theory)은 인구는 산업화의 종속변수라고 가정한다. 다시 말해서 인구의 증가와 감소는 한 시점에서 모든 사회에서 동일하게 나타나는 것이 아니라, 그 사회의 산업화의 단계에 의해 차별적으로 나타나고, 따라서 한 사회의 인구변동은 그 사회의 산업화의 정도에 따라서 설명할 수 있다는 것이다. 이 인구변천이론은 서구사회의 역사적 경험 속에서 산업화의 단계에 따라서 출산율과 사망률이 달라지고, 이에 따라서 전형적인 형태의 인구의 변천과정을 경험적으로 도식화한 것이다.

이 이론에 따르면, '모든' 사회는 산업화의 정도에 따라서 몇 가지 전형적인 단계를 거치게 되는데, 이 단계를 3단계로 나타낼 수도 있고, 아니면 4단계나 5단계로 나타낼 수도 있지만 그 주된 내용은 모두 같다. [그림 13-2]는 이 과정을 4단계로 나타낸 것인데, 첫 번째 단계에서는 주로 후진국에서 나타나는 단계로서, 사망률과 출산율이 모두 높은 단계이다. 이 단계에서는 많은 아이가 태어나고 이 중 많은 아이가 일찍 사망한다. 일반적으로 영아사망률이 높은 현재의 아프리카 사하라 사막 이남의 여러 국가들이 여기에 해당한다. 두 번째 단계는 출생률은 그대로 유지되지만, 의학의 발달로 인하여 사망률이 급격하게 떨어지기 시작하는 단계이다. 이 단계에서는 인구의 매우 급격한 증가가 나타난다. 주로 공업화 초기국가들이 여기에 해당한다. 세 번째 단계는 이미 낮아진 사망률과 함께 출생률이 함께 떨어지는 단계이다. 이 단계에서는 인구증가율이 점점 둔화되기 시작하는 단계이다. 마지막 네 번째 단계에서는 사망률과 출생률이 모두 낮은 상태에서 안정을 이루는 단계이다. 따라서 이전 단계에서 증가하던 인구도 이 단계에서는 대체로 안정을 이룬다.

그림 13-2 ▪ 전형적인 인구변천의 단계

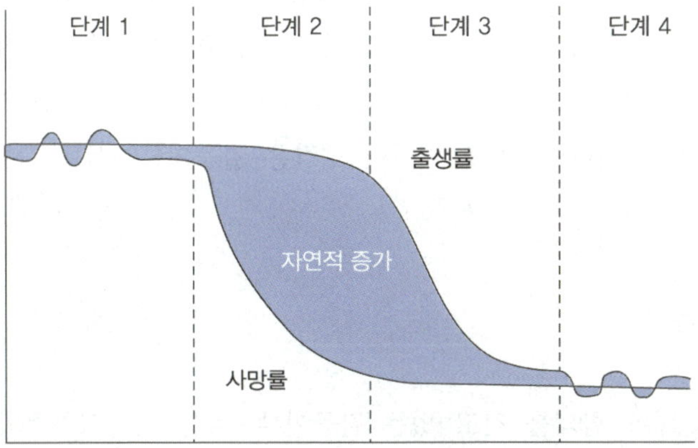

출처: Population Reference Bureau, 2004.

이러한 인구변천이론은 대체로 지난 역사를 돌이켜 볼 때 세계의 여러 국가들의 인구변동과 잘 들어맞는다. 특히 산업화가 인구변동을 가져오는 중요한 요인이라는 점을 정확히 인식하고 있으며, 산업화를 경험한 많은 서구의 국가들은 물론 그 기간의 차이는 있지만 산업화를 경험한 한국과 같은 후발 산업국들도 이 과정을 그대로 밟아 왔다는 점에서 그 가치가 크다. 그러나 한편으로 이러한 인구의 변천과정은 산업화의 단계와는 관계없이 인위적으로도 만들어진다. 예를 들어 중국의 경우 사상 유례가 없는 한 자녀제한정책을 강력히 시행한 결과 공업화의 초기 단계임에도 불구하고 인구증가가 사실상 안정되는 형태로 나타나고 있다. 그 외에도 출산에 대한 다양한 종교적 입장, 피임법의 보급, 여성의 지위 등의 다양한 요인에 의해 인구의 변천은 영향을 받고, 이러한 과정을 거치는 기간은 모두 다르지만 대부분의 국가들은 이러한 전형적인 인구변천과정을 거치는 경향이 있다.

사회가 생존하기 위해서 가장 중요한 기능은 사회성원들을 재생산하는 기능이다. 이러한 기능에 문제가 생길 때 그 사회의 생존은 크게 위협을 받는다. 예를 들어 사회성원들을 그 사회가 감당하기 어려울 정도로 많이 재생산한다면 그 사회는 식량, 주택 등의 다양한 사회문제에 시달릴 것이다. 반대로 사회성원들을 그 사회가 생존하기 어려울 정도로 적게 재생산한다면 그것은 더욱 중요한 사회문제가 될 것이다. 지나친 저출산으로 인하여 한 사회의 인구가 줄어들거나 성비불균형으로 인하여 결혼파동이 온다면, 그 사회의 적절한 성장과 사회성원들의 재생산은 방해를 받을 것이다. 이처럼 인구변천이론과 같은 기능주의이론이 가정하는 적정인구는 일정한 수준에서 인구가 안정적으로 유지되거나 매우 낮은 증가율을 나타내는 정도의 인구가 될 것이다. 그런데 이러한 생각은 갈등이론에서도 크게 다르지 않아 보인다.

2. 갈등이론

인구문제에 대한 함의를 갖고 있는 갈등이론으로는 마르크스주의이론과 페미니스트이론이 있다. 이들은 모두 인구문제가 지배집단과 피지배집단의 불평등한 권력분포에 의해 발생한다고 주장한다. 마르크스는, 맬서스의 주장과 같이 시간과 공간을 초월한 인구법칙은 존재하지 않는다고 생각하며, 자본주의 사회에서의 인구변화를 이해하려고 하였다. 그에 따르면, 자본주의 사회에서 나타나는 상대적 과잉인구는 자본주의 발전의 필연적인 결과물이다. 자본가계급은 자본의 축적을 안정적으로 하기 위해서 노동력을 안정적으로 공급해 줄 수 있어야 하는데, 이를 위해서 항상 자본가계급은 노동자들을 상대적 과잉인구의 상태로 만든다. 이렇게 함으로써 자본가들은 노동자들을 적은 임금으로 안정적으로 착취할 수 있게 된다.[2] 그러나 과거

2) 마르크스의 상대적 과잉인구론의 자세한 내용에 대해서는 이 책의 6장 2절 2.를 보라.

사회주의 사회였던 중국과 같은 나라의 인구폭발은 이러한 문제가 마르크스의 설명과는 달리 자본주의 사회만의 고유한 문제는 아니라는 점을 보여준다.

그러나 인구문제를 설명하는 데 있어서 갈등이론의 강점은 세계의 도처에서 나타나고 있는 식량부족과 기아를 설명하는 데 있다. 갈등이론가들에 따르면, 식량부족과 기아는 권력과 자원의 불평등한 배분에서 기인한다. 식량이라는 것은 중요한 희소자원의 하나이기 때문에, 아프리카의 후진국에서 나타나는 기아와 이로 인한 사망은 후진국이 선진국과의 희소자원을 둘러싼 경쟁에서 패하였기 때문에 나타나는 것이다. 실제로 인간의 생명이라는 고귀한 이념들은 곡물의 판매와 이윤이라는 자본주의 사회의 이념에 의해 내팽개쳐진다. 실제로 지난 100여 년 동안 1인당 곡물생산은 지속적으로 증가해 왔지만, 아프리카의 기아문제는 해결되지 않는다. 갈등이론을 지지하는 사람들은 최선진국이 생산하는 곡물의 3~5%만 이러한 나라들로 재분배하더라도, 기아로 사망하는 사람을 없앨 수 있다고 한다(Henslin, 2000 참조).

에티오피아의 물부족과 기근

이미 이 책의 6장 4절의 '죽음의 감별사'에서 다루었던 에티오피아의 기근문제는 기후변화로 인해 비가 내리지 않아서 생긴 문제이지만, 아이러니하게도 에티오피아는 '아프리카의 급수탑'이라고 불리는 수량이 매우 풍부한 블루나일강이 강수량이 많은 에티오피아 북부 고지대에서 발원하여 에티오피아 국토를 거쳐 이집트로 흘러가고 있는 나라이다. 이 강에 댐을 건설하여 물을 가두고, 관개수로를 통하여 에티오피아의 농지에 물을 공급하면 쉽게 기근을 해결할 수 있음에도 불구하고, 댐은 건설되지 않았다.

에티오피아의 나약한 지도자들은 만약 댐을 건설한다면, 그들보다 강한 이집트나 수단같은 나일강 하류 국가들이 전쟁을 일으켜 공격할까와 겁이나 감히 댐을 건설하지 못했다. 또한 에티오피아는 '불행히도' 식민지가 되지 않아서 유럽에서 개최되는 나일강 수원관리 회의에서 자신들의 이해관계를 대변해 줄 수 있는 종주국을 갖질 못했다. 결과적으로 나일강의 이집트의 것이었고, 유럽의 선진국들은 에티오피아의 곤경에는 별로 관심을 가지지 않았다. 한때 친미국가였던 에티오피아를 위해 댐을 건설해 주려던 미국도, 이집트가 태도를 바꿔 친미국가가 되자 댐을 건설하려던 계획을 취소해 버렸다.

결국 에티오피아가 기댈 수밖에 없는 것은 유엔의 식량원조밖에 없었다. 그러나 이 식량원조는 단기적으로 에티오피아의 기근을 면하게 해주었지만, 장기적으로는 에티오피아의 농업자립을 망쳐버렸다. 에티오피아에서 관개수로를 자비로 또는 외국의 지원으로 건설하여 농장을 운영하여 풍작을 이뤄, 수확한 작물을 판매하려고 하면, 유엔과 미국에서 원조한 대량의 식량트럭들이 앞을 가로 막았다. 결국 농작물유통시스템이 제대로 갖춰지지 않은 에티오피아에서 유엔의 식량지원은 오히려 이들의 자립을 막고 있는 것이다.

Thurow and Kilman, 2009

맬서스는 인구증가가 기아와 전쟁을 가져온다고 주장한다. 그러나 라뻬와 콜린스(Lappé and Collins, 1986)에 따르면, 이것은 전혀 근거 없는 신화에 불과하다. 실제로 아시아의 많은 나라들을 살펴보면 꼭 인구밀도가 높다고 해서 기아에 허덕이지는 않는다. 예를 들어 1인당 경작지 측면에서 볼 때 중국은 인도의 반밖에 안되지만, 중국인들은 일부의 인도인들과 같이 기아선상에서 허덕이지 않는다. 한국이나 대만은 방글라데시의 1인당 경작지 면적의 반밖에 안되지만, 이 두 나라는 방글라데시와 같은 기근을 겪지 않는다. 이처럼 기아의 중요한 원인은, 급속한 인구증가가 아니라 실제로는 기근을 겪는 나라들에서 존재하는 과도한 불평등이다. 이러한 불평등은 그들 나라의 다수국민, 특히 여성에게 적은 자녀를 선택할 기회를 원천적으로 박탈한다.

실제로 아프리카의 기근은 최근 맹위를 떨치는 기후변화 때문이기도 하지만, 더 중요한 것은 그 지역에서 발생하는 내전과 갈등의 결과이다. 이들은 농사를 짓고 싶어도 치안이 불안하기 때문에 농사를 지을 수 없다. 또한 이 지역에서 활동하는 반군이나 군벌세력들은 국제기구에서 기아선상의 난민들에 대한 식량지원을 방해한다. 과연 아프리카에서 발생하는 기아가 자연환경 탓이거나 아프리카에 인구가 많기 때문이라고 할 수 있겠는가? 아프리카에서 발생하는 갈등과 사회적 관계를 이해하지 못하고, 자연현상에 초점을 맞추는 것은 현대사회에서 나타나는 기아문제에 대해 적절한 설명을 하지 못하도록 막는다.

페미니스트이론은 자녀를 많이 출산하는 후진국 여성들의 열악한 사회적 지위에 주목한다. 이 이론에 따르면, 주로 남아시아나 아프리카의 후진국에서 나타나는 높은 출산율은 그 지역 여성들의 낮은 사회적 지위를 반영한다. 이 여성들은 자신의 출산에 대해 거의 아무런 권리를 갖지 못하기 때문에 다산을 원하는 남성가장의 요구에 저항할 수 없다. 보통 이 지역의 영아사망률은 매우 높기 때문에, 여성들은 더 많은 자녀가 성인으로 성장할 수 있도록 하기 위해서 더 많은 아기를 낳으라는 압력에 시달린다. 또한 그중에서도 남아출산에 대한 압력은 더 크다.

이런 상황에서 사회의 지배세력들은 여성들이 출산을 조절하는 것에 대해 매우 부정적이다. 과잉인구는 대부분의 사람들에게 해로운 것이지만, 지배계급들의 입장에서 더 많은 백성들을 거느리고 부린다는 것은 매력적이다(Mooney *et al.,* 2007). 여성들은 사회의 지배적인 권위 앞에서 저항할 수 없다. 따라서 인구문제에 대한 페미니스트의 대안은 여성들에게 피임법을 가르치는 것이 아니라, 더 많은 권리와 지위를 부여하는 것이다. 여성에게 더 많은 교육의 기회를 부여하고, 후진국에서 발견되는 큰 성불평등을 해소하는 것만이 궁극적으로 이러한 지역에서 나타나는 폭발적인 인구증가를 막을 수 있다(Barr, 1992).

3. 상호작용이론: 인구문제의 사회적 구성

상호작용이론은 사람들 간의 상호작용을 통해서 학습되는 다양한 의미와 낙인, 그리고 정의들이 어떻게 인구문제에 영향을 주었는지에 초점을 맞춘다. 예를 들어 많은 사회는 출산을 장려하는 문화(pronatalism)를 갖고 있다. 특히 역사상 많은 종교들은 다산을 숭배했고, 그것이 인류의 지속성을 유지하는 필수적인 요소라고 생각해 왔다. 따라서 많은 국가에서는 출산을 방해하는 요소들에 대한 종교적 금기가 존재한다. 예를 들어 카톨릭과 같은 많은 종교는 피임이나 낙태를 부정적으로 보거나 아예 금지한다. 이런 문화에서 출산조절을 위해 피임을 하는 여성은 공동체에서 추방되거나, 친척이나 친구들로부터 멸시를 당하거나, 심지어는 남편으로부터 이혼을 당하기도 한다(Mooney *et al.,* 2007).

현대사회에서 세계적인 인구증가의 대부분은 극도로 가난한 국가들의 높은 인구증가율에서 기인한다. 이런 나라의 여성들은 적은 자녀를 갖고 싶은 것인데, 피임법을 모르는 것일까? 헨슬린(Henslin, 2000: 450-452)에 따르면, 그렇지 않다. 오히려 이런 극도로 가난한 국가의 여성들은 더 많은 아이를 갖고 싶어한다. 이런 지역에서 많은 자녀들은 갖는 것은 신의 축복으로 인식되며, 자녀를 많이 가질수록 더 많은 축복을 받는 것이다. 따라서 자녀를 많이 낳은 여성들은 마을에서 높은 지위를 부여받고 부러움의 대상이 되며, 반대로 자녀를 전혀 갖지 못한 여성들은 불쌍한 존재로 여겨진다. 또한 많은 자녀를 가진다는 것은 부모의 경제적 자산이다. 그들은 매우 어릴 때부터 가족의 생계에 도움이 되는 실질적인 일을 한다. 예를 들어 이들의 자녀들은 평균적으로 7.9세가 되면 닭이나 오리를 돌보는 일을 하고, 평균적으로 8세가 되면 더 어린 동생들을 돌보며, 평균 8.8세가 되면 물을 길어오는 일을 하고, 평균적으로 9.3세가 되면 양떼나 소떼를 돌보고, 9.5세가 되면 가축을 위한 꼴을 베고, 9.7세가 되면 쌀을 수확하는 데 참여하기 시작하고, 9.9세가 되면 모내기에 참여하고, 12.9세가 되면 임금을 받고 일을 하게 되며, 13세가 되면 밭에서 괭이질을 한다. 또한 자녀들은 부모들이 늙어 일을 할 수 없을 때 부모들을 부양한다. 이처럼 그들의 문화에서 많은 자녀를 갖는 것은 매우 합리적인 행동이다.

이슬람 혁명 이후 이란의 성직자들은 이슬람의 힘을 키우기 위해 이교도들보다 더 많은 아기를 낳아야 한다고 독려했다. 그래서 출산을 적게하는 문제있는 부부가 되기 않기 위해 이란의 부모들은 기꺼이 다자녀를 두는 데 동참하였고, 이란의 인구는 급속히 증가했다. 그러나 너무나 급속히 인구가 증가하여 다양한 문제를 발생시키고, 이란사회가 이것을 도저히 견딜 수 없게 되었을 때, 이란의 성직자들은 결국 다산을 사회문제로 정의하였다.

"무슬림의 질"

이슬람혁명 이후의 이란이나 최근 저출산을 경험하고 있는 한국에서의 인구현상에 대한 사회적 정의의 변화는, 인구문제에 대한 사회의 태도가 사회의 영향력 있는 상징의 십자군들에 의해 규정되고 나타난다는 것을 보여준다. 이슬람혁명 이후 이란의 종교지도자들은 최후의 심판일이 오기 전에, 출산을 장려하여 수적으로 이슬람교를 믿지 않는 이교도들보다 더 많은 무슬림을 생산하는 것이 무슬림의 의무라고 믿었다. 따라서 법적으로 혼인을 할 수 있는 연령은 9세로 낮춰졌고,

모든 성직자들은 설교를 통해 아기를 만들어야 한다고 독려했다. 그 결과 이란의 인구는 폭발적으로 증가하여, 1979년에 3,500만 명이었던 것이 90년대 중반에는 무려 6,000만 명에 이르는 대인구가 되었다. 단시일 내에 이렇게 인구가 폭증하자, 국제사회의 다양한 제재로 어려워진 경제와 함께, 교육, 일자리, 건강 등에서의 다양한 기회가 급격히 감소하게 되었고, 이란에서 인구를 조절하는 것은 종교적 가르침을 떠나서 이란국민들의 생존을 위해 필수적인 것이 되었다.

따라서 이란의 이슬람 지도자들은 새롭게 태도변화를 보이면서, 지나치게 증가한 인구로 인해서 이란인들이 교육적, 경제적, 의료적, 문화적 혜택을 받지 못하게 될 처지에 놓이게 되었으며, 이것은 강력한 산아제한을 통해서만이 해결될 수 있다고 주장하기 시작하였다. 그 결과 이란은 격렬한 종교적 논쟁을 거쳐서 세계에서 가장 강력한 출산조절정책 중의 하나를 시행하게 되었다. 이란은 1993년 개정된 법에 출산조절을 규정하고, 셋째 이후에 태어나는 모든 아이에 대해서 의료보험에 대한 보조금과 식량쿠폰의 지급을 폐지하였다. 또한 콘돔과 피임약을 무료로 제공하고, 혼전 산아제한 강의를 수강하여야 혼인허가를 내주도록 하였다. 이러한 변화에서 이란 이슬람 지도자들의 입장은 변하지 않았지만, 그들의 표현은 다음과 같이 변화하였다.

"지금은 무슬림의 수를 늘리는 것 대신에, 무슬림의 질에 대해서 생각해야 한다."

Macfarquhar, 1996

이러한 이란의 사례는 이 나라의 도덕십자군들이 무슬림세력을 더 강하게 만들어야 한다는 자신들의 도덕적 태도를 변화시키지 않으면서, 출산에 대한 생각을 정반대로 바꾸었다는 것을 보여준다. 혁명 초기 이란사회에서 아기를 낳지 않거나 적게 낳는 것은 사회문제였지만, 몇십 년 사이에 이슬람교의 성자 마호메트처럼 아기를 많이 낳는 것은 이란의 대표적인 사회문제가 되었다.

최근 선진국에서 저출산이 문제시 되자, 여성들 사이에 만연한 불임현상이 큰 문제로 여겨졌다. 미국 여성들의 불임문제를 연구한 스크리치필드(Scritchfield, 1995)는, 당시 미국에서 큰 문제로 언론에서 크게 다루어지던 불임여성 비율의 가파른 증가가 실제의 증가에 의해서라기보다는 불임에 대한 바뀐 정의에 기인한 것을 보여준다. 당시 불임은 "피임을 하지 않고 성생활을 함에도 불구하고 아기를 가질 수 없는 것"으로 정의되었는데, 이 정의에 과거에는 불임에 포함되지 않았던 임신중절 수술을 받은 여성들이 점점 더 많아지고 이들이 불임여성에 포함됨으로써 불임이 증가하는 것으로 나타났다는 것이다. 이 사례는 실제로 생물학적인 불임여성은 과거에 비해 전혀 증가하지 않았음에도 불구하고, 불임에 대한 정의가 바뀜으로 인해 불임여성의 증가가 사회문제가 되었다는 것을 보여준다.

이러한 경험은 과거 산아제한에 대해 정부차원에서 대대적인 캠페인을 벌이고 불임시술을 무료로 해주던 시대에서, 최근 저출산으로 인하여 인구증가율이 급격히 둔화되고 많은 자녀를 낳는 가정에 보조금을 지급하는 한국의 사례에서도 유사한 점이 발견된다. 물론 이란과는 그 방향은 정반대이지만, 고출산이 사회문제로 인식되던 시대[3]에서 몇십 년 만에 반대로 저출산이 사회문제로 인식되고 있는 것은 사회문제가 고유한 객관적인 속성을 가진 것이라기보다는 사회의 영향력 있는 도덕십자군들의 상황정의에 의해 구성되고 만들어진다는 것을 보여준다. 이러한 집단들은 고출산이든 저출산이든 여기에 대해 그들이 가진 이해관계는 거의 없지만, 사회의 생존과 유지, 발전을 위해 갖게 되는 도덕적 의무감이 이러한 사회문제를 만들어낸다.

제 3 절 인구문제의 유형과 실태

한국사회에서 중요한 인구문제로 들 수 있는 것은 인구의 양적 측면이라고 할 수 있는 저출산과 인구증가율의 급격한 둔화, 그리고 특정지역에의 인구의 지나친 집중을 들 수 있고, 다른 한편으로 인구구조의 질적인 문제로서 베이비붐세대와 관련된 다양한 사회문제, 성비의 불균형, 그리고 인구의 고령화 정도를 들 수 있을 것이다.

---

3) 당시의 강력한 산아제한정책에 대해서는 이 책의 1장 3절 2.를 보라.

1. 세계인구의 증가

현재 세계의 인구는 여전히 급속히 증가하고 있다. 과연 지구가 몇 명이나 수용할 수 있을지에 대해서는 아무도 모르지만, 특정 지역에서 급속히 빠른 인구의 증가가 나타나고 있고, 공동으로 나누어서 이용해야 할 지구의 자원을 특정지역에서 지나치게 착취하는 문제가 나타난다. [표 13-1]은 대륙별 인구의 추이를 보여주는데, 우선 전 세계의 인구는 1950년에 약 25억이었는데, 1975년에는 약 41억으로 늘었고, 2009년에는 약 68억이 되었고, 2050년에는 이러한 증가속도는 다소 둔화되어 약 92억의 인구가 지구상에 살게 될 것으로 전망된다. 이것을 대륙별로 살펴보면, 2009년을 기준으로 아시아대륙이 가장 많은 41억의 인구가 살고 있고, 그다음으로 아프리카대륙이 10억, 유럽이 7억, 남미와 카리브해지역이 6억, 북미가 4억, 오세아니아가 약 4천만 명이 살고 있는 것으로 나타난다. 그러나 2050년에는 유럽에서 인구가 줄어들어 남미 및 카리브해지역에 더 많은 인구가 살게 될 것으로 예상된다.

표 13-1 ■ 대륙별 인구의 추이 (단위: 백만)

주요 지역		1950	1975	2009	2050
전체		2,529	4,061	6,829	9,150
대륙	아프리카	227	419	1,010	1,998
	아시아	1,403	2,379	4,121	5,231
	유럽	547	676	732	691
	남미 및 카리브해	167	323	582	729
	북미	172	242	348	448
	오세아니아	13	21	35	51

출처: Population Division of the Department of Economic and Social Affairs of the United Nations Secretariat, 2009.

세계의 인구를 증가율[4]을 통해서 살펴보면([표 13-2]), 전체적으로 세계의 인구는 1950년에서 1980년 사이에 가장 많이 증가를 한 것으로 나타난다. 이 기간 동안 세계의 인구는 연평균 1.87%씩 증가해 온 것으로 나타난다. 이 기간 이후인 1980년에서 2009년 사이는 연평균 1.49%가 증가하였고, 현재의 출산율 감소추이를 중간 정도로 추정할 때, 2009년에서 2050년의 연평균 인구증가율은 0.71%로 추정된다. 이것은 향후 세계의 인구가 계속 증가하기는 하겠지만, 그 기세는 한풀 꺾일 것이라는 것을 보여준다.

표 13-2 ■ 세계 각 지역의 기간별 연평균 인구증가율

주요 지역		1950~2009	1950~1980	1980~2009	2009~2050 (예상된 출산율 증가 시나리오)			
					낮음	보통	높음	현재 상태 지속
전체		1.68	1.87	1.49	0.37	**0.71**	1.04	1.17
선진국		0.71	0.96	0.45	-0.22	**0.08**	0.38	0.05
후진국	후진국 전체	2.00	2.23	1.76	0.49	**0.83**	1.16	1.36
	최후진국	2.42	2.35	2.49	1.37	**1.69**	2.00	2.65
	나머지 후진국	1.94	2.22	1.65	0.29	**0.65**	0.98	1.04
대륙	아프리카	2.53	2.51	2.55	1.34	**1.66**	1.97	2.65
	아시아	1.83	2.09	1.56	0.23	**0.58**	0.92	0.92
	유럽	0.49	0.79	0.19	-0.45	**-0.14**	0.16	-0.27
	남미 및 카리브해	2.11	2.58	1.63	0.18	**0.55**	0.91	0.89
	북미	1.20	1.31	1.09	0.32	**0.62**	0.91	0.72
	오세아니아	1.72	1.94	1.49	0.60	**0.91**	1.20	1.19

출처: Population Division of the Department of Economic and Social Affairs of the United Nations Secretariat, 2009.

이것을 산업화의 단계에 따라서 나누어서 기간별 평균 인구증가율을 살펴보면, 선진국에서는 각 기간 동안 0.96%, 0.45%, 그리고 0.08%로 그 증가율이 감소할 것

4) 인구증가율은 보통 다음의 식을 통해 구해진다. 인구증가율 = $\frac{\text{금년인구} - \text{전년인구}}{\text{전년인구}} \times 100$.

으로 예상되고, 후진국에서도 전체적으로 같은 기간 동안 2.23%, 1.76%, 0.83%로 그 증가율이 급속히 둔화될 것으로 예상된다. 후진국 중에서도 최후진국에서 그 증가율의 감소 속도는 상대적으로 매우 느리게 나타난다. 최후진국에서 1950년에서 1980년 사이의 연평균 증가율은 2.35%, 1980년에서 2009년 사이는 2.49%로 오히려 증가하였으며, 2009년에서 2050년 사이에 가서야 1.69%로 연평균 증가율이 둔화될 것으로 예상된다. 이러한 결과는 최빈국을 제외한 나머지의 후진국들은 세계의 전체 감소율과 별다른 차이를 보여주지 않는 데 비해서, 최빈국은 과거와 미래에 세계인구의 증가에 매우 중요한 역할을 하리라는 것을 보여준다.

이것을 대륙별로 살펴보면, 유럽의 경우 이미 1980년에서 2009년 사이에 인구가 거의 증가하지 않는 0.19%의 연평균 증가율을 보여주며, 향후에 2050년까지는 인구가 오히려 감소할 것으로 전망되고 있다. 또한 아시아나, 남미, 북미, 오세아니아도 감소하지는 않겠지만 인구의 증가율은 향후 완만할 것으로 예상되고 있다. 그러나 아프리카대륙의 경우도 인구증가율은 2009년에서 2050년 사이에 낮아지겠지만, 여전히 연평균 1.66%의 인구증가를 보여줄 것으로 예상된다. 이러한 결과는 전세계의 인구가 대체로 그 증가추세가 완만해지겠지만, 아프리카의 최빈국들을 중심으로 여전히 높은 인구증가율이 계속 나타날 것이라는 점을 보여준다.

세계의 증가인구수의 상위 10개국에 속하는 국가들의 인구 추이를 살펴보면([표 13-3]), 1950년에서 1955년 사이의 기간은 중국에서 연평균 천만 명이 넘는 인구의 증가가 나타나, 세계 인구증가의 무려 23%를 차지할 정도로 세계인구의 증가에 많은 영향을 주었다. 그다음은 인도가 연평균 700만 명 정도가 증가하여 세계 인구증가의 14.3%를 차지하였다. 그다음으로 세계인구의 증가에 많은 영향을 준 나라들은 미국, 브라질, 러시아, 인도네시아, 일본, 방글라데시, 멕시코 등으로 나타난다.

최근 2005년에서 2010년 사이에 세계의 인구증가에 가장 많은 영향을 준 나라는 인도이다. 인도의 인구는 이 기간 동안 연평균 약 1,800만 명이 증가하여 세계인구의 증가에 무려 21.2%를 차지하였다. 그다음으로는 중국이 10.5%로 다소 그 영향력이 줄어든 것을 알 수 있다. 이것은 중국에서 한 자녀만을 갖도록 강요하는 세계에서 유래를 찾기 힘들 정도의 산아제한 정책이 효과를 거둔 것으로 해석할 수 있다. 이 두 나라 다음으로 빠르게 인구가 증가한 나라들은 파키스탄, 나이지리아, 미국, 인도네시아, 방글라데시, 에티오피아, 브라질 등으로 나타나고 있다.

2045년과 2050년 사이의 미래에는 계속 인도가 세계 인구 증가의 13%를 차지하여 여전히 가장 많은 인구증가를 기록할 것으로 전망된다. 그다음으로는 파키스탄, 나이지리아, 에티오피아, 콩고, 탄자니아, 우간다, 미국, 니제르, 아프가니스탄의 순으로 높은 인구증가율을 기록할 것으로 예상된다. 전체적으로 그 증가의 속도는 줄어들었지만, 인구가 증가하는 지역이 미국과 필리핀을 제외하면 남아시아나, 아프리카 지역에 거의 집중된다는 점이 특징이라고 할 수 있을 것이다.

표 13-3 ■ 세계의 인구증가 상위 10개국의 증가 인구수 추이

1950~1955				2005~2010				2045~2050			
순위	국가	연간 증가 인구수 (백만)	누적 백분율	순위	국가	연간 증가 인구수 (백만)	누적 백분율	순위	국가	연간 증가 인구수 (백만)	누적 백분율
1	중국	10.655	23.0	1	인도	16.769	21.2	1	인도	3.990	13.0
2	인도	6.961	37.3	2	중국	8.379	31.7	2	파키스탄	3.061	22.9
3	미국	2.668	42.9	3	파키스탄	3.788	36.5	3	나이지리아	2.854	32.2
4	브라질	1.782	46.7	4	나이지리아	3.476	40.9	4	에티오피아	1.895	38.4
5	러시아	1.740	50.4	5	미국	2.980	44.6	5	콩고	1.797	44.3
6	인도네시아	1.341	53.3	6	인도네시아	2.661	48.0	6	탄자니아	1.687	49.7
7	일본	1.245	56.0	7	방글라데시	2.261	50.8	7	우간다	1.485	54.6
8	방글라데시	0.970	57.9	8	에티오피아	2.063	53.5	8	미국	1.433	59.2
9	멕시코	0.903	59.8	9	브라질	1.870	55.8	9	니제르	1.358	63.7
10	파키스탄	0.786	61.6	10	콩고	1.750	58.0	10	아프가니스탄	1.160	67.4
	전 세계	46.822	100.0		전 세계	79.282	100.0		전 세계	30.728	100.0

출처: Population Division of the Department of Economic and Social Affairs of the United Nations Secretariat, 2009.

2. 저출산

세계의 인구는 여전히 급속히 증가하고 있지만, 한국을 포함한 많은 선진국들은 출산율의 저하 문제로 고민하고 있다. 보통 출산율은 합계출산율(total fertility rate)을 통해서 나타내는데, 이것은 여성 1명이 가임기간 동안 출산하는 자녀의 수를 의미한다. 예를 들어 합계출산율이 2라면 2명의 부부가 평균 2명의 자녀를 갖는다는 것을 말한다. 이러한 수준은 한 사회의 인구수준이 줄지도 않고 늘지도 않는 상태를 의미하지만, 실제로는 중간에 자연적으로 사망하는 사람들이 생겨나므로 합계출산율이 2.1명 정도가 되어야 이러한 수준에 이른다.

[그림 13-3]에 따르면, 대부분의 선진국들은 이 합계출산율이 이러한 인구대체수준(replacement level)인 2.1명 수준에 못 미치고 있으며, 한국은 그중에서도 가장 낮다. 2016년에 OECD 36개 회원국들 중에서 인구대체율인 2.1명 이상인 나라는 이스라엘, 멕시코, 튀르키예의 3개국이었으나, 2022년에는 이스라엘이 유일하다. 이것은 거의 모든 회원국들이 향후 인구의 감소를 막을 수 있는 수준에 못 미치고 있다는 것을 보여주는 것이다.

그림 13-3 ■ 세계 각국의 합계출산율

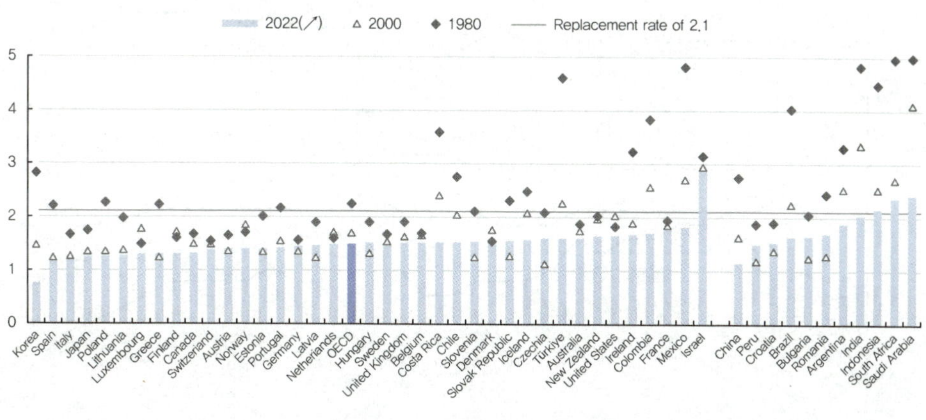

출처: OECD, 2024. Society at Glance.

한국은 1960년에 합계출산율이 6.0명으로서 지나치게 높은 출산율이 문제가 되었으나, 이후 급속히 떨어져 1990년에는 이미 합계출산율이 대체수준에 못 미치는 1.59명이 되었고, 2019년 0.9명, 그리고 2022년 0.81명으로 OECD 전체 회원국 중에서 가장 낮다. 특히 한국의 경우 출산율이 떨어지는 속도가 지나치게 빠르게 나타나는데, 이것은 한국, 이스라엘, 멕시코, 미국, 일본의 5개 회원국의 합계출산율 추이를 보여주는 [그림 13-4]에서 잘 알 수 있다. 이 그래프를 보면, 다른 회원국들에 비해서 한국의 합계출산율이 출산율이 낮음에도 불구하고 계속 급격하게 떨어지고 있는 것을 알 수 있다.

일반적으로 출산율의 저하는 생산가능인구 감소와 고령인구 증가에 따른 생산력 저하를 부르게 된다. 또 소비 수요 침체를 불러 투자가 위축되고 경제 성장을 둔화시키게 된다. 그리고 출산율이 떨어지면 경제활동인구에 대한 노인 인구의 비율이 늘어 젊은 세대의 부양 부담은 큰 폭으로 늘어나게 된다. 이렇게 될 경우 출산을

그림 13-4 ■ OECD 6개 회원국의 합계출산율 추이(1990~2022)

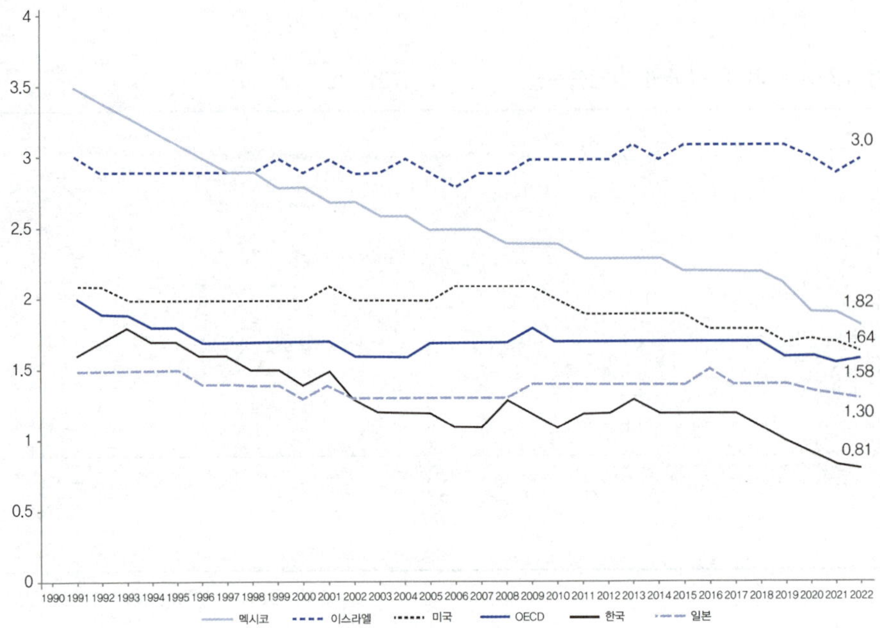

출처: OECD Data Explorer에서 2025년 5월 16일 검색.

더 기피하게 될 것이고 젊은 세대는 부담이 더욱더 늘어나는 악순환이 되풀이될 가능성이 높다. 따라서 정부에서는 신인구정책을 세우고 출산율을 높이기 위해 다양한 정책을 모색하는 한편, 부족한 노동력을 외국인노동자나 결혼이민여성을 받아 본격적인 다문화사회로 가는 정책을 심각하게 고려하고 있다.

보통 출산율은 초혼연령이나 여성의 경제활동참여율 등에 의해 많은 영향을 받는다. 초혼연령이 낮은 경우 보통 가임기간이 길기 때문에 높은 출산율이 나타난다. 예를 들어 이슬람 국가들에서 일반적으로 출산율이 높게 나타나는 것은 이들이 매우 낮은 연령대의 아동들에게 혼인을 허용하는 경향이 있기 때문이기도 하다. 한국의 초혼연령은 다른 OECD 국가 평균 정도이나, 첫 아기를 갖는 연령이 2016년 현재 31.4세로 같은 해 OECD 평균인 28.9세보다 훨씬 높고, 30개 회원국 중에서 1위이다(OECD, 2019a: 77-81), 이것은 한국의 젊은 부부들이 결혼을 한 이후에도 자녀를 바로 갖지 않고 출산을 연기하는 경향이 높다는 것을 보여준다. 그리고 여성의 경제활동 참여는 보통 낮은 출산율을 가져온다. 그러나 한국의 경우 여성들이 경제활동참여를 하지 않는 전업주부의 비율은 매우 높으면서 출산율도 함께 낮게 나타나는 독특한 구조를 가지고 있다. 이러한 결과는 한국에서 나타나고 있는 저출산현상이 단순히 초혼연령의 증가나 경제활동참여율에 의해 나타나는 것이 아니라는 것을 보여준다.

저출산현상과 관련하여 현재 한국사회에서 나타나고 있는 현상들 중에 주목할 만한 것으로, 실업상태에 있는 여성들보다 취업이나 비경제활동(전업주부) 상태에 있는 여성들이 자녀수가 더 많다는 것이다(통계청, 2009d). 이 결과는 경제적인 이유 때문에 자녀를 적게 낳는 여성들이 많다는 것을 의미한다. 이러한 경제적인 이유는 단순히 생활비의 부족을 넘어서, 자녀양육비용 부담에서 기인하는 측면이 크다. 한국의 경우 다른 선진국과는 달리 자녀의 육아비용을 거의 대부분 개인이 부담하고 있으며, 특히 한국 부모들의 자녀 사교육비에 대한 압박은 엄청나다.[5] 이것은 빈곤가정이 아니더라도 대부분의 부모들이 느끼는 것이며, 고액과외, 조기영어유학 등의 고가의 사교육은 중산층 가정의 부모들에게도 상대적 박탈감을 가져온다.

---

5) 한국의 사교육비 부담에 대해서는 11장의 4절을 보라.

3. 성비불균형

성비(sex ratio)란 보통 여성 100명에 대한 남성의 수를 가리킨다. 예를 들어 한 사회에서 성비가 100이라고 하면 남성과 여성의 수가 동일하다는 것을 나타낸다. 보통 자연스러운 상태라면, 성비는 103에서 107 정도를 나타내므로, 이보다 성비가 높은 나라나 지역은 남아출산을 선호하는 지역이라는 것을 보여준다. 성비는 전체 인구를 대상으로 계산되기도 하고, 또는 한 해 출생하는 아기의 성비를 통해 계산되기도 하는데, 후자는 출생성비(sex ratio at birth)라고 한다. 전체 성비는 남녀 간에 나타나는 수명의 차이에 의해서도 왜곡될 수 있으므로, 한 사회의 남아선호를 살펴보기 위해서는 보통 출생성비를 살펴보는 것이 일반적이다.

[표 13-4]에 따르면, 2005년의 출생성비는 전국 평균이 107.8명으로 여아 100명당 남아가 약 108명이 태어나는 것으로 높은 수준이었다. 그러나 2010년에 106.9명, 2015년에서 2023년 사이에는 약 105명으로 크게 감소하였다.[6] 이것을 지역별로 살펴보면, 2023년을 기준으로 출생성비는 경북이 108.0명으로 가장 높고, 그다음으로 경남이 107.5명, 대전이 107.1으로 높았다. 이것을 자녀의 출생서열별로 나누어서 살펴보면, 첫째부터 둘째 아이의 출생성비는 전국 평균이 각각 105.8명과 103.1명으로 그리 높지 않다. 그러나 셋째의 경우 108.3명으로 크게 높아지며, 넷째 이상의 경우도 역시 107.3명으로 매우 높다. 이것을 지역별로 보면, 경남이 셋째와 넷째 이상의 출생성비가 각각 124.3명과 127.6명으로 가장 높고, 그다음으로 광주가 각각 123.8명과 120명으로 높게 나타난다. 그 외 충북, 대전, 전남이 셋째 이상의 출생성비가 높은 지역으로 나타난다.

이 결과는 한국사회에서 여성의 낮은 지위가 급속히 개선되고 있음과, 동시에 한국부모들의 가족에 대한 가치관의 변화가 급속히 나타나고 있다는 것을 보여준다. 최근 한국사회에서 꼭 아들을 낳아서 대를 이어야 하겠다는 유교적인 생각은 급속히 사라지고 있으며, 또한 대부분의 부모들이 혼인한 자녀들과 분가를 하게 됨으로써 아들과 딸의 역할 차이가 거의 없어지게 된 것도 출생성비의 왜곡을 급속히 완화시킨 매우 중요한 요인이다.

---

6) 이 성비는 OECD 국가의 평균적인 수준이라고 할 수 있다(통계청, 국제통계연감).

표 13-4 ■ 한국의 지역별 출생성비의 추이와 자녀서열별 출생성비 (단위: 명)

시도별	2005	2010	2015	2020	2023				
					전체	첫째	둘째	셋째	넷째 이상
전국	107.8	106.9	105.3	104.8	105.1	105.8	103.1	108.3	107.3
서울	106.6	106.6	104.3	105.4	105.5	106.9	102.3	109.9	108.7
부산	107.3	106.8	106.7	106.6	105.0	107.2	100.0	109.0	108.7
대구	110.7	108.6	106.9	105.0	105.0	104.4	105.2	109.2	109.4
인천	106.4	106.7	107.3	106.2	105.6	108.1	102.9	98.3	96.1
광주	110.0	108.3	106.9	100.4	103.7	103.5	99.4	123.8	120.0
대전	107.4	106.7	107.7	109.7	107.1	105.6	107.0	119.3	114.7
울산	113.1	108.4	106.3	99.1	101.3	100.9	101.5	102.3	98.6
세종	–	–	109.9	101.9	100.9	104.4	97.6	90.7	98.8
경기	106.7	106.3	104.7	104.0	105.7	105.9	104.6	108.0	107.5
강원	107.7	106.4	101.9	102.0	101.7	102.3	100.3	102.7	99.6
충북	107.8	106.8	103.2	106.2	105.5	105.9	102.5	113.6	113.2
충남	106.1	106.5	106.6	106.9	103.6	106.6	99.2	102.9	102.4
전북	111.5	107.9	105.3	102.7	102.9	103.2	101.5	106.1	104.3
전남	105.2	107.0	105.3	104.6	101.1	100.4	99.1	111.0	109.3
경북	110.6	107.2	105.5	104.3	108.0	109.4	106.7	104.9	100.8
경남	110.0	107.6	105.1	106.2	107.5	106.3	105.2	124.3	127.6
제주	113.1	107.4	108.6	110.1	100.2	98.9	106.2	89.7	89.8

출처: 통계청, 인구동향조사.

일반적으로 성비불균형이 가져오는 문제점으로는 첫째, 미래의 결혼파동(marriage squeeze)이 발생할 수 있다. 결혼적령기에 들어간 많은 남성들은 배우자를 구하지 못해 불가피 하게 오랫동안 총각으로 살거나, 아니면 다른 외국에서 신부를 구해야 한다. 둘째, (논란의 소지는 있지만) 여성이 적어지면 포르노그래피나 강간, 동성애 같은 현상들이 증가할 수도 있다.

표 13-5 ■ 한국의 연령대별 성비(2024년 기준) (단위: 명)

연령	전체	남성	여성	성비
전체	51,037,253	25,400,503	25,636,750	99.1
0-4	1,302,901	667,110	635,791	104.9
5-9	1,932,012	990,611	941,402	105.2
10-14	2,324,789	1,193,452	1,131,337	105.5
15-19	2,304,290	1,187,035	1,117,255	106.2
20-24	2,715,178	1,410,685	1,304,493	108.1
25-29	3,345,303	1,749,087	1,596,216	109.6
30-34	3,426,128	1,802,576	1,623,552	111.0
35-39	3,145,432	1,620,174	1,525,258	106.2
40-44	3,942,230	2,005,710	1,936,520	103.6
45-49	3,830,094	1,942,250	1,887,845	102.9
50-54	4,434,534	2,243,647	2,190,887	102.4
55-59	4,201,490	2,105,626	2,095,864	100.5
60-64	4,177,399	2,075,898	2,101,501	98.8
65-69	3,502,182	1,703,153	1,799,029	94.7
70-74	2,324,532	1,092,697	1,231,835	88.7
75-79	1,737,959	776,190	961,770	80.7

출처: 통계청, 인구동향조사.

지금까지 우리 사회에서 출생성비의 왜곡은 급격히 완화되었지만, 이것이 바로 성비불균형 문제가 해결되었다는 것을 의미하지는 않는다. 오히려 성비불균형 문제는 이제부터가 시작이라고 해도 과언이 아니다. 왜냐하면 성비불균형의 여파는 이들이 성행위를 시작하고 결혼을 하는 시기에 도달해서 나타나기 때문이다. 이것을 좀 더 쉽게 이해하기 위해서는 연령대별 성비를 살펴보는 것이 유용하다. [표 13-5]는 2024년을 기준으로 80세 미만 인구의 연령대별 성비를 나타낸 것인데, 한국의 전체 성비는 99.1명으로서 남녀가 거의 동일한 수로 나타난다. 그러나 이러한 대등한 수치는 성비의 균형이라기보다는 실제로는 여성의 평균 기대수명이 남성에 비해 훨씬 더 길다는 점과 전쟁의 결과에서 기인한다.

2024년 기준 한국의 연령대별 성비를 살펴보면, 현재 한국에서 결혼적령기라고 여겨지는 25세에서 35세 사이의 성비가 가장 높은 109.6명과 111.0명으로 각각 나타난다. 특히 30세에서 34세 사이의 연령대는 여성 100명에 남성 111명이 존재하는 것으로 100명당 약 11명의 남성이 남아돌고 이들은 배우자를 찾을 수 없거나 아니면 다른 나라에서 배우자를 찾아야 한다는 이야기가 된다. 그리고 이 연령대 외에도 20대 초반의 성비도 다소 높게 나타난다. 특히 20대 후반과 30대 초반 연령대는 배우자를 구해서 혼인을 하는 연령대이기 때문에, 이미 한국사회는 결혼파동의 시기에 들어선 것이다. 이러한 결혼파동에서 가장 큰 영향을 받는 것은 빈곤층이나 농촌지역 거주자, 장애인 등의 소수집단이므로 이들 중 많은 사람들은 이미 현재 외국인 신부와 국제결혼을 하고 있다. 그러나 전혀 문화가 다른 세계에서 성장하여 갑자기 완전히 새로운 문화에 적응해야 하는 국제결혼은 그 적응이 그리 쉬운 것이 아니므로, 여러 갈등이 노출되는 가정들이 많고 이혼율도 높은 것이 사실이다.[7] 이러한 추세는 앞으로도 계속 이어질 것으로 생각된다.

세계 각국의 남아선호와 성비불균형

가부장제의 역사는 인류의 역사만큼 오래되었다고 한다. 그래서 지구상 곳곳에서는 남아를 선호하는 경향이 강하게 나타나는 지역이 많다. 이런 가부장제는 성비불균형을 초래하지만, 이것만이 성비를 왜곡시키는 것은 아니다. 예를 들어 그린란드나 캐나다 일부 지역에서 나타나는 것과 같이 환경적인 요인에 의한 호르몬의 이상이 성비불균형을 가져올 수 있다. 또한 전쟁이나 대규모 이민의 경우에도 성비불균형은 올 수 있다. 그러나 이런 예외적인 경우를 제외하면, 대부분의 성비불균형은 사회적인 이유로 나타난다.

중국은 폭발적으로 증가하는 자국의 인구증가문제를 해결하기 위하여 1979년에 세계에서 유래를 찾아보기 힘든 강력한 인구조절 정책을 만들었다. 한 자녀 정책(one-child policy)으로 불리는 중국의 산아제한 정책은 도시에 사는 모든 한족 부부가 한 명의 자녀만을 가지도록 강요하고, 두 자녀 이상을 갖는 경우에는

7) 국제결혼 이주여성에 대해서는 이 책의 8장 3절 3.을 보라.

사회적 양육비라고 부르는 큰 금액의 세금을 내도록 하는 것이었다. 이뿐만 아니라, 두 자녀 이상의 교육비를 모두 자비로 부담하여야 하며, 의료보험혜택도 받을 수 없다. 이 정책은 중국의 인구성장률을 둔화시키는 데 큰 기여를 하였지만, 아들을 선택임신/출산하게 만듦으로써 중국사회에서 성비의 불균형이라는 새로운 사회문제를 만들었다.

그 결과 한국과 마찬가지로 중국도 성비가 110을 넘는 세대들이 곧 결혼적령기에 들어가기 시작했고, 이에 따라서 중국남성들이 배우자를 구하지 못하는 결혼파동이 심화될 것으로 예상된다. 탈북여성들의 증언에 따르면, 최근 중국에서 벌어지고 있는 탈북여성들에 대한 인신매매는 이러한 결혼파동의 결과로 신부감을 구하기 어려운 농촌남성이나 장애인들의 배우자로 팔기 위한 것이 많은 것으로 알려지고 있다. 향후 이 문제는 더욱 심화될 것으로 예상되는데, 15세에서 24세 연령대가 결혼적령기에 들어가는 10여 년 후에는 무려 1,200만 명 이상의 신부가 모자랄 것으로 예상된다.

그 이웃나라 베트남의 출생성비는 1999년 107이던 것이 점점 상승하여 2007년에는 111.6에까지 이르렀다(UNFPA, 2009). 이러한 베트남에서의 출생성비의 상승은 전통적으로 이 국가에서 남아선호사상이 존재했고, 최근에 쉽게 이용가능하게 된 성감별기술과 선별적 낙태에 기인한다. 이러한 부적절한 행위는 새로운 의학기술과 여기에 대한 지불능력이 있는 고학력의 상류층 여성들에 의해 주로 이루어진다.

인도는 고질적인 여성의 낮은 지위와 이로 인해 결혼지참금 살인과 같은 여성에 대한 다양한 폭력이 발생하는 곳이다.8) 따라서 인도의 성비 또한 매우 왜곡되어 있을 것으로 쉽게 예상할 수 있다. 따라서 인도에서도 결혼파동이 심할 것으로 추정된다. 2018년 현재 인도의 결혼 적령기인 20세에서 29세 사이의 성비는 각각 111.3명으로 높은데, 단순 계산으로 당장 이 연령대에서 702만 명 이상의 신부가 모자라는 것으로 나타난다. 또한 인도는 일부다처제가 금지되어 있지만, 편법으로 돈 많은 남자들이 여러 명의 부인과 결혼을 하는 것은 공공연한 사실이다. 이 점을 고려하면 인도에서는 더 많은 신부감이 필요하다는 것을 알 수 있다. 또한 이후 연령대의 성비도 계속 높은 상태이므로, 결혼을 못하고 남는 남성들을 고려하면 향후 실제로 모자라는 여성배우자는 훨씬 더 많을 것으로 추정된다. 최근 인도에서 다발하고 있는 여성에 대한 강간이나 성추행사건들은 이러한 높은 성비불균형과 어느 정도 관련이 있을 것으로 생각된다.

---

8) 여기에 대해서 자세한 내용은 7장 4절 2.를 보라.

중국에서 정부의 강력한 산아제한 정책으로 인하여 성비가 급격히 왜곡된 것에 반해, 인도나 베트남은 여성의 열악한 지위로 인하여 성비가 증가한 사례라고 할 수 있다. 예를 들어 인도가정의 연평균 수입이 3만 루피인데 신부의 지참금은 (신랑의 지위에 따라서 다르지만) 보통 이것의 5배에 달하는 15만 루피에 이른다고 한다. 따라서 인도가정에서 아들을 낳으면 경사가 나지만, 딸을 낳으면 초상집과 같은 분위기가 된다. 따라서 인도의 산부인과에서는 “지금 1,000루피로 미래의 10만 루피를 아끼세요”라는 광고를 통해, 성감별과 낙태를 유도하고 있으며, 그 결과 성비불균형은 심화된다.

4. 베이비붐세대와 인구고령화

인구문제를 거론할 때 베이비붐(baby-boom)을 거론하지 않고 이 문제를 이야기할 수 없다. 한국사회에서 베이비붐은 한국전쟁이 끝난 후 출산을 미루고 있던 많은 사람들이 한꺼번에 자녀를 출산함으로써 나타나게 되었다. 베이비붐세대는 그 이전의 세대에 비해 그 수에서 엄청나게 차이가 나기 때문에, 이 세대가 지나가는 사회의 여러 제도들에서는 이 비대한 세대들을 수용하는 데 많은 문제가 나타났고, 아직도 이들은 우리 사회의 전반에 걸쳐서 많은 영향을 미치고 있다. 예를 들어 베이비붐세대가 취학을 할 시점에 학교의 교실부족 문제가 나타났으며, 이들이 대학을 갈 시점에는 대학정원의 확대문제가 거론되었고, 이들이 취업을 할 때는 당시 우리 경제가 높은 성장률이 나타날 때라서 큰 문제가 없었지만 경제가 나빠지면서 이후 세대들은 이 비대한 베이비붐세대들에 취업의 기회를 빼앗긴 셈이 되었다. 또한 베이비붐세대들이 집을 마련하는 시점에는 부동산가격이 폭등을 했으며, 이들이 중년이 되었을 때는 중형 아파트 가격의 상승이 나타났고, 2025년 기준 베이비붐 1세대의 나이는 60대 중반에 이르고 있어 최근에는 베이비붐세대들이 대거 은퇴를 시작하고 있고, 이것은 향후 연금재원의 압박으로 다가올 것이다.

세대별 인구의 구성은 인구피라미드(population pyramid)라고 불리는 그래프에 의해서 쉽게 살펴볼 수 있는데, 이것은 특정 시점의 인구를 연령대별, 성별로 나누어서 남성은 왼쪽에 여성은 오른쪽에 일종의 수평 막대그래프를 그린 것이다.9) [그림 13-5]의 인구피라미드는 한국의 2000년과 2050년을 기준으로 각각 인구피라미드를 나타낸 것이다. 우선 2000년의 인구피라미드에서 알 수 있는 것은 한국이 피라미드형과 종(bell)형을 지나서 연령대별 인구가 줄어드는 시점에 이미 들어서 있다는 것을 알 수 있다. 또한 베이비붐세대인 2000년 기준 40대 초반세대의 인구규모가 그 이전 세대에 비해 매우 크다는 것을 알 수 있고, 이러한 높은 출산력은 그 이후에도 25년 정도 지속적으로 유지되었다는 것을 알 수 있다. 그러나 그 이후에는 급속히 줄어들기 시작하여 현재 많은 대학들이 정원을 다 채우지 못하는 상태에까지 영향을 미치고 있다.

그림 13-5 ■ 한국의 2000년과 2050년의 인구피라미드

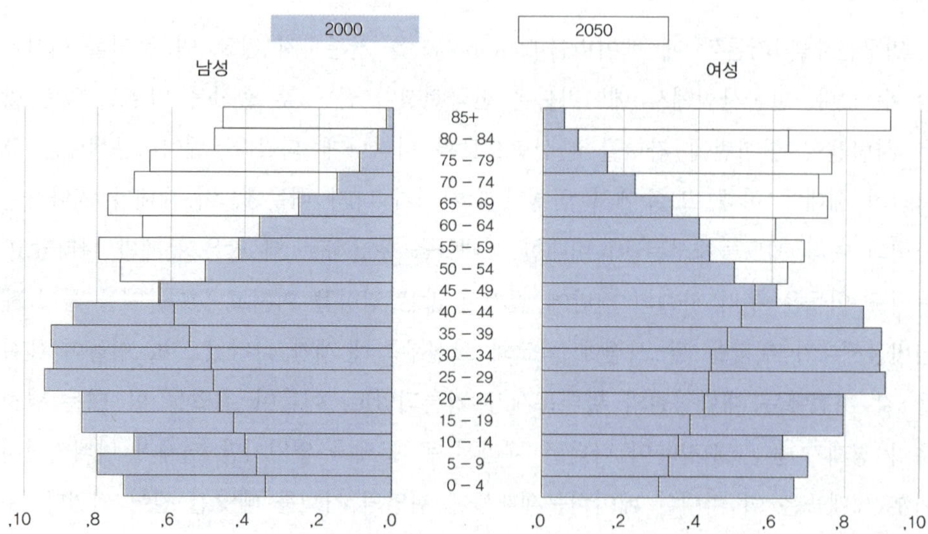

출처: OECD 홈페이지.

그러나 2050년이 되면 한국의 인구피라미드는 50대 이상의 고연령대가 대부분을 차지하고, 낮은 연령대의 인구는 대폭 줄어들어 기초가 부실한 형태가 될 것으로

9) 원래 인구변천의 초기 단계에서 인구피라미드는 피라미드 형태로 나타난다. 그러나 인구증가율이 점점 둔화되면 종모양의 피라미드 형태가 나타난다.

예상되고 있다. 다시 말해서 적은 경제활동인구가 많은 노인인구를 부양해야 되는 힘든 상황이 현실로서 다가오고 있는 것이다. 대부분의 한국인들이 미래의 한국의 발전에 대해 긍정적으로 바라보고 있고, 소득의 증가를 예상하고 있지만, 현실은 자신이 번 돈의 상당 부분을 노인을 부양하는데 세금으로 내야 할 상황이 다가오고 있는 것이다. 물론 지금처럼 노인부양비용을 거의 개인이 책임지는 상황이라면 문제가 달라지지만, 이미 노인복지예산은 매우 가파르게 증가하기 시작하였고 이러한 증가추세는 앞으로도 둔화되지 않을 것으로 보이기에,[10] 결국 이를 위한 재원은 젊은 경제활동인구의 세금부담으로 다가오는 것이다.

문제는 한국의 이러한 인구고령화(population aging) 현상이 지나치게 급속하게 이루어지고 있다는 데 있다. 이렇게 급속하게 인구고령화가 나타나는 이유는 한국사회에서 사망률은 지속적으로 감소하는 데 비해 출산율은 더욱 급격하게 감소해 왔기 때문이다. 한국사회는 이미 1970년대부터 고령화가 시작되었고, 이것이 본격적으로 나타나고 있는 것은 2000년대 들어서라고 할 수 있다. 이것은 중위연령(median age)[11]의 추이를 살펴보면 쉽게 알 수 있는데, 1950년대에 한국의 중위연령은 19세로서 세계 평균이었던 24세에 비해서도 매우 낮은 수준이었다. 이것은 점점 높아지기 시작하여 1980년에 22.2세였으나, 세계 평균인 23세에 비해서는 아직 약간 낮은 수준이었다. 그러나 2009년에는 한국의 중위연령이 37.3세로서 세계 평균인 28.9세에 비해서 훨씬 더 높은 수준이다.

2009년을 기준으로 이 중위연령을 다른 국가들과 비교해 보면, 이미 세계적으로도 높은 수준이며 2050년에는 한국의 중위연령은 53.7세로 세계에서 일본에 이어 두 번째로 연령이 높은 국가가 될 것으로 UN에서는 전망하고 있다. 특히 2009년과 2050년 사이에 대한 향후의 전망은 매우 비극적인데, 2009년의 한국의 중위연령이 전세계 47개국 중에서 21번째로 높은 것으로 나타나지만, 향후에는 이 인구고령화 속도가 세계에서 가장 높아져 두 번째로 연령이 높은 나라가 될 것으로 예상된다(Population Division, 2009). 이 47개국도 주로 우리에게 익숙한 선진국을 많이 뽑은 것이라는 점을 감안하면 한국의 중위연령은 매우 높은 수준이다.

---

10) 노인복지예산의 증가에 대해서는 이 책의 9장 3절 3.을 보라.

11) 전 인구를 연령 순으로 세웠을 때, 가장 중간에 있는 사람의 연령.

그림 13-6 ■ OECD 주요 국가의 노인인구 구성비율의 추이

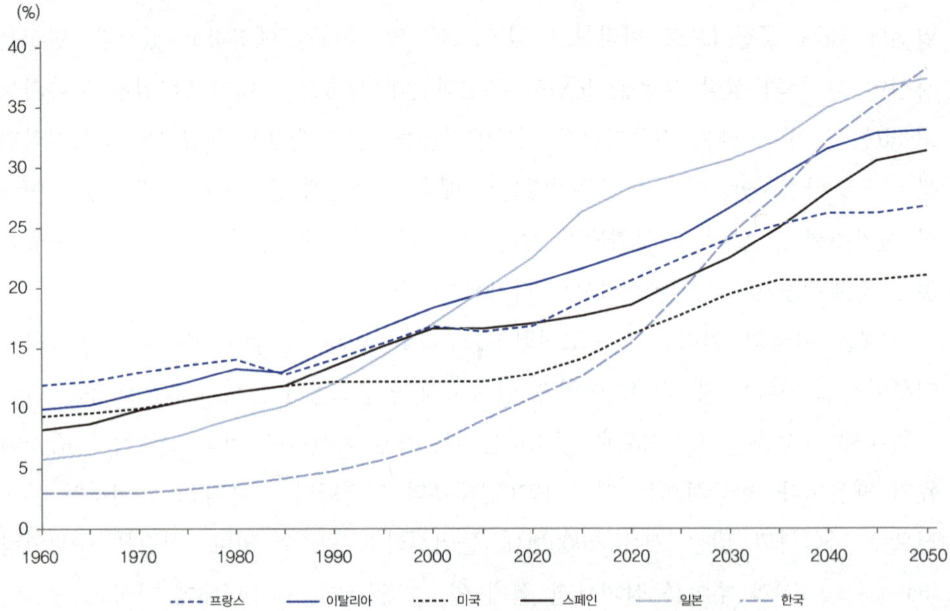

출처: UN, Population Database; 통계청, 「장래인구추계」, 2007, 통계청, 2009c.

이러한 한국의 급속한 인구고령화는 프랑스, 이탈리아, 미국, 스페인, 일본, 한국의 OECD 6개국의 노인인구 구성비율을 보여주는 [그림 13-6]에서도 잘 알 수 있는데, 이 그래프를 보면 한국은 특히 2020년 이전에는 노인인구의 구성비율이 이 선진국들에 비해 가장 낮지만, 2020년 이후에는 매우 급속히 증가하여 2050년에는 세계에서 가장 노인인구의 비율이 높은 나라가 될 것으로 전망된다. 노인인구의 비율이 50%가 넘는다는 것은 경제활동을 하는 젊은 인구에게는 거의 재앙의 수준으로 다가올 것임에 틀림이 없다.

이러한 높은 노인인구의 부양부담은 직접적으로 노년부양비(aged dependency ratio)[12]로서도 계산되는데, 이것은 경제활동인구 100명이 얼마나 많은 노인을 부양해야 하는지를 나타낸다. 일반적으로 인구가 크게 증가하는 후진국은 노년부양비가 낮고

12) 노년부양비 = $\frac{\text{노인인구(65세 이상)}}{\text{경제활동인구(15\textasciitilde 64세)}} \times 100$

선진국은 높게 나타나는데, 2020년 기준으로 선진국의 노년부양비는 29인 데 비해서 후진국은 11로 낮게 나타난다. 대륙별로 볼 때 유럽은 29로 높게 나타나는데, 아프리카는 7, 아시아는 13, 남미는 13, 북미는 25, 오세아니아는 21로 나타난다. 한국의 경우 노년부양비는 2020년에 22, 2030년에 38, 2040년에 57, 그리고 2050년에 72로 세계 최고 수준으로 높아질 것으로 예상된다. 이러한 72라는 노년부양비는 경제활동인구 100명이 72명의 노인들을 먹여 살려야 되는 수치로서, 경제활동인구의 부담이 매우 커질 것이라는 것을 의미한다.

표 13-6 ■ 세계의 노년부양비 추이

	2005년	2010년	2020년	2030년	2040년	2050년
세계	**11**	**12**	**14**	**18**	**22**	**25**
선진국	23	24	29	36	41	45
후진국	8	9	11	15	19	23
아프리카	6	6	7	7	9	11
아시아	10	10	13	17	22	27
유럽	23	24	29	36	42	47
라틴아메리카	10	11	13	18	24	31
북아메리카	19	19	25	32	35	36
오세아니아	16	17	21	26	29	30
한국	13	15	22	38	57	72

출처: 통계청, 2009e.

이처럼 한국사회는 급속히 고령화되고 있으며, 노인들을 부양해야 하는 젊은 사람들의 부담도 점점 가속화하고 있다. 이미 한국은 65세 이상의 인구가 7% 이상 15% 미만인 고령화사회(aging society)를 넘어서, 65세 이상 노인이 15% 이상인 고령사회(aged society)에 도달했는데, 여기에 도달하는 데 걸리는 기간이 프랑스는 115년, 서독 45명, 스웨덴 85년, 미국 75년, 영국 45년에 비해 한국은 불과 19년만에 고령사회가 될 정도로 고령화의 진전이 급속히 이루어지고 있다. 그러나 다행스러운 것은 한국사회가 2050년 정도 되면 세계에서 최고로 고령화가 심한 나라로 될 것이라는 것은 아직까지는 예측에 불과하다. 별다른 개선이 없이 계속 고령화가 진행된다면 분명히 이러한 수준에 이르겠지만, 아직까지는 개선을 할 기회가 있다.

제 4 절 인구문제에 대한 대응

기능주의이론에서 인구문제는, 사회의 생존을 위해서 그 사회의 발전단계나 규모에 따라서 적정의 인구수준이 존재하고 사회성원들은 이러한 적정 인구상태를 유지하기 위해 재빠르게 적응해야 하지만 그렇지 못하는 데서 인구문제는 발생한다. 예를 들어 산업화의 초기단계에서 인구가 급속히 증가하는 것은 적정 인구수준을 위협하는데, 사회성원들은 적정 인구수준으로 돌아가기 위해 성욕을 자제하고 출산을 억제해야 하지만 그렇게 하지 못함으로써 인구의 폭발적 증가라는 인구문제가 나타난다. 한편으로 사회의 산업화가 완료되면 인구수준을 적당한 선에서 안정적으로 유지하는 것이 필요한데, 사회성원들이 적정인구의 유지에 필요한 출산행위를 하지 않는 현상(저출산)이 나타난다면 이것은 사회문제라고 할 수 있다. 다른 한편으로 사회는 성원들을 끊임없이 사회화 또는 재사회화시켜서 이러한 사회의 요구에 부응하도록 해야 하지만, 적절히 성원들을 통제하지 못하는 데서 인구문제는 나타난다. 이것을 해결하기 위해서는 사회성원들을 문화적으로 적절히 통제하여 적정 인구상태에 대한 사회의 다양한 요구를 원활히 수행하도록 재사회화하는 것이 중요한 해결책이 될 것이다. 예를 들어 성비불균형이 나타난다면, 언론, 교육, 홍보 등의 다양한 경로를 통해서 성원들에 대해 남아선호사상이 왜 문제인지를 교육시켜야 할 것이고, 이를 통해 성비불균형을 완화할 수 있다.

갈등이론에서 인구문제는 희소자원을 둘러싼 경쟁과 갈등에서 지배집단의 이익을 극대화하는 과정에서 인구문제는 발생한다. 자본주의 사회에서 과잉인구는 자본가가 안정적으로 이윤을 축적하기 위한 토대가 되며, 자본주의의 이윤축적에 필연적인 조건이다. 또한 여성의 열악한 지위는 여성이 자신의 출산에 대해서 통제력을 상실하게 만들고, 이러한 과정에서 인구문제는 발생한다. 따라서 인구문제를 해결하기 위해서는 특정 사회의 적정인구규모를 넘어서거나 모자라는 인구를 만들어내는 지배집단에 대해, 피지배집단의 정치세력화를 통해 수정과 양보를 요구하는 것이 중요한 대책이 된다. 여성들이 출산에 대한 가부장적인 압력에 저항하고 이것의 수정을 요구하고, 여아를 출산할 때 우대정책을 제도화함으로써 인구문제는 해결될 수 있다.

상호작용이론에서 인구문제는 특정의 인구상황에 대해 사회의 영향력 있는 집단이 그들의 도덕에 비추어 그 상황이 맞지 않고 개선이 필요하다고 인식할 때 인구문제가 된다. 예를 들어 사회의 도덕십자군들이 결혼파동을 가져오는 성비불균형이 사회의 건전한 유지와 성원들의 재생산을 위해 바람직하지 않고, 개선되어야 한다고 생각할 때 성비불균형은 사회문제가 된다. 따라서 이것을 개선하기 위해서는 특정 인구상황에 대해 씌워진 오명이나 낙인을 제거하고, 이 상황을 재해석함으로써 인구문제는 해결될 수 있다. 예를 들어 과거 산업화의 초기에 출산을 많이 하거나 불임시술을 하지 않는 것은 사회문제였지만, 출산율이 떨어져 사회성원의 원활한 재생산이 되지 않는 상황에서 과잉출산이나 불임시술을 자제하는 행위를 재해석하고 낙태행위에 대해 더 강력한 낙인을 부여함으로써 인구문제는 해결될 수 있다.

표 13-7 ▪ 인구문제에 대한 시각과 그 대책들

이론	원인	대책
구조기능주의이론	인간의 욕구에 대한 통제와 식량증산의 어려움, 빠른 사회변동에 대한 사회성원들의 부적응이나 문화지체	사회성원들을 적절히 통제하여 사회의 다양한 단계에 맞는 적정인구를 유지하도록 하는 것. 성원들의 재사회화
갈등이론	희소자원을 둘러싼 갈등에서 지배계급이 이익을 더 많이 가지려는 의도, 여성의 열악한 지위로 인한 여성에 대한 압력과 억압	피지배집단이 정치세력화하여 지배집단에 인구문제의 수정을 요구하고 제도화, 여성에 대한 적극적인 우대정책, 여성의 지위 향상
상호작용이론	특정 인구현상에 대한 사회의 영향력 있는 집단의 관심과 개선의 필요성에 대한 인식	특정 인구현상에 대한 낙인이나 오명의 제거, 현상의 재해석

제 5 절 결론

주로 후진국에서 나타나는 과도한 인구증가나, 선진국에서 나타나는 저출산은 완전히 상반되는 이질적인 현상이지만, 두 현상 모두가 사회문제로 규정된다. 후진국의 과도한 인구증가는 농업사회에서 자녀를 많이 갖는 것이 빈곤을 벗어날 수 있는 노동력을 제공하거나, 아니면 여성이 출산에 대한 자기결정권을 뺏기는 데서 기인한다. 유사하게 선진국에서 나타나는 저출산 문제도 자녀들을 더 적게 낳아서 더 많은 지원을 해주려는 부모의 의도와 여기에 대한 경제적 압박에서 기인한다. 이처럼 두 현상이 겉보기에 완전히 다른 현상이지만, 그 이면에는 빈곤이나 불평등의 문제가 존재한다는 점에서 동일하다.

이것은 성비불균형이나 인구의 고령화에서도 유사하게 나타난다. 한국이나 인도 사회에서 성비불균형은 가부장적인 전통에 의해 대를 이어야 한다는 생각이나 여성의 낮은 사회적 지위가 만들어낸 것이다. 유사하게 인구의 고령화도 자녀에게 좀 더 나은 환경을 만들어주려는 부모의 욕심과 과도한 (사)교육비 압박에 의해 나타난다. 경제적 불평등과 빈곤은 이러한 압박에 대해 저출산으로 대응하게 만들고, 이것은 급속한 인구의 고령화로 나타난다. 결국 인구문제는 얼핏 보기에 사회적인 현상으로 잘 보이지 않지만, 이면을 들여다보면 너무나 사회적인 현상이며, 이것은 주로 빈곤과 불평등에 의해 나타난다.

요약
SUMMARY

- 인구문제란 "인구구조의 양적 또는 질적 변화로 인해 사회구성원들이 다양한 불편함을 겪고 사회적 비용을 유발하는 것으로 사회의 영향력 있는 사람들이 개선이 필요하다고 생각하는 상황"을 말한다.
- 구조기능주의이론에 따르면, 인구문제는 사회의 생존을 위해 특정 단계의 사회에 요구되는 적정 인구상태에 대한 사회적 필요성을 사회성원들이 만족시키지 못할 때 발생한다. 성원들에 대한 사회의 통제가 부족하여 사회성원들이 사회의 생존을 위한 요구사항에 맞추지 못할 때 인구문제는 발생한다.

- 갈등이론에서 인구문제는 희소자원을 차지하고 이익을 극대화하고, 피지배집단을 통제하고 인구통제에 대한 여성의 권한을 빼앗는 과정에서 발생한다.
- 상호작용이론에서 인구문제는 사회의 영향력 있는 도덕십자군들이 특정의 인구상황을 자신의 도덕기준에 맞지 않는다고 판단할 때 발생한다.
- 세계인구는 근대에 들어 매우 폭발적으로 증가했는데, 이러한 증가의 대부분은 세계의 최빈곤국에서 나타나는 급속한 인구증가에 기인한다. 그러나 미래에는 전세계의 인구증가율이 둔화될 것으로 예상된다.
- 반대로 많은 선진국들은 인구증가율이 인구의 대체수준에 미치지 못하는 저출산 문제를 겪고 있고, 한국의 경우 그 정도가 매우 심각하다. 한국의 출산율은 최근 급속히 떨어져 OECD 국가들 중에서 가장 낮은 수준이다. 이러한 출산율의 감소는 자녀양육과 교육비가 대부분 개인 가정의 부담이 되고 있다는 데 큰 이유가 있다.
- 한국의 성비불균형문제는 여전히 현재진행형이다. 현재는 세계의 평균 수준으로 많이 낮아져 있지만, 과거 많이 왜곡되었던 출생성비가 현재부터는 본격적인 결혼파동으로 나타나고 있으며, 이것은 더 많은 국제결혼을 통하여 한국을 불가피하게 다문화사회로 만들고 있다.
- 한국사회는 전후 태어난 베이비붐세대가 은퇴하여 노인층이 되어가고 있고, 출산율이 급속히 떨어져서 세계에서 가장 빠르게 인구의 고령화가 진행되고 있다. 이것은 향후 한국의 일하는 연령층에 큰 부담으로 작용할 것으로 예상된다.
- 중국과 인도에서 나타나는 높은 성비불균형은 겉보기에 같은 아시아국가의 유사한 현상으로 보이지만, 중국의 성비불균형은 인구증가율을 강력히 둔화시키기 위한 인구조절정책에서 기인하는 반면에, 인도는 여성의 낮은 사회적 지위와 과도한 결혼지참금의 관행에 의해 나타나고 있다.
- 기능주의이론에서 인구문제에 대한 대책은 사회성원들을 적절히 통제하고 사회화시켜 사회의 적정인구수준에 대한 요구에 부응하게 만드는 것이다. 반면 갈등이론에서 인구문제에 대한 대책은 노동자나 여성들이 정치세력화를 통하여 희소자원의 분배에 개선을 요구하고 더 많은 양보를 얻어내어 이것을 제도화하는 것이다. 반면 상호작용이론에서 인구문제에 대한 대책은 특정의 인구상황에 부여된 낙인이나 오명을 제거하고 이것을 재해석하는 것이다.

❐ 토론 및 추가학습을 위한 주제들

1. 이 장에서 언급한 인구문제들 외에 어떤 인구현상이 인구문제로 포함될 수 있는가?
2. 농업혁명은 앞으로도 증가하는 인구를 먹여 살릴 수 있는가?
3. 모든 사회는 인구변천이론에서 보여주는 단계를 거쳐 가는가? 그렇지 않은 사회가 있다면 왜 그런가? 그것은 예외적인 사례인가?
4. 아프리카의 식량부족과 기근의 원인은 무엇인가?
5. 저출산은 왜 사회문제인가?
6. 한국에서 성비불균형이 완화된 이유는 무엇인가?
7. 인구고령화를 막기 위해서 어떤 대책이 필요한가?
8. 한국사회에서 출산을 늘리기 위해서 가장 효과적인 대책은 무엇인가?
9. 성비불균형은 포르노그래피나 강간, 동성애를 증가시키는가?

❐ 조별 활동을 위한 주제들

1. 아프리카 지역의 다산과 세계의 인구증가
2. 지역의 갈등과 기아
3. 부패정권과 기아
4. 여성의 낮은 지위와 다산
5. 성평등과 저출산
6. 저출산문제의 사회적 구성
7. 유교적 가부장제와 지역별 성비불균형
8. 성비불균형과 동성애
9. 교육과 인구고령화

❐ 참고할 만한 문헌 및 웹사이트

- 통계청(http://www.kostat.go.kr): 다양한 인구통계를 접할 수 있다.
- 보건복지부(http://www.mohw.go.kr): 인구문제를 담당하는 정부부처. 저출산과 고령화에 대한 많은 자료들을 제공한다.
- 한국여성정책연구원(http://www.kwdi.re.kr): 여성정책의 입장에서 저출산문제 해결을 위한 일가정양립정책 등의 다양한 연구결과들을 제공한다.

CHAPTER

14

환경문제

환경문제는 과거에 비해 점점 더 우리 사회의 중요한 사회문제로 부각되고 있다. 이처럼 과거에 비해 사람들이 인식하는 환경문제의 중요성은 점점 높아지고 있다. 이러한 인식의 이면에는 현대사회의 구성원들이 과거에 비해 훨씬 환경적 위협에 의해 무기력한 존재가 되어가고 있기 때문이다. 과거의 위험은 어느 정도 예측이 가능하고 따라서 대비가 가능한 위험이었지만, 현대의 위험사회(risk society)는 위험이 인간의 주변에 편재하지만 그것을 알아채기 어렵고, 따라서 대처를 할 수 없는 사회이다(Beck, 2006). 예를 들어 우리가 식탁에서 유전자조작 농산물(GMO)을 접하게 될 때, 이러한 음식물이 우리의 인체에 어떠한 영향을 미치는지에 대해서는 알지 못한다.

더 나아가 과거에는 환경문제가 어느 한 국가의 영역 내에서 나타나고 해결이 가능하였지만, 현대의 환경문제는 국가의 영역을 넘어 전 지구적인 문제로 영향을 미치고 있다. 예를 들어 지구의 온난화는 분명히 인류의 미래를 위협할 수 있는 심각한 사회문제이며, 이미 태평양의 섬나라 투발루는 기후온난화로 인한 해수면 상승으로 그들의 영토가 모두 곧 물에 잠길 정도로 심각한 상태에 있다는 것을 대부분 알고 있지만, 이 문제를 해결하는 것은 매우 어려운 문제이다. 덴마크 코펜하겐에서 열렸던 기후변화문제 해결을 위한 정상회의는 어떤 새로운 진전을 이룰 수 있을 것으로 전망되었지만, 선진국과 후진국의 대립과 이해관계의 상충으로 인하여 거의 아무런 진전을 보지 못하고 폐막되었다. 이처럼 이제는 인식하지 못하는 위험뿐만 아니라 인식할 수 있는 위험도 소수 국가의 노력만으로는 해결할 수 없으며, 모든 국가의 합의를 이끌어 내기에는 너무나 이해관계의 대립이 크게 나타나고 있다.

과거 자연재해는 인간이 만들어낸 것이 아니었지만, 현대의 자연재해는 상당 부분을 인간이 만들어내고 있다는 데 그 특징이 있다. 예를 들어 전 세계적인 기후변화는 인간이 만들고 뿜어내는 이산화탄소의 증가에 의해서 나타났으며, 또한 이로 인해 나타나는 다양한 이상기후와 재난은 주로 인간이 모두 함께 만들어 온 것이었다. 그리고 세계 여러 나라에서 나타나고 있는 물부족(water shortage)은 기후변화로 인한 가뭄의 결과이기도 하지만, 농업용수로 지나치게 많은 지하수를 뽑아내어 지하수가 고갈되는 것이기도 하다. 또한 세계 여러 나라에서 대규모로 발생하고 있는 지진이나 쓰나미는 과거에 단순히 자연의 분노로 여겨졌었지만, 현대의 과학은 이러한 현상의 상당 부분이 인간에 의해 나타나고 있다는 것을 밝혀내고 있다. 예를 들어 중국 쓰촨성의 대지진은 양쯔강의 대규모 댐의 건설과 이로 인한 물의 무게로 인하여 발생한 것이라는 주장이 상당한 설득력을 얻고 있다.

이처럼 환경문제는 과거에 비해 부지불식간에 우리 인간들의 주변에 맴도는 위험을 증가시키고 있으며, 과거에 비해 한 국가의 영역 내에서 일어나는 것이 아니라 전 지구적인 재앙으로 나타나고 있다. 따라서 과거에는 한 국가 내에서의 조율을 통해서 대부분의 환경문제가 해결되었지만, 이제는 세계의 모든 나라들이 합의해야 하는 문제로 나타나고 있다. 이 장에서는 이러한 환경문제를 보는 시각과 지구적 시각에서 한국이 당면하고 있는 중요한 환경문제들, 그리고 여기에 대한 대응을 차례로 살펴본다.

제 1 절 환경문제의 정의

환경(environment)이란 살아있는 생명체의 주위를 둘러싸고 영향을 주는 어떤 조건이나 상황들을 말한다. 인간은 살아있는 하나의 생명체 중의 하나이기 때문에, 다른 생명체들처럼 다양한 환경의 영향을 받으면서 살아간다. 그런데 인간을 포함한 모든 생명체들은 이 세계의 구성원으로서 서로 연결되어 영향을 주고받으면서 살아간다. 이런 관계에서 환경을 구성하는 모든 생명체들은 중요한 역할을 갖는다. 예를 들어 박테리아가 없으면 세상의 쓰레기는 영구히 분해되지 않고 계속 쌓일 것이다. 또한 뱀이 없으면 설치류가 대폭 늘어나서 인간의 식량을 빼앗아갈 수 있다. 이처럼 약육강식의 먹이사슬에서도 이 사슬의 아래 부분에 있는 초기단계의 생물체들이 결코 중요하지 않은 것은 아니다. 만약 이들이 전멸한다면 상위단계에 있는 동물들의 생존도 쉽지 않다. 이것은 생명이 없는 물질에 있어서도 예외는 아니다. 예를 들어 햇빛이 없다면 지구상의 식물들은 광합성을 할 수 없을 것이고, 따라서 이들은 살 수가 없다. 이들이 살 수가 없다면 초식동물들이 살 수가 없을 것이며, 초식동물들이 살 수가 없다면 이들을 먹이로 하는 육식동물들이 살 수가 없다. 이처럼 지구상의 모든 유기체와 무기체들은 서로 영향을 주고받으면서 단단한 연결고리 속에 소중하게 존재한다.

그러나 인류 역사의 매우 오래 전부터 내려오던 굳은 믿음 중의 하나는 지구상에 존재하는 다른 생명체들에 비해 인간은 훨씬 더 우월하다는 생각이었다. 인류가 만물의 영장이라는 표현은, 다른 생명체에 대해 인간이 우월하다는 믿음에 기초하고 있는 것이다. 이러한 인간의 우월성에 대한 믿음은 지구상에 존재하는 다른 생명체들을 경시하는 결과를 가져왔다. 예를 들어 울창한 숲과 풀밭은 지구상의 모든 생명체들이 살아가는 토양이며, 이들은 그 자체로도 중요한 자격을 가진 지구의 구성원임에도 불구하고, 인간의 우월성에 기초한 믿음에 의해 쉽게 파괴되는 결과를 가져왔다.

그러나 최근에는 이러한 다양한 유기체와 무기체들이 복잡하고 상호 관련된 네트워크를 이루고, 이들이 균형상태를 이룰 때 지구상에 존재하는 다양한 생명체들은 가장 잘 살 수 있다는 생각이 받아들여지게 되었다. 이러한 생태계의 균형을 강조하는 생각은 다양한 유기체와 무기체의 균형이 깨지기 시작하면, 생태계를 구성하는 구성원들이 어떤 위험에 처할지 모른다는 진지한 자각에서 시작되었다. 이처럼 생태계의 균형이 깨지는 상황은 그 속에 존재하는 다양한 생명체의 생존을 위협한다. 현대의 환경파괴의 위험성에 대한 자각은 이러한 생태계의 균형이 깨어질 때, 그 생태계의 일원인 인간에게 어떤 위험이 닥칠지 모른다는 데서 출발한다.

일반적으로 환경문제는 이러한 생태계의 가정에 기초하여 정의되는 경향이 있다. 예를 들어 이정전(1991)에 따르면, 환경이라는 것은 생태계를 의미하며 따라서 환경문제는 "인간활동이 생태계의 자연적 과정을 방해한 결과 건강과 생존을 위협하는 변화를 초래함으로 인한 문제"이다. 그러나 환경문제를 어떤 시각으로 보는지에 따라서 이것에 대한 대책들은 달라지지만, 대체로 대부분의 이론들은 환경문제를 생태계의 파괴와 거의 동일시하는 경향이 있다. 그러나 문제는 이러한 생태계의 파괴가 쉽게 눈에 띄지 않는 경우가 많다는 것이다. 예를 들어 지구온난화와 같은 환경문제는 매우 오랜 기간을 두고 진행되어 왔기 때문에, 여기에 대해 관심을 갖게 된지는 이 문제의 역사에 비해서 훨씬 최근이라고 할 수 있다. 때로는 특정 상황이 생태계의 파괴와 관련이 별로 없거나 전혀 없음에도 불구하고, 생태계를 파괴하고 인간의 생존을 위협하는 문제로서 사회적으로 구성되기도 한다.

이런 점을 감안하면 환경문제를 정의하는 데에 꼭 어떤 객관적인 조건이 있을 필요는 없고, 오히려 우연적이고 주관적인 관심만으로도 환경문제는 나타날 수 있다. 이런 점을 감안할 때 다양한 환경문제를 포섭하도록 정의를 내린다면, 환경문제는 "사회의 영향력 있는 사람들이 환경변화로 인해 일련의 집단들이 생존을 위협받거나 불편한 상황에 놓인다고 판단하고 개선할 필요가 있다고 느끼는 어떤 상황"이라고 정의할 수 있다. 이러한 정의에서, 한국사회나 지구적으로 중요하다고 생각되는 환경문제로는 무분별한 개발과 생태계파괴, 전 세계적인 지구의 온난화와 기후변화, 물부족과 사막화, 대기오염이나 수질오염 등을 들 수 있다.

제 2 절 환경문제의 이론

환경문제는 주로 구조기능주의 시각에서 설명되어 왔지만, 갈등이론이나 상호작용이론 또한 환경문제를 설명하는 데 기여해 왔다. 구조기능주의적 측면에서 환경문제를 설명하는 이론들은 기술중심주의와 생태중심주의가 있으며, 갈등이론에서는 계획된 폐기물화, 환경인종주의, 그리고 환경페미니즘이 있고, 마지막으로 상호작용이론에서는 사회구성주의와 녹색세탁이 있다.

1. 구조기능주의이론

(1) 기술중심주의와 환경발자국

과학기술에 대한 신뢰와 이를 통한 진보에 대한 믿음은 근대 이후 오랫동안 사람들의 마음속에 자리잡아 왔던 중요한 생각이었다. 그러한 생각의 한 예로, 기술중심주의(technocentrism)는 자연을 인류의 이익과 진보를 위해서 이용해야 할 대상으로 보며, 이 과정에서 발생할 수 있는 환경파괴는 어쩔 수 없는 부작용이지만 결국 기술의 진보를 통해서 이것 또한 해결할 수 있다고 주장한다. 이 입장에 따르면, 인류가 달성한 기술과 물질적 소비수준은 인류사회의 진보의 정도를 재는 척도이며, 이러한 진보는 자연의 법칙을 찾아내서 이를 경제원칙에 따라 잘 응용함으로써 달성된다. 기술중심주의에서 인간의 자연에 대한 지배나 착취는 인류사회의 진보라는 미명 아래 정당화된다(이정전, 1991: 344-345).

이런 입장에서 자연환경은 인간이 인류의 생활을 더욱 윤택하게 하기 위하여 더 많이 이용해야 할 대상이 되며, 더 진보적이고 더 윤택한 생활을 영위하는 사람들은 자연에 대해 더 많은 환경발자국을 남기게 된다. 환경발자국(environmental footprint)이란 어떤 사람이 환경에 대해 만들어내는 충격을 의미하는데, 이것은 그 사람이 속한 문화 속에서 생산과 소비의 패턴에 의해 결정된다. 따라서 소득이 높은 나라의 국민은 소득이 낮은 나라의 국민에 비해 더 많은 환경발자국을 남기게 된다. UN 인구기금(United Nations Population Fund)의 추정에 따르면, 선진국 국민의 환경발자국은 후진국 국민에 비해서 약 6배의 발자국을 남기며, 최빈국에 비하면 훨씬 더 큰 발자국을 남긴다고 한다(Mooney et al., 2007: 475-476).

이러한 기술중심주의적 태도는 오랫동안 서구사회의 지배적인 세계관이 되어왔는데, 이러한 세계관에는 다음과 같은 몇 가지 공통적인 가정이 존재한다. 첫째, 인간은 다른 모든 생명체와는 본질적으로 다르고 그들을 지배한다. 둘째, 인간은 그들 운명의 주인이며 그들의 목적을 선택할 수 있고 그것을 성취하기 위해 필요한 어떤 방법도 배울 수 있다. 셋째, 세상은 광대하고 인간에게 무한한 가능성을 제공한다. 넷째, 인간의 역사는 진보의 역사이며, 모든 문제는 항상 해결방안이 있고, 그래서 진보는 결코 중단하지 않는다(Catton and Dunlap, 1980, 김근홍 외, 2002: 547에서 재인용). 이처럼 인간은 환경을 이용하고 정복함으로써, 그들의 운명을 바꾸고 진보할 수 있으며, 자연은 인간의 진보를 위한 무한한 자원이 된다.

이러한 기능주의 시각에서 환경문제는 인간의 진보를 위해서 자연을 이용하는 과정에서 나타나는 하나의 잠재적 역기능(latent dysfunctions)이라고 할 수 있다. 예를 들어 댐을 건설하면 넓은 농토에 물을 공급하고, 전기를 생산할 수 있지만, 습지와 생물서식지의 파괴나 메탄가스의 발생, 또는 생태계의 혼란을 초래하는 물줄기의 변경 등과 같은 다양한 의도하지 않은 환경문제를 만들어 내게 된다(Mooney *et al.,* 2007: 476). 그러나 기술중심주의는, 이러한 환경문제를 해결하기 위해서는 이러한 잠재적 역기능이 무엇인지를 인식하는 것이 필요하며, 이렇게 생기는 환경문제를 알고 제대로 인식한다면, 기술의 진보를 통해서 이 문제를 해결할 수 있다고 인식한다.

이러한 생각은 주류경제학에서도 동일하게 표출된다. 주류경제학에서 최적의 상태는 인간의 욕망이 최대한 충족되도록 인간에게 주어진 자연이 이용되는 상태이다. 따라서 자연 또는 환경이란 인간의 욕망을 충족시키기 위한 수단이자 도구에 불과하다. 이 입장에 따르면, 환경문제는 시장의 기능이 원활하게 작동하지 못해서 발생하는 문제이다. 환경분야에서 시장기능이 원활하게 작동하지 못하는 이유는 자연환경에 대한 소유권이 명확하게 명시되어 있지 않기 때문이다. 소유권이 분명한 재화를 이용하거나 소비하기 위해서는 응분의 금전적 대가를 치러야 하는데, 환경은 이러한 소유권이 불명확하므로 무분별하게 소비되고 이용된다. 대부분의 환경오염은 그 오염을 발생시킨 사람의 계산 밖에 있기 때문에, 그 사람은 이것을 무시하게 되며, 이 과정에서 환경오염은 오염을 시킨 사람이 예상하지 않은 일종의 예외, 즉 역기능이다(이정전, 1991: 348).

따라서 주류경제학에서 환경문제를 해결하기 위해서는 환경을 오염시키는 사람에게 적절한 경제적 대가를 치르도록 하는 것이다. 다시 말해서 환경도 다른 재화와 같이 가격을 붙여서 거래가 가능하도록 강제함으로써 환경문제는 해결될 수 있다. 예를 들어 우리나라에서 시행되고 있는 공해배출부과금 제도가 이러한 대책의 한 예라고 할 수 있으며, 그 외에도 최근에 지구온난화 문제를 해결하기 위해 제안된 탄소배출권 거래제(emission trading system) 같은 것도 이것의 한 대표적인 예가 될 수 있다.

(2) 생태중심주의와 지속가능한 발전

기술중심주의와 마찬가지로 생태중심주의도 기능주의의 한 하위이론이지만, 자연환경과 인간의 관계에 대한 가정은 매우 다르다. 생태주의 또는 생태중심주의(ecocentrism)는 자연의 존재의의가 결코 인간에 달려있지 않고 그 스스로도 존재 가능한 완전성을 갖는다고 가정한다. 기술중심주의가 자연을 지배와 착취의 대상으로 보았다면, 생태주의는 자연과 인간의 조화로운 관계가 복원되어야 한다고 본다. 생태주의에 따르면, 인간은 자연을 구성하는 한 부분에 불과하며, 다른 다양한 생물체와 무생물 등의 자연을 구성하는 거대한 존재의 사슬(great chain of being) 속에 연결된 한 존재에 불과하다. 이 큰 연결고리 중에 어느 하나만 파괴되어도 사슬 전체가 위협을 받게 되므로, 이 사슬을 완전한 상태로 유지시켜야 한다는 명제는 인간을 포함한 모든 존재에 있어서 동일하게 적용된다. 따라서 자연 속의 구성원들은 모두 똑같은 존재의의를 가지며, 세상의 종이 다양하고 풍부할수록 바람직한 것이다. 만약 인간이 자연을 파괴함으로써 일시적인 경제적 이익을 얻더라도, 결국 나중에는 그 파괴에 의해서 얻은 이익을 상쇄할 만큼 큰 부작용이 부메랑처럼 돌아오게 되므로 전체적으로 볼 때 결국 손해로 귀착되게 된다(이정전, 1991: 349).

기술중심주의와 생태중심주의의 이러한 차이는 결국 경제성장에 대한 입장의 차이를 가져오게 된다. 기술중심주의가 경제성장이 인류의 진보를 위해 필요하다는 입장인 데 반해서, 생태중심주의는 지구의 자원은 유한하므로 끊임없는 경제성장

자체가 불가능하며 바람직하지도 않다고 주장한다. 생태중심주의에 따르면, 경제성장은 각종 환경오염을 가져오며, 또한 사회적으로는 필연적으로 빈부격차를 가져온다(이정전, 1991: 354). 따라서 성장의 속도를 누그러뜨려 생물다양성을 유지하고, 자원고갈을 늦추며, 자연의 자연스러운 정화능력이나 처리능력의 한계 내에서 성장을 유지하여야 한다는 지속가능한 발전(sustainable development)의 입장으로 나타나게 되었다. 1982년 나이로비선언, 1987년 동경선언, 1992년 리우선언, 1997년 교토선언, 2007년 발리선언, 2015년 파리선언이 지지한 이 입장에 따르면, 향후 세계가 빈곤을 극복하고 저개발로 인한 경제, 사회문제를 해결하기 위해, 미래 세대가 그들의 욕구를 충족시킬 능력을 저해하지 않으면서 현세대의 욕구를 충족시키는 발전이 필요하다. 이를 위해서는 가난한 사람들을 위해서 최소한의 욕구를 충족시킬 수 있는 성장이 필요하며, 부유한 사람들을 위해서는 자연환경의 지속성을 유지할 수 있는 한계 속에서 성장이 이루어져야 한다(김근홍 외, 2002: 553; 김영화 외, 2006: 300).

특히 2015년 파리회의에서는 모든 나라가 지켜야할 17가지 지속가능한 발전을 위한 목표들(Sustainable Development Goals, SDG)을 제정하고, 그 이행을 감시하기로 하였다. 이에 따라 유엔사무국은 매년 지속가능한 발전을 위한 목표들에서의 진전상황을 정리한 보고서를 매년 발간하고 있다. 2024년 지속가능한 발전 진전상황 보고서에 따르면, 17개 목표들 중에서 계획대로 된 것이 17%, 보통의 진전이 있었던 것이 18%, 근소한 진전이 있었던 것이 30%, 제자리걸음한 것이 18%, 그리고 후퇴한 것이 17%로 나타났다(UN General Assembly Economic and Social Council, 2024: 4).

우리 정부도 2000년 9월 국제사회가 공감하는 지속가능한 발전의 원칙을 국정운영의 기조로 하고 이를 위해 자문기구로 정부, 산업계, 시민단체 등이 참여하는 지속가능발전위원회를 설립하였다. 2003년에는 위원회의 위상이 격상되어 정책자문 외에도 관련 사회적 갈등의 자문기능도 함께 부여되었으며, 사회적 갈등관리, 지속가능한 에너지 정책, 물관리 정책, 국토 및 자연정책 수립 등의 주요 국정과제업무를 수행하고 있다. 또한 2007년 8월에는 〈지속가능발전기본법〉이 제정되어 그 위상이 한층 격상되었다(환경부, 2008a: 93-98). 또한 이명박 정부는 〈녹색성장 및 국가

계획 5개년 계획〉을 발표하여 한국은 이제 완전히 과거의 무한성장에 대한 집착을 버리고, 지속가능한 발전을 국가발전의 기본원리로 채택하였다.

2. 갈등이론

(1) 마르크스주의와 계획된 폐기물화

마르크스주의에 따르면, 인간과 자연은 상호작용하는 관계인데, 인간은 노동을 통해서 자연을 변화시키고 반대로 자연은 그 노동을 통해서 다시 인간을 변화시킨다. 인간은 자연을 변화시키는 노동을 통해서 사회적인 관계를 맺게 되며, 이 과정에서 인간 스스로도 변화하게 된다. 그러나 자본주의시대로 넘어오게 되면 인간과 자연과의 관계는 완전히 성격을 달리하게 되는데, 이제 자본가라는 특정 계층의 이윤동기가 생산의 목적이 되며 이 과정에서 자본가의 이윤동기는 노동력을 상품화할 뿐만 아니라 토지를 비롯한 자연까지도 상품화하게 된다. 이데올로기적으로 더 많은 생산과 소비가 인류사회의 진보로 인식되며, 자본주의의 이윤동기는 끊임없이 확대재생산을 필요로 하며 끊임없는 수요의 창출을 필요로 한다. 따라서 담배, 술, 화장품, 음식물 과소비 등의 끊임없는 수요가 창출되면서 자본주의사회 특유의 소비풍조가 나타나며, 이런 소비풍조는 엄청난 쓰레기를 발생시키면서 환경문제를 가져오게 된다(이정전, 1991: 352-353).

이런 상황에서 기업들은 매출을 극대화하기 위해서 상품을 쉽게 쓰레기가 되도록 의도적으로 디자인한다. 이러한 계획된 폐기물화(planned obsolescence)의 결과로서, 소비자들은 끊임없이 사용한 상품을 버리고 새로운 것을 구매하게 된다. 이처럼 자본주의 사회에서 기업들은 환경을 오염시키는 대가로 그들의 이익을 얻는다(Mooney *et al.*, 2007: 476-477). 자본주의적 대량생산의 결과는 이전에 비해 상품을 훨씬 값싸게 이용할 수 있게 하였으나, 오래 쓰지 않고 쉽게 새로운 것을 바꾸어 쓸 수 있게 만들었다. 세계를 지배하고 있는 값싼 중국산 공업제품들로 인해 심지어 빈곤층도 새 제품을 쉽게 접할 수 있게 되었으나, 어느 누구도 이 제품을 자손대대로 오랫동안 쓸 생각을 하지 않는다. 또한 맥도날드나 스타벅스와 같은 자본주의 기업들의 이윤추구성향은 환경을 오염시킬 수 있는 대량의 쓰레기를 만들어내는 일회용품의 증가를 가져왔지만, 이들의 쓰레기를 처리하는 비용은 대부분의 나라에서 국민의 세금에서 나온다. 이처럼 이런 자본주의 기업들의 번성은 환경오염이라는 비용을 강요하게 만든다.

결국 마르크스주의는 환경문제가 자본주의사회에서 특정계층의 이윤동기라는 근본적인 문제에서 비롯된다고 주장한다. 최대의 이윤을 확보하기 위해 기업들은 필연적으로 상품을 대량생산할 수밖에 없으며, 따라서 필연적으로 증가된 상품생산을 위한 수요를 창출해야 한다. 과소비와 필요 이상의 대량소비는 모두 이러한 과정에서 나타나는 것이며, 이를 위해 기업들은 상품을 후세에도 물려 쓸 수 있을 정도로 견고하게 만들기보다는 적은 시간 동안만 사용되고 폐기할 수 있도록 디자인한다. 이것은 결국 새로운 상품수요의 창출로 나타나지만, 한편으로는 쓰레기의 대량 증가로 나타나게 된다. 따라서 환경오염은 자본주의 사회에서 필연적으로 나타나는 결과이다.

(2) 환경인종주의, 환경제국주의 그리고 환경페미니즘

갈등론적 입장에서 환경문제에 접근하는 다른 시각으로 환경인종주의와 환경페미니즘이 있다. 먼저 환경인종주의의 입장에서 환경문제에 접근하는 일련의 사회학자들(Board, 1996; Moberg, 1999)은 환경오염의 피해가 모든 계층에게 동일하게 적용되는 것은 아니라고 주장한다. 환경인종주의(environmental racism)에 따르면, 환경오염의 피해는 주로 한 사회의 소수집단에 집중된다. 소수집단이 사는 지역은 땅값이 싸고 부유하고 권력있는 사람들이 살지 않기 때문에, 쉽게 공해산업이나 쓰레기 매립장 등이 들어설 수 있게 되며, 따라서 이들은 다른 집단들에 비해 훨씬 더 환경오염에 많이 노출되게 된다(Henslin, 2000: 485).

특히 미국사회에서 이러한 경향은 두드러지는데, 공해산업이나 폐기물처리장 등은 주로 하층계급이 거주하는 지역에 건설되며, 따라서 이 지역에 주로 사는 흑인이나 히스패닉과 같은 미국사회의 소수집단들은 훨씬 더 그들 지역의 토양이나 물의 오염에 의해 질병에 시달린다(Kornblum and Julian, 2001: 494). 이처럼 환경오염의 피해가 모든 사람들에게 동일한 수준으로 전해지는 것이 아니라, 그 사회의 하층계급에게 주로 전해진다는 것은 한국사회에서도 동일하게 적용될 수 있는 것이다. 쓰레기처리장과 같은 시설들은 잘 살고 권력 있는 사람들이 주로 사는 지역에 건설되지 않으며, 그보다는 경제적으로 열악한 지위에 있는 사람들이 사는 지역에 건설된다. 한편으로 어떤 지역이 양질의 주거지로 개발될 때, 이미 그 지역에서 오랫동안 운영해 오던 공해산업은 '박힌 돌'이었음에도 불구하고 '날아온 돌인' 주민들로부터 공장이전의 압력에 처하게 된다.

이것은 한 나라 내에서만 일어나는 사실은 아니다. 과거 선진국에서 공해산업이 후진국으로 이전된 사례들은 쉽게 찾아 볼 수 있다. 우리나라에서도 과거 일본의 공해산업체들이 대거 마산으로 이전하여 깨끗했던 마산만이 오염된 바다로 변한 바 있으며, 현재는 우리나라의 많은 공해산업들이 중국이나 동남아국가로 이미 이전해 갔다. 심지어 극도의 빈곤상태에서 허덕이는 일부 국가는 선진국의 위험한 산업폐기물을 돈을 받고 수입하기도 한다. 이처럼 못사는 국가의 국민들은 잘사는 국가의 국민들에 비해 훨씬 더 많은 환경오염에 노출되게 된다. 이런 환경오염의 국제적 이전과 이동은 선진국의 환경보전을 위해 후진국의 환경을 착취하는 환경제국주의(environmental imperialism)로서 비난받고 있다.

환경제국주의는 1세계의 부유한 국가가 공해산업을 제 3 세계의 국가로 이전시킴으로써 후진국의 환경을 악화시키는 것을 말하는데, 결국 이것은 선진국이 후진국의 환경을 착취하는 제국주의적 속성을 지닌 것이다. 이러한 선진국과 후진국의 관계는 최근 지구온난화에 대한 대책을 선진국과 후진국이 공동으로 마련하려고 하는 움직임에서 매우 큰 걸림돌로 작용하고 있다. 후진국들은 공해산업을 그들 나라의 경제발전과 빈곤탈출을 위해 받아들였지만, 이러한 산업에 환경세금이나 탄소세를 물리게 되면 공해산업이라도 받아들여 경제발전을 이루려는 후진국의 의도는 좌절될 가능성이 높기 때문이다.

이러한 환경제국주의는 페미니즘과 만나서 환경페미니즘으로 발전되었다. 환경페미니즘(ecofeminism)은 기존의 남성중심적 환경이론들이 남성에 의한 여성의 착취와 남성에 의한 자연의 착취 사이에 나타나는 깊은 연관성을 이해하지 못한다고 주장한다. 이 입장에 따르면, 환경문제는, 여성문제가 여성에 대한 남성의 지배에 의해 생겨났듯이, 환경에 대한 인간의 지배로부터 기인한다. 현대사회를 지배하고 있는 가부장제는 남성이 여성을 지배하는 것과 마찬가지로, 남성들이 자연환경을 지배해야 하는 것으로 인식하게 만들었다. 이 입장은 자연을 이용하고 개발하는 데 관여하는 사람들이 대부분 남성들이라는 점에 주목한다. 세계 곳곳에서, 특히 후진국 사회에서 주로 남성들이 자연자원을 어떻게 사용할 것인지를 결정할 권한을 가진다. 왜냐하면 남성이 정부와 기업을 주도하는 위치에서 지배적이며, 대부분의 땅을 소유하기 때문이다(Mooney *et al.*, 2007: 477-478).

환경페미니즘에 따르면, 남성들의 착취적 태도는 남성들의 군사주의(militarism)에서 잘 나타나는데, 여기서 자연을 돌보는 태도를 갖는 남성은 무시당하며 용감하게 착취하는 남성만이 진정한 '사나이'가 되는 것이다. 만약 자연에 대해 동정하는 태도를 보이는 것은 훌륭한 군인의 태도가 아니며, 자연에 대해 오로지 무자비하게 공격하는 것이 진정한 영웅의 태도이다(전현식, 2002). 따라서 환경문제를 해결하기 위해서는 가부장적인 지배에 익숙한 남성이 착취하는 태도로 자연을 이용하기보다는, 남성과 여성이 평등한 관계를 가짐으로써 주로 보호에 익숙한 여성이 자연을 돌보는 태도로 이용함으로써 해결할 수 있게 된다.

3. 상호작용이론: 사회구성주의와 녹색세탁

상호작용론자들에 따르면, 사회문제는 그들이 사회문제로 정의되기 전에는 존재하지 않는 것이다. 설리반(Sullivan, 1997: 481-483)은 이것을 미국 인디언을 사례로 들어 설명한다. 그에 따르면, 환경문제와 관련하여 현대인들의 머릿속에는 전근대 사회의 사람들이 자연과 조화롭게 살았었다는 잘못된 믿음이 존재한다. 그러나 아메리카인디언에 대한 역사적인 증거는 이것이 잘못되었다는 것을 보여준다. 예를 들어 한 유명한 책은 백인들이 물소들을 스포츠 삼아 무자비하게 죽였다는 것을 보여주지만, 인디안의 경우도 그들이 말과 총을 갖게 된 이후에는 좋은 부위의 고기와 가죽을 취하고 나머지는 썩게 내버려 둔 것은 마찬가지였다. 이처럼 전근대인들이 현대인들과 달리 자연과 조화롭게 산 것이 아니라, 오히려 현대인들처럼 동일하게 자연을 착취하면서 산 것이 명백하다.

그에 따르면, 실제로 환경문제가 중요한 하나의 사회문제로 규정된 것은 새롭게 현대사회에 들어와서 환경을 더 많이 착취해서였다기보다는, 오히려 사람들의 환경에 대한 의식이 높아진 것 때문이다. 이러한 환경의식의 상승 이면에는 당시 미국

사회에서 1960년대부터 대거 생기기 시작한 다양한 환경단체의 활동과 한 신맬서스주의자(Ehrlich, 1968)의 '인구폭탄(population bomb)'과 같은 자극적인 제목을 가진 베스트셀러 서적에 힘입은 바 크다. 이러한 다양한 환경단체와 저술가들의 활동은 신문이나 방송국 등에 이 문제를 기사화하도록 압력을 넣었고, 미디어의 보도는 사람들에게 이 환경파괴라는 문제가 매우 중요한 문제라는 확신을 심어주었다. 결국 환경문제는 인간들이 새롭게 더 많이 자연을 착취하기 때문이 아니라, 상징의 십자군들에 의해 그것이 문제로 규정되었기 때문에 사회문제가 되었다.

이것은 한국에서도 예외는 아니다. 예를 들어 정부가 댐을 건설하기 위해서는 한국의 물부족이 심해야 하는데, 이런 이미지는 실제 자료에 의해서가 아니라 자료의 가공에 의해서 만들어질 수 있다. 지진의 위험이 사회문제가 되는 과정을 연구한 스탈링(Stallings, 1995)에 따르면, '지진에 위험한 환경'은 지진의 확률이나 어떤 다른 객관적 자료에 의해서 나타나기보다는, 위험하다는 인식을 증진시키는 일련의 사람들의 능력에 의해 사회적으로 구성된다. 위험하다는 인식을 키우는 데 성공하거나 실패하는 것은, 지진이 위험하다고 주장하는 사람들이 어떤 사람들이며, 그들이 전달하는 메시지가 어떤 종류의 것이고, 그들이 얼마나 잘 대중들을 설득하며, 그들이 이를 위해 어떤 자원들을 동원하는가에 따라서 결정된다. 타이드(Tide, 2008)에 따르면, 자연재해가 중요하게 여겨지는 정도는 그 재해의 크기에 의해 결정되는 것이 아니라, 재해가 언제, 어떻게 발생했으며, 누가 피해자고, 그리고 얼마나 피해가 시각적으로 잘 드러나는지에 의해 사회적으로 구성된다. 이처럼 환경문제는 그것이 가진 객관적인 속성보다는 일련의 사람들이 그 문제에 부여하는 의미와 정의에 의해 구성된다.

상호작용론자들은 상호작용이나 대중매체를 통해 습득된 의미나 낙인, 그리고 정의가 어떻게 환경문제에 영향을 미치는지에 주목한다. 어떤 개인이 재활용을 하고, 기름이 많이 드는 SUV 차량을 타고, 또는 환경운동단체에서 활동하거나 하지 않는 것은 그 개인이 상호작용이나 다른 매체들로부터 습득한 이런 행동의 의미나 정의에 의해 결정된다. 따라서 현대의 공해산업들은 자신들이 환경문제와는 관련이 없음을 홍보함으로써 자신들의 이미지를 환경친화적으로 유지할 수 있고, 자신의 상품을 더 많이 팔 수 있다. 이것은 녹색세탁(greenwashing)으로 불리는데, 이것은 환경을 오염시키는 기업들이 자신들의 이미지를 환경친화적이고 사회적으로 책임감 있는 기업으로 만드는 방식을 말한다(Mooney *et al.,* 2007: 478).

'클린디젤'

디젤엔진은 가솔린차에 비해 훨씬 많은 질소산화물(NOx)과 미세먼지를 내뿜는다. 그래서 미국과 같은 선진국에서 승용차의 경우 디젤차가 거의 굴러다니지 않는다. 유럽도 마찬가지로 이런 문제들을 해결하기 위해 배기가스 규제를 지속적으로 강화해 왔다. 1992년 유로1에서 출발하여, 2013년 유로6까지 강도 높게 디젤차의 배기가스를 통제한다. 자동차업체 폭스바겐은 이런 압박이 심해지자 '클린디젤'이라는 오염물질도 적게 배출하고 연비와 출력도 좋은 꿈의 엔진을 만들어 대대적으로 광고하여 큰 수익을 올렸다(김상수, 동아 2015. 10. 5.). 그들이 사용한 문구는 지금까지 인류가 경험해보지 못한 친환경의 그린카가 도래했음을 알리는 '클린디젤', '친환경', '그린카', '블루모션' 등의 현란한 수사를 사용했다. 소비자들에게 폭스바겐은 연비도 좋고, 출력도 좋고, 친환경적이기까지 한 녹색기업의 대명사로 여겨졌고, 그들은 기꺼이 주머니를 열어 이 사회적으로 책임감 있는 녹색기업의 차를 구매했다.

그러나 2015년 미국정부는 폭스바겐의 '클린디젤'이 배기가스 검사 시에만 저감장치를 작동시키고, 실제 주행 중에는 고의적으로 이 장치를 작동하지 않도록 조작했음을 밝혀냈다. 이 세기의 사기사건을 통해서 밝혀진 것은, 폭스바겐이 환경과 인류의 미래를 생각하는 녹색기업이 아니라, 자동차검사 시에 비해 실제주행 시에 유해한 배기가스를 무려 40배나 내뿜는 매연하마를 소비자에게 속이고 팔아온 환경보호와는 전혀 관계가 없는 더러운 기업이었다는 것이다.

예를 들어 월마트(Wal-Mart)는 환경오염과 관련된 법위반으로 수백만 달러의 벌금을 냈지만, 2005년 월마트가 환경단체에 10년에 걸쳐 3천 5백만 달러를 기부함으로써 그들의 이미지를 환경친화적이고 환경에 대해 책임을 지는 기업의 이미지를 구축했다. 월마트는 지구의 날 직전에 20개 이상의 신문에 낸 전면광고를 통해서, 그들이 환경보전을 위해서 매년 일정 크기의 땅을 사서 보전녹지로 기증한다고 광고함으로써, 환경을 생각하는 기업의 이미지를 구축하는 데 성공했다. 포드자동차 또한 이러한 녹색세탁을 하는 대표적인 기업이다. 그들은 2004년에 그들이 하이브리드 자동차를 생산한다고 광고를 했지만, 실제로 포드자동차는 가장 연비가 나쁜 자동차를 생산하는 기업이며, 포드가 생산하는 하이브리드 자동차는 포드 1년 매출의 1%도 되지 않는다(Mooney *et al.,* 2007: 478-479). 기업의 사례가 아니더라도, 천문학적인 돈을 버는 할리우드의 연예인들은 대량의 온실가스를 배출하는 전용제트기를 타고 환경보호 캠페인에 참석한다.

이러한 녹색세탁의 사례들은 환경문제가 어떤 고유한 속성을 가진다기보다는 정의에 의해 만들어진다는 것을 보여준다. 이러한 경향은 우리나라와 같이 환경단체들이 정치적 성향을 강하게 띨수록 더욱 심하게 나타난다. 예를 들어 경부고속철도의 천성산터널 공사반대운동은 그 대표적인 예이다. 터널을 건설하는 것은 산을 깎아서 새롭게 도로나 철도를 건설하는 것에 비해서 훨씬 친환경적인 방법임에도 불구하고, 터널건설로 나타날 수 있는 (사실은 매우 일어날 확률이 낮으며, 생태계에 미치는 영향도 매우 미미한) 산속 습지훼손이나 이로 인한 도룡뇽의 죽음과 같은 환경문제는 매우 사소했음에도 불구하고 당시 커다란 사회문제로 인식되었다. 터널을 뚫는 환경친화적인 방법은 전혀 환경친화적이지 않은 것으로 사회적으로 구성될 수 있다. 이러한 사례는 환경문제가 고유한, 객관적인 속성을 가진다기보다는 주관적인 정의과정에 의해 만들어진다는 것을 보여주는 것이다.

제 3 절 환경문제의 유형과 실태

한국사회에서 중요한 환경문제로는 각종 재난이나 대기오염, 수질오염, 토양오염 등을 들 수 있지만, 현대사회에서 환경문제는 한 국가의 영역 안에서만 발생하고 그 안에서만 해결될 수 있는 것이 아니다. 예를 들어 한국에서 문제시되는 대기오염은 한국의 공장이나 자동차 등에서 배출하는 가스에 의해서 발생하기도 하지만, 중국과 같은 나라에서 날아온 유해 공기에 의해서 발생하기도 한다. 이러한 유해한 공기는 또한 대부분 중국 내에서 발생하지만, 그것의 근본원인을 찾아보면 이러한 많은 대기오염이나 자연재해는 전 지구상에서 발생하고 있는 지구온난화에 따른 기후변화의 결과이기도 하다. 이처럼 환경문제는 다른 어떤 문제보다도 더 지구적인 맥락에서 살펴볼 필요가 있는 문제이다.

1. 지구온난화와 기후변화

인구증가로 인해 인간이 먹을 식량이 없어져 기아로 인해 많은 인간들이 생명을 잃을 것이라는 맬서스의 예측은 빗나갔다. 그러나 이 예측은 식량부족이 아닌 기후[1]변화라는 엉뚱한 방향에서 실현되고 있다. 인류가 지구상에 살게 된 이후 장기적인 기온의 변화를 살펴보면, 우리가 인구문제에서 살펴보았던 폭발적인 인구증가와 거의 똑같은 기온변화의 그래프를 얻을 수 있다.[2] 최근의 연구들에 따르면, 지구의 평균기온은 매우 급속히 올라가고 있다. 이러한 현상을 지구온난화(global warming)라고 하는데, 현대사회에서 지구의 온난화는 많은 기상이변과 재해를 만들어내는 것으로 알려져 있다. 기상이변의 결과는, 세계의 각지에서 일어나는 장기적인 가뭄, 홍수, 해수면상승, 지진 및 해일, 심지어는 새로운 전염병의 발견과 전파까지 다양하다. 세계의 여러 학자들의 연구에 따르면, 기원 후 지구상에서 1800년대 중반까지도 큰 온도변화가 없었지만, 최근 150여 년 동안에 지구상의 온도는 매우 급격하게 높아지고 있다.

1) 날씨(weather)가 어떤 날의 일회적인 기상상태를 의미한다면, 기후(climate)는 상당히 장기간에 걸친 평균적인 기상상태를 의미한다. 예를 들어 평균기온은 기후현상의 하나라고 할 수 있다.

2) 이 책의 13장 2절 1.의 그래프를 보라.

그림 14-1 ■ 세계 여러 학자들이 추정한 지구상의 장기적인 온도 변화

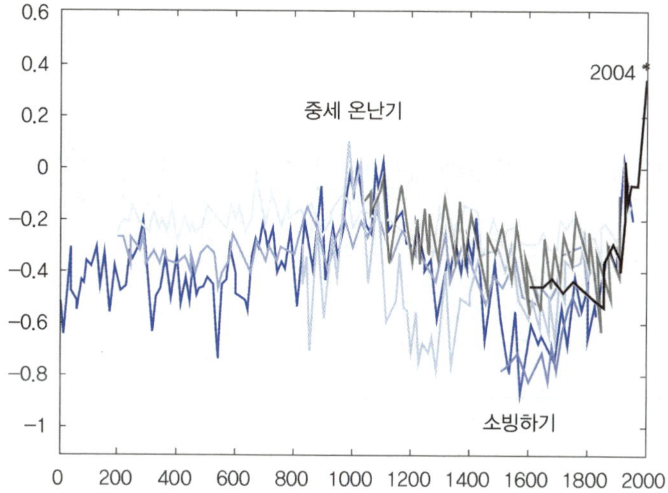

출처: Wikipedia.

이렇게 급격히 지구의 온도가 높아지는 것은 인류 역사상 비교적 근래에 일어난 산업혁명의 탓이라고 할 수 있다. 산업혁명은 인류의 생필품들을 대량으로 만들어 내어 대규모로 늘어나는 인류의 생활을 윤택하게 만들었지만, 이러한 산업혁명의 혜택 뒤에는 기후변화라는 무서운 괴물이 나타나고 있었던 것이다. 이러한 기후변화는 보통 산업화를 이룬 선진국에서 더 강하게 나타나는 경향이 있다. [그림 14-2]에 따르면, 지난 반세기 동안 매우 급속하게 산업화를 이룬 한국은 다른 국가들보다 훨씬 더 지구온난화의 속도가 빠르게 나타나고 있다. 한국의 온도변화는 세계의 평균에 비해 월등히 높은 상태를 나타낸다. 조선시대까지만 해도 한국의 기온은 세계 평균에 비해 낮은 수준이었지만, 1900년대 이후에는 세계의 평균을 훨씬 상회하는 매우 가파른 기온의 상승이 나타나고 있다. 국립해양조사원(2008)에 따르면, 1906년에서 2005년의 100년 사이에 세계의 기온은 0.74℃ 상승한 반면, 한국의 기온은 같은 기간 동안 1.5℃로 상승하여 두 배 정도 더 상승한 것으로 나타난다.

그림 14-2 ■ 세계와 한국의 온도변화

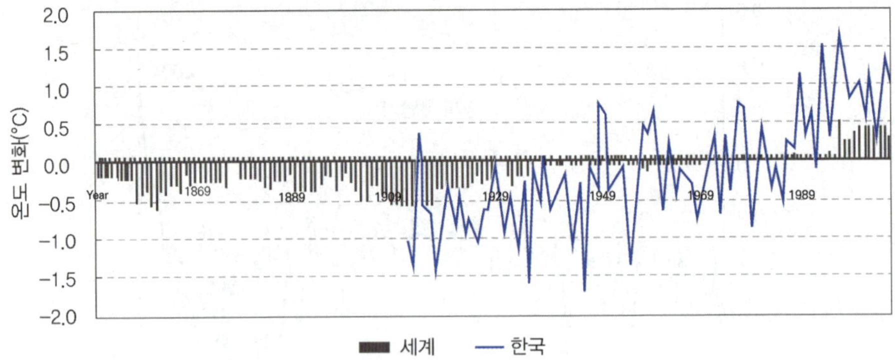

출처: 윤주환, 2009.

기후변화에 대한 국제패널(Intergovernmental Panel on Climate Change, IPCC)의 보고에 따르면, 이러한 지구상에서 나타나고 있는 평균온도의 상승은 주로 인간이 사용하는 화석연료나 숲의 황폐화로 인한 온실가스 농도의 증가에 기인한다(IPCC, 2007). 온실가스(green house gases, GHG)란 태양으로부터 지구상에 전달된 열이 대기를 통과하여 다시 일부는 방출되는데, 이것을 막는 대기 중의 몇몇 가스를 말한

그림 14-3 ■ 온실가스로 인한 온실효과

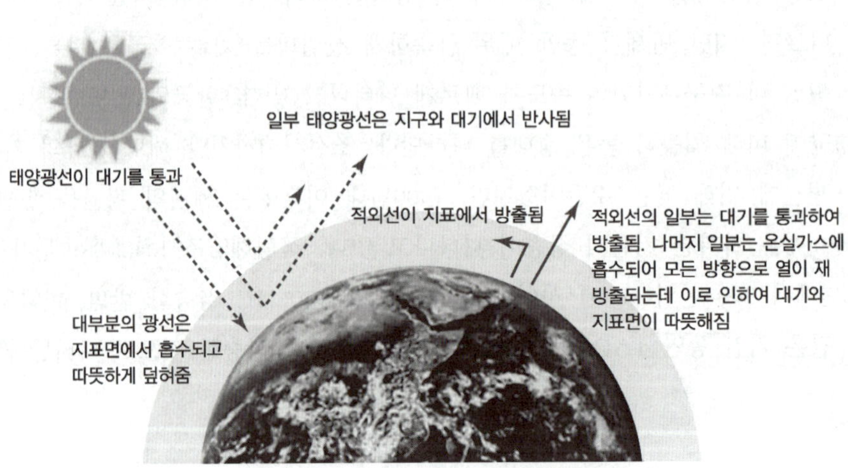

출처: 박종현, 2009.

다. 대표적인 온실가스로는 수증기, 이산화탄소(CO_2), 메탄(CH_4), 오존(O_3), 아산화질소(N_2O), 수소불화탄소(HFCs), 과불화탄소(PFCs), 육불화황(SF_6) 등을 들 수 있다. 이러한 온실가스들은 지표에서 방출된 적외선을 담아두는 성질이 있어, 이 적외선이 바로 대기권 밖으로 배출되지 못하고 이들 가스에 흡수되어 있다가 사방으로 흩어진다. 따라서 이들 가스의 농도가 짙어질수록 지구온난화는 심해지게 된다.

이러한 온실가스의 증가는 장기적으로 지구의 표면과 대기의 온도를 상승시키게 되는데, 인류 역사상 이러한 온실가스의 배출량은 산업혁명에 의해 기하급수적으로 늘게 되었다. 따라서 앞에서 살펴본 지구상의 온도 상승은 이러한 온실가스의 배출 추이와 거의 정확히 일치한다. 이것은 결국 온실가스가 지구온난화를 가져온다는 IPCC의 결론을 지지하는 것이다. 따라서 현재 세계는 이 온실가스배출을 줄이기 위해 세계 각국의 정상들이 머리를 맞대고 대책을 의논하고 있다.

그림 14-4 ■ 온실가스 배출량의 장기 추이

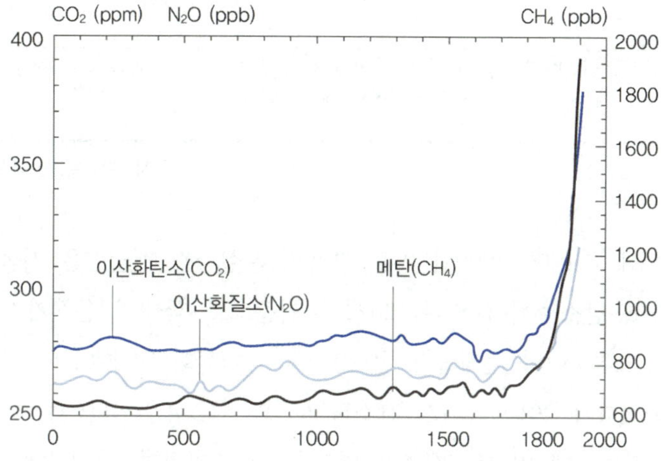

출처: 박종현, 2009.

한국에서도 이러한 온실가스의 배출은 점점 늘고 있는데, 온실가스의 유형별 배출원과 배출량을 살펴보면, 이산화탄소는 주로 발전소나 내연기관에서 에너지를 연소시킬 때 배출되는데 현재는 이러한 증가의 대부분이 자동차의 사용으로 인한 것이다. 반면 메탄은 폐기물이 썩는 과정이나 농업, 축산업 등에서 주로 발생하며, 아산화질소 또한 농업에서 비료를 사용할 때 주로 발생한다. 그 외 수소불화탄소나 과불화탄소는 역시 매우 강한 온실가스인 프레온을 대체하기 위해 사용되는 것으로 냉매나 세척 등의 과정에서 발생한다. 그리고 육불화황은 소화기나 폭발방지 등의 용도로 사용된다.

그림 14-5 ■ 한국의 온실가스 배출 추세(1990~2022)

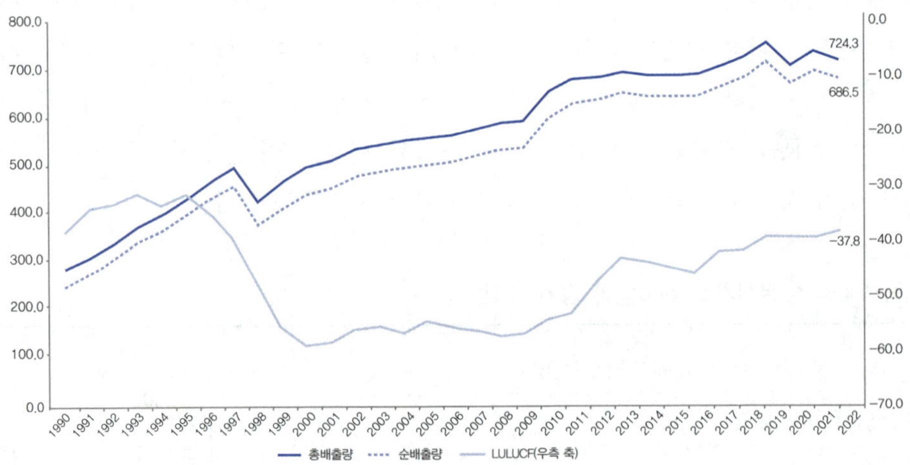

출처: 환경부, 온실가스종합정보센터.

[그림 14-5]에 따르면, 1990년 이후 한국의 온실가스 배출량은 계속 증가하다가 최근 들어 다소 감소추세에 있다. 2022년 기준으로 국내의 온실가스 총배출량은 724.3 이산화탄소톤[3)]이며 순배출량[4)]은 총 686.5 이산화탄소톤으로 2012년 이후 증가율이 둔화되었다가 2019년 이후 감소하고 있다. (그림에는 없으나) 이 온실가스의 90%가 이산화탄소인데 이것의 배출량 역시 크게 증가하여 2022년에는 635.8 이산화탄소톤이 배출된 것으로 나타난다. 최근에 이렇게 온실가스 배출량이 줄어든 것

3) tCO_2(이산화탄소톤) × 3.67(12/44) = TC(탄소톤), 메탄 1톤은 이산화탄소 21톤과 동일한 온난화효과를 가진다. 실생활 속에서 1이산화탄소톤이 가지는 의미를 살펴보면, 서울 – 부산을 7번 왕복할 때 배출되는 양이며, 평균적인 가정에서 연간 사용하는 난방연료에서 배출되는 양이고, 또 평균적인 가정에서 연간 사용전력의 약 80%에 해당하며, 1이산화탄소톤을 감축하려면 잣나무 310그루를 심어야 한다.

4) 총배출량에서 산림 등으로 인해 흡수되는 양(LULUCF)을 제외한 양.

은 한국이 온실가스 감축의무를 성실히 이행했다기보다는 세계를 강타한 코로나19 팬데믹으로 인한 불황이 영향을 미친 것으로 추정된다. 다만 숲을 조성해 이산화탄소를 감소시킨 양(LULUCF)도 소폭 증가했다.

환경부의 온실가스배출통계에 따르면, 2015년을 기준으로 이산화탄소 배출의 93.6%가 연료연소에서 발생하는데, 특히 에너지산업(41.1%), 제조업 및 건설업 연료연소(29.56%), 그리고 수송부문의 연료연소(14.8%)에서 배출되고 있다. 특히 문재인 정부 들어 온실가스배출량이 더 크게 증가하고 있는 것은 이산화탄소를 전혀 배출하지 않는 원자력발전 비중을 줄인 데서 나타난 현상이라고 할 수 있다. 2009년에 한국정부는 2020년까지 2005년보다 온실가스를 4% 감축하겠다고 자발적으로 발표하였으나, 오히려 2005년 대비 2020년에 온실가스 순배출량이 33%p가 증가한 것으로 나타난다. 최근 유럽국가들은 온실가스를 배출하지 않는 원자력발전이 친환경적임을 인식하고, 다시 풍력이나 태양광 등의 재생에너지에서 원자력발전으로 회귀하고 있다.

우리나라 온실가스 배출량은 이산화탄소(CO_2)와 메탄(CH_4)의 농도가 전 지구적 온실가스 농도보다 큰 것으로 나타났으며, 1999년에서 2005년 사이 우리나라 연평균 CO_2 증가속도도 2.5ppm/yr로 전 지구적 증가속도(1.9ppm/yr)보다 빠르고, 우리나라의 온실가스 배출량은 5.9억톤으로, 미국, 일본 등에 이어 6위에 해당했다. 그리고 1990년 이후 에너지 소비량이 급격히 증가함에 따라 온실가스 배출 증가율도 90.1%로 세계 1위이다(환경부, 2009b).

이러한 온실가스의 배출은 전세계에 걸쳐 매우 다양한 영향을 미치고 있다. [표 14-1]에 따르면(환경부, 2009b), 아시아 지역에서는 홍수나 해수면상승, 물부족, 그리고 개발도상국의 발전저해와 같은 여파가 우려되고, 오세아니아에서는 물부족현상과 종 다양성 감소, 북미에서는 홍수와 물부족문제, 남미에서는 지하수 감소, 토양의 염화와 사막화, 가뭄 등이 예상되고, 유럽에서는 홍수, 고온, 수력발전효율의 저하 등이 발생하고 있고, 그리고 아프리카에서는 물부족으로 인한 식량부족과 수산자원의 고갈이 진행되고 있다. 이처럼 전 세계는 지구온난화로 인하여 나타나는 매우 다양한 기후변화에 의해 이미 고통을 받고 있거나 더 많은 고통을 받을 것으로 예상된다.

표 14-1 ■ 대륙별 기후변화에 따른 영향 전망

지역	영향
아시아	• 홍수로 인한 재해 문제와 빙하 쇠퇴에 따른 수자원 부족 • 동·남아시아 해안지역의 경우 하천범람 및 연안침수 위험에 직면 • 개발도상국의 경제발전에 큰 위협
오세아니아	• 강수량 감소와 증발량 증가 • 호주 남·동부, 뉴질랜드 북부 섬 등에서 물부족 현상 심화 • 산호초대와 습지지역에서 뚜렷한 종 다양성 감소
북미	• 기온상승 및 적설 감소에 따라 겨울철은 홍수 빈발, 여름철은 고지대로부터 제공되는 유량 감소 • 유량 감소로 인해 2020년 이후 수자원 부족
남미	• 21세기 중반까지 지하수 70% 이상 감소 • 토양내 수분 감소로 인해 염화현상 증가 및 사막화 • 가뭄으로 인한 가용 수자원 부족
유럽	• 유럽내 거의 모든 지역이 기후변화의 부정적 영향 받음 • 내륙 내의 돌발 홍수 위험 증가, 해안지역 홍수 증가, 산악지역 빙하 및 적설량 감소 • 유럽 남부지역은 이미 고온과 가뭄이 악화되고 있음 • 2070년까지 수력발전의 전기생산 잠재력은 70%까지 감소
아프리카	• 물부족이 가장 큰 영향을 미칠 것으로 전망되며, 이로 인한 식량 접근성이 위태로울 것임 • 수자원의 부족과 온도상승으로 인한 수산자원의 위협

출처: 환경부, 2009b.

2. 해수면상승과 자연재해

다른 어떤 위협보다도 인류에게 더 심각한 위협은 북극이나 남극의 빙하가 녹고 있는 것이다. 북극의 경우는 빙하의 대부분이 이미 물 속에 있어 큰 문제는 없지만, 거대한 그린란드섬과 남극의 빙하는 그 녹는 양에 따라서 해수면을 엄청나게 상승시킬 가능성이 있다. 가까운 시일 내에 일어나지는 않겠지만, IPCC에 따르면, 현재 전세계에 존재하고 있는 빙하가 다 녹는다면 해수면은 현재의 높이에서 70m나 더 오를 것이라고 한다. [그림 14-6]은 북극에서 1982년에서 2010년 사이의 9월의 평균 얼음면적과 2019년 9월의 그것을 비교한 것이다. 이 사진은 지구온난화가 급속히 진행되고 있다는 것을 보여준다.

그림 14-6 ■ 북극 얼음의 감소

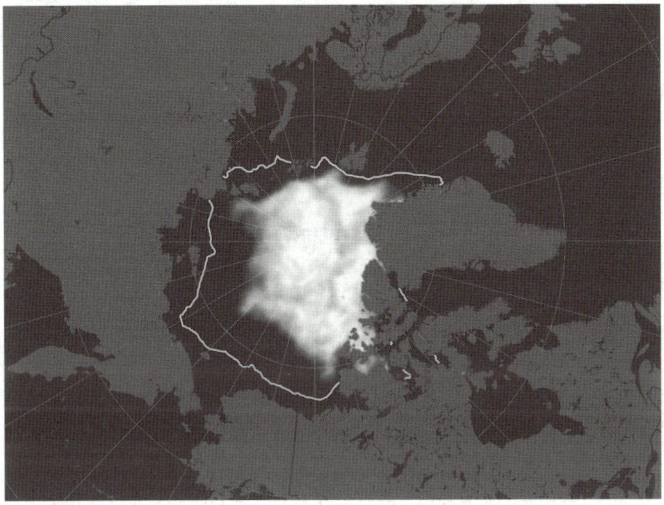

출처: NASA, 2019년 9월 위성사진.

그림 14-7 ■ RCP 8.5 시나리오에 따른 한반도 주변의 해안 침수 예상도

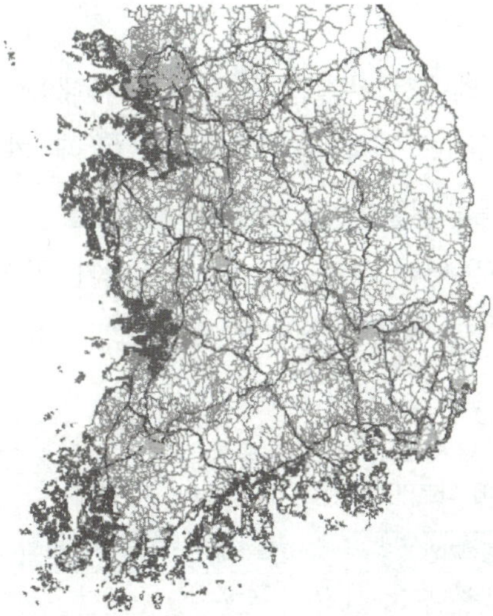

출처: NASA, 2019년 9월 위성사진.

[그림 14-7]은 아무런 대책이 취해지지 않고 온실가스 배출이 계속 증가하는 시나리오(RCP 8.5)[5]에 의해 주변 해수면이 약 1미터 상승했을 때, 해안침수지역을 예상한 것이다. 이 지도에서 경기, 충남, 전북, 전남의 전 서남해안지역에서 광범위하게 침수가 될 것으로 예상된다. 또한 낙동강하구와 같은 남해안의 일부지역도 역시 바다에 잠길 것으로 예상된다. 특히 이 지역은 공항이나 산업단지가 밀집한 지역이라 더욱 큰 피해가 예상된다.

지구의 온난화는 또한 열대지방에서 발생하여 온대지방으로 이동하는 열대이동성저기압의 강도도 증가시키고 있다. 지역에 따라 태풍, 허리케인, 사이클론, 윌리윌리라고 다르게 불리는 이 저기압은 과거에 비해 점점 더 강해지고 있다. 최근 카테고리 5나 카테고리 4의 큰 피해를 가져오는 태풍의 비율은 카테고리 1이나 카테고리 2, 그리고 카테고리 3의 상대적으로 약한 태풍에 비해 훨씬 더 많이 증가했다(Richardson et al., 2009).[6] 이것은 결국 지구온난화로 인해서, 태풍이 따뜻해진 바다표면에서 더 많은 에너지를 흡수하게 되었다는 것을 의미한다. 이미 한국에서도 2003년 9월에 발생한 중심기압 950mb의 태풍 매미가 영남지방에 상륙하여 수많은 인명, 재산피해를 발생시켰다. 이 한반도에서 기상관측을 실시한 이래 가장 강한 태풍이었던 매미는 117명의 사망자와 13명의 실종자, 그리고 재산피해 4조 7,810억을 발생시킨 바 있다.

그런데 태풍 매미의 사례에서 부각된 것은 대형의 태풍이 올 때 중심부분의 기압이 매우 낮기 때문에 해수면의 상승이 나타나고, 이 두 가지 현상(태풍의 대형화와 해수면상승)이 합쳐지면 폭풍해일(storm surge)이 나타날 수 있다는 것이다. 이미 2003년에도 이 폭풍해일로 인해 부산 수영만 매립지가 침수되어 수많은 자동차가 바다 속으로 떠내려가고, 그 지역에 세워진 H콘도의 지하주차장에 있던 자동차들

5) 시나리오에 대해서는 이 장의 뒤 쪽 [그림 14-13] 참조

6) SAFFIR-SIMPSON SCALE에 따르면, 태풍은 다음과 같이 구분한다.

카테고리	중심기압	풍속(MPH)	파도(feet)	피해
1	>980mb	74~95	4~5	Minimal
2	979~965mb	96~100	6~8	Moderate
3	964~945mb	111~130	9~12	Extensive
4	944~920mb	131~155	13~18	Extreme
5	<920mb	>155	>18	Catastrophic

이 모두 침수되는 재해가 발생한 바 있다. 또한 마산지역에서는 해안도로 6㎞를 따라서 주변지역들이 모두 침수되고, 지하노래방에서 해일에 미처 빠져나오지 못한 12명이 사망하는 피해가 발생하기도 하였다. 이러한 폭풍해일의 위협은 남해안에 국한되지 않는다. 국립해양조사원에 따르면, 동해안에서 관측된 연간 해일고[7]의 변동을 연구한 결과, 1974년에서 2007년까지 34년간 강원도 속초시와 동해시에서 연간 최대 해일고가 각각 약 8.3cm와 8.7cm 정도 증가했다(국립해양조사원, 2009b.).

3. 대기오염과 황사

공기 중에 존재하는 오염물질은 인체의 건강에 다양한 나쁜 영향을 미치는 것으로 알려져 있다. 대기 중의 미세먼지(PM-10)는 매년 50만 명의 미국인들을 심폐질환으로 죽게 만든다는 보고도 있으며, 알러지, 천식, 기관지염, 폐기종 등의 질병은 대기오염과 밀접한 관련을 갖고 있다. 1952년 영국에서는 심각한 스모그 현상이 일어나서 6일 만에 4,000명이 죽고, 다음달까지 8,000명이 죽기도 하였다(Wikipedia). 이처럼 대기오염은 인간의 생명을 위협하는 소리 없이 다가오는 저승사자가 될 수 있다. 대기오염으로 사망하는 사람들은 영국에서 발생한 대스모그(Great Smog)와 같은 뚜렷한 사건이 없으면 눈에 잘 띄지 않으므로, 실제로 이로 인해 사망하는 사람들은 훨씬 많다고 할 수 있다.

일반적으로 인체에 해롭다고 알려져 있는 대기오염물질은 미세먼지 외에도 일산화탄소, 이산화황, 질소산화물, 휘발성유기화합물, 오존 등을 들 수 있다. 이 중 이산화황(SO_2)은 황성분이 포함된 물질을 태우거나 석유 및 화학비료의 제조과정에서 주로 배출되는데, 스모그와 호흡기질환의 원인이 된다. 그리고 주로 자동차운행으로부터 발생하는 일산화탄소(CO)는 이산화탄소를 만들어내는 전구물질[8]이며 메탄의 농도를 증가시킨다. 유사하게 자동차운행으로부터 주로 만들어지는 질소산화물(NO_x)은 다양한 형태로 대기 중에 존재하는데 그중 농도가 높은 것은 NO와 NO_2인데, 스모그와 호흡장애를 일으키며, 오존의 전구물질이다. 그다음으로 휘발성유기

7) 매년 관측되는 해수면 높이에서 달, 태양 등 천체의 인력 작용으로 인한 해수면 높이 변화요인을 제거한 수치.

8) 화학반응의 전단계에 필요한 물질. 예를 들어 $H_2 + O \rightarrow H_2O$에서 H_2와 O는 물이 만들어지기 위한 전구물질이다.

화합물(VOCs)은 자동차나 도장작업, 주유소, 세탁소, 인쇄과정 등에서 발생하는 것으로, 역시 오존의 전구물질이다. 오존(O_3)은 앞서 언급한 여러 오염물질들의 존재하에서 광화학반응으로 생성되는 2차 오염물질로서 태양광선이 강하고 풍속이 약할 때 주로 생성된다. 지표에 고농도의 오존이 존재하면 호흡기, 신경, 감각기 등에 악영향을 주며 단백질변형을 유발하기도 한다(문난경 외, 2009).

그럼 이런 오염물질들은 어디에서 나오는 것일까? 환경부에서 2009년 12월 발표한 배출원에 따른 대기오염물질의 배출량을 살펴보면, 질소산화물의 경우는 자동차에서 배출되는 경우가 40%를 넘어서 가장 많은 부분을 차지한다. 그 외에 에너지산업 연소나 제조업 연소, 비산업연소에서 약간씩 배출되고 있다. 그리고 황산화물은 제조업 연소와 에너지산업 연소, 그리고 생산공정에서 20% 이상씩 발생한다. 총부유분진과 미세먼지는 각각 62.7%와 54.1%가 제조업에서 발생하고 있고, 나머지는 자동차에서 대부분 발생한다. 일산화탄소는 거의 대부분이 자동차와 같은 교통수단에서 발생하며, 휘발성유기화합물은 도료, 본드 등의 유기용제를 사용할 때 대부분 발생한다(환경부, 2009d). 전체적으로 이 결과는 대부분의 대기오염이 제조업이나 자동차운행으로부터 발생한다는 것을 보여준다.

그림 14-8 ▪ 대기 중 미세먼지 오염 농도

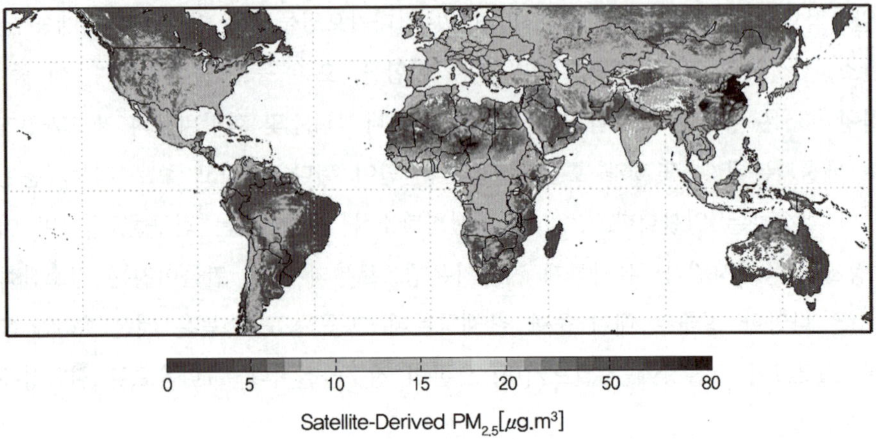

출처: NASA 홈페이지, 2010년 9월 22일.

최근에 전 세계적으로 미세먼지가 다양한 호흡기질병을 유발하는 것으로 알려져 큰 관심의 대상이 되었다. 미우주항공국(NASA)의 위성이 촬영한 2001년에서 2006년 사이의 세계의 미세오염 평균농도를 살펴보면, 특히 중국의 미세먼지 농도가 매우 높은 것으로 나타난다. 이 중국의 미세먼지는 편서풍을 타고 한국으로 날아올 수 있기 때문에 한국에서도 큰 문제가 되고 있다. 한반도의 서부지역의 미세먼지농도가 매우 높은 것은 상당 부분 이 중국의 미세먼지의 영향으로 생각된다.

환경부의 대기환경연보에 따르면, 한국에서 대기오염은 미세먼지 문제가 가장 심각하고, 그다음으로 오존과 이산화질소 문제가 심각하다. 대기오염물질의 대부분은 서울과 경기도에 대부분 집중되어 있고, 그다음으로 부산, 대구, 광주, 대전과 같은 대도시와 큰 공장이 밀집해 있는 경남의 해안가 도시들에 집중되고 있다. 다만 오존의 분포는 이러한 도시들 외에도 환경이 비교적 양호한 농촌지역에서도 제법 크게 기준치를 초과하는 경우가 보이고 있다. 그 이유는 아마도 농촌지역의 일사량이 높기 때문으로 추정된다. 과거에 오존의 위험성에 대해 몰랐을 때는 이것이 오염물질에 포함되지 않았지만, 최근에는 매우 중요한 대기오염물질로 등장하고 있다.

OECD의 한 전망(OECD, 2008)에 따르면, 특히 아시아지역의 OECD 국가에서 2030년 즈음에 가면 높은 오존농도로 인해 수명이 단축되는 경우가 폭증할 것이라고 경고한다. 아시아에서 이 당시 OECD 회원국은 한국과 일본밖에 없으므로, 결국 이것은 한국의 오존오염문제에 대한 경고나 다름이 없는 것이다. 또한 이 보고서는 같은 지역인 중국의 오존오염문제도 매우 심각해질 것으로 예상하고 있는데, 국경이 없는 대기의 특성상 베이징올림픽을 반납하게 만들 뻔했던 중국의 대기오염이 동아시아의 대기오염을 크게 악화시키는 데 일조하게 될 것으로 예상된다.

특히 중국에서 주로 발생하고 있는 황사는 한국과 일본은 물론, 태평양을 넘어서 미국에까지 영향을 미치고 있는 실정이다. 기상청의 황사센터에 따르면, 우리나라에 날아오는 황사의 발원지는 중국의 내몽골고원이 39%, 고비사막이 23%, 만주가 16%, 황토고원이 14%, 타클라마칸사막이 8%로서 주로 내몽골에서 발원하는 경우가 대부분이다. 황사는 심장질환이나 폐질환, 그리고 호흡기질환을 증가시키는 것으로 알려져 있으며, 특히 노인들의 경우 사망에 이를 수 있을 정도로 매우 심각한 영향을 미친다. 2002년 3월에는 매우 강한 황사가 발생하여 초등학교가 휴교를

그림 14-9 ■ 도시 오존 오염 노출에 따른 조기 사망자수

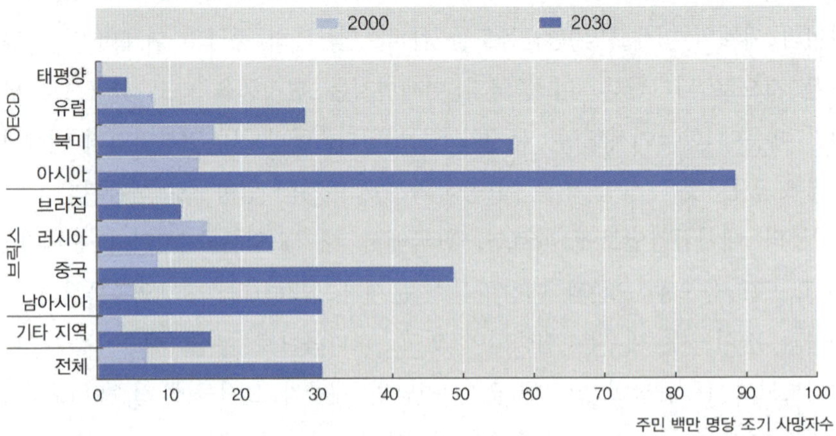

출처: OECD, 2008.

하고, 항공기가 결항을 하며, 호흡기 질환환자가 급증하고, 반도체 등 정밀산업체 공장이 일시적으로 휴업을 하는 등의 매우 심각한 피해가 나타났다(강공언, 2009 참조).

[그림 14-10]의 서울지역의 황사 관측일수의 추이를 살펴보면, 1960년대에는 황사가 연중 5일 미만으로 관측되었으나, 1970년대에서 1980년대 사이에는 연중 10일 이하가 관측되었고, 1990년대 이후에는 보통 10일 이상 황사가 관측되고 있다. 특히 2001년에는 무려 27일간 황사가 관측되기도 하였다. 특히 최근에는 황사가 봄철에만 나타나던 과거와는 달리 여름을 제외한 모든 계절에 황사가 관측되고 있다. 이 결과는 황사문제도 결국 지구온난화로 인한 기후변화와 밀접하게 관련되어 나타난다는 것을 암시한다. 원래 황사는 대륙편서풍을 타고 서쪽에서 동쪽으로 날아왔지만, 기상상태가 불안정해지면서 계절에 관계없이 황사가 나타나고 있는 것으로 추정된다.

황사가 이렇게 과거에 비해 크게 증가한 것은 중국과 몽골지역의 사막화와 큰 관련이 있다. 현재 중국이나 몽골의 초원지대는 아프리카와 유사하게 기후변화로 인해서 강수량이 감소하고, 점점 풀이 살지 못하는 사막으로 변하고 있다는 공통점이 있지만, 현재 두 나라의 사정은 매우 큰 차이가 있다. 중국의 경우 소수민족의 통합을 위해 내몽고지역이나 신장위구르지역의 초원지대에 대규모의 한족들을 이주

그림 14-10 ■ 연도별 서울지역의 황사 관측일수의 추이(1960~2024)

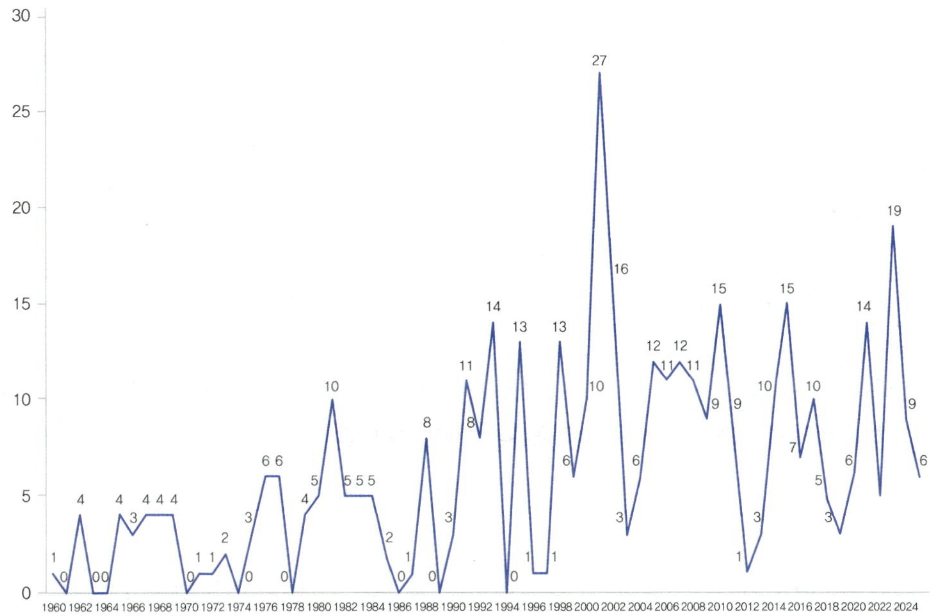

출처: 기상청, 기상자료개발포털.

시키면서 물부족사태가 오게 되었지만(이강원, 2005; 2003), 몽골의 경우 인구가 많지 않고 충분히 사막화를 막을 수 있음에도 불구하고 빈곤으로 인해 사막화를 막지 못하고 있다. 따라서 국내의 몇몇 단체에서는 현재 황사를 방지하기 위하여 몽골에서 나무를 심는 작업을 하고 있다(김한상, 2007).

황사는 기본적으로 깨끗한 지역에서 발원하기 때문에 큰 문제가 없는 모래바람이지만, 중국의 공업지역을 거치면서 다양한 중금속을 같이 운반하기도 한다. 이러한 유해한 물질들은 한국에서 각종 호흡기나 폐질환들을 일으키는 원인이 된다. 2007년 봄에 익산지역에서 관측된 황사를 연구한 강공언(2009)에 따르면, 황사가 나타나는 1~2일 사이에 미세먼지의 양이 10배 이상 크게 증가하는 것으로 나타난다. 이러한 미세먼지는 폐에 침착될 수 있어 많은 의료비용을 유발시킨다. 또한 황사는 사회적으로 볼 때 깨끗한 환경에서 살지 못하는 데서 나타나는 삶의 질 하락, 마스크, 공기청정기 등을 사는 데 필요한 다양한 회피비용, 그리고 실외활동의 제약이나 세탁비용의 증가 등에서 나타나는 비용 등을 발생시킨다. 황사의 사회적 비용을 조건부가치측정법(CVM)[9]을 통해 추정한 연구들에 따르면, 한국에서 황사로 인한 사회적 비용은 최저 4,441억 원(신영철, 2005)에서 최대 1조 3,570억 원(신영철, 2006)에 이르고 있다. 이처럼 다른 나라에서 발생한 환경문제로 인해 한국인들이 막대한 비용을 지불하고 있다는 점은 현대사회에서 환경문제와 같은 사회문제들이 이제 한 나라의 국경 안에서만 나타나고 해결되지 않는다는 점을 잘 보여준다.

4. 물부족과 수질오염

OECD에 따르면, 향후 2030년에는 지구온난화로 인해서 물부족 지역이 훨씬 더 증가할 것이라고 한다. 지구의 온난화는 지표면의 온도를 상승시켜 지표에 저장되는 물의 양을 더 감소시킬 것이다. 따라서 세계의 물부족 지역은 향후 2030년에는 증가할 것으로 예상되는데, OECD국가들은 소규모의 증가에 그치겠지만, 특히 브릭스(BRICs)국가[10]와 그 외의 지역 국가에서는 물부족 상태에 사는 인구가 크게 증가할 것으로 예상된다(OECD, 2008b).

그럼 한국은 물부족 국가일까? 물부족문제는 한국에서 논쟁의 대상이 되는 주제이다. 어떤 사람은 한국이 물부족 국가라고 주장하는 반면에, 어떤 사람은 한국이 물부족 국가가 아니라고 주장한다. [그림 14-11]은 1770년부터 최근까지의 서울지역 연강수량의 장기적 추이를 보여준다. 이 그래프에 의하면, 서울지역의 강수량은 상당한 등락을 경험했다는 것을 알 수 있다. 1800년부터 1880년 정도까지의 약 80년간은 전체적인 강수량이 현재의 평균 강수량인 1,214㎜를 상회하는 수준이었지만, 1884년부터 1910년 사이의 구한말에는 극심한 가뭄이 왔었다. 그 이후에는 다시 강수량이 많아지기 시작하여 큰 가뭄이 없이 최근에는 오히려 강수량이 증가하는 추세로 나타나고 있다. 이 결과로부터 갖게 되는 인상은 한국이 물부족 국가가 아닐 수 있다는 것이다. 현재의 한국의 물공급 수준은 그리 만족할 만한 수준은 아니지만, 크게 부족한 국가가 아님은 분명하다.

---

9) 주로 이 방법은 설문조사를 통해 가상적인 오염상황을 제시하고 이것을 회피하기 위해 어느 정도의 금액을 지불할 용의가 있는지에 대해 측정하는 방식(WTP)이 일반적이다.

10) 브라질, 러시아, 인도, 중국.

그림 14-11 ■ 서울지역 연간 강수량의 장기 추이

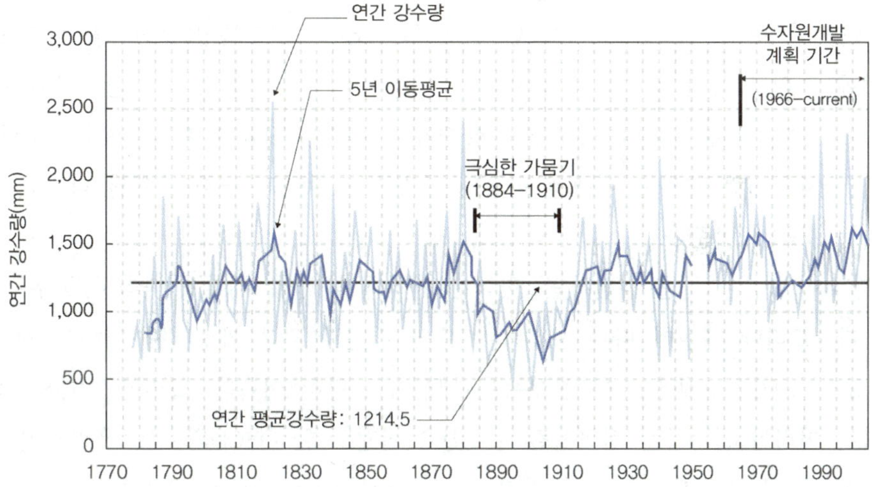

출처: 김승 외, 2006.

그러나 이 문제와 관련하여 한국이 가진 고유한 문제는 강우의 계절별, 지역별 편중성 문제가 심하다는 것이다. 한국의 경우 1년에 내리는 비의 대부분이 여름 한 철에 집중적으로 내리고 있으며, 또한 어떤 수계에 위치하는지에 따라서 물공급의 수준은 사실상 크게 달라진다. 예를 들어 한강이나 영산강의 물을 영남지역 사람들이 식수로 쉽게 사용할 수 있는 것이 아니기 때문에, 이들 하천에 아무리 많은 비가 내리더라도 낙동강에 비가 내리지 않으면 거의 아무런 소용이 없다. 보통 인구가 많으면 필요한 물이 많아지게 된다. 따라서 인구가 적은 수계라면 크게 수량이나 강수량이 많을 필요가 없지만, 인구가 많은 수계라면 비례적으로 많은 강수량이 필요해지는 것이다.

우리나라의 권역별 물부족상태를 살펴본 한 연구에 따르면, 한강수계권역은 인구가 많은 관계로 2020년이 되면 1인당 활용가능한 수량이 984㎥로서 물기근[11)]의 범위에 속하며, 낙동강수계권역은 1,317㎥로서 물부족에 속하고, 금강, 영산강, 섬진강 수계권역은 물이 풍부한 범위에 속할 것으로 전망된다(김현준 외, 2003). 낙동

11) 1인당 이용가능량에 따른 분류는 1,000㎥ 미만은 물기근 국가, 1,000~1,700㎥ 미만은 물부족 국가, 그리고 1,700㎥ 이상은 물풍요 국가로 나눈다.

강은 다른 지역에 비해 강수량이 적은 지역이니 물부족이 나타나는 것이며, 한강수계는 강수량은 풍부하지만 워낙 많은 인구가 거주하다보니 물기근 상태가 예상되는 것을 알 수 있다. 그리고 1921년 이후 우리나라의 강우특성의 변화를 살펴보면, 과거에 비해서 연간 강수량과 강우강도는 증가하는 추세에 있으나 강우일수는 감소하고 있다. 또한 우기에 강우량이 집중되고, 건기는 오히려 더 길어지고 있다(윤주환, 2009). 이런 결과는 미래에 한국의 계절별 강수량의 편차가 훨씬 더 커질 것이라는 것을 보여준다.

따라서 이런 점들을 감안하면, 한국은 지역에 따라서, 계절에 따라서 물부족 국가이다. 그러나 계절에 따른 물부족은 댐의 건설과 같은 개선책에 의해서 개선될 수 있지만, 지역수계에 따른 물부족은 개선이 상당히 어렵다. 그리고 미래의 인구증가는 이러한 물부족을 심화시킬 수 있다. 실제로 한 OECD의 전망에 따르면, 현재 한국은 물 스트레스를 크게 받지 않는 나라이지만, 물부족 문제에 대한 뚜렷한 개선이 없다면, 2030년에는 36%의 인구가 높은 물 스트레스 상태에 놓일 것이라고 예상한다(Bakkes et al., 2008).

이러한 물의 양적인 측면 외에도 물의 질적인 측면도 물부족문제에 중요한 영향을 미친다. 예를 들어 유럽에서 나타나는 대부분의 물부족은 유럽에 물이 부족하다기보다는 마실 수 있는 깨끗한 물이 부족한 데서 나타난다. 한국의 경우 비교적 물이 깨끗한 편이지만, 하천에서 물을 취수하는 비율(36%)이 높아서 물에 대한 하천의존도가 높고, 갈수기나 물의 장거리 수송 등에 있어 애로가 많다. 또한 하천이 일시적 또는 상당 기간 동안 오염될 경우 다양한 문제가 발생한다.

표 14-2 ■ 각국의 하천취수율

하천 취수율	물 스트레스 구분	국가
10% 이하	저	뉴질랜드, 캐나다, 러시아 등
10~20%	중	중국, 일본, 미국, 영국, 프랑스 등
20~40%	중~고	**한국**, 인도, 이탈리아, 남아공 등
40% 이상	고	이라크, 이집트 등

출처: 환경부, 2009a.

예를 들어 1991년 낙동강에서 발생한 페놀유출사고는 대표적인 물 스트레스의 하나라고 할 수 있다. 낙동강은 대구와 부산시민이 식수를 의존하는 매우 중요한 하천인데, 이 도시들의 상류인 구미의 두산전자에서 페놀을 대량으로 유출하는 사고가 일어나 수돗물을 오염시켰다. 이 사고로 인해 구토, 유산 등의 다양한 문제가 나타났고, 많은 관련자가 처벌을 받게 되었다. 이 사례는 한 기업의 실수가 수많은 사람들을 위험에 빠뜨릴 수 있다는 교훈을 주었고, 이후 강의 수질에 대해서 크게 신경을 쓰게 만드는 계기가 되었다. 따라서 많은 기업들은 높아진 법적인 기준을 맞추려고 노력하고 있고, 현재 강의 오염문제는 비교적 잘 관리되고 있다.

낙동강 페놀유출사고

1991년 3월 14일 경북 구미시에 있는 두산전자의 페놀 저장탱크에서 나오는 파이프가 파열되어 30톤의 페놀원액이 낙동강으로 흘러들었다. 이것은 대구의 다사취수장으로 흘러들어 수돗물을 오염시켰고, 수돗물에서 악취가 난다는 대구시민의 신고를 받은 취수장에서는 원인도 규명하지 않은 채 다량의 염소를 투입하여 더 심한 냄새가 나게 만들었다. 이 페놀은 낙동강을 따라서 다시 부산의 수돗물도 오염시켰다.

이 사고로 공무원 7명과 두산전자 직원 6명 등 총 13명이 구속되고, 공무원 11명이 징계처분을 받았다. 또한 시민단체에서는 두산제품 불매운동을 벌이고 이것은 전국적으로 확산되었다. 두산전자는 조업정지를 당했으나, 단순한 과실임이 참작되어 20일 만에 조업을 재개했지만, 4월 22일 다시 파이프가 파열되어 페놀원액 2톤이 낙동강으로 유입되는 2차 사고를 일으켰다. 마침내 두산그룹의 회장이 물러나고 장·차관이 경질되는 결과를 빚었다. 그러나 이미 임신한 여성이 유산을 하고 영남지역 주민들이 환경오염의 공포에 큰 정신적인 피해를 당한 후였다.

최근 정부에서는 더 나아가 주요 강을 대상으로 선진국에서 시행하던 수질오염 총량관리제를 시행하고 있거나, 시행할 예정으로 있다. 이 제도는 용수의 이용목적에 맞게 목표수질을 설정하고 해당 수계의 배수구역에서 배출되는 오염부하 총량을 설정된 목표수질을 달성할 수 있도록 관리하는 제도를 말한다. 기존의 농도규제로는 전체적인 오염물질의 양적 증가를 관리하기가 어려웠는데, 이 제도의 도입으로 인해 오염물질 관리의 궁극적인 목표[12]에 대해 직접적으로 관리를 하게 됨으로써 수질개선의 효과를 나타내고 있다. 특히 이 제도로 인하여 매년 수질의 악화로 취수의 어려움을 겪던 부산의 물금취수장은 최근 계속 수질이 개선되고 있다(환경부, 2007).

이처럼 한국에서 하수도나 도랑 등을 통한 오염을 의미하는 점오염(point source pollution)은 낙동강페놀사건 이후로 대체로 잘 관리되고 있는 편이지만, 비점오염(non-point source pollution)[13]은 사람들이 별다른 심각성을 느끼지 못하여 간과되는 경향이 있다. 환경부(환경부, 2008c)에 따르면, 빗물 등에 의해 쓸려 내려가 물을 오염시키는 비점오염이 전국 하천의 수질오염 중 약 42~69%를 차지할 만큼 비점오염(빗물오염)의 문제는 심각하다. 특히 이것은 강수량이 집중되는 장마철에 집중된다. 이처럼 하천으로 흘러들어간 오염물질들이 바다로 흘러가게 되면 바다에서는 적조[14]와 같은 추가적인 해양오염 문제로 나타난다. 적조는 보통 장마철에 많은 유기물들이 흘러 내려와 바다 밑에 쌓이거나, 양식장에서 준 먹이가 해저에 쌓임으로써 시작되는데, 보통 유해적조는 수온이 따뜻한 여름철에 발생하여 가두리양식장의 물고기 아가미에 흡착하여 물고기를 죽게 만든다. 따라서 지구가 온난화되면 바닷물의 온도가 올라가고, 적조가 발생할 가능성도 더 높아진다고 할 수 있다.

12) 주로 목표는 생물학적 산소요구량(BOD)이나 총인(T-P)의 특정 수준으로 정해진다.

13) 비점오염(빗물오염)은 도시, 도로, 농지, 산지, 공사장 등과 같이 불특정한 장소에서 불특정하게 오염물질(흙탕물, 농지의 잔류농약 등)을 배출하여 빗물 혹은 눈 녹은 물과 함께 하천과 호소, 바다로 쓸려 내려가 물을 오염시키는 것을 말한다(환경부, 2008c).

14) 적조현상(red-tide)이란 식물 플랑크톤의 대량 번식으로 바닷물의 색깔이 적색, 황색, 적갈색 등으로 변색되는 자연 현상을 말한다. 보통 해저에 퇴적된 유기물들을 분해하기 위해 식물성 플랑크톤이 대량으로 번식하게 되어 적조가 나타난다.

5. 환경불평등

건강문제와 마찬가지로 이 문제에 직접적으로 영향을 주는 환경문제 역시 사회계층에 따라서 차별적으로 분포한다. 이처럼 환경불평등(environmental discrimination)이란 환경문제나 이에 대한 규제로 인한 부담이나 혜택이 평등하게 분포하지 않고 불균등하게 분포하는 것을 말한다. 보통 이러한 불평등한 분포는 소수집단에 부담이 더해지고, 사회의 지배집단에 혜택이 더 많이 가는 것으로 나타난다. 예를 들어 지역별 경제력의 격차로 인해서, 특히 서울지역이 다른 지역에 비해 많은 혜택을 보면서도 그에 대한 부담은 덜 지는 것이 대표적인 예이다. 수도를 예로 들면, 서울지역은 오래 전부터 팔당댐과 광역상수도망의 건설을 통해서 깨끗한 식수를 이용해 왔지만, 이것은 모든 지역에서 가능한 것이 아니다. 예를 들어 부산시민들은 광역상수도망을 건설하지 못한 관계로 경남북의 공단에서 나오는 폐수나 생활하수가 섞인 낙동강 하구에서 식수를 취수한다. 따라서 수돗물의 질은 서울과 비교할 때 형편이 없다. 그럼에도 불구하고 2023년 기준 수도요금은 부산이 877원으로 서울의 762원에 비해서 훨씬 비싸다. 그나마 이것도 지역별로 지나친 수도요금의 격차가 사회적으로 문제시되자 정부가 슬쩍 그 격차를 줄인 것이다. 실제로 2018년 기준으로 서울의 수도요금은 m^3당 569원이었는데 비해, 부산의 수도요금은 895원으로 큰 차이가 났다.

그럼 왜 이렇게 부산의 수도요금은 서울에 비해 비싼 것일까? [표 14-3]을 보면 서울의 생산원가는 822원인 데 비해서 부산의 생산원가는 1,078원으로 부산이 훨씬 더 생산비가 비싸다. 다시 말해서 두 지역 모두 수도요금을 생산원가 이하로 공급하고 있는데, 서울은 생산원가의 약 93%만 지불하는 반면, 부산은 생산원가의 81%를 지불한다. 물론 이렇게 서울이 생산원가 대비 더 많은 요금을 지불하는 것은 최근에 들어서이다. 예를 들어 2018년에 서울과 공무원들이 주로 사는 세종은 생산원가의 각 80%와 85%를 지불했는데 비해서 부산, 대구, 인천, 광주, 대전, 울산은 모두 90% 이상의 요금을 지불했다.

경제적 형편이 상대적으로 어려운 지방도시의 수도요금이 비싸다는 것은 사회정의에 부합하지 않는다. 물론 이들 지역이 원가가 비싼 측면은 있겠지만, 정부가 나서서 하층계급의 어려움을 더욱 가중시키는 요인이 된다는 점만은 분명하다. 이런 점은 강원도나 경기도, 충청북도의 요금을 보면 더욱 명확해진다. 경기도의 일부지역과 강원도, 충청북도는 팔당수자원을 보호하기 위해서 많은 부담을 진다. 그들은 서울시민의 식수자원을 보호하기 위해서 서울시민이 누리는 재산권을 제대로 행사하지 못한다. 그럼에도 불구하고 이들이 먹는 수돗물의 요금은 서울시민의 수도요금보다 훨씬 비싸다. 이런 점은 수도요금의 결정에서 환경의 개선으로 혜택을 보는 집단과 환경의 개선을 위해 부담을 지는 집단들에 대한 고려가 제대로 이루어지지

표 14-3 ■ 한국의 지역별 수도요금(2023)

지역	연간총급수량(천/m^3)	요금(원/m^3)	생산원가(원/m^3)	현실화율(%)
전체	6,794,875	796.3	1,069.1	74.5
서울특별시	1,112,536	762.0	822.0	92.7
부산광역시	368,296	877.0	1,077.8	81.4
대구광역시	284,234	764.2	912.0	83.8
인천광역시	387,199	646.7	902.2	71.7
광주광역시	170,450	620.2	949.0	65.4
대전광역시	207,841	579.2	667.0	86.8
울산광역시	130,345	896.9	993.9	90.2
세종시	40,575	909.8	1,146.7	79.3
경기도	1,745,056	710.2	860.9	82.5
강원도	249,815	1,067.6	2,052.3	52.0
충청북도	282,042	916.7	1,176.8	77.9
충청남도	302,252	1,008.8	1,500.1	67.2
전라북도	268,770	945.5	1,402.1	67.4
전라남도	246,046	874.2	1,540.6	56.7
경상북도	422,022	880.2	1,614.9	54.5
경상남도	418,908	922.8	1,460.2	63.2
제주도	158,489	944.0	1,315.0	71.8

출처: 환경부, 상수도통계.

않고 있다는 점을 보여준다.[15] 또한 울산시민들은 생산원가의 비싼 수도요금을 지불한다. 반면 잘 사는 사람들이 많은 서울시는 전국 최저 수준의 요금을 낸다. 결국 이것은 지역 간의 권력차이로 해석할 수 있지 않을까?

전기요금은 더 심각하다. 최근 원자력발전의 증가는 발전소가 가져오는 환경의 위험과 부담을 더욱 크게 증가시키고 있다. 한국의 원자력발전소 대부분은 동남해안을 중심으로 위치하고 있고, 이 주변에 사는 주민들은 서울과 수도권의 주민들에 비해서 더 많은 환경적 부담을 진다. 반면 가장 많은 인구가 몰려 있는 수도권은 가장 많은 가정용 전기를 소비하며, 따라서 수도권에 전기를 운반하는 송전비용은 전체 발전비용의 5% 이상으로 매우 높다. 밀양 송전탑 건설 반대시위에서 보듯이, 송전비용은 앞으로 더욱 높아질 가능성이 높다. 문제는 발전으로 인한 환경적 위험을 가장 적게 부담하는 수도권에 사는 부유한 주민들이 발전소 주변에서 살면서 환경적 부담을 가장 많이 지는 지방의 주민들과 똑같은 '평등한' 요금을 낸다는 것이다. 이것은 전형적인 환경불평등의 사례이다.

전국 단일전기요금제는 평등한 요금인가?

한국은 수도요금과는 달리 전기요금은 지역별로 차이가 나지 않는 '평등한' 요금을 적용하고 있다. 얼핏 보면 이러한 요금체제는 수도요금처럼 지방에 사는 주민들이 더 많이 요금을 내지 않기 때문에 평등한 것으로 보인다. 그러나 그 속을 들여다보면 이것 역시 그리 평등한 요금이라고는 할 수 없다. 왜냐하면 전기를 사용하는 원가가 지역마다 다르기 때문이다. 이것은 한국에서 발전소의 지역별 편중에 의해서 나타난다. 한국에서 발전소는 대부분 동남해안의 해안에 건설되어 있는데, 그 이유는 발전소에서 나오는 열을 식히는 데 많은 물을 필요로 하고, 또한 이것이 기피시설이기 때문에 반대가 덜한 지역에 건설되는 경향이 있기 때문이다. 그러나 가정용 전기를 가장 많이 소비하는 지역은 말할 것도 없이 수도권지역이지만, 이들 지역은 발전소가 주로 위치한 지역과 가장 멀리 떨어진 지역이다.

---

15) 이러한 문제점은 부산지역의 광역상수도망 건설이 잘 이루어지지 않는 이유가 된다. 부산지역 광역상수도원의 후보지인 남강댐 주변의 진주시민들은 이것을 완강히 반대한다. 왜냐하면 그들은 환경개선의 부담에 대해 제대로 된 평가와 대우를 받지 못하는 제 2의 팔당댐 수계 주민들이 되고 싶지 않기 때문이다.

문제는 여기서 발생한다. 한국의 송전손실비용은 연 평균 전체 비용의 5% 정도이며, 정부가 고압 송전탑의 건설로 인해 발생하는 환경적 비용까지 합치면 훨씬 더 많은 금액이 발생한다. 최근 밀양의 송전탑 반대시위는 이러한 비용이 향후 더욱 증가할 것이라는 것을 보여준다. 이처럼 발전소와 거리가 멀수록 전기요금의 원가는 더 비싸진다. 그럼에도 불구하고 우리의 전기요금은 '평등한' 전국동일요금이다. 다시 말해서 발전소를 모두 제주도에 건설하더라도 요금은 전국동일이다. 발전소의 건설로 인한 혜택은 경제적으로 더 나은 조건인 수도권주민이 더 많이 보는 것이다. 또한 부담의 측면에서 보면 문제는 더욱 심각해진다. 예를 들어 부산은 전국에 위치한 4개의 원자력발전소 중 하나를 가지고 있다. 원자력발전소에서 발생할 수 있는 잠재적인 위험을 안고 살아가는 부산시민들은 전기조성의 부담을 다른 지역에 비해 훨씬 더 많이 진다. 그럼에도 불구하고 부산시민들이 내는 전기요금은 전국 동일이다. 이처럼 전기요금이 전국 동일인 것은 서울과 지방 사이의 경제력의 격차와 사회적 권력의 차이에 의해서 설명된다. 그나마 정부에서는 그동안의 지역주민들의 불만제기를 받아들여, 2026년부터 전기요금도 차등제가 시행된다. 발전소에 가까이 거주하여 환경부담을 더 짊어지는 주민들의 전기료가 싸지는 것이다.

그러나 이러한 한 국가 내에서의 환경불평등은 국가 간에 나타나는 국제적인 환경불평등에 비교하면 그나마 나은 편이다. 일반적으로 재난이나 위기가 발생하면 항상 한 사회의 소수집단이나 국제적으로는 약한 국가가 피해를 보는 경향이 있다. 이것은 기후변화로 인한 피해에 있어서도 예외는 아니다. [그림 14-12]는 이러한 국제적인 환경불평등을 시각적으로 잘 보여준다. 위의 지도는 2000년의 국가별 이산화탄소 배출량을 영토면적으로 나타낸 것이고, 아래의 지도는 1975년에서 2014년까지의 기후변화로 인한 사망률을 역시 각 나라의 영토면적으로 나타낸 것이다. 이 그림에서 북반구의 선진국들은 훨씬 더 많은 이산화탄소를 배출하지만, 지구온난화로 인한 사망은 대부분 아프리카나 남아시아의 후진국들에서 나타난다는 것을 보여준다. 이처럼 부유한 국가로 인한 환경파괴로 인해 가난한 국가가 그 부담을 지는 것은 국제적인 환경불평등의 대표적인 사례이다.

이상에서 살펴본 바와 같이 지구의 온난화는 해수면상승과 자연재해의 증가, 대기오염 및 물부족, 각종 대형사고, 해양산성화를 가져오는 중요한 원인이다. 따라서

그림 14-12 ■ 불평등한 환경적 부담

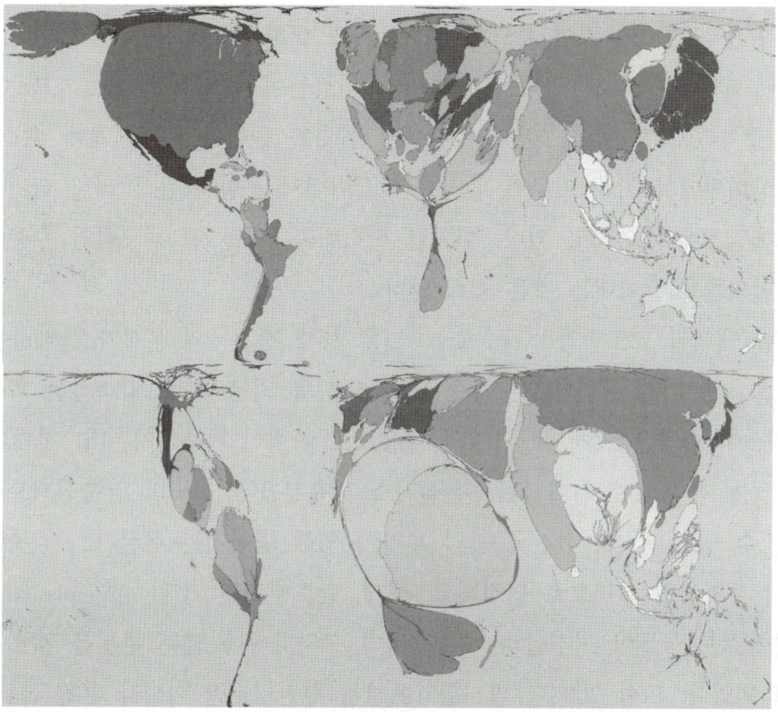

출처: World Mapper에서 2014년 1월 작성.

전 세계는 온실가스 배출을 줄여 지구온난화를 줄여야 한다는 데 모든 국가들이 동의하고 있다. 문제는 이렇게 모든 국가들이 이 주장에 동의한다고 하더라도, 온실가스를 어떻게 줄여야 하는지에 대해서는 의견이 일치되지 않는다. 왜냐하면 온실가스를 줄인다는 것은 결국 경제성장을 늦추어야 하기 때문이다. 쉽게 생각하면 모든 국가들이 일정한 비율로(ex, 2%) 성장률을 낮춘다면 해결할 수 있을 것이지만, 실제로 모든 국가마다 자국이 처한 현실과, 경제성장의 필요성이 다르고, 각국이 처한 당장의 환경적 위협의 수준이 다르다는 점 때문에 이러한 일정한 비율을 획일적으로 적용하기도 어렵고, 합의를 이끌어내는 것은 거의 불가능에 가깝다.

예를 들어 섬나라 몰디브나 투발루(Tuvalu)는 지구온난화로 인해 전 국토가 물에 잠길 위험에 처해 있지만, 중국이나 인도, 인도네시아 등의 후진국들은 아직도 그들의 나라가 다른 나라에 비해 차별적으로 더 높은 경제성장을 해야 한다고 믿는다. 또한 현재의 지구온난화는 대부분 선진국에서 배출된 온실가스에 의한 것인데, 이것을 후진국들이 왜 같이 부담해야 하는지에 대해서도 의문을 제기한다. 2009년 코펜하겐 회의를 앞두고 몰디브 대통령과 각료들이 산소호흡기를 끼고 수중에서 각료회의를 열고, 후손들도 현재의 땅에서 살기를 원한다고 전세계에 호소했지만, 이후 정상회의에서 거의 아무런 합의를 이끌어내지 못한 것은 이러한 국가들의 다양한 이해관계에 기인하고 있다. 이처럼 탄소배출문제를 전 세계적인 수준에서 조절하고 합의를 이끌어내는 것은 쉽지 않다.

1997년 채택된 교토협약(Kyoto protocol)은 38개 선진국의 온실가스 배출을 2008년에서 2012년 기간 동안 90년 수준 대비 5.2%를 의무적으로 감축하는 합의를 이뤄내었다. 이 협약은 크게 세 가지의 내용으로 이행이 가능해지는데, 첫째, 선진국이 개도국에 투자하여 얻게 되는 온실가스 감축분을 선진국의 감축실적으로 인정을 받을 수 있고, 둘째, 선진국 간의 투자에 의해 얻어지는 온실가스 감축분의 일정부분이 투자국의 실적으로 인정되고, 셋째, 탄소배출권 거래(CO2 emission trading)를 통하여 선진국들이 자신들의 배출쿼터의 모자라거나 남는 부분을 서로 거래할 수 있게 되었다. 또한 2007년 발리협약에서는 선진국뿐만 아니라 후진국도 온실가스 감축에 참여하도록 촉구하였다.

그 이후 IPCC의 5번째 기후변화에 대한 최종보고서가 산출되었고, 이 보고서에 따르면 지구온난화의 최대 주범은 이산화탄소 배출의 증가이며, 세계 곳곳에 다양한 기상재앙을 불러오고 있다고 결론내렸다. 따라서 세계가 협력하여 이산화탄소 배출을 줄이지 않으면 현재 지구상의 저지대 상당수가 침수될 것이라고 결론내렸다(IPCC, 2014). 따라서 2015년 12월에는 세계의 195개국의 대표가 모여 파리협약을 탄생시켰다. 이 협약의 주요내용은 첫째, 지구의 온도상승폭을 1.5도 이내로 제한하기 위해 노력하고, 둘째, 산림녹화와 탄소포집기술 등을 통해 2030년 이후에는 탄소배출 총량을 줄이며, 셋째, 각국이 자율적으로 제시한 탄소배출량 목표를 지키도록 하기 위해 5년마다 이행을 검토하고, 넷째, 선진국들은 2020년부터 매년 최소 1,000억 달러를 개도국의 기후변화에 대한 대처를 돕기 위해 출연하기로 하였다(에너지경제신문, 2015. 12. 13.).

IPCC의 최종보고서(2014)에 따르면, 몇 가지 시나리오를 통해 미래의 지구온난화 정도를 예상하고 있는데, 파리협약에서 채택한 현재의 기온에서 1.5도의 상승이 예상되는 시나리오는 [그림 14-13]에서 가장 엄격한 온실가스 완화시나리오인 RCP 2.6 시나리오에 가장 부합한다. 이처럼 세계 195개국의 감축계획은 5년마다 이행 여부를 검토하도록 되어 있기는 하지만, 실제로 법적으로 강제할 방법은 현재로는 없다. 따라서 이러한 높은 목표가 실현될 가능성은 현재 그리 높지 않다. 실제로 2017년 6월 미국의 트럼프대통령은 이 협약이 불공정하다고 주장하며 돌연 탈퇴를 선언했다. 그럼에도 불구하고 이 협약에 가입하지 않은 나라는 미국을 포함하여 3개국에 불과하며, 새로 취임한 바이든 대통령은 이 파리협약에의 복귀를 선언했지만, 다시 등장한 트럼프 대통령은 2025년 1월에 취임하자마자 탈퇴를 다시 선언했다.

그림 14-13 ■ 대표농도경로(RCP) 시나리오에 따른 이산화탄소 배출량

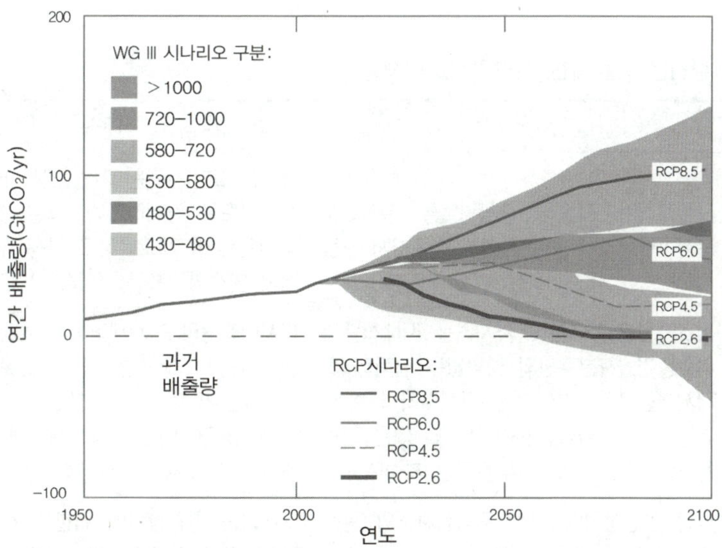

- RCP 8.5 – 매우 높은 온실가스 배출 시나리오
- Baseline – 아무런 완화정책 쓰지 않는 시나리오(RCP 6.0과 RCP 8.5 사이에 존재함)
- RCP 6.0 – 약간 높은 온실가스 배출 시나리오
- RCP 4.5 – 약간 낮은 온실가스 배출 시나리오
- RCP 2.6 – 엄격한 온실가스 완화 시나리오(산업화 이전 기온 대비 2도 상승 이하로 유지)

출처: IPCC, 2014: 9.

제 4 절 환경문제에 대한 대응

기능주의이론에서 환경문제는 사회체계가 구성원들을 적절히 통제하지 못하거나 시장의 기능이 적절히 작동하지 않아서 발생한다. 이 시각에서 환경을 오염시키는 구성원은 사회의 환경에 대한 규범을 적절히 사회화하지 못하거나 환경오염이 비용보다 이익을 많이 발생시킨다고 생각함으로써 환경을 오염시킨다. 따라서 환경을 오염시키는 사람들이 그 오염에 대한 적절한 대가를 지불하도록 부담금을 신설하거나, 탄소거래제를 시행하거나, 아니면 환경오염에 상응하는 정도 이상의 강한 처벌을 하는 것이 환경문제를 해결할 수 있다. 또 지나치게 빠른 발전의 속도는 환경파괴를 가져오므로, 생태계와 사회체계가 적절히 지속될 수 있도록 발전의 속도를 늦추는 것이 대책이 될 수 있다. 예를 들어 국제협약을 통하여 여러 나라가 온실가스 감축목표를 세우고 강제하는 것이 그 한 예이다.

표 14-4 ■ 환경문제에 대한 시각과 그 대책들

이론	원인	대책
구조기능주의이론	사회체계가 적절히 구성원들을 통제하지 못함, 시장의 기능이 적절히 작동하지 않음	환경을 오염시키는 사람들에 대해 대가를 지불하도록 강제하거나, 처벌. 생태계파괴의 위험성을 재교육하고 지속가능한 틀 안에서 발전의 속도를 조절, 탄소거래제
갈등이론	희소자원을 더 많이 가지려는 지배집단의 이윤동기, 자본주의의 끊임없는 상품의 확대재생산으로 인한 제품 교체주기의 축소, 환경오염의 부담을 전가하여 더 많은 이익을 올리려는 의도, 가부장적인 착취태도	피지배집단의 정치세력화를 통하여 희소자원에 대한 재분배를 요구, 일회용품의 규제, 환경부담과 혜택에 대한 보다 정밀하고도 계급중립적인 영향평가 요구와 제도화, 여성의 지위강화와 환경정책에 대한 참여확대
상호작용이론	특정 환경상황에 대한 도덕십자군의 관심과 개선의지, 피해자산업	문제되는 환경상황에 대한 고정관념의 제거, 낙인에 의해 발생하는 이익의 제거

반면 갈등이론에서 환경문제는 희소자원을 더 많이 가지려는 지배집단이 이윤동기에서 착취의 태도로 자연을 대함으로써 발생한다. 일회용 용기나 환경오염의 부담을 피지배집단에 전가하는 것은 이러한 이윤극대화의 동기에 의해서 나타나므로,

이것을 해결하기 위해서는 피지배집단들이 정치적으로 세력화하여 희소자원에 대한 재분배를 요구하고 지배집단의 이윤을 적절한 수준에서 제한을 가하는 것이 대책으로서 가능하다. 예를 들어 일회용품 사용을 금지하거나, 환경부담에 대한 보다 정밀하고 계급중립적인 영향평가의 실시, 그리고 여성들의 지위강화를 통하여 환경정책에 더 많이 참여하고 보호의 태도를 취함으로써 환경문제는 해결될 수 있다.

상호작용이론에서 환경문제는 특정의 환경상황에 대해 그 사회의 영향력 있는 사람들이 관심을 가지고 이것이 그들의 도덕기준과 맞지 않아 개선이 필요하다고 생각하거나, 또는 새롭게 환경문제를 발굴하여 사회적으로 구성하려는 피해자산업의 발전에 의해서 발생한다. 따라서 이를 해결하기 위한 대책은 어떤 환경상황에 부여된 낙인이나 고정관념을 제거하거나, 이러한 낙인으로 인해 발생하는 이익을 제거하는 것이다. 예를 들어 세계의 다국적기업들은 녹색세탁을 통해서 그들이 친환경적이라는 점을 부각시키고 그들에게 부여될 수 있는 낙인을 제거하거나 예방한다. 또한 다양한 환경운동단체들에 대한 후원을 통해서 이 단체들이 환경문제를 새롭게 구성하지 않도록 관리한다.

제 5 절 결론

현대사회에서 환경문제는 매우 중요한 쟁점이 되고 있다. 이것은 인류의 생존에 실질적인 위협이 되고 있는 지구온난화와 온실가스의 발견에 힘입은 바 크지만, 한편으로 과거에 비해 삶의 질에 대해 더 많은 의미를 부여하게 되었다는 반증이기도 하다. 사회문제는 과거와는 달리 점점 한 국가의 틀 안에서 발생하고 해결되지 않는다. 그중에서도 환경문제는 지구라는 한정적인 자원을 공동으로 이용하고 있는 다양한 국가들의 협조와 공동노력을 통해서만 풀 수 있는 매우 풀기 어려운 문제로 발전하고 있다.

그러나 우리 앞에 놓인 현실은 낙관적이라기보다는 비관적인 모습을 보여준다. 한 국가 내에서의 다양한 집단 간의 의견조율과 합의에 비해, 다양한 국가 사이에서 의견을 조율하고 합의를 이뤄내는 것은 훨씬 더 어렵다는 것이 최근의 국제적 노력들의 사례에서 알 수 있다. 앞으로 지구온난화라는 거대한 공룡을 만난 지구촌의 주민들은 앞으로 더 많은 노력과 상호 간의 이해를 필요로 할 것이다. 그러나 이러한 신뢰와 이해관계를 형성하기에 그동안의 세계는 지나치게 갈등과 반목, 전쟁, 식민지화 등을 해왔고, 특히 제 3 세계와 선진국들이 서로 새로운 신뢰관계를 형성하기에는 훨씬 더 많은 세월이 필요할 것이다. 어쩌면 온실가스를 감축하는 데 성공하는 시점은 현재의 우리의 예상보다는 훨씬 더 먼 미래일지도 모른다. 그것은 지구상의 1~2 나라가 물에 잠기는 수준이 아니라, 세계의 많은 저지대가 물에 잠기는 시점에서야 가능할지도 모른다.

요약
SUMMARY

- 환경문제는 "사회의 영향력 있는 사람들이 환경변화로 인해 일련의 집단들이 생존을 위협받거나 불편한 상황에 놓인다고 판단하고 개선할 필요가 있다고 느끼는 어떤 상황"이라고 정의할 수 있다.
- 구조기능주의에서 환경문제는 사회의 규범들을 적절히 사회화하지 않거나, 자신의 이익을 위해 규범을 위반하는 사회구성원들에 의해 발생한다.
- 갈등이론은 희소집단을 둘러싼 갈등에서 지배집단이 이윤을 극대화하기 위해 끊임없이 상품을 확대재생산하거나, 환경오염으로 인한 부담을 사회의 피지배집단들에게 전가하려는 데서 발생한다. 이 과정에서 과잉생산된 상품은 더 많이 소비되기 위해서 그것의 교체주기를 줄이려는 압력이 존재하며, 이 때문에 환경문제가 나타난다.
- 상호작용이론에서 환경문제는 일련의 자격을 가진 사람들이 어떤 상황에 대해 문제라고 낙인을 부여하거나, 사회적으로 구성하기 때문에 나타난다. 특히 피해자산업은 이러한 도덕십자군들이 활동하는 주된 공간이다.
- 최근 가장 중요한 환경문제는 온실가스의 배출로 인한 지구온난화이며, 이것은 최근 발생하고 있는 거의 대부분의 환경문제에 영향을 주고 있다. 한국은 세계적으로 온실가스 배출의 최상위권에 있는 나라이며, 그 배출량증가율은 세계에서 가장 높은 수준이다.
- 지구온난화는 해수면의 상승, 자연재해의 대형화, 물부족 지역의 확대, 토양의 사막화 등의 매우 많은 추가적인 환경문제를 불러오고 있다. 한국에서도 해수면의 상승에 의해 폭풍해일이 증가하고 있으며, 특별한 조치가 없으면, 먼 미래에

는 해안 저지대가 침수될 가능성이 높다.

- 한국에서 대기오염은 인구가 집중되고 있는 서울지역이 가장 심하게 나타나며, 다른 지역들은 비교적 양호하지만, 특정 산업이 밀집한 공업지역들은 대기오염이 제법 심하게 나타난다. 지구온난화로 인한 중국이나 몽골과 같은 지역의 강수량감소는 그 지역을 사막화하고 있고, 이것은 한국에서 호흡기질병을 유발하는 황사문제로 나타나고 있다.
- 향후 세계적으로 후진국을 중심으로 물부족에 시달리는 인구가 증가할 것으로 예상되는데, 이것은 우리나라에도 영향을 끼칠 가능성이 높다. 현재에도 일부지역은 물부족을 겪고 있지만, 아직 상황이 그리 심각하지는 않다.
- 한국에서 주요 하천이나 하수구를 통한 수질오염은 낙동강페놀사건 이후에 크게 줄어들었지만, 비점오염의 문제는 아직 심각하다. 그리고 바다에서 주기적으로 나타나는 유조선의 기름유출사고는 그 피해의 규모가 크고 여파도 오래 지속된다. 또한 해양의 산성화는 생물의 다양성을 위협할 것으로 예상된다.
- 환경불평등은 국내에서 환경오염이나 개선에 대한 부담이 경제적으로 열악한 사람들에 집중되고 있다는 데서 기인한다. 세계적으로는 지구온난화와 관련하여 책임이 있는 사람들이 이것으로 인한 피해는 오히려 덜 당하고 있다는 데서 환경불평등이 매우 강하게 나타나고, 이것은 향후 선진국과 후진국의 환경문제를 위한 대안의 도출을 어렵게 만들 것이다.
- 기능주의 시각에서 환경문제는 사회구성원들을 더 효율적으로 통제하고 사회화시키거나, 또는 환경오염에 대한 적절한 부담이나 처벌을 통해서 개선할 수 있다.
- 갈등의 시각에서 환경문제는 피지배집단의 정치세력화를 통해서 무한한 이윤동기를 제한하고, 여성의 지위를 강화하며, 보다 계급중립적인 정책을 유도함으로써 해결이 가능하다.
- 상호작용이론에서 환경문제는 문제되는 환경상황에 대한 낙인이나 고정관념을 제거함으로써 해결할 수 있다.

❒ 토론 및 추가학습을 위한 주제들

1. 지속가능한 발전의 조건은 무엇인가?
2. 이명박 정부에서 추진한 녹색뉴딜은 왜 만들어졌는가?
3. 한국사회에서 소수집단들이 환경오염의 부담을 더 져야 하는 사례로는 어떤 것이 있는가?
4. 한국사회에서 녹색세탁의 사례는 어떤 것들이 있는가?

5. 한국은 물부족 국가인가?
6. 지구온난화는 왜 사회문제인가?
7. 한국사회에서 최근에 발생한 현상 중에 지구온난화로 인해 나타난 것은 어떤 것이 있는가?
8. 한국사회에서 대기오염을 줄이기 위해서 가장 우선적으로 필요한 대책은 어떤 것이 있는가?
9. 환경문제의 국제화를 잘 보여주는 현상은 어떤 것들이 있는가?
10. 해안토양의 침식은 왜 일어나며, 어떻게 해결이 가능한가?
11. 한국의 물부족 사례는 어떤 것들이 있는가?
12. 산성비나 바다의 산성화는 한국에서 어떤 피해를 가져올 수 있는가?
13. 온실가스감축협약은 향후 한국의 미래를 어떻게 바꿀 것인가?
14. 탄소배출권을 얻기 위해서 가능한 일은 무엇이 있는가?

❐ 조별 활동을 위한 주제들

1. 합리적 선택과 환경오염
2. 국가 간 불평등과 지속가능한 발전
3. 이윤동기와 일회용품
4. 대기업과 녹색세탁
5. 지구온난화와 환경불평등
6. 후진국과 지속가능한 발전
7. 지속가능한 발전과 탄소배출권

❐ 참고할 만한 문헌 및 웹사이트

- Intergovernmental Panel of Climate Change(http://www.ipcc.ch): 기후변화에 대한 국제위원회. 유엔환경기금(UNEP)에서 만든 지구온난화에 특화된 연구를 하는 위원회. 2007년 인류의 생존에 기여한 공로로 노벨평화상을 수상했다.
- 국립환경과학원(http://www.nier.go.kr): 환경분야의 다양한 연구를 수행하는 연구소. 다양한 환경관련 통계와 보고서를 구할 수 있다.
- 환경부(http://www.me.go.kr): 환경정책을 총괄하는 정부부처. 다양한 환경관련 정보와 환경통계를 접할 수 있다. 특히 환경지식포털과 환경통계포털은 환경자료와 환경통계의 보고이다.

- 해양수산부(http://www.mof.go.kr): 해양에 관한 정보와 통계를 구할 수 있다.
- 녹색연합(http://www.greenkorea.org): 대표적인 환경운동단체. 빠른 환경소식이나 뉴스를 접할 수 있다.
- 한국해양자료센터(https://www.nifs.go.kr/kodc/index.kodc): 유네스코 권고에 의해 1979년 설립된 단체. 많은 해양관측자료, 특히 해수면상승, 적조 등의 자료를 제공한다.
- 기상청(http://www.kma.go.kr): 대기에 관한 많은 자료를 제공한다. 특히 지진과 황사에 대한 데이터를 구할 수 있다.
- 유엔환경계획 한국협회(https://www.instagram.com/unenvironmentkorea/): 지구온난화에 따라 점점 그 중요성이 높아지는 유엔산하기관인 유엔환경계획(UNEP)의 한국협회 인스타그램. 몇몇 환경자료와 한국위원회에서 출간한 몇 종의 정기간행물을 제공한다.
- 환경운동연합(http://www.kfem.or.kr): 전국적인 네트워크를 갖고 있는 대표적인 환경운동단체. 환경보호를 위한 다양한 프로그램을 해 왔으며, 몇몇 환경자료들과 뉴스를 제공한다.
- [영화] 투모로우(The Day After Tomorrow)/2004/롤랜드 애머리히: 지구온난화와 남극과 북극의 빙하가 녹고, 그로 인한 빙하기가 닥쳐오는 지구를 그린 재난영화.
- [영화] 불편한 진실(An Inconvenient Truth)/2006/데이비스 구겐하임: 지구온난화로 인한 환경위기를 경고하는 다큐멘터리 영화.

PART

5

결론

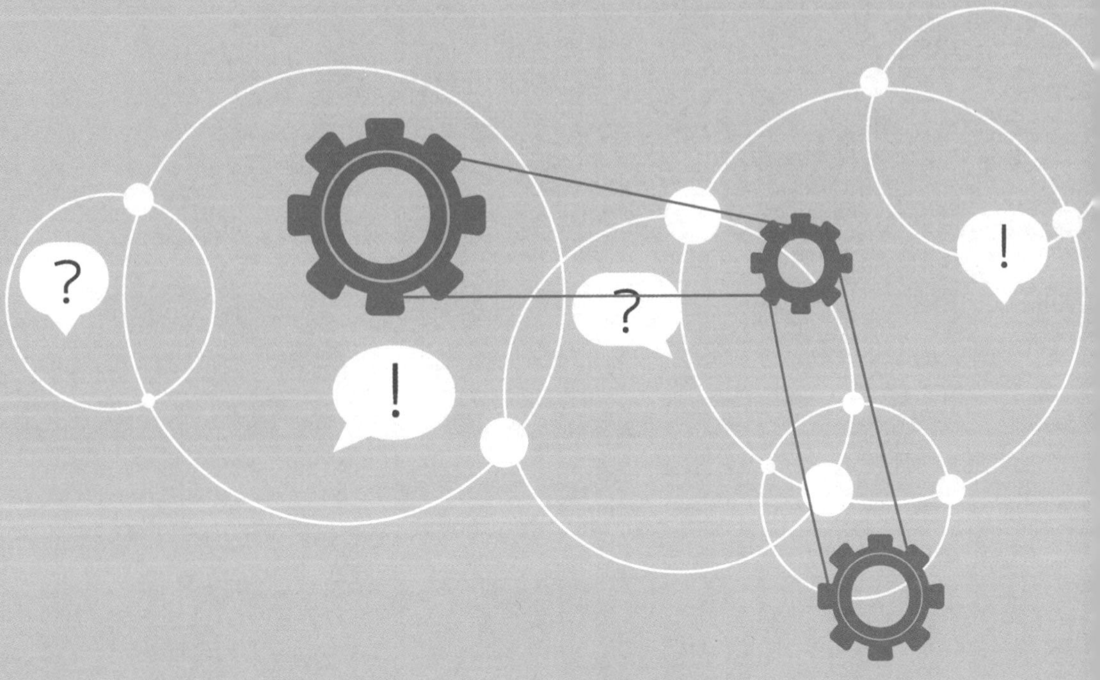

CHAPTER 15 | 사회문제의 연관성과 정책적 우선권

CHAPTER 15

사회문제의 연관성과 정책적 우선권

지금까지의 이 책의 논의는 한국사회에서 중요한 것으로 여겨지는 다양한 사회문제가 왜 나타나고, 이들은 어떻게 한국사회의 특수성과 결합되며, 어떤 대책을 통해서 해결될 수 있는지에 대한 내용을 담고 있다. 이러한 다양한 사회문제들은 모두 각 장별로 개별적으로 다루어지지만, 실제로 이 다양한 사회문제들은 매우 높은 연관성을 갖고 있다. 예를 들어 어떤 사회문제는 다른 사회문제에 매우 광범위하게 영향을 미치는 반면, 다른 어떤 사회문제는 또 다른 어떤 사회문제로부터 영향을 받고, 동시에 또 다른 사회문제에 영향을 미치기도 한다. 반면에 어떤 사회문제는 여러 가지 다른 사회문제가 영향을 끼친 결과로서 나타난다. 따라서 사회문제를 제대로 이해하기 위해서는 이러한 여러 사회문제가 상호 간에 어떤 관계를 갖고 있는지를 파악하는 것이 중요하다. 이렇게 함으로써 우리는 어떤 사회문제를 가장 우선적으로 해결해야 하는지를 파악할 수 있고, 여기에 정책적 우선권을 부여할 수 있는 것이다.

인류역사상 가장 중요한 문제 하나를 들라면, 아마도 그것은 빈곤 및 실업문제일 것이다. 빈곤상태에 있다는 것은 인간으로서의 기본적인 의, 식, 주의 욕구충족이 제대로 되지 않고 있다는 것을 의미하며, 이것은 다른 많은 사회문제들에 영향을 미친다. 예를 들어 빈곤과 실업은 가족문제에 매우 직접적으로 영향을 미친다. 빈곤한 가정에서 일반적으로 가정폭력이 많이 발생하며, 가출이나 미혼모가 발생할 가능성도 높다. 남성가장의 실직은 최근에 증가하는 이혼의 매우 중요한 원인이기도 하다. 또한 빈곤문제는 범죄나 약물중독을 유발하는 매우 중요한 원인이다. 굳이 여러 범죄학이론들을 들지 않더라도, 대부분의 범죄학이론들은 빈곤과 범죄 그리고 약물중독의 관계를 설명하는 데 큰 관심을 쏟아왔다. 교육문제에서도 빈곤의 역할은 매우 중요하다. 하층계급의 자녀들은 교육기회를 평등하게 갖기 힘들다. 기회의 평등을 중요한 원리로 채택하는 자본주의 사회에서도 교육기회의 불평등은 여전히 심하다. 한국사회에서 높은 사교육비와 조기영어유학 등에 하층계급들은 여전히 배제되어 있다. 빈곤의 영향력은 여기서 멈추지 않는다. 많은 하층계급들은 열악한 환경 속에서 생활하며, 상층계급들에 비해 더 많은 환경적 부담을 진다. 또한 이들은 의료서비스에 대한 접근에 원활하지 못하기 때문에 건강문제는 사회계급에 의해 많은 영향을 받는다.

또한 빈곤문제는 노인, 인종, 민족, 국적에 따른 소수집단, 여성 등의 다양한 소수집단과 매우 밀접한 관련을 갖는다. 이러한 사회의 소수집단에서 삶의 질은 그 집단 내에서도 매우 편차가 크다. 실제로 이 소수집단들 중에서 일부의 집단이 문제가 되는 것은 그들이 단지 소수집단이기보다는 그 소수집단들이 빈곤에 허덕이는 경우가 많기 때문이다. 예를 들어 계급에 상관없이 여성은 남성에 비해 열등한 지위를 갖지만, 부유한 계급의 여성은 하층계급의 남성들에 비해 더 나은 지위를 갖는다. 또한 빈곤은 성관련문제에도 깊은 영향을 미친다. 성매매를 선택하는 여성의 상당수는 빈곤과 관련되어 있고, 이것은 국제적인 성매매여성의 이동에서도 나타난다. 가난한 나라의 여성들은 부유한 국가로 성매매를 위해 이동한다. 이처럼 빈곤은 사회전반에 걸쳐 매우 다양한 영향을 미치고 있고, 또한 매우 다양한 사회문제를 만들어 내고 있다.

한국사회에서 가족문제는 여성문제, 범죄문제 그리고 노인문제에 주로 영향을 미친다. 가정에서 나타나는 가부장제, 폭력, 이혼, 아동학대, 가출 그리고 미혼모와 같은 문제는 성매매, 노인의 소외와 학대 등의 추가적인 문제를 발생시킨다. 범죄문제는 약물문제, 환경문제에 영향을 미친다. 또한 많은 환경오염은 기업의 환경범죄에 의해서 나타나기도 하며, 범죄집단들은 그들의 목적을 위해 약물의 제조, 유통에 직접적으로 관여를 한다.

그림 15-1 ■ 사회문제들 사이의 다양한 관련성

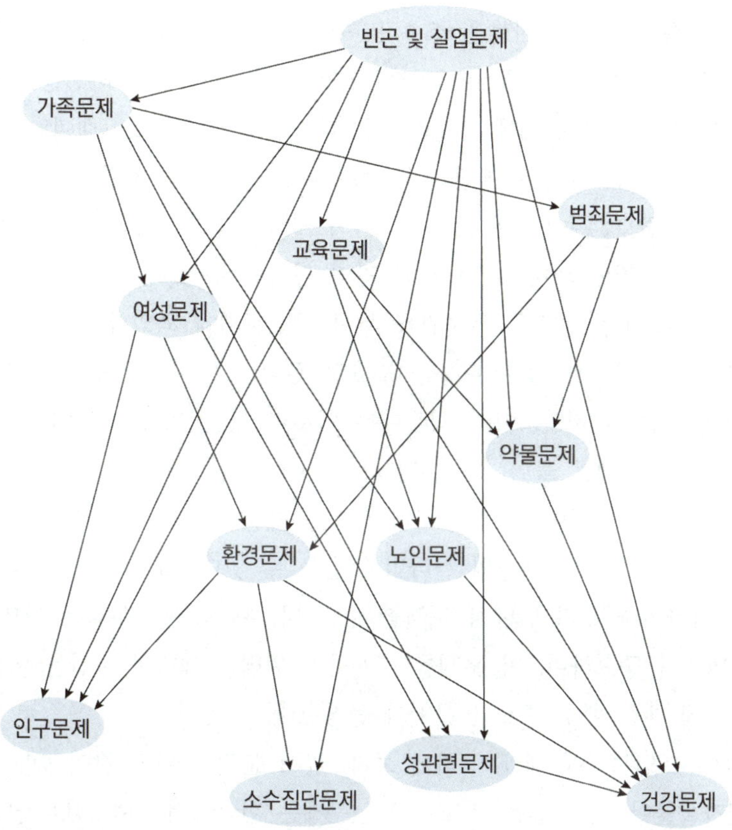

교육문제는 한국사회에서 많은 다른 사회문제들을 만들어내는 데 기여한다. 예를 들어 높은 사교육비는 소수의 자녀들에 대한 집중적인 교육투자를 강요하여 저출산과 같은 인구문제와 노인의 빈곤을 만들어내며, 또한 공교육의 쇠퇴와 교사의 권위하락은 학교에서의 약물남용과 비행을 증가시킨다. 아직 가치관이 형성되지 않은 어린 학생들이 혼자 조기유학하여 마리화나와 같은 약물문제를 갖고 들어오는 경우는 흔하다. 그리고 여성의 열악한 지위는 성관련문제와 인구문제 그리고 환경문제에 반영된다. 한국사회에서의 가부장적인 남성우월주의는 성비불균형과 같은 인구문제를 만들고, 남성우월적인 공격성과 군사주의는 자연에 대해 착취의 태도로 대하게 만들며, 강간이나 성매매, 포르노그래피 등과 같은 성관련 문제를 만들어낸다.

환경문제는 인구문제나 인종/국적/민족적 소수집단문제, 그리고 건강문제에 영향을 끼친다. 지구온난화와 이로 인한 자연재해와 물부족 등은 많은 인구들에 대한 위협이 되며, 특히 이러한 위협은 소수집단이나 빈곤한 국가에 집중되는 경향이 있다. 기후변화와 환경변화는 세계의 여러 지역에서 인류의 건강과 생존을 위협한다. 또한 성관련문제는 건강문제에 영향을 미친다. 성매매, 포르노그래피와 같은 성산업 종사자들과 동성애자들은 에이즈와 같은 질병의 위협에 차별적으로 크게 노출되어 있다. 이러한 많은 인과관계들이 하나의 일정한 방향으로만 영향을 미치는 것은 아니지만, 확률적인 의미에서 이상과 같이 정리될 수 있다.

마지막으로 우리는 정책적 우선권을 부여하는 문제에 와있다. 모든 사회문제는 그것을 해결하기 위해서 많은 비용을 필요로 한다. 그 비용의 규모는 사회문제의 유형에 따라서 달라지지만, 어떤 경우에는 아무리 많은 비용을 들여도 해결할 수 없는 경우도 있다. 예를 들어 지구온난화로 인한 환경문제는 한 국가의 틀 내에서는 해결할 수 없는 것이며, 대다수 국가가 이 문제의 심각성에 대해 동의하고 희생을 감수할 자세가 되어야 해결의 실마리를 잡을 수 있다. 그러나 많은 경우에 사회문제는 한 국가의 테두리 안에서 해결할 수 있다. 이 경우에 우리는 과연 어떤 사회문제가 얼마나 중요하며, 이 문제를 해결하기 위해서 제한된 자원을 어떻게 투입해야 하는지에 대한 매우 중요한 문제가 등장한다.

예를 들어 노인문제에 대해 고려해 보자. 앞서 논의한 바와 같이 OECD 국가들 중에 노인자살률이 가장 높을 정도로 노인문제는 한국에서 매우 심각하다. 한국의 노인들은 급격한 사회변동의 충격을 그대로 흡수하고 있는 집단인데, 과거 노인이 맡던 자녀교육의 역할이나 가정을 대표하는 역할 등은 이제 교육제도의 발전과 가족제도의 변화로 인해 유명무실해졌다. 또한 현재의 노인들은 자녀들을 교육시키는데 무리한 교육비를 지출하여 노후의 빈곤상태에 있으며, 또한 자녀들로부터 소외를 경험한다. 그러나 다른 선진국과 같이 노인부양의 비용을 사회적으로 제도화하지 못한 한국사회는 노인들에 대해 의미 있는 역할을 하지 못한다. 그렇다면 다른 선진국들처럼 노인문제를 해결하기 위해 매년 막대한 자금을 투입하여야 할까? 만약 투입한다면 얼마나 많은 돈을 투입하여야 할까? 이러한 중요한 결정은 대체로 사회의 권력관계에 의해서 결정되는 경향이 있다. 한국의 노인들은 아직 정치적 영향력을 크게 미칠 정도로 조직화되어 있지 않다. 따라서 아직도 노인문제에 대한 예산은 많이 부족하다.

문제는 한국사회에서 노인문제만 심각한 것이 아니라는 점이다. 교육문제, 가족문제, 여성문제, 소수집단문제 등 다른 사회문제들도 유사하게 심각한 수준이라는 데 문제의 심각성이 있다. 제한된 자금의 문제로 인해 노인문제에 더 많은 자금을 투입하는 것은 다른 문제의 해결을 위해 투입하는 자금의 감소로 나타난다. 따라서 현 시점에서 중요한 것은 이러한 정책을 결정하는 데 있어서 어떤 사회문제가 더 중요하고 근본적인 문제인지를 먼저 결정해야 한다는 것이다. 이것은 바로 정책의 우선권을 결정하는 일이다. 이렇게 정책적 우선권을 결정하는 한 기준으로 생각해 볼 수 있는 것은 해당 문제가 인간의 가장 기본적인 권리를 손상시키는가이다. 기본적인 인권을 침해하는 사회문제는 중요한 문제임에 틀림이 없으며, 가장 우선적인 정책의 대상이 될 수 있을 것이다. 그러나 문제는 대부분의 사회문제가 인간의 기본적인 인권의 손상과 관련이 된다는 것이다. 예를 들면 빈곤은 인간다운 생활을 하지 못하는 기본적인 문제를 야기하지만, 성불평등이나 성관련문제, 환경문제, 건강문제 등 거의 모든 문제가 기본적 인권을 손상시킨다. 따라서 이런 모호한 기준으로 정책적 우선권을 결정하는 것은 어렵다.

따라서 좀 더 실용적이면서도 명확한 기준을 찾아본다면, 그 문제가 얼마나 근본적인 사회문제이며 다른 사회문제를 파생시키는 데 중요한 역할을 하는 것인지에 따라서 정책적 우선권을 부여하는 방법을 제안한다. 이러한 기준에서 가장 우선적인 정책적 대상은 [그림 15-1]에서 가장 위쪽에 위치하고 있는 사회문제들이 될 것이다. 이러한 기준의 타당성은 이런 근본적인 문제를 충분히 해결한다면, 이런 문제로부터 영향을 받는 다른 다양한 사회문제들을 대부분 완화할 수 있다는 데 있다. 예를 들어 노인문제는 한국사회에서 매우 심각한 문제이지만, 노인문제의 이면에는 노인의 빈곤문제가 매우 중요하게 작용한다. 다시 말해서 부유한 노인에게서 노인문제는 거의 발생하지 않는 반면, 대부분의 노인문제는 빈곤한 노인들에게서 발생한다. 빈곤하거나 일자리를 찾지 못하는 노인들이 경제력이 없어서 자녀에게 의존도가 높거나, 자녀를 제대로 교육시키지 못해서 자녀들로부터 소외를 경험하는 경향이 있다. 이것은 노인문제 외에도 많은 다른 문제에서 핵심적인 문제로 나타난다. 예를 들어 빈곤한 이혼녀나 미혼모는 더 많은 문제를 겪으며, 빈곤한 국가의 여성들은 더 많은 인권을 유린당한다. 빈곤한 가정의 자녀는 충분한 교육기회를 보장받지 못하며, 빈곤한 가정의 자녀들이 비행이나 범죄에 가담한다. 빈곤층은 또한 열악한 환경에서 살고 더 빨리 사망하며, 환경보호나 각종 규제의 짐을 더 짊어진다. 또한 빈곤한 가정은 자녀의 교육비와 양육비 부담때문에 훨씬 적은 자녀를 낳는 경향이 있으며, 또한 소수집단들 중에서도 큰 문제를 겪는 사람들은 대부분 그들이 빈곤하기 때문이다. 따라서 빈곤과 실업문제에 대한 더 많은 정책적 투자는 한국사회의 사회문제를 완화시키는 데 가장 효율적이다.

이렇게 가장 근본적인 사회문제에 더 많은 정책적 우선권을 부여해야 하는 또 다른 이유는 그것이 비교적 덜 정치적이며, 빈곤층에 대해 배려하는 것은 모든 나라가 시행하고 있는 정책이면서 형평성 시비가 적다는 장점이 있기 때문이다. 따라서 현재 교육문제나 여성문제, 환경문제, 노인문제, 소수집단문제 등에 투입되는 많은 재원들을 빈곤과 실업문제라는 좀 더 근본적인 문제로 돌릴 필요가 있다. 이런 정책이 각각의 개별적 사회문제들을 직접적으로 그리고 즉각적으로 해소하지는 않겠지만, 장기적인 측면에서 가장 효과적이면서도 가장 형평성시비가 적을 수 있기 때문이다. 이러한 빈곤문제에 대한 우선권은 사회문제가 점점 지구적 맥락에서 나타나는 현대사회에서 다른 국가들의 빈곤문제에 대해서도 동일한 관심을 가지게 할 수도 있다. 이러한 입장은 이제 선진국이 된 한국이 세계무대에서 중요한 역할을 하는 데 도움이 될 수 있다. 아프리카나 남아시아, 북한 등에서 나타나는 기아와 이로 인한 사망의 문제는 국내의 성불평등이나 저출산문제와 같은 문제들보다 더 중요한 문제일 수 있다. 이러한 지구의 다른 편에서 발생하는 빈곤문제에 대한 관심과 지원은 국내의 빈곤문제를 충분히 해결하지 않고는 불가능한 것이다.

마지막으로 언급하고 싶은 것은 정책의 우선권을 결정하고 집행하는 것에 있어 근거가 없는 선동이나 허위주장에 흔들려서는 안 된다는 것이다. 사회문제의 해결을 위한 정책이 정치적으로 결정된다면, 한정된 자금이 덜 심각하거나 덜 근본적인 문제에 과도하게 배정될 수밖에 없다. 이를 극복하기 위해서는, 사회문제를 해결하는 데 효과가 없는 정책에 대해 자금을 제공하는 것을 지양하고, 효과 있는 정책에 대해 더 많은 자금이 주어져야 한다. 이를 위해서는 학자들은 다양한 정책에 대해 끊임없는 평가를 해야 하며, 이를 통해 끊임없이 증거를 생산하여야 한다. 이러한 증거기반정책(evidence-based policy)을 통해, 우리는 더 나은 미래로 나아갈 수 있을 것이다.

참고문헌

강공언. 2009. “황사 에피소드 발생시 대기먼지의 농도 특성과 인체 영향.” 『한국환경보건학회지』. 35권. 1호.

강병철 · 김지혜. 2006. 『청소년 성소수자의 생활실태 조사』. 한국청소년개발원.

강은영 · 조소연. 2014. 『약물사용실태 및 의식에 관한 연구(Ⅱ)』. 한국형사정책연구원.

건강보험정책연구원. 2012. “통계로 본 건강보험시행 35년.” 보도자료.

건강보험정책연구원. 2015. “2014 건강보험통계연보 주요내용.” 보도자료.

경찰청. 2017. 『경찰백서』.

경찰청. 2024. 『경찰백서』.

경찰청. 2008b. “○○○의원 요구자료.”

경찰청. 2012. 『경찰백서』.

경찰청. 2015a. 『경찰백서』.

경찰청. 2015b. “마약류사범 누리망을 통해 젊어지고 다양해졌다.” 2015.7.17. 보도자료.

고성혜. 2000. 『원조교제 실상과 대책』. 자녀안심운동 서울협의회.

고수현 · 윤선오. 2009. 『새로운 노인복지론』. 양서원.

고영복. 1991. 『현대사회문제』. 사회문화연구소.

교육과학기술부. 2009. 『교육통계연보』.

교육부. 2020a. 『2020 교육통계 분석자료집: 유·초·중등교육통계편』.

교육부. 2019. “OECD 국제 학업성취도 비교 연구(PISA 2018) 결과 발표.” 2019년 12월 3일 보도자료.

구본용. 1997. 『청소년 집단따돌림의 원인과 지도 방안』. 청소년대화의 광장.

국무조정실 · 국무총리비서실. 2020. “정부, 낙태죄 관련 입법개선 절차 착수.” 2020년 10월 7일 보도자료.

국립해양조사원. 2008. “지구온난화로 매년 한반도 해수면 상승.” 2008년 1월 보도자료.

국립해양조사원. 2009a. “온난화, 해수면 상승 심각.” 해양예보팀장 KBS 1TV 12시 뉴스 인터뷰 자료.

국립해양조사원. 2009b. “동해안 해일고 상승(지구온난화 영향).” 2009년 4월 보도자료.

국사편찬위원회. 2007. 『한국화교의 생활과 정체성』.

권승 · 김영미 · 조영훈. 2008. 『사회문제론』. 공동체.

권영상. 2007. “성매매방지법의 집행효과에 관한 실증연구: 단속과 처벌강화를 중심으로.” 『한국사회와 행정연구』. 18권. 1호.

권인숙. 2008. “징병제의 여성참여: 이스라엘과 스웨덴의 사례 연구를 중심으로.” 『여성연구』. 74권. 1호.

권중돈. 2008. 『독거노인 생활관리사 파견사업 정착화 방안』. 보건복지가족부.

권태환·김두섭. 1990. 『인구의 이해』. 서울대학교출판부.

기미경·박철민·장창곡·고운영. 2004. “한국 남성 동성애자들의 성행태와 후천성면역결핍증에 대한 인식.” 『예방의학회지』. 37권. 3호.

김광혁. 2009. “아동학대 및 방임이 아동발달에 미치는 영향.” 『사회과학논총』. 24집.

김근홍·박미은·백선복·이계존·이정규·안진·장진경. 2002. 『한국의 사회문제』. 양지.

김나현. 2009. “이주여성과 사회통합.” 『결혼이주여성의 시민권에 관한 2009 지역학교: 연구와 실천을 위한 장 자료집』.

김대원·남미애·노병일·신건희·윤경아. 2004. 『사회문제와 사회복지』. 학지사.

김미숙·박명숙. 2004. “아동의 학습능력 저해요인으로서의 학대경험에 관한 연구.” 『아동학회지』. 25권. 5호.

김병성. 2002. 『교육사회학 이론신강』. 학지사.

김병욱. 2007. 『교육사회학』. 학지사.

김상희. 1991. “청소년의 약물남용과정에 관한 연구.” 한국형사정책연구원. 『형사정책연구』. 제2권. 제3호.

김성윤. 2009. “새터민 정착과 지원정책에 관한 연구.” 『한국동북아논총』. 50집.

김수영·모선희·원영희·최희경. 2009. 『노년사회학』. 학지사.

김승·강재원·이성학·이미연. 2006. “물부족 대비 위험관리 방안.” 대한토목학회 정기학술대회 발표논문.

김승권 편. 2008. 『드림스타트 프로그램 백서』. 한국보건사회연구원 및 드림스타트사업 지원단.

김신일. 2009. 『교육사회학』. 교육과학사.

김안나. 2003. “대학입학 수능성적 분포의 변화추이를 통해 본 고등교육의 서열화 구조.” 『교육사회학연구』. 13권. 3호.

김양호·이태현. 2009. “장기분거 가족에 대한 일 연구: 기러기가족의 부부관계를 중심으로.” 『한국가족관계학회지』. 14권. 3호.

김영란. 2003. “상담을 통해 본 청소년의 동성애 실태 및 태도.” 『「동성애, 표현의 자유와 청소년」에 관한 토론회』. 청소년보호위원회.

김영모 편저. 2007. 『현대사회문제론』. 고헌출판부.

김영옥. 2009. “국민국가를 넘어서.” 『결혼이주여성의 시민권에 관한 2009 지역학교: 연구와 실천을 위한 장 자료집』.
김영화·신원식·이옥희·임성옥·명선영·손지아.『현장과 함께 생각하는 사회문제』. 2판. 삼우사.
김영환·이경재. 1992.『음란물의 법적 규제 및 대책에 관한 연구』. 한국형사정책연구원.
김용성. 2007.『성별 임금격차에 관한 연구』. 한국개발연구원.
김유경·조애저·노충래. 2006.『미혼모의 출산·양육환경 개선을 위한 사회적 지원방안』. 한국보건사회연구원.
김은경. 2002.『성매매의 실태 및 경제규모에 대한 전국조사』. 여성부.
김은경·이정숙. 2009. "아동의 학대경험이 정서와 인저적 편향을 매개로 우울과 공격성에 미치는 영향."『한국심리학회지: 발달』. 22권. 3호.
김재엽·최지현. 2005. "여대생의 아동학대경험이 정신건강 및 사회생활에 미치는 영향에 관한 연구."『한국가족복지학』. 10권. 2호.
김종일·엄명용·최경구. 2004.『사회문제론』. 청목출판사.
김종휘. 2001. "청소년 성매매의 실태와 분석." 한국형사정책학회.『형사정책』. 13권. 2호.
김준호·노성호·이성식·곽대경·박정선·이동원·박철현. 2009.『청소년비행론』. 청목출판사.
김준호·박정선. 1995.『청소년의 약물남용 실태에 관한 연구』. 한국형사정책연구원.
김준호·박해광. 1993.『음란물과 청소년 비행과의 관계에 관한 연구』. 한국형사정책연구원.
김준호·손장권·박철현. 2001. "범죄유형별 심각성 가중치를 이용한 범죄발생의 질적 분포와 추세."『형사정책연구』. 12권. 4호.
김지선. 2001.『성매매 청소년의 처우실태에 관한 연구』. 한국형사정책연구원.
김지선·김지영·홍영오·박미숙. 2006.『한국의 범죄피해에 대한 조사연구(Ⅴ)』. 한국형사정책연구원.
김지영·박경래. 2006. "성판매 사범과 성매매 피해 여성을 변별하는 사회심리적 특성에 대한 연구."『피해자학연구』. 14권. 2호.
김지영·박경래·정선희. 2008.『청소년대상 성범죄의 발생추세와 동향 분석』. 보건복지가족부.
김태현·이문숙. 2009.『사회문제론』. 교문사.
김한상. 2007. "몽골에 나무를! 하늘에 푸름을!: 동아시아 황사·사막화 방지를 위한 행동."『노동사회』. 4월호.
김해중·안형식·김순덕·박문일·박춘선·임지은·홍성희·이제숙·김경란·이수경·이선영·김호임·김경훈. 2005.『인공임신중절 실태조사 및 종합대책수립』. 보건복지부.
김향미. 2009. "모자보건법 제14조 개정의 필요성과 방향."『대한산부회지』. 52권. 5호.
김현준·장철희·임상준. 2003. "우리나라 권역별 물부족지수의 산정." 대한토목학회 정기학술대회 발표논문.

김혜영·안상수. 2009. “미혼부·모에 대한 한국인의 태도와 의식.”『미혼모에 대한 사회적 인식 개선과 지원방안』. 제52차 여성정책포럼.

김혜원. 2011. “청소년 성매매의 현황 및 특징에 대한 분석: 2000년대 이전과 이후의 비교를 중심으로.”『청소년학연구』(18): 4.

김혜인·김은정. 2007. “아동기 정서적 학대 경험과 성인기 심리적 부적응간의 관계: 정서 인식의 어려움, 정서 표현 억제의 매개효과.”『한국심리학회 연차학술대회 논문집』.

김희삼. 2009. “지방대학 문제의 분석과 시사점.”『KDI정책포럼』. 211호.

끼리끼리. 2005. “한국 레즈비언 인권운동 10년사.” 윤수종·민경자·설동훈·끼리끼리·정경운·김효진·최정기·정용욱. 2005.『우리시대의 소수자운동』. 이학사.

남북하나재단. 2024.『북한이탈주민 정착실태조사』.

남인숙. 2003. “여성흡연에 대한 성차별적 사회담론.” 한국이론사회학회. 김철 편.『차별과 우리 사회』. 푸른사상.

남인숙·장흔성. 2009. “결혼이민여성 가족의 출신국 문화이해.”『사회이론』. 봄/여름.

노대명·황덕순·원일·이은혜. 2007. “근로빈곤층 국제비교 연구: 실태와 정책을 중심으로.” 한국보건사회연구원.

노동부.『임금구조 기본통계조사 보고서』.

누주드 알리, 델핀 미누이(문은실 역). 2009.『나 누주드, 열살 이혼녀』. 바다출판사.

류연규. 2009. “일가족양립정책과 노동시장 젠더 형평성의 관계에 대한 연구.”『여성연구』. 76권. 1호.

모선희·김형수·유성호·윤경아. 2006.『현대노인복지론』. 학지사.

문난경·홍성유·이영수·박록진·김종원·임교선. 2009.『지구온난화에 따른 지역규모 대기질 영향평가(Ⅰ)』. 한국환경정책평가연구원.

민경환. 1989. “권위주의 성격과 사회적 편견—대학생집단을 중심으로.”『한국심리학회지: 사회문제』. 4권. 2호.

박경동. 2008. “다문화가족 형성과 갈등에 대한 연구: 한국의 광주·전남지역 사례를 중심으로.”『청소년문화포럼』. 18권.

박경태. 2004. “한국사회에서 화교들이 느끼는 차별의 수준.” 한국사회학회·한국문화인류학회 공동연구.『한국의 소수자, 실태와 전망』. 한울아카데미.

박경태. 2008.『소수자와 한국사회』. 후마니타스.

박동운. “빈곤퇴치정책의 어두운 그림자: 지나친 부의 소득세는 경계해야.” 자유기업원 홈페이지(2009년 12월 검색).

박병섭. 2008.『다문화주의 철학: 이주민과 다문화가정과 함께 하는』. 실크로드.

박상순. 2001. “재한중국인의 법적 지위에 관한 연구: 대만계중국인을 중심으로.” 인천대학교 행정대학원 석사논문.

박성동. 2001. “청소년 성매매의 실태 및 대책.” 자녀안심운동 서울협의회. 『성매매 청소년 보호대책 심포지움 자료집』.
박성래. 2003. 『교정행정에 대한 국민의식조사』. 한국형사정책연구원.
박성수. 2004. “청소년 성매매의 현황과 방지대책에 관한 연구.” 『한국경찰학회보』. 7호.
박용구. “재일코리안의 나이그룹별 정체성에 대한 실증분석.” 『국제지역연구』. 13권. 2호.
박용순·문순영·임원선·임종호. 2008. 『사회문제론』. 학지사.
박은주. 2009. “학생들의 사교육 경험에 대한 연구.” 『수산해양교육연구』. 21권. 1호.
박일(전성곤 역). 2005. 『재일한국인: 차이와 평등의 딜레마』. 범우.
박재흥. 1991. “노인문제.” 고영복 편. 『사회문제론』. 사회문화연구소.
박종현. 2009. 『기후변화 대응이 경제에 미치는 영향은?』. 한국은행 금요강좌 자료. 2009. 5. 29.
박철현. 2012. “KIC 범죄피해조사 조사설계 수정의 효과.” 한국범죄비행학회. 『범죄와비행』.
박현식. 2008. “공공부조노인과 일반노인의 노인차별경험과 우울의 관계.” 『노인복지연구』. 41호.
방하남·김기헌. 2002. “기회와 불평등: 고등교육 기회에 있어서 사회계층간 불평등의 분석.” 『한국사회학』. 36집. 4호.
방혜신. 2004. “우리나라 협의이혼제도에 관한 연구.” 『법학논총』. 28집.
배진희. 2009. “노인의 상실, 학대경험, 우울이 자살생각에 미치는 영향.” 『노인복지연구』. 44호.
백욱현. 2008. “청소년의 10대 미혼모에 대한 태도와 사회복지 관점의 인식.” 『청소년학연구』. 15권. 7호.
백혜정·김은정. 2008. 『청소년 성의식 및 행동 실태와 대처방안 연구』. 한국청소년정책연구원.
변용찬, 김성희, 윤상용, 강민희, 최미영, 손창균, 오혜경. 2009. 『2008년 장애인 실태조사』. 한국보건사회연구원.
변화순·윤덕경·이미정·이계오·박병일·임동순·김광준·허경미·정수연·장임다혜·박선주·김종주·서동혁. 2007. 『2007 전국 성매매 실태조사』. 여성가족부.
보건복지가족부. 2008a. 『2008년도 노인실태조사: 전국 노인생활실태 및 복지욕구조사』.
보건복지가족부. 2008b. “노인 70% ‘노후에 자녀와 같이 살 필요 없다’: 2008년 노인실태조사 결과 발표” 보건복지가족부 보도자료 2008년 6월 30일.
보건복지가족부. 2008c. 『2008년도 청소년유해환경접촉종합실태조사』.
보건복지가족부. 2009a. 『2009년도 국민기초생활보장사업 안내』.
보건복지가족부. 2009b. 『2009년도 부랑인복지사업운영 안내』.
보건복지가족부. 2009c. 『기초노령연금 사업안내』.

보건복지가족부. 2009d. 『2009년 노일일자리사업 안내』.

보건복지가족부. 2009e. 『노인돌봄기본서비스 교육교재』.

보건복지가족부. 2009f. 『2008 전국아동학대현황보고서』.

보건복지가족부. 2009g. 『STAY: 초등학생용 가출예방 교육 프로그램 지도자용 매뉴얼』.

보건복지가족부. 2009h. 『보건복지가족통계연보』.

보건복지가족부. 2009j. 『2009 OECD 사회통계지표』.

보건복지가족부. 2009k. 『2009 아동청소년백서』.

보건복지가족부. 『국민기초생활보장 수급자 현황』. 각 연도.

보건복지가족부. 『보건복지통계연보』. 각 연도.

보건복지부. 2012. 『2011년도 노인실태조사』.

보건복지부. 2013a. "2014년 최저생계비." 보건복지부 고시 제2013-123호.

보건복지부. 2013b. 『2012 보건복지통계연보』.

보건복지부. 2013c. 『2012년 국민기초생활보장 수급자 현황』.

보건복지부. 2015a. "기초생활보장제도. '16년 기준 중위소득 4% 인상." 2015.7.27. 보도자료.

보건복지부. 2017c. "국민건강보험공단, 건강보험심사평가원 『2016년 건강보험통계연보』 공동발간." 2017.10.17. 보도자료.

보건복지부. 2017d. "빅데이터와 통계로 보는 우리사회의 아동학대 인식." 2017.11.23. 보도자료.

보건복지부. 2019a. "2019년도 보건복지부 예산 72조 5148억 원으로 최종 확정." 2018년 12월 8일 보도자료.

보건복지부. 2020a. "중앙생활보장위원회, 2021년도기준 중위소득 2.68% 인상(4인 기준)." 2020년 7월 31일 보도자료

보건복지부. 2020b. 『2020년 노숙인 등의 복지사업 안내』.

보건복지부. 2021. 『2021년도 노숙인 등의 실태조사』.

보건복지부. 2024a. "2025년 기준 중위소득 및 생계·의료급여 선정기준과 최저보장수준." 보건복지부 고시 제2024－162호.

보건복지부. 2024b. "2025년도 기준 중위소득 6.42%(4인 가구 기준)로 역대 최대 인상." 2024년 7월 25일 보도자료.

북한인권정보센터. 2023. 『2023 북한이탈주민 경제사회 통합실태조사』.

석상훈. 2009. "노인빈곤 결정요인에 대한 연구: 패널자료를 활용한 분석." 『경제학 공동학술대회 자료집』.

석현호·이정환·김상욱. 2004. 『사회학』. 그린.

설동훈·김윤태·김현미·윤홍식·이혜경·임경택·정기선·주영수·한건수. 2005. 『국제결혼

이주여성 실태조사 및 보건·복지 지원 정책방안』. 보건복지부.
손승회. 2009. “1931년 식민지조선의 배화폭동과 화교.” 『중국근현대사연구』. 41집.
손준종. 2001. “근대적 학력주의의 출현과 제도화 과정에 관한 연구: 개항지 군산 지역을 중심으로.” 『안암교육학연구』. 7권. 1·2호.
송관재·이훈구·박수애·홍영오. 1999. “권위주의 성격과 장애인에 대한 태도와의 관계에 관한 연구.” 한국심리학회 연차학술대회 발표논문.
신선인. 2008. “가정폭력 노출경험이 아동·청소년 비행에 미치는 영향에 대한 메타분석.” 『가족복지학』. 23권.
신영철. 2005. “황사로 인한 피해비용 추정.” 『자원·환경경제연구』. 14권. 3호.
신영철. 2006. “황사의 사회경제적 영향과 피해비용.” 『설비저널』. 35권. 4호.
신의기·강은영·이민식. 2002. 『마약류 사범 처리 실태』. 한국형사정책연구원.
심영희 외. 1990. 『낙태의 실태 및 의식에 관한 연구』. 한국형사정책연구원.
안진. 1991. “여성문제.” 고영복 편. 『현대사회문제』. 사회문화연구소.
양계민. 2009. “국내 소수집단에 대한 청소년들의 태도에 영향을 미치는 요인.” 『한국심리학회지』. 23권. 2호.
양계민·정진경·강혜원. 2008. 『사회통합을 위한 청소년 다문화교육 활성화방안 연구』. 한국청소년정책연구원.
여성가족부. 2010. 『2010년 가정폭력실태조사』.
여성가족부. 2011. 『청소년유해환경접촉종합실태조사』.
여성가족부. 2012. 『전국다문화가족실태조사』.
여성가족부. 2014. 『청소년유해환경접촉종합실태조사』.
여성가족부. 2018. 『2016년 청소년 매체이용 및 유해환경 실태조사』. 분석보고서.
여성부. 2008. 『2007년 전국 가정폭력실태조사』.
여성부. 2009a. 『2009년도 가정폭력·성폭력 보호시설 및 상담소 등 운영실적 보고』.
여성가족부. 2020. “2019 성매매 실태조사 결과 요약.” 2020년 6월 16일 보도자료. 별첨자료.
여성가족부. 2022. 『위기청소년 지원기관 이용자 생활실태조사』.
여성가족부. 2024. 『2022년 청소년 매체이용 및 유해환경 실태조사』.
여유진·김미곤·김태완·양시현·최현수. 2005. 『빈곤과 불평등의 동향 및 요인분해』. 한국보건사회연구원.
여유진·김수진·구인회·김계연. 『교육불평등과 빈곤의 대물림』. 한국보건사회연구원.
오성배. 2009. “외국인 이주노동자 가정 자녀의 교육 실태와 문제 탐색.” 『한국청소년연구』. 20권. 3호.
오영희. 2009. 『노인의 치매실태와 대책』. 한국보건사회연구원.

오인근·오영삼·김명일. 2009. “여성노인의 사회적 관계망이 우울에 미치는 영향 연구: 건강증진행위의 매개효과를 중심으로.” 『한국가족복지학』. 14권. 1호.

오지수·이규민·강진구. “초등학생 자녀를 둔 어머니의 사교육 실태와 자녀양육 스트레스.” 『아동교육』. 18권. 1호.

오호영. 2007. “대학서열의 구조변화 분석: 학과선택시 학교요인의 영향을 중심으로.” 『한국교육』. 34권. 1호.

원석조. 2002. 『사회문제론』. 양서원.

원석조. 2008. 『사회문제론』. 3판. 양서원.

유경준. 2009. “우리나라 빈곤변화 추이와 요인 분석.” 『KDI정책포럼』. 215호.

유해숙. 2009. “새터민의 무력감 원인과 임파워먼트 전략.” 『동향과 전망』. 77호.

유현숙·곽현근. 2007. “여성 한부모가족의 사회적 배제에 관한 연구: 영구임대아파트 지역을 중심으로.” 『사회복지연구』. 34권.

유희정. 1994. “가사노동.” 여성한국사회연구회 편. 『여성과 한국사회』. 개정판. 사회문화연구소.

윤수종 외. 2005. 『우리시대의 소수자 운동』. 이학사.

윤여상. 2008. 『2008 북한이탈주민 경제활동 실태조사: 취업, 실업, 소득』. 북한인권정보센터.

윤옥경. 2001. “인터넷채팅공간에 나타난 청소년 성매매(원조교제)의 현실.” 『청소년정책연구』. 2호.

윤인진. 2004a. 『코리안 디아스포라: 재외한인의 이주, 적응, 정체성』. 고려대학교 출판부.

윤인진. 2004b. “탈북자의 사회적응실태와 지원방안.” 한국사회학회·한국문화인류학회 공동연구. 『한국의 소수자, 실태와 전망』. 한울아카데미.

윤점룡·김주영. 2002. 『장애인 대학입학 특별전형제도 실행 이후 학내 지원체계 현황 및 개선방안 연구』. 국가인권위원회.

윤주환. 2009. “기후변화의 쟁점과 물.” 『수질보전: 한국물환경학회지』. 25권. 5호.

윤희숙. 2016. “최저임금과 사회안전망: 빈곤정책수단으로서의 한계.” KDI FOCUS. 통권 71호.

이강원. 2003. “롭노르 논쟁과 신쟝 생산건설병단: 중국 서북지역 사막화의 사회적 과정.” 『대한지리학회지』. 38권. 5호.

이강원. 2005. “중국 내몽고 동부지역의 토지이용 변화와 사막화: 커얼친 사지의 사례.” 『대한지리학회지』. 40권. 6호.

이건종·전영실. 1992. 『노인의 범죄 및 범죄피해에 대한 연구』. 한국형사정책연구원.

이건호. 2001. 『성표현물의 음란성 판단기준에 관한 연구』. 한국형사정책연구원.

이다와. 2009. “국민국가의 경계를 넘어서.” 『결혼이주여성의 시민권에 관한 2009 지역

학교: 연구와 실천을 위한 장 자료집』.

이미정. 2004. 『변화하는 성윤리와 포르노그라피』. 정보통신정책연구원.

이미정. 2009. "국내외 입양과 미혼모 복지." 『미혼모에 대한 사회적 인식 개선과 지원방안』. 제52차 여성정책포럼.

이선순. 2006. "재생산권으로서의 낙태에 관한 법여성학적 고찰." 『여성학연구』. 16권. 1호.

이성숙. 2006. "한국 성매매 특별방지법에 투영된 페미니스트 오리엔탈리즘: 성노동자가 말할 수 있는가?" 『담론201』. 9권. 2호.

이성식. 2004. 『사이버공간의 익명성과 청소년 언어폭력』. 한국청소년연구원.

이순래. 2002. 『학교폭력의 원인 및 대처방안』. 한국형사정책연구원.

이순래·곽대경·기광도·김상원·박정선·박철현·연성진·이성식·최응렬. 2008. 『현대사회와 범죄』. 청목.

이완수·고성호·정태인·이정환·문용갑·이성용·장준오·유홍준. 2009. 『사회문제』. 개정판. 그린.

이은주. 2009. "새터민 아이, 빈곤과 '탈북' 낙인이라는 굴레." 『우리교육』. 6월호.

이인호. 2000. "음란물출판사등록취소사건." 『헌법실무연구』. 1권.

이재광. 2004. "한국화교의 역사와 문화 정체성: 화교교육을 중심으로." 『중국학연구』. 30집.

이정전. 1991. "환경문제." 고영복. 『현대사회문제』. 사회문화연구소.

이종원. 2001. 『청소년의 인터넷관련 문제행동 실태분석』. 한국청소년개발원.

이종원·이유진·김준홍. 2012. 『2012 청소년유해환경 접촉 종합실태조사』. 여성가족부.

이주노동자 차별철폐와 인권·노동권 실현을 위한 공동행동·외국인이주·노동운동협의회. 2008. "2008 고용허가제 실태보고." 2008년 12월 "야만"으로 역행하는 이주노동자 차별 실태 고발 기자회견.

이춘화. 2004. 『청소년 성매매의 상습화 예방 및 치료프로그램 개발연구』. 한국청소년정책연구원.

이태수. 2003. "가출청소년 문제의 정책방향 및 대응방안 모색." 『'우리는 왜 가출을 하는가?': 가출청소년의 이해와 보호대책을 중심으로』. 2003년 가출청소년보호대책 토론회.

이항우. 2008. "사이버 폭력의 사회적 구성: 인터넷 실명제 비판적 담론분석." 한국사회학회 2007년 후기사회학대회 발표논문집.

이훈규·이경재. 1996. 『청소년 약물남용 예방전략』. 한국형사정책연구원.

이희경·이희길. 2001. 『비행청소년의 성의식 조사: 청소년 성매매를 중심으로』. 자녀안심운동 서울협의회.

장동호·김장수. 2009. "충남 연안 지역에서 기후변화에 의한 해수면 상승에 따른 취약성 평가." 『한국지형학회지』. 16권. 2호.

장수명. 2006. “대학서열의 경제적 수익 분석.” 『한국교육』. 33권. 2호.
장수현. 2004. “한국화교의 현실과 도전.” 한국사회학회·한국문화인류학회 공동연구. 『한국의 소수자, 실태와 전망』. 한울아카데미.
장승옥. 2001. “대학생 음주행위와 문제음주 인지도의 추이, 1996~2000.” 『청소년학연구』. 8권. 2호.
장형관. 2009. “국내·외 조류인플루엔자(HPAI) 발생현황과 대응방안.” 2009 농식품 안전성 향상 국제 심포지엄 발표논문.
재외동포재단. 2006. 『국외입양인백서』.
전영실·강은영·박형민·김혜정·황태정·정유희. 2007. 『성폭력범죄의 유형과 재범억제 방안』. 한국형사정책연구원.
전현식. 2002. “에코페미니즘, 군사주의, 악 그리고 생태 정의의 지구 생명 공동체.” 『한국기독교신학논총』. 26집.
정경순. 2008. “십대 미혼모의 임신 및 출산 경험.” 『아동간호학회지』. 14권. 2호.
정혜원·박윤환. 2012. 『성매매 피해청소년의 공간패턴 연구』. 한국여성인권진흥원.
정희선. 1997. “한국에서 남용되는 약물의 현황 및 분석에 대한 고찰.” 한국형사정책연구원. 『형사정책연구』. 8권. 1호.
조광우 외. 2012. 『국가해수면 상승: 사회경제적 영향평가2』. 한국환경정책평가연구원.
조병인. 2002. “마약류 불법유통과 규제전략.” 한국형사정책연구원. 『형사정책연구』. 13권. 2호.
조병인·박철현. 1998. 『불법체류 외국인노동자의 실태와 대책』. 한국형사정책연구원.
조병희. 1991. “보건의료문제.” 고영복 편. 1991. 『현대사회문제』. 사회문화연구소.
조정문·장상희. 2001. 『가족사회학: 현대사회에서 가족은 무엇인가』. 아카넷.
주 오이시디 대한민국 대표부. 2023. “국제학업성취도평가(PISA) 2022 주요 결과.” 2023년 12월 보도자료.
주왕기(편저). 1989. 『약물남용』. 신일상사.
주왕기. 1996. “환각물질과 청소년비행.” 법무부. 『보호』. 96년 6월.
중소기업협동조합중앙회. 1996. 『외국인산업기술연수백서』.
지식경제부. 2009. “2007년 우리나라 온실가스 총배출량 전년대비 2.9% 증가.” 2009년 12월 29일 보도자료.
차미경. 2009. “결혼이민자 사회권 실태.” 『결혼이주여성의 시민권에 관한 2009 지역학교: 연구와 실천을 위한 장 자료집』.
청소년폭력예방재단. 2008. 『2007 학교폭력 실태조사 보고서』.
최선화·박광준·황성철·안홍순·홍봉선. 2008. 『사회문제와 사회복지』. 양서원.
최성재. 2000. “노인문제.” 최일섭, 최원규, 최성재, 이혜경, 윤찬영, 박종우, 김혜란, 감정기. 『사회문제와 사회복지』. 나남.

최성재. 2009. “수도권 지역 중년기 이후 세대의 노후생활 인식과 노인에 대한 인식.” 『한국노년학』. 29권. 1호.

최인섭·김지선. 1995. 『전과자에 대한 사회적 인식에 관한 연구』. 한국형사정책연구원.

최인섭·이순래·조균석. 2006. 『범죄피해자 실태 조사연구』. 한국형사정책연구원.

최일섭·최원규·최성재·이혜경·윤찬영·박종우·김혜란·감정기. 2000. 『사회문제와 사회복지』. 나남.

최지영. 2009. “국제결혼한 한국남성의 남편으로서 경험에 관한 질적 연구.” 『한국가족복지학』. 26권.

최형재. 2008. “사교육의 대학 진학에 대한 효과.” 『국제경제연구』. 14권. 1호.

통계청. 2006. “2005 인구주택총조사 전수집계결과(인구부문).” 보도자료.

통계청. 2008. 2008년 사회조사보고서.

통계청. 2009a. “2009 고령자 통계.” 2009년 9월 30일 보도자료.

통계청. 2009b. “2008년 사교육비조사 결과.” 2009년 2월 27일 보도자료.

통계청. 2009c. “한국의 사회동향 2009.” 2009년 12월 21일 보도자료.

통계청. 2009d. “한국의 차별 출산력 분석.” 2009년 10월 9일 보도자료.

통계청. 2009e. “세계 및 한국의 인구현황.” 2009년 7월 10일 보도자료.

통계청. 2009f. “2009 통계로 보는 여성의 삶.” 2009년 7월 6일 보도자료.

통계청. 2010a. “2010년 1월 고용동향.” 2010년 2월 10일 보도자료.

통계청. 『경제활동인구연보』.

통계청. 『국제통계연감』.

통계청. 『사망원인통계』. 각 연도.

통계청. 『인구동태통계연보』.

통일부. 2009. 『북한이탈주민지원 민관합동워크샵 특강 자료집』.

통일부. 2015. “북한이탈주민정책(20151201).” URL“http://www.unikorea.go.kr/download. do?filename=44027_20151201111816 3881.pdf”

통일부. 2017. “주요업무 추진현황.” 국정감사 업무현황보고 자료

통일부. 2020. 『북한이탈주민 정착지원 실무편람』.

통일부. 2025. “2025.3월 북한이탈주민공개통계.” 북한이탈주민 포털. 정착지원자료실.

통일연구원. 2009. 『북한인권백서』.

표갑수. 2006. 『사회문제와 사회복지』. 나남.

한건수. 2004. “타자 만들기: 한국사회와 이주노동자의 재현.” 한국사회학회·한국문화인류학회 공동연구. 『한국의 소수자, 실태와 전망』. 한울아카데미.

한건수. 2008. “국내 체류 이주노동자 자녀 및 청소년 이주민의 삶과 정체성.” 유네스코

아시아·태평양 국제이해교육원 편. 『다문화사회의 이해』. 동녘.
한국교육과정평가원. 2013. "OECD 국가 중 수학 1위, 읽기 1~2위, 과학 2~4위: 만 15세 대상의 국제 학업성취도 평가 (PISA 2012) 결과 발표." 2013년 12월 3일 보도자료.
한국노동연구원. 2008. 『2008 해외노동통계』.
한국보건사회연구원. 1998. 『1998년도 전국 노인생활실태 및 복지욕구조사』.
한국보건사회연구원. 2005. 『2004년도 전국 노인생활실태 및 복지욕구조사』.
한국보건사회연구원. 2015. 『빈곤통계연보』.
한국보건사회연구원. 2017. 『2017년 장애인실태조사』. 보건복지부
한국청소년쉼터협의회. 2007. 『2007 가출청소년 및 청소년쉼터 실태조사』. 국가청소년위원회 & 한국청소년쉼터협의회.
한채윤. 2003. "청소년 동성애자에 대한 이해와 사회적 지지 방안." 『「동성애, 표현의 자유와 청소년」에 관한 토론회』. 청소년보호위원회.
함한희. 1995. "한국의 외국인노동자 유입에 따른 인종과 계급문제." 『한국문화인류학』. 28집.
함한희. 1997. "외국인 노동자의 갈등과 적응." 『노동문제논집』. 14집.
행정안전부. 2012. 지방자치단체 외국인주민 현황조사.
현대경제연구원. 2007. 『한국경제주평』. 246호.
현시웅·최희경. 2008. "노숙인의 발생원인별 유형화와 정책대안." 『한국행정논집』. 20권. 4호.
현외성·조추용·윤은경·김양이. 2005. 『한국노인복지학강론』. 유풍출판사.
홍대식(편저). 2007. 『사회심리학』. 박영사.
환경부. 2007. "환경부, 수질오염총량관리제 제 2 단계(2011~2015) 착수." 2007년 6월 보도자료.
환경부. 2008a. 『2008 환경백서』.
환경부. 2008b. 『2007 상수도통계』.
환경부. 2008c. "빗물로 인한 수질오염 심각, 「빗물오염 줄이기 캠페인」개최." 2008년 6월 보도자료.
환경부. 2009a. "물 재이용 촉진법 제정으로 가뭄 등 물 부족에 대처하고 새로운 물 시장 창출 기대." 환경부 보도자료 2009. 6.
환경부. 2009b. "내년부터, 온실가스에 대한 환경영향평가 실시." 환경부 보도자료 2009년 12월.
환경부. 2009c. "국내 최초 전국 지자체단위 온실가스 배출량 산정." 환경부 보도자료.
환경부. 2009d. "국가 대기오염물질 배출량 산정결과 공표." 2009년 12월 16일 보도자료.
환경부. 2013. "최근 미세먼지 현황과 대응방향." 2013년 11월 5일 보도자료.
환경부. 『대기환경연보』.
황순길 외. 2001. "청소년 가출과 성매매 실태 분석." 한국청소년상담원. 청소년문제 정

책포럼 자료집. 『청소년 위기, 어떻게 해결할 것인가?』.
황필홍 외. 1999. 『낙태 · 포르노 · 인간복제』. 도서출판 고원.

Ahmad, Nehaluddin. 2008. "Dowry Deaths (bride burning) in India and Abetment of Suicide: A Socio-Legal Appraisal." *2JEAIL*.

Akers, Ronald.(민수홍 외 역). 2005. 『범죄학이론』. 나남.

Ayukawa, Jun. 2001. "The United States and Smoking Problems in Japan." Joel Best(Eds.). *How Claims Spread: Cross-National Diffusion of Social Problems*. NY: Aldine de Gruyter.

Bakkes et al., 2008. *Background Report to the OECD Environmental Outlook to 2030: Overviews, Details, and Methodology of Model-Based Analysis*. Netherlands Environmental Assessment Agency and OECD.

Barker, Kristin. 2002. "Self-Help Literature and the Making of an Illness Identity: The Case of Fibromylgia Syndrome(FMS)." *Social Problems*(49): 279-300.

Barr, Cameron. 1992. "Female Empowerment Lead to Fewer Births." Frances V. Moulder(Eds.). 2000. *Social Problems of the Modern World: A Reader*. Australia: Wadsworth.

Barr, R. and K. Pease. 1990. "Crime Placement, Displacement, and Detection." M. Tonry and N. Morris (Eds.). *Crime and Justice*(12). University of Chicago Press.

Beck, Ulrich(홍성태 역). 2006. 『위험사회: 새로운 근대성을 향하여』. 새물결.

Becker, Howard. 1963. *Outsiders: Studies in the Sociology of Deviance*. New York: Macmillan.

Beeghley, Leonard. 1999. *Angles of Vision: How To Understand Social Problems*. Westview Press.

Belenko, S. 1990. "The Impact of Drug Offenders on the Criminal Justice System." Wdisheit, R.(Eds.) *Drugs, Crime and the Criminal Justice System*. Cincinnati: Anderson Publishing Co.

Best, Jeol. 1997. "Victimization and the Victim Industry." Rubinton, Earl and Martin S. Weinberg. 2003. *The Study of Social Problems: Seven Perspectives*. 6th Ed. New York: Oxford University Press.

Best, Jeol. 2013. Social Problems. 2nd Ed. New York: W. W. Norton & Company.

Binstock, "Old-Age Policies, Politics, and Ageism." *Generations*(29): 3.

Blank, Rebecca M. 2008. "Why the United States Needs an Improved Measure of Poverty." The Brookings Institution. 2008.7.17.

Botvin, D. J. 1990. "Substance Abuse Prevention: Theory, Practice and Effectiveness." Tonry and J. Q. Wilson. (Eds.) *Drugs and Crime*. Chicago: University of Chicago Press.

Braithwaite, John. 1989. *Crime, Shame and Reintegration*. Cambridge University Press.

Charon, Joel M. and Lee Garth Vigilant. 2006. *Social Problems: Readings with Four Questions*. Thomson/Wadsworth.

Chesler, Phyllis. 2009. "Are Honor Killings Simply Domestic Violence?" *Middle East Quarterly*(16): 61-69. Spring. Available in URL "http://www.meforum.org/article/2067"

Chesney-Lind, Meda and Randall G. Shelden. 1998. *Girls, Delinquency, and Juvenile Justice*. 2nd Edition. Wadsworth Publishing Company: Belmont, CA.

Chesney-Lind, Meda. 1988. "Girls in Jail." *Crime & Delinquency*(34): 150-168.

Chesney-Lind, Meda. 1989. "Girls' Crime and Woman's Place: Toward a Feminist Model of Female Delinquency." *Crime & Delinquency*(35): 5-29.

Chesney-Lind, Meda. 1999. "Challenging Girls' Invisibility in Juvenile Court." *The Annals of the American Academy*(564): 185-202.

CIA. 2009. *World Factbook*. The Central Intelligence Agency of the United States. URL "https://www.cia.gov/library/publications/the-world-factbook/ geos/xx.html"

Clarke, Adele E., Laura Mamo, Jennifer R. Fishman, Janet K. Shim, and Jennifer Ruth Fosket. 2003. "Biomedicalization: Technoscientific Transformations of Health, Illness, and U.S. Biomedicine." *American Sociological Review* (68): 161-194.

Cohen, Albert. 1955. *Delinquent Boys*. New york: Free Press.

Coleman, James William and Donald R. Cressey. 1999. *Social Problems*. 7th. New York: Longman.

Cornish, Derek B. and Ronald V. Clarke. 1987. *The Reasoning Criminal: Rational Choice Perspectives on Offending*. Springer.

Cumming, E. and W. Henry. 1961. *Growing Old: The Process of Disengagement*. New York: Humanities Press.

Dahrendorf, Ralf. 1959. *Class and Class Conflict in Industrial Society*. Stanford CA: Stanford University.

Davis, Kingsley and Wilbert E. Moore. 1945. "Some Priciples of Stratification." *American Sociological Review*(10): 242-249.

Dolan, Maggie M., Ori Ashman, and Becca R. Levy. 2005. "Re-Vision of Older Television Characters: A Stereotype-Awareness Intervention." *Journal of Social*

Issues(61): 307-319.

Dowd, J. J. 1975. “Aging as Exchange: A Preface to Theory.” *Journal of Gerontology* (30).

Ehrlich, Paul. 1968. *The Population Bomb*. New York: Ballantine.

Ellis, Lee and Anthony Walsh(1997) “Gene-Based Evolutionary Theories in Criminology,” *Criminology*(35): 2.

End FGM European Network, End FGM U.S. Network, and Equality Now. 2020. *Female Genital Mutilation/Cutting: A Call for a Global Response*. URL “https://www.endfgm.eu/editor/files/2020/04/FGM_Global_-_ONLINE_PDF_VERSION_-_07.pdf”

Finsterbusch, Kurt(Eds.). 2009. *Social Problems 07/08: Annual Editions*. 35th Ed. McGraw Hill.

Fuller, Richard and Richard Myers. 1941. “The Natural History of A Social Problem.” *American Sociological Review*(6): 320-328.

Furedi, Frank. 2001. “Bullying: The British Contribution to the Construction of a Social Problem.” Joel Best(Eds.). *How Claims Spread: Cross-National Diffusion of Social Problems*. NY: Aldine de Gruyter.

Gardner, Carol Brooks. 1994. “Little Strangers: Pregnancy Conduct and the Twentieth -Century Rhetoric of Endangerment.” Joel Best(Eds.). *Troubling Children: Studies of Children and Social Problems*. New York: Aldine de Gruyter.

Giddens, Anthony. 2001. *Sociology*. 김미숙·김용학·박길성·송호근·신광영·유홍준·정성호. 2004. 『현대사회학』. 을유문화사.

Gilens, Martin. 2008. “Black and Undeserving: Exposing Myths about America’s Poor.” Ira Silver(Eds.). *Social Problems: Readings*. Norton.

Glueck, Sheldon and Eleanor Glueck. 1950. *Unraveling Juvenile Delinquency*. Cambridge, MA: Harvard University Press.

Gordon, David. 2005. “Indicators of Poverty & Hunger.” The Paper presented at Expert Group Meeting on Youth Development Indicators. UN Headquaters, New York.

Grabb, Edward. G. 1990. *Theories of Social Inequality: Classical and Contemporary Perspectives*. 2nd. 양춘 역. 1994. 『사회불평등: 이론과 전망』. 나남.

Gramsci, Antonio(이상훈 역). 1999. 『옥중수고』. 거름.

Greenberg, David, 1977. “Delinquency and the Age Structure of Society.” *Contemporary Crises*. April.

Guilmoto, Christophe Z. 2007. *Characteristics of Sex-Ratio Imbalance in India, and*

Future Scenarios. UNFPA.

Hagan, John. 1989. *Structural Criminology*. Rutgers University Press.

Hart, John Keith. 1973. "Informal income opportunities and urban employment in Ghana." *Journal of Modern African Studies*(11): 61-89.

Heiner, Robert. 2009. *Social Problems: An Introduction to Critical Constructionism*. New York: Oxford University Press.

Henslin, James M. 2000. *Social Problems*. 5th Ed. New Jersey: Prentice Hall.

Henslin, James M. and Lori Ann Fowler. 2009. *Social Problems*. 9th Edition.

Hirschi, Travis. 1969. *Causes of Delinquency*. Berkeley and Los Angeles: University of California Press.

Human Right First. 2008. *2008 Hate Crime Survey*.

Illich, Ivan. 1971. *Deschooling Society*. 심성보 역. 2004. 『학교 없는 사회』. 미토.

IPCC. 2014. *Climate Change 2014: Synthesis Report*.

IPPIC. 2007. *Climate Change 2007: The Physical Science Basis. A report of Working Group I of the Intergovernmental Panel on Climate Change*. Summary for Policymakers.

Johnson, John. M. 1995. "Horror Stories and the Construction of Child Abuse." Joel Best(Eds.). *Images of Issues, Typifying Contemporary Social Problems*. 2nd. New York: Aldine de Gruyter.

Kardam, Filiz. 2007. *The Dynamics of Honor Killings in Turkey: Prospects for Action*. Population Association & UNDP & UNFPA.

Karlen, Arno. 1995. *Man and Microbes*. 권복규 역. 2001. 『전염병의 문화사』. 사이언스북스.

Kirk, Stuart and Herb Kuchins. 1992. *The Selling of DSM: The Rhetoric of Science in Psychiatry*. New York: Aldine de Gruyter.

Kornblum, William and Joseph Julian. 2001. *Social Problems*. 10th Ed.. Prentice Hall.

Kuypers, J. A. and V. L. Bengton. 1973. "Social Breakdown and Competence: A Model of Normal Aging." *Human Development*(16): 181-201.

Lab, Steven.(이순래·박철현·김상원 역). 2010. 『범죄예방론』. 그린.

Lappe, Frances Moore and Joseph Collins. 1986. *World hunger: twelve myths*. New York: Grove Press.

Lauer, Robert and Jeanette Lauer. 2002. *Social Problems and the Quality of Life*.

Lauer, Robert and Jeanette Lauer. 2007. *Social Problems and the Quality of Life*.

Lemert, Edwin. 1951. *Social Pathology: a Systematic Approach to the Theory of*

Sociopathic Behavior. McGraw-Hill.

Lemon B. W., V. L. Bengtson, and J. A. Peterson. 1972. "An exploration of the activity theory of aging: activity types and life satisfaction among in-movers to a retirement community." *Journal of Gerontology*(27): 511-523.

Lenski, Gerhard E. 1966. *Power and Privilege: A Theory og Social Stratification*. New York: McGraw-Hill.

Leon-Guerrero, Anna. 2008. *Social Problems: Community, Policy, and Social Action*.

Lester R. Brown. 1996. *Tough Choices: Facing the Challenge of Food Scarcity*. 박진도 역. 1997. 『식량대란: 실태와 극복방안』. 한송.

Lewis, Oscar. 1959. *Five Families*. New York: Basic Books.

Loseke, Donileen R. 1995. "Writing Rights: The Homeless Mentally Ill and Involuntary Hospitalization." Joel Best(Eds.) *Images of Issues, Typifying Contemporary Social Problems*. 2nd. New York: Aldine de Gruyter.

Loseke, Donileen R. 2001. "Lived Realities and Formula Stories of 'Battered Women'." Jaber F. Gubrium and James A. Holstein(Eds.). *Institutional Selves: Troubled Identities in a Postmodern World*. New York: Oxford University Press.

MacFarquhar, Neil. 1996. "With Iran Population Boom, Vasectomy Receives Blessing." *The New York Times*. September 8. In Frances V. Moulder(Eds.). 2000. Social Problems of the Modern World: A Reader. Australia: Wadsworth.

Margolin, Leslie. 1994. *The Emergence of Gifted Children*. Hawthorne, New York: Aldine de Gruyter.

Martza, David. 1966. The Disreputable Poor. In Bendix, R. and Lipset, S.(eds.) *Class, Status and Power*. New York: Free Press.

Marx, Karl(김수행 역). 1990. 『자본론 I (하)』. 비봉출판사.

Matza, David. 1964. *Delinquency and Drift*. Transaction Publishers.

Mead, George Herbert. 1937. *Mind, Self & Society*. University of Chicagro Press.

Merton, R. K. 1957. *Social Theory and Social Structure*. New York: Free Press.

Messner, Steven F. and Richard Rosenfeld. 1994. *Crime and the American Dream*. Wadsworth Publishing.

Mills, C. Wright. 1959. *Sociological Imagination*. 강희경 역. 2004. 『사회학적 상상력』. 돌베개.

Mooney, Linda A., David Knox and Caroline Schacht. 2007. *Understanding Social Problems*. 5th Ed. Thomson/Wadsworth.

Morgan, Patricia A. 1978. "The Legislation of Drug Law: Economic Crisis and Social Control." *Journal of Drug Issues*(8): 54-62.

Moulder, Frances V. 2000. *Social Problems of the Modern World: A Reader*. Australia: Wadsworth.

Murdock, George Peter. 1949. *Social Structure*. New York: The MacMillan Company.

OECD, 2007b. *Society at a Glance 2006: OECD Social Indicators*.

OECD. 2014b. *Society at Glance 2014*.

OECD. 2015d. *Education at Glance 2015*.

OECD. 2008a. *OECD Environmental Outlook to 2030: Summary in Korean*.

OECD. 2008b. *OECD Environmental Outlook to 2030*.

OECD. 2008c. *Growing Unequal? Income Distribution and Poverty in OECD Countries*.

OECD. 2009a. *Pension at a Glance 2009: Retirement-Income Systems in OECD Countries*. Preliminary Version.

OECD. 2009b. *Society at a Glance 2009: OECD Social Indicators*.

OECD. 2009c. *Education at a Glance 2009: OECD Indicators*.

OECD. 2009d. *Health at a Glance 2009: OECD Indicators*.

OECD. 2011a. *Pensions at a Glance 2011: Retirement-income systems in OECD and G20 countries*.

OECD. 2011b. *Society at a Glance 2011: OECD Social Indicators*.

OECD. 2013a. *Employment Outlook 2013*.

OECD. 2013b. *Crisis squeezes income and puts pressure on inequality and poverty*.

OECD. 2013c. *Education at a Glance 2013*.

OECD. 2013d. *Health at a Glance 2013: OECD Indicators*.

OECD. 2015a. *Employment Outlook 2015*.

OECD. 2015b. *Pension at Glance 2015*.

OECD. 2015c. *Health at Glance 2015*.

OECD. 2016b. *Society at a Glance 2016: OECD Social Indicators*.

OECD. 2017a. *Employment Outlook 2017*.

OECD. 2017b. Pension at a Glance 2017: OECD and G20 Indicators.

OECD. 2017c. *Health at Glance 2017: OECD Indicators*.

OECD. 2019a. *Society at a Glance 2019: OECD Social Indicators*.

OECD. 2019b. Health *at a Glance 2019: OECD Social Indicators*.

OECD. 2020. *Education at a Glance 2020: OECD Indicators*.

OECD. 2024. *Society at a Glance 2024: OECD Social Indicators*.

OIE. 2015. "List of Bovine Spongiform Encephalopathy Risk Status of Member Countries." URL "http://www.oie.int/en/animal-health-in-the-world/official-disease-status/bse/list-of-bse-risk-status"

Prasad, Leena and Vikram Srivastava. 2016. "Dowry Deaths: India's Shame." URL "http://www.countercurrents.org/2016/07/06/dowry-deaths-indias- shame/"

Paris, V. et al., 2016. "Health care coverage in OECD countries in 2012", OECD Health Working Papers, No. 88, OECD Publishing, Paris.

Park, Donghyun. 2009. *Ageing Asia's Looming Pension Crisis*. Asian Development Bank. ADB Economic Working Paper Series.

Parkin, Frank. 1972. *Class Inequality and Political Order*. London: Paladin.

Parsons, Talcott. 1951. *The Social System*. New York: The Free Press.

Pawluch, Dorothy. 1996. *The New Pediatrics: Profession in Transition*. New York: Aldine de Gruyter.

Peters, Williams. 1971. *A Class Divided*, New York: Doubleday and Company.

Peterson, P. G. 1987. "The Morning After." *Atlantic*(260): 43-69.

Peterson, Peter(강연희 역). 2002. 『노인들의 사회: 그 불안한 미래』. 에코리브르.

Population Division of the Department of Economic and Social Affairs of the United Nations Secretariat. 2009. *World Population Prospects: The 2008 Revision*. Highlights. NewYork: United Nations.

Population Reference Bureau. 2004. "Transitions in World Population by Population Reference Bureau staff." *Population Bulletin*(59): 1.

Preston, S. H. 1984. Children and elderly: Divergent paths for America's dependents. *Demography*(25): 44-49.

Preston, S. H. 1994. "Children and the Elderly in the U.S." *Scientific American*(251): 44-49.

Quinney, Richard. 1970. *The Social Reality of Crime*. Boston: Little Brown.

Richardson, Katherine, Will Steffen, Hans Joachim Schellnhuber, Joseph Alcamo, Terry Barker, Daniel M. Kammen, Rik Leemans, Diana Liveman, Mohan Munasunghe, Balgis Osman-Elasha, Nicholas Stern, and Ole Waever. 2009. *Climate Change: Global Risks, Challenges & Decisions*. International Alliance of Research Uni- versities.

Ronald Akers. 1985. "A Social Learning Perspective on Deviant Behavior." *Deviant Behavior: A Social Learning Approach*. 3rd. Wadsworth Publishing Company.

Rose, A. M. 1965. "The Subculture of Aging: A Framework for Research in Social Gerontology." A. M. Rose and W. A. Peterson(Eds.) *Older People and Their Social World*. Philadelphia: F. A. Davis.

Rosenthal, Robert and Lenore Jacobson. 1992. *Pygmalion in the classroom*. Expanded edition. New York: Irvington.

Rubington, Earl and Martin S. Weinberg. 1980. *The Study of Social Problems*. 이장현, 김영이 역. 1985. 『사회문제의 연구』. 경문사.

Rubington, Earl and Martin S. Weinberg. 2003. *The Study of Social Problems: Seven Perspectives*. 6th Ed. New York: Oxford University Press.

Scarpitti, Frank R., Margaret L. Andersen, Laural L. O'Toole, and Laura L. O'Toole. 1997. *Social Problems*. Addison Wesley Publishing Company.

Scarpitti, Frank R., Margaret L. Andersen. 1989. *Social Problems*. New York: Harper & Row.

Scritchfield, Shirley A.. "The Social Construction od Infertility: From Private Matter to Social Concern." Joel Best(Eds.). *Images of Issues, Typifying Contemporary Social Problems*. 2nd. New York: Aldine de Gruyter.

Shermen, Lawrence W. 1993. Defiance, Deterrence, and Irrelevance: A Theory of the Criminal Sanction. *Journal of Research in Crime and Delinquency* (30): 445-473.

Siegel, Larry(이민식 외 역). 2008. 『범죄학: 이론과 유형』. 9판. 센게이지러닝.

Silverstein, Ken. 2008. "Viewing Bodily Imperfection as a Health Problem." Ira Silver(Eds.). Social Problems: Readings. Norton.

Sowell, Thomas(염철현 역). 2008. 『세계의 차별철폐정책: 정책효과에 대한 실증적 연구』. 한울.

Spector, Malcolm and John Kitsuse. 1977. *Constructing Social Problems*. Cummings Publishing Company.

Spitz, Bernard(박은태, 장유경 역). 2009. 『세대 간의 전쟁』. 경연사.

Stalling, Robert A. 1995. Promoting Risk: *Constructing the Earthquake Threat*. New York: Aldine de Gruyter.

Statista. 2020. "Reported Dowry Death Cases in India 2005−2018." URL "https://www.statista.com/statistics/632553/reported−dowry−death−cases−india/"

Stone, Lawrence. 1977. *The Family, Sex and Marriage in England, 1500-1800*. London: Weidenfeld and Nicolson.

Sullivan, Thomas and Kendrick S. Thompson. 1988. *Introduction to Social Problems*.

New York: Macmillan Publishing Company.

Sullivan, Thomas. 1997. *Introduction to Social Problems*. 4th. Boston: Allyn and Bacon.

Sutherland, Edwin. 1939. *Principles of Criminology*. Chicago: University of Chicago Press.

Tide, Flood. 2008. "Catastrophes That Count." Ira Silver(Eds.). *Social Problems*: Readings. Norton.

The Center for Consumer Freedom. 2008. "Getting Fat on Misinformation" Ira Silver(Eds.). *Social Problems: Readings*. Norton.

Thomas, W. I. and F. Znaniecki. 1918. "The Concept of Social Disorganization." Stuart Traub and Craig B. Little (Eds). 1994. *Theories of Deviance*. 4th. F.E. Peacock Publishers, Inc. pp. 56−59.

Thurow, Roger and Scott Kilman(이순주 역). 2009. 『기아, 더 이상 두고 볼 수 없다』. 에이지 21.

Tumin, Melvin M. 1953. "Some Principles of Stratification: A Critical Analysis." *American Sociological Review*(18): 387-393.

Turner, Brian. 1986. *Citizenship and Capitalism: The Debate over Reformism*. 서용석·박철현 역. 『시민권과 자본주의』. 일신사.

U.S. Department of Health & Human Services. 2013. "2013 Poverty Guidelines." Available in URL "*http://aspe.hhs.gov/poverty/13poverty.cfm*"

UN General Assembly Economic and Social Council. 2024. *SDG Progress Report* 2024. UN Secretary General.

UNDP. 2013. *Human Development Report 2013*: The Rise of the South: Human Progress in a Diverse World.

UNDP. 2015. *Human Development Report 2015: Work for Human Development*.

UNDP. 2016. *Human Development Report 2016: Human Deveplopment for Everyone*.

UNDP. 2020. *Human Development Report 2020: The next prontier*.

UNFPA. 2000. *State of World Population 2000*. Available in URL "http://www.unfpa.org/swp/2000/english/index.html"

UNFPA. 2008. *Female Genital Mutilation/Cutting: Accelerating Change. 2008 Annual Report*. UNFPA-UNICEF Joint Programme.

UNFPA. 2009a. *Global Consultation on Female Genital Mutilation/Cutting*. Technical Report.

UNFPA. 2009b. *Recent Change in the Sex Ratio at Birth in Viet Nam*.

UNFPA－UNICEF. 2017. *Accelerating Change by the Numbers.* 2016 Annual Report of the UNFPA－UNCEF Joint Programme on Female Genital Mutilation/Cutting: Accelerating Change.

UNICEF. 2008. *Maternal and Newborn Health: The State of the World's Children 2009.*

United Nation. 2013a. *World Abortion Policies 2013.*

United Nation. 2013b. *World Population Prospects, the 2012 Revision 2013.* 6.

UNODC. 2006a. *2006 World Drug Report.* Volume 1: Analysis. United Nations Office on Drug and Crime.

UNODC. 2006b. *2006 World Drug Report.* Volume 2: Statistics. United Nations Office on Drug and Crime.

UNODC. 2008. *2008 World Drug Report.* United Nations Office on Drug and Crime.

UNODC. 2009. *World Drug Report 2009.* United Nations Office on Drug and Crime.

UNODC. 2012. *World Drug Report.* United Nations Office on Drug and Crime.

UNODC. 2013. *Homicide Statistics.*

UNODC. 2015. *World Drug Report.* United Nations Office on Drug and Crime.

UNODC. 2017. *World Drug Report 2017: Pre－briefing to the Member States.* United Nations Office on Drug and Crime.

Wagner, Edward W. 1951. *The Korean Minority in Japan 1904-1950.* New York: Institute of Pacific Relations.

Waxman, Chaim I. 1977. *The Stigma of Poverty.* New York: Pergamon Press.

WHO. 2002. *World Report on Violence and Health.* World Health Organization.

WHO. 2008. *Eliminating Female Genital Mutilation: An Interagency Statement.* World Health Organization.

WHO. 2008. *World Health Report.* World Health Organization.

Wilkinson, Richard. 2005. *The Impact of Inequality: How to Make Sick Societies Healthier.* 김홍수영 역. 『평등해야 건강하다』. 후마니타스.

Williams, Peters. 1971. *A Class Divided*, New York: Doubleday and Company.

Wilson, Edward O. 1978. "What is Sociobiology?" Frank H, Marsh and Janet Katz(Eds.). 1985, *Biology, Crime and Ethics: A Study of Biological Explanations for Criminal Behavior*, Ohio: Anderson Publishing Co.

World Bank & OECD. 2008. *Pension at a Glance: Asia/Pacific Edition.*

World Bank. 2009. *Global Monitoring Report 2009: A Development Emergency.*

World Bank. 2013. *World Development Report: Risk and Opportunity.*

World Bank. 2018. *Poverty and Shared Prosperity 2018: Piecing Together the Poverty Puzzle*. World Bank Group.

World Bank. 2024. *Poverty, Prosperity, and Planet Report 2024: Pathways Out of the Polycrisis*. World Bank Group.

World Economic Forum. 2020. *The Global Gender Gap Report 2020*.

Zaidi, Supna. 2008. "Does Islam Justify Honor Killings?" *Pajamas Media*. 2008년 9월 27일. Available in URL "http://www.islamist-watch.org/928/does-islam-justify-honor-killings"

Zernike, Kate. 2008. "Compensating for Deficit versus Enhancing Performance." Ira Silver(Eds.). *Social Problems: Readings*. Norton.

Ziegler, Jean. 1999. *La Faim Dans Le Monde Expliquee A Mon Fils*. 유영미 역. 2007. 『왜 세계의 절반은 굶주리는가?: 유엔 식량특별조사관이 아들에게 들려주는 기아의 진실』. 갈라파고스.

인명색인

사항색인

박철현

약력

고려대학교 사회학과 학사, 석사, 박사
한국형사정책연구원 연구원, 선임연구원, 부연구위원
5급, 7급, 9급 공무원 시험 출제위원
University of Cincinnati, Visiting Scholar
제1회 한국피해자학회 범집학술상 수상(2013)
동의대학교 지방자치연구소 소장
동의대학교 인문사회과학대학 학장
대한범죄학회 회장
동의대학교 경찰행정학과 교수

학위논문

빈곤의 세대간 재생산과정에 관한 경험적 연구: 서울시 거주 30·40대 가구주를 중심으로(석사)
범죄경력의 발전에 관한 연구: 경찰 및 교정기록을 통한 종단적 연구(박사)

저역서

시민권과 자본주의(일신, 1997, 공역)
한국사회의 갈등구조(한국형사정책연구원, 2005)
범죄경력의 발전과 합리성의 성장(한국학술정보, 2006)
현대사회와 범죄(청목, 2008, 2010, 2013, 공저)
범죄학연구방법론(센게이지러닝, 2009, 공역)
범죄예방론(그린, 2011, 2018, 공역)
Vold의 이론범죄학(그린, 2012, 공역)
범죄학 이론: 사회적 배경과 결과물(박영사, 2017, 공역)
교정학개론(박영사, 2020, 공역)
범죄학개론(박영사, 2022, 공저)
지역사회교정론(박영사, 2023)
청소년비행론(박영사, 2025, 공저)
피해자학, 이해와 공감의 첫걸음(박영사, 2025, 공저)
기타 논문 다수

제6판
사회문제론 – 이론, 실태, 지구적 시각

초판발행 2010년 2월 28일
제2판발행 2014년 2월 21일
제3판발행 2016년 2월 19일
제4판발행 2018년 3월 5일
제5판발행 2021년 7월 23일
제6판발행 2025년 8월 30일

지은이 박철현
펴낸이 안종만 · 안상준

편 집 이혜미
기획/마케팅 박부하
표지디자인 권아린
제 작 고철민 · 김원표

펴낸곳 (주) 박영사
서울특별시 금천구 가산디지털2로 53, 210호(가산동, 한라시그마밸리)
등록 1959. 3. 11. 제300-1959-1호(倫)
전 화 02)733-6771
f a x 02)736-4818
e-mail pys@pybook.co.kr
homepage www.pybook.co.kr
ISBN 979-11-303-2368-8 93300

정 가 32,000원